2025학년도 수능 대비

수능 기출의 미래

사회탐구영역 | 생활과 윤리

All New

정답과 해설은 EBS*i* 사이트(www.ebs*i*.co.kr)에서 다운로드 받으실 수 있습니다.

교재 내용 문의	교재 및 강의 내용 문의는 EBS*i* 사이트 (www.ebs*i*.co.kr)의 학습 Q&A 서비스를 이용하시기 바랍니다.
교재 정오표 공지	발행 이후 발견된 정오 사항을 EBS*i* 사이트 정오표 코너에서 알려 드립니다. **교재 ▶ 교재 자료실 ▶ 교재 정오표**
교재 정정 신청	공지된 정오 내용 외에 발견된 정오 사항이 있다면 EBS*i* 사이트를 통해 알려 주세요. **교재 ▶ 교재 정정 신청**

2025학년도 수능 대비

수능 기출의 미래

사회탐구영역 | 생활과 윤리

All New

구성과 특징

수능 기출의 미래
사회탐구영역 생활과 윤리

기출 풀어 유형 잡고,
수능 기출의 미래로 2025 수능 가자!!

매해 반복 출제되는 개념과 번갈아 출제되는 개념들을 익히기 위해서는 다년간의 기출 문제를 꼼꼼히 풀어 봐야 합니다.
다년간 수능 및 모의고사에 출제된 기출 문제를 풀다 보면 스스로 과목별, 영역별 유형을 익힐 수 있기 때문입니다.

새 교육과정에 맞춰 최근 7개년의 수능, 모의평가, 학력평가 기출 문제를 엄선하여
최다 문제를 실은 EBS **수능 기출의 미래로 2025학년도 수능을 준비**하세요.

수능 준비의 시작과 마무리! **수능 기출의 미래**가 책임집니다.

기출 문제로 유형 확인하기

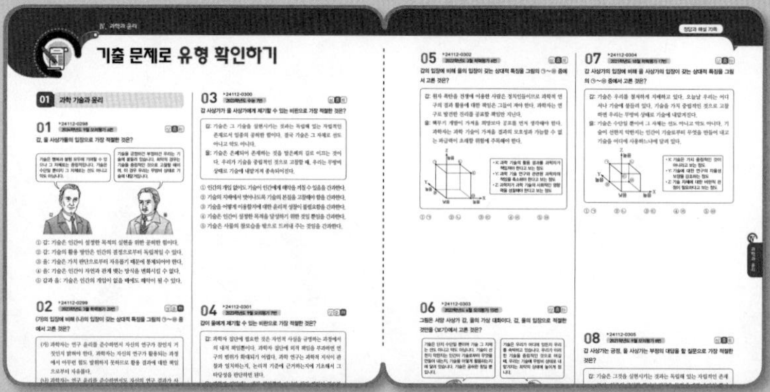

최근 7개년 간 역대 최다의 기출 문제로 단원별 유형을 확인하고 수능을 준비할 수 있도록 구성하였습니다. 매해 반복 출제되는 유형과 개념을 심화 학습할 수 있습니다.

기출 & 플러스

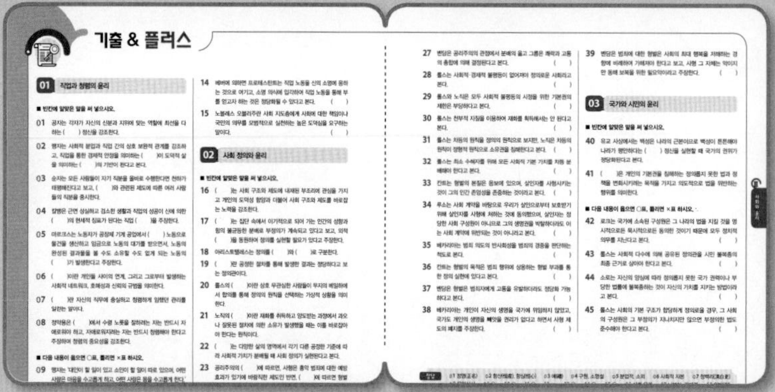

대단원이 끝날 때마다 학습 내용 확인을 위한 빈칸 개념 넣기와 O× 문항으로 구성된 코너를 두어 완전 학습이 되도록 하였습니다.

정답과 해설

두껍고 무거운 해설이 아닌 핵심만 깔끔하게 정리된 슬림한 해설을 제공합니다.

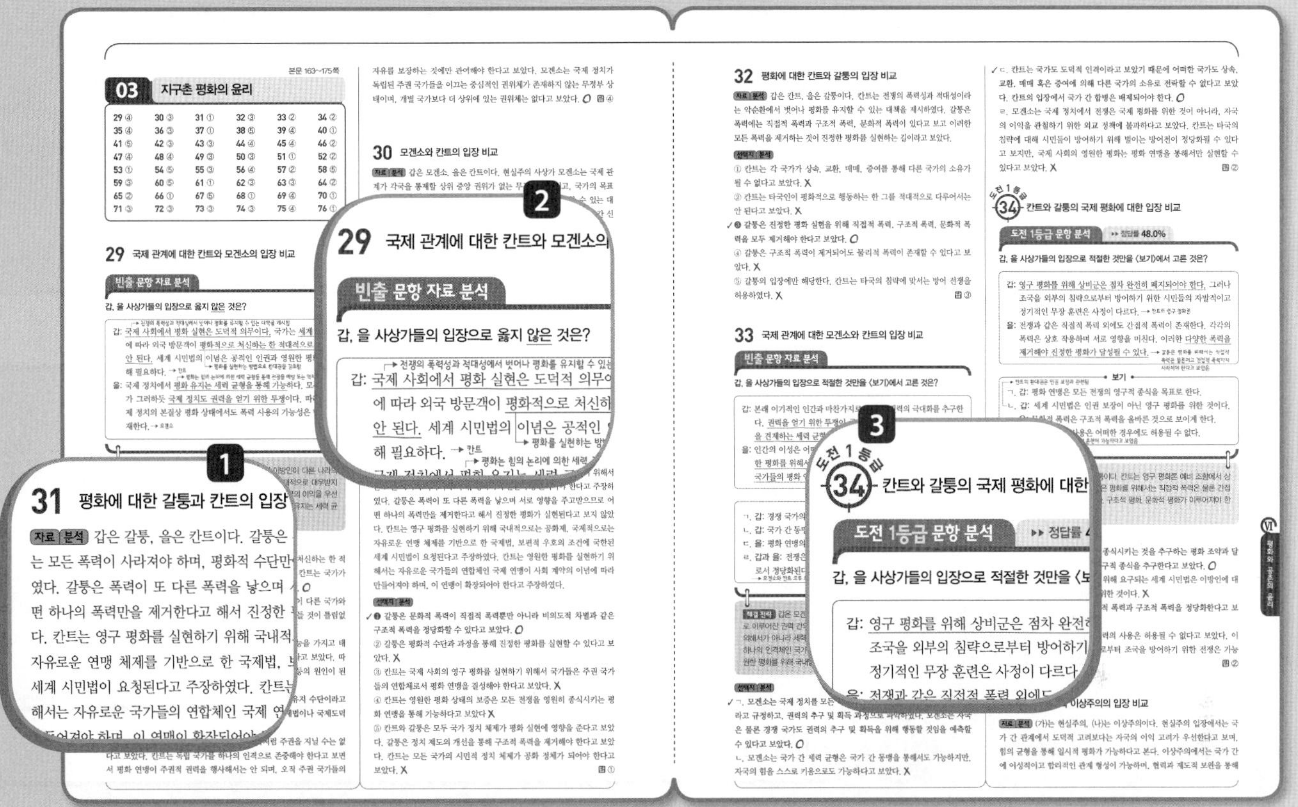

1 자세하고 명쾌한 해설!

기출 문제의 자료 분석을 통해 문제 해결 능력을 기르고, 정답인 이유와 오답인 이유를 상세히 설명하여 학생 스스로 핵심을 제대로 파악할 수 있도록 하였습니다.

2 빈출 문항 분석으로 중요 개념 다지기!

자주 출제되는 개념은 또 출제될 수 있는 만큼 첨삭 해설을 통해 핵심을 파악하고, 실전에 대비할 수 있도록 해결 전략을 제공하였습니다.

3 도전 1등급 문항 분석으로 실력 업그레이드!

정답률이 낮았던 난도 있는 문항을 상세히 분석하여 실력을 한 단계 업그레이드시킬 수 있도록 하였습니다.

차례

수능 기출의 미래
사회탐구영역 생활과 윤리

Ⅰ 현대의 삶과 실천 윤리

Ⅱ 생명과 윤리

Ⅲ 사회와 윤리

Ⅳ 과학과 윤리

V 문화와 윤리

VI 평화와 공존의 윤리

별책 정답과 해설

I

현대의 삶과 실천 윤리

기출 문제 분석 팁

- 다양한 윤리학의 특징과 각 윤리학의 차이점을 비교하는 문제가 출제되고 있다. 규범 윤리학, 실천 윤리학, 메타 윤리학, 기술 윤리학의 특징을 파악하고 각 입장을 서로 비교하는 문제가 지속적으로 출제되고 있다.
- 현실적인 윤리 문제를 다양한 동서양 윤리 이론을 통해 해결하는 방법을 묻는 문제가 출제되고 있다. 동양의 유교, 불교, 도가 윤리의 특징을 비교하는 문항이 출제되고 있다. 또한 칸트의 의무론, 공리주의, 덕 윤리 등 다양한 서양 사상의 입장을 현대 사회에서 일어날 수 있는 윤리적 문제 상황과 사례에 적용하는 문항이 자주 출제되고 있다.
- 윤리적 성찰의 중요성을 파악하는 문제가 출제되고 있다. 삶에 대한 성찰을 강조한 소크라테스, 토론과 표현의 자유를 강조한 밀의 입장이 출제되고 있다.

한눈에 보는 출제 빈도

시험 \ 내용		01 현대 생활과 실천 윤리 • 이론 윤리학과 실천 윤리학 • 메타 윤리학과 기술 윤리학	02 현대 윤리 문제에 대한 접근 • 유교 · 불교 · 도가 윤리적 접근 • 의무론적 · 공리주의적 · 덕 윤리적 접근	03 윤리 문제에 대한 탐구와 성찰 • 윤리적 성찰의 의미와 방법 • 도덕적 탐구와 윤리적 성찰
2024 학년도	수능	1	2	
	9월 모의평가	1	2	
	6월 모의평가	1	2	
2023 학년도	수능	1	2	
	9월 모의평가	1	2	
	6월 모의평가	1	2	
2022 학년도	수능	1	2	
	9월 모의평가	1	2	
	6월 모의평가	1	2	
2021 학년도	수능	1	1	1
	9월 모의평가	1	2	
	6월 모의평가	1	2	
2020 학년도	수능	1	1	
	9월 모의평가	1	1	
	6월 모의평가	1	1	

기출 문제로 유형 확인하기

01 현대 생활과 실천 윤리

01 ▸24112-0001
2024학년도 수능 1번 상중하

(가), (나) 윤리학의 핵심 과제로 가장 적절한 것은?

> (가) 윤리학은 도덕적 행위를 정당화하는 규범적 근거를 탐구하고, 마땅히 행해야 할 행위의 객관적인 도덕 원리를 제시하는 데 주력해야 한다.
> (나) 윤리학은 규범적 속성의 존재론적 · 인식론적 지위를 탐구하고, 도덕적 용어의 의미를 분석하며, 도덕 추론의 규칙을 검토하는 데 주력해야 한다.

① (가): 도덕적 삶의 지침이 되는 보편적 원리를 제시하는 것이다.
② (가): 도덕 현상 간의 인과 관계를 가치중립적으로 설명하는 것이다.
③ (나): 학제적 연구 방법으로 실생활의 도덕 문제를 해결하는 것이다.
④ (나): 각 사회의 다양한 도덕적 관습을 객관적으로 기술하는 것이다.
⑤ (가)와 (나): 도덕 언어의 의미와 도덕 추론의 구조를 분석하는 것이다.

02 ▸24112-0002
2024학년도 9월 모의평가 1번 상중하

(가), (나) 윤리학의 핵심 과제로 가장 적절한 것은?

> (가) 윤리학은 '옳다', '그르다'와 같은 도덕적 용어의 의미를 분석하고 도덕 판단이 정당화될 수 있는 추론의 규칙을 검토하는 데 주력해야 한다.
> (나) 윤리학은 인공 임신 중절, 소수 집단 우대 정책 등과 같은 우리 삶의 다양한 문제에 윤리 이론을 적용하여 실천적인 지침을 제공하는 데 주력해야 한다.

① (가): 도덕 현상을 가치 평가 없이 객관적으로 서술하는 것이다.
② (가): 도덕적 행위의 근거가 되는 도덕 원리를 정립하는 것이다.
③ (나): 윤리학의 학문적 성립 가능성을 논리적으로 탐구하는 것이다.
④ (나): 구체적인 윤리 문제에 대한 해결 방안을 모색하는 것이다.
⑤ (가)와 (나): 보편타당한 도덕규범의 체계를 수립하는 것이다.

03 ▸24112-0003
2024학년도 6월 모의평가 1번 상중하

㉠에 들어갈 진술로 가장 적절한 것은?

> 나는 윤리학이 인간의 올바른 삶을 위하여 모든 행위자들에게 적용되는 도덕적 표준이나 규칙을 제시하고 정당화하는 학문이라고 생각한다. 그런데 어떤 사람은 윤리학이 사회의 도덕적 현상을 객관적으로 기술하는 학문이라고 주장한다. 나는 이러한 주장이 [㉠]고 생각한다.

① 도덕적 담론에서 논리적 추론의 타당성 검증을 강조한다
② 도덕적 진술을 구성하는 도덕적 언어의 의미 분석을 강조한다
③ 올바른 행위 지침을 제공하는 규범적 탐구의 중요성을 간과한다
④ 윤리학의 학문적 성립 가능성에 대한 비판적 검토를 강조한다
⑤ 도덕적 문제의 발생에 대한 인과적 설명의 중요성을 간과한다

04 ▸22112-0004
2023학년도 10월 학력평가 1번 상중하

㉠에 들어갈 진술로 가장 적절한 것은?

> 나는 윤리학이 도덕 원리를 탐구하여 '어떤 행위를 해야 한다' 혹은 '어떤 성품을 가져야 한다'는 도덕적 표준의 제시를 목적으로 삼아야 한다고 본다. 그런데 어떤 사람은 윤리학이 경험적 연구를 바탕으로 도덕적 신념, 태도, 현상에 대한 객관적 기술을 목적으로 삼아야 한다고 주장한다. 나는 이러한 주장이 [㉠] 고 생각한다.

① 도덕적 문제 상황의 인과 관계를 설명해야 함을 간과한다
② 도덕적 담화의 논증이 타당한지를 검증해야 함을 강조한다
③ 행위의 도덕적 근거에 대한 이론을 정립해야 함을 강조한다
④ 특정 사회의 도덕 관습에 대한 실태 조사가 필요함을 간과한다
⑤ 도덕 규칙을 적용해 행위의 정당성을 검토해야 함을 간과한다

05
▸24112-0005
2023학년도 3월 학력평가 1번
상 중 하

㉠에 들어갈 진술로 가장 적절한 것은?

> 나는 윤리학이 환경, 생명, 정보 등의 분야에서 발생하는 윤리 문제에 대해 실천적인 해결 방안을 모색하는 것에 중점을 두어야 한다고 생각한다. 그런데 어떤 사람은 윤리학이 도덕적 언어의 의미를 분석하고, 도덕 판단의 논리적 타당성을 입증하는 것에 중점을 두어야 한다고 주장한다. 나는 이러한 주장이 윤리학의 주요 과제가 [㉠]고 생각한다.

① 도덕적 논의의 인식론적 구조에 대한 분석임을 간과한다
② 도덕 추론의 정당성 검증을 위한 논리 분석임을 간과한다
③ 도덕 판단을 위한 보편적 도덕 법칙의 정립임을 강조한다
④ 도덕 현상에 대한 경험적 조사와 객관적 서술임을 강조한다
⑤ 도덕 문제 해결을 위한 구체적 행위 지침의 제시임을 간과한다

06
▸24112-0006
2023학년도 수능 1번
상 중 하

㉠에 들어갈 진술로 가장 적절한 것은?

> 나는 윤리학이란 도덕 이론에 근거하여 우리가 당면한 실질적인 도덕 문제를 해결하는 것을 목표로 삼아야 한다고 생각한다. 그런데 어떤 사람은 사회에서 통용되고 있는 도덕 현상을 과학적으로 설명하는 것을 윤리학의 목표로 삼아야 한다고 주장한다. 나는 이러한 주장이 [㉠]고 생각한다.

① 도덕적 담론의 논증 구조에 대한 논리적 분석을 강조한다
② 도덕 판단의 표준에 대한 체계적인 이론의 정립을 강조한다
③ 도덕적으로 바람직한 삶의 이상에 대한 규범적 탐구를 간과한다
④ 도덕적 딜레마 해결을 위해 타 학문과의 학제적 연구를 강조한다
⑤ 도덕규범이 형성된 인과 관계에 대한 경험적인 탐구를 간과한다

07
▸24112-0007
2023학년도 9월 모의평가 1번
상 중 하

㉠에 들어갈 진술로 가장 적절한 것은?

> 나는 윤리학이 '옳음', '좋음'의 의미를 분석하기보다 현실의 윤리 문제에 대한 실제적이고 구체적인 해결책을 모색하는 것을 핵심 과제로 삼아야 한다고 생각한다. 그런데 어떤 사람은 윤리학이 도덕 관행에 관한 사실을 과학적으로 탐구하고 설명하는 것을 핵심 과제로 삼아야 한다고 주장한다. 나는 이러한 주장이 [㉠]고 생각한다.

① 도덕 현상을 가치중립적으로 기술하는 것이 필요함을 간과한다
② 도덕 언어에 함축된 의미 분석이 윤리학의 주된 목적임을 간과한다
③ 도덕 관행의 발생 과정을 객관적으로 설명해야 함을 간과한다
④ 도덕 추론을 위해 어떠한 사실적 지식도 필요하지 않음을 간과한다
⑤ 도덕 문제를 해결하기 위해 실천적 지침을 제공해야 함을 간과한다

08
▸24112-0008
2023학년도 6월 모의평가 1번
상 중 하

(가), (나) 윤리학의 주된 목표로 가장 적절한 것은?

> (가) 윤리학은 도덕적 논의에서 사용되는 용어의 의미를 분석하고 도덕적 추론의 타당성을 검토하는 것을 근본 과제로 삼는다.
> (나) 윤리학은 도덕 원칙을 실제적인 삶의 문제에 적용하여 구체적인 행위 지침을 제공하는 것을 근본 과제로 삼는다.

① (가): 인간의 바람직한 삶의 방향을 제시하는 것이다.
② (가): 도덕적 현상에 대해 객관적으로 기술하는 것이다.
③ (나): 윤리학이 학문으로 성립할 수 있는지 연구하는 것이다.
④ (나): 현실의 윤리 문제에 대한 실천적 해결 방안을 모색하는 것이다.
⑤ (가), (나): 보편적인 도덕 원칙을 정립하는 것이다.

09

▸24112-0009

2022학년도 10월 학력평가 1번

상 중 하

㉠에 들어갈 진술로 가장 적절한 것은?

> 나는 윤리학이 우리가 따라야 할 행위의 표준과 규칙의 정연한 체계를 세우고 정당화하는 것을 주요 목적으로 삼아야 한다고 생각한다. 그런데 어떤 사람들은 윤리학이 개인 생활이나 사회 구조 속에 존재하는 도덕 현상을 기술하는 것을 주요 목적으로 삼아야 한다고 주장한다. 나는 이러한 주장이 [㉠]고 생각한다.

① 도덕 현상은 설명해야 할 사실들의 집합체일 뿐임을 간과한다
② 도덕 추론의 논리적 구조 탐구가 윤리학의 본질임을 간과한다
③ 윤리학은 도덕적 행위의 근본 원리를 제시해야 함을 간과한다
④ 도덕적 관행이나 풍습이 문화 현상의 일부라는 점을 간과한다
⑤ 윤리학은 도덕적 개념의 의미 분석에 주력해야 함을 간과한다

10

▸24112-0010

2022학년도 3월 학력평가 1번

상 중 하

㉠에 들어갈 진술로 가장 적절한 것은?

> 나는 윤리학이 '옳은 행위란 무엇인가?'라는 문제를 탐구하는 학문으로 도덕적 행위를 정당화하는 규범적 근거를 제시해야 한다고 본다. 그런데 어떤 사람들은 윤리학이 '옳다'와 같은 도덕적 언어의 의미를 분석하는 것을 주로 해야 한다고 주장한다. 내가 보기에 이들은 윤리학이 [㉠]는 점을 간과하고 있다.

① 도덕적 탐구가 학문으로 성립 가능한가를 검토해야 한다
② 도덕규범을 당위가 아닌 사실의 형식으로 제시해야 한다
③ 도덕 현상의 가치 중립적 기술을 핵심 과제로 삼아야 한다
④ 도덕적 실천을 위해서 보편적인 도덕 원리를 정립해야 한다
⑤ 도덕적 추론의 형식적 타당성 검증을 주된 과제로 삼아야 한다

11

▸24112-0011

2022학년도 수능 1번

상 중 하

㉠에 들어갈 진술로 가장 적절한 것은?

> 나는 윤리학이 "도덕 문제를 어떻게 해결할 것인가?"를 탐구하는 학문이라고 생각한다. 즉, 윤리학은 과학 기술의 발달과 사회·문화적 변화로 발생하는 실질적인 도덕 문제의 해결을 궁극적인 목적으로 삼아야 한다. 그런데 일부 윤리학자들은 윤리학에서 사용되고 있는 도덕적 언어의 의미를 명확하게 해명하는 일을 윤리학의 본질이라고 주장한다. 나는 이러한 주장이 [㉠] 고 생각한다.

① 윤리학의 학문적 성립 가능성에 대한 탐구를 간과한다
② 도덕 판단의 근거가 되는 규범 체계의 필요성을 강조한다
③ 현실의 도덕 문제에 윤리 이론을 응용해야 함을 간과한다
④ 도덕 현상에 대한 객관적 서술과 인과 관계의 설명을 강조한다
⑤ 도덕 추론의 논리적 분석이 윤리학의 핵심 과제임을 간과한다

12

▸24112-0012

2022학년도 9월 모의평가 1번

상 중 하

(가), (나), (다)에 대한 설명으로 옳지 <u>않은</u> 것은?

> (가) 윤리학은 도덕 원리를 바탕으로 실생활의 윤리 문제에 대한 해결 방안을 제시하는 데 주력해야 한다.
> (나) 윤리학은 도덕적 언어의 의미를 분석하고 도덕적 추론의 정당성을 검증하는 데 주력해야 한다.
> (다) 윤리학은 도덕 판단의 기준을 탐구하고 도덕적 행위의 이론적 근거를 제시하는 데 주력해야 한다.

① (가)의 목적은 도덕 현상의 인과 관계를 기술하는 것이다.
② (가)는 현실의 윤리 문제 해결을 위해 (다)를 필요로 한다.
③ (나)는 윤리학이 학문적으로 성립 가능한지 검증하고자 한다.
④ (다)는 도덕적 규범들의 체계를 구축하고 정당화하고자 한다.
⑤ (다)는 윤리 이론을 정립할 때 (나)의 연구 결과를 활용할 수 있다.

13
▸24112-0013
2022학년도 6월 모의평가 1번
상 중 하

㉠에 들어갈 진술로 가장 적절한 것은?

나는 윤리학이 행위에 대한 규범적 판단을 체계화하고 그 근거를 제시하는 학문이어야 한다고 생각한다. 그런데 어떤 사람은 윤리학이 도덕적 현상들을 있는 그대로 기술하는 학문이어야 한다고 주장한다. 내가 보기에 이러한 주장은 윤리학이 [㉠] 는 점을 간과하고 있다.

① 도덕적 관습을 실증적으로 연구해야 한다
② 가치 판단을 위해 도덕 이론을 정립해야 한다
③ 하나의 학문으로서 성립 가능한지 검토해야 한다
④ 도덕 언어의 의미 분석을 핵심 과제로 삼아야 한다
⑤ 도덕 추론의 논리적 구조를 밝히는 데 주력해야 한다

14
▸24112-0014
2021학년도 10월 학력평가 1번
상 중 하

(가), (나)의 입장으로 가장 적절한 것은?

(가) 윤리학은 인간이 어떤 행위를 해야 하는가에 초점을 두고, 인간이 준수해야 할 보편적인 도덕규범을 정립하는 것을 목표로 삼아야 한다.
(나) 윤리학은 인간이 어떻게 행위하고 있는가에 초점을 두고, 도덕 현상을 경험 과학적으로 조사하여 기술하는 것을 목표로 삼아야 한다.

① (가): 도덕적 삶으로 인도하는 행위 지침을 마련해야 한다.
② (가): 도덕 언어 분석을 윤리학의 핵심 목표로 삼아야 한다.
③ (나): 도덕적 문제 해결을 위한 도덕 이론을 정립해야 한다.
④ (나): 도덕규범의 타당성을 가치 중립적으로 검증해야 한다.
⑤ (가), (나): 도덕적 관습을 가치와 무관한 사실로 보아야 한다.

15
▸24112-0015
2021학년도 3월 학력평가 1번
상 중 하

갑, 을의 입장만을 〈보기〉에서 있는 대로 고른 것은?

갑: 윤리학은 보편적으로 적용되는 도덕 원리를 정당화하기 위한 근거를 제시하고 도덕규범의 체계를 합리적으로 구성하는 것을 핵심 과제로 탐구해야 한다.
을: 윤리학은 도덕적 담화에 사용되는 단어와 문장의 의미를 분석하고 도덕 판단이 참 또는 거짓으로 확증될 수 있는 방법을 모색하는 것을 핵심 과제로 탐구해야 한다.

보기

ㄱ. 갑: 윤리학은 선과 악이 무엇인지에 관해 탐구해야 한다.
ㄴ. 갑: 윤리학은 도덕 문제를 가치 중립적으로 해결해야 한다.
ㄷ. 을: 윤리학은 도덕적 추론의 타당성을 검증해야 한다.
ㄹ. 갑, 을: 윤리학은 도덕 현상의 객관적 진술을 주된 목표로 삼아야 한다.

① ㄱ, ㄴ　② ㄱ, ㄷ　③ ㄴ, ㄹ
④ ㄱ, ㄷ, ㄹ　⑤ ㄴ, ㄷ, ㄹ

16
▸24112-0016
2021학년도 수능 1번
상 중 하

㉠에 들어갈 진술로 가장 적절한 것은?

나는 윤리학이 행위의 근거가 되는 도덕적 원리를 탐구하기보다는 도덕적 논의에서 사용되는 용어의 의미를 밝히고 추론의 규칙을 분석해야 한다고 생각한다. 그런데 어떤 사람은 윤리학이 사회·문화적 변화와 과학 기술의 발달로 인해 발생하는 구체적 윤리 문제에 대한 해결책 탐구에 주력해야 한다고 주장한다. 나는 이러한 주장이 [㉠] 고 생각한다.

① 도덕 문제 탐구에 사회·자연 과학적 지식이 필요함을 간과한다
② 도덕 문제 해결보다 도덕 논증의 타당성 분석이 중요함을 간과한다
③ 도덕 현상은 과학적으로 기술해야 할 사실의 집합이 아님을 간과한다
④ 도덕 문제 해결에는 행위의 선악을 판단하는 도덕 원리가 필요함을 간과한다
⑤ 도덕 이론의 연구만으로는 삶의 구체적 문제 해결에 한계가 있음을 간과한다

17
▸24112-0017
2021학년도 9월 모의평가 1번
상중하

(가), (나)의 입장으로 가장 적절한 것은?

> (가) 윤리학은 사회 변화와 기술의 발전으로 인해 발생하는 새로운 도덕 문제를 해결하기 위한 구체적 지침을 제공하는 것을 핵심 과제로 삼아야 한다.
> (나) 윤리학은 역사적, 문화적, 인류학적 관점에서 각 문화권의 다양한 도덕적 현상을 조사하고 객관적으로 기술하는 것을 핵심 과제로 삼아야 한다.

① (가): 도덕적 신념과 관습은 사실들의 집합으로 간주해야 한다.
② (가): 보편적 도덕 원리를 현실의 개별 상황에 적용해야 한다.
③ (나): 도덕 규칙이나 평가의 표준이 되는 원리를 정립해야 한다.
④ (나): 도덕 언어의 의미와 도덕 추론의 타당성을 검증해야 한다.
⑤ (가), (나): 절대적이고 객관적인 도덕 규칙의 존재를 인정해야 한다.

18
▸24112-0018
2021학년도 6월 모의평가 1번
상중하

(가), (나)의 입장으로 가장 적절한 것은?

> (가) 윤리학은 일상생활 속에서 제기되는 생명, 환경 등과 관련된 다양한 도덕적 문제에 도덕 원리를 적용하여 실천적인 지침을 제공하는 것을 주된 목표로 삼아야 한다.
> (나) 윤리학은 도덕적 언어, 즉 '좋다', '옳다'와 같은 단어들의 쓰임을 명확하게 규명하고, 도덕적 언어들로 구성된 문장의 의미에 대한 철학적 분석을 주된 목표로 삼아야 한다.

① (가): 윤리학의 핵심 과제는 삶의 구체적인 도덕 문제의 해결이다.
② (가): 윤리학의 핵심 과제는 도덕적 추리와 논증 방법의 연구이다.
③ (나): 윤리학의 핵심 과제는 도덕적 관행에 대한 인과적 서술이다.
④ (나): 윤리학의 핵심 과제는 경험적 연구를 통한 도덕성의 검증이다.
⑤ (가), (나): 윤리학의 핵심 과제는 보편적인 도덕 법칙의 정립이다.

19
▸24112-0019
2020학년도 10월 학력평가 1번
상중하

갑, 을의 입장으로 가장 적절한 것은?

> 갑: 윤리학의 주된 목표는 도덕적 행위를 위한 근본 원리로 성립할 수 있는 도덕 원리를 탐구함으로써 옳고 그름의 판단 기준을 마련하는 것이다.
> 을: 윤리학의 주된 목표는 경험적 탐구를 통해 도덕 현상을 가치중립적으로 기술하고 도덕 현상들 간의 인과 관계를 설명하는 것이다.

① 갑: 도덕 문제 해결을 위해 도덕 언어 분석에 주력해야 한다.
② 갑: 도덕규범을 정립하여 도덕적 삶의 지침을 제시해야 한다.
③ 을: 도덕적 관행은 사실 판단이 아닌 가치 판단의 대상이다.
④ 을: 도덕 현상의 경험적 탐구로 당위적 규범을 제시해야 한다.
⑤ 갑, 을: 도덕 문제의 객관적 서술이 윤리학의 중심 목표이다.

20
▸24112-0020
2020학년도 3월 학력평가 1번
상중하

㉠에 들어갈 진술로 가장 적절한 것은?

> 윤리학은 선과 악이 무엇이고 어떻게 사는 것이 도덕적으로 바람직한가에 대한 탐구를 바탕으로, 도덕 원리를 제시하는 것을 목표로 삼아야 한다. 그런데 어떤 사람들은 윤리학이 '선'과 '악'이라는 개념의 의미를 분석하고, 도덕적 논증의 타당성을 분석하는 것을 목표로 삼아야 한다고 주장한다. 나는 이러한 윤리학이 [㉠]고 생각한다.

① 도덕적 명제는 진위 판단의 대상이 아님을 간과한다
② 윤리 문제를 가치 중립적으로 접근해야 함을 간과한다
③ 가치 판단을 위한 도덕규범의 정립이 필요함을 간과한다
④ 도덕 현상에 대한 객관적 기술이 학문의 목표임을 강조한다
⑤ 현실에서 일어나는 도덕 문제 해결에 주력해야 함을 강조한다

21
▸24112-0021
2020학년도 수능 1번
상중하

갑, 을의 입장으로 가장 적절한 것은?

> 갑: 윤리학은 윤리 이론의 탐구보다는 실제 삶에서 만나는 도덕 문제의 해결을 목표로 삼아야 한다. 이를 위해 도덕 이론의 도움을 받을 뿐 아니라 생명공학, 법학 등의 자연과학 및 사회과학 지식을 적극 활용해야 한다.
> 을: 윤리학은 개인의 생활 그리고 사회의 구조와 기능 속에 존재하는 도덕 현상을 과학적으로 탐구하는 것을 목표로 삼아야 한다. 즉 사람들이 따랐거나 따르고 있는 윤리가 무엇인지 기술하고 설명해야 한다.

① 갑: 윤리학은 도덕 관행의 발생 과정을 인과적으로 서술해야 한다.
② 갑: 윤리학은 구체적 삶의 도덕적 딜레마 해결을 중시해야 한다.
③ 을: 윤리학은 당위의 관점에서 이상적 덕이 무엇인지 모색해야 한다.
④ 을: 윤리학은 도덕 문제에 응용되는 보편적 도덕 원리를 정립해야 한다.
⑤ 갑, 을: 윤리학은 도덕 언어의 의미 분석을 탐구 목적으로 삼아야 한다.

22
▸24112-0022
2020학년도 9월 모의평가 1번
상중하

㉠에 들어갈 진술로 가장 적절한 것은?

> 윤리학은 실천의 학으로 도덕 이론을 응용하여 실제 삶에서 제기되는 구체적인 도덕 문제의 해결을 궁극적 목표로 삼아야 한다. 그런데 어떤 사람은 윤리학이 실제로 사람들이 따르고 있는 도덕적 관행을 객관적으로 기술하는 것을 목표로 삼아야 한다고 주장한다. 나는 이러한 윤리학이 [㉠]고 생각한다.

① 도덕 이론과 도덕 문제 간의 유기적 상관성을 강조한다
② 도덕 문제 해결을 위한 도덕 판단의 중요성을 간과한다
③ 도덕적 추론의 논리적 타당성이 갖는 중요성을 강조한다
④ 도덕 이론의 정립보다 도덕적 딜레마의 해결을 강조한다
⑤ 도덕적 관습에 관한 경험적 서술이 갖는 의의를 간과한다

23
▸24112-0023
2020학년도 6월 모의평가 1번
상중하

(가), (나)의 입장으로 가장 적절한 것은?

> (가) 윤리학은 의무론, 공리주의, 덕 윤리와 같이 인간이 준수해야 할 근본적인 도덕 원리에 대한 이론적 탐구를 주요한 과제로 삼아야 한다.
> (나) 윤리학은 생명 윤리, 환경 윤리, 정보 윤리와 같이 시대의 변화에 따라 다양한 영역에서 나타나는 윤리 문제 해결에 우선적으로 관심을 두고 연구해야 한다.

① (가): 윤리학은 도덕 관습에 대한 객관적 기술을 주된 목적으로 한다.
② (가): 윤리학의 학문적 성립 가능성의 탐구가 윤리학의 핵심 목표이다.
③ (나): 윤리적 문제를 해결하기 위해서는 학제적 연구가 필요하다.
④ (나): 윤리적 문제의 해결은 가치를 분별하는 과정과 무관하다.
⑤ (가), (나): 윤리학은 도덕 언어의 의미 분석을 중점 과제로 삼는다.

24
▸24112-0024
2019학년도 10월 학력평가 1번
상중하

㉠에 들어갈 진술로 가장 적절한 것은?

> 윤리학은 현대인의 삶의 여러 영역에서 제기되는 다양한 윤리 문제를 해결하는 것을 핵심 과제로 삼아야 한다. 그런데 어떤 사람들은 도덕 현상의 과거나 현재를 있는 그대로 서술하는 것을 윤리학의 핵심 과제로 삼아야 한다고 주장한다. 그러나 도덕 현상을 서술하는 것에 그치는 연구는 심리학이나 사회학의 일부라고 보아야 할 것이다. 나는 이 사람들의 입장이 [㉠]고 생각한다.

① 도덕 현상에 대한 객관적 탐구의 필요성을 간과한다
② 도덕 현상의 인과 관계에 대한 설명의 필요성을 간과한다
③ 도덕 문제 해결을 위한 구체적 지침의 필요성을 간과한다
④ 도덕 추론 과정의 논리적 타당성 검증의 중요성을 강조한다
⑤ 옳은 행위의 기준이 되는 보편적 원리의 중요성을 강조한다

25
▸24112-0025
2019학년도 3월 학력평가 1번
상중하

㉠에 들어갈 진술로 가장 적절한 것은?

> 윤리학의 목표는 보편적 도덕 원리를 구체적인 문제 상황에 적용하여 해결 방안을 탐구하는 데 있다. 그런데 어떤 사람들은 윤리학의 목표가 도덕적 언어의 의미 분석과 도덕적 추론의 타당성 검토에 있다고 주장한다. 내가 보기에 이들은 윤리학이 [㉠]는 점을 간과하고 있다.

① 도덕적 진술의 의미를 명료하게 밝혀야 한다
② 도덕 명제에 대한 검증 가능성을 검토해야 한다
③ 학문으로서 성립 가능한지의 여부를 탐구해야 한다
④ 도덕 현상의 객관적 기술을 핵심 과제로 삼아야 한다
⑤ 현실적 도덕 문제의 해결을 위한 지침을 제공해야 한다

02 현대 윤리 문제에 대한 접근

26 ▸24112-0026
2024학년도 수능 6번 상중하

갑, 을 사상가들의 입장으로 가장 적절한 것은?

갑: 사람의 본성에 어찌 인의(仁義)의 마음이 없겠는가? 그런데도 그 양심을 잃어버리는 이유는 마치 도끼로 산의 나무를 아침마다 베는 것처럼 스스로 양심의 싹을 자르기 때문이다. 양심을 보존하지 못하면 금수(禽獸)와 같아진다.
을: 괴로움이 생겨나는 것은 마치 사람이 나무를 심어 물을 때맞춰 주고 온도를 유지해 주면, 이 인연(因緣)으로 나무가 자라나는 것과 같다. 이러한 얽매임에 집착하면 애욕(愛欲)과 함께 생로병사(生老病死)의 괴로움이 일어난다.

① 갑: 나쁜 환경에 처한 사람은 반드시 자신의 본성을 잃게 된다.
② 갑: 다른 사람을 편안하게 한 후에야 비로소 자기 수양이 가능하다.
③ 을: 탐욕으로 생긴 번뇌는 깨달음을 얻더라도 소멸될 수 없다.
④ 을: 나와 남이 둘이 아니라는 자각에서 만물에 대한 사랑이 생긴다.
⑤ 갑과 을: 인륜의 규범에서 벗어나야 이상적 인간이 될 수 있다.

27 ▸24112-0027
2024학년도 9월 모의평가 11번 상중하

갑, 을 사상가들의 입장으로 적절한 것만을 〈보기〉에서 있는 대로 고른 것은?

갑: 최상의 선은 물과 같다. 물은 만물을 이롭게 하면서도 다투지 않고, 사람들이 싫어하는 낮은 곳에 머문다. 물은 도(道)에 가깝고 무엇과도 다투지 않으므로 허물이 없다.
을: 두 단의 갈대 중 하나를 치우면 다른 하나도 넘어지듯, 이것이 없으면 저것이 없고 이것이 일어나면 저것도 일어난다. 이 법(法)은 내가 만든 것도 다른 사람이 만든 것도 아니다.

보기

ㄱ. 갑: 인의(仁義)의 강조는 사회 혼란의 원인이 될 수 있다.
ㄴ. 을: 끊임없이 변화하는 세계에서 영원한 실체를 찾아야 한다.
ㄷ. 을: 집착과 번뇌의 제거를 위한 수행이 반드시 필요하다.
ㄹ. 갑과 을: 차별하는 마음을 버려야 진리를 깨달을 수 있다.

① ㄱ, ㄴ ② ㄱ, ㄷ ③ ㄴ, ㄹ
④ ㄱ, ㄷ, ㄹ ⑤ ㄴ, ㄷ, ㄹ

28 ▸24112-0028
2024학년도 6월 모의평가 2번 상중하

갑, 을 사상가들의 입장으로 가장 적절한 것은?

갑: 인의예지(仁義禮智)는 바깥에서부터 나에게 녹아들어 온 것이 아니라 내가 본래부터 지니고 있는 것이다. 다만 생각하지 않았을 뿐이다.
을: 항상 백성들로 하여금 꾀와 욕심이 없게 해야 하고, 꾀가 있는 자가 있다고 하더라도 감히 무언가 하지 못하게 해야 한다. 무위(無爲)하면 다스리지 못할 것이 없다.

① 갑: 서(恕)의 실천을 통해 진정한 인간다움[仁]을 이룰 수 있다.
② 갑: 군자는 항산(恒産)이 있어야만 항심(恒心)을 유지할 수 있다.
③ 을: 백성의 수를 늘리면 자연스럽게 무위의 다스림을 이룰 수 있다.
④ 을: 진정한 자유를 위해 만물의 근원인 도(道)에서 벗어나야 한다.
⑤ 갑과 을: 옳고 그름을 가릴 줄 아는 마음으로 사욕을 제거해야 한다.

29 ▸22112-0029
2023학년도 10월 학력평가 4번 상중하

갑, 을 사상가들의 입장으로 적절한 것만을 〈보기〉에서 고른 것은?

갑: 왕이 자기 나라의 이익을 생각하면 대부는 자기 집안의 이익을, 백성은 자기 몸의 이익을 생각한다. 위아래가 각자 자기 이익을 취하려 하면 나라는 위태로워진다. 왕은 이익이 아니라 인의(仁義)를 생각해야 한다.
을: 인위적인 것을 멀리하고 분별적 지혜를 버리면 백성의 이익이 백배가 된다. 인을 끊고 의를 버리면 백성이 다시 효도하고 자애로워진다. 최상의 지도자는 백성이 단지 그의 존재만을 아는 지도자이다.

보기

ㄱ. 갑: 자신과 타인을 구분하지 않고 사랑[兼愛]해야 한다.
ㄴ. 갑: 군주는 먼저 수기(修己)하고 백성을 교화해야 한다.
ㄷ. 을: 이상적 삶을 위해 무지(無知)의 덕을 갖추어야 한다.
ㄹ. 갑과 을: 백성은 성인(聖人)을 좇아 선악을 구별해야 한다.

① ㄱ, ㄴ ② ㄱ, ㄷ ③ ㄴ, ㄷ ④ ㄴ, ㄹ ⑤ ㄷ, ㄹ

30 ▸24112-0030 2023학년도 수능 2번 상중하

갑, 을 사상가들의 입장으로 가장 적절한 것은?

> 갑: 성인(聖人)의 은혜가 만세에 베풀어져도 사람에게 특별히 치우치지 않는다. 친함이 있으면 어진 자가 아니며, 명성을 추구하여 참된 자기를 잃으면 선비가 아니다.
> 을: 이것이 있기 때문에 저것이 있고, 이것이 일어나기 때문에 저것이 일어난다. 이 법(法)은 내가 만든 것도 아니고 다른 사람이 만든 것도 아니다.

① 갑: 자신을 구속하는 일체의 것을 잊어버리고 자유롭게 살아야 한다.
② 갑: 사욕(私欲)을 극복하고 예로 돌아가는 삶을 지향해야 한다.
③ 을: 바른 수행으로 만물이 서로 독립하여 존재함을 깨달아야 한다.
④ 을: 연기법에 대한 자각을 통해 변하지 않는 자아를 깨달아야 한다.
⑤ 갑과 을: 하늘이 부여한 순선한 본성을 따르는 삶을 살아가야 한다.

31 ▸24112-0031 2023학년도 9월 모의평가 2번 상중하

갑 사상가는 긍정, 을 사상가는 부정의 대답을 할 질문으로 가장 적절한 것은?

> 갑: 참된 사람[眞人]은 모자란다고 억지 부리지 않고, 성공을 뽐내지 않으며, 일을 도모하지도 않는다. …(중략)… 이로움[利]과 해로움[害]을 구별하는 자는 군자(君子)가 아니다. 명예를 위해 참된 자기를 잃어버리는 자는 선비[士]가 아니다.
> 을: 군자는 의로움[義]으로써 근본을 삼고, 예(禮)로써 실천하며, 공손한 몸가짐으로써 표현하고, 신의로써 일을 이룬다. …(중략)… 군자는 죽은 뒤에 세상에 자신의 이름[名]이 일컬어지지 않는 것을 싫어한다.

① 이상적 인간은 자신의 명예를 소중히 여기는 삶을 살아야 하는가?
② 이상적 인간은 시비(是非)를 판별하여 도(道)를 따라야 하는가?
③ 이상적 인간은 하늘의 명[天命]을 도덕적 실천의 근거로 삼는가?
④ 이상적 인간은 수양을 통해 백성의 편안함을 도모해야 하는가?
⑤ 이상적 인간은 모든 분별에서 벗어나 자연을 따르는 사람인가?

32 ▸24112-0032 2023학년도 6월 모의평가 2번 상중하

갑, 을의 입장으로 가장 적절한 것은?

> 갑: 세 개의 갈대가 빈 땅에 서려고 할 때에 서로서로 의지하여야 설 수 있는 것과 같이, 식(識)도 정신과 물질을 인연(因緣)하여 생긴다.
> 을: 옳다는 것으로 인해 그른 것이 있고, 그르다는 것으로 인해 옳은 것이 있다. 진인(眞人)은 대립적인 말에 사로잡히지 않고, 모든 대립을 넘어선 자연에 비추어 사유한다.

① 갑: 자아의식은 변하지 않는 실체임을 알아야 한다.
② 갑: 정신에는 집착해도 물질에는 집착해서는 안 된다.
③ 을: 자기중심적 고정 관념과 선입견에서 벗어나야 한다.
④ 을: 인(仁)을 실천하기 위해 사욕을 극복하고자 노력해야 한다.
⑤ 갑, 을: 내세를 위해 현세에서 도덕적 삶을 추구해야 한다.

33 ▸24112-0033 2022학년도 10월 학력평가 11번 상중하

갑, 을 사상가들의 입장으로 가장 적절한 것은?

> 갑: 배움을 행하면 날마다 늘어나고, 도를 행하면 날마다 줄어든다. 줄어들고 또 줄어들어 무위(無爲)에 이른다. 무위에 이르면 못하는 바가 없어진다.
> 을: 배우고 생각하지 않으면 어둡게 되고, 생각하고 배우지 않으면 위태롭게 된다. 군자(君子)가 도를 배우면 사람들을 사랑하고, 소인이 도를 배우면 부리기 쉽다.

① 갑: 배움을 통해 옳고 그름에 대한 지식을 쌓아야 한다.
② 갑: 선과 악을 분별하지 말고 도에 따라서 살아야 한다.
③ 을: 인의(仁義)를 실천하기보다는 실리를 추구해야 한다.
④ 을: 존비친소(尊卑親疏)를 구별하지 않는 사랑을 해야 한다.
⑤ 갑, 을: 사사로운 욕심을 극복하고 예(禮)를 회복해야 한다.

34
▸24112-0034
2022학년도 3월 학력평가 8번
상중하

다음을 주장한 사상가의 입장에서 〈문제 상황〉 속 A에게 제시할 조언으로 가장 적절한 것은?

> 이것이 있기 때문에 저것이 있고, 이것이 생기기 때문에 저것이 생긴다. 이것이 없기 때문에 저것이 없고, 이것이 사라지기 때문에 저것이 사라진다. 연기(緣起)를 보는 자는 법(法)을 보고, 법을 보는 자는 연기를 본다.

• 문제 상황 •

> 기업가 A는 경영난이 지속되자 폐기물 처리 비용을 줄이기 위해 공장의 폐수를 무단으로 방류할지 고민하고 있다.

① 자연과 인간의 상호 의존적인 관계를 고려하여 결정하세요.
② 인간에 내재된 불성을 극복하려는 의지에 따라 결정하세요.
③ 자연의 모든 구성원이 영원히 존재할 수 있도록 결정하세요.
④ 인간이 우월한 존재로서의 지위를 지킬 수 있도록 결정하세요.
⑤ 인간 외의 존재도 독립된 실체를 유지할 수 있도록 결정하세요.

35
▸24112-0035
2022학년도 수능 2번
상중하

갑, 을 사상가들의 입장으로 가장 적절한 것은?

> 갑: 이름을 바로잡는 것[正名]이 정치의 시작이다. 이름이 제대로 서지 않으니 예악이 흥성하지 않고, 예악이 흥성하지 않으니 형벌이 제멋대로 된다.
> 을: 도(道)는 자연스러움을 본받는다. 인위적인 것을 강제해서는 안 된다. 내버려두면 백성들이 스스로 잘 살게 되고 세상도 잘 돌아간다.

① 갑: 인간이 제정한 규범에서 벗어나 무위(無爲)를 추구해야 한다.
② 갑: 내가 하기 싫은 일을 남에게 시키지 않는 서(恕)를 행해야 한다.
③ 을: 자신의 직분과 지위에 걸맞는 예법을 충실히 따라야 한다.
④ 을: 시비선악(是非善惡)을 구분하여 질서를 바로 세워야 한다.
⑤ 갑, 을: 인(仁)의 시작은 모든 사람에 대한 차별 없는 사랑이다.

36
▸24112-0036
2022학년도 9월 모의평가 2번
상중하

(가), (나)의 입장으로 적절한 것만을 〈보기〉에서 고른 것은?

> (가) 이것이 있기 때문에 저것이 있고, 이것이 생기기 때문에 저것이 생긴다. 이것이 없기 때문에 저것이 없고, 이것이 사라지기 때문에 저것이 사라진다. 이를 연기(緣起)라 한다.
> (나) 인위적인 것을 멀리하고 분별적 지혜를 버리면 백성의 이익이 백배가 된다. 인(仁)을 끊고 의(義)를 버리면 백성이 다시 효도하고 자애로워진다.

• 보기 •

ㄱ. (가): 고정불변의 실체가 있음을 깨달아야 한다.
ㄴ. (가): 연기의 법칙을 깨달아 자비를 실천해야 한다.
ㄷ. (나): 인위에 얽매이지 않고 도(道)에 따라야 한다.
ㄹ. (가), (나): 인의(仁義)를 통해 도덕적 삶을 추구해야 한다.

① ㄱ, ㄴ ② ㄱ, ㄷ ③ ㄴ, ㄷ
④ ㄴ, ㄹ ⑤ ㄷ, ㄹ

37
▸24112-0037
2022학년도 6월 모의평가 6번
상중하

갑, 을 사상가들의 입장으로 적절한 것만을 〈보기〉에서 고른 것은?

> 갑: 대도(大道)가 행해진 세상에서는 어진[賢] 사람과 능력 있는 사람을 선발하며, 자기 부모만을 부모로 자기 자식만을 자식으로 여기지는 않는다. 재물이 버려지는 것을 싫어하지만 반드시 그것을 자기만의 소유물로 삼으려 하지는 않는다. 그래서 도둑질이 일어나지 않아 바깥문을 닫는 일이 없다.
> 을: 나라는 작아야 하고 백성은 적어야 한다. 많은 도구가 있더라도 사용하지 않도록 하고, 백성으로 하여금 죽음을 중히 여겨 멀리 옮겨 다니지 않도록 한다. 비록 배나 수레가 있어도 타는 일이 없고, 갑옷과 무기가 있어도 꺼내서 늘어놓는 일이 없다.

• 보기 •

ㄱ. 갑: 인(仁)의 출발점인 무차별적 사랑[兼愛]을 행해야 한다.
ㄴ. 갑: 유능한 인재가 선발되는 도덕 공동체를 지향해야 한다.
ㄷ. 을: 인위적인 통치가 없는 소박한 사회를 지향해야 한다.
ㄹ. 갑, 을: 예법을 통해 본래의 자연스러운 삶으로 돌아가야 한다.

① ㄱ, ㄴ ② ㄱ, ㄷ ③ ㄴ, ㄷ
④ ㄴ, ㄹ ⑤ ㄷ, ㄹ

38

▸24112-0038

2021학년도 10월 학력평가 9번

상중하

다음을 주장한 사상가가 부정의 대답을 할 질문으로 옳은 것은?

> 명성을 추구하지 말고 모략을 일삼지 말아야 한다. 일의 책임자가 되지 말고 지혜의 주인이 되지 말아야 한다. 다함이 없는 도(道)를 체득하여 없음의 경지에서 노닐어야 한다. 지극한 사람[至人]의 마음 씀은 거울과 같아서 일부러 보내지도 않고 일부러 맞아들이지도 않는다. 그저 응할 뿐 간직하지 않는다.

① 자연의 섭리에 순응하고 선악을 객관적으로 분별해야 하는가?
② 천지 만물 어디에나 있는 도와 일치하는 삶을 살아야 하는가?
③ 마음을 비워 깨끗이 하고 타고난 본성에 따라 살아야 하는가?
④ 세속을 초월해 무엇에도 얽매이지 않는 삶을 추구해야 하는가?
⑤ 조용히 앉아 자신을 구속하는 일체의 것을 잊어버려야 하는가?

39

▸24112-0039

2021학년도 3월 학력평가 18번

상중하

(가), (나) 사상의 입장으로 가장 적절한 것은?

> (가) 이것이 있으므로 저것이 있고, 이것이 생기므로 저것이 생겨난다. 이것이 없으므로 저것이 없고, 이것이 사라지므로 저것이 사라진다. 이렇게 무명(無明)을 조건으로 의도적 행위들이 생기므로 무명을 없애면 고통이 사라진다.
> (나) 저것은 이것에서 나오고, 이것 역시 저것에서 말미암게 된다. 옳음으로 말미암아 그릇됨이 있고, 그릇됨으로 말미암아 옳음이 있다. 그러므로 성인은 자연(自然)에 비추어 생각한다.

① (가): 지속적인 수행을 통해 불성(佛性)을 형성해야 한다.
② (가): 원인[因]과 조건[緣]이 없는 존재는 없음을 알아야 한다.
③ (나): 시비선악을 분별하면서 도덕적 가치를 실현해야 한다.
④ (나): 본성에서 벗어나 절대적 자유의 경지를 추구해야 한다.
⑤ (가), (나): 세상 만물의 가치에는 위계가 있음을 알아야 한다.

40

▸24112-0040

2021학년도 9월 모의평가 2번

상중하

다음 사상이 강조하는 윤리적 성찰의 방법으로 가장 적절한 것은?

> 요즘 중생은 자신에 대한 집착과 망상에 빠져 자기 본성이 참된 진리 그 자체임을 모르고, 마음 밖에서 그 진리를 찾아 여기저기 헤맨다. 만약 한 생각이 나온 곳으로 빛을 돌이켜 자기 본성을 비춰 보면, 이 본성은 원래 번뇌가 없는 완전한 지혜로, 마음에 본래부터 갖추어져 있어서 부처와 조금도 다르지 않다.

① 내 마음의 참된 진리를 깨닫기 위해 참선(參禪)해야 한다.
② 모든 분별적 생각에서 벗어나기 위해 좌망(坐忘)해야 한다.
③ 하늘이 부여한 선한 본성을 보존하기 위해 거경(居敬)해야 한다.
④ 언제 어디서나 인간의 도리에 어긋나지 않게 신독(愼獨)해야 한다.
⑤ 도(道)에 따라 만물을 평등하게 바라보기 위해 심재(心齋)해야 한다.

41

▸24112-0041

2021학년도 6월 모의평가 2번

상중하

(가) 사상의 입장에서는 긍정, (나) 사상의 입장에서는 부정의 대답을 할 질문으로 가장 적절한 것은?

> (가) 자신의 수양을 경(敬)으로써 하며, 자신을 수양하여 다른 이를 편안하게 한다. 요순(堯舜)도 자신을 수양하여 백성을 편안하게 하는 일은 항상 부족하다 여기고 노력하였다.
> (나) 배우면 날마다 쌓이고, 도에 따르면 날마다 덜어진다. 덜고 또 덜면 무위(無爲)에 이른다. 무언가 일삼으려 하면 오히려 부족하며, 일삼지 않아야 천하를 취할 수 있다.

① 만물을 차별하지 말고 평등하게 보아야 하는가?
② 명예와 욕심을 버리고 소박한 삶을 살아야 하는가?
③ 사회적 지위에 따른 예의와 규범을 중시해야 하는가?
④ 연기의 법칙을 깨달아 자비의 정신을 실천해야 하는가?
⑤ 예법에 집착하지 말고 자연의 흐름에 따라 살아야 하는가?

42
▶24112-0042
2020학년도 10월 학력평가 11번
상 중 하

갑, 을, 병 사상가들의 입장으로 옳은 것은?

> 갑: 성인은 무위(無爲)로써 일을 처리하고, 만물을 자연에 맡겨 자라게 하되 간섭하지 않고 기르되 소유하지 않는다.
> 을: 모든 것은 무상(無常)하고 변한다는 법(法)을 알아 집착하지 않는 사람은 깨달음을 얻어 열반에 이를 수 있다.
> 병: 어진 사람은 자기가 서고자 하면 남부터 서게 한다. 자기를 미루어 남을 이해하는 것이 어짊[仁]의 방도이다.

① 갑: 도(道)를 체득하기 위해 분별적인 지식을 쌓아야만 한다.
② 을: 해탈하려면 만물이 상호 독립적인 실체임을 깨달아야 한다.
③ 병: 도덕적인 삶을 위해 다른 이에게 서(恕)를 실천해야 한다.
④ 갑, 을: 이상적 인간이 되려면 타고난 본성을 변화시켜야 한다.
⑤ 갑, 병: 선(善)을 실현하기 위해서는 예(禮)를 회복해야 한다.

43
▶24112-0043
2020학년도 3월 학력평가 6번
상 중 하

다음을 주장한 사상가의 관점에서 〈사례〉 속 A에게 제시할 조언으로 가장 적절한 것은?

> 사람에게 사단(四端)이 있는 것은 사지[四體]를 가지고 있는 것과 같다. 사단이 있는데도 스스로 인의(仁義)를 행할 수 없다고 말하는 사람은 자기 스스로를 해치는 사람이다.
>
> 〈사례〉
>
> 고등학생 A는 등교 시간에 늦었지만, 길을 잃고 울고 있는 아이를 보고 도와주어야 할지 고민하고 있다.

① 자신과 남을 분별하지 않는 사랑[兼愛]을 실천하세요.
② 인간이 선천적으로 지닌 본성[性]에 따라 행동하세요.
③ 순선(純善)한 본성을 형성하여 도덕적인 선택을 하세요.
④ 인위적 규범을 버리고 자연의 도(道)에 따라 행동하세요.
⑤ 타고난 본성을 극복하여 측은지심(惻隱之心)을 발휘하세요.

44
▶24112-0044
2024학년도 수능 2번
상 중 하

다음을 주장한 사상가의 입장에서 〈문제 상황〉 속 A에게 제시할 조언으로 가장 적절한 것은?

> 모든 쾌락은 질적으로 동일하며 양적으로 측정할 수 있다. 쾌락의 가치를 측정할 때에는 강도와 지속성 등 여섯 가지 기준 외에 쾌락과 고통에 의해 영향을 받는 사람의 수를 참작해야 한다.
>
> 〈문제 상황〉
>
> 부모님께 용돈을 받은 학생 A는 게임 아이템을 구매하려 하고 있다. 이때 구호 단체에서 온 기부 권고 문자를 보고, 게임 아이템을 구매하는 대신 기부를 해야 할지 고민 중이다.

① 기부 행위가 자연법의 제1원리에 부합하는지를 판단해 보세요.
② 선의지에서 비롯된 기부 행위여야 도덕적 행위임을 명심하세요.
③ 유덕한 행위자가 행할 만한 것을 그 결과에 상관없이 행하세요.
④ 기부 행위가 산출할 쾌락의 양을 쾌락 계산법에 따라 계산해 보세요.
⑤ 쾌락의 양뿐만 아니라 질적 차이까지 고려하여 기부 여부를 정하세요.

45
▶24112-0045
2024학년도 9월 모의평가 2번
상 중 하

다음을 주장한 사상가의 입장에서 〈문제 상황〉 속 A에게 제시할 조언으로 가장 적절한 것은?

> 도덕성은 행위가 의지의 자율과 맺는 관계이다. 의지의 준칙이 자율성의 법칙과 필연적으로 조화를 이룰 때, 그 의지는 단적으로 선한 의지가 된다.
>
> 〈문제 상황〉
>
> 평소 함께 식사하던 친구가 급식실에 늦게 도착한 A에게 자신의 앞에 서라고 권했다. A는 새치기를 할지 질서를 지켜야 할지 고민하고 있다.

① 친구들 사이에서 더 인정받을 수 있는 행위를 선택하세요.
② 구체적인 상황을 고려하여 중용에 따른 행위를 선택하세요.
③ 친구와 함께하고자 하는 마음이 이끄는 행위를 선택하세요.
④ 가능한 행위 중에서 의무로부터 비롯된 행위를 선택하세요.
⑤ 더 많은 쾌락을 가져올 것으로 예상되는 행위를 선택하세요.

46
▸24112-0046
2024학년도 6월 모의평가 3번 상중하

다음을 주장한 사상가의 입장으로 적절한 것만을 〈보기〉에서 고른 것은?

덕은 인간이 습득한 성질로, 인간의 선을 성취할 수 있도록 하는 데 필수적이다. 이것은 개인이 삶의 서사적 통일성 속에서 좋은 삶의 목적을 이해하는 능력이며, 도덕적 전통의 보존과 관련된다.

보기

ㄱ. 공동체의 선보다 보편적인 도덕 원칙을 더 중시해야 한다.
ㄴ. 개인은 공동체를 벗어나면 덕을 실천하는 방법을 배울 수 없다.
ㄷ. 도덕 판단을 할 때 행위자보다 행위 자체를 중시해야 한다.
ㄹ. 개인의 도덕적 정체성은 사회적·역사적 맥락 속에서 형성되어야 한다.

① ㄱ, ㄴ ② ㄱ, ㄷ ③ ㄴ, ㄷ ④ ㄴ, ㄹ ⑤ ㄷ, ㄹ

47
▸22112-0047
2023학년도 10월 학력평가 7번 상중하

다음을 주장한 사상가의 입장에서 〈문제 상황〉 속 A에게 제시할 조언으로 가장 적절한 것은?

공동체는 가공의 조직체이며 공동체의 이익은 그 구성원들의 이익의 총합이다. 어떤 행동이 공동체의 행복을 증가시키는 경향이 감소시키는 경향보다 클 경우, 이 행동은 공리의 원칙에 의해 승인된다.

〈문제 상황〉

A는 난치병 치료를 위해 배아 줄기세포를 연구하고 있다. A는 연구 과정에서 배아가 폐기되고, 난자 확보 과정에서 여성의 건강권이 침해되기 때문에 연구를 계속해야 할지 고민하고 있다.

① 연구 결과로 인한 사회적 손익을 계산해야 함을 명심하세요.
② 연구자가 지켜야 할 보편적 도덕 원리는 없음을 명심하세요.
③ 연구자의 동기가 연구의 도덕성 판단의 척도임을 명심하세요.
④ 연구자는 경향성이 아니라 선의지에 따라야 함을 명심하세요.
⑤ 연구는 사익의 총합보다 큰 공익을 지향해야 함을 명심하세요.

48
▸24112-0048
2023학년도 3월 학력평가 11번 상중하

다음을 주장한 사상가의 입장에서 〈사례〉 속 A에게 제시할 조언으로 가장 적절한 것은?

쾌락의 산출과 고통의 회피는 개인은 물론이고 입법자가 살펴보아야 할 목적이다. 어떤 행위가 공동체의 이익을 증가시킨다는 것은 공동체를 구성하는 이해 당사자들의 쾌락의 합계를 증가시키는 것이다.

사례

국회의원 A는 딥페이크(deepfake)* 활용을 금지하는 법안 발의에 참여해야 하는지 고민하고 있다. 딥페이크가 가짜 뉴스나 음란물 제작 등에 악용되는 경우가 있지만, 다양한 창작 활동에 활용되는 경우도 있기 때문이다.

* 딥페이크(deepfake): 인공 지능 기술을 이용하여 원본 이미지 위에 다른 이미지를 결합하여 새로운 이미지를 생성하는 기술

① 도덕과 입법의 근거인 유용성의 원리에 따라 결정하세요.
② 법안의 효용을 고려하기보다 의무 의식에 따라 결정하세요.
③ 기술이 가져올 해악이 아닌 이익만을 고려하여 결정하세요.
④ 기술의 활용 결과가 아닌 개발 동기를 고려하여 결정하세요.
⑤ 개인의 이익을 배제하고 사회의 이익만을 고려하여 결정하세요.

49
▸24112-0049
2023학년도 3월 학력평가 16번 상중하

갑, 을 사상가들의 입장으로 가장 적절한 것은?

갑: 품성적 덕은 본성적으로 생겨나는 것도 아니요, 본성에 반하여 생겨나는 것도 아니다. 우리는 그것을 본성적으로 받아들일 수 있으며 습관을 통해 완성시킨다.
을: 정언 명령은 어떤 행위를 그 자체로서, 다른 목적과 관계없이 필연적인 것으로 표상한다. 정언 명령만이 도덕 법칙으로서의 필연성을 가진다.

① 갑: 덕에 따르는 삶을 위해 공동체의 전통에서 벗어나야 한다.
② 갑: 인간은 선천적으로 지니고 있는 품성적 덕을 길러야 한다.
③ 을: 의무에 맞는 모든 행위를 도덕적 행위로 간주해야 한다.
④ 을: 이성적 존재는 스스로 도덕 법칙의 수립자가 되어야 한다.
⑤ 갑과 을: 도덕적 행위를 하려면 자연적 경향성을 따라야 한다.

50
▸24112-0050

2023학년도 수능 4번 상중하

다음을 주장한 사상가의 입장에서 〈문제 상황〉 속 A에게 제시할 조언으로 적절한 것만을 〈보기〉에서 있는 대로 고른 것은?

> 도덕적 덕은 대상에 있어서의 중간이 아니라 우리와의 관계에서 성립하는 중용에 의존한다. 중용은 두 악덕, 즉 지나침에 따른 악덕과 모자람에 따른 악덕 사이의 중용이다.
>
> 〈문제 상황〉
>
> 인성교육 전문가인 A는 아동을 바른 품성을 지닌 사람으로 기르고자 한다. 이를 위해 A는 인성교육 프로그램을 어떤 방향과 내용으로 개발해야 할지 고민 중이다.

보기

ㄱ. 아동이 인간의 고유한 본성을 실현할 수 있도록 개발하세요.
ㄴ. 아동이 습관화를 통해 도덕적 품성을 함양하도록 개발하세요.
ㄷ. 아동이 행복은 곧 옳고 그름에 관한 앎임을 알도록 개발하세요.
ㄹ. 아동이 어떠한 상황에서도 두려움의 감정을 갖지 않는 용기 있는 사람이 되도록 개발하세요.

① ㄱ, ㄴ ② ㄱ, ㄷ ③ ㄷ, ㄹ
④ ㄱ, ㄴ, ㄹ ⑤ ㄴ, ㄷ, ㄹ

51
▸24112-0051

2023학년도 9월 모의평가 4번 상중하

다음을 주장한 사상가의 입장에서 〈사례〉 속 A에게 제시할 조언으로 가장 적절한 것은?

> 공리의 원리란 모든 행위에 관해 그것이 우리의 행복을 증진하느냐 혹은 감소하느냐에 따라 좋다거나 나쁘다고 평가하는 원리이다. 쾌락과 고통은 강도, 지속성, 확실성 등을 기준으로 오직 양으로만 계산될 수 있다.

사례

> 로봇 개발자인 A는 인공 지능 로봇 제작을 의뢰받았다. A는 인공 지능 로봇이 사람을 대신하여 유용한 일을 할 수 있지만, 범죄나 전쟁 등과 같은 유해한 일에 악용될 수 있기 때문에 이 로봇을 개발할지 고민하고 있다.

① 로봇 개발이 가져올 해악과 편익의 총합을 계산하여 결정하세요.
② 로봇 개발이 산출할 타인의 이익에 가중치를 두고 결정하세요.
③ 로봇 개발이 산출할 쾌락의 질적 차이를 고려하여 결정하세요.
④ 로봇 개발이 결과와 무관하게 선한 것인지 숙고하여 결정하세요.
⑤ 로봇 개발이 당신에게 가져올 이익만을 고려하여 결정하세요.

52
▸24112-0052

2023학년도 6월 모의평가 3번 상중하

다음을 주장한 사상가의 입장에서 〈사례〉 속 A에게 제시할 조언으로 가장 적절한 것은?

> 너의 행위의 준칙이 보편적 법칙이 되기를 바랄 수 있도록 그렇게 행위 하라.

사례

> 사장 A가 돈을 빌리지 않으면 회사는 부도가 나고 직원도 실직하게 된다. A는 친구에게 돈을 빌리기 위해 갚지 못할 것을 알면서도, 돈을 반드시 갚겠다는 거짓 약속을 할지 고민하고 있다.

① 정직한 행위에 따르는 보상을 기대하고 행동하세요.
② 직원의 처지를 보고 느끼는 동정심에 따라 행동하세요.
③ 당신의 고통보다 친구의 고통이 크게 되지 않도록 행동하세요.
④ 거짓 약속을 해서라도 당신의 경제적 피해를 최소화하도록 행동하세요.
⑤ 모두가 거짓 약속을 시도한다면 과연 약속이란 것이 가능할지 판단하여 행동하세요.

53
▸24112-0053

2022학년도 10월 학력평가 14번 상중하

다음을 주장한 사상가의 입장에서 〈사례〉 속 A에게 제시할 조언으로 가장 적절한 것은?

> 의무는 도덕 법칙에 대한 존경으로부터 말미암는 행위의 필연성이다. 결과가 아니라 나의 의지와 연결되어 있는 것, 곧 순수한 법칙 그 자체만이 존경의 대상일 수 있고 명령일 수 있다.

사례

> 기업가 A는 회사가 부도 위기에 처하자 수단과 방법을 가리지 않고서라도 회사의 부도를 막아야 할지 고민하고 있다.

① 기업의 회생이 목적인 모든 행위는 정당화됨을 명심하세요.
② 동기와 무관하게 결과가 좋으면 옳은 행위가 됨을 명심하세요.
③ 기업가의 의무에 맞는 행위가 곧 도덕적 행위임을 명심하세요.
④ 기업을 살리려는 맹목적 경향성에서 벗어나 선의지를 따르세요.
⑤ 경제적 유용성 유무가 도덕적 판단의 기준이 됨을 고려하세요.

54

▶24112-0054
2022학년도 3월 학력평가 2번
상중하

갑, 을 사상가들의 입장으로 가장 적절한 것은?

> 갑: 세상 안에서뿐만 아니라 세상 밖에서조차도 제한 없이 선하다고 여길 수 있는 것은 선의지뿐이다. 이성의 최고의 실천적 사명은 선의지의 토대를 마련하는 것이다.
> 을: 덕은 하나의 습득된 인간의 자질로서, 그것의 소유와 실행은 우리로 하여금 어떤 실천에 내재하고 있는 선들을 성취할 수 있도록 해 준다.

① 갑: 공동체가 추구하는 선을 따르려는 의지만이 도덕적이다.
② 갑: 행위의 준칙은 보편적으로 따라야 할 법칙이 될 수 있다.
③ 을: 도덕적 선악은 공동체의 역사와 무관하게 판단되어야 한다.
④ 을: 덕은 관행에 내재한 선을 성취하게 하는 타고난 성품이다.
⑤ 갑, 을: 맥락적 사고가 아닌 도덕 법칙에 따라 행위 해야 한다.

55

▶24112-0055
2022학년도 수능 5번
상중하

다음을 주장한 사상가의 입장에서 〈문제 상황〉 속 A에게 제시할 조언으로 가장 적절한 것은?

> 행위가 옳은지 그른지를 알기 위해서는 그 행위의 결과가 어떠한지를 알아야 한다. 유용성의 원리는 선택의 상황에서 개별 행위에 직접적으로 적용된다. 옳은 행위란 다른 어떤 가능한 행위보다 더 큰 유용성을 갖는 행위이다.

〈문제 상황〉

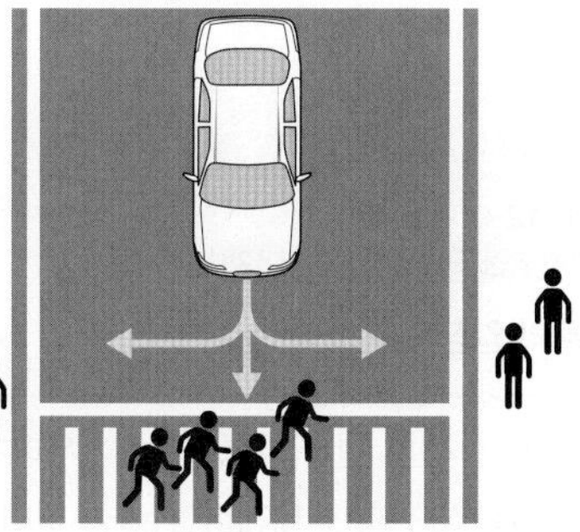

자율 주행 자동차를 설계하고 있는 엔지니어 A는 위 그림과 같이 자율 주행 자동차가 고속 주행 중 제동을 시도해도 보행자와의 충돌이 불가피한 경우, 어떻게 주행하도록 설계해야 할지 고민하고 있다.

① 그 자체로 선한 의지를 반영하여 주행하도록 설계하세요.
② 탑승자와 보행자의 고통의 총합을 최소화하도록 설계하세요.
③ 탑승자의 안전을 최우선으로 고려하여 주행하도록 설계하세요.
④ 보행자의 인격을 수단이 아닌 목적으로 대우하도록 설계하세요.
⑤ 사회적 관습에 내재한 선에 따라 상황에 대처하도록 설계하세요.

56

▶24112-0056
2022학년도 9월 모의평가 3번
상중하

갑, 을 사상가들의 입장으로 적절하지 않은 것은?

> 갑: 이성적 존재자로서 인간의 행위는 도덕 법칙의 지배를 받는다. 이 법칙에 자신의 행위를 자율적으로 복종시킬 때 그 행위는 결과와는 상관없이 도덕적 가치를 갖는다.
> 을: 모든 쾌락을 합산하고 모든 고통을 합산하여 이 둘을 비교하였을 때, 쾌락의 양이 더 크면 그 행위는 옳은 행위이다. 이것이 행위의 옳음을 판단하는 유일한 방법이다.

① 갑: 좋은 결과를 산출한 행위도 옳지 않은 행위일 수 있다.
② 갑: 그 자체로 선한 의지에서 비롯된 행위는 옳은 행위이다.
③ 을: 행위의 옳고 그름을 판단하는 척도는 결과의 유용성이다.
④ 을: 정신적 쾌락은 감각적 쾌락과 달리 양적 계산이 불가능하다.
⑤ 갑, 을: 행위의 옳고 그름을 규정하는 보편적 원칙은 존재한다.

57

▶24112-0057
2022학년도 6월 모의평가 4번
상중하

다음을 주장한 사상가의 입장에서 〈사례〉 속 A에게 해 줄 수 있는 조언으로 가장 적절한 것은?

> 어떤 행위가 의무에 맞을지라도 반드시 도덕적 가치를 갖는다고 할 수는 없다. 비록 그 행위가 의무가 명령한 것에 맞게 일어난다 할지라도 의무로부터 일어난 것이 아니라면 도덕적 가치를 갖지 않기 때문이다.

● 사례 ●

> 상인 A는 정직하게 손님을 대하여 많은 단골손님을 갖게 되었다. 그러던 어느 날 정직한 행동이 이익으로 돌아온다는 생각이 들었다. 하지만 시간이 갈수록 그는 이익을 위해 정직하게 행동하는 것이 진정으로 도덕적인 것인지 고민하게 되었다.

① 꾸준한 도덕적 실천으로 얻어진 덕에 따라 행동하세요.
② 당신의 자연적 성향에 따라 손님들을 정직하게 대하세요.
③ 모두의 이익을 증진시킬 수 있도록 정직하게 행동하세요.
④ 당신의 정직한 행위가 도덕적 의무에 맞기만 하면 됩니다.
⑤ 경향성이 섞이지 않은 순수한 도덕적 동기에 따라 행동하세요.

58
▸24112-0058
2021학년도 10월 학력평가 19번 상중하

갑, 을 사상가들의 입장에서 〈사례〉 속 A에게 해 줄 수 있는 조언으로 가장 적절한 것은?

> 갑: 의무란 도덕 법칙에 대한 존경심 때문에 반드시 어떤 행위를 할 수밖에 없는 것이다. 의무로부터 비롯된 행위만이 도덕적 가치를 갖는다.
> 을: 두 가지 쾌락을 경험한 사람들이 그중 특정한 쾌락을 선호해야 한다는 도덕적 의무감과 상관없이 어느 한 쾌락을 확실히 선호한다면 그 쾌락이 더 바람직한 쾌락이다.

• 사례 •

> A는 운영하던 회사가 어려워지자 돈을 갚을 수 없다는 것을 알면서도 친구에게 돈을 갚겠다는 거짓 약속을 하고 돈을 빌릴 것인가를 고민하고 있다.

① 갑: 거짓말해도 된다는 준칙은 보편화될 수 없음을 명심하세요.
② 갑: 자연적인 경향성에 따라 항상 정직해야 함을 명심하세요.
③ 을: 거짓말로 인한 결과는 고려할 필요가 없음을 명심하세요.
④ 을: 정직함은 유용성과 무관하게 도덕적인 것임을 명심하세요.
⑤ 갑, 을: 거짓말은 상황에 따라 허용될 수 있음을 명심하세요.

59
▸24112-0059
2021학년도 수능 7번 상중하

갑 사상가가 을 사상가에게 제기할 수 있는 비판으로 가장 적절한 것은?

> 갑: '나는 무엇을 해야만 하는가?'라는 물음에 앞서 '나는 어떤 이야기 또는 이야기들의 부분인가?'라는 물음에 답해야 한다. 나의 삶의 역사는 공동체의 역사 속에 있고, 나의 도덕적 정체성은 공동체 구성원의 자격 속에서 발견된다.
> 을: '나는 무엇을 해야만 하는가?'라는 물음에 대한 적절한 대답은 공리의 원리를 따르는 것이라고 하겠다. 이 원리는 고통과 쾌락의 양을 계산하여, 구성원들의 이익 총합으로서의 공동체 이익을 증진시키도록 행위 할 것을 요구한다.

① 행위자의 품성보다 행위의 유용성이 중요함을 간과한다.
② 보편적 도덕 원리를 행위의 기준으로 삼아야 함을 간과한다.
③ 공동체가 개인의 단순한 집합체로 간주될 수 없음을 간과한다.
④ 개인이 다른 사람의 행복을 고려하여 행위 해야 함을 간과한다.
⑤ 도덕 판단에서 역사적 특수성보다 행위 결과를 고려해야 함을 간과한다.

60
▸24112-0060
2021학년도 9월 모의평가 3번 상중하

㉠에 들어갈 진술로 가장 적절한 것은?

> 나의 삶은 항상 나의 정체성을 도출해 내는 공동체 속에 편입되어 있다. 나는 다양한 역할들을 맡은 사람으로서 공동체로부터 다양한 부채와 유산, 정당한 기대와 의무를 물려받는다. 이것들은 나의 도덕적 출발점을 구성한다. 그런데 어떤 사상가는 도덕이 개인의 외부에 있는 기준이 아니라, 오직 실천 이성에 의해 정립되어야 하고 모든 인간에게 동일해야 한다고 주장한다. 나는 이 사상가가 [㉠]고 생각한다.

① 선한 성품에서 나온 행위가 곧 도덕적 행위임을 강조했다
② 인간이 보편적인 도덕 법칙을 인식할 수 없음을 강조했다
③ 이성적 행위자인 개개인이 도덕 법칙의 수립자임을 간과했다
④ 도덕 법칙이 이성적 존재인 인간에게 구속력이 있음을 간과했다
⑤ 도덕이 사회적·역사적 맥락 속에서 도출되어야 함을 간과했다

61
▸24112-0061
2021학년도 6월 모의평가 12번 상중하

갑, 을 사상가들의 입장으로 가장 적절한 것은?

> 갑: 덕은 하나의 습득된 인간의 특성이다. 우리가 덕을 소유하고 실천하면 사회적 관행에 내재하는 선을 성취할 수 있고, 우리가 덕을 습득하지 못하면 그러한 선을 성취하지 못하게 된다.
> 을: 도덕 법칙은 이성적 존재자에게 의무의 법칙이다. 이것은 도덕적 강요의 법칙이며, 법칙에 대한 존경을 통해 그리고 의무에 대한 외경에 의해 행위를 규정하는 것이다.

① 갑: 인간은 타고난 덕을 실천해야 도덕적 행위를 할 수 있다.
② 갑: 덕은 사회적 실천을 통해 선을 이루는 데 필요한 성품이다.
③ 을: 최대 다수의 최대 행복의 원리가 도덕적 행위의 기준이다.
④ 을: 도덕적 행위자는 도덕 법칙보다 상황과 맥락을 중시해야 한다.
⑤ 갑, 을: 행위의 도덕성 평가에서 동기와 감정은 배제되어야 한다.

62
▸24112-0062
2020학년도 수능 5번
상중하

다음 사상가의 관점에서 〈사례〉 속 A에게 제시할 조언으로 가장 적절한 것은?

> 공동체의 행복은 공동체 구성원들의 행복의 총합이다. 어떤 행동이 공동체의 행복을 증가시키는 경향이 감소시키는 경향보다 더 클 경우, 그 행동은 공리의 원리에 일치한다고 말할 수 있다. 우리는 마땅히 이 원리에 일치하는 행동을 해야 한다.
>
> **〈사례〉**
>
> 고등학생 A는 자전거를 사기 위해 용돈을 모으고 있다. 그러다가 TV에서 '난민 돕기 운동' 광고를 보고 모은 용돈을 기부해야 할지 고민하고 있다.

① 정언명령에 따라 어려운 처지의 사람을 도우세요.
② 이해 당사자들의 쾌락을 최대화하도록 행동하세요.
③ 실천적 지혜를 발휘해 유덕한 사람이 되도록 행동하세요.
④ 기부의 결과를 따지기보다 배려심을 발휘하여 행동하세요.
⑤ 공익은 사익의 총합보다 크다는 것을 고려하여 선택하세요.

63
▸24112-0063
2020학년도 9월 모의평가 2번
상중하

다음 사상가의 관점에서 〈사례〉 속 A에게 해 줄 수 있는 조언으로 가장 적절한 것은?

> 의무에 맞는 것이기는 하지만 의무로부터 나온 것이 아닌 행위는 도덕적 가치를 가지지 못한다. 행위는 그 자체로 선한 의지에서 비롯된 경우에만 도덕적 가치를 지닐 수 있다.
>
> **〈사례〉**
>
> 천성적으로 동정심이 많은 A는 평소 남을 돕는 일에 기쁨을 느끼며 봉사 활동에 참여해 왔다. 그런데 A는 최근 겪은 슬픈 일로 인해 봉사 활동에 계속 참여할지를 고민하고 있다.

① 공동체의 전통과 덕목에 부합하도록 행위 해야 합니다.
② 자연적 경향성에서 비롯된 준칙에 따라 행위 해야 합니다.
③ 선한 목적을 위해 조건적인 명령에 따라 행위 해야 합니다.
④ 사회적으로 칭찬과 인정을 받을 수 있도록 행위 해야 합니다.
⑤ 자신의 감정이 아니라 보편적 도덕 법칙에 따라 행위 해야 합니다.

64
▸24112-0064
2020학년도 6월 모의평가 2번
상중하

갑 사상가가 을 사상가에게 제기할 반론으로 가장 적절한 것은?

> 갑: 인간에 대한 배려는 윤리적 행위의 결과물이기도 하지만 오히려 그 토대이다. 배려했던 기억과 배려받았던 기억이 윤리적 행위의 초석이다.
> 을: 인류는 고통과 쾌락의 두 주권자의 지배하에 있다. 마땅히 해야만 하는 것으로 인도하며 의무를 결정짓는 것은 오로지 고통과 쾌락뿐이다.

① 최대 행복의 원리보다 인간관계의 맥락을 우선해야 함을 간과한다.
② 유용성의 계산은 보편적 도덕 원리에 의거해야 함을 간과한다.
③ 고통의 회피와 쾌락의 추구가 인간 고유의 성향임을 간과한다.
④ 나의 행복과 타인의 행복이 동등하게 고려되어야 함을 간과한다.
⑤ 윤리적 행위를 위해서는 동기보다 결과가 더 중요함을 간과한다.

65
▸24112-0065
2019학년도 10월 학력평가 12번
상중하

갑, 을 사상가들의 입장에서 〈문제 상황〉 속 A에게 제시할 수 있는 조언으로 가장 적절한 것은?

> 갑: 인간은 그저 마음이 끌리는 대로 행위 해서는 안 된다. 반드시 도덕 법칙을 따르려는 의무 의식에서 비롯된 행위를 해야 한다.
> 을: 인간의 의무는 배려하는 자와 배려받는 자와의 직접적인 만남 속에서 일어난다. '나는 해야 한다.'는 것은 욕구나 성향을 나타낸다.
>
> **〈문제 상황〉**
>
> A는 홍수로 피해를 겪고 있는 ○○ 지역 주민을 돕기 위해 봉사 활동을 하러 갈지, 여행을 갈지 고민하고 있다.

① 갑: 자신이 지닌 경향성을 따르는 것이 바람직함을 명심하세요.
② 갑: 의무와 일치하는 행위만이 도덕적인 행위임을 명심하세요.
③ 을: 자신의 감정보다 보편적인 도덕 원리에 따라 행동하세요.
④ 을: 주민의 고통에 공감하는 자연적 정서에 따라 행동하세요.
⑤ 갑, 을: 주민에게 결과적으로 이익을 줄 수 있도록 행동하세요.

66
▸24112-0066
2019학년도 3월 학력평가 11번
상중하

갑, 을의 입장에 대한 설명으로 가장 적절한 것은?

> 갑: 우리가 따라야 할 정언 명령은 이렇게 말할 수 있다. "그 준칙이 보편적 법칙이 될 것을, 그 준칙을 통해 내가 동시에 의욕할 수 있는, 오직 그런 준칙에 따라서만 행위 하라."
> 을: 우리는 최선의 결과를 가져다줄 행위보다 최선의 결과를 가져다줄 규칙을 찾아야 한다. 효용의 원리를 적용하여 대안이 되는 규칙들 중에 최대의 기대 효용을 갖는 규칙을 찾고 그것에 따라 행위 해야 한다.

① 갑은 개인의 준칙은 보편적 도덕 법칙이 될 수 없다고 본다.
② 갑은 자연적 경향성이 동기가 되는 행위를 도덕적이라고 본다.
③ 을은 최대 행복을 가져오는 규칙을 행위의 기준으로 삼는다.
④ 을은 행위의 결과와 무관한 보편적인 도덕 규칙을 강조한다.
⑤ 갑, 을은 행위가 아니라 행위자의 성품에 비추어 도덕성을 평가해야 한다고 본다.

67
▸24112-0067
2019학년도 수능 2번
상중하

갑 사상가가 을 사상가에게 제기할 반론으로 가장 적절한 것은?

> 갑: 개인은 가족, 이웃과 같은 공동체 속에서 자신의 도덕적 정체성을 찾아야 한다. 구체적 공동체를 벗어나면 덕을 실천할 기회도, 실천하는 방법을 배울 기회도 없다.
> 을: 행복은 쾌락의 향유와 고통의 부재를 의미한다. 어떤 종류의 쾌락이 다른 종류의 쾌락보다 바람직하고 가치 있다는 사실을 인정하는 것은 유용성의 원리와 양립 가능하다.

① 인간은 고통을 피하고 쾌락을 추구하는 존재임을 무시한다.
② 자유로운 선택을 위해 구체적 맥락을 배제해야 함을 무시한다.
③ 도덕 판단의 기준이 행위의 동기가 아닌 결과임을 간과한다.
④ 사회 전체의 행복 최대화가 보편적 도덕 원리임을 간과한다.
⑤ 유용성의 합리적 계산보다 공동체의 전통이 중요함을 간과한다.

68
▸24112-0068
2019학년도 9월 모의평가 6번
상중하

다음 사상가의 입장에서 〈문제 상황〉 속 A에게 제시할 조언으로 가장 적절한 것은?

> 인간에게는 자신의 고유한 본성에 따라 선으로 향하는 성향이 내재되어 있다. 그러므로 우리는 신이 인간에게 부여한 본성에서 나온 "선을 추구하고 악을 피하라."는 원리에 따라야 한다.
>
> **〈문제 상황〉**
>
> A는 현대 의학으로는 치료 불가능한 병으로 3개월 이내에 사망할 것이라는 진단을 받았다. 이런 상황에서 A는 연명 의료에 대한 의향서 작성을 고민하고 있다.

① 자신의 이익과 가족의 이익을 합리적으로 계산하여 판단하세요.
② 이상적인 담화 상황에서 합의된 결과를 고려하여 판단하세요.
③ 최대 다수의 최대 행복이라는 도덕 원리를 고려하여 판단하세요.
④ 인간이 갖는 자기 보존의 자연적 성향을 고려하여 판단하세요.
⑤ 자연법의 원리가 아닌 스스로 수립한 도덕 법칙에 따라 판단하세요.

69
▸24112-0069
2019학년도 6월 모의평가 5번
상중하

갑, 을 사상가들의 입장에 대한 설명으로 가장 적절한 것은?

> 갑: '해야 하기 때문에 할 수 있다.'는 것은 의무를 의식하기 때문에 정언 명령을 따라 행위 할 수 있음을 의미한다. 이러한 정언 명령은 보편화 정식으로 표현된다.
> 을: '할 수 있기 때문에 해야만 한다.'는 것은 책임질 수 있는 능력을 지녔다는 것, 그 자체로 책임져야 한다는 의미이다. 이는 인간이 미래의 위험을 예견하고 책임져야 한다는 명령으로 표현된다.

① 갑은 자연적 경향성에 근거한 행위를 도덕적 행위로 본다.
② 갑은 도덕 법칙의 형식으로 행위를 판단해서는 안 된다고 본다.
③ 을은 책임의 주체와 대상은 이성을 가진 존재로 한정된다고 본다.
④ 을은 의도하지 않은 결과까지 책임져야 하는 것은 아니라고 본다.
⑤ 갑, 을은 인간이 준수해야 할 무조건적인 도덕적 의무가 있다고 본다.

70

▸24112-0070
2019학년도 6월 모의평가 15번 상중하

다음 사상가의 입장에서 〈문제 상황〉 속 A에게 제시할 조언으로 가장 적절한 것은?

> 우리는 다른 사람과 어울리며 하는 행위들에 의해 올바른 사람이 되거나 옳지 못한 사람이 된다. 또한 위험에 당면해 무서워하거나 태연한 마음을 지니는 태도에 따라 비겁한 사람이나 용감한 사람이 되는 것이다. 결국 도덕적 덕은 본성적으로 타고나는 것이 아니라 지속된 습관의 결과로 생긴다.

> **〈문제 상황〉**
> A는 온라인 쇼핑몰 회사에서 홈페이지 보안 시스템 책임자이다. 어느 날 직장 상사가 A에게 고객 B의 부당 거래가 의심이 된다며 B의 개인 정보를 요구하였다. 그러나 회사는 어떤 경우에도 고객의 개인 정보를 최우선으로 보호하겠다고 고객들과 약속한 상태이다. 이에 A는 어떻게 처신해야 할지 고민하고 있다.

① 사회 구성원으로서 갖추어야 할 훌륭한 인품에 비추어 판단하세요.
② 개인의 권익이 회사와 공동체의 이익보다 중요함을 고려하세요.
③ 선의지에서 비롯된 의무 의식에 의해 상사의 요구에 응하세요.
④ 개인 정보를 공개할 때 발생할 결과의 유용성을 측정해 판단하세요.
⑤ 어떤 상황에서도 예외 없이 고객과의 약속을 지키도록 하세요.

71

▸24112-0071
2018학년도 10월 학력평가 18번 상중하

㉠에 들어갈 진술로 가장 적절한 것은?

> 선을 행하려면 유덕한 성품을 길러야 한다. 유덕한 성품을 통해 자연스럽게 옳은 행위를 하게 되고, 훌륭한 사람이 되기 때문이다. 그런데 어떤 사상가는 의무에 맞을 뿐만 아니라 의무이기 때문에 한 행위만이 도덕적 가치를 갖는다고 주장한다. 나는 이 사상가가 [㉠]고 생각한다.

① 자연적 감정에서 비롯된 행위도 도덕적 가치를 가질 수 있음을 간과한다
② 구체적 상황보다 보편적인 원리를 고려하여 행위 해야 함을 간과한다
③ 의무 의식에서 나온 행위는 도덕적 행위가 될 수 있음을 간과한다
④ 행위의 도덕성을 판단하는 유일한 근거가 선의지임을 간과한다
⑤ 맥락에 따라 도덕적 판단이 달라질 수 없음을 간과한다

72

▸24112-0072
2018학년도 3월 학력평가 18번 상중하

(가) 사상의 입장에서 (나) 상황 속 A에게 제시할 조언으로 가장 적절한 것은?

(가)	모든 이해(利害) 당사자의 최대 행복은 보편적으로 바람직한 인간 행동의 목적이다.
(나)	고등학생 A는 선생님과의 상담 약속을 지키기 위해 학교로 가던 중 다리를 다쳐 쓰러져 있는 아이를 목격하였다. A는 약속을 지켜야 할지 아이를 도와주어야 할지 고민하고 있다.

① 유덕한 성품을 갖춘 위인이라면 어떻게 행동할지 따져보렴.
② 언제 어디서나 적용될 수 있는 정언 명령에 따라 행동하렴.
③ 타인의 쾌락보다는 자신의 쾌락 증진이 중요함을 고려하렴.
④ 더 많은 유용성을 산출할 수 있는 행위가 무엇인지 따져보렴.
⑤ 행위 결과를 고려하지 말고 오직 의무 의식에 따라 행동하렴.

73

▸24112-0073
2018학년도 수능 5번 상중하

(가), (나)의 입장으로 가장 적절한 것은?

> (가) 어떤 행위는 타당한 행위 규칙에 일치하면 옳고, 그 규칙을 위반하면 그르다. 행위 규칙의 타당성을 결정하는 척도는 유용성이다. 윤리적 의사 결정은 더 큰 유용성을 산출하는 규칙에 근거해야 한다.
> (나) 어떤 행위 규범은 관련된 모든 당사자들이 자유롭고 평등한 담론을 통해 동의할 수 있는 것이어야 정당화될 수 있다. 규범적으로 정당한 실천적 담론은 의사소통의 일반적 전제 조건들에 근거해야 한다.

① (가): 어떤 규칙이 최대 유용성을 산출하는지는 알 수 없다.
② (가): 유용성의 원리는 행위 규칙이 아니라 개별 행위에 적용된다.
③ (나): 모든 당사자들은 보편화 가능한 행위 규범에 합의할 수 있다.
④ (나): 담론의 참여자들은 서로의 주장을 비판해서는 안 된다.
⑤ (가), (나): 결과에 대한 고려 없이 규칙이나 규범의 타당성을 판단해야 한다.

03 윤리 문제에 대한 탐구와 성찰

74
▸24112-0074
2021학년도 수능 20번 상중**하**

다음을 주장한 사상가의 입장에서 〈사례〉 속 A에게 제시할 충고로 가장 적절한 것은?

> 재물이나 명성과 명예는 최대한 많아지도록 마음을 쓰면서도 지혜와 진리, 자신의 영혼이 최대한 훌륭해지도록 하는 일에 대해서는 마음을 쓰지 않는 것을 부끄러워해야 한다. 숙고하지 않는 삶은 살 가치가 없다.

〈사례〉

제2차 세계 대전 당시 유대인 학살의 실무 책임자였던 피고 A는 재판 과정에서 자신이 명령받은 일을 하지 않았다면 양심의 가책을 받았을 것이라고 말했다. 이에 많은 사람들은 그를 악마같다고 비난했으나, 그는 맡은 일을 성실히 수행했을 뿐인데 자신이 비난받는 이유를 모르겠다고 항변했다.

① 영혼의 훌륭함보다는 명성과 명예를 추구해야 한다.
② 자신의 행동에서 지혜롭지 못한 것은 없는지 성찰해야 한다.
③ 옳음보다는 유용성을 기준으로 자신의 삶의 목적을 정해야 한다.
④ 직위와 결부된 책임을 충실히 이행하기 위해 노력해야 한다.
⑤ 자신이 속한 국가가 정한 규범을 의심 없이 받아들여야 한다.

75
▸24112-0075
2019학년도 수능 4번 상중**하**

다음 강연자의 입장으로 가장 적절한 것은?

한 사람이 권력을 가지고 전 인류를 침묵시키는 것은 부당합니다. 마찬가지로 전 인류가 한 사람을 침묵시키는 것 역시 부당합니다. 침묵시키려는 의견이 오류라고 확신할 수 없고, 설령 오류라고 해도 그것을 침묵시키는 것은 해악입니다. 인간의 지적 능력은 한계가 있으므로 누구나 오류를 범할 수 있습니다. 진리로 공인된 견해도 오류 가능성으로부터 자유롭지 못합니다. 어떤 의견이든 그것을 반박하고 반증할 수 있는 완벽한 자유가 보장돼야 합니다.

① 토론에서는 다수가 받아들일 수 없는 의견은 침묵시켜야 한다.
② 토론의 전제 조건은 참이라고 검증된 진술만을 발언하는 것이다.
③ 토론에서는 진리로 공인된 견해를 비판할 자유를 제한해야 한다.
④ 토론의 자유와 인간의 완벽한 지적 능력이 진리 추구의 조건이다.
⑤ 토론에서 오류라고 합의된 소수 의견도 진리 탐구에 기여한다.

76
▸24112-0076
2016학년도 6월 모의평가 15번 상**중**하

다음 가상 대담 속의 ㉠에 들어갈 말로 가장 적절한 것은?

1
표현의 자유와 관련하여 공리의 관점으로 설명하셨는데요, 진리에 대해 이의를 제기하는 소수의 의견도 존중해야 한다는 주장에 대해서 어떻게 생각하십니까?
2
당연히 존중해야 합니다. 그 소수 의견이 옳을 경우 인류는 오류를 수정할 기회를 잃게 되기 때문입니다.
3
하지만 그 소수 의견이 옳지 않다면 불필요한 일이 아닐까요?
4
설령 그 의견이 옳지 않다고 할지라도 논쟁을 펼치는 과정에서, 인류는 ㉠

① 다수의 의견에 대한 복종의 필요성을 알게 됩니다.
② 기존의 진리가 지닌 가치와 의의를 재확인하게 됩니다.
③ 다수뿐만 아니라 소수마저 동의해야 진리가 됨을 알게 됩니다.
④ 다수에 의해 확립된 의견이 진리의 표준임을 재확인하게 됩니다.
⑤ 사회적 유용성 차원에서 표현의 자유를 제한해야 함을 알게 됩니다.

77
▸24112-0077
2015학년도 6월 모의평가 13번 상**중**하

(가)를 주장한 사상가의 입장에서 (나)의 주장을 반박할 경우 그 논거로 적절하지 않은 것은?

(가)	의견 발표를 억압하는 것은 그 의견을 지지하거나 반대하는 사람 모두에게 손해를 끼친다. 한 사람 이외의 모든 인류가 동일한 의견이고, 한 사람만이 반대 의견을 갖는다 해도, 인류에게는 그 한 사람에게 침묵을 강요할 권리가 없다.
(나)	소수의 다양한 의견은 진리에 대한 의심을 불러일으켜 진리의 가치를 훼손시킬 수 있다. 따라서 진리를 지키기 위해서는 소수의 발언 기회가 제한되어야 한다.

① 자유로운 토론을 통해 모두가 합의해야 진리가 된다.
② 소수의 의견이 진리이고 다수의 의견이 오류일 수 있다.
③ 자유 토론의 과정에서 진리의 가치를 재확인할 수 있다.
④ 자유로운 논박을 통해 진리에 대한 참된 이해가 가능하다.
⑤ 소수 의견이 오류라고 해도 부분적으로는 진리일 수 있다.

기출 & 플러스

01 현대 생활과 실천 윤리

■ **빈칸에 알맞은 말을 써 넣으시오.**

01 (　　　)은 생명 윤리, 환경 윤리, 정보 윤리와 같이 시대의 변화에 따라 다양한 영역에서 나타나는 윤리 문제를 주된 연구 과제로 삼는다.

02 (　　　) 윤리학은 도덕 언어의 논리적 타당성과 의미 분석을 통해 윤리학의 (　　　) 성립 가능성을 비판적으로 탐구해야 한다고 주장한다.

03 (　　　) 윤리학은 도덕 이론에 대한 탐구를 통해 도덕 판단의 보편적 근거를 마련하고자 하지만, (　　　) 윤리학은 도덕적인 현상과 문제를 객관적으로 서술하고자 한다.

04 삶에서 구체적으로 발생하는 윤리 문제의 구체적 해결책을 모색하는 학문이 실천 윤리학이고, 도덕 명제에 대한 (　　　) 분석에 주력하는 연구 경향이 메타 윤리학이다.

05 실천 윤리학이 현실적인 도덕 문제를 해결하기 위해서는 다양한 학문 분야의 전문적 지식과 기술이 필요하기 때문에 (　　　) 연구를 할 필요가 있다.

■ **다음 내용이 옳으면 ○표, 틀리면 ×표 하시오.**

06 이론 윤리학도 현실의 도덕 문제 해결에 관심을 갖고 있으며, 실천 윤리학은 이론 윤리학에 토대를 두기 때문에 상호 보완적 관계에 있다. (　　)

07 규범 윤리학에서는 윤리학이 당위의 관점에서 이상적 덕이 무엇인지 모색해야 한다고 주장한다. (　　)

08 실천 윤리학은 도덕적 탐구가 학문적으로 성립 가능한 분야임을 부정한다. (　　)

09 '~이다.'라는 사실 명제를 근거로 '~해야 한다.'라는 당위 명제를 연역적으로 도출할 수 있는지를 탐구하는 것은 메타 윤리학의 주요 탐구 과제 중 하나이다. (　　)

10 기술 윤리학은 도덕 현상을 기술할 때 문화적 특성을 고려하지 말아야 한다고 본다. (　　)

11 메타 윤리학은 도덕 추론에 대한 논리적 구조 분석의 필요성을 주장한다. (　　)

12 기술 윤리학은 도덕 현상의 인과 관계에 대한 탐구의 가능성을 인정한다. (　　)

13 메타 윤리학은 도덕적 진술은 감정 표현에 불과하다고 보며, 인간의 도덕적 삶을 안내하는 데 직접적인 관심이 없다. (　　)

02 현대 윤리 문제에 대한 접근

■ **빈칸에 알맞은 말을 써 넣으시오.**

14 유교 윤리는 타인에 대한 사랑인 인(仁)을 실천하는 방법으로 자기 자신에 대한 성실로서의 (　　　)과 내 마음을 미루어 다른 사람을 배려하는 (　　　)의 덕목을 제시한다.

15 도가 윤리는 평등적 세계관을 강조하며, 제물(齊物)의 경지에 이르기 위한 수양 방법으로 조용히 앉아 자신을 구속하는 일체의 것을 잊어버리는 (　　　)과 마음을 비워서 깨끗이 하는 (　　　)를 제시한다.

16 공리주의의 대표적 사상가 벤담은 '최대 다수의 최대 행복'을 (　　　)과 (　　　)의 기본 원리로 제시한다.

17 덕 윤리는 행위보다는 (　　　)를, 원리나 법칙보다는 (　　　) 품성을 중시한다.

■ **다음 내용이 옳으면 ○표, 틀리면 ×표 하시오.**

18 자연법 윤리는 도덕적 직관을 통한 도덕 판단의 원리와 과정을 잘 설명하지만, 직관에 따른 도덕 판단이 서로 다를 경우 이를 해결할 적절한 방안이 없다. (　　)

19 벤담에 따르면 쾌락은 그 자체로 선, 고통은 그 자체로 악이며, 칸트는 그 자체로 선한 것은 선의지밖에 없다고 본다. (　　)

03 윤리 문제에 대한 탐구와 성찰

■ **빈칸에 알맞은 말을 써 넣으시오.**

20 유교에서는 윤리적 성찰의 방법으로 마음을 한곳으로 모아 흐트러짐이 없게 하는 (　　　)의 수양 방법을 중시한다.

■ **다음 내용이 옳으면 ○표, 틀리면 ×표 하시오.**

21 밀은 토론 과정에서 오류라고 합의된 소수 의견도 진리 탐구에 기여한다고 본다. (　　)

정답 01 실천 윤리학　02 메타, 학문적　03 규범, 기술　04 가치 중립적　05 학제적　06 ○　07 ○　08 ×　09 ○　10 ×　11 ○　12 ○　13 ○　14 충(忠), 서(恕)　15 좌망(坐忘), 심재(心齋)　16 도덕, 입법　17 행위자, 유덕한　18 ○　19 ○　20 거경(居敬)　21 ○

함정 탈출 TIP 체크

08 실천 윤리학은 윤리학의 한 분야이다. 그러므로 윤리학의 학문적 성립을 부정하지 않는다.

10 기술 윤리학은 도덕을 하나의 문화적 사실로 보고 이를 객관적으로 서술하고자 한다.

II

생명과 윤리

기출 문제 분석 팁

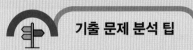

- 삶과 죽음에 대한 동서양 사상가들의 입장을 비교하는 문제가 출제되고 있다. 또한 임신 중절, 안락사, 뇌사와 같이 현실에서 나타나는 출생·죽음과 관련된 윤리적 쟁점을 파악하는 문제가 출제되고 있다.
- 생명 복제, 유전자 치료, 동물 실험 등 현대 사회에서 나타나는 다양한 생명과 관련된 윤리 문제에 대한 쟁점을 파악하는 문제가 출제되고 있다.
- 사랑에 대한 프롬의 입장을 묻는 문제와 성에 대한 보수주의, 중도주의, 자유주의의 입장을 비교하는 문제가 출제되고 있다.

한눈에 보는 출제 빈도

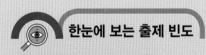

시험 \ 내용		01 삶과 죽음의 윤리 • 출생과 죽음의 윤리적 의미 • 출생 · 죽음과 관련된 윤리적 쟁점	02 생명 윤리 • 생명 복제와 유전자 치료 문제 • 동물 실험과 동물 권리의 문제	03 사랑과 성 윤리 • 사랑과 성의 관계 • 결혼과 가족의 윤리
2024 학년도	수능	1	1	1
	9월 모의평가	1	1	1
	6월 모의평가	1	1	1
2023 학년도	수능	1	1	1
	9월 모의평가	1	1	1
	6월 모의평가	1	1	1
2022 학년도	수능	1	1	1
	9월 모의평가	1	1	1
	6월 모의평가	1	1	1
2021 학년도	수능	1	1	2
	9월 모의평가	1	1	1
	6월 모의평가	1	1	1
2020 학년도	수능		1	1
	9월 모의평가	1	1	2
	6월 모의평가	2	1	3

기출 문제로 유형 확인하기

01 삶과 죽음의 윤리

01
▸24112-0078
2024학년도 수능 17번
상중하

갑, 을 사상가들의 입장으로 가장 적절한 것은?

갑: 사람에게 인(仁)은 물과 불보다 더 필요한 것이다. 하지만 나는 물과 불로 인해 죽은 사람은 보았지만, 인을 실천하다가 죽은 사람은 아직 보지 못하였다.
을: 삶과 죽음은 사계절의 운행과 같다. 이러한 이치에 통달한 지인(至人)을 물과 불이 다치게 할 수 없고, 추위와 더위가 해칠 수 없으며, 짐승들마저도 죽이지 못한다.

① 갑: 죽음 이후에 관한 지식이 삶에 관한 지식보다 중요하다.
② 갑: 죽음을 맞이하는 한이 있더라도 도(道)를 추구해야 한다.
③ 을: 죽음은 삶에서 지은 업(業)으로 말미암아 나타난 결과이다.
④ 을: 죽음은 삶의 자연스러운 변화이지만 마땅히 슬퍼해야 한다.
⑤ 갑과 을: 삶과 죽음은 운명[命]에 따라 주기적으로 순환한다.

02
▸24112-0079
2024학년도 9월 모의평가 3번
상중하

갑, 을 사상가들의 입장으로 가장 적절한 것은?

갑: 사람이 이 세상에 태어나는 것은 때[時]를 만났기 때문이고 어쩌다가 세상을 떠나는 것은 순리[順]이기 때문이다. 따라서 편안한 마음으로 때를 그대로 받아들이고 순리를 따른다면 슬픔이나 기쁨이 들어올 틈이 없다.
을: 삶은 내가 원하는 바이지만 이보다 더 원하는 것[義]이 있기에 구차하게 살고자 하지 않는다. 또한 죽음은 내가 싫어하는 바이지만 이보다 더 싫은 것[不義]이 있기에 환란으로 죽더라도 피하지 않는다.

① 갑: 죽음을 거부하면서 도덕을 실천하는 삶을 추구해야 한다.
② 갑: 삶과 죽음은 낮과 밤처럼 순환하므로 초연하게 대해야 한다.
③ 을: 죽음 이후의 새로운 삶을 받지 않도록 열반에 도달해야 한다.
④ 을: 삶과 죽음을 서로 차별하지 말고 동등하게 수용해야 한다.
⑤ 갑과 을: 삶과 죽음은 슬퍼하거나 기뻐해야 할 대상이 아니다.

03
▸24112-0080
2024학년도 6월 모의평가 4번
상중하

갑, 을 사상가들의 입장으로 가장 적절한 것은?

갑: 오온(五蘊)에 대해서 제대로 알지 못하여 해탈하지 못하면, 태어남·늙음·병듦·죽음[生老病死]에 대한 두려움을 넘을 수 없다.
을: 삶과 죽음은 명(命)이다. 대자연은 육체를 주어 나를 이 세상에 살게 하며, 삶을 주어 나를 수고롭게 하며, 늙음으로 나를 편안하게 해주며, 죽음으로 나를 쉬게 한다.

① 갑: 죽음은 오온의 해체이기 때문에 괴로움[苦]이 아니다.
② 갑: 죽음은 원인과 조건에 의한 관계의 법칙에서 벗어난 것이다.
③ 을: 죽음으로 인해 흩어진 기(氣)는 더 이상 순환하지 않는다.
④ 을: 죽음은 천명(天命)에 따른 결과이므로 태연해서는 안 된다.
⑤ 갑과 을: 죽음의 두려움은 참된 진리의 자각으로 극복될 수 있다.

04
▸22112-0081
2023학년도 10월 학력평가 6번
상중하

갑, 을 사상가들의 입장으로 가장 적절한 것은?

갑: 현자는 삶으로부터 도피하려 하지도, 삶의 중단을 두려워하지도 않는다. 삶이 해를 주는 것도 아니고, 삶의 부재가 어떤 악으로 생각되지도 않기 때문이다. 현자는 단순히 긴 삶이 아니라 가장 즐거운 삶을 원한다.
을: 영혼이 가장 잘 사유하는 때는 청각, 시각, 고통, 쾌감 등으로 주의가 산만해지지 않을 때이다. 우리가 어떤 사물에 대해 순수한 지식을 갖고자 한다면 몸에서 벗어나 영혼 자체로 사물 자체를 관찰해야 한다.

① 갑: 죽음에 대한 인식과 무관하게 죽음은 그 자체로 악이다.
② 갑: 죽음을 통해 고통의 부재로서의 쾌락이 비로소 실현된다.
③ 을: 죽음 이후에 영혼의 사유로는 참된 실재를 인식할 수 없다.
④ 을: 죽음으로 불완전한 세계에서 완전한 세계에 이를 수 있다.
⑤ 갑과 을: 영혼의 불멸성을 파악하면 죽음이 두렵지 않게 된다.

정답과 해설 18쪽

05

▸24112-0082
2023학년도 3월 학력평가 3번

상중하

갑, 을 사상가들의 입장으로 가장 적절한 것은?

> 갑: 죽음은 감각의 상실이므로 우리에게 아무것도 아니다. 이를 제대로 알게 되면 가사성(可死性)도 즐겁게 된다. 그러한 앎이 불멸에 대한 갈망을 제거해 주기 때문이다.
> 을: 고통의 소멸로 이끄는 길을 알지 못하는 사람들은 결코 윤회(輪廻)를 끝낼 수가 없다. 그들은 태어남과 죽음을 끊임없이 반복하여 겪는다.

① 갑: 죽음은 고통이므로 죽음을 최고의 악으로 인식해야 한다.
② 갑: 죽음을 두려움의 대상으로 여기는 인식에서 벗어나야 한다.
③ 을: 연기의 법칙을 깨달아 고정불변의 자아를 확립해야 한다.
④ 을: 윤회를 통해 모든 고통이 저절로 소멸됨을 깨달아야 한다.
⑤ 갑과 을: 내세의 영원한 삶을 위해 현실의 삶에 충실해야 한다.

06

▸24112-0083
2023학년도 수능 6번

상중하

갑, 을 사상가들의 입장으로 가장 적절한 것은?

> 갑: 사람이 죽으면 영혼이 육체로부터 분리되어 자유를 얻는다. 죽음이 다가올 때 죽기를 주저하는 사람은 분명 지혜를 사랑하는 자가 아니며, 육신을 사랑하는 자인 동시에 부나 명예를 사랑하는 자임에 틀림이 없다.
> 을: 우리가 존재하는 한 죽음은 우리와 함께 있지 않으며 죽음이 오면 우리는 존재하지 않는다. 죽음은 산 사람이나 죽은 사람 모두와 아무런 상관이 없다. 지혜로운 사람에게는 죽음이 어떠한 악으로도 생각되지 않는다.

① 갑: 지혜로운 사람은 죽음을 두려워하면서도 의연히 받아들인다.
② 갑: 사람들이 추구하는 가치가 달라도 죽음을 대하는 태도는 같다.
③ 을: 죽음은 지혜로운 사람도 피할 수 없는 고통임을 깨달아야 한다.
④ 을: 감각할 수 없는 자신의 죽음 때문에 불안을 느낄 필요가 없다.
⑤ 갑과 을: 불멸에 대한 열망을 통해 죽음의 불안에서 벗어나야 한다.

07

▸24112-0084
2023학년도 9월 모의평가 6번

상중하

(가), (나) 사상의 입장으로 적절하지 <u>않은</u> 것은?

> (가) 죽은 자를 위해 슬픔을 다하여 신중하게 장례를 치르고, 먼 조상의 제사에도 예(禮)로써 추모한다면 백성들의 덕(德)이 두터운 곳으로 돌아갈 것이다.
> (나) 사물에는 생멸(生滅)의 정황이 있으나, 이는 마음이 드러난 것일 뿐 생겨남이 없는 까닭에 소멸할 것도 없다. 이를 알면 생사(生死)와 열반(涅槃)이 평등하다는 경계에 이를 것이다.

① (가): 죽음을 슬퍼하는 것은 자연의 순리를 회피하는 것이다.
② (가): 죽음에 관심을 가지기보다는 인륜적 삶에 충실해야 한다.
③ (나): 연기(緣起)를 깨달아 죽음의 고통[苦]에서 벗어나야 한다.
④ (나): 삶과 죽음을 서로 다르지 않은 하나[生死一如]로 여겨야 한다.
⑤ (가)와 (나): 죽음에 집착하지 않는 삶의 태도를 지녀야 한다.

08

▸24112-0085
2023학년도 6월 모의평가 4번

상중하

다음의 가상 대화에서 ㉠에 들어갈 주장으로 가장 적절한 것은?

사람은 언젠가는 죽음을 맞이할 수밖에 없다는 것이 두렵습니다. 선생님은 이에 대해 어떻게 생각하십니까?
죽음이란 우리에게 아무것도 아닙니다.
그 이유는 무엇입니까?
우리가 두려워해야 할 유일한 것은 고통입니다. 그런데 감각을 상실하면 고통을 느낄 수 없습니다. 그리고 우리가 죽게 되면 모든 감각 능력을 상실합니다. 따라서 ㉠

① 죽은 후에 감각 능력이 없으므로 죽음을 두려워해야 합니다.
② 죽은 후에 고통을 겪지 않도록 죽음을 두려워하지 말아야 합니다.
③ 죽은 후에 고통을 겪을 수도 있으므로 죽음을 두려워해야 합니다.
④ 죽은 후에 고통을 겪을 수 없으므로 죽음을 두려워할 필요가 없습니다.
⑤ 죽은 후에 쾌락을 얻을 수도 있으므로 죽음을 두려워할 필요가 없습니다.

09
▸24112-0086
2022학년도 10월 학력평가 3번
상 중 하

갑, 을 사상가들의 입장으로 가장 적절한 것은?

갑: 영혼은 그 자체로 돌아가야 사물 그 자체를 볼 수 있게 된다. 순수한 지식을 얻게 되는 것은 살아 있는 동안이 아니라 죽음 이후의 일이다. 영혼이 육체와 함께 있는 동안은 순수한 인식을 가질 수 없다.
을: 영혼은 그것을 보호해 주는 몸이 분해되면, 영혼을 구성하고 있던 원자들도 흩어져 이전과 같은 능력을 가질 수 없고, 운동도 할 수 없게 된다. 따라서 죽음과 동시에 영혼은 감각할 수 없는 상태가 되고 만다.

① 갑: 불멸의 영혼은 죽음 이후 참된 실재의 세계로 갈 수 있다.
② 갑: 인간은 죽음 이후 감각으로 순수한 진리를 파악할 수 있다.
③ 을: 죽음은 인간이 직면하는 최고의 악이므로 회피해야 한다.
④ 을: 인간의 영혼은 죽음 이후에도 쾌락과 고통을 느낄 수 있다.
⑤ 갑, 을: 죽음은 감각적 경험의 대상이나 두려워할 필요는 없다.

10
▸24112-0087
2022학년도 3월 학력평가 16번
상 중 하

갑, 을 사상가들의 입장만을 〈보기〉에서 있는 대로 고른 것은?

갑: 사람도 잘 섬기지 못하면서 어떻게 귀신을 섬길 수 있겠는가? 삶에 대해 잘 알지도 못하면서 어떻게 죽음에 대해 알겠는가?
을: 진인은 삶을 기뻐할 줄도 모르고 죽음을 싫어할 줄도 모른다. 삶의 시작을 꺼리지도 않고 삶의 끝을 바라지도 않는다. 의연히 가고 의연히 올 따름이다.

보기

ㄱ. 갑: 도덕적 삶보다는 사후 세계에 관심을 가져야 한다.
ㄴ. 갑: 죽은 사람에 대한 애도는 예에 맞게 표현해야 한다.
ㄷ. 을: 생사를 분별하는 태도에서 벗어나 도에 따라야 한다.
ㄹ. 갑, 을: 내세의 행복을 위해 선한 행위를 반복해야 한다.

① ㄱ, ㄴ ② ㄱ, ㄹ ③ ㄴ, ㄷ
④ ㄱ, ㄷ, ㄹ ⑤ ㄴ, ㄷ, ㄹ

11
▸24112-0088
2022학년도 수능 6번
상 중 하

다음을 주장한 사상가의 입장으로 적절한 것만을 〈보기〉에서 고른 것은?

삶은 죽음과 함께 걷고 죽음은 삶에서 비롯하나니 누가 그 실마리를 알겠는가. 사람의 삶은 기(氣)가 모인 것이라서 모이면 삶이 되고 흩어지면 죽음이 된다네. 따라서 만물은 하나니라. 좋아하면 멋진 것이라 하고 싫어하면 역겨운 것이라 하지만, 역겨운 것이 멋진 것이 되고 멋진 것이 다시 역겨운 것이 되네. 따라서 삶과 죽음은 하나의 기로 통할 뿐이라고 말하는 것일세. 성인(聖人)은 하나를 귀하게 여긴다네.

보기

ㄱ. 삶에 얽매이지도 말고 죽음을 걱정하지도 말아야 한다.
ㄴ. 죽음을 의식하지 말고 인의예지(仁義禮智)를 행해야 한다.
ㄷ. 삶과 죽음의 변화는 계절의 변화처럼 자연스러운 것이다.
ㄹ. 죽음은 윤회의 일부이며 현생의 업보가 내생을 결정한다.

① ㄱ, ㄴ ② ㄱ, ㄷ ③ ㄴ, ㄷ
④ ㄴ, ㄹ ⑤ ㄷ, ㄹ

12
▸24112-0089
2022학년도 9월 모의평가 11번
상 중 하

갑, 을 사상가들의 입장으로 가장 적절한 것은?

갑: 사람을 섬길 줄도 모르면서 어떻게 귀신을 섬길 수 있겠는가? 삶도 아직 모르면서 어떻게 죽음을 알 수 있겠는가? 뜻있는 선비와 어진 사람은 살기 위해 인(仁)을 해치지 않고, 자신을 희생해서라도 인을 이루려 한다.
을: 혼돈 속에 뒤섞여 있는 가운데 변화가 일어나 기(氣)가 드러나고, 그 기가 변화하여 형체를 이루며, 다시 이 형체가 변화해서 생명이 생긴다. 생명은 다시 한 번 변화해서 죽음으로 돌아간다.

① 갑: 삶과 죽음은 모두 고통의 연속일 뿐이다.
② 갑: 삶과 죽음은 기가 모이고 흩어지는 연속적 과정이다.
③ 을: 자연스러운 과정인 죽음에 대해 슬퍼할 필요가 없다.
④ 을: 죽음을 두려워하기보다 인(仁)을 이루는 삶을 지향해야 한다.
⑤ 갑, 을: 현세에서의 도덕적 실천이 내세의 삶에 영향을 미친다.

13
▸24112-0090
2021학년도 3월 학력평가 16번
상중하

다음을 주장한 사상가의 입장으로 적절하지 않은 것은?

> 우리가 어떤 것의 진리를 있는 그대로 보고자 한다면, 육체로부터 벗어나서 오로지 영혼만으로 그것을 바라보아야 한다. 영혼이 육체로부터 분리되어 홀로 있게 되는 것은 살아서는 불가능하다. 다만 살아 있는 동안에 진리에 가장 가까이 다가갈 수 있는 길은 우리 자신을 육체의 본성으로부터 순수하게 지켜서 영혼을 더럽히지 않는 것이다.

① 죽음은 영혼이 순수한 인식을 할 수 없는 상태로 만든다.
② 죽음을 통해 영혼은 참된 실재의 세계로 들어갈 수 있다.
③ 현실 세계에서 영혼의 순수성을 지키는 노력이 필요하다.
④ 불멸하는 영혼은 죽음 이후에 육체로부터 자유로울 수 있다.
⑤ 죽음은 영혼이 참된 지혜를 얻을 수 있는 계기가 될 수 있다.

14
▸24112-0091
2021학년도 수능 16번
상중하

(가)~(다) 사상의 입장으로 옳지 않은 것은?

> (가) 아침에 도(道)를 깨달으면 저녁에 죽어도 좋다. 뜻있는 선비는 살아남고자 하여 인(仁)을 해치는 일이 없다.
> (나) 진인(眞人)은 삶을 기뻐하지도 않고, 죽음을 싫어하지도 않는다. 착한 일을 행하여 명성을 가까이하지도 말고, 악한 짓을 행하여 형벌을 가까이하지도 말아야 한다.
> (다) 전생(前生)에 뿌려진 씨앗은 이번 생에 받는 것이고, 다음 생에 거둘 열매는 이번 생에 행하는 바로 그것이다.

① (가): 죽음은 슬픈 일이지만 의로운 일을 위해 목숨을 버릴 수 있다.
② (나): 인의(仁義)를 위해 목숨을 바치는 것은 어리석은 일이다.
③ (다): 연기의 법칙을 깨달으면 윤회의 고통에서 벗어날 수 있다.
④ (가), (나): 태어남과 죽음은 본래 자연스러운 과정일 뿐이다.
⑤ (나), (다): 남을 도우며 선하게 살아야 내세의 행복을 기약할 수 있다.

15
▸24112-0092
2021학년도 9월 모의평가 16번
상중하

(가), (나) 사상의 입장으로 가장 적절한 것은?

> (가) 요즘 사람들은 조문할 때, 자기 부모나 자식이 죽은 것과 마찬가지로 애통해 한다. 그러나 죽음을 애통해 하는 행위는 자연스러운 도(道)의 본성을 배반하는 것으로, 자신이 받은 본성을 망각한 것이다.
> (나) 세상 사람들의 생사(生死)는 중대한 일인데, 그대들은 하루 종일 공양(供養)하면서 다음 생의 복(福)만을 구하려 하고, 생사의 굴레를 끊으려고 하지 않는다. 그대들은 자신의 본성[自性]에 대해 여전히 미혹하다.

① (가): 죽음은 다음 생으로 이어지는 윤회(輪廻)의 과정이다.
② (가): 죽음은 자연의 과정이지만 마땅히 애도해야 하는 일이다.
③ (나): 죽음은 기(氣)가 모였다가 흩어진 자연스러운 현상이다.
④ (나): 죽음은 깨달음을 통해 벗어나야 할 고통들 중 하나이다.
⑤ (가), (나): 죽음은 괴로운 인간 삶에서 벗어난 지극한 경지이다.

16
▸24112-0093
2021학년도 6월 모의평가 16번
상중하

갑, 을 사상가들의 입장으로 가장 적절한 것은?

> 갑: 모든 좋고 나쁨은 감각에 달려 있는데 죽으면 감각을 잃는다. 따라서 죽음은 우리에게 아무것도 아니다. 현자는 사려 깊음을 통해 죽음을 무서워하지 않고 마음의 평안을 추구한다.
> 을: 죽음은 진리 추구를 방해하는 육체에서 영혼이 분리되는 것이다. 평생에 걸쳐 최대한 죽음과 가장 가까운 상태로 영혼을 정화하며 살고자 했던 사람이 그토록 열망하는 지혜를 얻을 수 있는 곳으로 가는 것이 죽음이다.

① 갑: 죽음 이후에 비로소 선의 본질이 드러난다.
② 갑: 현세의 삶은 사후의 영혼의 삶에 영향을 준다.
③ 을: 죽음의 순간에 육체의 소멸과 함께 영혼도 소멸한다.
④ 을: 죽음의 두려움은 감각적 쾌락을 통해 해소되어야 한다.
⑤ 갑, 을: 지혜로운 사람에게 죽음은 두려움의 대상이 아니다.

17
▸24112-0094
2020학년도 10월 학력평가 2번

상 중 **하**

그림은 서양 사상가 갑, 을의 가상 대화이다. 갑, 을의 입장으로 가장 적절한 것은?

죽음은 감각이 상실되는 것으로, 산 사람이나 죽은 사람 모두와 상관이 없습니다. 산 사람에게는 아직 죽음이 오지 않았고, 죽은 사람은 이미 존재하지 않기 때문입니다.
죽음이란 영혼이 육체에서 분리되어 해방되는 것입니다. 우리는 죽은 후에야 비로소 사물을 올바르게 인식하여 순수한 지식을 얻을 수 있습니다.
갑
을

① 갑: 죽음의 고통은 쾌락을 추구함으로써 극복할 수 있다.
② 갑: 죽음은 인간이 직면하는 가장 큰 악이므로 회피해야 한다.
③ 을: 죽음 이후의 세계에서는 참된 지혜를 발견할 수 없다.
④ 을: 죽음은 누구에게나 찾아오지만 두려움의 대상은 아니다.
⑤ 갑, 을: 죽음의 본질이 무엇인지 깨닫고 내세를 대비해야 한다.

18
▸24112-0095
2020학년도 3월 학력평가 2번

상 **중** 하

갑, 을 사상가들의 입장으로 가장 적절한 것은?

> 갑: 존재를 조건으로 태어남이, 태어남을 조건으로 늙음·죽음과 근심·탄식·육체적 고통·정신적 고통·절망이 발생한다. 이와 같이 전체 괴로움의 무더기가 발생한다.
> 을: 죽고 사는 것은 밤낮이 이어지는 것과 같은 자연의 이치이다. 진인은 태어남을 기뻐하지도, 죽음을 거역하지도 않는다. 의연하게 갔다가 의연하게 돌아올 뿐이다.

① 갑: 죽음은 삶과 달리 인간이 겪을 수밖에 없는 고통이다.
② 갑: 인간은 자신의 업(業)과 무관하게 삶과 죽음을 반복한다.
③ 을: 자연적 본성에서 벗어나 삶과 죽음에 대해 초연해야 한다.
④ 을: 도(道)를 해치지 않는 사람은 삶과 죽음에 집착하지 않는다.
⑤ 갑, 을: 삶과 죽음은 분별해야 하는 자연적인 순환 과정이다.

19
▸24112-0096
2020학년도 9월 모의평가 18번

상 **중** 하

다음 사상가의 입장으로 가장 적절한 것은?

> 삶과 죽음은 기(氣)가 모였다 흩어지는 자연의 과정이다. 생명을 얻음은 때를 만나서 태어난 것이요, 생명을 잃음은 운명에 순응하는 것이다. 때에 맡겨 마음을 편안히 가지고 운명에 순응한다면 슬픔과 즐거움이 들어올 수 없으니, 이것이 옛사람이 말한 '거꾸로 매달린 고통을 풀어줌'이다.

① 연기(緣起)의 이치를 깨달아 고락에서 벗어나야 한다.
② 삶에 집착하지 않고 자연스러운 도(道)를 따라야 한다.
③ 내세의 행복을 위해 선업(善業)을 쌓는 삶을 살아야 한다.
④ 삶과 죽음의 이치를 깨달아 인의(仁義)의 삶에 힘써야 한다.
⑤ 죽음은 자연의 과정이지만 상례(喪禮)를 통해 애도해야 한다.

20
▸24112-0097
2020학년도 6월 모의평가 3번

상 **중** 하

갑, 을 사상가들의 입장으로 가장 적절한 것은?

> 갑: 아침에 도(道)를 들으면 저녁에 죽어도 괜찮다. 뜻이 있는 선비와 인(仁)을 갖춘 사람은 삶에 집착하다가 인을 해치는 경우는 없지만, 자신을 희생하여 인을 이루는 경우는 있다.
> 을: 성인(聖人)의 삶은 자연의 운행과 같고, 죽음은 만물의 변화와 같다. 그는 행복을 추구하지 않으며, 불행을 자초하지 않는다. 그의 삶은 물 위에 떠 있는 것과 같고, 죽음은 휴식과 같다.

① 갑: 죽음은 반복되는 윤회에서 벗어날 수 있는 방법이다.
② 갑: 죽음은 내세(來世)에서의 도덕적 완성을 위한 과정이다.
③ 을: 죽음은 모든 만물의 근원인 도(道)와 연관된 현상이다.
④ 을: 죽음은 상례(喪禮)를 통해 애도해야만 하는 슬픈 일이다.
⑤ 갑, 을: 죽음이 아쉽지 않도록 도덕적으로 충실하게 살아야만 한다.

21
▸24112-0098
2019학년도 10월 학력평가 18번
상중하

갑, 을 사상가들의 입장만을 〈보기〉에서 고른 것은?

갑: 생명을 얻는 것은 때를 만난 것이요, 그것을 잃는 것은 자연의 변화를 따르는 것이다. 자연의 변화에 순응하면 슬픔이나 즐거움이 끼어들 수가 없다. 이것이 이른바 속박으로부터의 해방인 것이다.
을: 죽음이 단지 누구도 어쩔 수 없는 불행으로서 자기 절멸이라면 죽음은 더 이상 한계 상황이 아니다. 왜냐하면 죽음이 실존의 가능한 심연을 일깨워 주는 것이 아니라 모든 것을 무의미하게 만들어 버리기 때문이다.

보기

ㄱ. 갑: 삶과 죽음은 분별할 수 없는 순환의 과정이다.
ㄴ. 갑: 죽음은 또 다른 존재로 윤회하기 위한 과정이다.
ㄷ. 을: 죽음은 참된 실존을 깨달을 수 있는 한계 상황이다.
ㄹ. 갑, 을: 인간은 죽음에 대한 불안을 극복할 수 없다.

① ㄱ, ㄴ ② ㄱ, ㄷ ③ ㄴ, ㄷ
④ ㄴ, ㄹ ⑤ ㄷ, ㄹ

22
▸24112-0099
2019학년도 3월 학력평가 5번
상중하

갑, 을 사상가들의 입장에 대한 설명으로 가장 적절한 것은?

갑: 죽음이란 삶의 시작이며 삶이란 죽음을 뒤따르는 것[徒]이다. 사람의 삶이란 기(氣)가 모인 것이다. 기가 모이면 삶이 되고 기가 흩어지면 죽게 된다.
을: 태어남으로 인하여 늙음, 죽음과 같은 고통이 있다. 태어남과 죽음의 반복은 마치 쉬지 않고 도는 수레바퀴와 같다.

① 갑은 분별적 지혜를 발휘하여 죽음에 초연해야 한다고 본다.
② 을은 인간은 죽음 이후에 비로소 고통에서 벗어난다고 본다.
③ 갑은 을과 달리 삶과 죽음은 반복될 수 있다고 본다.
④ 을은 갑과 달리 업(業)은 사후의 삶에 영향을 준다고 본다.
⑤ 갑, 을은 죽음을 피할 수 없으므로 두려워해야 한다고 본다.

23
▸22112-0100
2023학년도 10월 학력평가 19번
상중하

다음 토론의 핵심 쟁점으로 가장 적절한 것은?

갑: 낙태죄에 대한 헌법 불합치 판결 이후에도 인공 임신 중절에 대한 윤리적 논쟁이 계속되고 있습니다. 태아는 이익을 지니지 않으므로 인공 임신 중절은 허용되어야 합니다.
을: 태아는 미래에 의식을 갖출 잠재적 존재이므로 이익을 지니지 않습니다. 하지만 태아는 인간 종(種)의 한 구성원으로 성인과 동등한 본래적 가치를 지니기 때문에 인공 임신 중절을 허용해서는 안 됩니다.
갑: 그렇지 않습니다. 태아는 성인과 달리 현재 의식을 갖추고 있지 않아 본래적 가치를 지니지 않습니다. 따라서 인공 임신 중절에 대한 성인의 자율권을 존중해야 합니다.
을: 아닙니다. 식물인간은 의식이 없지만 본래적 가치를 지니므로 보호됩니다. 마찬가지로 태아도 의식이 없지만 본래적 가치를 지니므로 보호되어야 합니다.

① 태아는 이익을 가진 존재이므로 보호받아야 할 대상인가?
② 태아는 장래에 의식을 지닐 수 있는 존재로 보아야 하는가?
③ 태아가 지닌 본래적 가치는 태아의 의식으로부터 비롯되는가?
④ 태아의 자율권은 인공 임신 중절을 금지하는 근거가 되는가?
⑤ 태아는 본래적 가치를 지니므로 인공 임신 중절은 부당한가?

24
▸24112-0101
2020학년도 6월 모의평가 8번
상중하

갑, 을의 입장으로 적절한 것만을 〈보기〉에서 있는 대로 고른 것은?

태아는 인간 생명체이지만 완전한 인격체는 아니기에 부분적인 도덕적 지위만을 가집니다. 따라서 태아를 함부로 죽이는 것은 안 되지만, 임신부의 질병 등으로 현재 상황이 좋지 않고 나중에 더 좋은 상황에서 임신하려는 경우라면 임신 중절은 허용됩니다.
태아는 잠재적인 인간이라는 사실은 부정될 수 없습니다. 잠재성이 중요한 이유는 태아를 죽이는 것이 미래의 합리적이고 자의식적인 존재를 죽이는 것이기 때문입니다. 따라서 인간으로서의 잠재성을 지닌 태아를 해치는 것은 옳지 않습니다.
갑
을

보기

ㄱ. 갑: 태아의 권리와 임신부의 권리를 동등하게 대우해야 한다.
ㄴ. 을: 태아는 특별한 방해가 없는 한 하나의 인격체로 자랄 것이다.
ㄷ. 을: 태아는 합리적 · 자의식적인 존재이기에 해쳐서는 안 된다.
ㄹ. 갑, 을: 태아를 단순한 세포 조직처럼 함부로 대우해서는 안 된다.

① ㄱ, ㄷ ② ㄱ, ㄹ ③ ㄴ, ㄹ
④ ㄱ, ㄴ, ㄷ ⑤ ㄴ, ㄷ, ㄹ

25

▸24112-0102

2019학년도 3월 학력평가 3번

상중하

갑, 을의 입장에 대한 설명으로 가장 적절한 것은?

갑: 원치 않는 임신을 한 여성들의 낙태는 허용되어야 한다. 태아는 잠재적 인간에 불과하므로 임신부와 달리 태아가 지니는 생명의 가치는 절대적이지 않다.
을: 무고한 인간인 태아를 죽이는 낙태는 금지되어야 한다. 인간 생명은 그 자체로 절대적 가치를 지닌다는 점을 명심해야 한다.

① 갑은 태아와 임신부의 생명은 동등한 가치를 갖지 않는다고 본다.
② 을은 임신 중단에 대한 여성의 선택권을 보장해야 한다고 본다.
③ 갑은 을과 달리 태아를 존엄성을 지닌 인간으로 본다.
④ 을은 갑과 달리 낙태가 법적으로 허용되어야 한다고 본다.
⑤ 갑, 을은 무고한 태아의 생명권이 제한될 수 없다고 본다.

26

▸24112-0103

2023학년도 3월 학력평가 6번

상중하

다음 토론의 핵심 쟁점으로 가장 적절한 것은?

갑: 회생 불가능한 환자가 고통스러운 삶을 살아가는 것은 무의미합니다. 환자가 요청한다면 연명 치료의 중단으로 죽음을 맞이할 수 있도록 허용해야 합니다.
을: 동의합니다. 연명 치료의 중단과 같은 소극적 안락사뿐만 아니라 약물 주입과 같은 적극적 안락사로도 환자가 죽음에 이를 수 있도록 허용해야 합니다.
갑: 아닙니다. 소극적 안락사는 도덕적인 행위이지만 적극적 안락사는 환자를 살인하는 행위와 같으므로 비도덕적입니다.
을: 그렇지 않습니다. 두 가지 모두 환자를 죽음에 이르게 하지만 고통을 제거한다는 점에서 도덕적입니다. 적극적 안락사도 죽음을 앞당겨 환자의 불필요한 고통을 제거한다는 점에서 도덕적인 행위입니다.

① 연명 치료를 중단하려면 환자의 동의가 반드시 요구되는가?
② 적극적 안락사는 소극적 안락사와 달리 비도덕적 행위인가?
③ 도덕적으로 허용될 수 있는 안락사 시행 방법이 존재하는가?
④ 회생 불가능한 환자는 연명 치료의 중단을 요청해야 하는가?
⑤ 회생 불가능한 환자의 고통을 제거하는 것은 정당화 가능한가?

27

▸24112-0104

2022학년도 3월 학력평가 18번

상중하

(가)의 입장에 대해 (나)의 입장에서 제기할 수 있는 비판으로 가장 적절한 것은?

(가) 뇌사가 죽음의 기준이 되어야 한다. 뇌사자는 인간으로서의 고유한 활동을 할 수 없고, 뇌사자의 장기 이식은 더 많은 생명을 살릴 수 있다.
(나) 뇌사가 죽음의 기준이 될 수 없다. 뇌사자라도 심폐 기능이 유지되면 죽은 것이 아니다. 뇌사자를 죽은 사람으로 보고 장기 이식을 하면 생명의 존엄성을 해치게 된다.

① 유용성 극대화를 위해서 뇌사의 인정이 필요함을 간과한다.
② 뇌사를 죽음으로 인정할 때 사회적 선이 실현됨을 간과한다.
③ 뇌 기능 상실이 죽음을 판단하는 유일한 기준임을 간과한다.
④ 심폐사를 죽음으로 인정해야 장기 이식이 확대됨을 간과한다.
⑤ 뇌사를 죽음으로 보면 인간의 가치를 해칠 수 있음을 간과한다.

28

▸24112-0105

2022학년도 6월 모의평가 14번

상중하

(가)의 입장에서 (나)의 입장에 대해 제기할 수 있는 비판으로 가장 적절한 것은?

(가) 심장 박동과 호흡이 비가역적으로 정지된 심폐사만을 죽음으로 인정해야 한다. 심폐사는 죽음에 대한 전통적인 판정 기준으로, 죽음의 시점을 확실하게 적시할 수 있어서 누가 보더라도 죽음을 판정할 수 있다는 장점이 있다.
(나) 뇌의 모든 기능을 상실한 사람은 결국 수일 내에 심폐사에 이르게 된다. 뇌사자에게 불필요한 치료를 억지로 지속하는 것은 뇌사자를 비인간적으로 대우하는 것일 뿐만 아니라, 한정된 의료 자원을 소모하면서 장기를 기증할 기회도 잃게 하므로 뇌사를 죽음으로 인정해야 한다.

① 의료 자원의 효율적 이용이 필요하다는 것을 간과한다.
② 뇌사가 죽음에 이르는 과도기적 상태라는 것을 간과한다.
③ 뇌사 인정은 뇌사자의 생명권을 존중하는 것임을 간과한다.
④ 장기 이식을 위해 뇌사를 죽음의 기준으로 삼아야 함을 간과한다.
⑤ 무의미한 연명 치료는 인간 존엄성을 훼손한다는 것을 간과한다.

29

▸24112-0106
2021학년도 10월 학력평가 11번
상 중 하

다음 신문 칼럼의 입장만을 〈보기〉에서 있는 대로 고른 것은?

○○ 신문 ○○○○년 ○○월 ○○일

칼 럼

오늘날에는 생사를 좌우하는 주요 신체 기능을 기계로 대체함으로써 심장 박동, 순환, 신진대사 등을 유지시키며 생명을 연장할 수 있게 되었다. 이는 죽음의 자연적 진행 과정을 기계적으로 조작할 수 있음을 의미한다. 그런데 회생 가능성이 없는 환자의 생명을 인위적으로 지속시키거나 단축시키는 것은 죽어가는 사람의 인간답게 죽을 권리를 침해하는 일이다. 인간의 존엄성에는 죽어가는 사람의 존엄성도 포함된다. 예컨대 불치병 환자에게 심폐 소생 장치를 연결하여 연명 치료를 지속하는 것보다 그 환자의 존엄성 유지를 위해 심폐 소생 장치를 연결하지 않는 것이 바람직하다.

보기

ㄱ. 회생 불가능한 환자일지라도 존엄하게 대우해야 한다.
ㄴ. 회생 불가능한 환자에 대한 적극적 안락사가 필요하다.
ㄷ. 회생 불가능한 환자에게는 인간답게 죽을 권리가 있다.
ㄹ. 회생 불가능한 환자 생명을 인위적으로 연장하면 안 된다.

① ㄱ, ㄴ ② ㄱ, ㄷ ③ ㄴ, ㄹ
④ ㄱ, ㄷ, ㄹ ⑤ ㄴ, ㄷ, ㄹ

30

▸24112-0107
2019학년도 수능 6번
상 중 하

다음 글의 입장에서 긍정의 대답을 할 질문을 〈보기〉에서 고른 것은?

심장과 폐가 활동한다 해도, 뇌의 기능이 불가역적으로 상실된 사람은 살아 있는 존재로 볼 수 없다. 생명체의 활동에 있어서 뇌가 결정적 기능을 담당하기 때문이다. 뇌사를 죽음의 기준으로 인정하게 되면 당사자의 사전 동의를 통해 뇌사자로부터 장기 이식을 받아 보다 많은 인명을 구할 수 있으므로 공익의 실현에 기여하게 된다. 일부에서는 뇌사의 오판 가능성을 제기하지만, 뇌사판정위원회를 통해 이를 최소화할 수 있다.

보기

ㄱ. 뇌사를 죽음의 기준으로 인정하는 것은 정당화될 수 있는가?
ㄴ. 뇌사 판정의 오류를 줄일 수 있는 제도적 절차가 있는가?
ㄷ. 뇌사자 장기 이식은 사회적 유용성의 증진을 저해하는가?
ㄹ. 심폐 기능의 불가역적 상실만을 죽음으로 판정해야 하는가?

① ㄱ, ㄴ ② ㄱ, ㄷ ③ ㄴ, ㄷ
④ ㄴ, ㄹ ⑤ ㄷ, ㄹ

02 생명 윤리

31

▸24112-0108
2024학년도 수능 4번
상 중 하

(가)의 주장을 (나) 그림으로 나타낼 때, ㉠에 대한 반론의 근거로 가장 적절한 것은?

(가)	인간 배아 복제는 줄기세포를 추출하기 위해 인간 배아를 파괴하여 인간의 생명권을 침해하기 때문에 허용되어서는 안 된다.
(나)	대전제: 인간의 생명권을 침해하는 행위는 허용되어서는 안 된다. + 소전제: ㉠ → 결론: 인간 배아를 파괴하는 인간 배아 복제는 허용되어서는 안 된다.

① 인간 배아 복제는 인간의 생명권을 침해한다.
② 인간은 인간 배아와 유전적 특징이 다르지 않다.
③ 인간 종의 구성원들 중에는 인간 배아도 포함된다.
④ 인간 배아가 인간이 되는 과정은 끊임없이 연속적이다.
⑤ 인간 배아는 도덕적 지위가 없는 단순한 세포 덩어리이다.

32

▸24112-0109
2024학년도 9월 모의평가 5번
상 중 하

(가)의 주장을 (나) 그림으로 나타낼 때, ㉠에 대한 반론의 근거로 가장 적절한 것은?

(가)	생식 세포 유전자 치료는 영구적으로 변형된 유전 형질을 태어날 자녀에게 물려줌으로써 인간의 자율성을 침해하기 때문에 허용되어서는 안 된다.
(나)	대전제: 인간의 자율성을 침해하는 행위는 허용되어서는 안 된다. + 소전제: ㉠ → 결론: 태어날 자녀를 대상으로 한 생식 세포 유전자 치료는 허용되어서는 안 된다.

① 치료 목적으로 유전자에 개입하는 행위는 허용될 수 없다.
② 유전자 치료는 태어날 자녀를 수단으로만 취급하는 것이다.
③ 고가의 치료비로 유전자 치료 기회의 차별이 발생할 수 있다.
④ 태어날 자녀는 자신의 유전 질환을 치료하는 것에 동의할 것이다.
⑤ 부모가 결정한 유전자 치료는 태어날 자녀의 자율성을 침해한다.

33

▸24112-0110
2023학년도 수능 5번

상중하

다음 토론의 핵심 쟁점으로 가장 적절한 것은?

갑: 과거 우생학은 국가의 특정한 목적을 위해 개인의 자유를 침해했기 때문에 금지되었습니다. 하지만 개인의 자유로운 선택을 존중하는 우생학은 허용되어야 합니다.
을: 동의합니다. 개인의 자유로운 선택을 전제한다면, 개인은 자신뿐 아니라 자녀에 대한 치료 목적의 소극적 우생학은 물론 자질 강화를 위한 적극적 우생학의 권리도 지닙니다.
갑: 물론 개인은 자신에 대해서는 그러한 권리 모두를 지닙니다. 하지만 자녀에 대한 소극적 우생학과 달리, 부모가 유전적 개입을 통해 자녀의 삶을 특정 방향으로 유도하려는 적극적 우생학은 자녀의 자율성을 침해하기에 금지되어야 합니다.
을: 그렇지 않습니다. 인간의 삶의 방향은 유전자, 환경, 노력 등의 복합적인 상호 작용으로 결정됩니다. 자녀에 대한 적극적 우생학이 자녀의 자율성을 침해하는 것은 아닙니다.

① 유전적 개입으로 유전 질환을 치료하는 것을 허용해도 되는가?
② 개인은 자기 자신에 대한 적극적 우생학의 권리를 지닐 수 있는가?
③ 자녀의 자율성을 침해하지 않는 유전적 개입을 허용해도 되는가?
④ 자녀의 능력 향상을 위해 부모가 자녀의 유전자에 개입해도 되는가?
⑤ 유전자는 개인의 삶의 방향을 결정하는 데 영향을 미칠 수 있는가?

34

▸24112-0111
2023학년도 9월 모의평가 9번

상중하

다음 토론의 핵심 쟁점으로 가장 적절한 것은?

갑: 복제 배아는 주로 줄기세포 추출을 위해 인공적으로 복제한 배아입니다. 복제 배아에서 추출한 줄기세포는 난치병 치료에 도움을 줄 수 있습니다.
을: 줄기세포가 난치병 치료에 도움을 줄 수 있지만, 줄기세포 추출을 위해 배아를 복제해서는 안 됩니다. 복제 배아는 인간과 유전적 특성이 같아서 여성의 자궁에 착상하면 인간으로 성장할 수 있기 때문입니다.
갑: 인간과 유전적 특성이 같은 복제 배아가 인간으로 발달하는 연속선상에 있다는 점은 인정합니다. 그러나 도토리를 보고 참나무라고 말할 수 없는 것처럼 복제 배아를 보고 인간이라고 말할 수는 없습니다.
을: 그렇지 않습니다. 복제 배아가 인간으로 발달하는 과정은 연속적이기 때문에 복제 배아와 인간을 구분할 수 있는 명확한 시점이 존재하지 않습니다. 따라서 복제 배아는 인간으로서의 지위를 지닌다고 보아야 합니다.

① 복제 배아와 인간은 유전적 특성이 동일한가?
② 복제 배아는 특정 목적을 위해 만들어지는가?
③ 줄기세포는 난치병 치료에 도움을 줄 수 있는가?
④ 복제 배아와 인간 사이에는 발달의 연속성이 존재하는가?
⑤ 복제 배아는 인간으로서의 지위를 지닌다고 간주해야 하는가?

35

▸24112-0112
2023학년도 6월 모의평가 6번

상중하

갑, 을의 입장에 대한 적절한 설명만을 〈보기〉에서 고른 것은?

갑: 잠재적인 것은 현실적인 것과 동일한 가치를 갖는다. 인간 배아는 연속적인 발달 과정을 거쳐 성인이 될 잠재성을 갖기에 성인과 같은 도덕적 지위를 갖는다. 따라서 배아의 파괴를 수반하는 배아 복제는 유용하더라도 허용될 수 없다.
을: 잠재적인 것은 현실적인 것과 다르다. 신체 기관이 형성되지 않은 인간 배아는 도덕적 지위를 전혀 갖지 않는다. 배아 복제는 인류에게 의료적 혜택을 줄 수 있기 때문에 이를 금지하는 것은 사회적 손실이다.

보기

ㄱ. 갑: 인간 배아는 발달 단계에 따라 도덕적 지위가 달라진다.
ㄴ. 을: 인간 배아는 단순한 세포 덩어리에 불과하다.
ㄷ. 을: 인간 배아를 수단으로 대할 수 있는 경우가 있다.
ㄹ. 갑, 을: 배아 복제 여부는 공리적 관점에서 결정해야 한다.

① ㄱ, ㄴ ② ㄱ, ㄷ ③ ㄴ, ㄷ
④ ㄴ, ㄹ ⑤ ㄷ, ㄹ

36

▸24112-0113
2022학년도 10월 학력평가 20번

상중하

다음 신문 칼럼의 입장에서 지지할 주장으로 가장 적절한 것은?

OO 신문 OOOO년 OO월 OO일

칼 럼

생명 공학의 발달로 유전병의 근본적인 치료가 가능해지고 있다. 실제로 체세포 유전자 치료제가 환자 본인의 동의에 따라 임상적으로 많이 사용되고 있다. 체세포 유전자 치료는 주로 환자 개인에게만 영향을 미치므로 제한적으로 허용될 수 있다. 하지만 생식 세포 유전자 치료는 인간으로 성장할 잠재성을 지닌 배아의 파기가 수반되는 연구가 필요하다는 점에서 윤리적으로 논란의 소지가 크다. 또한 치료 전에 실시하는 유전자 검사로 얻은 배아의 유전 정보가 치료가 아닌 자질 강화에 활용되어 적극적 우생학으로도 이어질 수 있다. 따라서 생식 세포 유전자 치료는 허용되어서는 안 된다.

① 모든 유전자 치료는 환자 본인의 동의 없이 실시할 수 있다.
② 생식 세포 유전자 치료를 위한 유전자 검사는 허용해야 한다.
③ 유전자 치료는 자녀의 자질 강화를 목적으로 실시되어야 한다.
④ 유전자 검사의 결과는 치료 이외 목적으로도 활용되어야 한다.
⑤ 인간 배아를 수단화하는 유전자 치료 연구는 금지되어야 한다.

37
▸24112-0114
2022학년도 수능 11번 상중하

다음을 주장한 사상가의 입장으로 적절한 것만을 〈보기〉에서 고른 것은?

배아에 대한 적극적인 유전적 간섭을 추구하는 자유주의적 우생학은 배아의 사물화를 초래한다. 이러한 유전적 간섭으로 프로그램 되어 태어난 사람은 스스로를 자기 삶의 유일한 저자이자 다른 사람들과 평등한 주체로서 인식하지 못할 것이다. 특히 인간 몸의 자연 발생성은 개개인이 자유롭고 평등한 도덕 주체가 되기 위한 근본적인 조건이지만 우생학적 접근은 바로 그런 조건을 뒤흔들고 말 것이다. 다만, 유전적 간섭은 치료라는 규제 이념에 인도될 때에만 허용될 수 있을 것이다.

보기

ㄱ. 유전적 간섭이 도덕적으로 정당화되는 경우가 존재한다.
ㄴ. 자유주의적 우생학은 인간의 미래를 위해 권장되어야 한다.
ㄷ. 인간의 유전적 자연성은 평등한 도덕 주체가 되기 위한 전제이다.
ㄹ. 부모는 적극적인 유전적 간섭으로 자녀의 삶에 참여해야 한다.

① ㄱ, ㄴ ② ㄱ, ㄷ ③ ㄴ, ㄷ
④ ㄴ, ㄹ ⑤ ㄷ, ㄹ

38
▸24112-0115
2022학년도 9월 모의평가 5번 상중하

다음 토론의 핵심 쟁점으로 가장 적절한 것은?

갑: 유전 공학은 우리를 질병으로부터 해방시키고 우리가 바라는 인간의 현재와 미래의 모습을 실현시켜 줄 것입니다. 유전 공학의 발전은 행복한 미래를 위한 필수 조건입니다.
을: 질병 극복은 선(善)이므로 치료를 목적으로 하는 유전 공학 연구는 진행되어야 합니다. 그러나 유전자 강화 연구는 치료를 넘어 자연적 형질의 변화를 추구하므로 지속되면 안 됩니다.
갑: 치료가 소극적 선이라면 강화는 적극적 선입니다. 유전자 강화를 통해 우리의 자연적 능력은 확연히 강화될 것입니다. 이를 통해 우리는 더 높은 차원의 삶을 경험할 것입니다.
을: 유전자 강화 기술이 설령 자신과 미래 세대에게 높은 차원의 삶을 보장해 줄 수 있을지라도, 이 기술은 인간의 고유성과 정체성을 훼손하기 때문에 선이라 할 수 없습니다.

① 유전 공학 연구는 선을 추구해야 하는가?
② 치료를 목적으로 하는 유전 공학은 발전해야 하는가?
③ 유전자 강화 기술의 궁극적 목적은 질병의 치료인가?
④ 유전자 강화 기술은 인간의 자연적 능력을 변화시키는가?
⑤ 유전자 강화를 목적으로 하는 유전 공학 연구는 중단되어야 하는가?

39
▸24112-0116
2021학년도 10월 학력평가 7번 상중하

다음 토론의 핵심 쟁점으로 가장 적절한 것은?

갑: 유전 공학의 발전으로 개발된 유전자 치료는 유전병을 치료할 수 있는 유일한 방법입니다. 유전자 치료는 인류의 고통을 줄일 수 있으므로 허용되어야 합니다.
을: 동의합니다. 인류의 복지 증진을 위해 치료 목적의 유전적 개입을 허용해야 할 뿐만 아니라 부모의 선택에 따라 자녀의 유전적 자질을 강화하는 것도 허용해야 합니다.
갑: 아닙니다. 유전자 강화를 통해 체력이나 지적 능력 등을 향상시키는 것은 자녀의 삶을 부모가 원하는 특정한 방향으로 유도하는 것입니다. 이는 후세대의 자율성을 침해하는 것이므로 허용되어서는 안 됩니다.
을: 그렇지 않습니다. 후세대는 유전자 강화를 통해 향상된 체력이나 지적 능력 등을 이용해서 자신이 추구하는 삶의 목적을 달성할 수 있으므로, 유전자 강화는 자녀의 삶을 특정한 방향으로 유도하는 것이 아닙니다.

① 유전자 치료는 인간의 이익을 위해 허용될 수 있는가?
② 유전 질환을 치료하려면 유전자 치료가 반드시 필요한가?
③ 유전적 강화는 후세대의 체력을 향상시킬 수 있는 기술인가?
④ 유전자 강화로 후세대의 삶을 특정 방향으로 유도해야 하는가?
⑤ 유전적인 자질을 향상시키는 유전자 강화는 허용될 수 있는가?

40
▸24112-0117
2021학년도 수능 6번 상중하

갑은 긍정, 을은 부정의 대답을 할 질문으로 가장 적절한 것은?

갑: 유전적 결함이 있는 환자는 유전자 교정 기술의 혜택으로 자신과 타인의 부정적 평가에서 벗어나 잃어버린 존엄을 되찾을 수 있다. 이 기술의 활용은 개인의 유전자 선호에 달려 있다. 인류는 자신의 의도에 맞게 유전 정보를 활용하여 과학적 유토피아를 실현할 수 있다.
을: 유전자 교정 기술은 인간성을 변화시킬 수 있어서 바람직하지 않다. 이 기술이 발전하면 인류는 생명체를 지적(知的)으로 설계할 수 있는 힘을 가질 수밖에 없다. 그러나 유전자의 좋고 나쁨을 인간이 판단해서는 안 된다. 왜냐하면 교정은 좋은 것이 있음을 전제하는데, 변화하는 환경에 유전자가 어떻게 적응할지 모르기 때문이다.

① 유전자 교정 기술은 인간의 정체성에 변화를 줄 수 있는가?
② 유전자 교정 기술에 의해 생명체의 능력이 강화될 수 있는가?
③ 유전자 교정 기술에서 개인의 유전자 선택을 금지해야 하는가?
④ 유전자 교정 기술을 활용하는 과정에서 윤리 문제가 생길 수 있는가?
⑤ 유전자 교정 기술에서 인간이 유전자의 가치를 판단하는 것은 정당한가?

41 ▸24112-0118

2021학년도 9월 모의평가 4번 상중**하**

(가)의 입장에 비해 (나)의 입장이 갖는 상대적 특징을 그림의 ㉠~㉤ 중에서 고른 것은?

(가) 치료를 위한 유전자 조작은 미래 자녀의 동의를 확보할 수 있다고 추정되므로 허용될 수 있다. 그러나 자질 강화를 위한 유전자 조작은 허용될 수 없다. 자녀가 동의하지 않은 자질 강화를 통해 부모가 선택한 삶을 살도록 하는 것은 그들의 자유를 침해하기 때문이다.

(나) 치료를 위한 유전자 조작뿐만 아니라 자질 강화를 위한 유전자 조작도 허용되어야 한다. 부모는 자녀의 출산에 있어서 선택의 자유를 갖는다. 미래 자녀의 동의를 추정할 수 없더라도 부모의 선택은 자녀를 위한 것이므로 자녀의 권리를 침해할 소지는 없다.

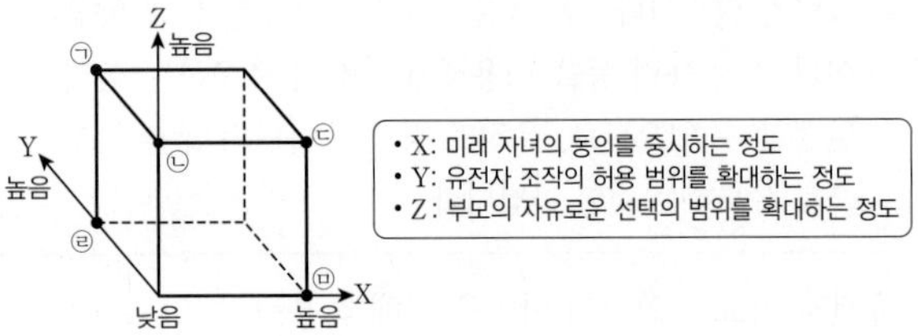

① ㉠ ② ㉡ ③ ㉢ ④ ㉣ ⑤ ㉤

42 ▸24112-0119

2021학년도 6월 모의평가 4번 상**중**하

다음 토론의 핵심 쟁점으로 가장 적절한 것은?

갑: 생태계를 파괴하지 않는 한 동물 복제는 허용되어야 합니다. 동물 복제는 멸종 동물의 복원과 희귀 동물의 보존뿐만 아니라 식량난 해결에도 도움이 되기 때문입니다.

을: 전적으로 동의합니다. 하지만 인간 복제는 허용되어서는 안 됩니다. 인간 복제는 '인간이 인간을 만드는 일'로 인간 존엄성에 어긋나기 때문입니다.

갑: 인간 개체 복제는 인간 존엄성에 위배되지만, 질병 치료를 위한 인간 배아 복제는 그렇지 않습니다. 배아는 도덕적 지위를 지닌 인간으로 볼 수 없습니다.

을: 인간 배아는 성인으로서의 도덕적 지위를 갖지는 않지만, 인간으로 발달할 잠재성을 지닌 존재입니다. 따라서 인간 배아 복제 역시 허용될 수 없습니다.

① 동물 복제는 허용될 수 있는가?
② 인간 개체 복제는 인간 존엄성을 훼손하는가?
③ 동물 복제는 사회적 유용성 증진에 기여하는가?
④ 치료 목적의 인간 배아 복제는 허용될 수 있는가?
⑤ 인간 배아는 성인과 같은 도덕적 지위를 지니는가?

43 ▸24112-0120

2020학년도 10월 학력평가 19번 상중**하**

다음은 신문 칼럼이다. ㉠에 들어갈 내용으로 가장 적절한 것은?

○○신문 ○○○○년 ○월 ○일

칼 럼

최근 어느 과학자가 유전자 가위 기술을 이용해 후천성면역결핍증에 대한 면역력을 가진 아이가 태어나도록 유전자를 교정하는 실험을 한 것에 대해 우려를 금할 수 없다. 유전자 가위는 동식물의 유전자에 결합해 특정 DNA 부위를 자르는 데 사용하는 인공 효소로, 유전자 가위 기술이 각종 동식물의 형질 개량이나 질병 치료, 해충 퇴치 등에 적절하게 활용되고 있기는 하다. 하지만 인간을 대상으로 유전자 가위 기술을 이용하는 실험은 심각한 윤리적 문제를 야기할 수도 있다. 어떤 사람들은 유전자 가위 기술을 동식물뿐만 아니라 인간에게도 적용해서 각종 유전 질환의 원인이 되는 유전자를 제거할 필요가 있다고 주장한다. 하지만 유전자 가위 기술은 인간의 유전적 구성을 통제하려는 시도로 이어지는 첫걸음이 될 수 있으므로 인간을 대상으로 사용해서는 안 될 것이다. 이러한 유전자 가위 기술은 [㉠]

① 인간뿐만 아니라 동물에게도 사용하면 안 된다.
② 인간의 유전병을 치료할 목적으로만 사용해야 한다.
③ 인간을 개량하려는 우생학으로 변질될 우려가 있다.
④ 성인을 대상으로 한 실험에 한해서만 사용해야 한다.
⑤ 부모가 자녀의 유전자를 선택할 때만 허용해야 한다.

44 ▸24112-0121

2020학년도 수능 6번 상**중**하

다음 토론의 핵심 쟁점으로 가장 적절한 것은?

갑: 몸의 소유권은 자신에게 있고 장기 이식이 생명을 살릴 수 있지만, 장기 기증의 권리는 허용될 수 없습니다. 장기는 몸의 부분이고 몸은 인간 존엄성의 토대이기 때문입니다.

을: 몸은 인간 존엄성에 있어서 중요합니다. 그러나 몸 자체와 몸의 부분은 구분돼야 합니다. 몸 자체와 달리 몸의 부분은 자발적으로 기증하면 존엄성에 아무 지장이 없습니다.

갑: 전체도 부분으로 이루어지므로 몸 자체와 몸의 부분은 구분될 수 없습니다. 따라서 장기의 이식은 존엄성에 영향을 줍니다. 또한 기증의 허용은 존엄성을 훼손하는 장기 매매의 위험을 초래합니다.

을: 물론 존엄성을 훼손하는 장기 매매는 허용될 수 없습니다. 하지만 우리가 가진 몸의 소유권은 장기를 기증할 자기 결정권을 당연히 함의합니다. 이러한 자기 결정권은 생명을 살릴 수 있으며, 존엄성을 훼손하지 않습니다.

① 장기 이식이 생명을 살릴 수 있는가?
② 장기 매매는 윤리적으로 허용 가능한가?
③ 개인은 자기 몸에 대한 소유권을 갖는가?
④ 몸 자체는 인간 존엄성의 중요한 토대인가?
⑤ 개인은 자신의 장기를 기증할 자유를 지니는가?

45

▸24112-0122
2020학년도 9월 모의평가 9번

상중**하**

다음 토론의 핵심 쟁점으로 가장 적절한 것은?

갑: 의사는 질병에 관한 전문 지식을 지니지만 환자는 그렇지 못합니다. 따라서 부모가 그 자녀의 선을 위해 간섭하듯이, 의사도 환자의 선을 위해 온정적으로 간섭해야 합니다.
을: 물론 전문 지식은 차이가 있고 의학적인 온정적 간섭은 도움이 됩니다. 그러나 환자는 인간으로서의 권리를 여전히 갖기 때문에, 그의 자기 결정권은 존중되어야 합니다.
갑: 환자 역시 인간입니다. 하지만 환자는 치료에 있어 어린아이와 같기 때문에, 의사는 환자의 의견이 아니라 의학적 판단에 따라야 합니다. 의사의 사명은 질병 치료이니까요.
을: 질병 치료가 의사의 사명인 것은 맞습니다. 그런데 환자는 건강 이외에도 다른 여러 목적을 갖기 때문에 의학적 판단보다는 환자의 판단이 우선되어야 합니다.

① 질병 치료가 의사의 본질적 사명인가?
② 의사의 온정적 간섭은 질병 치료에 도움이 되는가?
③ 치료에 있어서 환자의 자율성이 우선되어야 하는가?
④ 의사와 환자는 의학적 전문 지식에 있어서 비대칭적인가?
⑤ 의사의 의학적 판단은 환자의 건강 회복을 목적으로 하는가?

46

▸24112-0123
2020학년도 6월 모의평가 4번

상중**하**

다음 가상 대담의 사상가가 지지할 입장으로 적절하지 않은 것은?

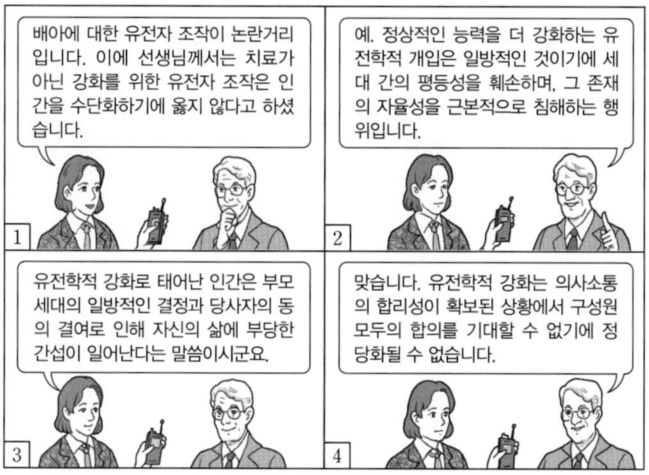
배아에 대한 유전자 조작이 논란거리입니다. 이에 선생님께서는 치료가 아닌 강화를 위한 유전자 조작은 인간을 수단화하기에 옳지 않다고 하셨습니다.
1
예, 정상적인 능력을 더 강화하는 유전학적 개입은 일방적인 것이기에 세대 간의 평등성을 훼손하며, 그 존재의 자율성을 근본적으로 침해하는 행위입니다.
2
유전학적 강화로 태어난 인간은 부모 세대의 일방적인 결정과 당사자의 동의 결여로 인해 자신의 삶에 부당한 간섭이 일어난다는 말씀이시군요.
3
맞습니다. 유전학적 강화는 의사소통의 합리성이 확보된 상황에서 구성원 모두의 합의를 기대할 수 없기에 정당화될 수 없습니다.
4

① 자녀의 능력 강화를 위한 유전자 조작은 인간을 도구화한다.
② 유전학적 치료에 대해서는 담론을 통한 보편적 합의가 가능하다.
③ 인간에 대한 모든 형태의 유전학적 개입을 거부하는 것은 아니다.
④ 유전학적 강화를 통해 태어난 사람은 온전한 자율성을 지닐 수 없다.
⑤ 자질 강화를 위한 배아 유전자 조작은 세대 간의 균형을 회복시킨다.

47

▸24112-0124
2019학년도 10월 학력평가 14번

상중**하**

다음 토론의 핵심 쟁점으로 가장 적절한 것은?

갑: 장기 이식을 기다리는 환자들은 증가하는 데 반해 장기 기증자는 줄어드는 불균형이 심각합니다. 뇌사자의 장기 기증 활성화를 위한 노력이 필요합니다.
을: 동의합니다. 다만 뇌사자가 사전에 장기 기증 동의 의사를 밝힌 경우에만 장기 이식이 이루어져야 합니다.
갑: 아닙니다. 장기 기증 활성화를 위해서는 뇌사자가 사전에 거부 의사를 밝히지 않았다면 이를 잠정적 동의로 간주하여 장기 이식이 가능하게 해야 합니다.
을: 그렇지 않습니다. 그럴 경우에는 개인의 자율성이 침해될 가능성이 커집니다.

① 장기 기증을 활성화하기 위한 방안을 마련해야 하는가?
② 장기 기증은 명시적 동의를 한 경우에만 할 수 있는가?
③ 장기 기증 거부 의사가 있어도 장기 이식을 할 수 있는가?
④ 장기 기증은 불치병에 걸린 환자를 치료하는 데 기여하는가?
⑤ 장기 기증을 위해 뇌사를 죽음의 판정 기준으로 삼아야 하는가?

48

▸24112-0125
2019학년도 9월 모의평가 11번

상**중**하

다음 토론의 핵심 쟁점으로 가장 적절한 것은?

갑: 인간을 대상으로 하는 유전자 조작 기술은 유전적 요인으로 인한 질병을 치료할 수 있기 때문에 허용되어야 합니다. 질병 극복은 선이기 때문입니다.
을: 네, 동의합니다. 하지만 치료를 넘어 우생학적 목적을 위한 국가 차원의 유전자 조작은 인간 존엄성에 대한 심각한 위협이 될 수 있으므로 치료 목적에 한정되어야 합니다.
갑: 치료를 넘어선 국가 차원의 우생학은 부당하지만 개인 차원은 다릅니다. 외모에 대해 성형의 자유를 지니듯이, 우리는 유전자 조작을 통해 자질을 강화할 수 있는 자유를 지닙니다.
을: 그렇지 않습니다. 자질 강화를 위한 유전자 조작은 고비용 의술로 특정 계층만이 이용 가능해 생물학적 불평등을 낳고, 이는 곧 사회적 불평등을 심화시킬 것이므로 옳지 않습니다.

① 질병 치료를 위한 유전자 조작은 허용되어야 하는가?
② 치료 목적의 유전자 조작은 선을 산출할 수 있는가?
③ 국가는 치료를 넘어선 우생학적 유전자 조작을 해도 되는가?
④ 유전자 조작 기술은 어떤 경우에도 허용되어서는 안 되는가?
⑤ 자질 강화를 위한 개인 차원의 유전자 조작은 허용되어야 하는가?

49

▸24112-0126

2024학년도 6월 모의평가 16번

상중하

다음 토론의 핵심 쟁점으로 가장 적절한 것은?

> 갑: 동물 실험은 인간을 위한 신약 개발이나 제품의 안전성 검증 등을 위해 수행되고 있습니다. 그런데 동물 실험 과정에서 수많은 동물이 큰 고통을 받고 있습니다. 동물에게도 고통받지 않을 권리가 있습니다.
> 을: 동의합니다. 하지만 모든 동물 실험이 부당한 것은 아닙니다. 동물이 겪는 고통에도 불구하고 인간의 생명과 건강을 위해 큰 이익을 주는 경우에는 동물 실험이 정당성을 확보할 수 있습니다.
> 갑: 동물 실험이 인간에게 큰 이익을 줄 수 있지만, 인간의 이익이 동물 실험을 정당화할 수는 없습니다. 동물도 인간과 동등한 권리를 가집니다. 모든 동물 실험은 동물의 권리를 침해하는 것이기 때문에 금지되어야 합니다.
> 을: 아닙니다. 동물의 권리와 이익보다 인간의 권리와 이익을 중시해야 합니다. 다만 인간에게 큰 이익을 주지 못하면서 동물에게 큰 고통을 줄 경우에는 동물 실험이 금지되어야 합니다.

① 동물 실험이 허용되어서는 안 되는 경우가 있는가?
② 인간은 동물 실험을 통해 큰 이익을 얻을 수 있는가?
③ 동물은 동물 실험 과정에서 고통받지 않을 권리가 있는가?
④ 동물 실험에서 인간의 권리보다 동물의 권리를 중시해야 하는가?
⑤ 인간의 이익은 동물 실험을 정당화하기 위한 근거가 될 수 있는가?

50

▸24112-0127

2022학년도 6월 모의평가 11번

상중하

(가), (나)의 입장으로 적절한 것만을 〈보기〉에서 고른 것은?

> (가) 인간의 행복을 위해서는 질병을 극복할 수 있는 신약이 개발되어야 한다. 개발 과정에서 인간에게 미칠 수 있는 신약의 부작용을 최소화하기 위해서는, 설령 동물에게 고통을 준다 해도 동물 실험은 불가피하다. 다만, 고통은 악(惡)이므로 연구자는 동물에게 가하는 고통을 최소화해야 한다.
> (나) 질병은 극복되어야 할 인류의 과제이다. 하지만 인간과 동물은 질병의 종류와 증상이 매우 다르기 때문에, 동물 실험은 그 효과가 의심스러우며 신약 개발에 도움이 되지 않는다. 특히 인간처럼 쾌고 감수 능력을 지닌 동물에게 고통을 주는 동물 실험을 금지하고 그 대안을 강구해야 한다.

보기

ㄱ. (가): 동물 실험은 그 목적이 선해도 허용될 수 없다.
ㄴ. (가): 인간의 복지가 동물들의 이익 관심보다 우선한다.
ㄷ. (나): 인간은 생물학적으로 대부분의 질병을 동물과 공유한다.
ㄹ. (가), (나): 동물에게 고통을 가하는 것은 도덕적으로 악하다.

① ㄱ, ㄴ　② ㄱ, ㄷ　③ ㄴ, ㄷ
④ ㄴ, ㄹ　⑤ ㄷ, ㄹ

51

▸24112-0128

2020학년도 3월 학력평가 3번

상중하

다음 토론의 핵심 쟁점으로 가장 적절한 것은?

> 갑: 의학 발전을 위해 동물 실험이 필요합니다. 동물은 생물학적으로 인간과 유사하기 때문에 동물 실험의 결과는 인간에게 적용될 수 있습니다.
> 을: 동물이 인간과 생물학적으로 유사하지만, 그것이 동물 실험을 정당화하는 근거가 될 수 없습니다. 동물 실험은 인간을 위해 동물을 의도적으로 희생시키는 것입니다.
> 갑: 그렇지 않습니다. 동물 실험을 대신할 믿을 만한 대안이 없고, 인간과 동물의 도덕적 지위는 차이가 있으므로 동물은 인간의 이익을 위한 수단으로 이용될 수 있습니다.
> 을: 아직 동물 실험의 확실한 대안이 마련된 것은 아닙니다. 그리고 인간과 동물이 도덕적 지위에서 차이가 있다고 하더라도 동물을 인간을 위한 도구로 삼아서는 안 됩니다.

① 동물과 인간은 생물학적으로 유사한 개체인가?
② 동물의 도덕적 지위를 판단할 수 있는 기준이 있는가?
③ 동물은 인간의 이익을 위한 실험 대상이 될 수 있는가?
④ 동물 실험보다 신뢰할 수 있는 대안적 방법이 존재하는가?
⑤ 동물 실험은 인간을 위한 수단으로 동물을 사용하는 것인가?

03 사랑과 성 윤리

52 ▸24112-0129
2024학년도 9월 모의평가 12번 상중하

다음 가상 편지를 쓴 사상가의 입장으로 가장 적절한 것은?

> ○○에게
> 지난 편지에서 자네는 요즘 만나는 이성 친구를 진정한 사랑의 대상으로 여겨도 되는지 물었지. 내 생각은 이러하네. 자네는 사랑이 영혼의 힘이자 활동이라는 사실을 잘 모르는 것 같더군. 사랑은 상대의 성장과 행복에 대한 갈망이고 보호, 존경, 책임, 이해를 의미한다네. 사랑은 능동적인 활동으로 인간의 고립을 극복하게 하면서도 각자의 특성을 유지할 수 있게 하는 힘이라네. 단지 적절한 사랑의 대상을 찾기만 한다고 해서 사랑이 완성되는 것은 아니라네. 그것은 그림을 그리는 방법을 배우지 않은 채 좋은 대상을 고르는 것만으로 아름다운 그림이 저절로 그려지지 않는 것과 같네. 세상에 노력 없이 얻어지는 것은 없는 법이네. 사랑도 그렇다네. 우선 제대로 사랑하는 방법을 배워야 한다네. …(후략).

① 참된 사랑은 사랑의 대상과 하나가 될 때 느끼는 영속적 감정이다.
② 참된 사랑의 궁극적 목적은 자신이 사랑할 대상을 찾아내는 일이다.
③ 참된 사랑은 자신의 관점에서 이해한 상대의 입장을 따르는 것이다.
④ 참된 사랑은 수동적 감정으로서 자신의 의지와 무관하게 다가온다.
⑤ 참된 사랑은 삶의 기술처럼 학습과 노력으로 계발되는 기술이다.

53 ▸24112-0130
2023학년도 수능 17번 상중하

그림의 강연자의 입장으로 가장 적절한 것은?

> 사랑은 자유의 소산이지 결코 지배의 소산은 아닙니다. 사랑이 지배의 관계로 타락하지 않기 위해서는 존경이 필요합니다. 존경은 상대방에 대한 두려움이나 외경이 아닙니다. 어원적으로도 존경은 어떤 사람을 있는 그대로 보고 그의 독특한 개성을 아는 능력이라고 합니다. 사람들은 사랑할 때, 상대방이 자신에게 이바지할 것을 기대하지만 그것은 사랑하는 사람을 존경하는 것은 아닙니다. 만일 여러분이 다른 사람을 사랑하여 상대방에게 일체감을 느낀다면, '있는 그대로의 그 혹은 그녀'와 일체가 되려는 것이어야 합니다. 사랑하는 사람에 대한 존경은 자유를 바탕으로 해서 성립될 수 있습니다.

① 사랑은 일체감을 느끼는 상대방으로부터 도움을 받기 위한 것이다.
② 사랑은 미성숙한 상대방을 변화시키려는 마음에 근거해야 한다.
③ 사랑은 상대방에 대한 존경을 바탕으로 서로에게 복종하는 것이다.
④ 사랑은 상대방의 고유성을 존중하는 방식으로 표현되어야 한다.
⑤ 사랑은 상대방에 대한 외경을 통해 드러내는 존경의 감정이다.

54 ▸24112-0131
2022학년도 3월 학력평가 3번 상중하

다음 가상 편지를 쓴 사상가가 지지할 입장만을 〈보기〉에서 고른 것은?

> ○○에게
> 사랑에 대해 고민이 많은 너에게 조언을 해 주고 싶구나. 요즘 사람들은 사랑할 줄 아는 능력을 기르려고 하기보다는 사랑을 받으려고만 하는 것 같구나. 하지만 사랑은 수동적 감정이 아니라 능동적 활동이란다. 사랑은 상대방의 생명과 성장에 적극적인 관심을 가지고, 자발적으로 책임지는 것이며, 착취 없이 존경하는 것이란다. 가장 일반적인 방식으로 사랑의 능동적 성격을 말한다면 사랑은 본래 '주는 것'이지 받는 것이 아니란다.

보기

ㄱ. 사랑은 상대방의 요구에 책임 있게 반응하는 것이다.
ㄴ. 사랑은 보호와 존경을 기본적 요소로 내포하고 있다.
ㄷ. 사랑은 자신의 의지대로 상대방을 변화시키려는 활동이다.
ㄹ. 사랑은 주는 행위로서 자신의 생명을 희생해야 하는 것이다.

① ㄱ, ㄴ　② ㄱ, ㄷ　③ ㄴ, ㄷ
④ ㄴ, ㄹ　⑤ ㄷ, ㄹ

55 ▸24112-0132
2019학년도 10월 학력평가 20번 상중하

그림의 강연자가 지지할 입장만을 〈보기〉에서 있는 대로 고른 것은?

> 사랑은 인간으로 하여금 고립감과 분리감을 극복하게 하면서도 각자의 특성을 허용하고 각자의 통합성을 유지하게 합니다. 또한 사랑은 수동적 감정이 아니라 능동적 활동입니다. 사랑의 능동적 성격을 말한다면, 사랑은 주는 것이지 받는 것이 아니라고 설명할 수 있습니다. 준다고 하는 행위는 활동성을 표현하고 있기 때문에 주는 것이 받는 것보다 더 즐겁습니다.

보기

ㄱ. 사랑은 서로의 개성을 긍정하는 합일을 지향한다.
ㄴ. 사랑은 상대방을 자신의 입장에서 이해하는 것이다.
ㄷ. 사랑은 자신뿐만 아니라 상대의 생동감도 고양시킨다.
ㄹ. 사랑은 참여하는 것이 아니라 상대에게 빠지는 것이다.

① ㄱ, ㄷ　② ㄴ, ㄷ　③ ㄴ, ㄹ
④ ㄱ, ㄴ, ㄹ　⑤ ㄱ, ㄷ, ㄹ

56
▶24112-0133
2024학년도 수능 13번
상 중 하

갑, 을의 입장으로 가장 적절한 것은?

성(性)은 사적 자유의 영역을 넘어 사회 안정과 질서 유지와도 관련됩니다. 결혼의 울타리 안에서 이루어지는 성만이 정당합니다. 부부 간의 사랑이야말로 성의 근거입니다.
성은 상대방에 대한 배려와 사랑을 필요로 합니다. 굳이 결혼과 결부시킬 필요가 없습니다. 사랑 없이 쾌락만을 추구하는 성은 도덕적으로 정당하지 않습니다.
갑
을

① 갑: 성적 관계에서 개인의 자유가 사회적 책임보다 중요하다.
② 갑: 출산과 양육은 바람직한 성적 관계의 조건이 아니다.
③ 을: 성적 관계는 윤리적 가치 판단의 대상이 아니다.
④ 을: 정당한 성적 관계는 당사자 간의 동의로 충분하다.
⑤ 갑과 을: 성적 관계는 당사자 간의 사랑을 전제해야 한다.

57
▶24112-0134
2024학년도 6월 모의평가 20번
상 중 하

(가)의 입장에 비해 (나)의 입장이 갖는 상대적 특징을 그림의 ㉠~㉤ 중에서 고른 것은?

(가) 성적 관계에 관한 결정은 해악 금지의 원칙과 자율성 존중의 원칙에 근거해야 한다. 성적 쾌락의 추구를 혼인과 출산 및 사랑으로 제약하는 것은 성적 자유에 대한 부당한 침해이다.
(나) 성적 관계는 출산과 양육의 책임을 발생시킬 수 있기 때문에 사랑하는 남녀의 결혼을 통해서만 이루어져야 한다. 결혼은 성의 사회적 책임을 위한 제도적 장치이다.

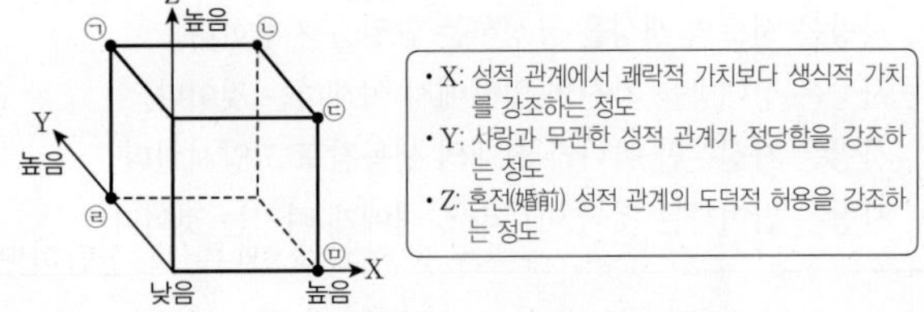

① ㉠ ② ㉡ ③ ㉢ ④ ㉣ ⑤ ㉤

58
▶24112-0135
2023학년도 10월 학력평가 8번
상 중 하

갑, 을의 입장으로 가장 적절한 것은?

갑: 사랑이 결여된 성적 관계도 도덕적일 수 있다. 성적 관계를 통한 쾌락은 그 자체로 추구할 만한 가치를 지니기 때문이다. 따라서 자율성의 원칙과 해악 금지의 원칙을 전제로 한 성인들의 성적 관계는 도덕적으로 정당하다.
을: 사랑이 결부된 성적 관계도 비도덕적일 수 있다. 성적 관계는 사회의 존속과 뗄 수 없는 관계에 놓여 있기 때문이다. 따라서 출산과 양육의 책임을 질 수 있는 혼인 관계에서 이루어지는 성적 관계만이 도덕적으로 정당하다.

① 갑: 성적 관계의 도덕성은 사랑의 결합 여부로 판명된다.
② 갑: 자발적 동의에 의한 성적 관계는 비도덕적일 수 없다.
③ 을: 인격적 가치를 존중하는 모든 성적 관계는 도덕적이다.
④ 을: 부부 사이의 성적 관계만이 도덕적 평가의 대상이 된다.
⑤ 갑과 을: 사랑이 결부된 성적 관계가 도덕적인 경우가 있다.

59
▶24112-0136
2023학년도 3월 학력평가 8번
상 중 하

(가), (나)의 입장으로 가장 적절한 것은?

(가) 성적 행위는 출산과 양육의 책임을 수행할 수 있는 관계에서 이루어져야 한다. 그러므로 부부간의 성적 행위만이 도덕적으로 정당화된다.
(나) 성적 행위는 인격 존중의 의무만 다한다면 도덕적으로 정당화된다. 인격 존중의 의무는 당사자 간 자발적 합의와 해악 금지의 원칙을 준수함으로써 이행된다.

① (가): 성적 행위는 사적인 행위이므로 사회적 책임과 무관하다.
② (가): 성적 행위는 혼인 관계 안에서만 도덕적으로 정당화된다.
③ (나): 성적 행위가 합의로 이루어지면 모든 책임에서 자유롭다.
④ (나): 성적 행위에 대한 자유와 인격 존중의 의무는 상충한다.
⑤ (가)와 (나): 성적 행위에서 인격 존중의 의무는 사랑이 동반된 관계에서만 요구된다.

60
▸24112-0137
2023학년도 6월 모의평가 5번
상 중 **하**

다음 토론의 핵심 쟁점으로 가장 적절한 것은?

> 갑: 성관계가 사랑하는 사람 사이에 서로의 인격을 존중하면서 이루어진다면 도덕적으로 정당화됩니다. 이때 인격 존중이란 서로의 자율성을 보장하는 것입니다.
> 을: 물론 사랑과 상호 인격 존중은 성관계에서 필수적입니다. 그러나 성관계는 출산과 양육에 대해 책임을 져야 하는 문제를 발생시킬 수 있기 때문에 부부간의 성관계만이 도덕적으로 정당화됩니다.
> 갑: 성관계는 그와 같은 책임의 문제를 낳을 수도 있습니다. 하지만 그러한 문제를 낳지 않는 성관계도 얼마든지 가능합니다. 또한 결혼하지 않아도 그러한 책임을 충분히 감당할 수 있습니다.
> 을: 아닙니다. 결혼하지 않은 상태에서는 그러한 책임을 지기 어려워 사회의 안정성이 위협받습니다. 부부 사이의 성관계는 안정된 가족 관계를 유지하는 데 도움이 됩니다.

① 자발적이지 않은 성관계는 정당화될 수 있는가?
② 성관계는 도덕적 가치 판단의 대상이 될 수 있는가?
③ 성관계가 정당화되기 위해서는 결혼이 반드시 요구되는가?
④ 자율성과 사랑은 성관계가 정당화되기 위한 전제 조건인가?
⑤ 성관계는 출산과 양육에 대한 책임 문제를 발생시킬 수 있는가?

61
▸24112-0138
2022학년도 10월 학력평가 9번
상 **중** 하

갑, 을 중 적어도 한 사람이 부정의 대답을 할 질문으로 적절한 것만을 〈보기〉에서 있는 대로 고른 것은?

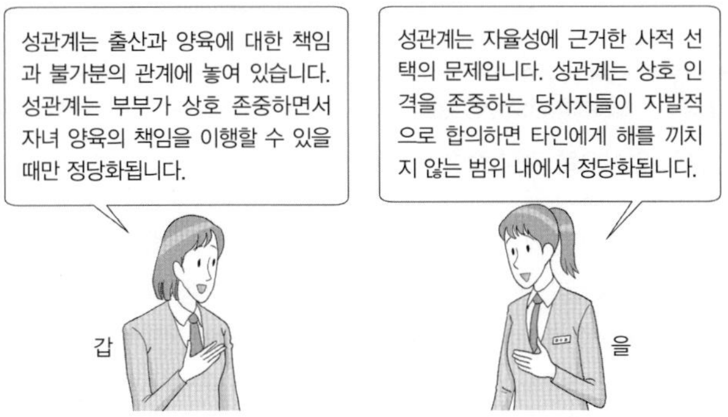

성관계는 출산과 양육에 대한 책임과 불가분의 관계에 놓여 있습니다. 성관계는 부부가 상호 존중하면서 자녀 양육의 책임을 이행할 수 있을 때만 정당화됩니다.
성관계는 자율성에 근거한 사적 선택의 문제입니다. 성관계는 상호 인격을 존중하는 당사자들이 자발적으로 합의하면 타인에게 해를 끼치지 않는 범위 내에서 정당화됩니다.
갑
을

보기

> ㄱ. 출산을 목적으로 부부가 동의한 성관계는 정당한가?
> ㄴ. 성관계는 옳고 그름을 판단하는 대상에서 제외되는가?
> ㄷ. 성의 자기 결정권 존중은 성관계 정당화의 필수 조건인가?
> ㄹ. 쾌락을 위한 성관계는 항상 상대의 인격성을 침해하는가?

① ㄱ, ㄷ ② ㄱ, ㄹ ③ ㄴ, ㄹ
④ ㄱ, ㄴ, ㄷ ⑤ ㄴ, ㄷ, ㄹ

62
▸24112-0139
2022학년도 수능 7번
상 중 **하**

(가)의 입장에 비해 (나)의 입장이 갖는 상대적 특징을 그림의 ㉠~㉤ 중에서 고른 것은?

> (가) 성욕은 인간의 기본적인 욕구이므로 개인은 감각적인 욕구 충족만을 위해서도 성적 관계를 맺을 수 있다. 성적 자유는 타인에게 해악을 주지 않는 범위에서 허용되며, 자발적 동의와 자율성이 존중되기만 하면 정당화된다.
> (나) 부부만이 성적 관계에서 상호 인격 존중의 의무를 다할 수 있으며, 사회 안정과 책임 있는 성 문화 유지에 기여할 수 있다. 따라서 성행위는 부부간의 애정과 신뢰를 바탕으로 출산과 양육에 대한 책임을 질 수 있는 경우에 정당화된다.

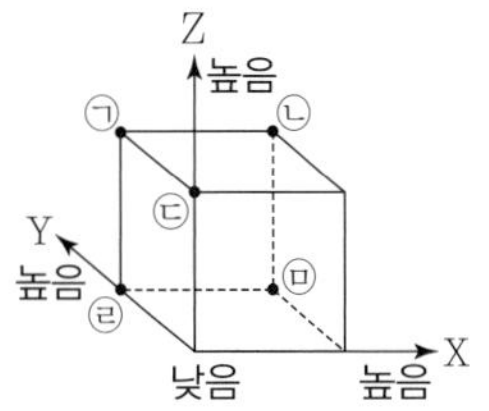

- X: 성의 가치를 감각적 쾌락에서 찾는 정도
- Y: 성행위의 전제로서 사랑을 강조하는 정도
- Z: 사회적 관점에서 성행위에 수반될 책임을 강조하는 정도

① ㉠ ② ㉡ ③ ㉢ ④ ㉣ ⑤ ㉤

63
▸24112-0140
2022학년도 9월 모의평가 18번
상 **중** 하

다음을 주장한 사상가의 입장으로 가장 적절한 것은?

> 결혼은 서로에게 평등한 권리를 허용하고, 자신의 전인격을 온전히 상대방에게 양도한다는 조건을 받아들이겠다는 두 사람 사이의 계약이다. 그리하여 각자는 상대방의 전인격에 대한 완전한 권리를 갖게 되며, 이제 인간성을 추락시키지도 않고 도덕성을 위반하지 않으면서도 성관계가 가능한 방식이 이성(理性)을 통해 명확해진다.

① 자발적 동의가 없는 성관계도 도덕적으로 정당화될 수 있다.
② 결혼이라는 조건이 충족될 때 상대방의 성을 향유할 수 있다.
③ 타인에게 해를 끼치지 않는 모든 성관계는 도덕적으로 정당하다.
④ 인격적 만남을 통한 성관계는 부부 사이가 아니어도 정당하다.
⑤ 부부 사이의 성관계도 출산을 의도할 때에만 도덕적으로 정당하다.

64
▶24112-0141
2022학년도 6월 모의평가 5번 상중하

그림은 서술형 평가 문제와 학생 답안이다. 학생 답안의 ㉠~㉤ 중 옳지 않은 것은?

서술형 평가

◎ (가), (나)의 입장을 비교하여 서술하시오.

(가) 자신의 성(性)적 이미지를 제품과 연결하여 구매를 유도하는 행위가 성적 자기 결정권을 행사한 것이라면 허용될 수 있다. 다만, 그러한 권리 행사는 타인에게 해를 끼치지 않을 경우에만 정당하다.

(나) 성적 자기 결정권은 인격을 훼손하지 않는 범위 내에서 행사되어야 한다. 따라서 성적 이미지를 이용한 이윤 추구 행위는 성을 도구화하는 것으로서 허용될 수 없다.

◎ 학생 답안

(가), (나)의 입장을 비교해 보면, (가)는 ㉠ 성을 수단으로 이용하는 행위가 타인에게 반드시 해를 끼치는 것은 아니기 때문에, ㉡ 성적 매력을 표현하여 제품의 구매를 유도하는 행위는 정당화될 수 있다고 주장한다. 반면에 (나)는 ㉢ 성을 수단으로 이용하는 성 상품화가 인간의 존엄성을 침해하기 때문에, ㉣ 성적 이미지를 이용한 이윤 추구 행위는 정당화될 수 없다고 주장한다. 한편 (가), (나)는 모두 ㉤ 자신의 성적 행동을 자유롭게 결정할 권리가 제한되어서는 안 된다고 본다.

① ㉠ ② ㉡ ③ ㉢ ④ ㉣ ⑤ ㉤

65
▶24112-0142
2021학년도 10월 학력평가 3번 상중하

㉠에 들어갈 진술로 가장 적절한 것은?

인간이 상대의 성을 사용하는 것은 일종의 향유로서, 이러한 행위는 인간이 스스로를 사물로 만드는 것이며 인간이 갖는 고유한 인격체로서의 권리와 모순된다. 다만, 결혼이라는 조건하에서만 서로가 상대의 성을 사용하더라도 자기 자신을 사물로만 취급하는 것이 아니며 인격성을 상실하지도 않는다. 그런데 어떤 사람들은 성은 쾌락적 가치를 지니며 타인에게 해악을 주지 않는다면 서로가 동의한 성적 행위는 정당하다고 주장한다. 내가 보기에 이러한 주장은 [㉠]는 점을 간과하고 있다.

① 성적 행위는 남에게 피해를 주지 않으면서 이루어져야 한다
② 성적 향유는 오직 부부라는 조건하에서만 정당화가 가능하다
③ 성은 성인들의 자발적 합의에 따라 자유롭게 추구해도 된다
④ 성적 행위는 사랑을 전제로 하지 않더라도 정당화될 수 있다
⑤ 성의 생식적인 가치보다 쾌락적인 가치를 더욱 중시해야 한다

66
▶24112-0143
2021학년도 3월 학력평가 5번 상중하

갑, 을의 입장으로 적절하지 않은 것은?

갑: 성의 자연적 목적은 출산이다. 사랑하는 남녀가 결혼이라는 사회적 승인을 거쳐서 출산과 관련하여 행하는 성적 관계만이 도덕적으로 정당하다.
을: 성을 도덕적으로 만드는 것은 사랑이다. 사랑은 인간적 성의 고유한 가치이고 사랑이 동반된 성적 관계만이 도덕적으로 정당하다.

① 갑: 성적 관계의 결과에 대한 책임은 도덕적으로 중요하다.
② 갑: 성은 사적 영역에 속하면서도 사회 질서 유지와 관계된다.
③ 을: 성은 사랑이 전제될 때 서로의 정신적 교감을 고양한다.
④ 을: 성적 자기 결정권의 존중은 성적 관계의 필요충분조건이다.
⑤ 갑, 을: 성적 관계에서 상호 간의 존중과 배려는 필수적이다.

67
▶24112-0144
2021학년도 수능 2번 상중하

갑, 을의 입장으로 가장 적절한 것은?

갑: 도덕적 판단에서 성(性)행위를 여타 행위와 구별해야 할 이유가 존재한다. 성행위는 출산과 양육의 책임을 발생시킬 수 있기 때문에 부부의 사랑이 전제된 성행위만이 정당하다.
을: 도덕적 판단에서 성행위를 여타 행위와 구별해야 할 이유는 없다. 자율성의 원칙, 해악 금지의 원칙 이외에 성행위의 도덕적 정당화에 필요한 추가적 원칙은 없다.

① 갑: 서로의 인격이 존중된 성행위도 정당하지 않을 수 있다.
② 갑: 성의 자기결정권 존중은 성행위 정당화의 충분조건이다.
③ 을: 성행위를 정당화하는 데 필요한 도덕적 제약은 없다.
④ 을: 쾌락적 가치보다는 생식적 가치가 성의 목적에 부합한다.
⑤ 갑, 을: 성행위의 본질은 사회의 안정과 종족의 보존에 있다.

68 ▸24112-0145
2020학년도 3월 학력평가 7번 상중하

갑, 을의 입장으로 가장 적절한 것은?

갑: 성은 본질적으로 결혼과 출산을 전제로 하는 안정감 속에서 이루어지는 것이다. 이럴 경우에 사랑하는 부부를 중심으로 가정이 지속될 수 있다.
을: 성은 본질적으로 즐거움 그 자체를 추구하는 것이다. 성은 자발적 동의를 바탕으로 해악 금지의 원칙을 준수하는 한에서 이루어지는 즐거운 경험이다.

① 갑: 성에 대한 책임보다는 성적인 자유를 중시해야 한다.
② 갑: 성의 생식적 가치보다 쾌락적 가치를 중시해야 한다.
③ 을: 성은 서로의 사랑을 바탕으로 한 행위로 제한되어야 한다.
④ 을: 성은 자유로운 활동으로 도덕적 제약 없이 이뤄져야 한다.
⑤ 갑, 을: 성은 상대 의사를 존중하지 않으면 정당화될 수 없다.

69 ▸24112-0146
2020학년도 9월 모의평가 3번 상중하

갑, 을의 입장으로 가장 적절한 것은?

성의 자연적 목적은 출산이며, 부부간의 신뢰와 사랑을 전제로 할 때만 성적 관계는 정당화될 수 있습니다.
아닙니다. 혼인 관계 여부와 상관없이 인격적인 사랑을 전제로 한 성적 관계는 도덕적으로 허용되어야 합니다.
갑
을

① 갑: 성적 관계는 도덕적 가치 판단의 대상이 아니다.
② 갑: 성의 생식적인 가치보다 쾌락적인 가치가 더 중요하다.
③ 을: 결혼을 전제로 하지 않는 성적 관계는 모두 비도덕적이다.
④ 을: 상호 동의만 전제되면 성적 관계는 도덕적으로 허용될 수 있다.
⑤ 갑, 을: 사랑이 결여된 성적 관계는 도덕적으로 정당화될 수 없다.

70 ▸24112-0147
2019학년도 3월 학력평가 20번 상중하

그림은 서술형 평가 문제와 학생 답안이다. 학생 답안의 ㉠~㉤ 중 옳지 않은 것은?

서술형 평가

◎ 문제: 갑, 을, 병의 입장을 비교하여 서술하시오.

갑: 성의 유일한 전제 조건은 사랑이므로, 사랑이 동반된 성적 관계는 언제나 허용될 수 있다.
을: 성은 쾌락을 위한 것이며, 책임 의식을 지닌 성인이 자발적으로 합의한 성적 관계는 용인되어야 한다.
병: 성은 결혼 이후에 자녀 출산과 관련을 가질 경우에만 도덕적이고 온전한 것이 된다.

◎ 학생 답안

갑은 ㉠ 성적 쾌락만을 추구하는 성을 부정적으로 보고, 을은 ㉡ 사랑이 없는 성도 허용될 수 있다고 보며, 병은 ㉢ 사랑을 성이 도덕적이기 위한 필요충분조건이라고 본다. 한편 ㉣ 갑, 을은 병과 달리 결혼과 무관한 성도 허용될 수 있다고 보고, ㉤ 병은 갑, 을과 달리 혼전 순결을 지켜야 한다고 본다.

① ㉠ ② ㉡ ③ ㉢ ④ ㉣ ⑤ ㉤

71 ▸24112-0148
2018학년도 10월 학력평가 13번 상중하

다음을 주장한 사상가의 입장으로 가장 적절한 것은?

남녀가 상대의 성(性)을 사용하는 것은 일종의 향유로서, 어느 한쪽이 다른 쪽에게 자신의 성을 사용하도록 허락한 것이다. 이는 자신을 사물로 만드는 것으로 인간에게 고유한 인격체의 권리와 모순된다. 어느 한 인격체가 다른 인격체에 의해 사물처럼 사용될 수 있고, 다시 후자의 인격체가 전자의 인격체에 의해 사용될 수 있는 유일한 조건은 결혼이다. 이것이 순수 이성의 법칙에 따른 필연이고 이럴 경우에만 인간은 자기 자신을 다시 찾고 인격성을 회복할 수 있다.

① 남성과 여성이 사랑한다면 두 사람의 성적 관계는 정당화된다.
② 부부는 서로 성을 향유하면서도 인격체로서 존재할 수 있다.
③ 자발적 동의는 성적 관계를 정당화하는 충분한 조건이다.
④ 부부가 아니어도 상대방의 성을 사용하는 것이 허용된다.
⑤ 성적 욕구는 인격성을 저하시키므로 제거되어야 한다.

72
▸24112-0149
2023학년도 9월 모의평가 3번 상중하

다음을 주장한 사상가의 입장만을 〈보기〉에서 고른 것은?

배려 윤리는 도덕적으로 정당화될 수 있는 행동이 보편화 가능한 행동이어야 한다는 것을 거부한다. 우리가 누구인지, 누구와 어떤 관계를 맺고 있는지, 어떤 상황에 놓여 있는지를 고려해야 한다. 배려 윤리는 관계의 윤리이다. 배려의 관계는 배려자의 노력에 피배려자가 응답할 때 완성된다.

보기

ㄱ. 구체적 맥락에 근거하여 도덕적 의사 결정을 내려야 한다.
ㄴ. 도덕적 의무감과 법칙이 도덕 행위의 기반이 되어야 한다.
ㄷ. 배려는 배려자와 피배려자의 상호 작용에서 이루어져야 한다.
ㄹ. 배려는 공감과 책임이 아닌 정의와 권리에 기초해야 한다.

① ㄱ, ㄴ ② ㄱ, ㄷ ③ ㄴ, ㄷ
④ ㄴ, ㄹ ⑤ ㄷ, ㄹ

73
▸24112-0150
2021학년도 6월 모의평가 3번 상중하

그림의 강연자가 긍정의 대답을 할 질문으로 가장 적절한 것은?

인간에게 정해진 본성은 없습니다. 그럼에도 남성은 운명적인 여성성이라는 속임수로 여성을 지배하고 강제했습니다. 여성의 자연스러운 출산마저 사회는 모성의 의무로 강요했습니다. 그러나 실존적인 인간은 타인으로부터 하찮은 존재로 취급되면 반드시 자기의 주권을 회복하려 합니다. 이때 여성은 남성의 지배에서 벗어나려 하고 남성은 계속 지배하려 하므로 갈등이 발생합니다. 이 갈등은 남성과 여성이 자율적 존재로서 동등한 관계임을 인정하고, 이것이 사회적 성과로 이어져 새로운 여성이 탄생해야 끝이 납니다.

① 여성은 남성에게 헌신하려는 성향을 가지고 태어나는가?
② 여성의 의무는 생물학적 특성에 의해 규정되어야 하는가?
③ 여성성은 남성 중심의 가치관이 반영된 사회적 산물인가?
④ 여성은 수동적인 삶을 통해 실존적 자유를 회복해야 하는가?
⑤ 여성의 남성에 대한 우월성이 여성을 속박에서 해방시킬 수 있는가?

74
▸24112-0151
2020학년도 10월 학력평가 8번 상중하

다음을 주장한 사상가의 입장으로 가장 적절한 것은?

관계적인 윤리는 도덕에 대한 남성의 주된 관심이었던 이기심 대 이타심의 대결을 넘어선다. 이러한 이분법을 넘어서는 '다른 목소리'를 찾으려 할 때 도덕 논의에 있어 주된 문제는 어떻게 객관적인 도덕 원리를 수립할 것인가가 아니라 어떻게 보살피려는 의지를 가지고 책임감 있게 인간관계를 맺을 것인가로 전환된다.

① 여성의 도덕성 발달의 핵심 요소는 도덕적인 추론 능력이다.
② 남성과 여성의 관점을 포함하여 도덕 문제에 접근해야 한다.
③ 여성의 도덕성은 보편적인 도덕 원리에 따라 판단해야 한다.
④ 여성의 도덕성은 상호 의존성보다 이타심으로 함양해야 한다.
⑤ 남성의 도덕성과 여성의 도덕성을 구별하려고 해서는 안 된다.

75
▸24112-0152
2020학년도 6월 모의평가 18번 상중하

다음 신문 칼럼의 입장으로 적절하지 않은 것은?

○○신문 ○○○○년 ○월 ○일

칼 럼

남성과 여성 간 지적 능력의 차이는 사회적이고 환경적인 요인에 의한 것이다. 여성으로 태어난 것이 사회적 지위를 결정하거나 다양한 직업으로의 진출을 방해하는 이유가 되어서는 안 된다. 가정 속에서 여성이 평등한 권리를 누리고 남성이 여성을 존중하게 되면 인간 본성에도 유익한 영향을 줄 것이다. 여성이 자신의 생각을 피력할 수 있게 되면 사회 전체의 생각과 감정을 발전시킬 것이다. 인간으로서의 기본권을 누리지 못하고 있는 여성에 대해 차별이 지속되는 것은 사회 전체의 손실이 아닐 수 없다. …(후략).

① 여성들을 존중하는 태도를 통해 도덕성을 함양시킬 수 있다.
② 차별적인 관습과 제도로부터 여성을 해방시키는 것이 필요하다.
③ 여성의 자유권 확대와 사회 전체의 이익 증진은 양립 가능하다.
④ 남녀의 지적 능력의 차이는 선천적이지만 성차별을 해서는 안 된다.
⑤ 여성에게 표현의 자유를 보장하면 사상의 발전에 기여할 수 있다.

76
▸24112-0153
2019학년도 6월 모의평가 12번
상 중 하

다음 사상가의 입장으로 가장 적절한 것은?

> 도덕적 딜레마를 설명하는 여성들의 방식을 살펴보면 남성과는 다른 도덕 언어를 사용한다는 것을 알 수 있다. 이러한 도덕 언어가 존재한다는 것은 남성의 도덕 발달 과정과는 다른 또 하나의 도덕 발달 과정이 있다는 것을 암시한다. 여성들에게 도덕적으로 가장 중요하다고 규정되는 것은 남을 해하지 말고 보살펴야 한다는 윤리 의식이다.

① 남녀의 도덕적 사고의 차이에 대한 편향적 이해를 극복해야 한다.
② 감정을 배제한 선행일수록 도덕적 가치가 높다고 봐야 한다.
③ 배려는 보편적 의무 의식에 따라 무조건적으로 행해져야 한다.
④ 성차는 존중해야 하나 남녀의 도덕 판단 기준은 같다고 봐야 한다.
⑤ 도덕 판단은 상황적 맥락보다 합리적 추론에 따라 이뤄져야 한다.

77
▸24112-0154
2021학년도 3월 학력평가 13번
상 중 하

다음 사상의 입장으로 적절하지 않은 것은?

> 사람에게는 도(道)가 있다. 배불리 먹고, 따뜻하게 입으며, 편안히 살면서 교육이 없으면 금수에 가깝다. 성인(聖人)은 이를 근심하여 인륜(人倫)을 가르치게 하니, 아버지와 아들은 친애가 있고, 임금과 신하는 의리가 있으며, 남편과 아내는 분별이 있고, 어른과 어린이는 차례가 있으며, 벗 사이에는 믿음이 있는 것이다.

① 자식이 자신의 몸을 온전히 보전함으로써 효가 완성된다.
② 자식은 언제나 부모의 의중을 살펴서 언행을 삼가야 한다.
③ 형제는 상하 관계 속에서 장유유서의 도리를 깨달을 수 있다.
④ 부부는 친밀한 관계이면서도 서로를 손님처럼 공경해야 한다.
⑤ 부부는 인륜의 시초가 되기 때문에 서로 간에 조심해야 한다.

78
▸24112-0155
2021학년도 수능 8번
상 중 하

다음 사상의 입장으로 적절하지 않은 것은?

> 부부는 백성을 낳는 시작이며 모든 행복의 근원이다. 남편은 바깥채에 거처하며 안채의 일을 말하지 않고, 아내는 안채에 거처하며 바깥채의 일을 말하지 않는다. 남편은 아내에게 정중하게 임하여 하늘의 건실한 도리를 실천하고, 아내는 부드러움으로 남편을 바로잡아 땅의 순응하는 도리를 실천한다면, 집안이 바르게 될 것이다. 부부가 서로 공경하여 집안이 화목하고 순조로워야 부모께서 편안하고 즐거우실 것이다.

① 화목한 부부 생활은 효도의 한 방법이다.
② 부부는 서로 의존하면서 보완하는 관계이다.
③ 부부는 서로의 고유한 영역을 인정하고 존중해야 한다.
④ 부부의 의의는 세대를 계승하고 행복을 추구하는 데 있다.
⑤ 부부의 관계는 옳고 그름이나 예절의 규제로부터 자유롭다.

79
▸24112-0156
2021학년도 9월 모의평가 5번
상 중 하

다음 사상의 입장으로 적절한 것만을 〈보기〉에서 있는 대로 고른 것은?

> 혼례는 서로 다른 두 성(姓)의 남녀가 사랑으로 결합하여, 위로 조상을 모시고 아래로 후세를 이어 가는 일이다. 그러므로 군자는 혼례를 중요하게 여긴다. 그 과정에서 남녀는 서로 경건하고 존중하며 정직해야 한다. 그런 연후에 친밀한 사랑이 생긴다. 이것이 예(禮)의 본질이다. 남녀의 구별[別]이 있으니 부부의 도리가 세워지고, 부부의 도리가 있으니 부자의 친근함이 있으며, 부자의 친근함이 있으니 군신의 정당함이 있다.

보기

ㄱ. 부부의 도리는 모든 예의 근본이 된다.
ㄴ. 부부는 손님을 대하듯이 서로 공경해야 한다.
ㄷ. 부부의 관계는 상호 의존적이고 보완적인 관계이다.
ㄹ. 부부의 도리는 각자의 역할에 분별이 없어야 바르게 된다.

① ㄱ, ㄷ ② ㄴ, ㄹ ③ ㄷ, ㄹ ④ ㄱ, ㄴ, ㄷ ⑤ ㄱ, ㄴ, ㄹ

80
▸24112-0157
2020학년도 3월 학력평가 16번
상 중 하

(가) 사상의 입장에서 볼 때, (나)의 ㉠에 대한 설명으로 가장 적절한 것은?

(가)	공손하되 예(禮)가 없으면 힘이 들고, 신중하되 예가 없으면 두렵게 되고, 용맹하되 예가 없으면 난을 일으키고, 정직하되 예가 없으면 각박하게 된다.
(나)	남녀의 구별이 있어야 [㉠]의 의(義)가 있고, [㉠]의 의가 있어야 부자의 친함이 있고, 부자의 친함이 있어야 군신의 의가 있다. 그러므로 혼례는 예의 근본이다.

① 서로에게 자애와 효도를 실천해야 하는 호혜적 관계이다.
② 삶의 동반자로서 서로 정조를 지켜야 하는 천륜 관계이다.
③ 가장을 중심으로 각자의 역할을 수행하는 수직적 관계이다.
④ 장유의 서열과 친애를 근본으로 하는 상호 존중의 관계이다.
⑤ 서로의 역할을 구분하면서도 상호 보완하는 협력적 관계이다.

기출 & 플러스

01 삶과 죽음의 윤리

■ **빈칸에 알맞은 말을 써 넣으시오.**

01 죽음은 그것을 피하고자 하는 인간의 그 어떤 노력도 실패하고 만다는 점에서 (　　　)을, 죽은 사람은 다시 되살릴 수 없다는 점에서 (　　　)의 특징을 지닌다.

02 (　　　)는 "아직 삶도 알지 못하는데 어떻게 죽음을 알겠는가"라고 주장하며, 죽음보다 현실의 도덕적 삶에 충실할 것을 강조한다.

03 불교에 따르면 죽음은 현실의 세계로부터 벗어나 또 다른 세계로 (　　　)하게 됨을 의미한다.

04 장자는 삶과 죽음은 (　　　)가 모였다가 흩어지는 것으로 (　　　)이 없으며, 사계절의 운행과 같이 자연스러운 순환 과정이라고 본다.

05 플라톤은 인간의 죽음을 육체에 갇혀 있던 영혼이 (　　　)의 세계로 되돌아가는 것으로 본다.

06 (　　　)는 "살아 있으면 죽음은 없고, 죽음에 이르면 우리는 존재하지 않으므로 죽음을 두려워할 필요가 없다."라고 주장한다.

07 하이데거는 인간은 (　　　)의 유한성 때문에 죽음을 자각할 수 있다고 본다.

08 야스퍼스는 죽음이 좌절을 통해 참된 실존을 깨달을 수 있는 (　　　)이라고 본다.

09 인간의 생명은 절대적 가치를 지니므로 안락사를 절대 허용해서는 안 된다는 입장이 있으나, 인위적 개입으로 환자의 생명을 단축하는 (　　　) 안락사가 허용되어서는 안 되지만, 회복 불가능한 환자에 대한 (　　　) 중단으로 죽음에 이르게 하는 (　　　) 안락사는 허용될 수 있다고 보는 입장도 있다.

10 유교에서는 부모로부터 받은 신체를 훼손하지 않는 것을 (　　　)의 시작으로 본다.

11 태아는 일정한 발생 과정을 거쳐 성숙한 인간으로 발달할 (　　　)을 가지고 있다는 것은 인공 임신 중절의 반대 논거가 될 수 있다.

12 (　　　)는 뇌간을 포함한 뇌의 활동이 회복할 수 없을 정도로 정지된 상태를 뜻하며, (　　　)은 생명 유지에 필요한 소뇌나 뇌간의 기능을 일부 유지하고 있는 환자를 말한다.

■ **다음 내용이 옳으면 ○표, 틀리면 ×표 하시오.**

13 유교에서 죽음은 마땅히 애도해야 하는 일인 동시에 자연에 순응하는 과정이며, 사후의 평온보다 현세에서 인(仁)의 실천이 중요하다고 본다. (　　)

14 불교에서 죽음은 고통이 없는 생(生)으로 이어지는 윤회의 과정이다. (　　)

15 장자는 죽음을 자연의 한 순환 과정으로 보았으며, 그러한 자연의 본성에 순응하고 삶을 달관할 때 진정한 행복에 이를 수 있다고 본다. (　　)

16 불교에서는 해탈을 통해 삶과 죽음의 순환, 즉 윤회의 고리를 끊고 삶과 죽음의 고통에서 벗어날 수 있다고 본다. (　　)

17 장자는 내세의 행복을 위해 현세의 욕망을 최대한 절제해야 한다고 주장한다. (　　)

18 플라톤은 참된 지혜는 육체의 구속에서 벗어난 사후에만 얻어진다고 본다. (　　)

19 에피쿠로스는 죽음은 경험할 수도 없고, 산 사람이나 죽은 사람 모두와 아무런 상관이 없기 때문에 현세에서의 선행과는 관련이 없다고 본다. (　　)

20 하이데거는 타인과의 관계 속에서는 자아의 비본래성만을 이해할 뿐이고, 자신의 고유한 죽음을 직시해야 자아의 본래성을 자각할 수 있다고 본다. (　　)

21 에피쿠로스는 육체적 죽음 이후에 정신적 자유를 누릴 수 있다고 본다. (　　)

22 플라톤은 현실의 세계에서는 영혼이 육체라는 감옥에 갇혀 있지만 죽음의 세계에서는 영혼이 육체로부터 자유로워진다고 주장하면서, 현실의 세계와 죽음 이후의 세계를 명확하게 구분하고 있다. (　　)

23 에피쿠로스는 죽음을 인간이 회피해야 할 고통이라고 본다. (　　)

24 하이데거는 타인과의 관계를 통해서는 참된 실존을 회복할 수 없다고 본다. (　　)

25 불교는 죽음을 삶의 모든 번뇌가 소멸한 상태라고 본다. (　　)

02 생명 윤리

■ **빈칸에 알맞은 말을 써 넣으시오.**

26 (　　　)는 의료나 생명 과학에 관한 윤리적, 사회적, 철학적, 법적 문제와 그에 관한 문제를 연구하며, 생명 과학 연구의 방향을 제시해 주는 역할을 한다.

27 배아 복제란 질병 치료를 목적으로 배아 ( )를 얻기 위해 ( ) 핵 이식 기술을 이용해 배아 단계까지만 발생을 진행시키는 것이다.

28 ( )란 복제로 만든 배아를 자궁에 착상하여 새로운 인간 개체를 탄생시키는 것으로, 일반적으로 인간 복제는 이를 가리킨다.

29 ( )이란 미래 세대의 인종적 자질을 개선하거나 손상할 수 있는 요인을 연구하는 학문으로 아돌프 히틀러의 유대인 학살에도 영향을 끼쳤다.

30 생명 윤리학자인 비첨과 칠드레스는 생명 의료 윤리의 원칙으로 '환자와 피험자의 이익을 고려해야 한다.'는 ( )의 원칙, '의료 자원과 연구의 성과가 공정하게 분배되어야 한다.'는 ( )의 원칙을 제시하였다.

31 싱어는 동물이 ( )을 갖고 있으므로 동물의 이익도 평등하게 고려되어야 한다고 주장한다.

32 레건은 일부 동물도 믿음, 욕구, 지각, 기억, 감정 등을 가진 ( )가 될 수 있으므로 인간처럼 ( )를 지닌다고 본다.

■ 다음 내용이 옳으면 ○표, 틀리면 ×표 하시오.

33 유전자 치료는 치료 대상에 따라 체세포 유전자 치료와 생식 세포 유전자 치료로 나눌 수 있는데, 체세포 유전자 치료와 달리 생식 세포 유전자 치료에 관해서는 논쟁이 벌어지고 있다. ( )

34 아리스토텔레스는 동물은 인간을 위해 존재하기 때문에 인간이 동물을 사용하는 것은 문제가 되지 않는다고 본다. ( )

35 데카르트는 인간과 동물의 몸은 자동 기계인데, 인간과 달리 동물에게는 정신이나 영혼이 없어서 쾌락이나 고통을 느낄 수 없기 때문에 동물은 권리를 지니고 있지 않다고 본다. ( )

36 칸트가 동물을 잔혹하게 대하는 것에 반대하는 이유는 동물 자체를 위해서라기보다 그것이 인간의 품위를 손상하는 행위이기 때문이다. ( )

37 공리주의자 벤담은 동물도 고통을 느끼므로 도덕적으로 고려받을 권리를 가질 수 있다고 본다. ( )

03 사랑과 성 윤리

■ 빈칸에 알맞은 말을 써 넣으시오.

38 프롬에 따르면 진정한 사랑은 사랑하는 사람의 생명과 성장에 관심을 가지고 ( )하려고 하는 것, 사랑하는 사람의 욕구와 성향을 고려하면서 자신의 행위를 ( )지려고 노력하는 것, 사랑하는 사람을 있는 그대로 받아들이며 ( )하는 것, 사랑하는 사람을 제대로 ( )하는 것이다.

39 성을 결혼과 결부시키지 않으며, 사랑을 동반한 성적 관계는 허용될 수 있다고 주장하는 ( ) 입장은 사랑 중심의 성 윤리를 제시한다.

40 전통적인 부부 윤리에서는 부부는 가장 친밀한 사이이지만, 서로 손님과 같이 공경해야 한다는 ( )의 윤리를 강조하였다.

■ 다음 내용이 옳으면 ○표, 틀리면 ×표 하시오.

41 성에 대한 자유주의 입장은 타인에게 해악을 주지 않는 범위 내에서 자발적 동의에 따른 성적 자유를 허용해야 한다고 보는 반면, 보수주의 입장은 결혼을 통한 성적 관계만이 정당하다고 보므로, 혼전 순결을 지켜야 한다고 본다. ( )

42 유교에서는 효가 도덕적 수행을 통한 입신양명(立身揚名)에서 시작되고, 항상 동기간(同氣間)의 사랑을 실천함으로써 완성된다고 본다. ( )

Ⅱ 생명과 윤리

정답 01 불가피성, 비가역성 02 공자 03 윤회 04 기(氣), 차별 05 이데아 06 에피쿠로스 07 현존재 08 한계 상황 09 적극적, 연명 치료, 소극적 10 효(孝) 11 잠재성 12 뇌사, 식물인간 13 ○ 14 × 15 ○ 16 ○ 17 × 18 ○ 19 ○ 20 ○ 21 × 22 ○ 23 × 24 ○ 25 × 26 생명 윤리 27 줄기세포, 체세포 28 개체 복제 29 우생학 30 선행, 정의 31 쾌고 감수 능력 32 삶의 주체, 내재적 가치 33 ○ 34 ○ 35 ○ 36 ○ 37 ○ 38 보호, 책임, 존경, 이해 39 중도주의 40 상경여빈(相敬如賓) 41 ○ 42 ×

함정 탈출 TIP 체크

14 불교에서는 죽음을 생(生)·노(老)·병(病)과 함께 대표적인 고통으로 본다. 또한 죽음을 통해 또 다른 삶으로 윤회하게 된다고 본다. 17 장자는 현세의 욕망을 절제할 것을 강조하지만, 내세의 행복을 추구하지는 않는다. 21 에피쿠로스는 죽음 이후에는 육체와 정신 모두 소멸한다고 보았다. 23 에피쿠로스는 죽음을 경험할 수 없으므로 죽음을 두려워할 필요가 없다고 보았다. 25 불교는 죽음을 번뇌가 소멸한 상태라고 보지 않는다. 깨달음을 얻지 못하면 다시 생을 받아서 번뇌를 겪어야 하기 때문이다. 42 효의 시작은 부모로부터 물려받은 몸을 깨끗하고 온전하게 하는 불감훼상(不敢毁傷)이며, 효의 마침은 후세에 자신의 이름을 떨쳐 부모를 영광되게 해 드리는 입신양명(立身揚名)이다.

III

사회와 윤리

기출 문제 분석 팁

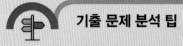

- 동서양 사상가들의 다양한 직업관을 비교하는 문제와 기업가, 근로자, 공직자와 관련된 직업 윤리 문제가 출제되고 있다. 특히 목민관의 절용과 청렴을 강조한 정약용의 공직 윤리에 대한 문제가 최근 자주 출제되고 있다.
- 분배적 정의 및 교정적 정의와 관련된 다양한 사상가들의 입장을 비교하는 문제가 출제되고 있다. 특히 분배적 정의에 대한 롤스, 노직의 입장을 비교하는 문제와 형벌에 대한 벤담, 칸트, 루소, 베카리아의 관점을 비교하는 문제가 자주 출제되고 있다.
- 국가의 역할과 의무에 대한 동서양 사상가들의 입장을 파악하는 문제가 출제되고 있다. 특히 홉스, 로크, 루소의 사회 계약론을 비교하는 문제가 자주 출제되고 있다. 또한 시민 불복종에 대한 롤스, 싱어, 소로의 입장을 비교하는 문제가 출제되고 있다.

한눈에 보는 출제 빈도

시험 \ 내용		01 직업과 청렴의 윤리 • 동서양의 직업관 • 직업 윤리와 청렴	02 사회 정의와 윤리 • 사회 정의의 의미 • 분배적 정의와 교정적 정의	03 국가와 시민의 윤리 • 국가의 권위와 시민에 대한 의무 • 민주 시민의 참여와 시민 불복종
2024 학년도	수능	1	2	2
	9월 모의평가	1	2	2
	6월 모의평가	1	2	2
2023 학년도	수능	1	2	2
	9월 모의평가	1	2	2
	6월 모의평가	1	2	2
2022 학년도	수능	1	2	2
	9월 모의평가	1	2	2
	6월 모의평가	1	2	2
2021 학년도	수능	1	2	1
	9월 모의평가	1	2	1
	6월 모의평가	1	2	2
2020 학년도	수능	2	3	1
	9월 모의평가	2	3	1
	6월 모의평가		3	1

기출 문제로 유형 확인하기

01 직업과 청렴의 윤리

01
▸24112-0158
2024학년도 9월 모의평가 14번
상중하

갑, 을 사상가들의 입장으로 적절한 것만을 <보기>에서 있는 대로 고른 것은?

갑: 천하를 두루 이롭게 함은 직분[分]과 예의[義]로부터 나온다. 사람이 무리를 이루어 살되 역할에 따른 구분이 없으면 다투게 되고, 다투면 나라가 혼란해져 편히 살 수 없게 된다. 따라서 사람은 잠시도 예의를 버릴 수 없다.
을: 사회를 이루는 세 계층은 각자 타고난 성향에 따라 한 가지 일에 배치되어야 한다. 그리고 자신이 맡은 일에서 탁월함을 발휘하여 서로 조화를 이루어야 한다. 만약 서로의 일에 간섭한다면 사회에 해악을 끼치게 된다.

보기

ㄱ. 갑: 군주가 나라를 다스리려면 모든 직분에 통달해야 한다.
ㄴ. 갑: 사회 구성원의 직분을 나누는 도덕적 기준이 존재한다.
ㄷ. 을: 세 계층이 각자의 직분에 충실해야 정의가 실현될 수 있다.
ㄹ. 갑과 을: 직분의 구분은 공동체 이익 증진에 도움이 된다.

① ㄱ, ㄴ ② ㄱ, ㄷ ③ ㄴ, ㄹ
④ ㄱ, ㄷ, ㄹ ⑤ ㄴ, ㄷ, ㄹ

02
▸24112-0159
2022학년도 3월 학력평가 10번
상중하

갑, 을 사상가들의 입장으로 가장 적절한 것은?

갑: 참으로 지혜를 사랑하는 사람들이 통치자들이 되어야 한다. 상인이 전사 계층으로 옮기려 하거나 전사가 통치자 계층으로 옮기려고 하면 국가는 파멸할 것이다.
을: 어질고 능력이 있으면 순서를 기다리지 않고 등용한다. 서인(庶人)의 자식도 학문에 힘쓰고 행실이 바르며 예(禮)를 쌓아 본성을 극복하면 관리가 될 수 있다.

① 갑: 통치자들만 공동생활을 통해서 공익을 추구해야 한다.
② 갑: 각자 자신의 성향에 맞는 한 가지 직분에 충실해야 한다.
③ 을: 직업에 충실하면 본성을 회복하고 인격을 닦을 수 있다.
④ 을: 예에 정통한 사람은 모든 일을 이해하고 잘하는 사람이다.
⑤ 갑, 을: 개인의 희망에 따라 사회적 역할이 부여되어야 한다.

03
▸24112-0160
2022학년도 9월 모의평가 6번
상중하

갑, 을 사상가들의 입장으로 적절하지 않은 것은?

갑: 백성은 항산(恒産)이 있어야 항심(恒心)을 지닐 수 있다. 성인(聖人)이 천하를 다스리면 곡식이 물이나 불과 같이 풍족해질 것이다. 만일 곡식이 물이나 불과 같이 풍족해지면 백성에게 어찌 불인(不仁)함이 있겠는가?
을: 왕공(王公)과 사대부의 자손이라도 예의(禮義)를 힘써 행할 수 없다면 서인(庶人)으로 귀속시킨다. 서인의 자손이라도 학문을 쌓아 몸을 바르게 하고 예의를 힘써 행할 수 있다면 사대부로 귀속시킨다.

① 갑: 성인(聖人)은 백성의 기본적 생계유지를 중시한다.
② 갑: 경제적 안정은 백성에게 도덕적 삶의 기반이 된다.
③ 을: 사회적 역할은 능력보다는 선호에 따라 결정되어야 한다.
④ 을: 예(禮)를 기준으로 하여 사회적 역할이 분담되어야 한다.
⑤ 갑, 을: 사회적 분업은 사회 질서를 유지하는 데 기여할 수 있다.

04
▸24112-0161
2021학년도 10월 학력평가 8번
상중하

갑, 을 사상가들의 입장만을 <보기>에서 있는 대로 고른 것은?

갑: 철인(哲人)들이 최고 지배자들이 되어 올바른 것을 가장 중대하고 가장 필요한 것으로 보고, 이를 받들고 증대시켜서 나라의 질서가 잡히게 해야 한다.
을: 명군(明君)이 백성의 생업을 관장함에 있어 부모 공양과 처자식 부양에 부족함이 없게 해야 백성을 선한 데로 이끌 수 있다. 백성은 항산이 없으면 항심도 없어진다.

보기

ㄱ. 갑: 통치자는 좋음 자체를 모범으로 삼아 다스려야 한다.
ㄴ. 을: 통치자는 백성의 삶의 기반인 항산을 보장해야 한다.
ㄷ. 을: 통치자는 손수 농사를 짓고 다스리는 일도 해야 한다.
ㄹ. 갑, 을: 통치자를 비롯한 모든 구성원은 자신의 사회적 직분을 이행해야 한다.

① ㄱ, ㄴ ② ㄱ, ㄷ ③ ㄷ, ㄹ
④ ㄱ, ㄴ, ㄹ ⑤ ㄴ, ㄷ, ㄹ

05 ▸24112-0162 2021학년도 3월 학력평가 3번 상중하

다음을 주장한 사상가의 입장으로 가장 적절한 것은?

> 백성은 일정한 생업이 없으면 일정한 마음도 없어진다. 현명한 군주는 백성의 생업을 마련해 주는데, 반드시 위로는 부모를 섬기기에 충분하게 하고 아래로는 처자를 먹여 살릴만하게 하여, 풍년에는 언제나 배부르고 흉년에는 죽음을 면하게 한다. 그렇게 한 후에 백성을 선한 데로 유도하므로 백성이 따르기 쉽다.

① 통치자는 예(禮)를 통해 인간의 악한 본성을 교화해야 한다.
② 통치자는 백성[民]에 의한 통치를 위해 온 힘을 다해야 한다.
③ 통치자가 인의(仁義)를 해치더라도 백성은 항상 복종해야 한다.
④ 통치자는 덕치가 아니라 법치로써 왕도(王道)를 실현해야 한다.
⑤ 통치자는 백성의 선한 삶을 위해 항산(恒産)을 보장해야 한다.

06 ▸24112-0163 2021학년도 3월 학력평가 4번 상중하

갑, 을 사상가들의 입장만을 〈보기〉에서 있는 대로 고른 것은?

> 갑: 사람들은 자신의 직무가 비속하거나 신과 무관한 것이 아니라, 신의 부르심[召命]에 따라 봉사하고 있는 신성한 것이라는 사실을 깊이 생각해야 한다.
> 을: 자본주의 체제에서는 노동자가 더 많이 생산할수록 그는 더 가난해지고 무력해진다. 결국 노동은 노동자의 본질에 속하지 않게 되고 노동자는 노동으로부터 소외된다.

보기

ㄱ. 갑: 노동은 신성하며 노동으로 얻은 것은 신의 선물이다.
ㄴ. 을: 소외된 노동은 인간에 의한 인간의 소외를 일으킨다.
ㄷ. 을: 노동자는 자본가에게 경제적으로 예속될 수밖에 없다.
ㄹ. 갑, 을: 노동의 본질은 자신의 잠재력을 계발하는 데 있다.

① ㄱ, ㄴ　② ㄱ, ㄹ　③ ㄷ, ㄹ
④ ㄱ, ㄴ, ㄷ　⑤ ㄴ, ㄷ, ㄹ

07 ▸24112-0164 2021학년도 수능 9번 상중하

갑, 을 사상가들의 공통된 입장만을 〈보기〉에서 있는 대로 고른 것은?

> 갑: 모든 사람에게는 주어진 본분이 있다. 군주는 군주의 본분을, 신하는 신하의 본분을, 부모는 부모의 본분을, 자식은 자식의 본분을 다하는 것을 정명(正名)이라 한다.
> 을: 국가에서 통치자는 지혜를, 방위자는 용기를, 생산자는 절제를 발휘하여, 여러 구성원들이 조화롭게 살아가는 것을 정의(正義)라 한다.

보기

ㄱ. 사회적 직분에는 그것에 합당한 도덕적 덕목이 요구된다.
ㄴ. 누구나 자신의 직업을 선택할 수 있는 자유를 가져야 한다.
ㄷ. 각자는 역할 수행에 필요한 덕을 갖추도록 노력해야 한다.
ㄹ. 구성원의 역할이 분담되면 자연스럽게 이상적 국가가 실현된다.

① ㄱ, ㄴ　② ㄱ, ㄷ　③ ㄴ, ㄹ
④ ㄱ, ㄷ, ㄹ　⑤ ㄴ, ㄷ, ㄹ

08 ▸24112-0165 2021학년도 9월 모의평가 12번 상중하

갑, 을 사상가들의 입장으로 적절하지 않은 것은?

> 갑: 군자는 근본을 추구하기 때문에 작은 일을 잘 못해도 큰 일은 맡을 수 있으며, 소인은 생계를 추구하기 때문에 큰 일을 잘 못해도 작은 일은 맡을 수 있다. 임금·신하·부모·자식이 각자 맡은 바 직분[名]을 올바르게 하면 나라가 잘 다스려진다.
> 을: 성왕(聖王)은 예(禮)를 제정하여 인간의 본성을 교화하고자 하였다. 아울러 사람의 덕(德)을 논하여 각자의 위치를 정하고 그 능력을 헤아려 관직을 부여하였다. 그런 연후에 사람들이 예에 따라 각자 직무를 수행하여 그 마땅한 바를 얻게 하였다.

① 갑: 각자 자신이 맡은 직분 외에도 모든 분야에 능통해야 한다.
② 갑: 자기 본분을 올바르게 행하여 공동체의 질서를 유지해야 한다.
③ 을: 사람들의 사회적 직분은 덕과 능력에 따라 정해져야 한다.
④ 을: 올바른 직분 수행을 위해 예법에 따라 욕망을 절제해야 한다.
⑤ 갑, 을: 자신의 사회적 역할에 부합하는 도리를 실천해야 한다.

09

▸24112-0166
2020학년도 10월 학력평가 10번 상중하

갑, 을 사상가들의 입장으로 가장 적절한 것은?

> 갑: 자본주의 사회에서는 필연적으로 인간 소외가 발생한다. 사적 소유, 분업, 계급적 사회관계는 자유로운 노동을 억압하고 인간의 본질을 실현하는 것을 가로막는다.
> 을: 대인의 일이 있고 소인의 일이 있다. 마음을 쓰는 자는 다스리고, 몸을 쓰는 자는 다스림을 받는다. 다스림을 받는 자는 남을 먹이고, 다스리는 자는 남에 의해 먹는다.

① 갑: 자본주의에서 노동자는 자신의 노동 생산물을 향유한다.
② 갑: 자본주의에서 노동자는 자발적 노동으로 욕구를 충족한다.
③ 을: 백성은 통치자가 인의를 상실해도 섬기지 않으면 안 된다.
④ 을: 백성의 생산물 교환은 사익 추구로서 삼가야 할 행위이다.
⑤ 갑, 을: 경제적인 요인은 도덕적 삶에 영향을 미칠 수 있다.

10

▸24112-0167
2020학년도 3월 학력평가 13번 상중하

다음을 주장한 사상가의 입장만을 〈보기〉에서 있는 대로 고른 것은?

> • 선왕은 예의를 제정함으로써 분별하여 가난하고 부유하고 천하고 귀한 부류가 있게 하였으니 이것이 천하를 기르는 근본이다.
> • 사람이 김매고 밭 가는 일을 쌓아 농부가 되고, 깎고 다듬는 일을 쌓아 공인이 되며, 재화를 매매하는 일을 쌓아 상인이 되듯이, 예절과 의리를 쌓으면 군자가 된다.

보기

ㄱ. 예를 바탕으로 사람들의 직분을 나누어야 질서가 유지된다.
ㄴ. 각 분야에 능한 사람이 그 분야를 이끌어 가는 것이 좋다.
ㄷ. 사물에 정통한 사람은 누구나 통치하는 일을 할 수 있다.
ㄹ. 서민의 자손이라도 재능과 덕을 갖추면 관리가 될 수 있다.

① ㄱ, ㄷ ② ㄱ, ㄹ ③ ㄴ, ㄷ
④ ㄱ, ㄴ, ㄹ ⑤ ㄴ, ㄷ, ㄹ

11

▸24112-0168
2020학년도 9월 모의평가 8번 상중하

갑, 을 사상가들의 입장으로 옳지 않은 것은?

> 갑: 각자의 직분을 나누는 것이 예법(禮法)의 핵심이다. 농부, 공인, 상인은 각 분야에 정통하지만, 그 분야를 지도하는 관리가 될 수 없다. 도(道)에 정통한 사람은 이 세 가지 일을 하나도 못해도 이 세 가지 일을 다스릴 수 있다.
> 을: 마음을 쓰는 사람[勞心者]은 다스리는 사람이고, 몸을 쓰는 사람[勞力者]은 다스림을 받는 사람이다. 다스림을 받는 사람은 남을 먹여 살리고, 다스리는 사람은 남에 의해 먹고 산다. 이처럼 서로 도우며 살아가는 것이 세상 이치이다.

① 갑: 예(禮)에 맞게 사회적 분업이 이루어져야 한다.
② 갑: 군자는 도를 익혀야만 자신의 일을 완수할 수 있다.
③ 을: 다양한 직업들 사이에는 상호 보완적 관계가 성립한다.
④ 을: 몸을 쓰는 사람은 항산(恒産)에 앞서 항심(恒心)을 지녀야 한다.
⑤ 갑, 을: 모든 사람은 각자가 맡은 직분과 역할에 충실해야 한다.

12

▸24112-0169
2019학년도 10월 학력평가 6번 상중하

갑, 을 사상가들의 입장으로 가장 적절한 것은?

> 갑: 자본주의 사회는 적대적인 두 계급으로 분열되어 있고, 프롤레타리아는 그들의 노동이 자본을 증식시키는 한에서만 일거리를 얻을 수 있다. 부르주아의 존립은 더 이상 사회와 양립할 수 없다.
> 을: 자본주의 사회는 대부분의 경제 행위가 민간 기업을 통해 이루어진다. 기업의 사회적 책임은 오직 기업의 이윤 극대화를 위해 노력하는 것이고, 노동조합 지도자들의 사회적 책임은 조합원의 이익을 위해 봉사하는 것이다.

① 갑: 인간은 노동을 통해 자신의 본질을 실현할 수 있어야 한다.
② 갑: 노동자의 소득 증가를 위해 공장 내 분업을 촉진해야 한다.
③ 을: 기업은 이윤 극대화를 위해서 공익 활동을 확대해야 한다.
④ 을: 기업에 경제적 책임 이외에 법적 책임을 부과하면 안 된다.
⑤ 갑, 을: 노동자와 자본가는 연대와 협력을 통해 상생해야 한다.

13

▸24112-0170
2019학년도 3월 학력평가 19번

상 중 하

갑, 을 사상가들의 입장을 〈보기〉에서 고른 것은?

갑: 신은 각 사람에게 독특한 생활 양식에 따라 의무를 부여하고 다양한 생활들을 소명(召命)으로 주셨다. 아무리 힘든 일이라도 이것을 소명으로 알고 순종하면 모든 일은 신 앞에서 빛날 것이다.
을: 자본주의적 생산 방식은 자유롭고 의식적인 활동인 노동을 왜곡함으로써 인간의 자질이 온전하게 실현되는 것을 가로막는다. 자본주의에서는 생산성 향상을 위해 작업 과정을 세분화함에 따라 노동의 소외가 심화된다.

보기

ㄱ. 갑: 노동의 궁극적 목적은 부의 축적에 있다.
ㄴ. 갑: 신의 소명으로서 주어진 직업에는 귀천이 없다.
ㄷ. 을: 노동자는 자아실현을 위해 분업에 참여해야 한다.
ㄹ. 을: 자본주의 사회에서 노동자는 소외를 피할 수 없다.

① ㄱ, ㄴ ② ㄱ, ㄷ ③ ㄴ, ㄷ
④ ㄴ, ㄹ ⑤ ㄷ, ㄹ

14

▸24112-0171
2019학년도 수능 13번

상 중 하

갑, 을 사상가들의 입장에 대한 설명으로 옳지 않은 것은?

갑: 자본주의에서 노동은 노동 주체의 의지와 무관하게 자본을 위해 수행될 뿐이다. 분업은 생산성을 대폭 향상시켰지만, 노동자는 생산에 필요한 정신적 능력 이외의 다른 모든 정신적 능력들을 잃어버렸다. 이는 예외 없는 현상이다.
을: 노동을 은총 상태를 확신하기 위한 수단으로 파악한 청교도는 철저한 노동 의무의 수행을 통해 신의 나라에 도달하려고 시도하였다. 동시에 노동 계급에 강제된 엄격한 금욕이 자본주의의 노동 생산성을 강력히 촉진시켰다.

① 갑은 자본주의에서 정신적 능력 회복으로 소외가 극복된다고 본다.
② 갑은 분업이 노동자의 정신적 능력 쇠퇴와 소외를 심화시킨다고 본다.
③ 을은 금욕과 결합된 노동 의무가 생산성을 향상시켰다고 본다.
④ 을은 청교도가 직업 노동을 종교적 실천으로 간주했다고 본다.
⑤ 갑은 분업 노동, 을은 소명 의식이 자본주의의 발전에 기여했다고 본다.

15

▸24112-0172
2019학년도 9월 모의평가 7번

상 중 하

갑, 을 사상가들의 입장으로 옳지 않은 것은?

갑: 선왕(先王)이 예(禮)를 제정하여 사람들에게 귀함과 천함의 등급을 분별하게 하였다. 사대부의 자손이라도 예에 합하지 않으면 서민이 되어야 하고, 서민의 자손이라도 학문을 닦고 품행이 단정하여 예에 합하면 사대부가 되어야 한다.
을: 왕도 정치가 구현된 사회에서 농부와 목수와 기술자는 각자 생산물이나 재능을 교환함으로써 사회에 기여한다. 힘을 쓰는 노력자(勞力者)와 마음을 쓰는 노심자(勞心者) 역시 각자의 수고로움으로 서로 기여한다.

① 갑: 예(禮)를 기준으로 삼아 사회적 역할 분담이 정해져야 한다.
② 갑: 사회적 신분은 개인의 자유로운 선택에 따라 정해져야 한다.
③ 을: 분업을 통해 사회적 직분 간의 유기적 관계를 이루어야 한다.
④ 을: 노력자(勞力者)는 생계가 안정되어야 도덕심을 유지할 수 있다.
⑤ 갑, 을 : 자신의 직분에 충실할 때 사회 질서가 유지될 수 있다.

16

▸24112-0173
2020학년도 수능 7번

상 중 하

다음 신문 칼럼이 강조하는 내용으로 가장 적절한 것은?

○○신문 ○○○○년 ○월 ○일

칼 럼

기업은 고용인(雇傭人)*과 고용주의 이윤 추구를 위한 계약 관계로 유지된다. 기업의 결속력도 서로의 이윤 창출을 위한 행위에 의해 생길 뿐이다. 고용주는 고용인의 충성까지 구매할 수는 없다. 따라서 사회 정의를 해치는 기업의 행위를 알게 된 고용인이 이를 사회에 알리는 것은 정당하다. 또한 사회는 고용인에게 기업의 불법 행위나 부도덕한 행위를 외부에 적극 알려야 할 의무를 요구할 수 있다. 고용인은 특정 조직에 속한 개인인 동시에 정의롭고 행복하게 유지되어야 할 사회 공동체의 구성원이기 때문이다.

* 고용인(雇傭人): 고용되어 일하는 사람

① 고용주는 기업을 사익 추구의 수단으로 간주해서는 안 된다.
② 고용인과 고용주는 상호 협력과 결속 관계를 형성할 수 없다.
③ 고용인은 고용주에 대한 신의를 어떠한 경우에도 지켜야 한다.
④ 조직에 충성하기를 포기한 고용인은 그 조직에서 떠나야 한다.
⑤ 고용인은 조직에 대한 책무와 함께 시민의 의무를 다해야 한다.

17
▸24112-0174
2020학년도 9월 모의평가 16번
상 중 하

갑, 을 모두가 부정의 대답을 할 질문만을 <보기>에서 있는 대로 고른 것은?

> 갑: 기업은 시장 경쟁력 강화를 위한 경영 전략 차원에서 공익 증진이라는 사회적 책임에 힘써야 한다. 그러한 기업은 소비자 불매운동을 예방하고, 직원들의 헌신과 소비자들의 신뢰를 얻는 데 훨씬 유리하기 때문이다.
> 을: 기업의 사회적 책임은 오로지 시장의 규칙을 준수하면서 기업 이익의 극대화를 위해 자유로운 경쟁에 전념하는 것이다. 이 과정에서 기업은 보이지 않는 손에 이끌려 원래 의도하지 않았던 공익에 기여하게 된다.

보기

ㄱ. 기업은 모든 사회적 책임으로부터 자유로워야 하는가?
ㄴ. 기업은 자유 시장 경제 원리에 따라 경영되어야 하는가?
ㄷ. 기업은 공익의 증진을 본질적 목적으로 삼아야 하는가?
ㄹ. 기업은 기업 이익 증진을 위해 공익을 추구해야 하는가?

① ㄱ, ㄴ ② ㄱ, ㄷ ③ ㄴ, ㄹ
④ ㄱ, ㄷ, ㄹ ⑤ ㄴ, ㄷ, ㄹ

18
▸24112-0175
2024학년도 수능 12번
상 중 하

다음을 주장한 사상가가 강조하는 공직자의 자세로 옳지 않은 것은?

> • 관청에서 쓰는 모든 물건은 하늘에서 비처럼 내리고 땅에서 물처럼 솟는 것이 아니니, 씀씀이를 절약하면서 물건 사용의 폐해를 살펴 백성들의 힘을 덜어 주어야 한다.
> • 청렴한 선비는 벼슬자리에 부임하러 갈 때 가족을 데려가지 않는데, 이때의 가족이란 아내와 자식을 일컫는다. 형제 간에는 가끔 왕래해도 되지만 오래 머물러서는 안 된다.

① 사사로운 정(情)에 따른 이익보다는 청렴을 중시해야 한다.
② 자애의 덕을 지니기 위해서는 반드시 절용(節用)해야 한다.
③ 청백리가 되려면 자신에게만 관대하고 가족에게는 엄격해야 한다.
④ 세금 사용에 주의를 기울여 국민의 경제적 부담을 줄여야 한다.
⑤ 공적 재산이 국민의 노력으로 이루어진 것임을 유념해야 한다.

19
▸24112-0176
2024학년도 6월 모의평가 7번
상 중 하

다음을 주장한 사상가가 강조하는 공직자의 자세로 옳지 않은 것은?

> • 사사로운 씀씀이를 절약하는 것은 보통 사람도 할 수 있지만, 나라 곳간을 절약할 수 있는 사람은 드물다. 공공의 것을 마치 내 것처럼 소중하게 여겨야 어진 목민관이다.
> • 목민관은 자신의 생일에 관청 사람들이 성찬을 바치더라도 받아서는 안 된다. 받지 않고 오히려 내어놓는 바가 있더라도, 공공연히 말하지 말고 자랑하는 기색을 나타내지도 말라.

① 근검절약하면서도 인색하지 않도록 노력해야 한다.
② 절약의 대상을 사적인 영역으로 국한해서는 안 된다.
③ 절용(節用)을 통해 애민(愛民) 정신을 구현해야 한다.
④ 국민의 모범이 되기 위해 자신의 청렴을 과시해야 한다.
⑤ 작은 선물이라도 정당한 것이 아니면 받지 말아야 한다.

20
▸24112-0177
2023학년도 10월 학력평가 12번
상 중 하

다음을 주장한 사상가의 입장으로 적절한 것만을 <보기>에서 고른 것은?

> • 배우지 못해 무식한 수령은 겨우 한 고을을 얻기만 해도 자기 마음대로 행동하고 교만하며 사치해서 공금을 손 가는 대로 함부로 써 버린다.
> • 청렴한 사람은 청렴함을 편안히 여기고 지혜로운 사람은 청렴함을 이롭게 여긴다. 수령이 원하는 바가 청렴으로 도(道)를 얻는 것이라면 재물을 버리고 취하지 않아야 한다.

보기

ㄱ. 목민관이 청렴을 실천하지 않으면 지혜롭지 못한 것이다.
ㄴ. 재정적 여유는 목민관의 자의적 공금 집행을 정당화한다.
ㄷ. 청렴은 인을 실현하려는 목민관의 욕구에서 비롯될 수 있다.
ㄹ. 목민관의 청렴은 자기 수양보다 외적 강제를 통해 실현된다.

① ㄱ, ㄴ ② ㄱ, ㄷ ③ ㄴ, ㄷ ④ ㄴ, ㄹ ⑤ ㄷ, ㄹ

21
▸24112-0178
2023학년도 3월 학력평가 12번
상 중 하

다음을 주장한 사상가의 입장으로 적절하지 않은 것은?

- 훌륭한 목민관이 되려는 자는 어질어야 하고, 어질고 싶은 자는 청렴해야 하며, 청렴하고 싶은 자는 검소해야 하니 절용(節用)은 목민관의 첫 번째 의무이다.
- 벼슬살이의 요체는 '두려워할 외(畏)' 한 자뿐이다. 의(義)를 두려워하고 법(法)을 두려워하며 백성을 두려워해야 한다. 마음에 두려움을 간직해야 방자하지 않게 된다.

① 공직자는 청렴이 본연의 덕이며 의무임을 알아야 한다.
② 공직자는 절용을 실천하기 위해 자기 절제에 힘써야 한다.
③ 공직자는 법을 지키며 백성을 편안하고 이롭게 해야 한다.
④ 공직자는 공무를 처리할 때 사욕을 개입시켜서는 안 된다.
⑤ 공직자는 백성이 자신을 두려워하도록 위세를 앞세워야 한다.

22
▸24112-0179
2023학년도 수능 16번
상 중 하

다음을 주장한 사상가의 입장으로 적절하지 않은 것은?

목민관은 검약한 생활을 통해 청렴함을 함양해야 하고, 청렴함을 바탕으로 백성을 사랑해야 한다. 만일 목민관이 되었다고 의복과 말을 새로 장만하여 부임지로 가거나 부임지에서도 함부로 행동하고 절제하지 못한다면, 사치가 심해지고 빚이 늘어가면서 탐욕스러워질 것이다. 그렇다고 아끼기만 하고 어려운 친척에게 두루 베풀지 않으면 멀어지게 될 것이다. 그러니 자신의 녹봉을 아껴 주변의 곤궁함을 보살피는 데 소홀하지 않아야 한다.

① 공직자는 애민 정신을 바탕으로 국민에게 진심으로 봉사해야 한다.
② 공직자는 곤궁한 친척을 도우려는 어진 마음조차 가져서는 안 된다.
③ 공직자는 자신의 체면을 지키려는 과도한 소비를 자제해야 한다.
④ 공직자는 공무 수행을 위해 책정된 공금을 과다 지출해서는 안 된다.
⑤ 공직자는 청렴하기 위해 검소하고 절약하는 태도를 가져야 한다.

23
▸24112-0180
2023학년도 9월 모의평가 11번
상 중 하

다음을 주장한 사상가의 입장으로 적절하지 않은 것은?

- 청렴은 목민관의 본래 직무로 모든 선(善)의 원천이며 모든 덕(德)의 근본이다. 청렴하지 않고서 수령 노릇을 잘할 수 있는 자는 없었다.
- 백성을 잘 다스리는 자는 반드시 자애롭다. 자애롭고자 하는 자는 반드시 청렴해야 하고, 청렴하고자 하는 자는 반드시 절약해야 한다. 그러므로 절용(節用)은 목민관의 가장 중요한 임무이다.

① 공직자의 청렴 실천은 인의예지(仁義禮智)를 구현하는 바탕이 된다.
② 공직자는 올바른 공무 수행을 위해 사치와 낭비, 탐욕을 없애야 한다.
③ 공직자는 절용을 백성 통치의 유일한 실천 방안으로 삼아야 한다.
④ 공직자의 절용 실천은 애민(愛民) 정신의 실현을 목적으로 한다.
⑤ 공직자의 청렴과 절용은 풍요롭고 안정된 사회 조성의 기반이 된다.

24
▸24112-0181
2023학년도 6월 모의평가 7번
상 중 하

다음을 주장한 사상가의 입장으로 적절하지 않은 것은?

부모님이 노쇠하고 집안이 가난하다는 것은 진실로 딱한 일이다. 그렇다고 자신의 딱한 처지를 벗어나고자 목민관이 되고자 하는 것은 올바른 일이 아니다. 천지의 공적 이치[公理]로 보면, 벼슬을 위해서 사람을 선발하는 것이지, 사람을 위해서 벼슬을 선택하는 경우는 없다. 만약 목민관에 임명되어 부임지에 갈 때에는 부유하더라도 검소한 차림이어야 하며, 관청의 재물이나 자산이 여유롭다 하더라도 절약할 수 있는 검소함을 지녀야 한다. 또한 고을의 선비들에게 학문을 권장하기 위해 한 수레의 책을 가져가는 것이 청렴한 관리의 자세이다.

① 목민관은 관할하는 관청의 재물을 절약해서 사용해야 한다.
② 가족의 생계를 위해 목민관의 관직을 맡는 것은 바람직하다.
③ 비싼 옷을 살 여유가 있더라도 목민관은 소비를 절제해야 한다.
④ 공과 사를 분명하게 구분하는 것은 목민관의 올바른 태도이다.
⑤ 목민관은 관할 지역의 학문 풍토를 조성하기 위해 노력해야 한다.

25

▸24112-0182
2022학년도 10월 학력평가 4번

상중하

다음을 주장한 사상가의 입장으로 적절하지 않은 것은?

> • 목민관의 직분은 백성을 교화하는 것이다. 그들의 밭과 재산을 고르게 하는 것이나 부역을 공평하게 하는 것도 그들을 가르치기 위함이다.
> • 청렴은 목민관 본연의 의무로서 온갖 선(善)의 원천이고 모든 덕(德)의 근본이다. 청렴한 자는 청렴을 편안하게 여기고 지혜로운 자는 청렴을 이롭게 여긴다.

① 목민관은 사익에 얽매이지 않고 공익 실현을 위해 힘써야 한다.
② 목민관은 백성과 더불어 즐거움을 나누는 사람이 되어야 한다.
③ 목민관이 청렴해도 직무에 능하지 않으면 칭송을 받기 어렵다.
④ 목민관은 백성을 편안히 할 방책을 강구하는 것에 힘써야 한다.
⑤ 목민관의 청렴은 지혜의 많고 적음에 어떤 영향도 받지 않는다.

26

▸24112-0183
2022학년도 수능 8번

상중하

다음을 주장한 사상가가 강조할 공직자의 자세로 적절하지 않은 것은?

> 청렴은 목민관의 근본적인 의무이며 모든 덕의 근원이다. 목민관이 욕심을 부려 백성의 정당한 수익을 빼앗다 보면 민생고가 심해진다. 재물에 청렴하면서도 치밀하지 못하거나, 재물을 나누어 주면서도 실효가 없는 것도 칭송할 만한 것이 못된다. 아울러 목민관이 집안을 바로잡아야 청탁과 뇌물이 들어오지 않는다.

① 애민 정신을 실천하기 위해 절용과 청렴의 자세를 견지해야 한다.
② 국민으로부터 신뢰를 받고 지지를 얻기 위해서는 청렴해야 한다.
③ 납품을 받을 때 생산자의 정당한 이익을 고려할 필요가 없다.
④ 작은 선물이라도 사욕이 숨겨져 있을 수 있으므로 경계해야 한다.
⑤ 국민에게 미치는 실효성을 따져 국가 재정을 엄격히 집행해야 한다.

27

▸24112-0184
2022학년도 6월 모의평가 8번

상중하

다음을 주장한 사상가의 입장으로 가장 적절한 것은?

> 백성은 윗사람을 섬기는 자이고, 수령은 백성을 다스리는 자이다. 수령 노릇을 잘하려면 반드시 청렴해야 하며, 청렴하려면 반드시 절약해야 한다. 청렴은 천하의 큰 장사이므로 백성을 위해 크게 탐하는[大貪] 자는 반드시 청렴하려 한다. 수령이 치밀하지 못하여 재물을 쓰는 방법을 몰라 실효(實效)가 없으면 안 된다. 수령이 경비를 남용하면 재정이 부족해져 백성의 재물을 약탈하게 된다.

① 수령은 공무 수행 시 재정 지출의 효과를 고려해서는 안 된다.
② 수령은 공공의 복리 증진이 아니라 재정 확보에 주력해야 한다.
③ 수령은 백성과 자신이 직분상 동등한 관계임을 자각해야 한다.
④ 수령은 검소하지 않을 경우 자신의 직무를 올바로 수행할 수 없다.
⑤ 수령은 공무 수행에서 인(仁)을 실현하려는 마음을 억제해야 한다.

28

▸24112-0185
2021학년도 6월 모의평가 6번

상중하

갑, 을 사상가들의 입장으로 가장 적절한 것은?

> 갑: 목민관은 책객(冊客)*을 두어 회계를 맡겨서는 안 된다. 관부의 회계는 공적 사용과 사적 사용이 모두 기입되기 때문이다. 그리고 관내의 친척과 친구를 단속하여 의심과 비방이 생기지 않도록 하되, 서로의 정(情)을 잘 유지해야 한다.
> 을: 나라가 올바르게 되려면 그 구성원들이 각자의 덕을 발휘해야 한다. 이들 중 통치자들은 그 어떤 사유 자산도 가져서는 안 된다. 통치자들은 공동생활을 하며, 공동체를 위해 유익한 것에 대한 지식을 가지고 다른 시민들을 보살펴야 한다.
>
> *책객: 고을 원에 의해 사사로이 채용되어 비서 일을 맡아보는 사람

① 갑: 공직자는 공적 업무와 사적 업무의 경계를 정하지 말아야 한다.
② 갑: 공직자의 청렴은 공무를 수행하는 데 있어서 필수적 덕목은 아니다.
③ 을: 통치자는 지혜의 덕을 발휘하여 정의로운 국가를 추구해야 한다.
④ 을: 통치자는 시민들이 통치에 직접 참여할 수 있도록 허용해야 한다.
⑤ 갑, 을: 올바른 통치를 위해 다스리는 자의 사유 재산을 금지해야 한다.

29 ▸24112-0186 2020학년도 수능 9번 상중하

다음 글의 입장으로 적절하지 않은 것은?

> 옛 성인(聖人)이 세금 제도를 만든 것은 백성으로부터 거두어 자기를 봉양하자는 것이 아니었다. 백성들이 모여 살면서 갈등과 투쟁이 생겨 서로 죽이기까지 하거니와, 통치자가 법으로 다스려 평화롭게 해 주어야만 민생이 편안해진다. 그러나 이 일은 농사를 지으면서 함께 할 수 없으므로, 백성은 수확의 10분의 1을 세(稅)로 바쳐 통치자를 공양(供養)하는 것이다. 통치자가 백성으로부터 거두어들인 것이 큰 만큼, 백성에 대한 보답도 무거운 것이다. 후세의 통치자는 세금 제도를 만든 의의를 모르고 '백성이 나를 공양하는 것은 당연한 것'이라고 말하면서 가혹하게 수취하니, 백성들도 그 영향을 받아 서로 싸워 국가가 혼란해진다.

① 공직자는 별도의 생업에 종사하며 나랏일에 충실해야 한다.
② 공직자는 자신의 본분에 충실하여 민생을 안정시켜야 한다.
③ 공직의 설치는 필수적인 것으로 사회적 역할 분담의 일환이다.
④ 공직자는 세금을 납부한 국민들에게 봉사로써 보답해야 한다.
⑤ 공직자의 탐욕과 수탈은 국민의 반목과 국가의 분란을 야기한다.

30 ▸24112-0187 2019학년도 10월 학력평가 3번 상중하

갑, 을 사상가들의 입장에 대한 설명으로 옳지 않은 것은?

> 갑: 수령은 백성을 편안히 할 방책을 헤아려 지성으로 잘되기를 강구해야 한다. 또한 청렴(淸廉)하지 않으면 백성이 도둑이라고 욕할 것이니 탐욕을 경계해야 한다. 청렴은 선정(善政)의 원천이자 덕행의 근본이다.
> 을: 군주는 백성의 생업을 마련하되 반드시 위로는 부모를 섬기기에 충분하고 아래로는 처자식을 먹이기에 풍족하게 하여야 한다. 백성은 일정한 생업[恒産]이 없으면 일정한 도덕심[恒心]을 가질 수 없다.

① 갑은 수령에게 도덕성과 직무 수행 능력이 필요하다고 본다.
② 갑은 수령이 뇌물과 사적인 정에 얽매여서는 안 된다고 본다.
③ 을은 백성에게 생활의 기반이 되는 직업이 필요하다고 본다.
④ 을은 군주가 백성과 달리 모든 일에 능통해야만 한다고 본다.
⑤ 갑, 을은 백성과 함께 즐거워하는 정치가 바람직하다고 본다.

31 ▸24112-0188 2019학년도 6월 모의평가 20번 상중하

다음 신문 칼럼의 입장에서 볼 때, ㉠에 대한 설명으로 적절하지 않은 것은?

> ○○신문 ○○○○년 ○월 ○일
>
> **칼 럼**
>
> 고위 공직자들은 법률 제도와 별도로 권한에 상응하는 책무 의식을 스스로 내면화해야 한다. 귀족의 책무를 뜻하는 [㉠]은/는 서양의 전통에서 유래하였지만 고위 공직을 담당한 지도자에게 여전히 요청되는 덕목이다. 이 덕목은 더 강한 책임 의식, 더 높은 도덕성, 더 많은 희생을 요구한다. 이 덕목의 실현으로 사회 구성원 상호 간의 신뢰와 연대는 강화되고 준법과 참여가 원활해진다. 나아가 국가가 내우외환에 봉착할 경우 구성원 모두 위기 극복을 위한 공동의 노력에 기꺼이 나서게 된다. …(후략)….

① 공직자의 권한 남용과 부패 방지를 위한 법적 규제를 의미한다.
② 시민들의 자율적 질서 유지와 사회 계층 간 화합에 기여한다.
③ 정치권력의 사익 추구를 방지하여 국가 전반의 청렴성을 고양한다.
④ 전통 사회와 현대 사회 모두에 공통으로 강조되어야 하는 덕목이다.
⑤ 국가가 위기를 맞을 경우 일반 시민들의 솔선과 협력을 유도한다.

02 사회 정의와 윤리

32
▸24112-0189
2020학년도 10월 학력평가 9번
상중하

다음을 주장한 사상가의 입장만을 <보기>에서 있는 대로 고른 것은?

> 개인 간의 관계를 합리적인 조정과 설득에 의해 확립하는 것은 가능하다. 집단 간의 관계는 각 집단이 갖고 있는 힘의 비율에 따라 수립되므로 합리적인 설득으로 집단 간의 관계를 확립하는 것은 불가능하다. 그러므로 합리적인 설득 이외에 강제력에 의한 방법이 병행되어야 집단 간의 힘의 균형을 이룰 수 있다.

보기

ㄱ. 사회 협력의 범위를 확대하면 사회 갈등은 해결될 수 있다.
ㄴ. 사회적 억제가 없으면 사회의 이기적 충동을 없앨 수 없다.
ㄷ. 사회 정의의 실현에 기여한 폭력도 본질적으로는 비도덕적이다.
ㄹ. 사회 갈등을 비폭력적으로 해결하려고 하면 해악을 초래할 수 있다.

① ㄱ, ㄷ ② ㄱ, ㄹ ③ ㄴ, ㄹ
④ ㄱ, ㄴ, ㄷ ⑤ ㄴ, ㄷ, ㄹ

33
▸24112-0190
2020학년도 3월 학력평가 17번
상중하

다음을 주장한 사상가가 지지할 견해만을 <보기>에서 있는 대로 고른 것은?

> • 사회 정의를 실현하기 위해서 사람들의 이기심을 억제해야 한다면 사회는 이기심에 대한 제재로 갈등과 폭력까지도 승인하지 않을 수 없을 것이다.
> • 가장 친밀한 개인들 간의 관계에서는 필요치 않은 강제적 수단이 집단 간의 조화와 정의의 확립을 위해서는 반드시 필요하다. 강제력의 요소는 윤리적으로 정당한 범주에 귀속시킬 수 있다.

보기

ㄱ. 집단 이기주의는 집단 구성원의 이성적 판단을 방해한다.
ㄴ. 개인의 합리성이 제고되면 집단의 갈등을 해소할 수 있다.
ㄷ. 집단 간의 갈등은 개인의 도덕적인 문제로 환원될 수 있다.
ㄹ. 폭력을 수반하는 강제력도 도덕적으로 정당화될 수 있다.

① ㄱ, ㄷ ② ㄱ, ㄹ ③ ㄴ, ㄷ
④ ㄱ, ㄴ, ㄹ ⑤ ㄴ, ㄷ, ㄹ

34
▸24112-0191
2020학년도 수능 12번
상중하

다음 사상가의 입장으로 옳지 않은 것은?

> 인간은 본성상 이기적 충동과 이타적 충동을 함께 갖고 태어난다. 그런데 도덕의 문제가 개인 차원에서 집단 간의 관계로 옮겨 갈수록 이기적 충동이 득세하게 된다. 사회의 집단 이기심은 불가피하며 이런 이기심이 비정상적으로 확장될 경우, 이에 맞서는 다른 집단들의 이기심에 의해서만 견제될 수 있다. 게다가 도덕적이거나 합리적인 설득 외에 강제력도 병행되어야 견제가 실효성을 지닐 수 있다.

① 사회 갈등을 해소하는 민주적 과정에는 강제력이 불필요하다.
② 인간의 자기 보존의 욕구는 세력 강화의 욕구로 쉽게 전환된다.
③ 도덕적 계몽으로 사회에서 집단 갈등 자체를 소멸시킬 수 없다.
④ 집단 간 정의 실현에 집단 이기심의 상호 투쟁이 개입될 수 있다.
⑤ 강제력만으로 국가를 보존하고 통합을 유지하는 것은 불가능하다.

35
▸24112-0192
2020학년도 9월 모의평가 6번
상중하

다음 사상가의 입장으로 옳은 것은?

> 개인은 자신의 이익이 아닌 다른 사람의 이익을 고려하기도 한다. 그러나 집단은 개인이나 다른 집단과의 관계에서 상대의 이익에 주목하기보다 자기 집단의 이익을 관철하려는 경향을 강하게 나타낸다. 왜냐하면 개인들의 이기적 충동은 개별적으로 나타날 때보다 하나의 공통된 충동으로 결합되어 나타날 때 더 강하게 표출되기 때문이다. 그 결과, 인간은 개인적으로는 도덕적이지만 집단적으로는 비도덕적인 특성을 나타낸다.

① 집단 간 힘의 차이를 정치적 방법으로 조정해서는 안 된다.
② 개인과 사회의 최고의 도덕적 이상 간의 모순은 절대적이다.
③ 집단 규모가 커질수록 충동을 제어하는 이성의 힘은 커진다.
④ 올바른 정치적 도덕성은 합리성에 부합하는 강제력을 권고한다.
⑤ 집단 간 관계는 각 집단의 요구를 합리적으로 수용하여 수립된다.

36
▸24112-0193
2020학년도 6월 모의평가 5번
상중하

(가)를 주장한 사상가의 입장에서 (나)의 A, B, C의 행위에 대해 제기할 수 있는 적절한 비판만을 〈보기〉에서 있는 대로 고른 것은?

(가)	이성적 능력의 향상을 통해 사회 문제를 해결할 수 있다고 믿는 사람들도 있다. 그러나 집단의 이기적 충동의 힘이 이성보다 강력하기 때문에 이성의 힘만으로는 사회 집단 간의 갈등을 해결하기 어렵다. 그러한 갈등을 극복하기 위해서는 정치적인 힘이 필요하다.
(나)	• A는 전제 정치에 비폭력으로 대응하면서 사랑과 평화라는 종교적 이상을 바탕으로 전제 군주의 자비심에 호소하였다. • B는 봉건 체제를 타파하기 위해서 개인의 양심과 결단에 근거하여 독자적으로 테러를 감행하였다. • C는 식민 지배에 반대하면서 자국민들과 단결하여 비폭력적으로 지배국의 상품 불매 운동을 전개하였다.

보기

ㄱ. A는 정치적인 힘 대신에 양심에만 호소하는 잘못을 범했다.
ㄴ. B는 자신의 의도를 조직적인 정치적 저항과 연결시키지 못했다.
ㄷ. C는 비폭력적으로 대응하여 정치적인 힘을 활용하지 못했다.
ㄹ. A와 B는 집단적 저항이 필요함을 제대로 파악하지 못했다.

① ㄱ, ㄷ ② ㄴ, ㄹ ③ ㄷ, ㄹ
④ ㄱ, ㄴ, ㄷ ⑤ ㄱ, ㄴ, ㄹ

37
▸24112-0194
2019학년도 10월 학력평가 13번
상중하

다음을 주장한 사상가의 입장으로 가장 적절한 것은?

도덕의 문제가 개인적 차원에서 집단들의 관계로 옮겨 갈수록 이기적 충동이 득세하게 된다. 아무리 강한 내면적 억제도 이기적 충동을 완전히 제어할 수는 없으므로 사회적 억제가 이루어져야 한다. 이러한 사회적 억제는 사회적 투쟁을 통해서만 가능하다.

① 개인의 선의지가 없다면 정의를 실현하는 것은 불가능하다.
② 개인의 사회적 동정심이 확장되면 사회 갈등이 해소될 수 있다.
③ 올바른 정치적 도덕성은 비합리적인 수단의 사용을 배제한다.
④ 개인의 내면적 억제력은 개인이 속한 집단의 크기에 비례한다.
⑤ 정의 실현을 위해 강제력을 최대한 사용하는 것이 바람직하다.

38
▸24112-0195
2019학년도 3월 학력평가 16번
상중하

다음을 주장한 사상가의 입장으로 가장 적절한 것은?

지나친 정치적 현실주의에서 제시하는 권력 간의 균형은 잠정적 평화만을 가져올 뿐이다. 한편 도덕주의에서 강조하는 이익과 권리의 합리적 조정은 역사와 전통으로 정당화되는 사회적 불의나 은밀한 강제력을 조정하기 어렵게 한다. 올바른 정치적 도덕성은 합리적이고 도덕적인 요소들에 부합되는 강제력을 권고함으로써, 그리고 강제력이 사용되는 목적을 밝혀줌으로써 갈등의 악순환에 빠져 있는 사회를 구원할 수 있다.

① 정의 실현을 목적으로 한 강제력은 도덕적으로 정당화될 수 있다.
② 올바른 정치적 도덕성은 어떠한 형태의 폭력도 포함할 수 없다.
③ 구성원들의 도덕적인 양심이 사회 구조의 정의로움을 결정한다.
④ 집단 간의 힘이 균형적인 상태에 도달하면 영구 평화가 달성된다.
⑤ 합리적 개인들의 자발적인 조정으로만 불의를 극복할 수 있다.

39
▸24112-0196
2019학년도 수능 3번
상중하

다음 사상가의 입장만을 〈보기〉에서 있는 대로 고른 것은?

집단은 개인과 비교할 때 충동을 억제할 수 있는 이성과 자기 극복 능력, 그리고 다른 사람들의 욕구를 수용하는 능력이 훨씬 결여되어 있다. 그리하여 개인 간의 관계에 나타나는 것보다 심한 비도덕성이 집단 간의 관계에 나타난다. 따라서 집단 간의 평등과 사회 정의는 투쟁에 의해 실현될 수 있다.

보기

ㄱ. 애국심은 개인의 이타심을 국가 이기주의로 전환시킨다.
ㄴ. 개인 간의 도덕적 관계 수립은 설득과 조정으로는 불가능하다.
ㄷ. 최소한의 강제력으로 정의를 실현하는 것이 합리적이다.
ㄹ. 개인은 타인의 이익을 존중할 수 있는 도덕성을 갖고 있다.

① ㄱ, ㄴ ② ㄴ, ㄷ ③ ㄷ, ㄹ
④ ㄱ, ㄴ, ㄹ ⑤ ㄱ, ㄷ, ㄹ

40

▸24112-0197

2024학년도 수능 14번

상 중 하

갑, 을 사상가들의 입장으로 적절한 것만을 〈보기〉에서 있는 대로 고른 것은?

> 갑: 정의의 일차적 주제는 사회의 기본 구조, 즉 사회의 주요 제도가 권리와 의무를 배분하고 사회 협동체로부터 생긴 이익의 분배를 정하는 방식이다. 사회의 기본 구조를 규제하는 원칙은 원초적 합의의 대상이다.
>
> 을: 정의의 주제는 세 가지이다. 즉, 누구의 소유물도 아니던 것이 어떻게 누군가의 소유물이 될 수 있는가, 한 사람의 소유물이 어떻게 다른 사람의 소유물이 될 수 있는가, 그리고 부정의를 어떻게 바로잡을 수 있는가이다.

● 보기 ●

ㄱ. 갑: 차등의 원칙은 천부적 능력의 차등이 있어도 성립한다.

ㄴ. 을: 각 개인에게 소유물을 분배하는 최소 국가만이 정의롭다.

ㄷ. 을: 소유물 취득의 정당성은 타인의 처지 개선을 요구한다.

ㄹ. 갑과 을: 개인은 사유 재산을 소유할 불가침적 권리를 지닌다.

① ㄱ, ㄷ　② ㄱ, ㄹ　③ ㄴ, ㄷ　④ ㄱ, ㄴ, ㄹ　⑤ ㄴ, ㄷ, ㄹ

41

▸24112-0198

2024학년도 9월 모의평가 15번

상 중 하

(가)의 갑, 을 사상가들의 입장을 (나) 그림으로 탐구하고자 할 때, A~C에 들어갈 적절한 질문만을 〈보기〉에서 있는 대로 고른 것은?

(가)

갑: 차등의 원칙은 사회적 협동을 위한 기본 원칙이다. 이 원칙은 천부적 재능을 가진 사람들이 불우한 사람들을 돕는 한에서 각자의 자질을 사용하게 한다.

을: 차등의 원칙은 정의를 위한 공정한 기반을 제시하지 못한다. 개인의 천부적 재능과 이로부터 나오는 것에 대한 소유 권리는 그 개인에게 있다.

(나)

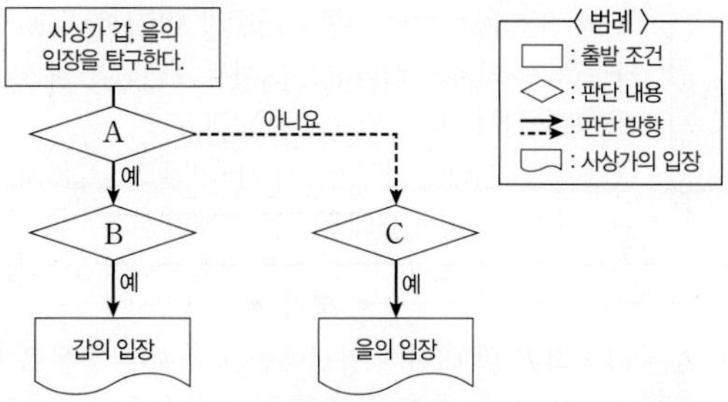

● 보기 ●

ㄱ. A: 개인의 소유권을 침해하지 않는 과세 정책이 가능한가?

ㄴ. B: 차등의 원칙은 더 큰 재능의 소유자에게 유익할 수 있는가?

ㄷ. B: 재산의 평등한 분배가 정의 원칙에 의해 허용될 수 있는가?

ㄹ. C: 국가는 자유롭게 체결된 계약의 이행을 강제할 수 있는가?

① ㄱ, ㄴ　② ㄱ, ㄷ　③ ㄴ, ㄹ　④ ㄱ, ㄷ, ㄹ　⑤ ㄴ, ㄷ, ㄹ

42 ▸24112-0199
2024학년도 6월 모의평가 8번 상중하

현대 사상가 갑, 을의 입장으로 적절한 것만을 〈보기〉에서 고른 것은?

갑: 도덕적 관점에서 볼 때 자연적 자산이 자의적이건 아니건 상관없이, 개인은 이에 대한 소유 권리를 지니며 이로부터 창출되는 결과물에 대해서도 그러하다.
을: 도덕적 관점에서 볼 때 자연적 자산은 자의적이기 때문에, 개인은 자신의 더 큰 천부적 능력을 사회에 있어서 더 유리한 출발점으로 이용할 자격은 없다.

보기

ㄱ. 갑: 지능 지수에 따른 분배 원리는 역사적이고 정형적이다.
ㄴ. 을: 사유 재산을 소유할 권리는 제1원칙에 의해 평등해야 한다.
ㄷ. 을: 천부적 능력이 분배 몫의 결정에 미치는 영향을 경감시킬 필요는 없다.
ㄹ. 갑과 을: 자연적 · 사회적 우연성의 이용에 따른 경제적 불평등은 허용될 수 있다.

① ㄱ, ㄴ ② ㄱ, ㄷ ③ ㄴ, ㄷ ④ ㄴ, ㄹ ⑤ ㄷ, ㄹ

43 ▸22112-0200
2023학년도 10월 학력평가 5번 상중하

(가)의 갑, 을 사상가들의 입장을 (나) 그림으로 탐구하고자 할 때, A~C에 들어갈 적절한 질문만을 〈보기〉에서 있는 대로 고른 것은?

(가)	갑: 소득과 부가 천부적 운에 의해 분배되는 것은 도덕적 관점에서 볼 때 자의적이다. 차등의 원칙은 천부적 운의 자의적 영향을 완화시킬 수 있다. 을: 자유로운 사회에서 개인의 재능은 자신뿐만 아니라 타인에게도 이익이 된다. 소유 권리를 지님에 있어 자연적 자산의 영향을 배제할 이유가 없다.
(나)	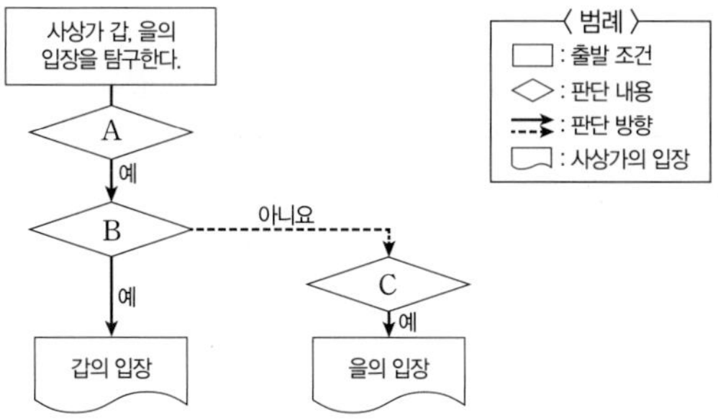

보기

ㄱ. A: 자유롭게 양도된 재화도 재분배 대상이 될 수 있는가?
ㄴ. B: 천부적 재능의 분포는 임의적이므로 부정의한가?
ㄷ. B: 구성원들의 모든 이익은 공정한 기회균등의 원칙에 의해 평등하게 보장되는가?
ㄹ. C: 최초 취득의 원칙이 적용되지 않아도 자연적 자산에 대한 개인의 배타적 권리는 인정되는가?

① ㄱ, ㄴ ② ㄱ, ㄹ ③ ㄴ, ㄷ
④ ㄱ, ㄷ, ㄹ ⑤ ㄴ, ㄷ, ㄹ

44 ▸24112-0201
2023학년도 3월 학력평가 9번 상중하

갑, 을 사상가들의 입장으로 적절한 것만을 〈보기〉에서 있는 대로 고른 것은?

갑: 모든 사람은 취득과 이전, 교정의 원칙에 의해 자신의 소유물에 대한 소유 권리를 가져야 한다. 소유 권리는 과거의 상황이나 과거의 행위에 근거하므로 분배적 정의는 역사적 원리에 따라야 한다.
을: 모든 사람은 원초적 입장에서 선택되는 정의의 원칙에 따라 기본적 자유에 대하여 동등한 권리를 가져야 한다. 재산과 소득의 분배가 균등해야 할 필요는 없으나 모든 사람에게 이익이 되도록 이루어져야 한다.

보기

ㄱ. 갑: 도덕적 공과에 따른 분배는 분배적 정의에 위배된다.
ㄴ. 갑: 취득과 이전의 원칙을 통해서만 재화가 양도되는 것은 아니다.
ㄷ. 을: 공정한 절차를 따르면 부의 균등한 분배가 보장된다.
ㄹ. 갑과 을: 국가는 불의한 분배를 교정하기 위해 개입할 수 있다.

① ㄱ, ㄴ ② ㄴ, ㄷ ③ ㄷ, ㄹ
④ ㄱ, ㄴ, ㄹ ⑤ ㄱ, ㄷ, ㄹ

45 ▸24112-0202
2023학년도 수능 9번
상중하

갑, 을 사상가들의 입장으로 적절한 것만을 〈보기〉에서 있는 대로 고른 것은?

갑: 기본적 자유의 체제는 모든 사람에게 평등하게 보장되어야 하고, 사회적·경제적 이익의 분배는 공정한 기회균등의 원칙과 차등의 원칙에 의해 규제되어야 한다.
을: 분배 정의에 있어서 소유 권리론은 역사적이다. 과거의 상황이나 사람의 과거 행위는 사물에 대한 차별적인 소유 권리나 응분의 자격을 낳는다.

보기

ㄱ. 갑: 최소 수혜자에게 이익이 되지 않는 한 소득은 평등하게 분배되어야 한다.
ㄴ. 갑: 기본적 자유들이 상충하더라도 그 기본적 자유들은 서로 균등하게 보장되어야 한다.
ㄷ. 을: 자신의 노동을 투여하지 않고 취득한 소유물에 대한 정당한 소유 권리는 성립할 수 있다.
ㄹ. 갑과 을: 능력에 따른 분배는 정의 원칙에 어긋날 수 있다.

① ㄱ, ㄴ ② ㄴ, ㄷ ③ ㄷ, ㄹ
④ ㄱ, ㄴ, ㄹ ⑤ ㄱ, ㄷ, ㄹ

46 ▸24112-0203
2023학년도 9월 모의평가 15번
상중하

(가)의 갑, 을 사상가들의 입장을 (나) 그림으로 탐구하고자 할 때, A~C에 해당하는 적절한 질문만을 〈보기〉에서 있는 대로 고른 것은?

(가)

갑: 정의 이론은 사회의 기본 구조를 정하는 방식을 다룬다. 정의의 일차적 주제는 사회의 주요 제도에 의해 권리와 의무를 배분하고 사회 협동체로부터 생긴 이익의 분배를 정하는 방식에 관한 것이다.
을: 분배 정의에 관한 정형적 원리는 재분배 행위를 반드시 불러온다. 소유 권리론의 관점에서 볼 때 재분배는 개인들의 권리를 침해한다. 소유권을 지켜 줄 최소 국가는 우리를 불가침의 개인들로 취급한다.

(나)

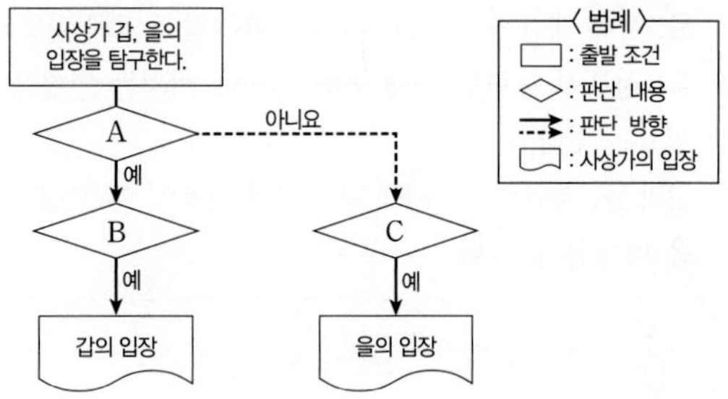

보기

ㄱ. A: 공정한 분배를 위해 올바른 결과에 대한 독립적 기준이 필수적으로 요구되는가?
ㄴ. B: 더 많은 재능을 타고난 자가 자신의 재능을 활용하여 더 많은 이익을 획득하도록 장려되는 경우가 있는가?
ㄷ. B: 정의 원칙 수립 시 당사자 간 합의는 가설적이고 비역사적인가?
ㄹ. C: 과거 상황은 사물에 대한 차별적 소유권을 창출하는 요인인가?

① ㄱ, ㄴ ② ㄱ, ㄷ ③ ㄷ, ㄹ
④ ㄱ, ㄴ, ㄹ ⑤ ㄴ, ㄷ, ㄹ

47

▸24112-0204
2023학년도 6월 모의평가 9번 상중하

갑, 을 사상가들의 입장으로 적절한 것만을 〈보기〉에서 있는 대로 고른 것은?

갑: 사람이 천부적으로 타고난 것이나 사회의 어떤 특정한 지위에 태어나는 것은 정의롭다거나 부정의하다고 할 수 없다. 이것은 단지 자연적 사실에 불과하다. 정의 여부가 문제되는 것은 제도가 그러한 사실들을 처리하는 방식이다.

을: 정형적 분배 원리는 생산과 분배를 독립된 주제로 취급한다. 하지만 소유 권리론에 따르면 이들은 분리된 것이 아니다. 생산과 관련된 사람들의 과거 행위는 사물들에 대한 차별적인 소유 권리를 창조한다.

보기

ㄱ. 갑: 차등의 원칙은 자연적 운의 도덕적 임의성을 처리하는 공정한 분배의 원칙이다.
ㄴ. 갑: 최소 수혜자에게 이득이 된다면 천부적 재능으로 인한 소득 격차도 허용될 수 있다.
ㄷ. 을: 역사적 원리에 따른 부의 불평등은 정당화될 수 있다.
ㄹ. 갑, 을: 개인은 사회적 운의 결과물에 대해 정당한 자격을 갖지 않는다.

① ㄱ, ㄴ ② ㄱ, ㄹ ③ ㄷ, ㄹ
④ ㄱ, ㄴ, ㄷ ⑤ ㄴ, ㄷ, ㄹ

48

▸24112-0205
2022학년도 10월 학력평가 10번 상중하

(가)의 갑, 을 사상가들의 입장을 (나) 그림으로 탐구하고자 할 때, A~C에 들어갈 적절한 질문만을 〈보기〉에서 있는 대로 고른 것은?

(가)
갑: 공정한 사회란 공정한 최초의 상황에서 사람들이 선택하게 될 원칙에 의해 규제되는 구성원들의 상호 이익을 위한 협동 체제이다.
을: 최소 국가는 개인을 존엄성과 권리를 지닌 인격으로 대우한다. 최소 국가보다 더 포괄적인 국가는 개인의 권리를 침해한다.

(나)
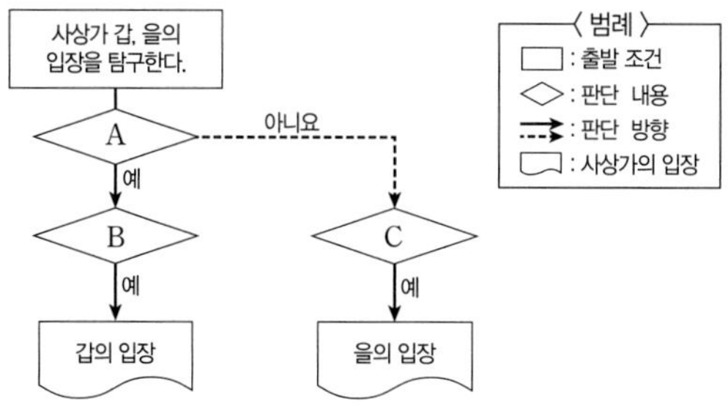

보기

ㄱ. A: 정의의 원칙은 가상 상황에서 합의를 통해 선택되는가?
ㄴ. B: 기본적 자유는 다른 기본적 자유와 상충할 때 제한될 수 있는가?
ㄷ. B: 차등의 원칙은 법과 정책에 적용될 뿐만 아니라 사적 거래에도 직접 적용되는가?
ㄹ. C: 정형적 분배 원칙은 필연적으로 재분배를 초래하는가?

① ㄱ, ㄷ ② ㄴ, ㄷ ③ ㄴ, ㄹ
④ ㄱ, ㄴ, ㄹ ⑤ ㄱ, ㄷ, ㄹ

49

▸24112-0206
2022학년도 3월 학력평가 9번

상 중 하

갑, 을 사상가들의 입장으로 적절한 것만을 <보기>에서 있는 대로 고른 것은?

> 갑: 지능에 따른 분배 원리는 정형적 원리이다. 이러한 원리는 차별적인 소유 권리를 창출하는 과거의 행위를 전혀 고려하지 않는다는 점에서 비역사적이다.
> 을: 지능과 같은 천부적 재능의 분포를 공동의 자산으로 생각하고, 이러한 분포로 인한 이익을 함께 나누어 가질 수 있는 정의의 원칙이 필요하다.

보기

ㄱ. 갑: 개인은 천부적 자산과 그것을 이용하여 얻은 정당한 소유물에 대해 배타적 권리를 갖는다.
ㄴ. 을: 천부적으로 타고나는 것은 부정의하다고 할 수 없다.
ㄷ. 을: 개인은 사회적 협동의 공정한 체제의 규칙에 따라 얻은 모든 것에 대한 권한을 갖는다.
ㄹ. 갑, 을: 사회적 약자를 위한 분배 원리가 정의의 원리에 포함되어야 한다.

① ㄱ, ㄴ ② ㄱ, ㄹ ③ ㄷ, ㄹ
④ ㄱ, ㄴ, ㄷ ⑤ ㄴ, ㄷ, ㄹ

50

▸24112-0207
2022학년도 수능 10번

상 중 하

갑, 을 사상가들의 입장으로 적절한 것만을 <보기>에서 고른 것은?

> 갑: 노동자들에게 그들이 소유 권리를 갖는 것들을 주지 않는 분배 행위는 정의롭지 못하다. 그런데 소유 권리는 과거의 상황이나 사람들의 과거 행위에 근거하기 때문에 분배적 정의는 역사적 원리에 따라야 한다.
> 을: 기본적 자유들은 서로 상충할 수 있기에 조정되어야 하지만, 가능한 한 가장 광범위하게 보장되어야 한다. 하지만 최소 수혜자에게 이익이 되고 직위와 직책의 기회가 공정하다면 재산 및 소득의 분배는 균등할 필요가 없다.

보기

ㄱ. 갑: 도덕적 공과(功過)에 따른 소유 권리의 불평등은 정의롭다.
ㄴ. 을: 차등 원칙은 모든 성원을 고려한 상호 이익의 원칙이다.
ㄷ. 을: 기본적 자유는 절대적이기에 각 개인에게 평등해야 한다.
ㄹ. 갑, 을: 개인은 자신의 유리한 천부적 자산을 소유할 권한을 갖는다.

① ㄱ, ㄴ ② ㄱ, ㄷ ③ ㄴ, ㄷ
④ ㄴ, ㄹ ⑤ ㄷ, ㄹ

51

▸24112-0208
2022학년도 9월 모의평가 10번

상 중 하

(가)의 갑, 을, 병 사상가들의 입장을 (나) 그림으로 표현할 때, A~D에 해당하는 질문으로 적절한 것만을 <보기>에서 있는 대로 고른 것은?

(가)

갑: 노동이 생활 수단일 뿐만 아니라 일차적인 생활 욕구로 된 후에, 사회는 자신의 깃발에 '각자는 능력에 따라, 각자에게는 필요에 따라'라고 쓸 수 있게 된다.
을: 한 사람의 소유물은 취득, 이전, 불의의 교정 원리에 의해 권리를 부여받았으면 정당하다. 각 개인의 소유물이 정당하다면 소유물의 전체 집합도 정당하다.
병: 원초적 입장에서 합의된 정의 원칙들은 사회 협동체의 종류와 설립할 정부 형태를 명시해 준다. 정의 원칙들을 이렇게 보는 방식을 공정으로서의 정의라 부른다.

(나)

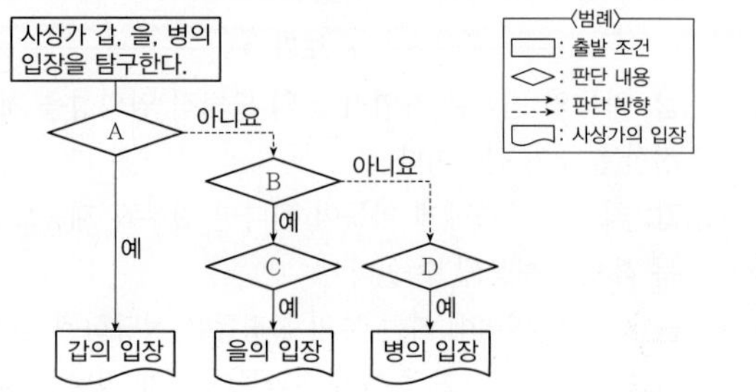

보기

ㄱ. A: 가장 바람직한 분배는 국가가 없는 상태에서 가능한가?
ㄴ. B: 자기 노동의 결과에 대해서만 정당한 소유권을 갖는가?
ㄷ. C: 최소 국가는 정의 실현을 위해 분배 과정에 개입할 수 있는가?
ㄹ. D: 재산에 대한 사적 소유권은 차등적으로 분배되어야 하는가?

① ㄱ, ㄴ ② ㄱ, ㄷ ③ ㄴ, ㄹ
④ ㄱ, ㄷ, ㄹ ⑤ ㄴ, ㄷ, ㄹ

52

▸24112-0209
2022학년도 6월 모의평가 7번

상 중 하

갑, 을 사상가들의 입장으로 적절하지 않은 것은?

> 갑: 정의의 일차적 주제는 사회의 주요 제도가 권리와 의무를 배분하고 사회 협동체로부터 생긴 이익의 분배를 정하는 방식이다. 이를 정하는 정의의 원칙은 당사자들의 원초적 합의의 대상이다.
> 을: 분배가 정의로운가는 그 분배가 어떻게 이루어졌는가에 달려 있다. 최종 결과에 중점을 둔 원리와 달리 역사성을 고려한 원리에 따르면, 사람들의 과거 행위나 상황은 사물에 대한 차별적인 소유 권리나 응분의 자격을 만들어낸다.

① 갑: 천부적 자산에 대한 개인의 소유 권리는 제한될 수 없다.
② 갑: 기본적 자유가 개인들에게 불평등하게 분배되어서는 안 된다.
③ 을: 개인이 노동을 통해 취득한 소유물도 교정의 대상이 될 수 있다.
④ 을: 정형적 원리에 따른 재분배는 이전(移轉)에서의 정의에 어긋난다.
⑤ 갑, 을: 정의의 원칙은 정당화될 수 있는 불평등을 규정해 준다.

53

▸24112-0210
2021학년도 10월 학력평가 15번 상중하

(가)의 갑, 을, 병 사상가들의 입장을 (나) 그림으로 표현할 때, A~D에 해당하는 적절한 진술만을 〈보기〉에서 있는 대로 고른 것은?

(가)

갑: 재산 소유 민주주의는 원초적 입장에서 채택된 정의의 두 원칙이 표현하는 모든 주요한 정치적 가치를 실현할 수 있다.

을: 정치 공동체에서 부(富)를 전제적으로 사용하는 것은 부당하다. 어떤 사회적 가치도 다른 가치로 전환되어 다른 영역을 침해해서는 안 된다.

병: 최소 국가는 정당화될 수 있는 국가로는 가장 포괄적인 국가이다. 이보다 더 포괄적인 국가는 개인의 소유 권리를 침해한다.

(나)

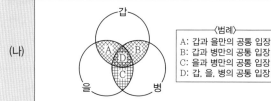

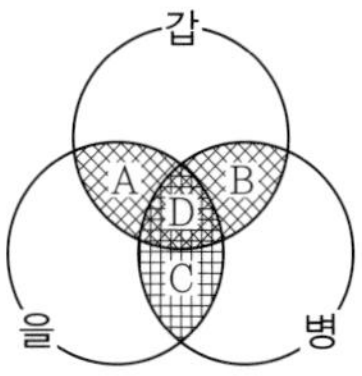

〈범례〉
A: 갑과 을만의 공통 입장
B: 갑과 병만의 공통 입장
C: 을과 병만의 공통 입장
D: 갑, 을, 병의 공통 입장

보기

ㄱ. A: 국가가 사회적 약자를 위한 재분배 정책을 시행하는 것은 분배 정의에 위배되지 않는다.
ㄴ. B: 부정의한 분배를 교정하기 위해 국가가 개입하는 것은 정당화될 수 있다.
ㄷ. C: 과거의 상황이나 행위는 사물에 대한 현재의 응분의 자격을 발생시킬 수 없다.
ㄹ. D: 재산과 소득의 균등 분배가 분배 정의 실현의 전제 조건은 아니다.

① ㄱ, ㄴ ② ㄱ, ㄹ ③ ㄴ, ㄷ
④ ㄱ, ㄷ, ㄹ ⑤ ㄴ, ㄷ, ㄹ

54

▸24112-0211
2021학년도 3월 학력평가 2번 상중하

(가)의 갑, 을, 병 사상가들의 입장에서 서로에게 제기할 수 있는 비판을 (나) 그림으로 표현할 때, A~F에 해당하는 내용으로 적절하지 않은 것은?

(가)

갑: 사회가 전적으로 정의롭다면 소유물에 대한 소유 권리는 취득과 이전에서의 정의의 원리에 따라 얻게 된 경우에만 정당하다.

을: 사회적 · 경제적 불평등은 그것이 모든 사람, 특히 사회의 최소 수혜자에게 그 불평등을 보상할만한 이득을 가져오는 경우에만 정당하다.

병: 사회적 가치들은 각각 고유한 분배 영역을 가진다. 상이한 사회적 가치들은 상이한 근거, 절차, 주체에 의해 분배되는 것이 정당하다.

(나)

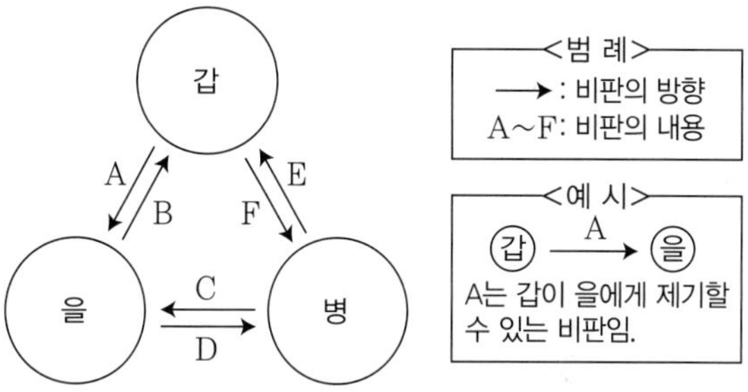

① A: 차등의 원칙은 개인의 소유권 침해를 초래함을 간과한다.
② A, F: 도덕적 정당화가 가능한 국가는 최소 국가임을 간과한다.
③ B: 천부적 재능의 분포를 공동 자산으로 보아야 함을 간과한다.
④ B, D: 정의의 원칙은 가상 상황에서 도출해야 함을 간과한다.
⑤ C, E: 분배의 공정성은 절차적 정의를 통해 실현됨을 간과한다.

55

▸24112-0212
2021학년도 수능 10번

상중하

(가)의 갑, 을 사상가들의 입장을 (나) 그림으로 탐구하고자 할 때, A~C에 들어갈 적절한 질문만을 〈보기〉에서 고른 것은?

(가)

갑: 소유 권리의 정당성은 취득과 이전, 교정의 과정에 의해 결정되며, 개인의 소유 권리가 정당하다면 그 사회의 분배도 정의롭다. 그런데 공리주의는 분배 결과에만 관심을 두어 소유 권리의 역사성을 간과한다.

을: 사회 기본 구조는 정의 원칙들의 순서에 따라 평등한 자유에 위배되지 않게 부의 불평등을 배정해야 한다. 그런데 공리주의를 사회 기본 구조의 최우선 원칙으로 삼으면 후속하는 다른 기준들은 불필요하게 된다.

(나)

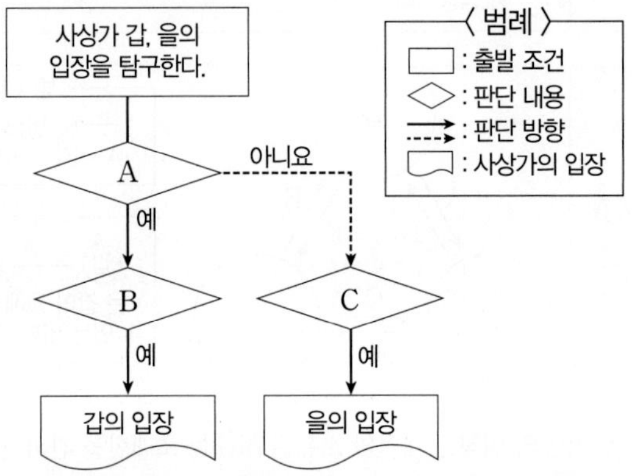

보기

ㄱ. A: 자신의 노동이 투입되지 않은 결과물에 대해서도 소유할 권리가 허용될 수 있는가?

ㄴ. B: 분배받는 사람의 도덕적 공과(功過)를 기준으로 삼는 분배는 정의의 원리에 위배되는가?

ㄷ. C: 공리의 원리는 구성원 일부에게만 이익이 되는 불평등을 정당화시킬 위험이 있는가?

ㄹ. C: 정의로운 사회 실현을 위해 최소 수혜자의 이익 극대화는 조건 없이 보장되어야 하는가?

① ㄱ, ㄴ ② ㄱ, ㄷ ③ ㄴ, ㄷ
④ ㄴ, ㄹ ⑤ ㄷ, ㄹ

56

▸24112-0213
2021학년도 9월 모의평가 18번

상중하

갑, 을 사상가들의 입장으로 적절한 것만을 〈보기〉에서 고른 것은?

갑: 분배적 정의의 중심 문제는 사회 체제의 선택이다. 정의의 원칙들은 기본 구조에 적용되며 그 주요 제도들이 하나의 체계로 결합되는 방식을 규제하는 것이다. 공정으로서의 정의의 이념은 특수한 상황의 우연성을 처리하기 위해서 순수한 절차적 정의의 관념을 이용하고 있다.

을: 분배적 정의의 완결된 원리는 오직 다음일 것이다. 어떤 분배가 정의로울 충분조건은 그 분배하에서 모든 사람이 자신이 소유하고 있는 것에 대한 소유 권리를 소유함이다. 소유물에서의 정의의 세 원리는, 소유물 취득의 원리, 소유물 이전의 원리, 이 두 원리의 위반을 교정하는 원리이다.

보기

ㄱ. 갑: 사유 재산권은 차등의 원칙에 의해서만 제한될 수 있다.

ㄴ. 을: 분배 정의의 정형적 원리는 필연적으로 재분배를 요구한다.

ㄷ. 을: 자신의 노동에 의한 결과에만 정당한 소유권이 부여된다.

ㄹ. 갑, 을: 개인은 정당한 소유물에 대한 배타적 사용권을 지닌다.

① ㄱ, ㄴ ② ㄱ, ㄷ ③ ㄴ, ㄷ
④ ㄴ, ㄹ ⑤ ㄷ, ㄹ

57

▸24112-0214
2021학년도 6월 모의평가 7번

상중하

갑, 을 사상가들의 입장으로 옳지 않은 것은?

갑: 정의로운 사회는 평등한 자유와 공정한 기회 균등을 보장하는 제도를 가진다. 이 제도의 체계에서 처지가 나은 자들의 보다 높은 기대치가 정당화되는 유일한 조건은 그 사회의 최소 수혜자들의 기대치를 향상시키는 것이다.

을: 취득에서의 정의의 원리에 의해 소유물을 취득한 자는 그에 대한 소유 권리를 가진다. 자연적 자산의 경우에도 개인들은 그것에 대한 소유 권리를 가지며 이로부터 나오는 것에 대해서도 그러하다.

① 갑: 능력과 재능이 유사하다면 성공의 기회도 유사해야 한다.
② 갑: 최소 수혜자의 처지를 개선하는 사회적 불평등은 정당화될 수 있다.
③ 을: 사회적 유용도나 도덕적 공과에 따른 분배의 원리는 정형적이다.
④ 을: 분배의 정당성은 분배된 결과보다는 분배의 역사적 과정에 달려 있다.
⑤ 갑, 을: 정당한 분배는 선천적 재능에 비례하는 보상을 제공하는 것이다.

58

▸24112-0215
2020학년도 10월 학력평가 7번
상중하

(가)의 사상가 갑, 을의 입장을 (나) 그림으로 탐구하고자 할 때, A~C에 들어갈 옳은 질문만을 〈보기〉에서 있는 대로 고른 것은?

(가)
갑: 차등의 원칙은 천부적 재능의 분포를 공동의 자산으로 생각하고 이러한 분포로 얻는 이익을 함께 나누어 가지는 데 합의함을 의미한다.
을: 차등의 원칙은 정형적 원리이며, 이 원리에 따른 분배는 개인의 권리를 침해한다. 개인의 권리를 보장하는 것은 소유 권리로서의 정의이다.

(나)
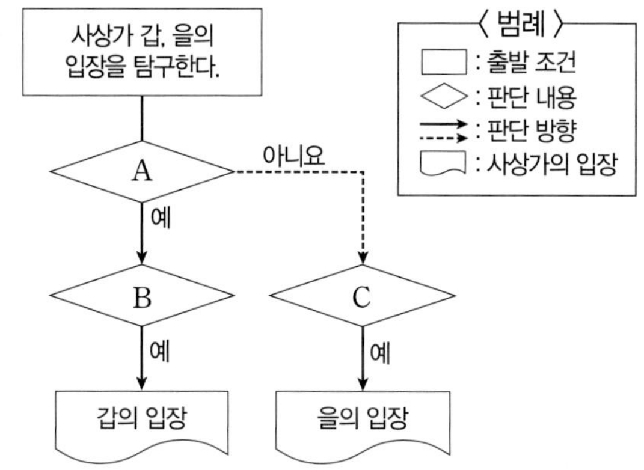

● 보기 ●

ㄱ. A: 분배 정의를 실현하여 자연적 우연성을 없애야 하는가?
ㄴ. B: 정의의 원칙에 부합하는 모든 분배는 정의로운 것인가?
ㄷ. C: 자발적으로 양도된 재화도 교정의 대상이 될 수 있는가?
ㄹ. C: 사회는 협동 체제가 아닌 개인 간 자발적 교환 체제인가?

① ㄱ, ㄴ
② ㄱ, ㄹ
③ ㄷ, ㄹ
④ ㄱ, ㄴ, ㄷ
⑤ ㄴ, ㄷ, ㄹ

59

▸24112-0216
2020학년도 3월 학력평가 5번
상중하

(가)의 갑, 을, 병 사상가들의 입장에서 서로에게 제기할 수 있는 비판을 (나) 그림으로 표현할 때, A~F에 해당하는 내용으로 가장 적절한 것은?

(가)
갑: 어떤 사회적 가치 X도 X의 의미와 상관없이 단지 누군가가 다른 가치 Y를 가지고 있다는 이유만으로 Y를 가진 사람에게 분배해서는 안 된다.
을: 어떤 사람의 재화에 취득과 이전에서의 정의의 원리 또는 불의의 교정의 원리에 의해 소유권이 부여되었다면 그 소유는 정당하다.
병: 재산 및 소득의 분배가 균등해야 할 필요는 없다. 분배는 차등의 원칙에 따라 최소 수혜자의 이익이 최대가 되도록 이루어져야 한다.

(나)
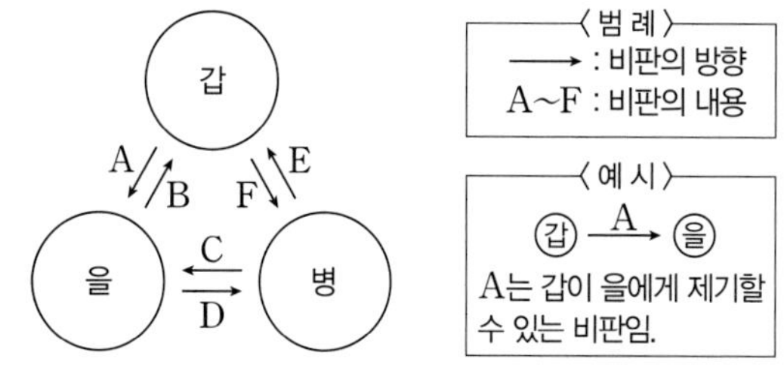

① A, C: 복지 국가에서 분배 정의가 완전히 실현됨을 간과한다.
② A, F: 정의의 다양한 영역들 간 경계가 사라져야 함을 간과한다.
③ B, D: 국가가 부의 분배 과정에 개입할 수 있음을 간과한다.
④ B, E: 공동체의 특수성에 맞는 분배 기준이 필요함을 간과한다.
⑤ C, E: 가상 상황에서 정의의 원칙을 도출해야 함을 간과한다.

60

▸24112-0217
2020학년도 수능 10번
상중하

갑, 을 사상가들의 입장으로 가장 적절한 것은?

갑: 천부적 재능의 분포를 공동의 자산으로 생각하여, 사람들은 공동의 이익을 가져오는 경우에만 자연적·사회적 우연성을 이용하기로 약속한다. 이러한 차등 원칙은 운명의 우연성을 공정하게 다루는 정의로운 방식이다.
을: 분배가 정의로운가는 그 분배가 어떻게 이루어졌는가에 달려 있다. 이러한 역사적 원리에 따르면, 사람들의 과거 행위나 상황은 사물에 대한 차별적인 소유 권리나 응분의 자격을 만들어 낸다.

① 갑: 정의로운 사회에서 우연성으로 취한 이득은 정당화될 수 없다.
② 갑: 사유 재산권은 정의 원칙에 따라 평등하게 분배되어야 한다.
③ 을: 자연물에 대한 최초 취득의 자유는 제한되어서는 안 된다.
④ 을: 분배 결과에 초점을 둔 정의론은 소유권을 침해하지 않는다.
⑤ 갑, 을: 천부적 운과 달리 사회적 운은 도덕적 관점에서 임의적이지 않다.

Ⅲ 사회와 윤리

61

▸24112-0218

2019학년도 10월 학력평가 4번 상중하

(가)의 갑, 을 사상가들의 입장을 (나) 그림으로 표현할 때, A～C에 해당하는 적절한 진술만을 〈보기〉에서 있는 대로 고른 것은?

(가)

갑: 분배 정의의 원리는 분배가 진행되는 과정을 명시해야 하며, 결과를 규정하거나 그 과정이 충족시켜야 할 정형적 기준을 제시해서는 안 된다.

을: 분배는 불운한 자를 포함해 모두의 협력을 이끌어 낼 수 있어야 한다. 불운한 자의 처지가 향상된다면 소수가 더 큰 이익을 취해도 정의롭다.

(나)

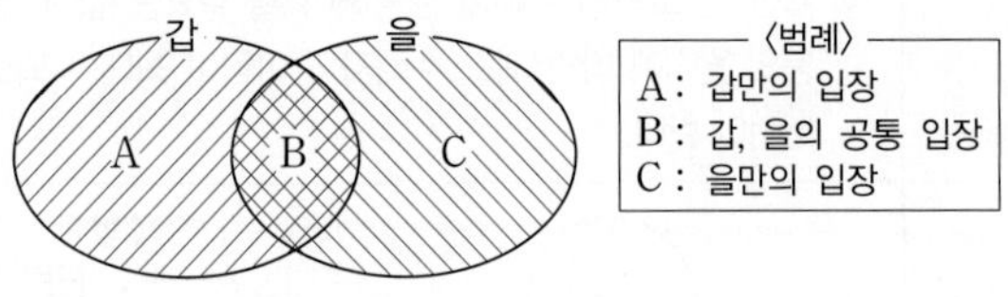

보기

ㄱ. A: 모든 재화는 취득과 이전의 원리에 의해서만 획득된다.
ㄴ. A: 최소 수혜자를 위한 재분배 정책은 소유권을 침해한다.
ㄷ. B: 분배 정의는 자유 경쟁 시장 체제에서 실현될 수 있다.
ㄹ. C: 천부적 자질을 이용하여 재화를 획득해서는 안 된다.

① ㄱ, ㄴ　② ㄱ, ㄹ　③ ㄴ, ㄷ
④ ㄱ, ㄷ, ㄹ　⑤ ㄴ, ㄷ, ㄹ

62

▸24112-0219

2020학년도 9월 모의평가 17번 상중하

갑, 을 사상가들의 입장으로 옳지 않은 것은?

갑: 소득과 부가 자연적 우연성이나 사회적 우연성과 같은, 도덕적으로 임의적인 요소에 의해 분배되는 것은 부정의하다. 유사한 능력과 재능을 가진 사람들은 유사한 인생의 기회를 가지도록 실질적인 공정한 기회가 보장되어야 한다.

을: 어떤 분배가 정의로울 충분조건은 그 분배하에서 모든 사람들이 자신들의 소유물에 대해 소유 권리를 소유함이다. 정당한 소유권을 가진 사람들이 그 소유물을 자유롭게 이전하였다면, 그 결과가 불평등해도 이 또한 정의롭다.

① 갑: 천부적 재능의 불균등한 분포는 부정의하기에 보상되어야 한다.
② 갑: 정의의 일차적 주제는 권리와 의무를 정하는 기본 구조이다.
③ 을: 최초의 취득이 정당했던 재화도 교정의 대상이 될 수 있다.
④ 을: 결과의 평등을 강조하는 정의 원칙은 사적 소유권을 침해한다.
⑤ 갑, 을: 사회적 불평등의 시정을 위한 기본권의 제한은 부당하다.

63

▸24112-0220

2020학년도 6월 모의평가 15번 상중하

(가)의 갑, 을, 병 사상가들의 입장을 (나) 그림으로 탐구할 때, A～D에 해당하는 적절한 질문만을 〈보기〉에서 있는 대로 고른 것은?

(가)

갑: 개인들의 소유 권리를 보장하는 것이 정의이다. 포괄적 국가는 개인의 권리를 침해할 것이므로 좁은 기능으로 제한된 최소 국가만이 정당화된다.

을: 개인들이 공정한 조건에서 합의한 것이 정의의 원칙이다. 개인의 기본적 자유를 보장하고 최소 수혜자에게 최대 이익이 돌아가도록 해야 한다.

병: 개인들의 노동량에 따라 재화를 분배하는 것은 정의롭지 않다. 노동 소외가 극복되고 생산력이 고도화된 공산주의 사회에서는 새로운 분배 원칙이 요구된다.

(나)

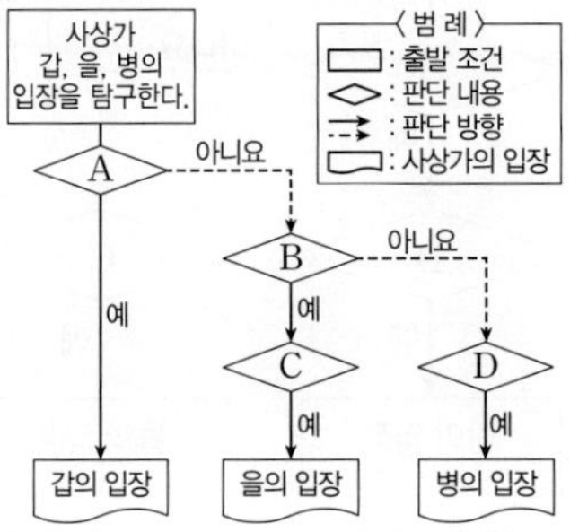

보기

ㄱ. A: 정형화된 재화 분배 원칙은 분배적 정의에 위배되는가?
ㄴ. B: 경제적 불평등의 극복을 위해 기본적 자유를 제약할 수 있는가?
ㄷ. C: 분배 절차의 공정성으로 분배 결과의 정의가 보장되는가?
ㄹ. D: 업적에 따른 분배 원칙은 부당한 경제적 불평등을 초래하는가?

① ㄱ, ㄴ　② ㄴ, ㄹ　③ ㄷ, ㄹ
④ ㄱ, ㄴ, ㄷ　⑤ ㄱ, ㄷ, ㄹ

64 ▸24112-0221

2019학년도 3월 학력평가 9번 상 중 하

(가)의 갑, 을, 병 사상가들의 입장을 (나) 그림으로 탐구할 때, A~D에 들어갈 질문으로 가장 적절한 것은?

(가)

갑: 소유 자격의 여부는 소유에 이르는 과정에 비추어 판단해야 한다. 소유 자격이 있는 소유물에 대해서는 불가침의 권리가 부여된다.
을: 원초적 입장에 있는 사람은 자신이 최악의 상황에 놓일 가능성을 고려하여 최소 수혜자의 상황을 개선하는 정의의 원칙들에 합의할 것이다.
병: 개개인의 행복은 사회 전체의 행복으로 연결된다. 더 많은 사람에게 더 많은 행복을 가져다주는 행위가 옳은 행위이다.

(나)

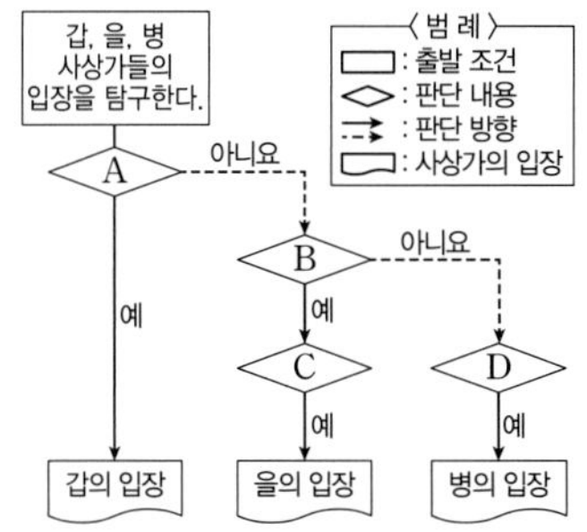

① A: 공정한 절차에 의한 재화 분배는 정의로운가?
② B: 개인은 자신의 이익 증진에 관심을 가지는가?
③ B: 빈민의 처지 개선을 위한 정책은 정당화될 수 있는가?
④ C: 정의의 원칙들 간에 서열을 두는 것이 필요한가?
⑤ D: 사회적·경제적 불평등이 없어져야 정의로운 사회인가?

65 ▸24112-0222

2019학년도 3월 학력평가 14번 상 중 하

㉠에 들어갈 적절한 내용만을 〈보기〉에서 있는 대로 고른 것은?

고대의 어느 사상가는 "정의는 일종의 비례이며, 비례는 비율의 동등성이다. 사람들이 나누어야 하는 몫은 그들의 관계에 비례할 때 정의롭다."라고 주장하였다. 이에 의하면 A와 B가 맺는 관계가 C와 D가 맺는 관계와 같다고 할 때, 이를 치환하면 A와 C가 맺는 관계는 B와 D가 맺는 관계와 같다. 그래서 A와 C의 합과 B와 D의 합은 그 관계가 같다. 나는 분배적 정의에 관한 이 사상가의 입장을 지지한다. 그런데 재화를 나눔에 있어 어떤 사람들은 응분의 몫보다 더 많이 취하고 어떤 사람들은 더 적게 취하는 경우가 있다. 이러한 경우는 [㉠] 옳지 않다.

보기

ㄱ. 기하학적 비례에 따라 몫을 분배하지 않으므로
ㄴ. 사람들에게 재화를 동일하게 분배하지 않으므로
ㄷ. 산술적 비례에 따라 모두가 중간의 몫을 갖지 못하므로
ㄹ. 가치에 비례하는 몫을 누리지 못하는 사람이 발생하므로

① ㄱ, ㄷ ② ㄱ, ㄹ ③ ㄴ, ㄹ
④ ㄱ, ㄴ, ㄷ ⑤ ㄴ, ㄷ, ㄹ

66 ▸24112-0223

2019학년도 수능 14번 상 중 하

(가)의 사상가 갑, 을, 병의 입장을 (나) 그림으로 탐구할 때, A~D에 해당하는 적절한 질문만을 〈보기〉에서 있는 대로 고른 것은?

(가)

갑: 공산 사회가 도래하면 지배 계급의 이익을 대변하던 국가와 계급 착취의 역사는 끝나고 인간의 자유로운 연합체가 성립된다.
을: 재산 소유 민주주의는 시장 체제를 구비하고 있으면서 평등한 기본적 자유와 공정한 기회균등을 이유로 자본 소유의 분산을 시도한다.
병: 최소 국가는 도덕적으로 용인될 수 있는 방법에 의해 발생하며, 자연 상태에서 개인이 갖고 있던 그 어떤 권리도 침해하지 않는다.

(나)

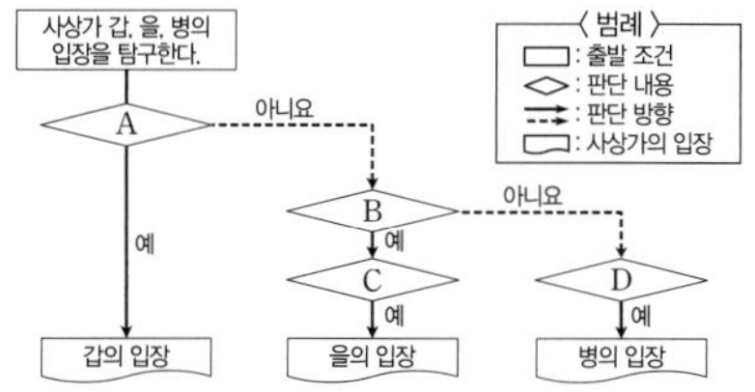

보기

ㄱ. A: 능력에 따른 생산, 필요에 따른 분배를 지향해야 하는가?
ㄴ. B: 사유 재산의 불평등은 모두의 이익을 보장해야만 정당한가?
ㄷ. C: 무지의 베일 속의 사람은 자기 이익에 대해 무지하고 무관심한가?
ㄹ. D: 자유롭게 이전된 소유물은 모두 교정 대상에서 제외되는가?

① ㄱ, ㄴ ② ㄱ, ㄷ ③ ㄷ, ㄹ
④ ㄱ, ㄴ, ㄹ ⑤ ㄴ, ㄷ, ㄹ

67

▸24112-0224
2019학년도 9월 모의평가 15번
상 중 하

갑, 을 사상가들의 입장만을 〈보기〉에서 있는 대로 고른 것은?

갑: 정의의 원칙은 가상적 상황에서 무지의 베일을 쓴 당사자들의 합의를 통해 얻어져야 한다. 이들은 이 상황에서 평등한 자유의 원칙, 공정한 기회균등의 원칙, 차등의 원칙에 합의할 것이다. 이 원칙들을 만족시키는 한에서 정의로운 분배가 가능하다.

을: 어느 누구도 취득과 이전에서의 정의의 원리에 의하지 않고서는 소유물에 대한 소유 권리를 가질 수 없다. 국가는 강압·절도·사기로부터의 보호, 계약 집행 등과 같은 제한적 역할만을 수행해야 한다.

보기

ㄱ. 갑: 차등의 원칙만 충족한다면 어떠한 분배 결과도 정당화된다.
ㄴ. 갑: 가상적 상황의 당사자는 경제학의 일반적 사실을 안다.
ㄷ. 을: 분배 결과의 정당성은 분배 과정의 정당성에 근거한다.
ㄹ. 갑, 을: 정의로운 사회에서도 경제적 불평등은 정당화될 수 있다.

① ㄱ, ㄴ ② ㄱ, ㄷ ③ ㄷ, ㄹ
④ ㄱ, ㄴ, ㄹ ⑤ ㄴ, ㄷ, ㄹ

68

▸24112-0225
2019학년도 6월 모의평가 14번
상 중 하

(가)의 사상가 갑, 을, 병의 입장을 (나) 그림으로 탐구할 때, A~D에 해당하는 적절한 질문만을 〈보기〉에서 있는 대로 고른 것은?

(가)

갑: 정의는 자신이 선택하는 바에 따라 소유권이 행사되는 것이다. 취득과 이전에서의 정의의 원칙을 따라 소유물을 취득한 자는 그것에 대한 소유권이 있다.

을: 정의의 원칙은 원초적 상황에서 합의로 도출된다. 정의로운 사회에서는 시민들에게 공통된 정의감이 존재하며 시민적 유대와 체제의 안정성이 보장된다.

병: 정의는 동등한 사람에게 동등한 몫을 분배하는 것이다. 분배에서의 옳음은 일종의 비례인데 그것은 비율과 비율의 균등성을 의미한다.

(나)

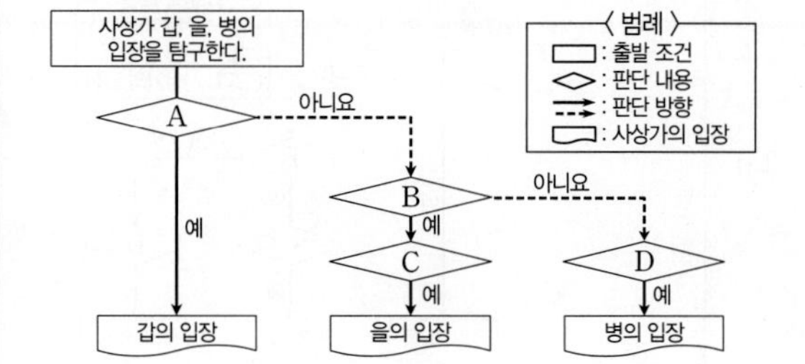

보기

ㄱ. A: 재화는 개인의 자유로운 선택에 의해서만 이전되는가?
ㄴ. B: 정의로운 사회의 시민은 타인의 처지와 이익에 무관심한가?
ㄷ. C: 공정한 기회균등 원칙은 경제적 불평등을 허용하는가?
ㄹ. D: 분배와 교환의 정의는 모두 비례의 동등함을 따라야 하는가?

① ㄱ, ㄴ ② ㄴ, ㄹ ③ ㄷ, ㄹ
④ ㄱ, ㄴ, ㄷ ⑤ ㄱ, ㄷ, ㄹ

69 ▸24112-0226
2024학년도 수능 11번 상중하

갑, 을 사상가들의 입장으로 적절한 것만을 〈보기〉에서 고른 것은?

> 갑: 법은 공공 의사의 표현이다. 법은 살인을 미워하고 처벌한다. 그런데 그런 법이 스스로 살인을 범한다니 얼마나 어리석은가. 사형은 한 시민에 대한 국가의 전쟁이다. 이 전쟁은 필요하지도 효과적이지도 않다.
> 을: 법을 제정하는 행위는 일반 의지의 행사이다. 위법 행위와 형벌의 관계에 따라 형법이 제정된다. 국가에 맞서 전쟁을 선포한 죄인을 사형에 처할 때 우리는 그를 국가의 적으로서 처벌하는 것이다.

보기

ㄱ. 갑: 형벌은 모든 고통을 한순간에 집중시켜야만 효과적이다.
ㄴ. 갑: 법은 살인을 금지하므로 법에 의해 살인하는 형벌은 부당하다.
ㄷ. 을: 모든 형벌은 범죄자를 시민의 일원으로서 처벌하는 것이다.
ㄹ. 갑과 을: 사회 계약의 목적에 반하는 형벌은 정당성이 없다.

① ㄱ, ㄴ ② ㄱ, ㄷ ③ ㄴ, ㄷ ④ ㄴ, ㄹ ⑤ ㄷ, ㄹ

70 ▸24112-0227
2024학년도 9월 모의평가 9번 상중하

갑, 을 사상가들의 입장으로 적절한 것만을 〈보기〉에서 있는 대로 고른 것은?

> 갑: 법은 개개인의 특수 의사의 총체인 일반 의사를 대표한다. 그런데 자신의 생명을 빼앗을 권능을 타인에게 기꺼이 양도하는 자는 없다. 그러므로 사형은 사회 계약에 포함될 수 없다.
> 을: 사회 계약에 사형이 포함될 수 없다는 이유로 모든 사형의 부적법성을 주장하는 것은 궤변이고 법의 왜곡이다. 형벌은 오직 범죄자가 범죄를 저질렀기 때문에 행해지는 것이며, 형벌의 법칙은 하나의 정언 명령이다.

보기

ㄱ. 갑: 범죄 억제력은 형벌의 강도가 아니라 지속도에서 나온다.
ㄴ. 갑: 종신 노역형은 범죄자보다 시민들에게 더 큰 공포를 준다.
ㄷ. 을: 형벌 자체는 범죄자의 존엄성을 실현하기 위한 필요악이다.
ㄹ. 갑과 을: 사형을 오직 본보기로 집행하는 것은 부당하다.

① ㄱ, ㄴ ② ㄱ, ㄷ ③ ㄴ, ㄹ
④ ㄱ, ㄷ, ㄹ ⑤ ㄴ, ㄷ, ㄹ

71 ▸24112-0228
2024학년도 6월 모의평가 9번 상중하

(가)의 갑, 을, 병 사상가들의 입장에서 서로에게 제기할 수 있는 비판을 (나) 그림으로 표현할 때, A~F에 해당하는 내용으로 가장 적절한 것은?

(가)	갑: 자연 상태로부터 법적 상태로의 이행은 형법을 요청한다. 살인과 달리 사형은 고통받는 인격 안에 있는 인간성을 추악하게 만드는 것으로부터 벗어나 있어야 한다. 을: 살인자는 사회의 법을 위반했으므로 그 행위로 인해 조국에 대한 반역자가 되어 버린다. 그는 국가의 구성원이 아니므로 국가로부터 분리되어야 한다. 병: 인간은 자신을 죽일 권리가 없으므로 그 권리를 양도하는 것은 불가능하다. 사형은 권리의 문제가 아니며, 한 사람의 시민에 대한 국가의 전쟁이다.
(나)	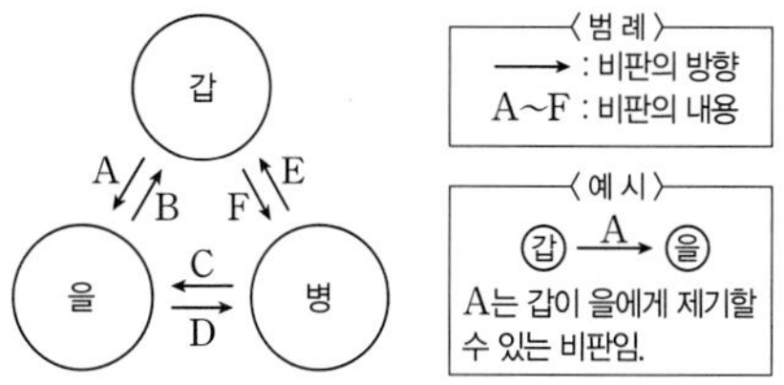

① A: 범죄 사실 자체를 근거로 형벌을 부과해서는 안 됨을 간과한다.
② B: 살인자에 대한 사형은 그의 인격성을 존중하는 것임을 간과한다.
③ C와 E: 살인자에게 사형 이외의 형벌이 부과될 수 있음을 간과한다.
④ D: 사회 전체를 대표하는 입법자에게만 형벌권이 있음을 간과한다.
⑤ F: 살인자에 대한 사형이 사회 계약에 포함될 수 있음을 간과한다.

72

▶24112-0229
2023학년도 10월 학력평가 9번
상 중 **하**

(가)의 갑, 을, 병 사상가들의 입장에서 서로에게 제기할 수 있는 비판을 (나) 그림으로 표현할 때, A~F에 해당하는 내용으로 가장 적절한 것은?

(가)	갑: 범죄에 대한 가장 강력한 억제력은 살인자의 사형 장면에서 생겨나지 않는다. 그가 노동으로 속죄하는 것을 사람들이 오래 보는 것에서 생겨난다. 을: 오직 보복법만이 형벌의 질과 양을 명확하게 제시한다. 살인자에 대한 사형은 인간을 수단이나 물권의 대상으로 취급하는 것이 아니다. 병: 사회 계약의 목적은 계약자들의 생명을 보존하는 것이다. 살인하면 사형을 받겠다고 동의하는 것은 살인자에게 희생되고 싶지 않기 때문이다.
(나)	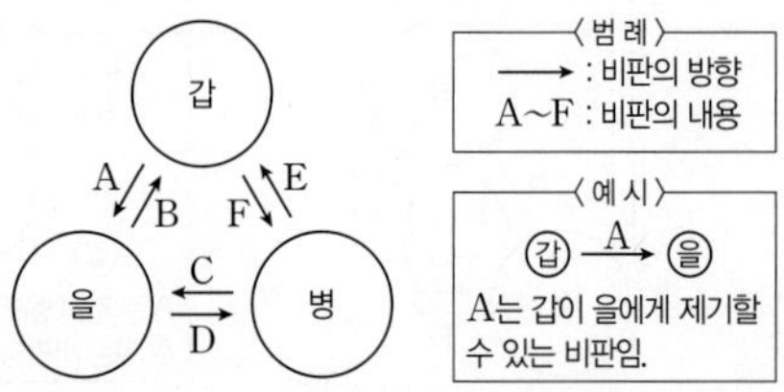

① A: 동등성의 원리에 따라 형벌의 종류와 정도가 결정됨을 간과한다.
② B: 사형은 살인자의 고통받는 인격을 자유롭게 해주는 형벌로 불의가 아님을 간과한다.
③ C와 E: 살인자에 대한 형벌은 시민의 공포심을 자극해야 정당화될 수 있음을 간과한다.
④ D: 형벌의 법칙은 공동체의 이익 증진을 전제로 하는 정언 명령임을 간과한다.
⑤ F: 형벌이 잔혹해질수록 범죄를 예방하는 효과가 증대됨을 간과한다.

73

▶24112-0230
2023학년도 3월 학력평가 4번
상 **중** 하

(가)의 갑, 을, 병 사상가들의 입장에서 서로에게 제기할 수 있는 비판을 (나) 그림으로 표현할 때, A~F에 해당하는 내용으로 가장 적절한 것은?

(가)	갑: 법은 강제 권한과 결합되어 있다. 오직 법정의 심판대 앞에서 이루어지는 보복법만이 형벌의 질과 양을 명확하게 제시할 수 있다. 을: 법은 개개인의 특수 의사의 총체인 일반 의사를 대표한다. 그런데 자신의 생명을 빼앗을 권능을 타인에게 양도할 자는 없다. 사형은 권리일 수 없다. 병: 법은 일반 의지의 반영이다. 법이 규정한 사회적 권리를 침해하는 악인은 모두 조국의 반역자가 되며, 그의 보존은 국가의 보존과 양립할 수 없다.
(나)	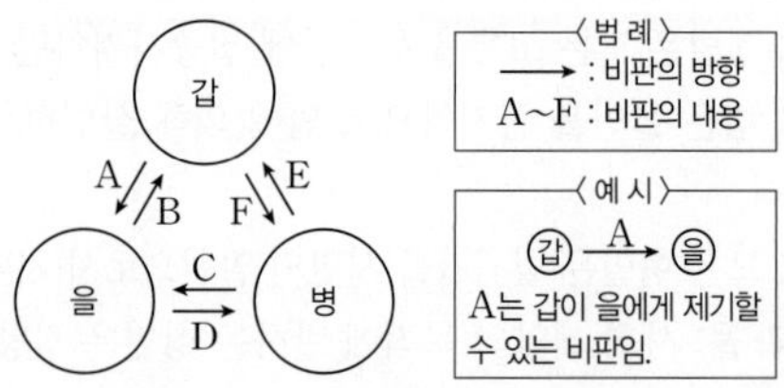

① A, F: 사형은 살인범의 인간 존엄성을 훼손하는 형벌임을 간과한다.
② B: 범죄자는 형벌을 받아야 할 행위를 원했기 때문에 형벌을 받는 것임을 간과한다.
③ C: 사형은 사회 계약을 통해 성립될 수 없지만 정당한 형벌임을 간과한다.
④ D: 형벌의 지속도보다 강도가 범죄 예방에 효과적임을 간과한다.
⑤ E: 형벌은 시민 사회의 선을 위한 수단으로서 가해질 수 있음을 간과한다.

74

▸24112-0231

2023학년도 수능 19번

상중하

(가)의 갑, 을, 병 사상가들의 입장에서 서로에게 제기할 수 있는 비판을 (나) 그림으로 표현할 때, A~F에 해당하는 내용으로 가장 적절한 것은?

(가)	갑: 법은 각자의 자유 중 최소한의 몫을 모은 것으로 일반 의사를 대표한다. 생명의 포기는 그 최소한의 몫에 포함되지 않는다. 사형은 한 시민에 대한 국가의 전쟁이다. 을: 법은 일반 의지의 행위에 속하고, 의지의 보편성과 대상의 보편성을 결합하고 있다. 법을 위반한 살인범은 자기 보존을 목적으로 한 사회 계약을 파기한 자이다. 병: 입법권은 국민의 합일된 의지에만 귀속한다. 보편적으로 합일된 의지만이 법칙 수립적일 수 있기 때문이다. 따라서 형벌의 법칙은 하나의 정언 명령이다.
(나)	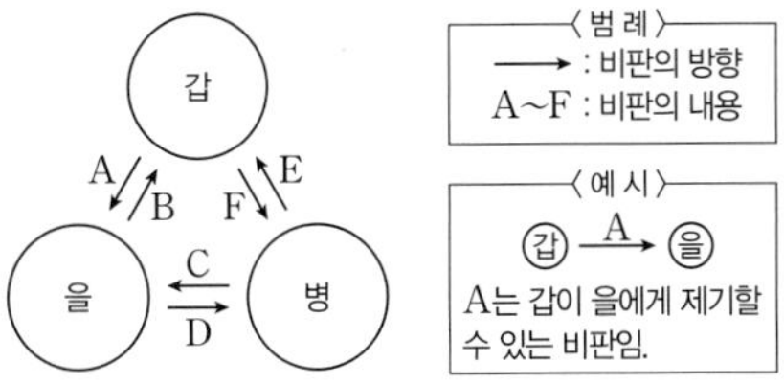

① A, F: 사형은 강렬한 인상을 줄 수 없는 비효과적 형벌임을 간과한다.

② B: 생명권 양도 여부가 사형제의 정당성을 판단하는 근거가 될 수 있음을 간과한다.

③ C: 살인범은 더 이상 도덕적 인격으로 간주될 수 없음을 간과한다.

④ D: 모든 형벌은 공공의 이익을 위해서 집행되어야 함을 간과한다.

⑤ E: 형벌의 목적은 범죄자에게 고통을 주는 데 있지 않음을 간과한다.

75

▸24112-0232

2023학년도 9월 모의평가 12번

상중하

갑, 을, 병 사상가들의 입장으로 가장 적절한 것은?

> 갑: 형벌은 동등성의 원리에 따라서 내려져야 한다. 사형은 살인에 대한 최상의 균형자이다. 이는 정의가 선험적으로 정초된 보편적인 법칙들에 따라 의욕하는 바이다.
> 을: 형벌은 시민의 이익을 위해 집행되어야 한다. 사형은 정말로 유용하고 정당한가? 사형은 국가가 유용하다고 판단한 경우 한 사람의 시민에 대해 벌이는 전쟁이다.
> 병: 형벌은 사회에 해악을 끼치는 모든 위법 행위를 막는 것에 목적을 둔다. 형벌의 가치는 어떠한 경우에도 위법 행위에서 얻는 이득의 가치를 능가하기에 충분해야 한다.

① 갑: 살인범은 살인을 의욕한 자로서 어떠한 인격성도 지닐 수 없다.

② 을: 일반 시민이 법을 두려워하지 않도록 형벌을 집행해야 한다.

③ 병: 공동체의 해악을 방지한다면 형벌 그 자체는 악이 아니다.

④ 갑과 을: 공적 정의는 만인의 행복에 영향을 미치는 방식일 뿐이다.

⑤ 을과 병: 범죄자에게 가능한 한 적은 고통을 주는 동시에 범죄 억지력을 갖는 형벌은 허용될 수 있다.

76

▸24112-0233

2023학년도 6월 모의평가 10번

상중하

(가)의 갑, 을, 병 사상가들의 입장에서 서로에게 제기할 수 있는 비판을 (나) 그림으로 표현할 때, A~F에 해당하는 내용으로 가장 적절한 것은?

(가)	갑: 처벌 그 자체는 고통을 주므로 악이다. 하지만 처벌이 더 큰 악을 제거한다면 양적 공리의 원칙에 의해 허용된다. 을: 형벌은 강도보다 지속성을 중시해야 한다. 사형은 한 시민에 대한 국가의 전쟁이므로 허용되어서는 안 된다. 병: 살인자는 사형에 처해져야 한다. 누구든지 그가 형벌을 받아야 할 행위를 의욕했기 때문에 형벌을 받는 것이다.
(나)	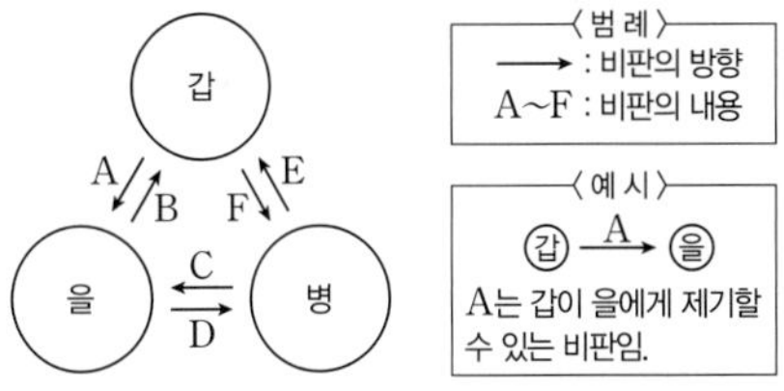

① A: 형벌을 통해 행위를 통제하고자 하는 대상은 범죄자에 국한되어야 함을 간과한다.

② B: 형벌의 종류와 크기는 사회적 파급 효과를 고려하여 정해야 함을 간과한다.

③ C, E: 형벌은 사회적 선을 촉진하기 위한 수단으로 가해질 수 없음을 간과한다.

④ D: 사형을 통해 지속적으로 공포 인상을 주어 범죄를 예방해야 함을 간과한다.

⑤ F: 형벌로부터 초래되는 해악은 형벌을 부과할 때 고려해야 할 사항이 아님을 간과한다.

77
▶24112-0234
2022학년도 10월 학력평가 7번 상중하

갑, 을, 병 사상가들의 입장으로 가장 적절한 것은?

> 갑: 사회 계약은 자기 자신을 처벌하도록 하거나 자기 자신과 자기 생명을 처분하는 것에 관한 약속을 포함하지 못한다. 누구든 그가 형벌을 의욕했기 때문이 아니라 형벌을 받을 행위를 의욕했기 때문에 형벌을 받는 것이다.
> 을: 사회 계약에 사형은 포함될 수 없다. 인간이 자신을 죽일 권리가 없는 이상, 그 권리를 타인이나 사회에 양도하는 것 역시 불가능한 것이다. 사형은 어떤 의미에서도 권리가 될 수 없다.
> 병: 사회 계약은 계약 당사자들의 생명 보존을 목적으로 한다. 살인범은 사회 계약을 어긴 자로서 추방에 의해 격리되거나, 공중의 적으로서 죽음에 의해 영원히 격리되어야 한다.

① 갑: 형벌은 범죄가 사회에 끼친 해악에 따라 부과되어야 한다.
② 을: 종신 노역형은 살인을 방지할 수 있는 유일한 방법이다.
③ 병: 개인은 사회 계약으로 자기 생명을 처분할 권리를 갖는다.
④ 갑, 병: 살인범은 사회 성원으로서의 자격이 상실되어야 한다.
⑤ 을, 병: 형벌의 목적은 일반 시민의 범죄 예방으로 국한된다.

78
▶24112-0235
2022학년도 3월 학력평가 17번 상중하

(가)의 갑, 을, 병 사상가들의 입장에서 서로에게 제기할 수 있는 비판을 (나) 그림으로 표현할 때, A～F에 해당하는 내용으로 적절한 것만을 〈보기〉에서 있는 대로 고른 것은?

(가)	갑: 형벌의 남용은 인간을 개선시키지 못한다. 종신 노역형만으로도 가장 완강한 자의 마음을 억제시키기에 충분한 엄격성을 지닌다. 을: 형벌은 본질적으로 해악이다. 공리의 원리에 의할 때 형벌이 근거나 실효성이 없는 경우, 유익하지 않거나 불필요한 경우 형벌은 부적합하다. 병: 형벌은 사법권의 이념으로서 도덕 법칙에 따라 의욕되는 바이다. 범죄와 보복은 동등해야 하며 형벌의 질과 양은 보복법에 따라 결정되어야 한다.
(나)	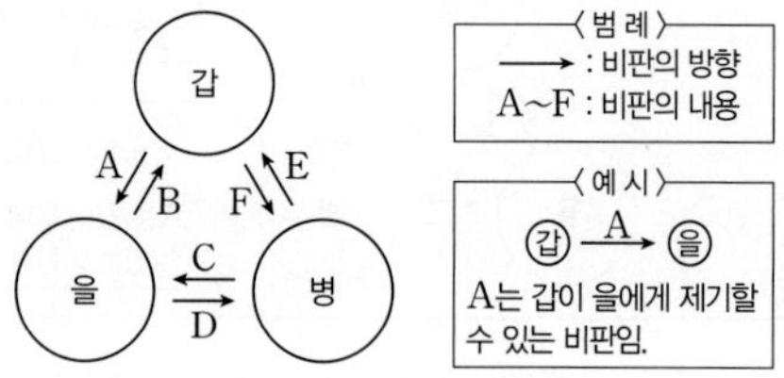

• 보기 •

ㄱ. A, F: 사형은 사회 계약에 어긋나는 부적절한 형벌임을 간과한다.
ㄴ. B, D: 형벌은 최대 다수의 최대 행복을 지향해야 함을 간과한다.
ㄷ. C, E: 사형은 범죄자의 인간의 존엄성을 보호하기 위한 형벌임을 간과한다.
ㄹ. D, F: 형벌이 방지할 해악이 형벌의 해악보다 작아야 함을 간과한다.

① ㄱ, ㄴ　② ㄱ, ㄷ　③ ㄴ, ㄹ
④ ㄱ, ㄷ, ㄹ　⑤ ㄴ, ㄷ, ㄹ

79

▸24112-0236
2022학년도 수능 9번 상중하

(가)의 갑, 을, 병 사상가들의 입장을 (나) 그림으로 탐구하고자 할 때, A～D에 들어갈 적절한 질문만을 〈보기〉에서 있는 대로 고른 것은?

(가)

갑: 살인을 했거나, 그것을 명했거나, 그에 협력했던 살인자는 누구든 사형에 처해지지 않으면 안 된다. 살인의 경우 공적 정의 앞에서 최상의 균형자는 사형이다.

을: 형벌의 남용은 결코 인간을 개선시키지 못한다. 사형을 대체한 종신 노역형은 가장 완강한 자의 마음을 억제시키기에 충분한 엄격성을 지닌다.

병: 사회 계약은 계약자의 생명 보존이 목적이므로, 타인의 희생으로 자기의 생명을 보존하려는 자는 타인을 위해 필요하다면 자신도 생명을 희생해야 한다.

(나)

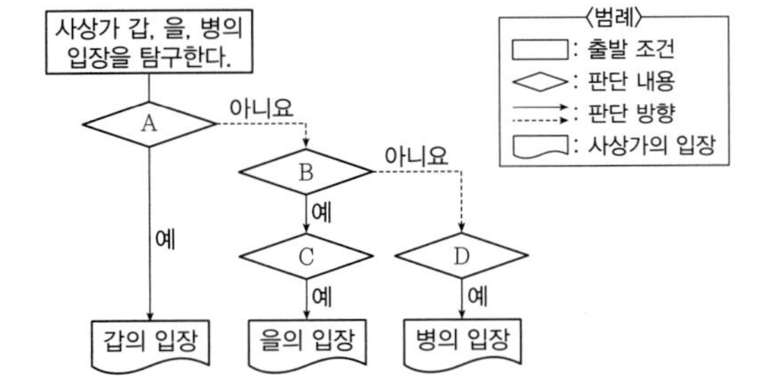

보기

ㄱ. A: 정의의 기초가 되는 원리에 따라 형벌을 가해야 하는가?
ㄴ. B: 사회 계약의 당사자가 사형제에 동의하는 것은 불합리한가?
ㄷ. C: 형벌은 범죄가 공익에 반하는 정도에 비례해야 하는가?
ㄹ. D: 계약자의 생명은 국가로부터 조건부적으로 보장되는가?

① ㄱ, ㄴ ② ㄱ, ㄹ ③ ㄴ, ㄷ
④ ㄱ, ㄷ, ㄹ ⑤ ㄴ, ㄷ, ㄹ

80

▸24112-0237
2022학년도 9월 모의평가 19번 상중하

(가)의 갑, 을, 병 사상가들의 입장에서 서로에게 제기할 수 있는 비판을 (나) 그림으로 표현할 때, A～F에 해당하는 내용으로 가장 적절한 것은?

(가)

갑: 사형은 살인에 상응하는 보복을 위한 것이다. 또한 사형은 인간성을 해치는 죄책감으로부터 사형수를 해방시켜 준다.

을: 사형은 한순간에 강렬한 인상만을 줄 뿐이다. 반면, 종신 노역형은 더 큰 공포를 안겨 주므로 인간 정신에 미치는 효과가 사형에 비해 크다.

병: 사형은 죄인을 적으로 간주하는 것으로서, 그에 대한 재판과 판결은 그가 더 이상 국가의 구성원이 아니라는 증명이자 선고이다.

(나)

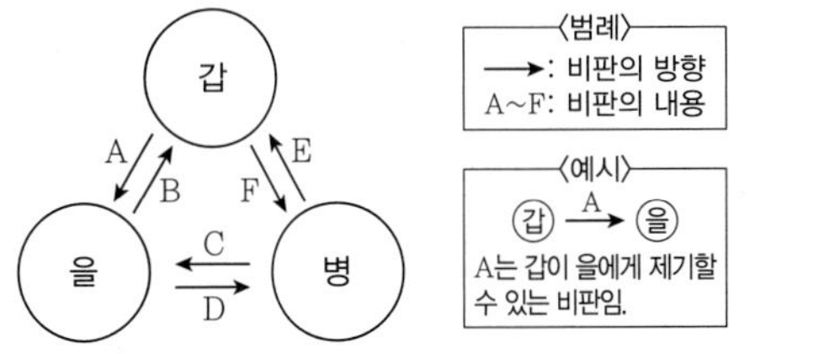

① A, C: 형벌이 주는 공포는 강도보다 지속성에서 나옴을 간과한다.
② B: 종신 노역형이 범죄자를 목적으로 대우하는 형벌임을 간과한다.
③ D: 사형은 시민의 범죄 의욕을 전혀 억제할 수 없음을 간과한다.
④ E: 사형은 시민들의 생명을 지키기 위해 실행되는 형벌임을 간과한다.
⑤ F: 범죄자를 처벌하는 것은 그가 처벌을 의욕했기 때문임을 간과한다.

81 ▸24112-0238

2022학년도 6월 모의평가 19번 상중하

(가)의 갑, 을, 병 사상가들의 입장에서 서로에게 제기할 수 있는 비판을 (나) 그림으로 표현할 때, A～F에 해당하는 내용으로 가장 적절한 것은?

(가)

갑: 법은 사회적 결합의 계약 조건이기 때문에, 법에 복종하는 시민들이 법의 제정자가 되어야 한다. 법은 일반 의지에 의해 행사되어야 한다.

을: 법은 공적 정의를 실현하기 위해 동등성의 원리에 따라 형벌을 규정해야 한다. 오직 보복법만이 형벌의 질과 양을 명확하게 제시할 수 있다.

병: 법은 공익을 증진하기 위해 제정되어야 한다. 그러므로 법은 범죄자가 아닌 시민의 이익을 위해 사형을 대체한 종신 노역형을 규정해야 한다.

(나)

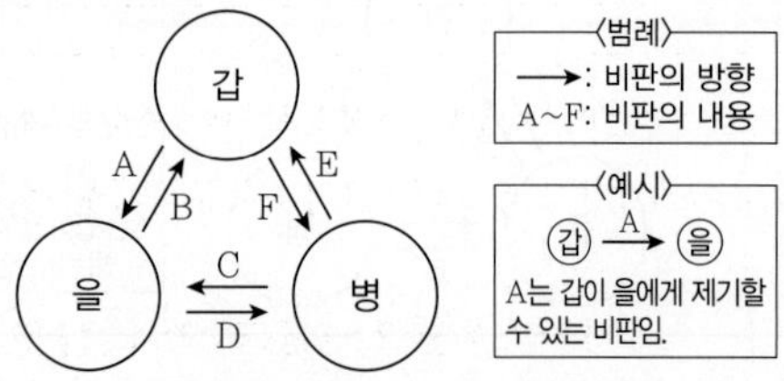

① A, F: 범죄와 형벌 간에 비례 관계가 성립해야 함을 간과한다.
② B: 살인자는 더 이상 국가 구성원이 아니라는 사실을 간과한다.
③ C: 사형은 범죄 억제력이 전혀 없는 잔혹한 형벌일 뿐임을 간과한다.
④ D: 형벌에 대한 범인의 동의가 형벌권의 기초가 아님을 간과한다.
⑤ E: 사형제 존폐를 계약자의 생명 보존을 위해 정해야 함을 간과한다.

82 ▸24112-0239

2021학년도 10월 학력평가 12번 상중하

갑, 을 사상가들의 입장으로 적절하지 않은 것은?

갑: 사회 계약의 목적은 계약자들의 생명 보존에 있다. 남들을 희생시킴으로써 자기 생명을 보존하려는 사람은 필요하다면 남들을 위해 자기 생명도 내놓아야 한다. 사형도 같은 관점에서 고려해야 한다.

을: 사회 계약의 산물인 법은 '최대 다수에 의해 공유된 최대 행복'의 목적에 비추어 평가해야 한다. 사형은 범죄 억제력이 낮고 잔혹함의 본보기를 제공하기 때문에 유해하다. 법은 스스로 살인죄를 범해서는 안 된다.

① 갑: 살인범은 생명권을 사회에 양도한 것으로 보아야 한다.
② 갑: 살인범은 법률적 인격체가 아닌 공공의 적으로 간주된다.
③ 을: 범죄 예방 효과는 형벌 타당성 평가의 기준이 될 수 없다.
④ 을: 살인범에 대한 사형은 유용하지도 않고 필요하지도 않다.
⑤ 갑, 을: 사형의 정당성은 사회 계약에 근거해 평가할 수 있다.

83 ▸24112-0240

2021학년도 3월 학력평가 15번 상중하

갑, 을, 병 사상가들의 입장으로 가장 적절한 것은?

갑: 범죄에 대한 가장 강력한 억제력은 사형 장면이 아니라 오래도록 자유를 박탈당한 채 짐승처럼 취급받으며 노동으로 속죄하는 인간의 모습을 보게 하는 데서 생겨난다.

을: 살인을 했거나, 그것을 명했거나 그것에 협력했던 사람은 사형에 처해져야 한다. 살인자에게 법적으로 집행되는 사형 외에 범죄와 보복이 동등해지는 것은 있을 수 없다.

병: 처벌은 그 자체로는 악이지만 그것이 더 큰 악을 없애는 것을 보장하는 한 인정되어야 한다. 처벌이 확실한 실효성이 없는 경우라면 처벌을 가해서는 안 된다.

① 갑: 범죄 예방을 위해 각자의 생명권을 사회에 양도해야 한다.
② 을: 살인자가 물권의 대상이 아님은 타고난 인격성 때문이다.
③ 병: 처벌이 초래할 해악이 처벌이 예방할 해악보다 커야 한다.
④ 갑, 병: 사형은 실효성과는 무관하게 폐지되어야 할 해악이다.
⑤ 을, 병: 처벌은 시민 사회의 선을 늘리기 위해 행해져야 한다.

84

▸24112-0241

2021학년도 수능 19번

상 중 하

(가)의 갑, 을, 병 사상가들의 입장에서 서로에게 제기할 수 있는 비판을 (나) 그림으로 표현할 때, A~F에 해당하는 내용으로 적절하지 않은 것은?

(가)

갑: 형벌은 범죄자가 처벌받을 행위를 의욕했기 때문에 가해져야 하며, 결코 어떤 다른 선을 촉진하기 위한 수단으로서 가해질 수 없다.

을: 형벌은 범죄를 억제하기에 충분한 정도의 강도만을 지녀야 한다. 따라서 사형보다 고통이 길게 유지되어 오랫동안 본보기로 기능하는 형벌이 필요하다.

병: 사형은 죄인을 시민이 아닌 적으로서 처벌하는 것이다. 그 판결은 그가 사회 계약을 파기하여 이미 국가의 구성원이 아니라는 증명이자 선언이다.

(나)

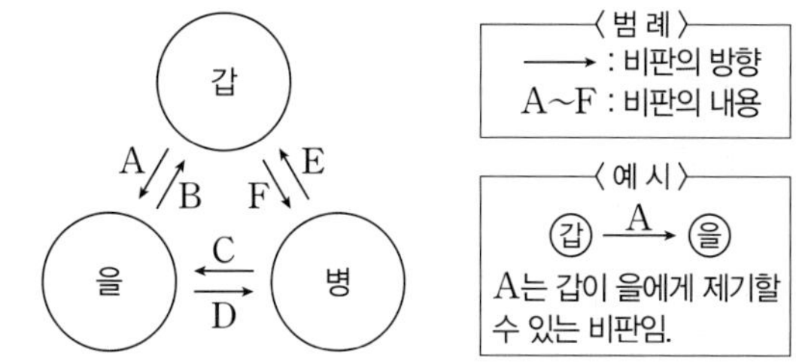

① A: 형벌의 질과 양은 동해(同害) 보복법에 의해서 결정되어야 함을 간과한다.
② B, D: 형벌은 국가 존립을 위한 수단으로 집행될 수 있음을 간과한다.
③ C: 사회 계약은 살인범을 사형에 처할 수 있는 근거가 됨을 간과한다.
④ E: 사형은 일반 시민들의 안전을 지키기 위해 실행되어야 함을 간과한다.
⑤ F: 사형 선고를 받은 사람도 목적적 존재로 대우받아야 함을 간과한다.

85

▸24112-0242

2021학년도 9월 모의평가 13번

상 중 하

갑, 을, 병 사상가들의 입장으로 적절하지 않은 것은?

갑: 누구나 일반 의지에 복종하기를 거부하는 자는 국가에 의해 강제를 당하게 된다. 국가는 모든 구성원의 생명 보존을 위해 존재하며, 사형도 같은 관점에서 다뤄진다.

을: 누구도 자신의 생명을 양도할 수 없다. 사형은 결코 권리의 문제가 아니며, 국가가 유용하다고 판단한 경우에 시민 한 사람과 벌이는 전쟁이다.

병: 누구나 형벌받을 행위를 의욕하여 범죄를 저질렀다는 그 이유만으로 형벌을 받는 것이다. 범죄자와의 계약을 근거로 사형이 적법하지 않다고 주장하는 것은 법의 왜곡이다.

① 갑: 살인범은 자신이 사회 구성원이 아님을 스스로 입증한 자이다.
② 을: 사형은 시민에게 지속적으로 가장 큰 공포감을 주는 형벌이다.
③ 병: 사형은 살인범을 목적 그 자체로 존중하는 정당한 형벌이다.
④ 갑, 을: 범죄에 상응하는 형벌의 부과는 사회 계약에 근거해야 한다.
⑤ 을, 병: 형벌은 정의의 기초가 되는 원리에 따라 부과되어야 한다.

86

▸24112-0243

2021학년도 6월 모의평가 10번

상 중 하

(가)의 갑, 을, 병 사상가들의 입장에서 서로에게 제기할 수 있는 비판을 (나) 그림으로 표현할 때, A~F에 해당하는 내용으로 가장 적절한 것은?

(가)

갑: 형벌은 사람들이 유사한 범죄 행위를 못 하도록 억제하는 것이다. 범죄에 대한 억제력의 측면에서 사형보다 종신 노역형이 더 효과적이다.

을: 형벌은 해악이다. 하지만 공리의 원리에 따르면 더 큰 악을 제거하리라고 보장하는 한에서는 형벌이 허용되어야 한다.

병: 형벌은 범죄자나 시민 사회의 어떤 다른 선을 촉진하기 위한 수단으로 가해질 수는 없다. 오직 보복법만이 형벌의 질과 양을 정확히 제시할 수 있다.

(나)

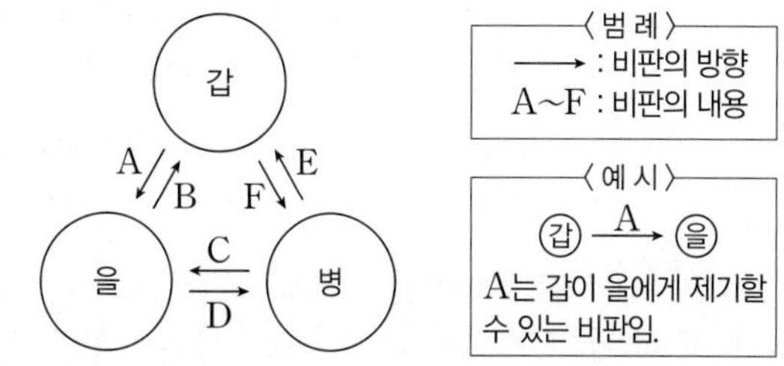

① A: 형벌은 반드시 법률을 통해서만 집행되어야 함을 간과한다.
② B: 형벌은 범죄의 사회적 해악에 비례해 부과해야 함을 간과한다.
③ D: 범죄 피해자의 보복 의지가 형벌의 근거임을 간과한다.
④ F: 범죄자 처벌보다 범죄 예방이 형벌의 목적임을 간과한다.
⑤ C, E: 형벌이 보편적 도덕 원리에 근거해야 함을 간과한다.

87

▸24112-0244
2020학년도 10월 학력평가 20번

상 중 하

(가)의 갑, 을 사상가들의 입장을 (나) 그림으로 표현할 때, A~C에 해당하는 진술로 가장 적절한 것은?

(가)	갑: 사회 계약에는 생명의 희생이 포함될 수 없다. 자신의 생명을 빼앗을 권리를 일반 사회에 양도하는 것은 불가능하기 때문이다. 을: 사회 계약에 사형이 포함될 수 없다며 사형의 불법성을 주장하는 것은 법의 왜곡이다. 살인자는 보복법에 따라 동일하게 처벌받아야 한다.
(나)	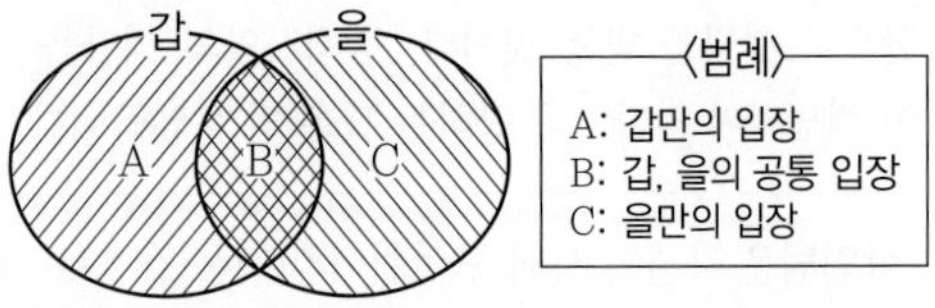

① A: 형벌의 목적은 범죄의 피해를 원상태로 회복하는 것이다.
② A: 살인자는 법정 처벌보다 가중해서 엄격하게 처벌해야 한다.
③ B: 형벌의 경중은 범죄가 공익에 반하는 정도에 따라 결정된다.
④ C: 응보적 형벌은 범죄자의 타고난 인격성을 존중하는 것이다.
⑤ C: 살인자는 생득적 인격성을 상실했기에 사형을 당해야 한다.

88

▸24112-0245
2020학년도 3월 학력평가 9번

상 중 하

갑, 을, 병 사상가들 모두가 질문에 옳게 대답한 것은?

> 갑: 형벌이 지속적 효과를 가질 때 범죄를 더 잘 예방할 수 있다. 종신 노역형이 사형보다 범죄 억제에 효과적이다.
> 을: 형벌은 정언 명령이다. 살인자는 사형에 처해져야 한다. 사형의 불법성을 주장하는 것은 법의 왜곡이다.
> 병: 형벌의 목적은 공리의 원칙에 따른 모든 위법 행위 방지, 최악의 위법 행위 방지, 해악 감소, 비용 최소화이다.

	질문	대답		
		갑	을	병
①	형벌은 범죄자의 인격을 존중하며 실시되어야 하는가?	예	아니요	예
②	형벌은 사회적 선을 위하여 범죄자에게 부과되어야 하는가?	예	아니요	예
③	사형은 시민의 생명을 보존하기 위해 허용되어야 하는가?	아니요	예	예
④	형벌의 목적은 시민들의 범죄 예방으로 제한되어야 하는가?	아니요	예	아니요
⑤	형벌의 정도는 위법 행위에서 얻는 이득의 가치를 능가하지 말아야 하는가?	아니요	아니요	예

89

▸24112-0246
2020학년도 수능 14번

상 중 하

(가)의 사상가 갑, 을의 입장을 (나) 그림으로 탐구하고자 할 때, A~C에 들어갈 옳은 질문만을 〈보기〉에서 있는 대로 고른 것은?

(가)	갑: 인간 행동을 규제하는 것은 그가 알고 있는 고통의 반복적 인상에서 비롯된다. 시민들에게 범죄자가 노역하는 고통스러운 모습을 지속적으로 보여 주는 것이 사형보다 더 효과적인 형벌이다. 을: 인간은 내적 자유를 가진 존재이며 자신의 인간성을 훼손하지 말아야 할 의무가 있다. 네가 타인에게 해악을 끼치는 것은 그것이 무엇이든 그것을 네 자신에게 가하는 것과 같다. 이것이 형벌에서의 정언명령이다.
(나)	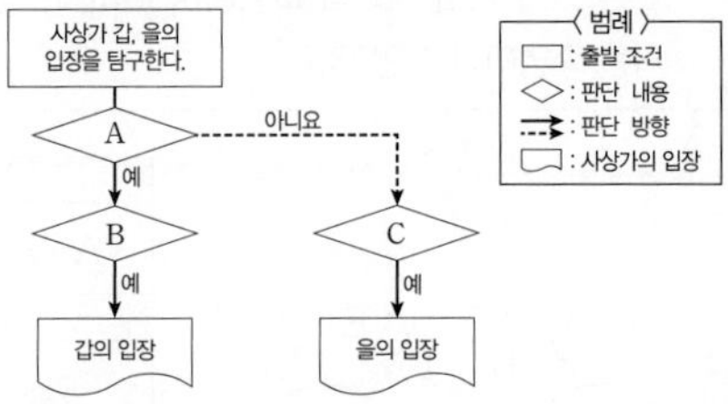

보기

ㄱ. A: 형벌에는 시민에게 공포감을 주려는 의도가 포함되어 있는가?
ㄴ. B: 범죄 의도의 반사회성이 범죄의 경중을 판단하는 척도인가?
ㄷ. B: 과도한 형벌은 효용 원리와 사회 계약 모두에 위배되는가?
ㄹ. C: 인도적 동정심에서 사형의 부당성을 주장하는 것은 그른가?

① ㄱ, ㄴ ② ㄴ, ㄷ ③ ㄷ, ㄹ ④ ㄱ, ㄴ, ㄹ ⑤ ㄱ, ㄷ, ㄹ

90

▸24112-0247
2020학년도 9월 모의평가 19번

상 중 하

(가)의 갑, 을, 병 사상가들의 입장에서 서로에게 제기할 수 있는 비판을 (나) 그림으로 표현할 때, A~F에 해당하는 내용으로 가장 적절한 것은?

(가)	갑: 형벌은 범죄자가 처벌받아야 할 행위를 의욕했기 때문에 가해져야 한다. 사형은 살인에 상응하는 보복으로, 사형수의 인간성을 존중하는 길이다. 을: 국가의 목적은 계약 당사자들의 생명 보전에 있고, 사형 제도는 계약을 유지하기 위한 수단이다. 우리의 신체와 능력은 일반 의지의 최고 감독하에 있다. 병: 형벌은 사회 계약에 기초하며 그 목적은 범죄의 예방과 교화에 있다. 사형을 대체한 종신 노역형만으로도 형벌은 충분한 엄격성을 지닌다.
(나)	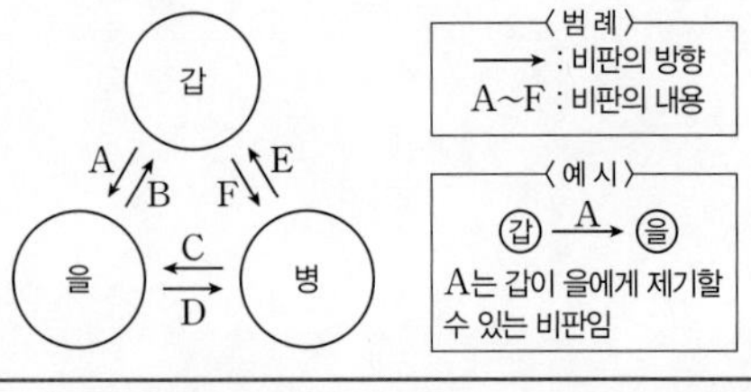

① A, C: 국가는 사형을 집행할 권한을 갖지 못한다는 것을 간과한다.
② B: 살인자도 인간으로 존중받을 자격이 있다는 것을 무시한다.
③ D: 형벌적 정의는 사회 계약에 근거해야 한다는 것을 부정한다.
④ E: 처벌의 목적은 교화가 아니라 응보에 있다는 것을 간과한다.
⑤ F: 형벌은 공리 증진을 위한 수단으로 가해질 수 없음을 간과한다.

91

▸24112-0248
2020학년도 6월 모의평가 19번

상중하

(가)의 갑, 을, 병 사상가들의 입장을 (나) 그림으로 표현할 때, A~C에 해당하는 적절한 진술만을 〈보기〉에서 있는 대로 고른 것은?

(가)

갑: 범법자에 대한 처벌은 정언명령으로 주어진다. 사법적 처벌은 범죄자 자신을 위해서든 시민 사회를 위해서든 다른 어떤 선을 촉진하기 위한 수단으로 시행될 수 없다.
을: 모든 형벌 자체는 해악이지만 공리의 원칙에 따르면 형벌이 주는 해악보다 더 큰 해악을 제거하여 사회의 행복을 증진시킬 수 있는 경우에는 형벌이 허용될 수 있다.
병: 사형은 범죄자를 교정하기보다는 죽여서 고통을 느낄 수 없게 한다. 범죄자의 지속적인 불행을 본보기로 보여주는 것이 사람들에게 사형보다 강력한 인상을 준다.

(나)

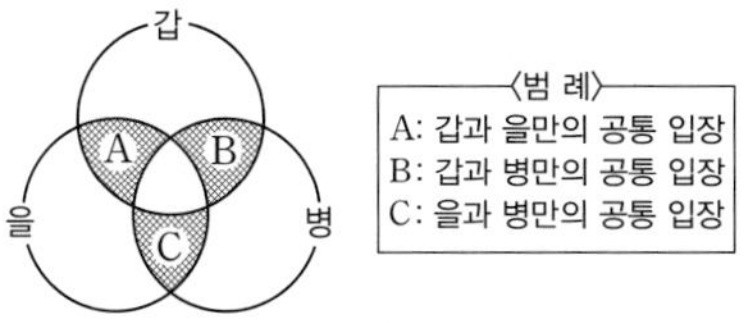

보기

ㄱ. A: 사형은 살인범의 인격을 존중하기 위해 실시해야 한다.
ㄴ. B: 살인죄에 대하여 사형을 대체할 다른 처벌이 존재한다.
ㄷ. C: 형벌이 방지할 해악이 형벌의 해악보다 크다면 형벌은 정당하다.
ㄹ. C: 범죄자 처벌을 통해 범죄를 예방하는 것은 형벌의 목적이다.

① ㄱ, ㄴ　② ㄴ, ㄷ　③ ㄷ, ㄹ
④ ㄱ, ㄴ, ㄹ　⑤ ㄱ, ㄷ, ㄹ

92

▸24112-0249
2019학년도 10월 학력평가 11번

상중하

(가)의 갑, 을, 병 사상가들의 입장에서 서로에게 제기할 수 있는 비판을 (나) 그림으로 표현할 때, A~F에 해당하는 적절한 내용만을 〈보기〉에서 있는 대로 고른 것은?

(가)

갑: 모든 형벌은 악이다. 공리의 원리에 의하면 형벌은 그것을 통해 더 큰 악을 없애는 것을 보장하는 경우에만 인정되어야 한다.
을: 사형이 주는 인상이 대단하더라도 망각의 힘을 이겨낼 수 없다. 형벌은 강력하지만 일시적 인상보다는 약하더라도 지속적 인상을 제공해야 한다.
병: 살인을 한 사람은 자신이 죽임을 당해도 좋다고 동의한 것이다. 사회 계약은 일반 의지에 따라 시민의 생명 보전을 목적으로 한다.

(나)

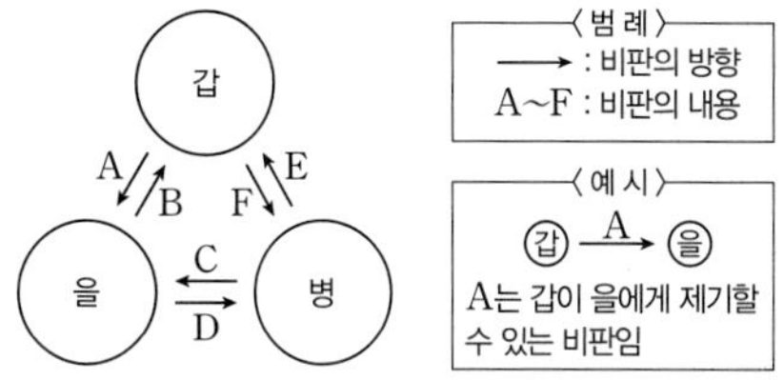

보기

ㄱ. D: 시민은 자신의 생명을 빼앗을 권리를 국가에 양도할 수 없음을 간과한다.
ㄴ. A, C: 형벌은 사회 계약의 목적을 달성하기 위해 부과되어야 함을 간과한다.
ㄷ. B, E: 형벌이 범죄자의 교화에 기여하는 정도는 형벌의 양과 비례함을 간과한다.
ㄹ. D, F: 형벌은 최대 다수의 최대 행복을 위해 집행되어야 함을 간과한다.

① ㄱ, ㄴ　② ㄱ, ㄹ　③ ㄴ, ㄷ
④ ㄱ, ㄷ, ㄹ　⑤ ㄴ, ㄷ, ㄹ

93 ▸24112-0250

2019학년도 3월 학력평가 15번 상중하

갑, 을, 병 사상가들 모두가 질문에 바르게 대답한 것은?

> 갑: 어떤 행위는 사회의 행복을 저해하는 경향에 비례하여 형벌에 대한 요구를 창출할 것이다.
> 을: 누군가 타인을 살해하면 그것은 자신을 살해하는 것이다. 보복법만이 형벌의 질과 양을 명확히 제시할 수 있다.
> 병: 형벌은 인간의 정신에 가장 효과적이고 지속적인 인상을 주면서 수형자에게는 가장 작은 고통을 주어야 한다.

	질문	대답		
		갑	을	병
①	형벌은 사회적 선을 촉진하기 위한 수단인가?	예	아니요	예
②	형벌의 방법은 효용성을 고려하여 결정해야 하는가?	예	아니요	아니요
③	형벌은 범죄자에게 고통을 유발하는 악인가?	아니요	예	예
④	범죄자에 대한 형벌은 법률을 통해서 집행되어야 하는가?	아니요	예	아니요
⑤	형벌의 크기는 범죄로 인해 발생하는 해악에 비례해야 하는가?	아니요	예	아니요

94 ▸24112-0251

2019학년도 수능 12번 상중하

갑, 을 사상가들의 입장으로 가장 적절한 것은?

> 갑: 누구든 그가 처벌받아야 할 행동을 원했기 때문에 처벌받는 것이다. 아무리 고통이 가득한 삶이라도 삶과 죽음은 같은 종류의 것이 아니다. 법정의 심판대 앞에서 살인죄에 대한 최상의 균형자는 사형이다.
> 을: 누구든 자신의 생명을 빼앗을 권한을 기꺼이 양도하지 않을 것이다. 사회 계약의 목적은 공리, 즉 최대 다수의 최대 행복이며, 이것이 인간적 정의의 기초이다. 사형보다 종신 노역형이 공리에 부합한다.

① 갑: 범죄자는 범행이 아닌 처벌을 원했기 때문에 처벌받는 것이다.
② 갑: 사형은 살인범을 수단으로서만 대하려는 응분의 보복 행위이다.
③ 을: 종신 노역형은 비공개로 집행하는 것이 범죄 예방에 효과적이다.
④ 을: 사형은 범죄 억제력이 최대이므로 사회 계약의 목적에 부합한다.
⑤ 갑, 을: 형벌은 사적인 보복이 아니라 공적인 정의를 실현해야만 한다.

95 ▸24112-0252

2019학년도 9월 모의평가 10번 상중하

(가)의 갑, 을 사상가들의 입장을 (나) 그림으로 탐구할 때, A ~ C에 해당하는 적절한 질문만을 〈보기〉에서 있는 대로 고른 것은?

(가)

> 갑: 형벌은 위법 행위의 경중에 비례하여 부과되어야 한다. 오직 보복법만이 형벌의 질과 양을 명확하게 제시할 수 있기에, 살인범은 사형에 처해져야 한다. 이것은 정의가 도덕 법칙에 따라 의욕하는 바이다.
> 을: 형벌과 보상으로 사회의 행복을 증대시키는 것이 정부의 직무이기 때문에, 정부는 최대 행복의 원리에 따라야 한다. 그러므로 형벌의 가치는 어떤 경우든 위법 행위에서 얻는 이득의 가치를 능가하기에 충분해야 한다.

(나)

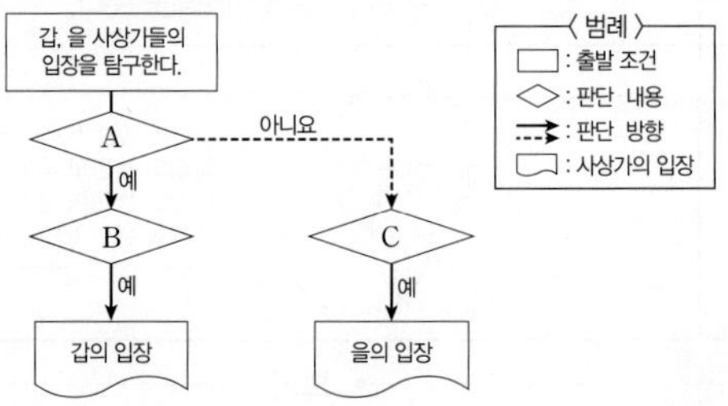

보기

ㄱ. A: 형벌은 범죄자에게 고통을 유발하더라도 정당화 가능한가?
ㄴ. B: 사형은 살인범의 인격에 대한 존중을 전제하는 것인가?
ㄷ. C: 형벌은 공리를 증진하기 때문에 형벌 그 자체는 선인가?
ㄹ. C: 형벌은 범죄 의지를 억제시키려는 수단이어야 하는가?

① ㄱ, ㄴ ② ㄱ, ㄷ ③ ㄴ, ㄹ
④ ㄱ, ㄷ, ㄹ ⑤ ㄴ, ㄷ, ㄹ

96 ▸24112-0253

2019학년도 6월 모의평가 6번 상중하

갑, 을 사상가들 모두가 부정의 대답을 할 질문으로 옳은 것은?

> 갑: 형벌은 보편 법칙을 입법하려는 의지의 형태로 범죄자의 자유의지를 범죄자 자신에게 실현시켜 주는 것이다. 형벌은 스스로가 한 행위에 응분의 책임을 부과하는 것이다.
> 을: 공공 의사의 표현인 법은 살인을 증오하고 그 행위를 처벌한다. 살인범에게 지속적인 고통을 주는 형벌이 범죄 억제에 가장 확실한 효과를 가져온다.

① 형벌은 범죄와의 응보적 관계에 따라 부과해야 하는가?
② 사형은 사적 차원의 보복이 아닌 공적 차원의 형벌인가?
③ 사형은 살인범의 인간으로서의 존엄을 지켜주는 형벌인가?
④ 형벌로 얻는 공공 이익은 형벌이 초래할 해악보다 커야 하는가?
⑤ 형벌의 목적은 범죄자 교화가 아닌 타인의 범죄 예방에 국한되는가?

03 국가와 시민의 윤리

97 ▸24112-0254
2024학년도 수능 7번 상중하

(가)의 사상가 갑, 을의 입장을 (나) 그림으로 탐구하고자 할 때, A～C에 들어갈 적절한 질문만을 〈보기〉에서 있는 대로 고른 것은?

(가)
갑: 만인은 서로 늑대처럼 싸우는 자연 상태에서 벗어나기 위해 상호 계약을 맺어 하나의 인격으로 결합해야 한다. 이 인격을 지닌 통치자는 모든 사람의 힘과 수단을 임의로 사용할 수 있는 권력을 지닌다.
을: 절대 권력에 책임을 묻지 않는 식의 합의는 여우나 스컹크를 피해 사자에게 잡아먹히는 데 만족하는 것과 같다. 통치자가 시민의 생명, 자유 및 자산을 보존하지 못할 때 시민은 통치자에 저항할 수 있다.

(나)
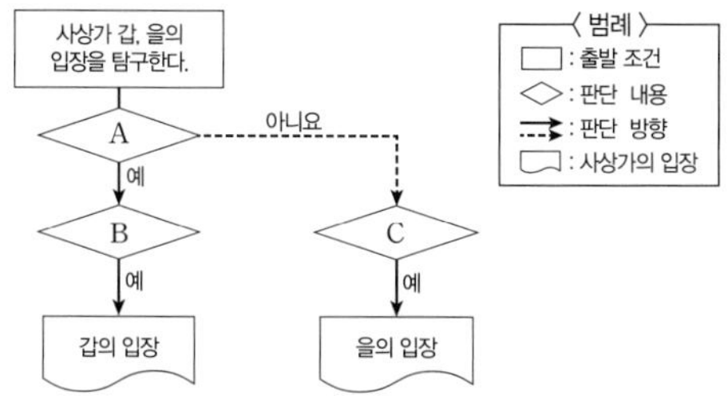

〈보기〉
ㄱ. A: 국가의 통치자가 사회 계약을 위반하는 것은 가능한가?
ㄴ. B: 국가는 신의(信義) 계약으로 탄생한 자연적 인격인가?
ㄷ. B: 국가가 부재하는 곳에서는 각자의 소유권도 부재하는가?
ㄹ. C: 국가의 통치자에게는 단지 신탁된 권력만 주어지는가?

① ㄱ, ㄴ ② ㄱ, ㄷ ③ ㄷ, ㄹ
④ ㄱ, ㄴ, ㄹ ⑤ ㄴ, ㄷ, ㄹ

98 ▸24112-0255
2024학년도 9월 모의평가 13번 상중하

다음을 주장한 사상가의 입장으로 적절한 것만을 〈보기〉에서 있는 대로 고른 것은?

사람들은 자연법 집행을 둘러싼 분쟁이 발생하는 자연 상태에서 벗어나고자, 그들이 자연 상태에서 가졌던 평등, 자유 및 집행권을 입법부가 처리할 수 있도록 사회의 수중에 양도한다. 이에 대한 명시적 동의는 그들을 공통된 법률의 지배하에 둠으로써 사회의 완전한 구성원으로 만든다.

〈보기〉
ㄱ. 국가에 양도하지 않은 시민의 권리는 보장될 수 없다.
ㄴ. 입법부를 폐지할 수 있는 최고의 권력은 시민에게 있다.
ㄷ. 자연 상태에서 분쟁은 공통된 자연법의 부재로 인해 발생한다.

① ㄴ ② ㄷ ③ ㄱ, ㄴ ④ ㄱ, ㄷ ⑤ ㄱ, ㄴ, ㄷ

99 ▸24112-0256
2024학년도 6월 모의평가 6번 상중하

다음을 주장한 사상가의 입장으로 적절한 것만을 〈보기〉에서 있는 대로 고른 것은?

자연 상태는 전쟁 상태이며, 소유도 지배도 내 것과 네 것의 구별도 없다. 이러한 자연 상태로부터 빠져나올 수 있는 가능성은 죽음의 공포라는 정념과 평화 추구의 이성에 있다.

〈보기〉
ㄱ. 국민의 자유와 주권자의 절대 권력은 양립할 수 있다.
ㄴ. 자연 상태에는 생명과 자유를 빼앗길 수 있는 불의가 존재한다.
ㄷ. 주권자는 평화와 공동 방위를 위해 국민의 힘과 수단을 임의로 사용할 수 있다.

① ㄴ ② ㄷ ③ ㄱ, ㄴ ④ ㄱ, ㄷ ⑤ ㄱ, ㄴ, ㄷ

100 ▸24112-0257
2023학년도 10월 학력평가 2번 상중하

갑, 을 사상가들의 입장으로 가장 적절한 것은?

갑: 국가의 목적은 개인의 안전 보장에 있다. 개인은 안전을 보장받기 위해 주권자에 복종해야 한다. 주권이 침해되면 전쟁 상태인 자연 상태보다 더 큰 재앙이 초래될 것이다.
을: 국가의 주된 목적은 개인의 재산 보호에 있다. 절대 권력의 통치는 사회와 정부의 목적에 부합하지 못한다. 절대 권력을 위정자에게 넘겨주면 자연 상태보다 더 나빠진다.

① 갑: 개인의 생명과 자유는 주권을 분할해야 온전히 보장된다.
② 갑: 군주는 절대 권력을 지니므로 사회 계약을 파기할 수 있다.
③ 을: 개인과 국가는 상호 간 이익을 전제로 사회 계약을 맺는다.
④ 을: 입법권은 최고 권력이지만 공공선에 의해 제한될 수 있다.
⑤ 갑과 을: 사회 계약으로 자연 상태에서의 재산권이 보장된다.

101 ▸24112-0258

2023학년도 3월 학력평가 10번 상중하

갑, 을 사상가들의 입장으로 가장 적절한 것은?

갑: 사람들은 자연 상태에서 자유를 누리지만 이 자유 때문에 싸움을 피할 수 없다. 비참한 자연 상태에서 벗어나기 위해 서로 계약을 맺음으로써 리바이어던이 탄생한다.
을: 사람들은 자연 상태에서 가졌던 평등, 자유 및 집행권을 사회의 선이 요구하는 바에 따라 최고 권력인 입법부가 처리할 수 있도록 사회에 양도한다.

① 갑: 공통 권력이 없는 곳에는 정의나 불의가 존재하지 않는다.
② 갑: 군주는 사법권과 분쟁의 해결권을 갖지만 입법자는 아니다.
③ 을: 개인의 재산 보존은 시민 사회의 주된 목적이 될 수 없다.
④ 을: 권력 분립에 의한 통치는 사회 계약에 부합하지 않는다.
⑤ 갑과 을: 군주의 자의적인 권력 행사는 정권 교체로 이어진다.

102 ▸24112-0259

2023학년도 수능 12번 상중하

갑, 을 사상가들의 입장으로 적절한 것만을 〈보기〉에서 있는 대로 고른 것은?

갑: 자연 상태에서 개인은 재산권뿐만 아니라, 타인이 자연법을 위반한 것을 판단하고 처벌하는 권력을 가진다. 이 처벌권을 공동체에 양도하는 곳에서만 정치 사회가 존재한다.
을: 자연 상태에서, 즉 전쟁 상태에서 벗어나고자 개인은 만물에 대한 권리를 포기한다. 정의는 유효한 계약을 지키는 것이며, 계약의 유효성은 국가 수립과 함께 시작된다.

보기

ㄱ. 갑: 자연 상태에서 분쟁 발생 시 모든 당사자는 재판관이 된다.
ㄴ. 갑: 정부에 신탁된 권력은 시민에 의해서 철회될 수 있다.
ㄷ. 을: 개인은 자연 상태에서의 불의를 피하려고 계약을 맺는다.
ㄹ. 갑과 을: 시민은 주권자로서 동등한 자유와 권리를 지닌다.

① ㄱ, ㄴ ② ㄱ, ㄷ ③ ㄷ, ㄹ
④ ㄱ, ㄴ, ㄹ ⑤ ㄴ, ㄷ, ㄹ

103 ▸24112-0260

2023학년도 9월 모의평가 19번 상중하

(가)의 갑, 을, 병 사상가들의 입장에서 서로에게 제기할 수 있는 비판을 (나) 그림으로 표현할 때, A~F에 해당하는 내용으로 가장 적절한 것은?

(가)	갑: 국가는 자기 완결적 조직으로서 최고선을 추구한다. 공동의 선을 나누어 가질 수 없거나 나누어 가질 필요가 없는 자는 국가의 일부가 아니며, 짐승 아니면 신이다. 을: 국가가 형성될 때 개개인은 자신을 그 모든 권리와 함께 공동체 전체에 전면 양도한다. 이를 일반 의지의 지배 아래 둔 개인은 자기 자신에게만 복종한다. 병: 국가가 없는 자연 상태에서 개개인은 모든 것에 대한 권리를 갖는다. 자기 보존과 평화를 위해 그러한 권리를 포기함으로써 주권자인 리바이어던이 탄생한다.
(나)	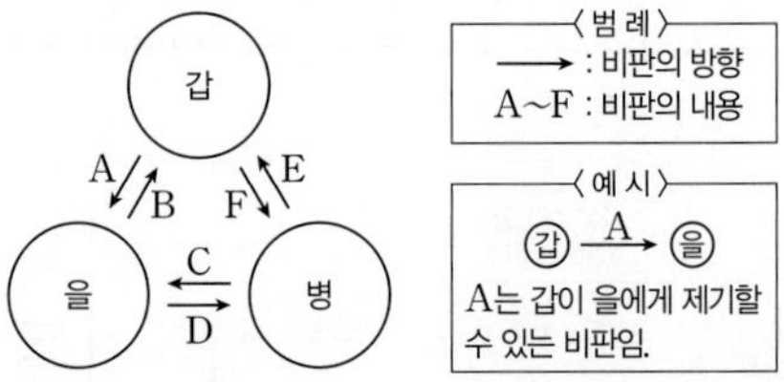

① A: 공공의 이익에 입각하여 국가가 운영되어야 함을 간과한다.
② B, E: 인간은 국가 안에서만 행복한 삶을 살 수 있음을 간과한다.
③ C: 국가 구성원의 생명권 보장이 국가의 목적임을 간과한다.
④ D: 국가 구성원은 법을 따르는 동시에 제정하는 자임을 간과한다.
⑤ F: 국가 권위에 복종할 의무는 자연 발생적이지 않음을 간과한다.

104 ▸24112-0261

2023학년도 6월 모의평가 11번 상중하

갑, 을 사상가들 중 적어도 한 사람이 부정의 대답을 할 질문으로 적절한 것만을 〈보기〉에서 고른 것은?

갑: 자연 상태에서 인간의 경쟁, 불신, 공명심 때문에 분쟁이 발생한다. 이러한 전쟁 상태로부터 벗어나서 자연권을 보호하기 위해 개인들은 사회적 동의로 절대 권력을 수립한다.
을: 자연 상태에서 개인들은 생명, 자유, 재산의 권리를 보호하기 위해 입법부를 구성하기로 합의한다. 그러나 입법부가 자연권을 보호하지 못하면 시민들은 신탁을 철회할 수 있다.

보기

ㄱ. 공권력이 형성된 이후에 자연권 보호는 개인만의 책임인가?
ㄴ. 정부에 의한 시민의 재산권 침해는 정부 해체의 근거가 되는가?
ㄷ. 국가의 권위에 복종해야 할 의무는 계약에 토대를 두는가?
ㄹ. 인간은 자연 상태에서 이성의 능력을 발휘하여 계약을 하는가?

① ㄱ, ㄴ ② ㄱ, ㄷ ③ ㄴ, ㄷ
④ ㄴ, ㄹ ⑤ ㄷ, ㄹ

105
▸24112-0262
2022학년도 10월 학력평가 12번
상중하

갑, 을 사상가들의 입장으로 가장 적절한 것은?

> 갑: 사람들이 비참한 자연 상태에서 벗어나 자기 보존과 만족스러운 삶을 위해 공통의 권력을 세우는 유일한 길은 모두의 의지를 하나의 의지로 결집하여 모든 권력과 힘을 한 사람 또는 하나의 합의체에 부여하는 것이다.
> 을: 사람들이 비교적 평화로운 자연 상태의 자연적 자유를 포기하고 사회의 구속을 받아들이는 유일한 방도는 재산을 안전하게 향유하며 평화로운 삶을 영위하기 위해 다른 사람들과 공동체를 결성하기로 합의하는 것이다.

① 갑: 절대적 군주가 있는 것보다 주권이 없는 것이 덜 해롭다.
② 갑: 모든 국민은 주권자가 행하는 행위와 판단의 본인이 된다.
③ 을: 입법부는 시민의 재산을 자의적으로 처분할 권력이 있다.
④ 을: 시민은 자신의 판단에 따라 위법한 사람을 처벌할 수 있다.
⑤ 갑, 을: 자연 상태에서는 준수해야 할 규범이 존재하지 않는다.

106
▸24112-0263
2022학년도 3월 학력평가 15번
상중하

갑, 을 사상가들의 입장으로 적절하지 않은 것은?

> 갑: 국가는 자연의 산물이며 개인보다 앞서 있다. 국가는 전체이며, 개인은 그 부분으로서 혼자서는 자급자족하지 못한다. 국가에서 살 필요가 없는 자는 동물이거나 신이다.
> 을: 국가는 사람들이 비교적 평화로운 자연 상태를 벗어나 생명, 자유, 재산을 보존하기 위해 만들었다. 최고 권력인 입법권은 이러한 목적으로 신탁된 권력이다.

① 갑: 국가는 행복을 실현하게 하는 가장 포괄적인 공동체이다.
② 갑: 국가는 완전한 자급자족 단계에 도달한 최상의 공동체이다.
③ 을: 국가는 공정한 재판관과 집행관의 역할을 수행해야 한다.
④ 을: 국가는 국민의 생명과 재산을 자의적으로 다루면 안 된다.
⑤ 갑, 을: 국가 질서는 통치자가 절대 권력을 가져야 유지된다.

107
▸24112-0264
2022학년도 9월 모의평가 7번
상중하

다음을 주장한 사상가의 입장으로 적절한 것만을 〈보기〉에서 고른 것은?

> 본래 인간은 자유롭고 평등하고 독립된 존재이므로 자신의 동의 없이 다른 사람의 정치권력에 복종할 수 없다. 어떤 사람이 자신의 자유를 포기하고 시민 사회의 구속을 받아들이는 유일한 방법은, 자신의 재산을 보호하고 다른 사람들과 상호간에 안전한 삶을 영위하기 위해서 공동체를 결성하기로 합의하는 것이다.

보기

ㄱ. 국가는 가족 공동체 의식이 전제된 정치적 공동체여야 한다.
ㄴ. 국가는 개인의 기본권 보장을 목적으로 계약에 의해 수립된다.
ㄷ. 국가는 인간의 정치적 본성으로 형성되는 자연적 공동체이다.
ㄹ. 국가는 시민 모두에게 동등한 자유와 권리를 보장해야 한다.

① ㄱ, ㄴ ② ㄱ, ㄷ ③ ㄴ, ㄷ
④ ㄴ, ㄹ ⑤ ㄷ, ㄹ

108
▸24112-0265
2022학년도 수능 15번
상중하

그림은 서술형 평가 문제와 학생 답안이다. 학생 답안의 ㉠~㉤ 중 옳지 않은 것은?

서술형 평가

⊙ 문제: 국가와 시민의 관계에 대한 갑, 을 사상가들의 입장을 비교하여 서술하시오.

> 갑: 자연 상태에서는 모든 인간을 떨게 만드는 공통의 힘이 없기 때문에 인간은 만인의 만인에 대한 전쟁 상태에 놓이게 된다. 인간은 이 비참함에서 벗어나기 위해 국가 속에서 스스로를 구속한다.
> 을: 모든 인간은 자기 신체와 소유물에 대한 지배권을 갖지만 자연 상태에서는 이 권리의 향유가 불확실하다. 이에 따라 인간은 공동체를 결성하고 공통의 재판관을 지상에 설정함으로써 국가 상태에 들어가게 된다.

◎ 학생 답안

국가와 시민의 관계에 대한 갑, 을의 입장을 비교해 보면, 갑은 ㉠ 인간이 두려워해야 할 공통의 권력이 없는 자연 상태의 혼란에서 벗어나기 위해 국가를 수립하게 된다고 보고, ㉡ 국가는 공공의 평화와 안전을 위해서 절대적인 권력을 행사할 수 있다고 주장한다. 반면에 을은 ㉢ 인간이 자연 상태에서 공동체를 구성하고자 하는 정치적 본성으로 인해 자연스럽게 국가 상태로 들어가게 된다고 보고, ㉣ 국가는 공동선을 실현하기 위해 위임받은 권력을 자의적으로 행사해서는 안 된다고 주장한다. 한편 갑, 을은 모두 ㉤ 국가에 대한 시민의 의무는 시민 자신의 생명권을 국가가 보호해 준다는 조건 아래에서 계속될 수 있다고 본다.

① ㉠ ② ㉡ ③ ㉢ ④ ㉣ ⑤ ㉤

109 ▸24112-0266

2022학년도 6월 모의평가 2번 상중하

갑, 을 사상가들의 입장으로 적절하지 않은 것은?

> 갑: 자연 상태에서는 사람들 간의 분쟁을 해결하는 공통된 법률이 없고, 무사 공평한 재판관도 없다. 그래서 인간은 자신의 생명, 자유, 재산을 보호하기 위해 공동체를 결성하고 스스로를 정부의 지배하에 두고자 한다.
> 을: 모든 공동체는 어떤 종류의 좋음을 목표로 하는 것이지만, 국가는 그 모든 공동체들 중에서 최고의 것이면서 다른 모든 공동체들을 포괄한다. 그리고 국가는 모든 좋음들 중에서 최고의 좋음을 목표로 한다.

① 갑: 국가는 공통된 법률에 따라 시민들 간의 분쟁을 조정해야 한다.
② 갑: 국가는 자국민을 침해한 외부인들을 처벌할 권력을 지닌다.
③ 을: 국가는 정치적 동물인 인간들의 상호 동의를 통해 발생한다.
④ 을: 인간은 국가 속에서 훌륭하고 행복한 삶을 영위할 수 있다.
⑤ 갑, 을: 시민은 자신이 속한 국가에 대해 정치적 의무를 지닌다.

110 ▸24112-0267

2021학년도 10월 학력평가 6번 상중하

(가)의 갑, 을, 병 사상가들의 입장에서 서로에게 제기할 수 있는 비판을 (나) 그림으로 표현할 때, A~F에 해당하는 내용으로 가장 적절한 것은?

(가)	갑: 인간은 태어날 때부터 타인을 지배하기를 좋아하지만, 비참한 자연 상태에서 벗어나 자기를 보존하고 만족스런 삶을 살기 위해 국가를 구성한다. 을: 인간이 비교적 평화로운 자연 상태를 벗어나 각자의 생명, 자유, 재산을 평온하고 안전하게 향유하기 위해서는 국가가 필요하다. 병: 인간의 행복 실현은 국가 속에서만 가능하다. 국가는 자연적 결사체의 최후 형태이자 최고선의 실현을 목표로 하는 가장 높은 단계이다.
(나)	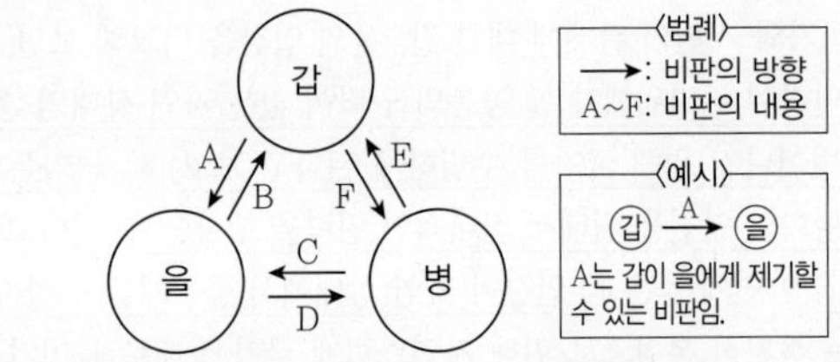

① A: 군주가 아닌 입법부가 최고 통치 권력을 가짐을 간과한다.
② B: 준법의 의무는 명시적 동의를 통해서만 발생함을 간과한다.
③ B, D: 통치 권력은 절대적이고 자의적인 권력임을 간과한다.
④ C, E: 국가는 가족과 달리 선한 목적을 추구함을 간과한다.
⑤ D, F: 국가는 합리적인 개인들의 계약의 산물임을 간과한다.

111 ▸24112-0268

2021학년도 6월 모의평가 20번 상중하

갑, 을 사상가들의 입장으로 적절한 것만을 〈보기〉에서 있는 대로 고른 것은?

> 갑: 일정한 생업[恒産]이 없는 백성은 변함없는 마음[恒心]을 잃게 된다. 그러므로 군주는 백성이 부모를 봉양하고 처자식을 부양하기에 부족함이 없게 해 주어야 한다. 그런 후에 백성을 선한 데로 나아가게 인도해야 한다.
> 을: 완전한 공동체인 국가는 자연의 산물이며, 인간은 본성적으로 국가 공동체를 구성하는 동물이다. 국가 없이 살아가는 자는 인간보다 하등하거나 인간을 뛰어넘는 존재이다.

보기

ㄱ. 갑: 국가의 통치자는 덕으로써 백성을 감화시켜야 한다.
ㄴ. 갑: 백성들의 도덕성을 유지하는 데 경제적 안정이 중요하다.
ㄷ. 을: 정치 공동체인 국가에서 인간은 선을 실현할 수 있다.
ㄹ. 갑, 을: 국가는 자연 상태에서 벗어나려는 인간들의 계약으로 수립된다.

① ㄱ, ㄷ ② ㄱ, ㄹ ③ ㄴ, ㄹ
④ ㄱ, ㄴ, ㄷ ⑤ ㄴ, ㄷ, ㄹ

112 ▸24112-0269

2020학년도 10월 학력평가 3번 상중하

갑, 을 사상가들의 공통된 입장으로 가장 적절한 것은?

> 갑: 자연법이 있어도 권력이 없다면 또는 권력이 있어도 시민의 안전을 보장할 정도로 충분히 강력하지 않으면 인간은 비참한 자연 상태에서 벗어날 수 없다.
> 을: 자연법상의 모든 권리를 누릴 자유가 있어도 권력이 없으면 권리를 누리기 어렵다. 이에 사람들은 재산의 보존을 주된 목적으로 하는 시민 사회의 일원이 된다.

① 국가 권력에 대한 시민의 저항은 어떤 경우에도 허용 불가하다.
② 국가는 인간의 평화로운 삶을 위해 만들어진 합의의 산물이다.
③ 국가는 선한 본성을 타고난 인간을 보호하기 위한 수단이다.
④ 국가는 시민의 안전한 삶을 보장하기 위한 절대 권력체이다.
⑤ 국가는 자연의 산물로서 인간의 도덕적 삶을 목적으로 한다.

113 ▸24112-0270
2024학년도 수능 9번 상중하

다음을 주장한 사상가의 입장으로 적절한 것만을 〈보기〉에서 있는 대로 고른 것은?

> 시민 불복종은 법에 대한 충실성의 한계 내에서 부정의한 법에 대한 불복종을 나타낸다. 시민 불복종 행위에 가담함으로써 소수자는 다수자에게 그들의 행위가 정의의 원칙들에 대한 위반으로 해석되기를 바라는지 아니면 공통된 정의감에 비추어 소수자의 합당한 요구를 인정하고자 하는지를 숙고하도록 강요하게 된다.

보기

ㄱ. 시민 불복종은 다수자의 정의감을 나타내는 양심적인 행위이다.
ㄴ. 시민 불복종은 법의 경계선 내에서 행해지는 정치적 행위이다.
ㄷ. 부정의한 법의 변혁은 시민 불복종의 목적이 아니라 결과이다.

① ㄱ ② ㄴ ③ ㄱ, ㄷ ④ ㄴ, ㄷ ⑤ ㄱ, ㄴ, ㄷ

114 ▸24112-0271
2024학년도 9월 모의평가 7번 상중하

다음을 주장한 사상가의 입장으로 가장 적절한 것은?

> 시민 불복종은 정치 체제의 합법성을 인정하고 받아들이는 시민들에 의해서만 행해진다. 이때, 시민 불복종 행위가 항의의 대상이 되고 있는 바로 그 법을 위반하라는 요구를 하지는 않는다. 그것은 사람들이 직접적인 시민 불복종이라 부르는 것뿐만 아니라 간접적인 시민 불복종이라 부르는 것까지도 고려하고 있다. 때로는 부정의하다고 간주되는 법이나 정책도 어기지 말아야 할 강력한 이유가 있다.

① 시민 불복종은 정치 체제의 효율성을 이유로 제한될 수 있다.
② 시민 불복종이 성립되지 않는 사회가 정의로운 사회일 수는 없다.
③ 안정적인 체제에서는 시민 불복종 행위에 대해 처벌하지 않는다.
④ 공적 심의를 거친 정책이 시민 불복종의 대상이 될 수는 없다.
⑤ 시민 불복종은 다수결의 원칙에 대한 반대를 표하는 정치 행위이다.

115 ▸24112-0272
2024학년도 6월 모의평가 5번 상중하

(가)의 갑, 을 사상가들의 입장을 (나) 그림으로 탐구하고자 할 때, A～C에 들어갈 적절한 질문만을 〈보기〉에서 있는 대로 고른 것은?

(가)
갑: 시민 불복종은 그 결과의 좋음에 의해 정당화된다. 따라서 우리는 시민 불복종으로 인해 발생하는 법과 민주주의에 대한 존중심의 감소 정도마저 고려해야 한다.
을: 시민 불복종은 시민들의 정의관에 의해 정당화된다. 따라서 시민 불복종은 헌법과 사회 제도 일반을 규제하는 정의의 원칙들에 의해 지도되어야 한다.

(나)
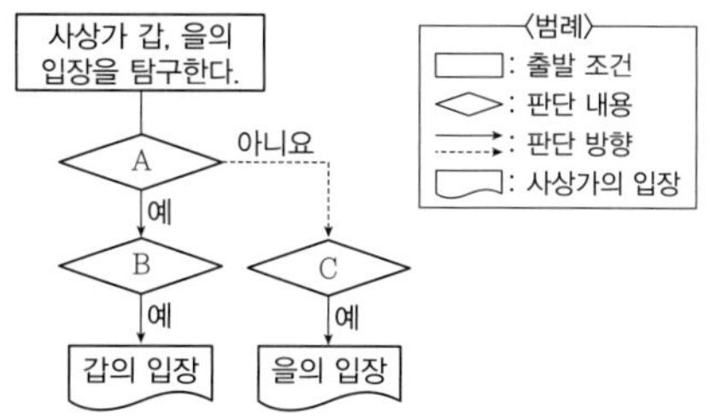

보기

ㄱ. A: 시민 불복종은 법의 부당함을 다수에게 강요하는 행위인가?
ㄴ. B: 시민 불복종은 민주주의적 결정을 복원하려는 시도인가?
ㄷ. C: 시민 불복종은 정의로운 법을 제정할 절차가 불완전하여 발생할 수 있는가?
ㄹ. C: 이익 집단의 시민 불복종은 공공의 정의관에 근거해야 허용될 수 있는가?

① ㄱ, ㄴ ② ㄱ, ㄷ ③ ㄴ, ㄹ
④ ㄱ, ㄷ, ㄹ ⑤ ㄴ, ㄷ, ㄹ

116 ▸24112-0273
2023학년도 10월 학력평가 10번 상중하

갑, 을 사상가들의 입장으로 가장 적절한 것은?

> 갑: 시민 불복종은 비록 법의 바깥 경계선에 있지만 법에 대한 충실성의 한계 내에서 법에 대한 불복종을 나타낸다. 법에 대한 충실성은 시민 불복종이 양심적이고 진지하며 공중의 정의감에 호소하기 위한 것임을 보여준다.
> 을: 시민 불복종은 합법적인 수단이 실패했을 때 사용될 수 있는 적합한 수단이다. 우리는 시민 불복종을 통해 중단시키려고 하는 악의 크기와 시민 불복종이 가져올 법과 민주주의에 대한 존중심의 감소 정도를 저울질해 보아야 한다.

① 갑: 시민 불복종은 불의한 모든 법에 대해 이루어져야 한다.
② 갑: 시민 불복종의 최종 목적은 사회 체제의 근본적 변화이다.
③ 을: 시민 불복종은 헌법에 근거한 법에도 이루어질 수 있다.
④ 을: 시민 불복종은 다수를 위협하거나 강제하는 위법 행위이다.
⑤ 갑과 을: 시민 불복종은 원칙적으로 처벌 대상이 될 수 없다.

117 ▸24112-0274
2023학년도 3월 학력평가 17번 상중하

다음을 주장한 사상가의 입장으로 적절한 것만을 〈보기〉에서 있는 대로 고른 것은?

> 우리는 시민 불복종 행위를 통해서 공동 사회의 다수자가 갖는 정의감을 나타내게 된다. 그리고 우리의 신중한 견지에서 볼 때 자유롭고 평등한 사람들 사이에서 사회 협동체의 원칙이 존중되지 않고 있음을 선언하게 된다.

보기

ㄱ. 부정의의 정도가 심각하지 않은 법은 준수되어야 한다.
ㄴ. 시민 불복종은 비합법적인 정부에 대한 정당한 항거이다.
ㄷ. 시민 불복종으로 인해 준법의 의무와 부정의에 저항할 의무가 상충할 수 있다.
ㄹ. 시민 불복종은 민주 사회의 시민들이 갖는 양심적인 신념들 간의 불일치를 줄일 수 있다.

① ㄱ, ㄴ ② ㄱ, ㄹ ③ ㄴ, ㄷ
④ ㄱ, ㄷ, ㄹ ⑤ ㄴ, ㄷ, ㄹ

118 ▸24112-0275
2023학년도 수능 14번 상중하

(가)의 갑, 을 사상가들의 입장을 (나) 그림으로 탐구하고자 할 때, A~C에 들어갈 적절한 질문만을 〈보기〉에서 고른 것은?

(가)
갑: 시민 불복종은 거의 정의로운 사회 내에서 그 체제의 합법성을 인정하는 시민들에게서만 일어난다. 따라서 시민 불복종은 공유된 정의관에 의해 정당화된다.
을: 시민 불복종은 공리주의 원리에 의해 정당화되어야 한다. 따라서 우리는 시민 불복종이 사회에 미칠 전체적인 이익과 손해를 저울질해 봐야 한다.

(나)
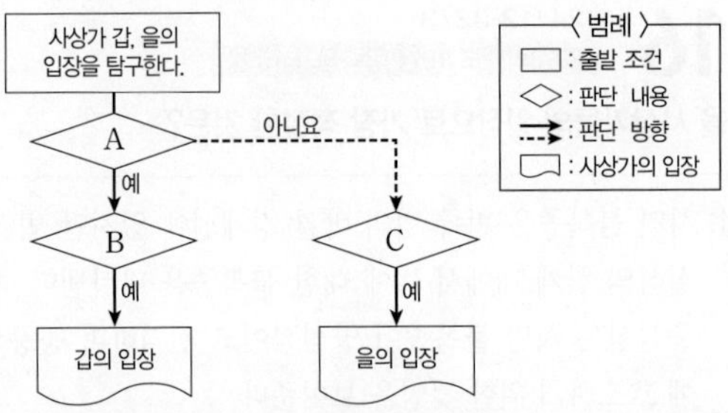

보기

ㄱ. A: 시민 불복종은 법에 대한 존중심을 감소시킬 수 있는가?
ㄴ. B: 시민 불복종이 정당한 법에 대한 위반을 수반할 수 있는가?
ㄷ. B: 심각한 부정의가 존재하는 민주 체제에서는 시민 불복종이 가능한가?
ㄹ. C: 다수의 견해를 진정으로 반영한 법에 대한 시민 불복종은 불가능한가?

① ㄱ, ㄴ ② ㄱ, ㄷ ③ ㄴ, ㄷ
④ ㄴ, ㄹ ⑤ ㄷ, ㄹ

119 ▸24112-0276
2023학년도 9월 모의평가 8번 상중하

갑, 을 사상가들의 입장으로 적절한 것만을 〈보기〉에서 고른 것은?

> 갑: 시민 불복종은 해당 문제를 다수에게 알리려는 시도이거나 국가적인 관심을 촉구하는 것이다. 이때 우리는 중단시키려는 악의 크기와 우리의 행위가 가져올 법과 민주주의에 대한 존중심의 감소 정도를 저울질해 봐야 한다.
> 을: 시민 불복종은 정치적 다수자로 하여금 공통된 정의감에 비추어 소수자의 합당한 요구에 대한 숙고를 강요한다. 이는 헌법과 사회 제도 일반을 규제하는 정의의 원칙들에 의해 지도되고 정당화되기에 정치적 행위가 된다.

보기

ㄱ. 갑: 시민 불복종의 목적은 결코 그 수단을 정당화할 수 없다.
ㄴ. 을: 합법적인 민주적 권위에 대한 시민 불복종은 가능하다.
ㄷ. 을: 다수의 정의감이 상실될 때 시민 불복종은 반드시 요청된다.
ㄹ. 갑과 을: 시민 불복종이 가져올 효과를 신중히 고려해야 한다.

① ㄱ, ㄴ ② ㄱ, ㄷ ③ ㄴ, ㄷ
④ ㄴ, ㄹ ⑤ ㄷ, ㄹ

120 ▸24112-0277
2023학년도 6월 모의평가 12번 상중하

갑, 을 사상가들의 입장으로 적절한 것만을 〈보기〉에서 있는 대로 고른 것은?

> 갑: 시민 불복종을 결심함에 있어서 우리는 결과론적 관점에서 불복종을 통해 중단시키고자 하는 악의 크기와 우리의 행위가 가져올 법에 대한 존중의 감소 가능성을 저울질해 봐야 한다.
> 을: 시민 불복종은 공동체의 정의감에 호소하기에, 평등한 자유의 원칙에 대한 심한 위반이나 공정한 기회균등의 원칙에 대한 현저한 위배에 국한되어야 한다.

보기

ㄱ. 갑: 시민 불복종은 불법 행위이지만 법치를 존중하는 행위이다.
ㄴ. 을: 종교의 자유를 부정하는 법은 시민 불복종의 대상이 된다.
ㄷ. 을: 부정의한 법을 변혁하고자 불가피하게 다른 법을 위반하는 시민 불복종은 정당화될 수 있다.
ㄹ. 갑, 을: 다수결 원칙에 따라 민주적으로 제정된 법은 시민 불복종의 대상이 아니다.

① ㄱ, ㄴ ② ㄱ, ㄹ ③ ㄷ, ㄹ
④ ㄱ, ㄴ, ㄷ ⑤ ㄴ, ㄷ, ㄹ

121

▸24112-0278
2022학년도 10월 학력평가 19번
상중하

갑, 을 사상가들의 입장으로 적절한 것만을 〈보기〉에서 있는 대로 고른 것은?

갑: 시민 불복종은 평등한 자유의 원칙이나 공정한 기회균등의 원칙을 현저하게 위반하는 법이나 정책을 대상으로 해야 한다. 특히 평등한 자유의 원칙에 대한 위반은 보다 적합한 시민 불복종의 대상이 된다.
을: 시민 불복종은 민주주의 원칙에 복종하는 습관이 깊을수록 그만큼 더 쉽게 정당화될 수 있다. 우리가 중단시키려고 하는 악의 크기와 우리의 행위가 가져올 법과 민주주의에 대한 존중의 감소 정도를 저울질해 봐야 한다.

보기

ㄱ. 갑: 소수자의 기본권을 박탈하는 법은 시민 불복종의 대상이 될 수 있다.
ㄴ. 갑: 거의 정의로운 사회에서는 시민 불복종에 대한 보복적인 억압이 있을 수 없다.
ㄷ. 을: 다수가 공유하고 있는 정의관을 대상으로 시민 불복종을 행사할 수 있다.
ㄹ. 갑, 을: 시민 불복종은 개인의 신념을 정당화 근거로 삼는 양심적 행위이다.

① ㄱ, ㄷ ② ㄴ, ㄹ ③ ㄷ, ㄹ
④ ㄱ, ㄴ, ㄷ ⑤ ㄱ, ㄴ, ㄹ

122

▸24112-0279
2022학년도 3월 학력평가 19번
상중하

갑은 부정, 을은 긍정의 대답을 할 질문으로 가장 적절한 것은?

갑: 시민 불복종은 평등한 자유의 원칙과 공정한 기회균등의 원칙에 현저하게 위배되는 법과 정책을 대상으로 해야 하며, 그 행위가 보다 효과적인 호소가 되도록 적절하게 계획되는 것이 중요하다.
을: 시민 불복종이 중단하려는 악의 크기와 불복종이 초래할 법과 민주주의에 대한 존중의 감소 가능성을 계산해야 한다. 한편 야생의 파괴를 가져올 댐 건설과 동물 학대 실험을 반대하는 시민 불복종도 정당화될 수 있다.

① 시민 불복종은 다수를 위협하고 강제하려는 위법 행위인가?
② 시민 불복종은 민주주의 원칙에 대한 거부를 전제로 하는가?
③ 시민 불복종의 대상에서 제외되는 정의롭지 못한 법도 있는가?
④ 시민 불복종은 합법적 노력 실패 후 사용할 수 있는 수단인가?
⑤ 시민 불복종의 목표에 동물의 이익 옹호가 포함될 수 있는가?

123

▸24112-0280
2022학년도 수능 3번
상중하

다음을 주장한 사상가의 입장으로 가장 적절한 것은?

거의 정의로운 사회에서 정의의 원칙들은 자유롭고 평등한 인간들 간의 자발적인 협동의 기본 조항으로서 공공적으로 인정된다. 그래서 시민 불복종에 참여하는 사람들은 다수의 정의감에 호소하여 자유로운 협동의 조건이 침해되었다는 것을 정당하게 알리고자 한다.

① 시민 불복종은 헌법의 근거가 되는 원칙에 의해 지도되어야 한다.
② 시민 불복종은 양심적 개인들의 종교적 신념에 근거할 수 있다.
③ 정의로운 시민에게 부정의한 법을 준수할 의무는 성립할 수 없다.
④ 시민 불복종은 합법적인 정치적 반대와 동시에 이루어져야만 한다.
⑤ 헌법에 규정된 방식으로 제정된 법은 시민 불복종의 대상이 아니다.

124

▸24112-0281
2022학년도 9월 모의평가 17번
상중하

그림은 서양 사상가 갑, 을의 가상 대화이다. 갑, 을의 입장으로 적절한 것만을 〈보기〉에서 있는 대로 고른 것은?

평등한 자유의 원칙에 대한 심각한 위반은 시민 불복종의 대상이 됩니다. 시민 불복종에 참여하는 사람들은 다수자의 정의감에 호소하여 자유로운 협동의 조건이 침해되었다는 것을 정당하게 알립니다.
시민 불복종은 민주적 의사 결정을 좌절시킨다기보다는 복원하려는 시도입니다. 우리가 중단시키려고 하는 악의 크기와, 불복종 행위가 가져올 법과 민주주의에 대한 존중심의 감소 정도를 저울질해 봐야 합니다.
갑
을

사례

ㄱ. 갑: 차등의 원칙을 위반한 정책은 시민 불복종의 대상이 된다.
ㄴ. 갑: 매우 부정의한 입헌 체제에서 시민 불복종은 성립할 수 없다.
ㄷ. 을: 시민 불복종을 하는 시민은 보편적 법치 원리를 존중한다.
ㄹ. 갑, 을: 시민 불복종으로 발생할 불행한 결과를 고려해야 한다.

① ㄱ, ㄴ ② ㄱ, ㄹ ③ ㄴ, ㄷ
④ ㄱ, ㄷ, ㄹ ⑤ ㄴ, ㄷ, ㄹ

125 ▸24112-0282
2022학년도 6월 모의평가 16번 상중하

다음을 주장한 사상가의 입장으로 가장 적절한 것은?

> 나는 시민 불복종을 흔히 법이나 정부의 정책에 변혁을 가져올 목적으로 행해지는 공공적이고 비폭력적이며 법에 반하는 정치적 행위라 정의하고자 한다. 이러한 행위는 법에 대한 충실성의 한계 내에서 부정의에 항거함으로써 정의로부터의 이탈을 방지하고, 부정의를 교정하는 데 도움이 된다. 정당한 시민 불복종에 참여하고자 하는 일반적 성향은 질서 정연한 사회 속에 안정을 가져다준다.

① 시민 불복종은 개인의 이익이 아닌 집단의 이익에 근거해야 한다.
② 시민 불복종은 사회의 기본 구조가 아주 부정의하면 성립할 수 없다.
③ 시민 불복종은 헌법의 정당성에 이의를 제기하는 정치적 행위이다.
④ 시민 불복종은 비민주적 체제의 변혁을 목적으로 이루어져야 한다.
⑤ 시민 불복종의 근거인 다수의 정의감은 개인의 양심과 양립할 수 없다.

126 ▸24112-0283
2021학년도 10월 학력평가 16번 상중하

갑, 을, 병 사상가들의 입장으로 적절하지 않은 것은?

> 갑: 우리는 국민이기 이전에 인간으로서 법보다 정의에 대한 존경심을 길러야 한다. 법에 대한 존경심 때문에 선량한 사람도 불의의 하수인이 되고 있다.
> 을: 우리가 중단시키려는 악의 크기와 우리의 행위가 가져올 법과 민주주의에 대한 존중심의 감소 정도를 저울질해 보고 불복종 여부를 판단해야 한다.
> 병: 우리는 개인적인 도덕 원칙이나 종교적 교설이 아니라 정치 질서의 바탕에 깔려 있는 공유된 정의관에 의거하여 시민 불복종을 할 수 있다.

① 갑: 시민 불복종에 앞서 정부의 법 개정을 기다릴 필요는 없다.
② 을: 시민 불복종을 할 때 법치와 민주주의 원칙을 존중해야 한다.
③ 병: 시민 불복종은 효과적인 호소가 되도록 계획되어야 한다.
④ 갑, 병: 시민 불복종은 위법 행위이지만 양심적인 행위이다.
⑤ 을, 병: 시민 불복종은 다수결 원칙에 근거하여 행해져야 한다.

127 ▸24112-0284
2021학년도 3월 학력평가 7번 상중하

다음을 주장한 사상가의 입장만을 〈보기〉에서 있는 대로 고른 것은?

> 거의 정의로운 사회에서는 대체로 정의의 원칙들이 자유롭고 평등한 사람들 사이의 자발적인 협동의 기본 조항으로 인정되고 있다. 그래서 이와 같은 사회에서 우리는 시민 불복종을 통해 사회의 다수자가 갖는 정의감을 나타내고 자유롭고 평등한 사람들 사이에서 사회 협동체의 원칙이 존중되지 않고 있음을 선언한다.

보기

ㄱ. 시민 불복종은 법을 어기지만 도덕적으로는 옳은 행위이다.
ㄴ. 부정의한 사회라면 시민 불복종은 반드시 전개되어야 한다.
ㄷ. 시민 불복종은 입헌 체제를 유지하는 데 기여하는 행위이다.
ㄹ. 소수자 투표권 제한 정책은 시민 불복종 대상이 될 수 있다.

① ㄱ, ㄴ ② ㄱ, ㄷ ③ ㄴ, ㄹ
④ ㄱ, ㄷ, ㄹ ⑤ ㄴ, ㄷ, ㄹ

128 ▸24112-0285
2021학년도 수능 12번 상중하

갑, 을 사상가들의 입장으로 적절하지 않은 것은?

> 갑: 특정한 법에 불복종하기 전에 효용성을 따져 보아야 한다. 불복종이 목표 달성에 실패하여 다른 수단으로 성공할 가능성을 감소시킬 위험도 고려해야 한다.
> 을: 특정한 법이 다수의 정의관을 현저하게 위반하면 이에 대한 불복종은 정당화된다. 정의관의 기본 원칙을 오래도록 의도적으로 위반하는 법은 굴종이나 반항을 초래한다.

① 갑: 시민 불복종은 성패에 따르는 비용과 편익을 고려해야 한다.
② 갑: 시민 불복종이 정당하더라도 법에 대한 복종심을 감소시킬 수 있다.
③ 을: 시민 불복종은 정의감에 의해 상당히 규제되는 사회에서만 성립한다.
④ 을: 다수가 믿는 종교적 가르침은 시민 불복종을 정당화하는 근거이다.
⑤ 갑, 을: 시민 불복종은 위법 행위이지만 사회 정의를 추구한다.

129 ▸24112-0286 2021학년도 9월 모의고사 7번 상중하

다음을 주장한 사상가의 입장으로 가장 적절한 것은?

> 질서 정연한 사회에서 개인은 정의로운 제도를 유지하고 발전시켜야 하는 자연적 의무를 지니므로 정의로운 법에 따라야 한다. 문제는 부정의한 법을 어느 정도까지 따라야 하는가이다. 이 문제와 관련된 시민 불복종 이론은 원초적 입장에 있는 당사자들의 관점에서 바라볼 필요가 있다. 당사자들은 정의로운 체제의 안정성을 유지하기 위한 방법을 찾고자 정당한 시민 불복종을 규정하는 조건들을 채택하게 될 것이다.

① 시민 불복종은 다수의 이익을 증진할 목적으로 행해져야 한다.
② 공직을 맡을 권리를 침해하는 정책은 시민 불복종의 대상이 된다.
③ 시민 불복종은 양심적 행위이지만 그 자체가 사회에 위협이 된다.
④ 시민 불복종은 헌법의 근거에 이의를 제기하는 정치적 행위이다.
⑤ 원초적 입장의 당사자들은 어떠한 부정의에도 저항할 것을 합의한다.

130 ▸24112-0287 2021학년도 6월 모의고사 11번 상중하

갑, 을 사상가들의 입장으로 적절하지 않은 것은?

> 갑: 시민 불복종은 법에 대한 충실성의 한계 내에서 부정의에 대해 항거하는 위법한 행위이다. 이는 공동 사회의 다수가 갖는 정의감을 나타내고, 자유롭고 평등한 사람들 사이에서 정의의 원칙이 존중되고 있지 않음을 선언하는 것이다.
> 을: 시민 불복종은 합법적인 수단이 실패했을 때 사용될 수 있는 적합한 수단이다. 우리는 중단시키려고 하는 악의 크기와 우리의 행위가 가져올 법과 민주주의에 대한 존중의 심각한 감소 정도를 저울질해 봐야 한다.

① 갑: 시민 불복종은 민주적 체제의 합법성을 인정하는 시민의 행위이다.
② 갑: 거의 정의로운 사회에서 부정의한 모든 법은 시민 불복종의 대상이다.
③ 을: 시민 불복종이 산출할 사회적 이익과 해악이 고려되어야 한다.
④ 을: 부정의를 해결할 수 있는 합법적 방법이 우선적으로 고려되어야 한다.
⑤ 갑, 을: 시민 불복종 참여자는 위법 행위에 대한 처벌을 감수해야 한다.

131 ▸24112-0288 2020학년도 10월 학력평가 4번 상중하

갑, 을 사상가들의 입장에 대한 설명으로 옳은 것은?

> 갑: 시민 불복종은 그것이 다수자에게 호소한다는 점에서 그리고 헌법과 사회 제도 일반을 규제하는 정의의 원칙들에 의해 지도되고 정당화되는 행위라는 점에서 정치적 행위이다. 시민 불복종을 정당화할 때에는 개인적인 도덕 원칙이나 종교적 교설에 의거해서는 안 된다.
> 을: 시민 불복종은 다수의 의견을 반영하지 않는 결정에 대해 주로 행해지며, 불복종이 언제 정당화되는지를 알려 주는 간단한 도덕 규칙은 없다. 한편 우리는 불복종을 통해 중단시키려는 악의 크기와 불복종 행위가 가져올 법과 민주주의에 대한 존중의 감소 정도를 저울질해 봐야 한다.

① 갑은 시민 불복종의 대상에 평등한 자유의 원칙에 위배되지 않는 법과 제도도 포함될 수 있다고 본다.
② 을은 시민 불복종의 정당화는 결과와 무관하게 의도의 적절성에 의해 이루어져야 한다고 본다.
③ 갑은 을과 달리 시민 불복종을 다수의 정의관이 포괄하지 못하는 사안에 대해서도 행사할 수 있다고 본다.
④ 을은 갑과 달리 시민 불복종자들이 자신들의 합당한 항의에 대한 국가의 보복적인 억압을 감수하지 말아야 한다고 본다.
⑤ 갑, 을은 시민 불복종의 정당성은 법과 제도의 부정의한 정도에 반비례한다고 본다.

132 ▸24112-0289 2020학년도 3월 학력평가 12번 상중하

다음을 주장한 사상가가 긍정의 대답을 할 질문만을 〈보기〉에서 있는 대로 고른 것은?

> 우리는 시민 불복종을 통해 우리 입장을 호소할 권리를 갖는다. 우리가 저항하는 부정의는 시민의 평등한 자유와 공정한 기회 균등을 분명히 위반한 것이다. 거의 정의로운 국가에서는 합당한 저항에 대한 보복적 억압은 없지만 우리 행위가 효과적인 호소가 되도록 계획해야 한다. 그리고 그 행위는 목적을 달성할 수 있게 합리적으로 이루어져야 한다.

보기

ㄱ. 시민 불복종은 거의 정의로운 사회에서 정당화될 수 있는 합당한 행위인가?
ㄴ. 시민 불복종은 평등한 자유의 원칙에 어긋나는 법만을 대상으로 해야 하는가?
ㄷ. 시민 불복종은 민주 사회를 특징짓는 공공의 정의관을 바탕으로 생겨나는 것인가?
ㄹ. 시민 불복종은 입헌 체제를 유지함에 있어 합법적이며 도덕적으로 옳은 방식인가?

① ㄱ, ㄷ ② ㄱ, ㄹ ③ ㄴ, ㄹ
④ ㄱ, ㄴ, ㄷ ⑤ ㄴ, ㄷ, ㄹ

133 ▸24112-0290
2020학년도 수능 18번 상중하

다음 사상가의 입장으로 가장 적절한 것은?

거의 정의로운 사회에서 구성원에게 요구되는 가장 중대한 자연적 의무는 체제의 안정에 기여하는 것이다. 이를 위해 구성원들은 체제의 불가피한 결함을 똑같이 분담해야 한다. 물론 사회의 부정의가 구성원에게 주는 부담이 과도해서는 안 된다.

① 공유된 정의감에 호소하는 시민 불복종이 공공적일 필요는 없다.
② 법이 부정의한 정도에 따라 시민 불복종의 정당화 여부가 달라진다.
③ 민주적 권위에 맞서는 모든 위법 행위는 체제의 안정을 해친다.
④ 정의 원칙에 기초한 헌법하에서는 부정의한 법이 제정되지 않는다.
⑤ 부정의한 법을 준수할 의무는 거의 정의로운 사회에서 존재할 수 없다.

134 ▸24112-0291
2020학년도 9월 모의평가 7번 상중하

갑, 을 사상가들의 입장으로 적절한 것만을 〈보기〉에서 있는 대로 고른 것은?

갑: 시민 불복종은 거의 정의로운 사회에서 그 체제의 합법성을 인정하는 시민들에 의해서만 생겨난다. 그것은 개인이나 집단의 이익이 아니라 다수의 정의감에 근거해야 한다.
을: 우리는 먼저 인간이어야 하고, 그다음 국민이어야 한다. 법이 형평성보다는 독단에 치우쳐 있다고 판단된다면, 우리는 순순히 따르지 말고 양심에 따라 저항해야 한다.

보기

ㄱ. 갑: 시민 불복종은 민주 헌법의 의도에 어긋나는 항거이다.
ㄴ. 갑: 정의 원칙도 시민 불복종의 대상에서 제외되지 않는다.
ㄷ. 을: 법보다 정의에 대한 존경심을 함양하는 것이 바람직하다.
ㄹ. 갑, 을: 시민 불복종은 위법 행위이지만 하나의 권리이다.

① ㄱ, ㄴ ② ㄴ, ㄷ ③ ㄷ, ㄹ
④ ㄱ, ㄴ, ㄹ ⑤ ㄱ, ㄷ, ㄹ

135 ▸24112-0292
2020학년도 6월 모의평가 12번 상중하

다음 사상가의 입장만을 〈보기〉에서 고른 것은?

시민 불복종은 법이나 정부의 정책에 변혁을 가져올 목적으로 행해지는, 공공적이고 비폭력적이며 양심적이기는 하지만 법에 반하는 정치적 행위이다. 시민 불복종은 거의 정의로운 국가 내에서 그 체제의 합법성을 인정하고 받아들이는 시민들에게만 생겨나는 문제이다. 시민 불복종 행위가 그 권리를 인정받으려면 대상과 수단이 적절해야 한다.

보기

ㄱ. 의회가 합법적으로 제정한 법은 시민 불복종의 대상이 아니다.
ㄴ. 시민 불복종은 그 행위에 대한 법적 처분의 수용을 전제한다.
ㄷ. 개인의 양심에 근거하더라도 정당한 시민 불복종이 아닐 수 있다.
ㄹ. 시민 불복종은 정치 체제를 변혁하기 위한 공개적인 행위이다.

① ㄱ, ㄴ ② ㄱ, ㄷ ③ ㄴ, ㄷ
④ ㄴ, ㄹ ⑤ ㄷ, ㄹ

136 ▸24112-0293
2019학년도 10월 학력평가 16번 상중하

갑, 을 사상가들의 입장으로 가장 적절한 것은?

갑: 우리는 시민 불복종을 통해 다수자가 갖는 정의감을 나타내게 되고, 자유롭고 평등한 사람들 사이에서 사회 협동체의 원칙이 존중되지 않고 있음을 선언하게 된다.
을: 우리는 사사건건 다수자가 지배하는 정부를 정의롭다고 말할 수 없다. 다수자가 아니라 양심이 지배하는 정부를 만들어야 한다. 법보다 정의에 대한 존경심이 필요하다.

① 갑: 법률과 양심을 시민 불복종의 최종 근거로 삼아야 한다.
② 갑: 시민 불복종은 헌법을 규제하는 정의의 원칙에 위배된다.
③ 을: 다수가 아닌 개인은 시민 불복종의 주체가 될 수 없다.
④ 을: 정부가 불의한 법을 개정할 때까지는 법을 준수해야 한다.
⑤ 갑, 을: 시민 불복종은 정의를 실현하기 위한 양심적 행위이다.

137 ▸24112-0294
2019학년도 3월 학력평가 13번 상중하

갑, 을 사상가들의 입장으로 옳지 않은 것은?

> 갑: 법에 대한 존경심보다 먼저 정의에 대한 존경심을 기르는 것이 바람직하다. 나의 유일한 책무는 나의 양심에 비추어 언제나 옳다고 생각하는 일을 행하는 것이다.
> 을: 시민 불복종은 법에 대한 충실성의 한계 내에서 이루어져야 한다. 시민 불복종은 정치적으로 양심적인 행위이고, 공중의 정의감에 호소하려고 의도된 것이다.

① 갑: 법률의 헌법 위배 여부 판단이 불복종의 최종 목적이다.
② 갑: 개인은 양심을 지키기 위해 국가 권력에 불복종할 수 있다.
③ 을: 시민 불복종은 정치 체제의 변혁을 의도하지 않는다.
④ 을: 부정의한 법에 대해 불복종할 때에도 처벌을 감수해야 한다.
⑤ 갑, 을: 시민 불복종은 불의를 교정하는 역할을 수행할 수 있다.

138 ▸24112-0295
2019학년도 수능 18번 상중하

다음 사상가의 입장만을 〈보기〉에서 있는 대로 고른 것은?

> 거의 정의로운 사회는 심각한 부정의가 존재할지도 모르지만 일종의 민주적 정부의 형태를 갖춘 사회이다. 이러한 사회에서 정의의 원칙들은 자유롭고 평등한 인간들 간의 자발적인 협동의 기본 조항으로서 공공적으로 인정된다. 그래서 시민 불복종에 참여함으로써 사람들이 의도하는 것은 다수의 정의감에 호소하여 자유로운 협동의 조건이 침해되었다는 것을 정당하게 알리는 것이다.

보기

ㄱ. 시민 불복종은 정당한 폭력으로 다수의 정의감에 호소하는 행위이다.
ㄴ. 시민 불복종은 사회적 협동의 기본 원리에 근거한 양심적 항거이다.
ㄷ. 시민 불복종은 도덕적으로는 옳지 못하지만 불가피한 위법 행위이다.
ㄹ. 민주적 정부의 법도 부정의하면 시민 불복종의 대상이 될 수 있다.

① ㄱ, ㄴ ② ㄱ, ㄷ ③ ㄴ, ㄹ
④ ㄱ, ㄷ, ㄹ ⑤ ㄴ, ㄷ, ㄹ

139 ▸24112-0296
2019학년도 9월 모의평가 19번 상중하

다음 사상가의 입장만을 〈보기〉에서 있는 대로 고른 것은?

> 정의의 원칙을 완전히 보장해 줄 완전한 헌법을 제정하기는 어려우며 그 절차도 찾기 어렵다. 또한 헌법에 따라 제정된 법이 정의로운 것이기를 보장해 줄 완벽한 절차도 존재하지 않는다. 이러한 한계로 인해 헌법이 정의로우며 그로부터 이익을 받고 또 받을 예정이라면, 우리는 다수자가 제정한 법이 부정의하다 할지라도 그에 따라야 할 의무를 갖는다. 하지만 대체로 질서정연한 사회 안에서, 정의의 원칙에 어긋나는 법이 심각한 정도로 부정의할 경우, 우리는 시민 불복종을 고려하게 된다.

보기

ㄱ. 정치적 절차는 완전히 정의로운 법의 제정을 보장할 수 없다.
ㄴ. 시민 불복종의 대상이 되지 않는 부정의가 존재할 수 있다.
ㄷ. 시민 불복종은 부정의한 정치 체제에 항거하는 것이다.
ㄹ. 원초적 입장에서 합의한 원칙도 시민 불복종의 대상이다.

① ㄱ, ㄴ ② ㄱ, ㄷ ③ ㄷ, ㄹ
④ ㄱ, ㄴ, ㄹ ⑤ ㄴ, ㄷ, ㄹ

140 ▸24112-0297
2019학년도 6월 모의평가 16번 상중하

갑, 을 사상가들의 입장으로 가장 적절한 것은?

> 갑: 법에 대한 존경심보다 먼저 정의에 대한 존경심을 기르는 것이 바람직하다. 내가 떠맡을 권리가 있는 나의 유일한 책무는 내가 옳다고 생각하는 일을 행하는 것이다. 법에 대한 존경심 때문에 선량한 사람들조차 불의의 하수인이 되고 있다.
> 을: 사회의 기본 구조가 합당하게 정의로운 것인 경우, 그 부정의가 지나치지만 않으면 부정의한 법도 구속력이 있음을 인정해야 한다. 시민 불복종은 법에 대한 충실성의 한계 내에서 법에 대한 불복종을 나타내는 것이어야 한다.

① 갑: 시민 불복종은 다수 국민이 공유한 정의관에 근거해야 한다.
② 갑: 법률과 양심을 시민 불복종의 정당성 판별 근거로 삼아야 한다.
③ 을: 양심에 충실한 거부라도 정당한 시민 불복종이 아닌 경우가 있다.
④ 을: 시민 불복종은 체제의 정당성에 대한 비폭력적·공개적 저항이다.
⑤ 갑, 을: 시민 불복종은 공권력에 의한 처벌을 거부하는 수단이다.

기출 & 플러스

01 직업과 청렴의 윤리

■ 빈칸에 알맞은 말을 써 넣으시오.

01 공자는 각자가 자신의 신분과 지위에 맞는 역할에 최선을 다하는 (　　　) 정신을 강조한다.

02 맹자는 사회적 분업과 직업 간의 상호 보완적 관계를 강조하고, 직업을 통한 경제적 안정을 의미하는 (　　　)이 도덕적 삶을 의미하는 (　　　)의 기반이 된다고 본다.

03 순자는 모든 사람들이 자기 직분을 올바로 수행한다면 천하가 태평해진다고 보고, (　　　)와 관련된 제도에 따른 여러 사람들의 직분을 중시한다.

04 칼뱅은 근면 성실하고 검소한 생활과 직업의 성공이 신에 의한 (　　　)의 현세적 징표가 된다는 직업 (　　　)을 주장한다.

05 마르크스는 노동자가 공장제 기계 공업에서 (　　　) 노동으로 물건을 생산하고 임금으로 노동의 대가를 받으면서, 노동의 완성된 결과물을 볼 수도 소유할 수도 없게 되는 노동의 (　　　)가 발생한다고 주장한다.

06 (　　　)이란 개인들 사이의 연계, 그리고 그로부터 발생하는 사회적 네트워크, 호혜성과 신뢰의 규범을 의미한다.

07 (　　　)란 자신의 직무에 충실하고 청렴하게 임했던 관리를 일컫는 말이다.

08 정약용은 (　　　)에서 수령 노릇을 잘하려는 자는 반드시 자애로워야 하고, 자애로워지려는 자는 반드시 청렴해야 한다고 주장하며 청렴의 중요성을 강조한다.

■ 다음 내용이 옳으면 ○표, 틀리면 ×표 하시오.

09 맹자는 '대인이 할 일이 있고 소인이 할 일이 따로 있으며, 어떤 사람은 마음을 수고롭게 하고, 어떤 사람은 몸을 수고롭게 한다.'라고 주장하며, 정신노동과 육체노동을 구분하였다. (　　)

10 마르크스는 분업이 생산성을 대폭 향상시켰다고 보았고, 베버는 소명 의식에 기반한 노동이 자본주의 발전에 기여했다고 본다. (　　)

11 칼뱅은 신의 소명으로 주어진 직업에는 귀천이 없다고 본다. (　　)

12 마르크스는 노동자가 자아실현을 위해 분업에 참여해야 한다고 본다. (　　)

13 플라톤은 각 계층이 자신의 직분을 충실하게 발휘할 고유한 덕을 갖추면 정의로운 국가를 이룩하게 된다고 본다. (　　)

14 베버에 의하면 프로테스탄트는 직업 노동을 신의 소명에 응하는 것으로 여기고, 소명 의식에 입각하여 직업 노동을 통해 부를 얻고자 하는 것은 정당화될 수 있다고 본다. (　　)

15 노블레스 오블리주란 사회 지도층에게 사회에 대한 책임이나 국민의 의무를 모범적으로 실천하는 높은 도덕심을 요구하는 말이다. (　　)

02 사회 정의와 윤리

■ 빈칸에 알맞은 말을 써 넣으시오.

16 (　　　)는 사회 구조와 제도에 내재된 부조리에 관심을 가지고 개인의 도덕성 함양과 더불어 사회 구조와 제도를 바로잡는 노력을 강조한다.

17 (　　　)는 집단 속에서 이기적으로 되어 가는 인간의 성향과 힘의 불균등한 분배로 부정의가 계속되고 있다고 보고, 외적 (　　　)을 동원하여 정의를 실현할 필요가 있다고 주장한다.

18 아리스토텔레스는 정의를 (　　　)와 (　　　)로 구분한다.

19 (　　　)란 공정한 절차를 통해 발생한 결과는 정당하다고 보는 정의관이다.

20 롤스의 (　　　)이란 상호 무관심한 사람들이 무지의 베일하에서 합의를 통해 정의의 원칙을 선택하는 가상적 상황을 의미한다.

21 노직의 (　　　)이란 재화를 취득하고 양도받는 과정에서 과오나 잘못된 절차에 의한 소유가 발생했을 때는 이를 바로잡아야 한다는 원칙이다.

22 (　　　)는 다양한 삶의 영역에서 각기 다른 공정한 기준에 따라 사회적 가치가 분배될 때 사회 정의가 실현된다고 본다.

23 공리주의의 (　　　)에 따르면, 사형은 흉악 범죄에 대한 예방 효과가 있기에 바람직한 제도인 반면, (　　　)에 따르면 형벌은 범죄자를 교화하고 재사회화하는 것이 목적인데, 사형은 그 목적 자체를 부정하기 때문에 잘못된 제도라고 본다.

■ 다음 내용이 옳으면 ○표, 틀리면 ×표 하시오.

24 니부어는 개인의 선의지가 없다면 정의를 실현하는 것은 불가능하다고 본다. (　　)

25 니부어는 집단 간의 힘이 균형적인 상태에 도달해도 잠정적 평화만을 가져올 뿐이라고 본다. (　　)

26 아리스토텔레스는 각자의 가치에 따른 분배가 정의롭다고 보고, 분배적 정의는 기하학적 비례에 따른 동등함이라고 본다. (　　)

27 벤담은 공리주의의 관점에서 분배의 옳고 그름은 쾌락과 고통의 총합에 의해 결정된다고 본다. (　　)

28 롤스는 사회적·경제적 불평등이 없어져야 정의로운 사회라고 본다. (　　)

29 롤스와 노직은 모두 사회적 불평등의 시정을 위한 기본권의 제한은 부당하다고 본다. (　　)

30 롤스는 천부적 자질을 이용하여 재화를 획득해서는 안 된다고 본다. (　　)

31 롤스는 차등의 원칙을 정의의 원칙으로 보지만, 노직은 차등의 원칙이 정형적 원칙으로 소유권을 침해한다고 본다. (　　)

32 롤스는 최소 수혜자를 위해 모든 사회적 기본 가치를 차등 분배해야 한다고 본다. (　　)

33 칸트는 형벌의 본질은 응보에 있으며, 살인자를 사형시키는 것이 그의 인간 존엄성을 존중하는 것이라고 본다. (　　)

34 루소는 사회 계약을 바탕으로 우리가 살인으로부터 보호받기 위해 살인자를 사형에 처하는 것에 동의했으며, 살인자는 정당한 사회 구성원이 아니므로 그의 생명권을 박탈하더라도 이는 사회 계약에 위반되는 것이 아니라고 본다. (　　)

35 베카리아는 범죄 의도의 반사회성을 범죄의 경중을 판단하는 척도로 본다. (　　)

36 칸트는 형벌의 목적은 범죄 행위에 상응하는 형벌 부과를 통한 정의 실현에 있다고 본다. (　　)

37 벤담은 형벌은 범죄자에게 고통을 유발하더라도 정당화 가능하다고 본다. (　　)

38 베카리아는 개인이 자신의 생명을 국가에 위임하지 않았고, 국가도 개인의 생명을 빼앗을 권리가 없다고 하면서 사형 제도의 폐지를 주장한다. (　　)

39 벤담은 범죄에 대한 형벌은 사회의 최대 행복을 저해하는 경향에 비례하여 가해져야 한다고 보고, 사형 그 자체는 악이지만 동해 보복을 위한 필요악이라고 주장한다. (　　)

03 국가와 시민의 윤리

■ **빈칸에 알맞은 말을 써 넣으시오.**

40 유교 사상에서는 백성은 나라의 근본이므로 백성이 튼튼해야 나라가 평안하다는 (　　) 정신을 실현할 때 국가의 권위가 정당화된다고 본다.

41 (　　)은 개인의 기본권을 침해하는 정의롭지 못한 법과 정책을 변화시키려는 목적을 가지고 의도적으로 법을 위반하는 행위를 의미한다.

■ **다음 내용이 옳으면 ○표, 틀리면 ×표 하시오.**

42 로크는 국가에 소속된 구성원은 그 나라의 법을 지킬 것을 명시적으로든 묵시적으로든 동의한 것이기 때문에 모두 정치적 의무를 지닌다고 본다. (　　)

43 롤스는 사회적 다수에 의해 공유된 정의관을 시민 불복종의 최종 근거로 삼아야 한다고 본다. (　　)

44 소로는 자신의 양심에 따라 정의롭지 못한 국가 권력이나 부당한 법률에 불복종하는 것이 자신의 가치를 지키는 방법이라고 본다. (　　)

45 롤스는 사회의 기본 구조가 합당하게 정의로울 경우, 그 사회의 구성원은 그 부정의가 지나치지만 않으면 부정의한 법도 준수해야 한다고 본다. (　　)

정답

01 정명(正名) 02 항산(恒産), 항심(恒心) 03 예(禮) 04 구원, 소명설 05 분업적, 소외 06 사회적 자본 07 청백리(淸白吏) 08 목민심서 09 ○ 10 ○ 11 ○ 12 × 13 ○ 14 ○ 15 ○ 16 사회 윤리 17 니부어, 강제력 18 일반(적) 정의, 특수(적) 정의 19 절차적 정의 20 원초적 입장 21 교정의 원칙 22 왈처 23 일반 예방주의, 특수 예방주의 24 ○ 25 ○ 26 ○ 27 ○ 28 × 29 ○ 30 × 31 ○ 32 × 33 ○ 34 ○ 35 × 36 ○ 37 ○ 38 ○ 39 × 40 민본주의 41 시민 불복종 42 ○ 43 ○ 44 ○ 45 ○

함정 탈출 TIP 체크

12 마르크스는 분업으로 인해 노동자는 창조적 능력이나 소질을 발휘하지 못하고 소외된 노동을 하게 된다고 보고 이에 반대하였다. 28 롤스는 자본주의 체제를 인정한다. 30 롤스는 개인의 천부적 자질을 이용하여 재화를 획득하는 것이 부정의하다고 보지 않는다. 롤스는 개인의 천부적 재능 분포의 우연성에 따른 불평등은 조정되어야 한다고 본다. 32 롤스는 최소 수혜자를 고려하는 차등의 원칙을 주장하였으나 모든 사회적 기본 가치를 차등 분배해야 한다고 보지는 않았다. 35 베카리아는 범죄의 중대성을 따질 수 있는 척도는 범죄에 의해 사회가 받은 손해이지 범죄자의 반사회적 의도 혹은 의사가 아니라고 본다. 39 벤담은 고통을 초래하는 형벌 그 자체는 악이지만, 사회 전체의 행복 증진과 범죄 예방을 위해 필요하다고 보았고, 동해 보복은 응보주의의 형벌관에 해당한다.

IV

과학과 윤리

기출 문제 분석 팁

- 과학 기술자의 책임의 범위에 대한 논쟁, 기술의 가치 중립성에 대한 야스퍼스와 하이데거의 입장을 비교하는 문제가 출제되고 있다. 또한 현대 과학 기술의 발전으로 인한 책임 윤리의 필요성을 제시한 요나스의 입장을 묻는 문제가 출제되고 있다.
- 정보 공유론과 정보 사유론의 입장을 비교하는 문제, 사이버 공간에서 나타나는 윤리 문제, 정보 격차와 정보 윤리에 관한 문제가 출제되고 있다. 특히 사생활 침해 및 저작권 문제, 뉴 미디어 시대의 매체 윤리와 관련된 문제가 자주 출제되고 있다.
- 자연을 바라보는 다양한 사상가들의 관점을 묻는 문제가 출제되고 있다. 인간 중심주의, 동물 중심주의, 생명 중심주의, 생태 중심주의적 관점에서 각 입장을 대표하는 사상가들의 관점을 서로 비교하는 문제가 출제되고 있다.

한눈에 보는 출제 빈도

시험 \ 내용		01 과학 기술과 윤리 • 과학 기술의 가치 중립성 논쟁 • 과학 기술의 사회적 책임	02 정보 사회와 윤리 • 정보 기술 발달과 정보 윤리 • 정보 사회의 매체 윤리	03 자연과 윤리 • 자연을 바라보는 동서양의 관점 • 환경 문제에 대한 윤리적 쟁점
2024 학년도	수능	1	1	1
	9월 모의평가	1	1	1
	6월 모의평가	1	1	1
2023 학년도	수능	1	1	1
	9월 모의평가	1	1	1
	6월 모의평가		2	1
2022 학년도	수능	1	1	1
	9월 모의평가	1	1	1
	6월 모의평가	1	1	1
2021 학년도	수능			2
	9월 모의평가	1	1	1
	6월 모의평가	1	1	1
2020 학년도	수능	1	1	1
	9월 모의평가		1	1
	6월 모의평가	1		1

기출 문제로 유형 확인하기

01 과학 기술과 윤리

01 ▸24112-0298
2024학년도 9월 모의평가 6번 상중하

갑, 을 사상가들의 입장으로 가장 적절한 것은?

기술은 행복과 불행 모두에 기여할 수 있으나 그 자체로는 중립적입니다. 기술은 수단일 뿐이지 그 자체로는 선도 아니고 악도 아닙니다.
기술을 긍정하건 부정하건 우리는 기술에 붙들려 있습니다. 최악의 경우는 기술을 중립적인 것으로 고찰할 때이며, 이 경우 우리는 무방비 상태로 기술에 내맡겨집니다.
갑
을

① 갑: 기술은 인간이 설정한 목적의 실현을 위한 공허한 힘이다.
② 갑: 기술의 활용 방안은 인간의 결정으로부터 독립적일 수 있다.
③ 을: 기술은 가치 판단으로부터 자유롭기 때문에 통제되어야 한다.
④ 을: 기술은 인간이 자연과 관계 맺는 방식을 변화시킬 수 없다.
⑤ 갑과 을: 기술은 인간의 개입이 없을 때에도 해악이 될 수 있다.

02 ▸24112-0299
2023학년도 3월 학력평가 20번 상중하

(가)의 입장에 비해 (나)의 입장이 갖는 상대적 특징을 그림의 ㉠~㉤ 중에서 고른 것은?

(가) 과학자는 연구 윤리를 준수하면서 자신의 연구가 참인지 거짓인지 밝혀야 한다. 과학자는 자신의 연구가 활용되는 과정에서 아무런 힘도 발휘하지 못하므로 활용 결과에 대한 책임으로부터 자유롭다.
(나) 과학자는 연구 윤리를 준수하면서도 자신의 연구 결과가 사회에 미칠 영향에 대해 책임을 져야 한다. 과학자는 자신의 연구 활동이 인간 존엄성 구현과 삶의 질 향상을 위한 것인지 검토해야 한다.

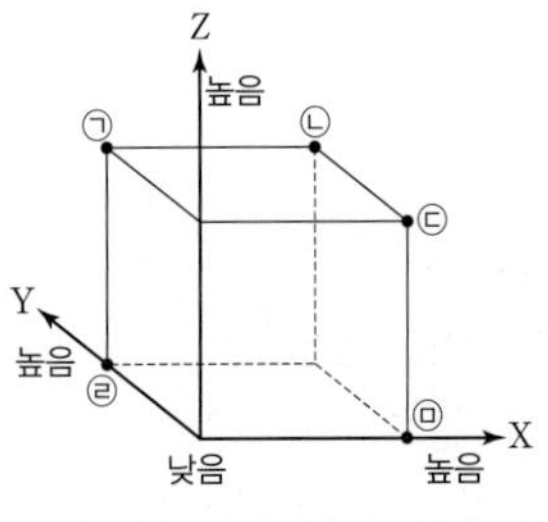

• X: 과학자가 인류의 복지 증진에 기여해야 함을 강조하는 정도
• Y: 과학자의 연구 활동이 사회적 책임과 무관함을 강조하는 정도
• Z: 과학 기술 활용에 대한 과학자의 윤리적 성찰을 강조하는 정도

① ㉠ ② ㉡ ③ ㉢ ④ ㉣ ⑤ ㉤

03 ▸24112-0300
2023학년도 수능 7번 상중하

갑 사상가가 을 사상가에게 제기할 수 있는 비판으로 가장 적절한 것은?

갑: 기술은 그 기술을 실현시키는 것과는 독립해 있는 자립적인 존재로서 일종의 공허한 힘이다. 결국 기술은 그 자체로 선도 아니고 악도 아니다.
을: 기술은 은폐되어 존재하는 것을 탈은폐의 길로 이끄는 것이다. 우리가 기술을 중립적인 것으로 고찰할 때, 우리는 무방비 상태로 기술에 내맡겨져 종속되어진다.

① 인간의 개입 없이도 기술이 인간에게 해악을 끼칠 수 있음을 간과한다.
② 기술의 지배에서 벗어나도록 기술의 본질을 고찰해야 함을 간과한다.
③ 기술을 어떻게 이용할지에 대한 윤리적 성찰이 불필요함을 간과한다.
④ 기술은 인간이 설정한 목적을 달성하기 위한 것일 뿐임을 간과한다.
⑤ 기술은 사물의 참모습을 밖으로 드러내 주는 것임을 간과한다.

04 ▸24112-0301
2023학년도 9월 모의평가 7번 상중하

갑이 을에게 제기할 수 있는 비판으로 가장 적절한 것은?

갑: 과학자 집단에 필요한 것은 자연적 사실을 규명하는 과정에서의 내적 책임뿐이다. 과학자 집단에 외적 책임을 부과하면 연구의 범위가 확대되기 어렵다. 과학 연구는 과학적 지식이 관찰과 일치하는지, 논리적 기준에 근거하는지에 기초해서 그 타당성을 판단하면 된다.
을: 과학자 집단에는 내적 책임뿐만 아니라 외적 책임이 필요하다. 과학 연구에는 연구자의 과거 경험이나 지식, 사회적 기대가 반영되기 때문에 가치가 개입된다. 따라서 과학자 집단은 자신의 과학 연구를 비판적으로 성찰하고 해로운 결과가 예측되는 연구에 대해 책임 있는 행동을 해야 한다.

① 연구 대상 선정과 결과 활용에 가치가 반영된다는 것을 간과한다.
② 연구 활성화를 위해 사회적 책임을 강조해서는 안 됨을 간과한다.
③ 과학자 집단이 준수해야 하는 윤리가 존재한다는 것을 간과한다.
④ 과학이 궁극적으로 삶의 질 향상을 지향한다는 것을 간과한다.
⑤ 과학 연구에 사회적 필요와 정치적 목적이 개입될 수 있음을 간과한다.

05
▸24112-0302
2022학년도 3월 학력평가 6번
상중하

갑의 입장에 비해 을의 입장이 갖는 상대적 특징을 그림의 ㉠~㉤ 중에서 고른 것은?

갑: 원자 폭탄을 전쟁에 이용한 사람은 정치인들이므로 과학적 연구의 결과 활용에 대한 책임은 그들이 져야 한다. 과학자는 연구로 발견한 진리를 공표할 책임만 지닌다.
을: 핵무기 개발이 가져올 희망보다 공포를 먼저 생각해야 한다. 과학자는 과학 기술이 가져올 결과의 모호성과 가늠할 수 없는 파급력이 초래할 위험에 주목해야 한다.

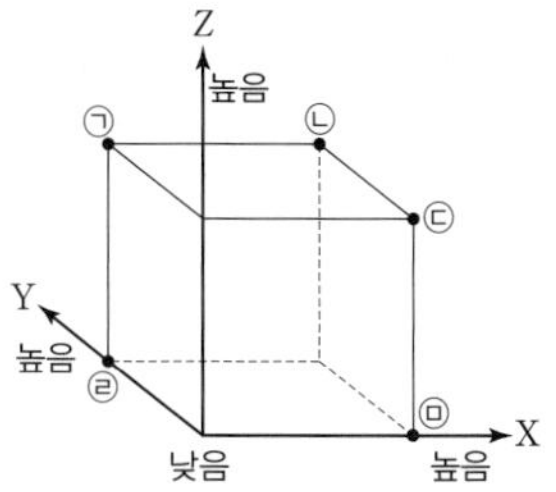

• X: 과학 기술의 활용 결과를 과학자가 책임져야 한다고 보는 정도
• Y: 과학 기술 연구와 관련된 과학자의 책임을 축소해야 한다고 보는 정도
• Z: 과학자가 과학 기술의 사회적인 영향력을 성찰해야 한다고 보는 정도

① ㉠ ② ㉡ ③ ㉢ ④ ㉣ ⑤ ㉤

06
▸24112-0303
2022학년도 6월 모의평가 15번
상중하

그림은 서양 사상가 갑, 을의 가상 대화이다. 갑, 을의 입장으로 적절한 것만을 〈보기〉에서 고른 것은?

기술은 단지 수단일 뿐이며 기술 그 자체는 선도 아니고 악도 아닙니다. 기술이 선한지 악한지는 인간이 기술로부터 무엇을 만들어 내는지, 기술을 어떻게 활용하는지에 달려 있습니다. 기술은 공허한 힘일 뿐입니다.

기술은 우리가 어디에 있든지 우리를 속박하고 있습니다. 우리가 이러한 기술을 중립적인 것으로 여길 때, 우리는 기술에 무방비 상태로 내맡겨지는 최악의 상태에 놓이게 됩니다.

보기

ㄱ. 갑: 기술의 활용 결과는 가치 평가의 대상이 아니다.
ㄴ. 을: 기술에 대해 가치 중립적 태도를 가져서는 안 된다.
ㄷ. 을: 기술에 대해 무관심할 때 기술로부터 자유로워진다.
ㄹ. 갑, 을: 기술의 활용 방향에 대한 윤리적 성찰이 필요하다.

① ㄱ, ㄴ ② ㄱ, ㄷ ③ ㄴ, ㄷ
④ ㄴ, ㄹ ⑤ ㄷ, ㄹ

07
▸24112-0304
2021학년도 10월 학력평가 17번
상중하

갑 사상가의 입장에 비해 을 사상가의 입장이 갖는 상대적 특징을 그림의 ㉠~㉤ 중에서 고른 것은?

갑: 기술은 우리를 철저하게 지배하고 있다. 오늘날 우리는 어디서나 기술에 붙들려 있다. 기술을 가치 중립적인 것으로 고찰하면 우리는 무방비 상태로 기술에 내맡겨진다.
을: 기술은 수단일 뿐이며 그 자체는 선도 아니고 악도 아니다. 기술이 선한지 악한지는 인간이 기술로부터 무엇을 만들어 내고 기술을 어디에 사용하느냐에 달려 있다.

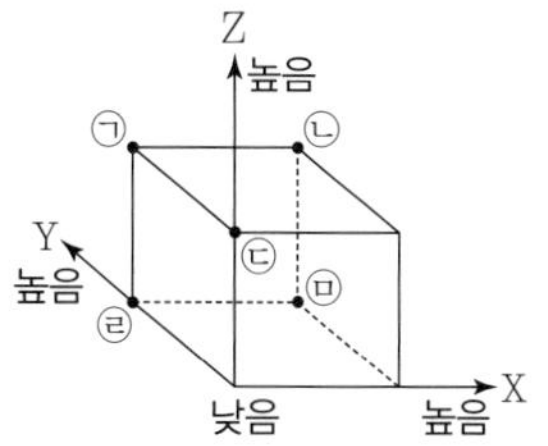

• X: 기술은 가치 중립적인 것이 아니라고 보는 정도
• Y: 기술에 대한 연구의 자율성 보장을 강조하는 정도
• Z: 기술 자체에 대한 비판적 관점이 필요하다고 보는 정도

① ㉠ ② ㉡ ③ ㉢ ④ ㉣ ⑤ ㉤

08
▸24112-0305
2021학년도 9월 모의평가 8번
상중하

갑 사상가는 긍정, 을 사상가는 부정의 대답을 할 질문으로 가장 적절한 것은?

갑: 기술은 그것을 실현시키는 것과는 독립해 있는 자립적인 존재로서, 일종의 공허한 힘이며 결국은 목적에 대한 수단일 뿐이다. 기술은 인간과 전혀 무관하게 광기를 부릴 수 없다.
을: 우리는 기술을 긍정하건 부정하건 관계없이 어디서나 부자유스럽게 기술에 붙들려 있다. 기술을 가치 중립적인 것으로 고찰하여 우리와 무관한 것으로 볼 때, 우리는 무방비 상태로 기술에 내맡겨진다.

① 기술 그 자체는 가치와 무관한 사실의 영역인가?
② 기술은 그 자체로 지향하는 목적을 가지고 있는가?
③ 기술은 인간의 삶에 부정적인 영향을 줄 수 있는가?
④ 기술 그 자체는 규범적 기준에 의해 평가되어야 하는가?
⑤ 기술의 사용을 결정할 때 가치 판단이 개입될 수 있는가?

09
▸24112-0306
2020학년도 수능 19번
상중하

갑, 을 사상가들의 입장으로 옳은 것은?

> 갑: 과학의 목적은 자연을 인간의 의도에 맞도록 변형함으로써 인간의 활동 영역을 넓히는 것이다. 인간은 자연의 사용자이자 해석자로서 자연을 경험적으로 연구해야 한다. 자연에 대한 인간의 지배권은 오직 기술과 학문에 달려 있다.
> 을: 현대 기술의 본질은 기술적인 것이 아니다. 우리는 어디서나 부자유스럽게 기술에 붙들려 있다. 최악의 경우는 기술을 중립적으로 고찰할 때이며, 이 경우 우리는 무방비 상태로 기술에 내맡겨져 전적으로 기술의 본질에 대해 맹목적이게 된다.

① 갑: 관찰과 실험으로부터 유용한 지식을 이끌어 낼 수는 없다.
② 갑: 과학의 목적은 삶의 개선이 아니라 진리 탐구 그 자체이다.
③ 을: 현대 기술의 본질에 대한 자각과 비판적 성찰이 필요하다.
④ 을: 현대 기술은 인간의 자율적 의지에 전적으로 종속되어 있다.
⑤ 갑, 을: 기술은 수단일 뿐 그 자체는 가치 판단의 대상이 아니다.

10
▸24112-0307
2020학년도 6월 모의평가 11번
상중하

다음 토론의 핵심 쟁점으로 가장 적절한 것은?

> 갑: 자동차 사고의 대부분이 운전자의 과실로 발생하는데, 자율 주행 자동차는 인공 지능을 통해 사고를 획기적으로 줄일 수 있을 것입니다.
> 을: 동의합니다. 다만 생명이 위협받는 위급한 상황에서는 사람이 직접 운전하면서 스스로 판단하여 어떻게 할지를 결정할 수 있어야 합니다.
> 갑: 아닙니다. 그런 방식은 오히려 사고를 증가시킬 수 있습니다. 사고를 줄이는 것이 사회 전체에 이익이 되므로 모든 상황에서 인공 지능에게 운전을 맡겨야 합니다.
> 을: 생명과 관련된 문제에서는 단순히 이익을 기준으로 판단해서는 안 되며 자율성을 존중하여 개인의 선택에 맡겨야 합니다.

① 인공 지능의 사용은 인간의 자율성을 증진시키는가?
② 자율 주행 자동차는 사회 전체의 이익을 증진시키는가?
③ 자동차 사고의 주요 원인은 운전자의 과실로 인한 것인가?
④ 위급 상황에서 어떤 주체가 자율 주행 자동차를 운전해야 하는가?
⑤ 인공 지능의 사용은 자동차 사고를 줄이는 데 기여할 수 있는가?

11
▸24112-0308
2019학년도 10월 학력평가 10번
상중하

다음 신문 칼럼의 입장에서 지지할 주장으로 적절하지 않은 것은?

> ○○신문 ○○○○년 ○월 ○일
>
> **칼 럼**
>
> 고도의 자율성과 우월한 지능을 가진 인공 지능이 다양한 분야에서 활용되고 있다. 하지만 자율적 학습을 통해 채팅을 할 수 있게 만든 인공 지능이 인종차별 발언을 하거나, 백화점 보안 담당 인공 지능 로봇이 어린 아이를 공격하는 등의 문제도 발생하고 있다. 이를 해결하기 위해서는 경제협력개발기구(OECD)가 중심이 되어 채택한 인공 지능 개발에 대한 권고안에 주목할 필요가 있다. 이에 따르면 인공 지능은 포용 성장, 지속 가능한 개발, 웰빙을 촉진해 사람과 지구를 이롭게 해야 한다. 그리고 인공 지능 시스템은 인권, 다양성 등을 존중하도록 설계되어야 하며, 필요한 안전장치들을 포함해야 한다. …(후략).

① 인공 지능이 공공의 이익에 부합되도록 개발되어야 한다.
② 인공 지능과 인간이 공존하기 위한 방안을 마련해야 한다.
③ 인공 지능이 인간에게 해가 되지 않도록 대책을 수립해야 한다.
④ 인공 지능의 부작용을 제어할 수 있는 장치를 고안해야 한다.
⑤ 인공 지능을 인간과는 별개의 자율적인 존재로 만들어야 한다.

12
▸24112-0309
2019학년도 수능 15번
상중하

다음 토론의 핵심 쟁점으로 가장 적절한 것은?

> 갑: 과학은 가치 중립적이지 않습니다. 과학자는 연구 주제를 설정할 때 주관적 가치를 개입시키게 됩니다. 또한 연구 과정에서 과학자는 연구 윤리를 준수해야 합니다.
> 을: 동의합니다. 또한 과학자는 연구 과정에서의 내적 책임뿐만 아니라 자신의 연구 결과가 미칠 사회적 영향을 인식하여 연구 및 개발과 그 활용에 관한 사회적 책임까지 다해야 합니다.
> 갑: 아닙니다. 과학자에게 그러한 책임까지 돌리면 과학의 발전이 지체됩니다. 연구 결과가 활용되어 사회에 부정적 결과를 초래해도 그것은 연구 결과를 활용한 사람들의 책임일 뿐입니다.
> 을: 과학의 발전이 지체될 수 있지만 과학자에게 사회적 책임을 부과하는 것은 정당합니다. 과학의 발전에서 더 중요한 것은 시간적 속도가 아니라 윤리적 방향입니다.

① 과학자는 연구 과정에서 연구 윤리를 준수해야 하는가?
② 과학자는 연구 주제를 설정할 때 가치 중립적 태도를 취하는가?
③ 과학자는 과학 연구에 대한 모든 책임에서 면제되어야 하는가?
④ 과학자에게 내적 책임과 더불어 사회적 책임도 부과해야 하는가?
⑤ 과학자에게 사회적 책임을 부과하면 과학 발전이 지체될 수 있는가?

13
▸24112-0310
2019학년도 9월 모의평가 13번
상중하

다음 글의 입장에서 긍정의 대답을 할 질문을 〈보기〉에서 고른 것은?

> 과학자는 연구와 실험의 결과가 인류의 운명에 긍정적 영향을 미칠지, 부정적 영향을 미칠지를 객관적으로 예측할 수 없다. 과학적 발견을 어떻게 활용할지 여부를 결정하는 것은 과학자의 몫이 아니다. 그것은 가치 판단의 문제로 과학의 영역이 아니다. 과학자는 입증된 방법으로 연구와 실험을 진행할 뿐이며, 오로지 진리 탐구를 목적으로 자신의 연구에 책임을 다할 뿐이다.

보기

ㄱ. 과학자는 연구 결과의 모든 활용에 대해 책임져야 하는가?
ㄴ. 과학자는 연구의 외적 책임으로부터 자유로워야 하는가?
ㄷ. 과학자는 이론의 타당성을 객관적으로 검증해야 하는가?
ㄹ. 과학자는 연구 주제의 사회적 파급 효과를 고려해야 하는가?

① ㄱ, ㄴ ② ㄱ, ㄷ ③ ㄴ, ㄷ
④ ㄴ, ㄹ ⑤ ㄷ, ㄹ

14
▸24112-0311
2024학년도 수능 18번
상중하

다음을 주장한 사상가의 입장으로 가장 적절한 것은?

> 현대의 기술이 산출한 행위들은 그 규모와 대상, 결과가 너무나 새로운 것이기 때문에 이러한 행위들은 전통 윤리학의 틀로서는 더 이상 파악할 수 없다. 이에 따라 나는 서로 관련된 두 가지 주장을 제시한다. 하나는 인간의 기술적 힘이 발전하면서 인간 행위의 본질이 변화했다는 것이다. 그리고 다른 하나는 인간 행위의 변형된 본질로 인해 윤리학에 있어서도 변화가 요청된다는 것이다.

① 인간은 호혜적 관계를 맺는 존재에 대해서만 책임이 있다.
② 현대 과학 기술의 힘은 인간 행위의 본질을 변화시키지 못한다.
③ 기술로 얻은 힘의 크기가 커질수록 인간의 책임 범위는 넓어진다.
④ 과학 기술로 인한 비의도적 결과는 인간이 책임질 필요가 없다.
⑤ 전통 윤리학은 미래 세대의 생존 문제를 모두 해결할 수 있다.

15
▸24112-0312
2024학년도 6월 모의평가 13번
상중하

다음을 주장한 사상가의 입장에서 〈문제 상황〉 속 A에게 제시할 조언으로 가장 적절한 것은?

> 인류의 존속은 부정적 방식으로 강력해진 기술 문명의 시대에 있어서 우리 모두의 일차적 책임이다. 현재 우리 손에 달려 있는 지구의 생명은 그 자체로 우리의 보호를 요청할 권리를 가지고 있다. 이 요청은 미래 세대에게도 해당된다.
>
> **〈문제 상황〉**
>
> A는 핵분열을 유도할 수 있는 지식과 기술의 권위자인데, 정부로부터 핵무기 개발을 요청받았다. A는 핵무기를 개발할 것인지 고민하고 있다.

① 인류의 존속을 위해 과학 기술의 힘을 억제해야 함을 생각하라.
② 과학 기술의 장기적 결과의 위험성보다 단기적 효과를 생각하라.
③ 객관적 사실을 다루는 과학 기술이 윤리의 나침반임을 생각하라.
④ 환경 파괴는 과학 기술의 발전을 위한 불가피한 대가임을 생각하라.
⑤ 도구적 이성이 과학 기술의 개발과 활용을 주도해야 함을 생각하라.

16
▸24112-0313
2023학년도 10월 학력평가 17번
상중하

다음을 주장한 사상가가 긍정의 대답을 할 질문으로 가장 적절한 것은?

> • 우리는 특정한 실험들을 금지하는 하나의 원칙을 발견하였다. 어떠한 경우에도 인간 전체의 실존과 본질이 도박 행위의 담보가 되어서는 안 된다.
> • 전쟁의 처참함을 알지 못하면서 평화를 찬양할 수 있는가? 우리가 실제로 무엇을 보호해야 하는가를 알기 위해서 희망보다는 공포를 논의의 대상으로 삼아야 한다.

① 생명을 지닌 모든 존재는 자연에 대한 책임을 져야 하는가?
② 인간은 자신이 의도한 결과에 한정하여 책임을 져야 하는가?
③ 어떠한 행위도 못하게 막는 공포가 책임의 본질적 속성인가?
④ 미래 예측의 불확실성으로 인해 책임의 윤리학이 요청되는가?
⑤ 인류 존속은 세대 간의 상호 책임에 근거한 윤리적 의무인가?

17 ▸24112-0314

2022학년도 10월 학력평가 2번 상중하

다음을 주장한 사상가의 입장으로 가장 적절한 것은?

> 악에 대한 인식이 선에 대한 인식보다 쉬우며, 악의 존재는 선의 존재보다 인간을 더 도덕적으로 행위하게 한다. 구원의 예언보다는 불행의 예언에 주의를 기울여야 한다. 우리가 실제로 무엇을 보호해야 하는가를 알기 위해 윤리학은 기술이 우리에게 주는 희망보다는 공포를 논의의 대상으로 삼아야 한다.

① 책임 있는 행위를 하도록 북돋우는 공포를 습득해야 한다.
② 비이성적 존재에 대한 기술의 영향은 숙고의 대상이 아니다.
③ 인간은 사전적 책임이 아니라 사후적 책임을 중시해야 한다.
④ 책임의 대상이 겪을 공포를 현세대의 의무로 전환시킬 수 없다.
⑤ 인간은 가치 중립적 관점에서 자연과의 관계를 정립해야 한다.

18 ▸24112-0315

2022학년도 수능 12번 상중하

다음을 주장한 사상가가 부정의 대답을 할 질문으로 가장 적절한 것은?

> 인간은 기술 문명의 힘으로 자신을 포함한 모든 것을 위험에 빠뜨리게 되었다. 이성과 결탁한 권력은 그 자체로 책임을 동반한다. 이것은 예전부터 인간 상호 간에는 자명한 일이었다. 인간의 책임이 종전의 범위를 넘어서서 생물계의 상태와 인간 종족의 미래의 생존까지 포괄하게 된 것은 권력의 확장과 연관되어 있다.

① 인간이 져야 할 책임은 자신이 가진 권력에 비례하는가?
② 과학 기술의 비의도적 결과는 책임의 대상에서 제외되는가?
③ 경험하지 못한 미래의 위협으로부터 책임을 도출해야 하는가?
④ 권리를 주장하는 존재 외에도 현세대가 책임져야 할 대상이 있는가?
⑤ 책임질 수 있는 능력으로부터 책임을 져야 하는 당위가 도출되는가?

19 ▸24112-0316

2022학년도 9월 모의평가 4번 상중하

갑 사상가가 을 사상가에게 제기할 수 있는 비판으로 가장 적절한 것은?

> 갑: 우리는 원하는 것보다 원하지 않는 것을 더 잘 안다. 따라서 실제로 무엇을 보호해야 하는가를 알아내기 위해 우리는 희망보다 공포로부터 논의를 시작해야 한다. 왜냐하면 행위를 하도록 북돋우는 공포가 책임의 본질적 속성이기 때문이다.
> 을: 인간은 자연의 사용자 및 자연의 해석자로서 자연에 대해서 실제로 관찰하고 고찰한 것만큼 자연을 이해할 수 있고, 무엇인가를 할 수 있다. 더 나은 지식이 만들어지면 과학 기술의 진보를 기대할 수 있다는 것이 우리가 희망을 말하는 근거이다.

① 과학 기술자는 사회적 책임으로부터 자유로워야 함을 간과한다.
② 인간의 책임 범위가 자연에 대해서까지 확대되어야 함을 간과한다.
③ 인류의 복지를 위한 과학 기술의 사용은 제한될 수 없음을 간과한다.
④ 현세대와 미래 세대 사이에 호혜적 책임이 있어야 함을 간과한다.
⑤ 과학 기술 발전에 따른 부작용도 과학 기술로 해결 가능함을 간과한다.

20 ▸24112-0317

2021학년도 3월 학력평가 6번 상중하

다음을 주장한 사상가의 입장으로 적절하지 <u>않은</u> 것은?

> 현대 기술이 산출한 행위들의 규모와 대상, 그리고 그 결과는 너무나 새로운 것이기 때문에 전통 윤리의 틀로써는 이 행위들을 더 이상 파악할 수 없는 윤리적 공백이 발생한다. 인간이 갖게 된 새로운 종류의 행위 능력은 윤리의 새로운 규칙을 요구하며, 또한 새로운 종류의 윤리를 요구한다.

① 기술은 생태계의 수용 범위 안에서 행사되어야 한다.
② 기술에 내포된 위협적 요소는 윤리적 숙고의 대상이 된다.
③ 인간에 대한 의무는 자연에 대한 의무로 대체되어야 한다.
④ 새로운 윤리학은 무조건적으로 준수해야 할 명령을 제시한다.
⑤ 기술이 초래할 공포를 발견하고 행위의 의무를 도출해야 한다.

21 ▸24112-0318
2021학년도 수능 11번 상중하

다음을 주장한 사상가의 입장만을 〈보기〉에서 고른 것은?

- 우리는 원하는 것보다 원하지 않는 것을 더 잘 안다. 우리가 실제로 무엇을 보호해야 하는가를 알아내기 위해서 새로운 윤리학은 희망보다는 두려움을 논의 대상으로 삼아야 한다.
- 행해야 할 것과 관련된 책임 개념에 따르면, 현재의 행위로 인해 발생할 사태에 대해 책임져야 한다. 사태의 의존자인 미래 세대는 명령자가 되고, 권력자인 현세대는 의무자가 된다.

보기

ㄱ. 선의 탐구에서 악의 인식보다 선의 인식이 더 효과적이다.
ㄴ. '할 수 있다'는 능력에 근거해서 '해야 한다'는 책임이 발생한다.
ㄷ. 인간의 힘이 자연으로 확장될수록 자연 파괴의 가능성도 높아진다.
ㄹ. 현세대와 미래 세대는 삶의 지속을 위해 상호 간에 의무를 가진다.

① ㄱ, ㄴ ② ㄱ, ㄷ ③ ㄴ, ㄷ
④ ㄴ, ㄹ ⑤ ㄷ, ㄹ

22 ▸24112-0319
2021학년도 6월 모의평가 5번 상중하

다음을 주장한 서양 사상가의 입장만을 〈보기〉에서 고른 것은?

과학자들은 과학이 일정한 규칙하에 인과적 필연성을 검증하는 순수 이론의 영역에 속한다고 보았다. 과학은 인식 대상을 가치 중립적으로 관찰해야 하고, 자연은 오직 인과적 필연성의 지배를 받는다고 보았다. 그러나 오늘날에는 기술적 응용이 과학 연구의 방향을 결정하고 있다. 거대한 권력으로 작용하는 과학 기술은 자연을 파괴하고 인류의 생존마저 위협하고 있다. 이제 우리는 공포의 발견술을 통해 의심스러울 때는 좋은 말보다 나쁜 말에 귀 기울여 책임을 새롭게 정립해야 한다.

보기

ㄱ. 과학 기술 연구의 자유는 무제한으로 허용되어서는 안 된다.
ㄴ. 과학 기술자는 연구의 장기적 결과에 대해 숙고해야 한다.
ㄷ. 과학 기술자는 기술적 응용에서 가치 중립적이어야 한다.
ㄹ. 과학 기술자는 사회적 책임보다 내적 책임을 중시해야 한다.

① ㄱ, ㄴ ② ㄱ, ㄷ ③ ㄴ, ㄷ
④ ㄴ, ㄹ ⑤ ㄷ, ㄹ

23 ▸24112-0320
2020학년도 10월 학력평가 6번 상중하

그림의 강연자가 지지할 입장만을 〈보기〉에서 있는 대로 고른 것은?

베이컨의 명제대로 과학과 기술은 자연에 대한 인간의 권력을 증대시킵니다. 그리고 이 권력은 장차 태어날 자들에 대한 권력도 증대시킵니다. 후손들이 우리의 계획과 결정에 무방비 상태로 노출되어 있는 것입니다. 그러므로 이 권력은 극히 일방적입니다. 그리고 일단 행사된 권력은 주인의 손을 떠나 계산 불가능한 길을 걸어가며 본질적으로 맹목적입니다. 이제 우리는 이러한 권력으로 인하여 새롭게 등장하는 문제들을 책임의 원칙을 바탕으로 풀어 나가야만 합니다.

보기

ㄱ. 기술 권력 앞에 인류는 무방비 상태로 노출되어 있다.
ㄴ. 기술 권력 행사의 결과에 대한 윤리적 검토가 필요하다.
ㄷ. 기술 권력을 인간에게 사용하는 것을 규제해서는 안 된다.
ㄹ. 기술 권력의 크기와 인간의 책임에 대한 요구는 비례한다.

① ㄱ, ㄷ ② ㄴ, ㄷ ③ ㄴ, ㄹ
④ ㄱ, ㄴ, ㄹ ⑤ ㄱ, ㄷ, ㄹ

24 ▸24112-0321
2020학년도 3월 학력평가 19번 상중하

그림의 강연자가 지지할 주장으로 옳지 않은 것은?

과학 분야에서의 이론적 관심과 실천적 관심은 불가분의 관계에 있습니다. 이런 의미에서 과학자는 진리의 발견이라는 자신의 일이 바깥 세상에 끼치는 영향에 대해서도 책임을 져야 합니다. 과학자에게는 자연을 연구하는 과정에서 가치 중립적인 엄밀성을 추구할 내적 의무가 있습니다. 동시에 과학자는 자신의 연구 결과가 인류의 미래에 끼치는 영향력과 책임에 대하여 철학적으로 숙고해야 합니다.

① 과학자는 연구 결과를 자의적으로 검토하고 평가해야 한다.
② 과학자는 내적 책임뿐만 아니라 외적 책임도 지녀야 한다.
③ 과학자는 실험 진행의 과정에서 중립적인 관찰자이어야 한다.
④ 과학자는 자연을 탐구할 때 연구 윤리를 엄격히 지켜야 한다.
⑤ 과학자는 자신의 연구가 인류에 미치는 영향을 예측해야 한다.

IV 과학과 윤리

25 ▸24112-0322
2019학년도 10월 학력평가 8번 상중하

갑, 을 사상가들의 입장으로 가장 적절한 것은?

> 갑: 현대 기술의 지배적인 탈은폐 방식은 일종의 닦달로, 자연에게 에너지를 내놓으라고 강요한다. 기술에 의해 인간과 사물은 기술을 위한 재료가 될 위험에 내던져진다.
> 을: 현대 기술은 자연과 인간을 대상으로 전락시키고 있다. 이러한 상황에서는 공포의 발견술이 요청된다. 즉 두려워함 자체가 윤리학의 예비적인 의무가 되어야 한다.

① 갑: 기술은 자연이 지닌 내재적 가치를 중시한다.
② 갑: 기술은 인간의 삶의 방식에 영향을 줄 수 없다.
③ 을: 기술의 발달은 인간의 윤리적 책임을 축소시킨다.
④ 을: 기술의 폐해에 대한 책임은 인간만이 질 수 있다.
⑤ 갑, 을: 기술은 단순한 가치 중립적인 도구에 불과하다.

26 ▸24112-0323
2019학년도 3월 학력평가 7번 상중하

다음을 주장한 사상가가 강조하는 내용만을 〈보기〉에서 있는 대로 고른 것은?

> 현대 기술은 상당히 오랫동안 전 지구와 미래 세대에까지 영향력을 미칠 수 있는 위협적인 요소를 가지고 있다. 그렇기 때문에 오늘날에는 행위의 의도와 목적을 기준으로 선악을 판단하던 전통 윤리학과 전혀 다른 새로운 책임 윤리가 요구된다. 또한 현대 사회에서는 기술 지배에서 벗어나기 위해 현대 기술에 대한 윤리적 성찰이 요청된다.

보기

ㄱ. 현대 기술에 대한 가치 판단과 반성이 필요하다.
ㄴ. 현대 기술은 미래 세대의 생존권을 침해할 수 있다.
ㄷ. 현대 기술이 자연에 미치는 영향만이 책임의 대상이 된다.
ㄹ. 현대 기술의 영향을 받는 시공간적 범위가 확대되고 있다.

① ㄱ, ㄴ ② ㄱ, ㄷ ③ ㄷ, ㄹ
④ ㄱ, ㄴ, ㄹ ⑤ ㄴ, ㄷ, ㄹ

27 ▸24112-0324
2019학년도 9월 모의평가 5번 상중하

다음 사상가의 입장에서 볼 때, 〈가상 대담〉의 ㉠에 들어갈 말로 가장 적절한 것은?

> 오늘날과 같은 '윤리적 공백'의 시대에는 구원의 예언보다 불행의 예언에 더 주의를 기울여야 한다. 그러므로 우리는 과학 기술 유토피아주의를 찬양하는 '희망의 원칙'이 아닌, 미리 사유된 위험 그 자체와 관련된 '공포의 원칙'에 우선성을 두어야 한다.

〈가상 대담〉

리포터: 지구 온난화와 같은 기후 변화 문제를 해결하기 위해 우리는 어떠한 자세를 가져야 할까요?
사상가: 우리는 그러한 문제를 해결하기 위해 [㉠]를 가져야 합니다.

① 자연과의 상호 책임성을 토대로 자연에 대해 책임지려는 자세
② 부모가 자녀에 대해 책임지는 것처럼 자연에 대해 책임지려는 자세
③ 자연에 대한 주인 의식을 토대로 자연에 대해 책임지려는 자세
④ 과학의 무한한 진보를 바탕으로 자연에 대해 책임지려는 자세
⑤ 행위의 직접적 영향의 한도 내에서만 자연에 대해 책임지려는 자세

28 ▸24112-0325
2018학년도 수능 14번 상중하

다음 서양 사상가의 입장으로 적절하지 <u>않은</u> 것은?

> 우리에게는 악의 인식이 선의 인식보다 무한히 쉽다. 선은 눈에 띄지 않게 존재하며 반성을 하지 않으면 인식될 수 없지만, 악의 현존은 우리에게 인식을 강요한다. 우리가 실제로 무엇을 보호해야 하는가를 알아내기 위해 새로운 윤리학은 공포를 논의 대상으로 삼아야 한다. 인간 행위의 새로운 유형에 적합하고 새로운 유형의 행위 주체를 지향하는 명법은 다음과 같다. "너의 행위의 효과가 지상에서의 진정한 인간적 삶의 지속과 조화될 수 있도록 행위 하라."

① 자연이 수용할 수 있는 한에서 과학 기술의 발전을 추구해야 한다.
② 과학 기술의 긍정적인 영향보다 부정적인 영향에 주목해야 한다.
③ 새로운 윤리학은 최고악에 대한 공포에서 출발할 필요가 있다.
④ 새로운 윤리학은 "A이면 B하라."라는 형식의 명법만을 지향한다.
⑤ 사후적 책임뿐만 아니라 사전적 책임도 중시해야 한다.

02 정보 사회와 윤리

29 ▸24112-0326
2024학년도 수능 5번 상중하

다음 토론의 핵심 쟁점으로 가장 적절한 것은?

> 갑: 사회 관계망 서비스(SNS)를 통한 광고를 이용하는 기업이 늘어나면서 허위·과장 광고에 의한 피해 사례가 늘고 있습니다. 따라서 SNS를 통한 광고를 규제할 필요가 있습니다.
> 을: 동의합니다. 하지만 SNS를 통한 광고는 사회적 기업이 제작한 제품에 대한 윤리적 소비로 이어지는 사례도 많습니다. 따라서 SNS를 통한 광고는 허용되어야 합니다.
> 갑: 아닙니다. SNS를 통한 광고는 윤리적 소비로 이어지기도 하지만 허위·과장 광고의 수단으로 악용될 소지가 큽니다. 따라서 SNS를 통한 광고는 전면 금지되어야 합니다.
> 을: 아닙니다. SNS를 통한 광고를 허용하되 적극적인 단속을 실시해 나간다면, SNS가 허위·과장 광고의 수단이 될 가능성을 최소화할 수 있습니다.

① SNS를 통한 광고를 규제할 필요가 있는가?
② SNS를 통한 광고는 모두 금지되어야 하는가?
③ SNS를 통한 광고는 윤리적 소비로 이어지는가?
④ SNS는 기업의 광고 수단으로만 이용되어야 하는가?
⑤ SNS는 허위·과장 광고의 수단으로 악용될 수 있는가?

30 ▸24112-0327
2024학년도 9월 모의평가 4번 상중하

다음 토론의 핵심 쟁점으로 가장 적절한 것은?

> 갑: 얼굴을 식별하여 본인임을 인증하는 안면 인식 기술은 비밀번호나 디지털 인증서보다 본인 확인 절차가 간단하고 편리하기에 활용 범위를 확대할 필요가 있습니다.
> 을: 동의합니다. 하지만 안면 인식 기술에 고도화된 인공 지능을 결합한 안면 인식 인공 지능 기술의 개발에는 반대합니다. 왜냐하면 이 기술은 안면 데이터를 대량으로 학습하고 식별하여 사생활 침해의 위험이 크기 때문입니다.
> 갑: 아닙니다. 안면 인식 인공 지능 기술을 테러와 같은 범죄를 예방하기 위한 경우에만 제한적으로 활용한다면, 사생활 침해를 최소화할 수 있으므로 이 기술의 개발을 허용해야 합니다.
> 을: 그렇지 않습니다. 안면 인식 인공 지능 기술을 활용하는 것은 테러 예방에 도움이 되겠지만, 결국 불특정 다수의 얼굴을 판독한다는 것을 의미하므로 이 기술을 개발해서는 안 됩니다.

① 안면 인식 기술을 전면적으로 금지해야 하는가?
② 안면 인식 인공 지능 기술은 사생활을 침해할 수 있는가?
③ 안면 인식 기술의 활용은 일상생활에 도움을 줄 수 있는가?
④ 안면 인식 인공 지능 기술은 테러 예방에 기여할 수 있는가?
⑤ 안면 인식 기술과 고도화된 인공 지능의 결합을 허용해야 하는가?

31 ▸24112-0328
2024학년도 6월 모의평가 11번 상중하

다음 신문 칼럼에서 강조하는 내용으로 가장 적절한 것은?

> ○○신문 ○○○○년 ○○월 ○○일
> **칼 럼**
> 정보 기술의 발달로 정보가 새로운 자산으로 자리매김하고 있다. 정보는 물질적 재산과 달리 소유할 수 없고 네트워크를 통해 접속된다. 그 결과 우리는 접속의 시대를 살아가고 있다. 접속의 시대에는 정보가 곧 돈이 된다. 누구든지 정보를 창조적으로 생산할 자유를 지니지만 현실에서는 정보 부자와 정보 빈자 간의 격차가 상존할 수밖에 없다. 물론 정보의 창조적 생산에는 지적 능력이 필요하고 또 이 능력의 평준화는 불가능하지만, 이보다 더 중요한 요소는 정보 활용 능력이다. 특히 정보를 활용할 수 있으려면 정보에 대한 접근권이 누구에게라도 똑같이 보장되어야 한다. 따라서 정보 불평등을 해소하려면 정보 기술의 발달만으로는 부족하고 무엇보다도 정보 접속의 사회적 인프라 구축이 선행되어야 한다.

① 정보 기술이 발달하면 개인 간 정보의 빈부 격차가 사라진다.
② 정보에 대한 평등한 접근권이 보장되어야 정보 평등이 가능하다.
③ 네트워크 시대에는 물질적 재화가 더 이상 자산이 되지 못한다.
④ 정보를 창조하는 지적 능력이 정보 활용 능력보다 더 중요하다.
⑤ 정보를 생산하는 능력이 평등해야 정보의 불평등이 극복된다.

32 ▸24112-0329
2023학년도 10월 학력평가 16번 상중하

다음 신문 칼럼에서 강조하는 내용으로 가장 적절한 것은?

> ○○신문 ○○○○년 ○○월 ○○일
> **칼 럼**
> 최근 뉴 미디어에서 고인이 된 유명인을 디지털 기술로 복원한 광고가 활용되었다. 그런데 디지털 기술로 고인을 복원하여 광고에 이용하는 것은 당사자의 동의를 받지 않았을 뿐만 아니라 저작권을 침해할 수 있어 문제가 될 수 있다. 고인의 행동과 목소리를 단순히 따라하는 것은 저작권 침해로 보기 어렵다. 하지만 고인의 영상이나 음성으로 만들어진 저작물을 이용하여 고인을 디지털 기술로 복원하는 것은 저작권 침해에 해당할 수 있다. 이러한 이유로 저작권 보호를 위한 새로운 차원의 노력이 요구되고 있다.

① 고인의 행위에 대한 단순한 모방도 저작권 침해에 해당한다.
② 저작권을 내세워 저작물의 상업적 이용을 제약해서는 안 된다.
③ 디지털 기술의 발달에 따라 저작물을 공공재로 간주해야 한다.
④ 고인을 복원하는 행위는 저작자의 동의가 없을지라도 허용된다.
⑤ 디지털 기술로 발생하는 저작권 침해에 대한 대책이 필요하다.

33
▸24112-0330
2023학년도 3월 학력평가 19번
상 중 하

다음 칼럼의 입장에서 지지할 내용으로 적절하지 않은 것은?

○○ 신문 ○○○○년 ○○월 ○○일

칼럼

뉴 미디어 사회에서는 정보 통신 기술의 발전으로 근로자가 시공간의 제약에서 벗어나 일을 할 수 있는 환경이 조성되었다. 하지만 이로 인해 근무 시간 외 업무 연락으로 근로자의 사생활 침해 문제가 대두되고 있다. 이러한 부작용을 방지하기 위해 근무 시간 외 업무와 관련한 연락을 받지 않을 '연결되지 않을 권리'의 도입이 필요하다. 이러한 '연결되지 않을 권리'는 직장 동료 간의 원치 않는 온라인 친구 신청, 동의 없는 단체 대화방 초대 등에 대해서도 적용되어 근로자의 사생활을 보호할 수 있다. 근로자의 근로 조건과 삶의 질 향상을 위해서는 '연결되지 않을 권리'가 보장되어야 한다. 이를 위해서는 고용주의 윤리 의식 함양과 함께 관련 법률의 재정비가 필요하다.

① 연결되지 않을 권리는 직장에서의 의사소통 단절을 야기한다.
② 연결되지 않을 권리는 근로자의 처우 개선에 기여할 수 있다.
③ 연결되지 않을 권리는 근로자의 업무 부담을 줄여줄 수 있다.
④ 근로자의 사생활 보호를 위해 연결되지 않을 권리가 필요하다.
⑤ 고용주는 연결되지 않을 권리를 보장하기 위해 노력해야 한다.

34
▸24112-0331
2023학년도 수능 3번
상 중 하

다음 신문 칼럼에서 강조하는 내용으로 가장 적절한 것은?

○○ 신문 ○○○○년 ○○월 ○○일

칼럼

최근 자녀의 사진이나 동영상을 온라인에 게시하고 타인과 공유하는 뉴 미디어 세대의 육아 방식이 유행하고 있다. 이러한 육아 방식은 자녀의 성장 과정을 기록하고 육아 정보를 공유할 수 있다는 점에서 유익하다. 하지만 이로 인해 자녀의 사생활과 정보 자기 결정권이 침해되고 자녀가 사이버 범죄에 노출될 위험성이 증가하고 있다. 아동·청소년은 이러한 피해의 직접적 당사자가 될 수 있기 때문에 이들에게도 잊힐 권리가 보장되어야 한다. 즉, 아동·청소년도 본인이나 타인이 올린 자신의 개인 정보와 관련된 게시물을 자신의 의사만으로 삭제해 달라고 직접 요청할 수 있도록 해야 한다.

① 잊힐 권리는 게시물 작성자에게 부여되어야 할 독점적 권리이다.
② 아동·청소년은 개인 정보의 보호 대상이면서 주체가 되어야 한다.
③ 악의 없이 공유한 게시물이라면 개인의 권리를 내세워 삭제할 수 없다.
④ 자녀의 정보 자기 결정권은 부모의 동의를 통해 행사되어야 한다.
⑤ 공유 게시물의 삭제 여부는 정보의 유용성에 따라 결정되어야 한다.

35
▸24112-0332
2023학년도 9월 모의평가 14번
상 중 하

다음은 신문 칼럼이다. ㉠에 들어갈 내용으로 가장 적절한 것은?

○○ 신문 ○○○○년 ○○월 ○○일

칼럼

최근 저작권 행사로 얻을 수 있는 경제적 이익이 커지면서 저작권을 대기업이나 이익 단체가 독점하기 시작했다. 그로 인해 저작물을 이용하는 가격이 비싸지면서 정보를 이용하는 데 부익부 빈익빈 현상이 심화하고 있다. 이러한 문제는 카피레프트라는 정보 공유 운동을 통해 해결할 수 있다. 우리가 지지하는 카피레프트는 저작자의 저작권을 부정하는 운동이 아니다. 오히려 저작자가 자신의 저작권을 기반으로 모든 사람에게 자유롭고 평등하게 정보에 접근하고 이를 이용, 배포, 수정할 수 있는 권리를 부여함으로써 정보 독점을 막고 지식의 진보를 이루고자 하는 운동이다. 이러한 카피레프트는 [㉠] …(후략).

① 저작자의 저작권을 폐기함으로써 정보 공유를 확대하고자 한다.
② 저작자가 저작물 이용에 대한 배타적 권리를 포기하는 것을 전제한다.
③ 저작권의 상업적 거래를 활성화할 수 있는 기반을 조성하고자 한다.
④ 정보의 폐쇄성을 조장함으로써 기술 진보와 문화 발전을 가로막는다.
⑤ 정보 접근 권한을 소득 수준에 따라 차등적으로 분배할 것을 지향한다.

36
▸24112-0333
2023학년도 6월 모의평가 14번
상 중 하

다음 글의 입장에서 ㉠에 대한 해결 방안으로 가장 적절한 것은?

우리가 효율성이 높은 인공지능 개발에만 주로 관심을 기울인 나머지, 인공지능이 행하는 혐오와 차별의 표현은 용인될 수 없는 사회적 문제로 대두되었다. 이 문제는 인공지능이 학습하는 데이터 자체의 비윤리성에 기인한다. 인공지능이 인간 수준의 윤리적 판단력을 갖추는 것은 불가능하므로 적절한 여과 과정을 거친 데이터를 인공지능에 제공해야 한다. 주목할 것은 그것의 비윤리적인 표현들이 우리의 일상 언어에 근거한다는 사실이다. 이 언어들은 인공지능에게는 숫자로 변환되는 전산 언어에 불과하지만, 그것들이 우리에게 다시 돌아올 때에는 ㉠ 윤리적 문제를 일으킬 수 있다.

① 인공지능의 데이터 처리 속도를 높이기 위한 기술을 개발해야 한다.
② 인공지능의 표현을 수용할 수 있는 관용적인 태도를 함양해야 한다.
③ 인간의 도덕적 검증을 거친 학습 데이터를 인공지능에 입력해야 한다.
④ 인간보다 뛰어난 도덕적 판단력을 지닌 인공지능을 개발해야 한다.
⑤ 인간 친화적인 인공지능 개발을 위해 일상 언어를 인공지능에 그대로 입력해야 한다.

37
▸24112-0334
2023학년도 6월 모의평가 16번
상중하

다음 신문 칼럼의 입장으로 적절하지 않은 것은?

○○ 신문 ○○○○년 ○○월 ○○일

칼럼

정보 기술의 발달은 우리에게 인터넷과 사이버 공간을 선물로 안겨 주었다. 이에 대해 일부에서는 정부가 빅 데이터 기술을 활용하여 시민들을 감시하는 '판옵티콘' 사회를 우려하고 있다. 다른 한편에서는 사이버 공간이 현실 정치권력으로부터 완전히 독립된 '디지털 에덴동산'이 될 수 있다고 낙관한다. 하지만 사이버 공간은 인간 기술이 만든 또 하나의 현실 공간이다. 정부가 빅 데이터 기술을 활용하듯이, 시민들도 정보 기술을 통해 정부의 정책이나 행정을 감시할 수 있다. 또한 시·공간적 제약에서 해방되어 정치적으로 활동할 수 있는 시민의 힘도 증가한다. 이처럼 사이버 공간이 아테네의 아크로폴리스 역할을 담당함으로써 전자 민주주의의 꽃은 활짝 필 것이다. 이러한 민주주의는 시민들의 높은 정치의식과 민주적 토론 문화가 뒷받침되어야만 열매를 맺을 것이다.

① 전자 민주주의는 시민들의 적극적인 참여를 필요로 한다.
② 정보 기술의 발전은 직접 민주주의의 가능성을 높여 준다.
③ 사이버 공간은 새로운 소통의 장으로 정치 참여의 폭을 넓혀 준다.
④ 정보 기술은 정부와 시민이 상호 견제할 수 있는 힘을 제공한다.
⑤ 사이버 공간은 익명성으로 인해 법치로부터 벗어난 공간이다.

38
▸24112-0335
2022학년도 10월 학력평가 13번
상중하

다음 토론의 핵심 쟁점으로 가장 적절한 것은?

갑: 온라인 공간에서 정보의 자유로운 유통과 영구 보관이 가능해져 사라지지 않는 정보들로 인한 개인 피해가 증가하고 있습니다. 따라서 잊힐 권리의 보장이 필요합니다.
을: 동의합니다. 개인은 자신의 민감한 정보에 대한 자기 결정권을 가지고 있습니다. 잊힐 권리를 검색 서비스 사업자와 언론사를 대상으로 행사할 수 있어야 합니다.
갑: 아닙니다. 검색 서비스 사업자에게는 잊힐 권리를 행사할 수 있지만, 언론사에 잊힐 권리를 행사하면 언론의 자유와 시민의 알 권리가 침해됩니다. 언론사의 경우에는 정정 보도를 요청하여 개인 피해를 막아야 합니다.
을: 그렇지 않습니다. 정정 보도만으로는 개인에게 피해를 주는 기사가 삭제되지 않아 개인은 지속적으로 피해를 입게 됩니다. 정정 보도가 잊힐 권리를 보장하지는 않습니다.

① 언론사를 대상으로 한 잊힐 권리의 행사를 허용해야 하는가?
② 정보 사회 발전으로 인해 잊힐 권리의 필요성이 증대되는가?
③ 언론사의 오보를 수정할 수 있는 조치가 마련되어야 하는가?
④ 온라인 공간에서의 정보 공개에 따른 피해를 방지해야 하는가?
⑤ 검색 서비스 사업자에게 잊힐 권리를 행사하는 것은 정당한가?

39
▸24112-0336
2022학년도 3월 학력평가 20번
상중하

다음 토론의 핵심 쟁점으로 가장 적절한 것은?

갑: 개인의 인터넷 활동이 증가하면서 사용자가 사망했을 때 남겨진 디지털 유산*의 상속 문제가 사회적 쟁점이 되고 있습니다. 그러므로 이에 대한 논의가 필요합니다.
을: 동의합니다. 유족의 알 권리를 존중하고 디지털 유산이 유익하게 활용될 수 있도록 모든 디지털 유산을 유족에게 상속해야 합니다.
갑: 아닙니다. 모든 디지털 유산을 상속하는 것은 사망자의 사생활과 잊힐 권리를 침해하게 됩니다. 사망자가 공개한 디지털 유산만 제한적으로 유족에게 상속해야 합니다.
을: 그렇지 않습니다. 사생활 보호와 잊힐 권리는 살아 있는 사람에게만 해당하는 권리이므로 비공개 디지털 유산도 공개된 디지털 유산과 함께 유족에게 상속해야 합니다.

* 디지털 유산: 사망한 사람이 남긴 디지털 콘텐츠. SNS 게시물, 게임 아이템이나 사이버 머니 등이 포함됨.

① 디지털 유산 상속에 대한 공론화가 필요한 시기인가?
② 온라인 공간에 공개된 디지털 유산은 상속될 수 있는가?
③ 디지털 유산 상속인의 자격 요건을 설정할 필요가 있는가?
④ 사망자의 모든 디지털 유산은 유족에게 상속되어야 하는가?
⑤ 온라인에서 활동하는 사람의 잊힐 권리를 존중해야 하는가?

40
▸24112-0337
2022학년도 수능 13번
상중하

다음 신문 칼럼에서 강조하는 내용으로 적절하지 않은 것은?

○○ 신문 ○○○○년 ○○월 ○○일

칼럼

인터넷을 활용한 뉴 미디어의 발달로 우리는 정보의 소비뿐 아니라 유통과 생산에도 적극 참여하고 있다. 그 과정에서 우리는 사이버 공간에서 자신의 정체를 숨길 수 있다는 막연한 생각을 갖고 허위 정보 내지 유해 정보를 생산하거나 전달하기도 한다. 이러한 정보의 홍수로 인해 사회 곳곳에서 선의의 피해자가 발생하고 있다. 잘못된 정보의 희생자가 되지 않으려면 우리 스스로 정보를 비판적으로 수용하는 지혜가 필요하다. 무엇보다 사이버 공간에서 실명을 숨겨도 IP 추적과 같은 방법으로 실제 사용자가 밝혀질 수 있음을 기억해야 한다. 따라서 사이버 공간에서도 우리는 책임 있는 존재로 활동해야 한다.

① 현실 세계에서처럼 사이버 공간에서도 윤리가 필요하다.
② 우리는 정보의 소비뿐 아니라 정보의 유통에서도 주체이다.
③ 표현의 자유를 위해 사이버 공간의 익명성을 강화해야 한다.
④ 거짓 정보의 생산자는 그로 인한 피해에 대해 책임져야 한다.
⑤ 정보의 올바른 이용을 위해 미디어 리터러시를 함양해야 한다.

Ⅳ 과학과 윤리

41
▸24112-0338
2022학년도 9월 모의평가 20번
상중하

다음은 신문 칼럼이다. ㉠에 들어갈 제목으로 가장 적절한 것은?

> ○○ 신문 ○○○○년 ○○월 ○○일
>
> **칼럼**
>
> ㉠
>
> 뉴 미디어가 등장한 이후 유통되는 정보의 양은 기하급수적으로 늘어나고 유통의 구조도 다양화되고 있다. 이에 따라 우리는 원하는 정보에 손쉽고 빠르게 접근할 수 있게 되었고 보다 효율적인 의사소통이 가능해졌다. 반면, 검증되지 않은 정보가 광범위하게 확산되거나, 다양한 정보가 임의적으로 조합되어 실체가 없는 거짓 정보가 양산되는 등 심각한 사회 문제가 생겨났다. 단순히 수용적인 태도로 미디어가 보여 주는 정보에 접근한다면 편견에 사로잡혀 세상을 객관적으로 보지 못할 수 있다. 이것이 바로 뉴 미디어 시대의 새로운 시민성으로서 미디어 리터러시(media literacy)가 요청되는 이유이다.

① 뉴 미디어 시대, 쌍방향 의사소통이 가능해진다.
② 뉴 미디어 시대, 빅 데이터 처리 기술이 요청된다.
③ 뉴 미디어 시대, 계층 간 정보 격차를 줄여야 한다.
④ 뉴 미디어 시대, 정보에 대한 접근이 더 용이해진다.
⑤ 뉴 미디어 시대, 정보에 대한 비판적 사고력이 필요하다.

42
▸24112-0339
2022학년도 6월 모의평가 13번
상중하

다음 신문 칼럼의 입장으로 가장 적절한 것은?

> ○○신문 ○○○○년 ○○월 ○○일
>
> **칼 럼**
>
> 오늘날 정보 사회에서는 누구든지 타인의 정보를 조사하고 그 정보를 불특정 다수에게 전달할 수 있어 개인 정보가 침해되는 경우가 증가하고 있다. 타인에게 알려지고 싶지 않은 개인의 민감한 정보가 당사자의 의사에 반해 인터넷에서 검색되거나, 기업이 적법하게 수집한 개인 정보를 기업의 이익을 위해 활용하는 과정에서 유출하는 경우가 대표적이다. 언론 역시 국민의 알 권리를 위한다는 명분하에 본인의 동의 없이 개인 정보를 수집하고 이를 보도함으로써 사생활을 침해하기도 한다. 이러한 문제를 해결하기 위해서는 개인이 자신의 개인 정보를 누구에게, 어떤 범위까지, 얼마 동안, 어떤 형식으로 공개할 것인지에 대해 정당한 처리를 요구할 수 있어야 한다.

① 사이버 공간에서 표현의 자유가 제한되어서는 안 된다.
② 적법하게 수집된 개인 정보의 활용을 제한해서는 안 된다.
③ 잊힐 권리보다 알 권리를 중시하여 공익을 증진해야 한다.
④ 모든 정보에 누구나 자유롭게 접근할 수 있도록 허용해야 한다.
⑤ 인권 보호를 위해 개인 정보에 대한 자기 결정권을 보장해야 한다.

43
▸24112-0340
2021학년도 10월 학력평가 20번
상중하

다음 글의 입장에서 긍정의 대답을 할 질문만을 〈보기〉에서 있는 대로 고른 것은?

> ○○신문 ○○○○년 ○○월 ○○일
>
> **칼 럼**
>
> 인터넷은 누구나 다양한 정보에 접근할 수 있게 함으로써 많은 사람들의 삶의 질 향상에 기여하고 있다. 하지만 정보 사회로의 변화에 적응하지 못하는 사람들이 사회적으로 소외되어 정보 격차가 발생하고 있다. 이러한 정보 격차로 인한 불평등을 완화하기 위해서는 사회적 차원에서 정보 소외 계층을 위해 정보 통신 기기를 보급하고 정보망을 구축할 필요가 있다. 그런데 이들이 인터넷 리터러시(internet literacy)가 부족하다면 온라인상에 무방비로 노출되어 사이버 범죄의 대상이 될 수 있으므로 이들의 정보 이해 및 표현 능력을 함양할 수 있는 교육 여건을 마련해야 할 것이다.

보기

ㄱ. 스마트 기기의 보급만으로 정보 격차가 해소되는가?
ㄴ. 정보 접근성을 확대하면 부의 평준화가 실현되는가?
ㄷ. 정보 소외 계층이 정보 이해력을 갖도록 도와야 하는가?
ㄹ. 정보화는 사회적 약자의 처지 개선에 기여할 수 있는가?

① ㄱ, ㄴ ② ㄱ, ㄷ ③ ㄷ, ㄹ
④ ㄱ, ㄴ, ㄹ ⑤ ㄴ, ㄷ, ㄹ

44
▸24112-0341
2021학년도 3월 학력평가 17번
상중하

다음 토론의 핵심 쟁점으로 가장 적절한 것은?

> 갑: 감염병 확산을 방지하기 위해 확진자는 역학 조사에 성실히 응해야 하고, 확진자에 대한 역학 조사 결과를 공개해야 합니다.
> 을: 동의합니다. 다만 확진자에 대한 역학 조사 결과 공개는 사생활을 침해하지 않는 범위 내에서 이루어져야 합니다.
> 갑: 아닙니다. 확진자의 사생활을 보호하려고 한다면 정보 공개가 제한적으로 이루어질 수밖에 없고 감염병 확산을 방지하는 데 어려움이 있습니다.
> 을: 그렇지 않습니다. 감염병 확산을 막는다는 명분으로 확진자의 사생활을 침해하는 것은 기본권을 침해하는 것입니다.

① 확진자는 역학 조사에 참여해야 하는가?
② 확진자에 대한 역학 조사를 실시해야 하는가?
③ 확진자 역학 조사 결과를 일체 공개하지 말아야 하는가?
④ 확진자 역학 조사 결과 공개는 감염병 확산 방지에 필요한가?
⑤ 확진자의 사생활을 보호하기 어려운 정보도 공개할 수 있는가?

45
▸24112-0342
2021학년도 9월 모의평가 14번
상 중 하

갑 사상가의 입장에서 〈사례〉 속 A에게 해 줄 수 있는 조언으로 적절하지 않은 것은?

> 갑: 최대 행복의 원리는 모든 윤리적 문제에 적용되어야 한다. 타인에게 해악을 끼쳐 타인의 행복을 빼앗는 행위를 막기 위해서라면, 당사자의 의지에 반해 권력이 사용되는 것은 정당하다. 이 유일한 경우를 제외하고는 시민의 자유를 침해하는 그 어떤 정치권력의 행사도 정당화될 수 없다.
>
> 〈사례〉
>
> A는 금전적 이익을 얻기 위해 직장 동료들의 일상을 담은 영상을 그들의 동의 없이 인터넷에 게시할지를 고민하고 있다.

① 가상 공간에서도 타인의 자유가 존중되어야 함을 명심하세요.
② 가상 공간에서도 유용성의 원리가 적용되어야 함을 명심하세요.
③ 가상 공간에서 자신의 행동이 초래하게 될 결과를 고려하세요.
④ 가상 공간에서도 개인의 자유가 제한될 수 있음을 고려하세요.
⑤ 가상 공간에서는 쾌락 증진을 위한 행동이 금지됨을 명심하세요.

46
▸24112-0343
2021학년도 6월 모의평가 14번
상 중 하

다음은 신문 칼럼이다. ㉠에 들어갈 내용으로 가장 적절한 것은?

> ○○신문 ○○○○년 ○○월 ○○일
>
> 칼 럼
>
> 인터넷에서 익명성에 기대어 악성 댓글을 다는 것은 심각한 문제이지만, 표현의 자유를 강제적으로 제한해서는 안 된다. 이러한 제한은 인터넷 이용자의 표현의 자유와 사회 문제에 대한 비판을 위축시킬 수 있으므로 바람직하지 않다. 따라서 각 개인이 양심과 도덕성에 따라 표현을 스스로 규제할 수 있도록 하면 이러한 문제는 해결될 수 있다. 그런데 어떤 사람들은 악성 댓글이 표현의 자유를 남용한 일탈 행위로서 해당 개인과 집단에 심각한 해악을 끼치므로, 이를 규제할 수 있는 제도적 장치만이 이 문제를 바람직하게 해결할 수 있다고 주장한다. 나는 이러한 주장이 (㉠)고 생각한다.

① 익명성으로 인해 비도덕적으로 행동할 수 있음을 간과한다
② 제도적 규제보다 자율적 규제가 적절한 해결책임을 간과한다
③ 표현의 자유보다 해악 금지 원칙이 우선되어야 함을 간과한다
④ 타인의 피해를 방지하기 위한 법적 규제가 필요함을 간과한다
⑤ 표현의 자유를 강제적으로 제한하여 악성 댓글이 예방될 수 있음을 간과한다

47
▸24112-0344
2020학년도 10월 학력평가 5번
상 중 하

다음 토론의 핵심 쟁점으로 가장 적절한 것은?

> 갑: 인간이 입력한 데이터를 기반으로 생성물을 창출하는 약한 인공지능(Weak AI)은 다양한 창작 분야에서 저작물을 만들기도 합니다. 이러한 저작물에 한해서 법적으로 보호돼야 합니다.
>
> 을: 아닙니다. 저작물은 법적으로 보호받아야 하지만 인공지능이 창출한 생성물은 데이터를 분석하여 수식화한 결과에 불과하기 때문에 저작물로 인정할 수 없습니다.
>
> 갑: 그렇지 않습니다. 데이터에 근거한 인공지능의 생성물이더라도 독창성만 인정되면 저작물로 봐야 합니다. 향후 인간이 입력한 데이터를 넘어서서 독자적 사고를 하는 강한 인공지능(Strong AI)이 개발되면 더 독창적이고 새로운 생성물이 많이 창출될 것입니다.
>
> 을: 강한 인공지능이 개발되어 인공지능이 독창적이고 새로운 생성물을 만든다고 하더라도 창작의 주체가 인간이 아니므로 저작물이 될 수 없습니다.

① 인공지능의 생성물은 독창성을 지닐 수 있는가?
② 강한 인공지능이 독자적 생성물을 만들 수 있는가?
③ 인공지능이 만들어 낸 생성물을 저작물로 볼 수 있는가?
④ 강한 인공지능의 생성물만을 저작물로 인정해야 하는가?
⑤ 약한 인공지능의 생성물은 모두 저작물로 보아야 하는가?

48
▸24112-0345
2020학년도 3월 학력평가 8번
상 중 하

다음 칼럼의 입장에서 지지할 내용으로 가장 적절한 것은?

> ○○신문 ○○○○년 ○월 ○일
>
> 칼 럼
>
> 최근 여러 나라에서 저작자의 저작권을 침해하지 않으면서도 저작물을 사람들이 무료로 이용할 수 있도록, 저작자가 자신의 저작물에 '저작자 표시', '비영리', '변경 금지' 등의 조건을 표시하자는 운동이 일어나고 있다. 왜냐하면 저작자가 자신의 저작물을 이용자들이 제한된 조건 내에서 대가 없이 이용하기를 원하는 경우에도 이용자들은 이와 같은 저작자의 의사를 알지 못해 불편을 겪고 있기 때문이다. 이러한 운동은 저작자의 권리를 존중하면서도 정보를 확산할 수 있다는 점에서 계속 활성화되어야 한다.

① 저작권 보호는 새로운 창작 활동의 기회를 박탈한다.
② 저작자의 저작권 보호와 정보의 공유는 양립 가능하다.
③ 모든 저작물은 인류가 생산한 공유 자산으로 보아야 한다.
④ 이용 허락 조건 표시가 없는 저작물은 공공재로 보아야 한다.
⑤ 저작권을 사유 재산으로 인정해야 정보의 교류가 활성화된다.

49

▸24112-0346

2020학년도 수능 13번

상 중 하

갑, 을의 입장으로 적절한 것만을 〈보기〉에서 고른 것은?

> 갑: 빅 브라더(Big Brother)는 소설 속 존재로, 사회를 철저히 장악한다. 정보 통신 기술의 발달로 인해 개인은 사이버 공간에서 '빅 브라더'의 감시를 벗어나지 못해, 실질적인 정치 참여 기회가 줄어들 위험성이 커지고 있다.
>
> 을: 아고라(agora)는 고대 아테네의 광장으로, 자유민들은 이곳에서 민회에 참여했다. 정보 통신 기술의 발달로 사이버 공간이 아고라와 같은 기능을 하면서 현실의 정책 결정에 대해서도 시민의 정치 참여를 높이고 있다.

보기

ㄱ. 갑: 사이버 공간에서는 사생활권과 익명성이 보장된다.
ㄴ. 갑: 정보 통신 기술은 보이지 않는 방식으로 개인을 통제한다.
ㄷ. 을: 사이버 공간은 직접 민주주의의 가능성을 높이고 있다.
ㄹ. 갑, 을: 정보화가 진전됨에 따라 표현의 자유도 증진된다.

① ㄱ, ㄴ ② ㄱ, ㄷ ③ ㄴ, ㄷ
④ ㄴ, ㄹ ⑤ ㄷ, ㄹ

50

▸24112-0347

2020학년도 9월 모의평가 13번

상 중 하

다음 글에서 강조하는 내용으로 가장 적절한 것은?

> 사이버 공간은 실제 공간의 연장이면서도 익명성의 특징을 지닌 새로운 공간이다. 도덕적 책임을 둔감하게 만드는 익명성의 부정적 측면을 간과해서는 안 되지만, 그 긍정적 측면을 살리는 지혜가 필요하다. 사이버 공간에서 우리는 현실의 자아에서 벗어나, 여러 자아를 실험하며 자신의 모습을 자유롭게 만들고 해체하면서 새로운 자아를 형성할 수 있다. 우리는 다중 정체성의 위험에 유의한다면 사이버 자아를 통해 현실의 삶을 더 풍성하게 할 수 있다.

① 사이버 자아는 현실 자아의 반영에 불과하다.
② 사이버 자아의 익명성은 위험하기에 실명화해야 한다.
③ 사이버 자아는 현실의 자아보다 도덕적 책임에 민감하다.
④ 사이버 공간은 자아 정체성을 모색할 수 있는 열린 공간이다.
⑤ 사이버 공간의 다중 자아를 금지해 정체성 혼란을 예방해야 한다.

51

▸24112-0348

2019학년도 3월 학력평가 12번

상 중 하

갑, 을의 입장을 〈보기〉에서 고른 것은?

> 갑: 지적 창작물은 어느 누구의 소유물이 될 수 없다. 정보는 창의적인 아이디어가 끊임없이 부가되어 발전하는 것이다. 인류의 공동 자산인 정보는 모든 사람들이 자유롭게 사용할 수 있어야 한다.
>
> 을: 지식 생산에 대한 경제적 보상을 통해 창작 의욕을 높일 필요가 있다. 저작자는 지식 재산권을 소유하면서도, 다른 사람과 함께 사용하기를 원하는 창작물에 대하여 저작자 표시 등의 조건하에 누구나 활용하게 할 수 있다.

보기

ㄱ. 갑: 정보를 공유할수록 정보의 질이 하락하는 것은 아니다.
ㄴ. 을: 모든 정보는 공공재이며 대가 없이 공유되어야 한다.
ㄷ. 을: 정보 창작자의 지식 재산권을 침해하지 말아야 한다.
ㄹ. 갑, 을: 저작자는 지적 창작물에 대한 소유권을 지닐 수 있다.

① ㄱ, ㄴ ② ㄱ, ㄷ ③ ㄴ, ㄷ
④ ㄴ, ㄹ ⑤ ㄷ, ㄹ

52

▸24112-0349

2019학년도 수능 10번

상 중 하

다음 대화에서 갑, 을의 입장으로 가장 적절한 것은?

정보에 대한 접근은 자유로워야 하지만 생산과 유통은 국가가 규제해야 합니다. 표현의 자유는 해악 금지의 원칙에 위배되지 않는 한에서 보장되어야 합니다. 국가는 혐오표현의 유해성에 대한 법적 기준을 정해 정보의 생산과 유통을 규제할 책무가 있습니다.
정보에 대한 접근은 물론 생산과 유통도 개인의 자율에 맡겨야 합니다. 정보의 생산과 유통에 대한 국가의 규제는 그 자체로 표현의 자유를 침해하는 것입니다. 혐오표현의 유해성에 대한 판단은 사람에 따라 다르기 때문에 국가가 일률적 기준을 마련할 수는 없습니다.
갑
을

① 갑: 국가는 정보에 자유롭게 접근할 권리를 제한해야 한다.
② 갑: 국가는 혐오표현의 유해성을 판단할 기준을 설정해야 한다.
③ 을: 국가는 정보의 접근이 아닌 생산·유통의 자유만 보장해야 한다.
④ 을: 국가는 해악 금지 원칙에 따라 정보 생산을 규제해야 한다.
⑤ 갑, 을: 혐오표현에 대한 국가 규제는 표현의 자유와 양립 가능하다.

03 자연과 윤리

53 ▸24112-0350
2024학년도 수능 15번 상중하

(가)의 갑, 을, 병 사상가들의 입장을 (나) 그림으로 표현할 때, A~D에 해당하는 적절한 진술만을 〈보기〉에서 고른 것은?

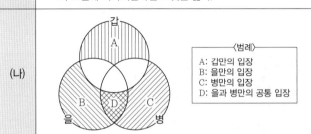

(가)	갑: 동물을 폭력적으로 다루면 고통에 대한 공감이 무뎌져 결국 타인과의 관계에서 인간의 도덕성에 매우 유익한 천성적 소질이 고갈될 수 있다. 을: 어떤 존재가 느끼는 고통을 고려하지 않는 것은 옳지 않다. 이익 평등 고려의 원리는 그 존재의 고통을 다른 존재의 고통과 평등하게 계산하도록 한다. 병: 경제적 이익 계산의 문제로만 바람직한 대지의 이용을 생각하지 말라. 생명 공동체의 통합성과 안정성 그리고 아름다움의 보전에 이바지한다면 그것은 옳다.
(나)	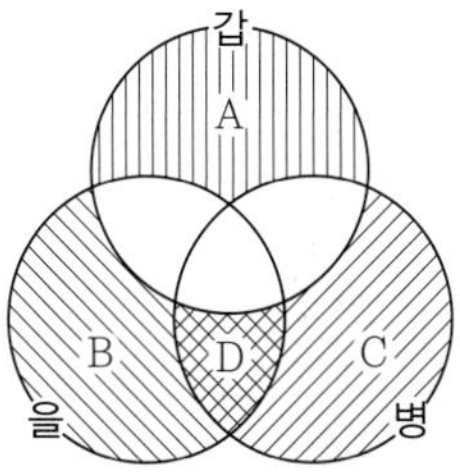 〈범례〉 A: 갑만의 입장 B: 을만의 입장 C: 병만의 입장 D: 을과 병만의 공통 입장

보기

ㄱ. A: 동물을 학대하지 않는 것은 인간의 자신에 대한 의무에 부합한다.
ㄴ. B: 쾌고 감수 능력은 도덕적 행위자임을 판별하는 결정적 기준이다.
ㄷ. C: 생태계뿐만 아니라 개별 생명체도 도덕적 고려의 대상일 수 있다.
ㄹ. D: 인간은 다른 모든 생명체보다 본질적으로 우월하지 않다.

① ㄱ, ㄴ ② ㄱ, ㄷ ③ ㄴ, ㄷ ④ ㄴ, ㄹ ⑤ ㄷ, ㄹ

54 ▸24112-0351
2024학년도 9월 모의평가 10번 상중하

(가)의 갑, 을, 병 사상가들의 입장을 (나) 그림으로 표현할 때, A~D에 해당하는 적절한 진술만을 〈보기〉에서 있는 대로 고른 것은?

(가)	갑: 살아 있는 동물이나 식물은 목적론적 삶의 중심으로서, 인간이 고유한 선을 지닌 것과 동일한 의미로 각자의 고유한 선을 지니고 있다. 을: 대지 윤리는 인류의 역할을 대지 공동체의 정복자에서 그것의 평범한 구성원으로 변화시키며, 공동체 자체에 대한 존중을 필연적으로 수반한다. 병: 동물 학대가 인간 학대로 이어질 수 있다는 이유로, 우리가 동물에게 친절해야 한다는 주장은 전적으로 종 차별주의적 입장을 표명한 것이다.
(나)	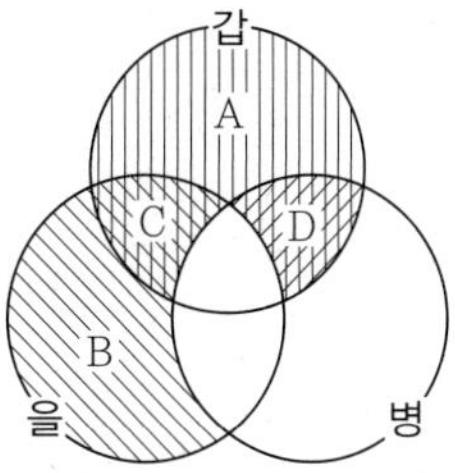 〈범례〉 A: 갑만의 입장 B: 을만의 입장 C: 갑과 을만의 공통 입장 D: 갑과 병만의 공통 입장

보기

ㄱ. A: 생명을 지닌 존재가 아니라면 도덕적 지위를 지닐 수 없다.
ㄴ. B: 개체에게 생명 공동체와 동등한 가치를 부여할 수는 없다.
ㄷ. C: 인간은 본질적으로 식물보다 우월한 존재라고 할 수 없다.
ㄹ. D: 자연 자체의 선은 개체의 희생을 정당화하는 근거가 아니다.

① ㄱ, ㄴ ② ㄱ, ㄷ ③ ㄷ, ㄹ
④ ㄱ, ㄴ, ㄹ ⑤ ㄴ, ㄷ, ㄹ

IV 과학과 윤리

55

▸24112-0352

2024학년도 6월 모의평가 15번

상 중 하

(가)의 갑, 을, 병 사상가들의 입장을 (나) 그림으로 표현할 때, A~D에 해당하는 적절한 진술만을 〈보기〉에서 고른 것은?

(가)	갑: 목적론적 삶의 중심으로서 유기체는 의식이 있든 없든 자신을 보존하고 자신만의 독특한 방식으로 고유한 선을 실현하려고 애쓰는 지속적인 경향이 있다. 을: 비록 무생물이라 할지라도 자연 안에 있는 아름다운 대상을 파괴해 버리는 인간의 성향, 즉 파괴적 정신은 인간의 자기 자신에 대한 의무와 대립한다. 병: 어떤 것이 생명 공동체의 통합성과 안정성 그리고 아름다움의 보전에 이바지한다면, 그것은 옳다. 인간은 생명 공동체의 한 구성원일 뿐이다.
(나)	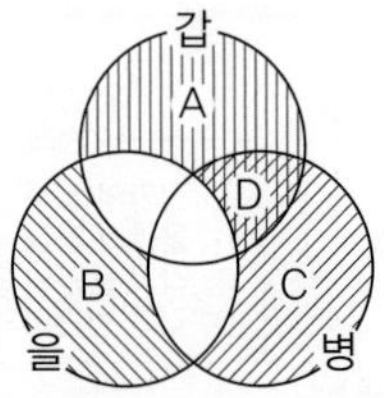 〈범례〉 A: 갑만의 입장 B: 을만의 입장 C: 병만의 입장 D: 갑과 병만의 공통 입장

보기

ㄱ. A: 인간이 아닌 생명체에 대한 해악 금지 의무는 그 생명체의 내재적 선에 근거한다.

ㄴ. B: 이성적 삶의 주체만이 생명체에 대한 도덕적 의무를 지닌다.

ㄷ. C: 생명체들의 가치보다 생명 공동체의 가치가 더 중요하다.

ㄹ. D: 어떤 생명체의 존속은 그 생명체의 본래적 가치에 의해 정당화된다.

① ㄱ, ㄴ ② ㄱ, ㄷ ③ ㄴ, ㄷ ④ ㄴ, ㄹ ⑤ ㄷ, ㄹ

56

▸24112-0353

2023학년도 10월 학력평가 11번

상 중 하

(가)의 갑, 을, 병 사상가들의 입장을 (나) 그림으로 표현할 때, A~D에 해당하는 적절한 진술만을 〈보기〉에서 있는 대로 고른 것은?

(가)	갑: 모든 생명체는 생명 공동체의 일원이다. 모든 생명체는 자신을 보존하고 고유의 선을 추구하려는 목적론적 삶의 중심이다. 을: 동물의 고통을 인간의 동일한 양의 고통과 동등하게 간주해야 한다. 고통을 느낄 수 있는 존재의 이익을 평등하게 고려해야 한다. 병: 대지 윤리는 인류의 역할을 생명 공동체의 정복자에서 평범한 구성원이자 시민으로 변화시킨다. 인간은 생명 공동체 그 자체를 존중해야 한다.
(나)	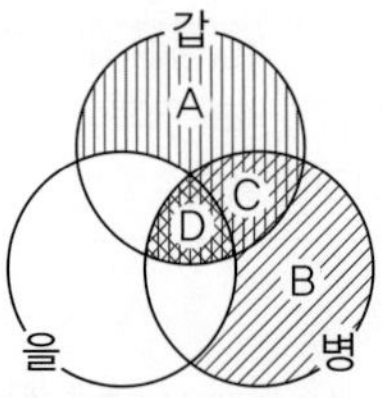 〈범례〉 A: 갑만의 입장 B: 병만의 입장 C: 갑과 병만의 공통 입장 D: 갑, 을, 병의 공통 입장

보기

ㄱ. A: 인간은 이성적 존재와 동식물에게만 신의의 의무를 져야 한다.

ㄴ. B: 생태계의 선과 개체의 선은 동등한 가치를 지니지 않는다.

ㄷ. C: 생명이 있는 존재라면 종에 상관없이 도덕적으로 배려되어야 한다.

ㄹ. D: 동물에 대한 인간의 의무는 호혜성에서 비롯된 것이 아니다.

① ㄱ, ㄴ ② ㄴ, ㄹ ③ ㄷ, ㄹ

④ ㄱ, ㄴ, ㄷ ⑤ ㄱ, ㄷ, ㄹ

57

▸24112-0354
2023학년도 3월 학력평가 15번
상 중 하

(가)의 갑, 을, 병 사상가들의 입장을 (나) 그림으로 탐구하고자 할 때, A~D에 들어갈 적절한 질문만을 〈보기〉에서 있는 대로 고른 것은?

(가)	갑: 우리는 동물에 대한 직접적 의무를 지지 않는다. 동물은 단지 수단일 뿐이다. 동물과 관련한 우리의 의무는 인간에 대한 간접적 의무에 불과하다. 을: 우리가 해야 할 일은 종(種) 차별주의를 피하면서 쾌고 감수 능력이 있는 동물을 도덕적 관심의 영역 안으로 끌어들이는 것이다. 병: 우리는 유기체가 자신을 보존하고 자신만의 독특한 방식으로 고유의 선을 실현하려고 애쓰는 목적론적 삶의 중심이라고 생각한다.
(나)	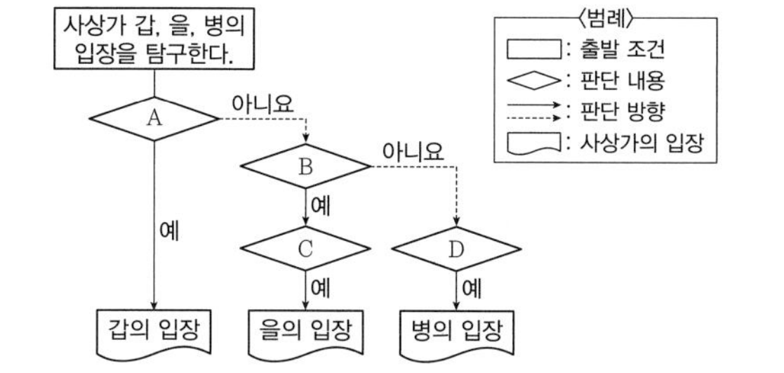

보기

ㄱ. A: 생명체 중에서 오직 인간만이 가치를 지닌 존재인가?
ㄴ. B: 인간이 생명을 가진 존재를 차별하는 것은 잘못인가?
ㄷ. C: 동물을 이용하는 인간의 행위가 정당화될 수 있는가?
ㄹ. D: 개체가 고유의 선을 지녀야만 의무의 대상이 될 수 있는가?

① ㄱ, ㄴ ② ㄴ, ㄷ ③ ㄷ, ㄹ
④ ㄱ, ㄴ, ㄹ ⑤ ㄱ, ㄷ, ㄹ

58

▸24112-0355
2023학년도 수능 10번
상 중 하

(가)의 갑, 을, 병 사상가들의 입장을 (나) 그림으로 표현할 때, A~D에 해당하는 적절한 진술만을 〈보기〉에서 고른 것은?

(가)	갑: 인간과 마찬가지로 다른 생명체도 목적론적 삶의 중심이다. 그들 각각은 고유의 방식으로 환경 상황에 반응하고 고유의 선을 추구한다. 을: 인간은 인간에 대한 의무 외에 다른 의무는 갖지 않는다. 인간이 갖고 있는 다른 존재와 관련된 의무를 다른 존재에 대한 의무로 혼동해서는 안 된다. 병: 인간이 육식을 위해 동물을 죽이는 관행은 동물의 이익을 침해한다. 우리에게는 이익 평등 고려 원칙에 따라 이런 관행을 막아야 할 도덕적 의무가 있다.
(나)	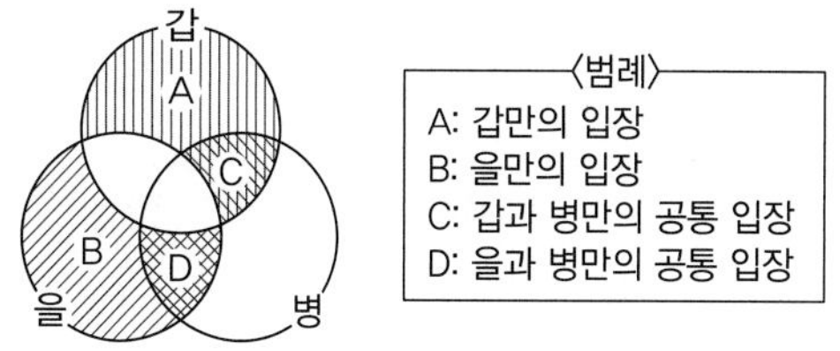

보기

ㄱ. A: 인간은 생명체를 해치지 않을 절대적 의무를 실천해야 한다.
ㄴ. B: 종(種)이 다른 개체를 서로 다르게 대우하는 것이 정당화될 수 있다.
ㄷ. C: 인간에 대한 의무의 근거가 동물에 대한 의무를 정당화할 수 있다.
ㄹ. D: 인간 아닌 감각 없는 개체 중 도덕적 지위를 지닌 존재는 없다.

① ㄱ, ㄴ ② ㄱ, ㄷ ③ ㄴ, ㄷ
④ ㄴ, ㄹ ⑤ ㄷ, ㄹ

59

▸24112-0356

2023학년도 9월 모의평가 10번

상 중 하

(가)의 갑, 을, 병 사상가들의 입장을 (나) 그림으로 표현할 때, A~D에 해당하는 적절한 진술만을 〈보기〉에서 고른 것은?

(가)

갑: 생명 공동체의 온전함, 안정, 아름다움의 보존에 기여한다면 그 행위는 옳다. 대지의 이용을 경제적 관점만이 아닌 윤리적, 심미적 관점에서도 검토해야 한다.

을: 생명체는 목적론적 삶의 중심으로서 그 자신의 고유한 선을 갖는다. 우리는 생명체의 고유한 선을 증진하거나 보호하는 활동을 실천해야 한다.

병: 생명 공동체를 구성하는 개체들의 권리를 존중한다면 그 공동체는 보존될 것이다. 삶의 주체인 동물은 존중받을 도덕적 권리를 지닌다.

(나)

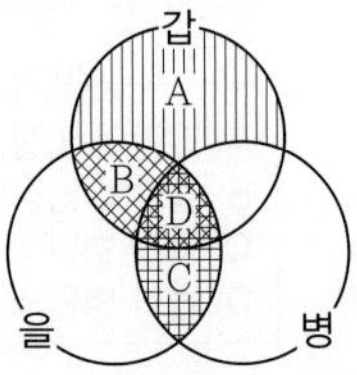

〈범례〉
A: 갑만의 입장
B: 갑과 을만의 공통 입장
C: 을과 병만의 공통 입장
D: 갑, 을, 병의 공통 입장

보기

ㄱ. A: 인간이 생명 공동체에 개입하는 것이 정당화되는 경우가 있다.
ㄴ. B: 어떤 생명체와 비교하든 인간이 본질적으로 우월하지는 않다.
ㄷ. C: 개체의 선에 우선하는 생명 공동체의 선은 존재할 수 없다.
ㄹ. D: 비도구적 가치를 지닌 비이성적 존재를 수단으로 사용하는 것은 어떠한 경우에도 정당화될 수 없다.

① ㄱ, ㄴ ② ㄱ, ㄷ ③ ㄴ, ㄷ
④ ㄴ, ㄹ ⑤ ㄷ, ㄹ

60

▸24112-0357

2023학년도 6월 모의평가 19번

상 중 하

(가)의 갑, 을, 병 사상가들의 입장을 (나) 그림으로 표현할 때, A~D에 해당하는 적절한 진술만을 〈보기〉에서 있는 대로 고른 것은?

(가)

갑: 어떤 존재가 고통과 즐거움을 경험할 수 있는 능력이 있는지 없는지는 우리가 그 존재들의 이익에 관심을 가질지 여부를 판가름하는 유일한 경계가 된다.

을: 동물은 비록 이성은 없을지라도 살아 있는 피조물임을 고려할 때, 동물을 폭력적으로 잔인하게 다루는 것은 인간 자신에 대한 의무를 거스르는 것이다.

병: 대지 윤리는 인류의 역할을 토지 공동체의 정복자에서 평범한 구성원으로 변화시키며, 동료 구성원에 대한 존중을 필연적으로 수반한다.

(나)

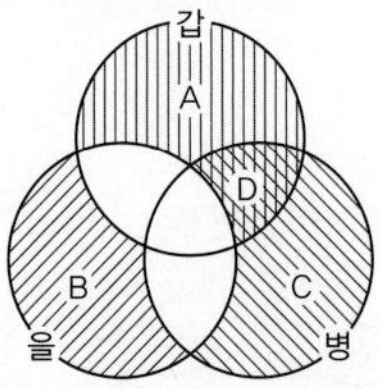

〈범례〉
A : 갑만의 입장
B : 을만의 입장
C : 병만의 입장
D : 갑과 병만의 공통 입장

보기

ㄱ. A: 동물에 대한 인간의 행위는 공리의 원리에 근거해야 한다.
ㄴ. B: 모든 동물에게 인간과 동등한 도덕적 지위를 부여하는 것은 옳지 않다.
ㄷ. C: 어떤 존재가 생명을 지닌 개체가 아니어도 도덕적 지위를 가질 수 있다.
ㄹ. D: 쾌고 감수 능력의 보유 여부에 의해 개체의 도덕적 지위가 결정된다.

① ㄱ, ㄷ ② ㄱ, ㄹ ③ ㄴ, ㄹ
④ ㄱ, ㄴ, ㄷ ⑤ ㄴ, ㄷ, ㄹ

61

▸24112-0358
2022학년도 10월 학력평가 15번 상중하

(가)의 갑, 을, 병 사상가들의 입장에서 서로에게 제기할 수 있는 비판을 (나) 그림으로 표현할 때, A~F에 해당하는 내용으로 가장 적절한 것은?

(가)
갑: 생명은 없지만 아름다운 것을 파괴하는 행위를 일삼는 것은 도덕성을 촉진하는 감정을 약화시키므로 인간의 자기 자신에 대한 의무와 대립한다.
을: 쾌고 감수 능력은 이익 관심을 갖기 위한 선행 조건이다. 쾌고 감수 능력을 지닌 동물의 이익은 인간의 이익과 동등하게 고려되어야 한다.
병: 모든 생명체는 자신의 생존 유지, 종의 재생산, 환경 적응 활동을 성공적으로 수행하게 하는 일정한 경향성을 갖고 있는 목적론적 삶의 중심이다.

(나)
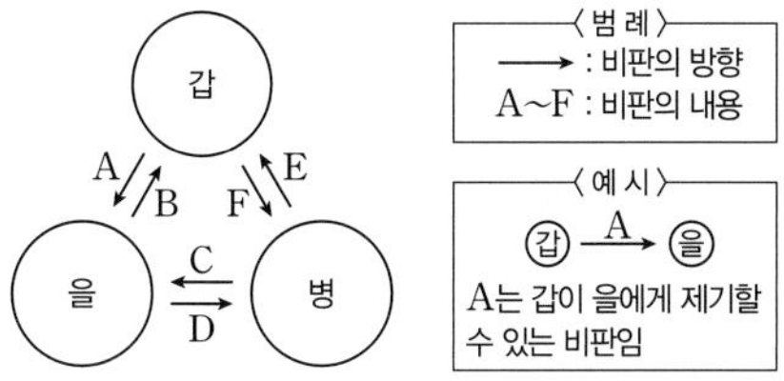

① A, F: 의식은 도덕적 행위의 주체가 되기 위한 필요충분조건임을 간과한다.
② B: 인간뿐만 아니라 동물과 관련해서도 인간의 의무가 발생함을 간과한다.
③ B, D: 인간을 위해 동물에게 친절한 것은 종 차별주의 입장이 아님을 간과한다.
④ C: 어떤 개체가 이익 관심을 갖지 않아도 도덕적 지위를 지닐 수 있음을 간과한다.
⑤ C, E: 생태계를 조작하여 생태계 자체의 도덕적 지위를 훼손하면 안 됨을 간과한다.

62

▸24112-0359
2022학년도 3월 학력평가 5번 상중하

(가)의 갑, 을, 병 사상가들의 입장을 (나) 그림으로 탐구하고자 할 때, A~D에 들어갈 적절한 질문만을 〈보기〉에서 있는 대로 고른 것은?

(가)
갑: 이성은 없지만 생명이 있는 피조물인 동물을 폭력적이고 잔인한 방식으로 다루는 것은 자기 자신에 대한 인간의 의무와 대립한다.
을: 유기체는 고유의 방식으로 자신의 선을 추구하는 목적론적 삶의 중심이다. 어떤 종을 다른 종보다 선호하는 편견은 받아들일 수 없다.
병: 동물이 인간과 다른 종에 속한다고 해서 그들의 이익을 희생시키는 것은 종 차별주의이며, 종 차별주의는 인종 차별과 다를 바 없이 부도덕하다.

(나)
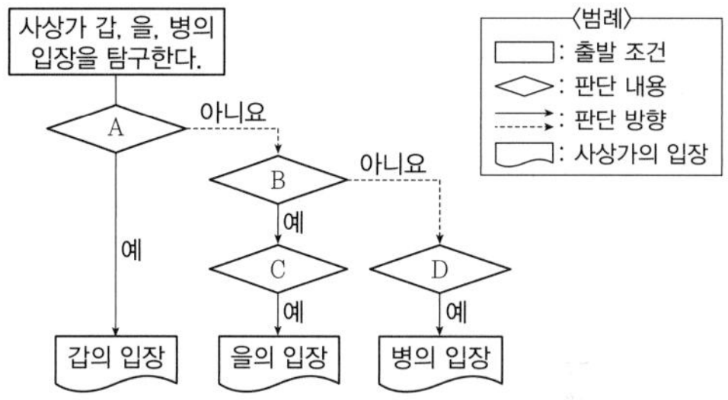

보기

ㄱ. A: 동물에 대한 폭력적 행위는 인간의 의무에 어긋나는가?
ㄴ. B: 생명체는 종에 상관없이 도덕적 지위를 지니는가?
ㄷ. C: 생명체 고유의 선을 보호하기 위한 간섭이 허용될 수 있는가?
ㄹ. D: 인간과 동물의 동일한 양의 고통은 동일하게 고려되어야 하는가?

① ㄱ, ㄴ ② ㄱ, ㄷ ③ ㄴ, ㄹ
④ ㄱ, ㄷ, ㄹ ⑤ ㄴ, ㄷ, ㄹ

Ⅳ 과학과 윤리

63 ▸24112-0360

2022학년도 수능 14번 상중하

(가)의 갑, 을, 병 사상가들의 입장을 (나) 그림으로 표현할 때, A~D에 해당하는 적절한 진술만을 〈보기〉에서 있는 대로 고른 것은?

(가)	갑: 목적론적 삶의 중심으로서 유기체는 외적 활동뿐 아니라 내적 기능도 모두 목표 지향적이고, 생물의 기능을 성공적으로 수행하는 지속적인 경향을 지닌다. 을: 인간의 도덕적 소질을 약화시키지 않도록 동물에 대한 잔인한 폭력은 삼가야 하며, 동물이 감당할 수 있는 한도 내에서 무리하지 않도록 동물을 부려야 한다. 병: 삶의 주체는 결코 마치 다른 것들을 위한 자원인 것처럼 대우받아서는 안 된다. 특히 다른 존재의 이익을 위해서 의도적으로 해를 입어서는 안 된다.
(나)	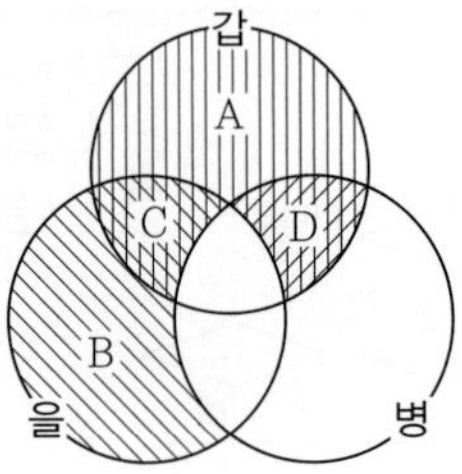 〈범례〉 A: 갑만의 입장 B: 을만의 입장 C: 갑과 을만의 공통 입장 D: 갑과 병만의 공통 입장

보기

ㄱ. A: 어떤 개체가 생명을 지녀야만 도덕적 지위를 지닐 수 있다.
ㄴ. B: 동물은 인간의 가치 평가에서 독립적인 가치를 지닐 수 없다.
ㄷ. C: 쾌고 감수 능력은 어떤 개체가 도덕적 지위를 갖는지 판단할때 고려해야 할 조건이 아니다.
ㄹ. D: 인간에 대한 인간의 의무로 환원되지 않는 의무가 있다.

① ㄱ, ㄴ ② ㄱ, ㄷ ③ ㄷ, ㄹ
④ ㄱ, ㄴ, ㄹ ⑤ ㄴ, ㄷ, ㄹ

64 ▸24112-0361

2022학년도 9월 모의평가 15번 상중하

(가)의 갑, 을, 병 사상가들의 입장을 (나) 그림으로 표현할 때, A~D에 해당하는 진술로 적절한 것만을 〈보기〉에서 있는 대로 고른 것은?

(가)	갑: 동물을 잔학하게 다루는 것은 인간 자신에 대한 의무에 어긋난다. 왜냐하면 타인과의 관계에서 도덕성에 도움이 되는 자연적 소질을 약화시키기 때문이다. 을: 고통과 즐거움을 느낄 수 있는 존재에 대해 우리는 이익 평등 고려 원칙을 적용해야 한다. 동물의 고통을 무시하는 행위는 일종의 종 차별주의적 태도이다. 병: 개인은 상호 의존적으로 이루어진 공동체의 구성원이다. 우리는 대지 윤리를 통해 이 공동체의 범위를 흙, 물, 동식물을 포함하도록 확장해야 한다.
(나)	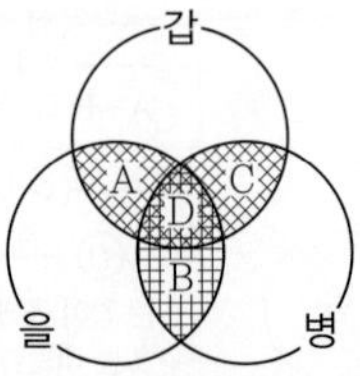 〈범례〉 A: 갑과 을만의 공통 입장 B: 을과 병만의 공통 입장 C: 갑과 병만의 공통 입장 D: 갑, 을, 병의 공통 입장

보기

ㄱ. A: 자연을 경제적 관점에서 이용하는 것이 허용될 수 있다.
ㄴ. B: 이성적 능력을 기준으로 도덕적 지위가 결정되지는 않는다.
ㄷ. C: 고통을 느끼는 모든 존재가 존속할 권리를 갖는 것은 아니다.
ㄹ. D: 동물에게 해를 끼치는 행위가 정당화되는 경우가 있다.

① ㄱ, ㄴ ② ㄱ, ㄷ ③ ㄴ, ㄹ
④ ㄱ, ㄷ, ㄹ ⑤ ㄴ, ㄷ, ㄹ

65

▸24112-0362
2022학년도 6월 모의평가 10번
상 중 하

(가)의 갑, 을, 병 사상가들의 입장을 (나) 그림으로 표현할 때, A～D에 해당하는 적절한 진술만을 〈보기〉에서 고른 것은?

(가)	갑: 인간은 통상 인간에 대한 의무 외에 다른 의무는 갖지 않는다. 늙은 말이 수행한 봉사에 대한 감사마저도 직접적으로 볼 때는 인간 자신에 대한 의무이다. 을: 인간만이 아니라 일부 동물도 삶의 주체이다. 왜냐하면 그들도 다른 존재의 이익과는 독립적으로 개별적 복지를 갖는 것과 같은 특징을 지니기 때문이다. 병: 인간은 생명 공동체의 한 구성원에 지나지 않는다. 인간의 활동으로만 설명되어 온 많은 역사적 사건들은 실제로는 인간과 대지의 생명적 상호 작용이었다.
(나)	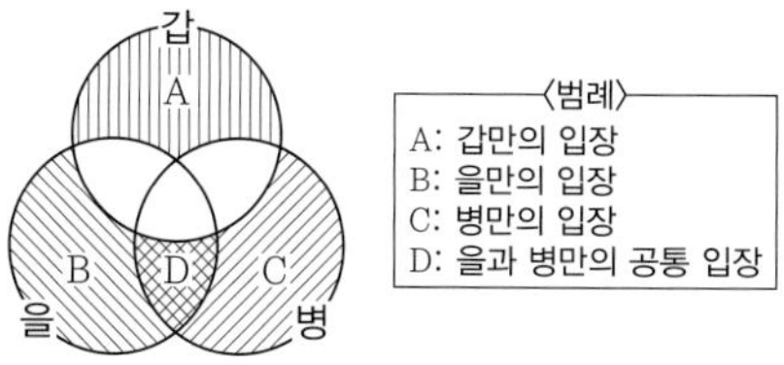

보기

ㄱ. A: 인간 이외의 존재에게는 어떠한 가치도 부여되지 않는다.
ㄴ. B: 인간은 동물 종(種)에 대한 직접적 의무를 실천해야 한다.
ㄷ. C: 인간은 살아 있는 모든 존재를 도덕적으로 존중해야 한다.
ㄹ. D: 인간만이 아니라 동물도 권리를 지닌 존재일 수 있다.

① ㄱ, ㄴ ② ㄱ, ㄷ ③ ㄴ, ㄷ
④ ㄴ, ㄹ ⑤ ㄷ, ㄹ

66

▸24112-0363
2021학년도 10월 학력평가 5번
상 중 하

(가)의 갑, 을, 병 사상가들의 입장을 (나) 그림으로 탐구하고자 할 때, A～D에 들어갈 적절한 질문만을 〈보기〉에서 고른 것은?

(가)	갑: 대지 이용을 오직 경제적 문제로만 생각하지 말아야 한다. 대지를 경제적 관점뿐만 아니라 심미적 · 윤리적 관점에서도 검토해야 한다. 을: 자연 존중의 태도를 이해하는 신념 체계가 생명 중심 관점이다. 생명 중심 관점에서는 모든 유기체를 목적론적 삶의 중심으로 생각한다. 병: 동물 해방의 관점에서 우리는 종 차별주의를 벗어나 동물에게 불필요한 고통을 주지 않고 살아가야 한다.
(나)	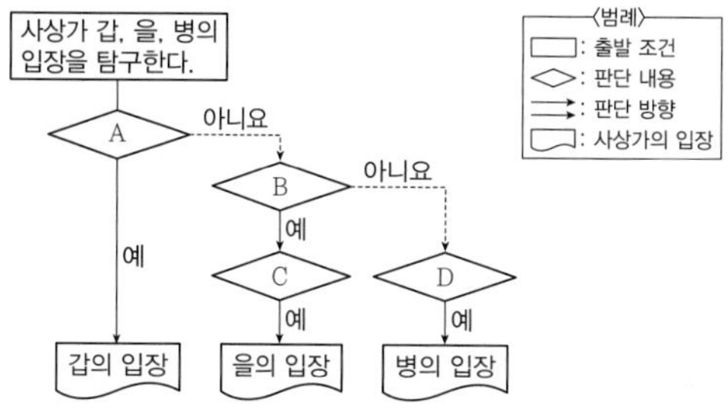

보기

ㄱ. A: 생명체는 인간의 평가로부터 독립된 가치를 지니는가?
ㄴ. B: 유정성이 없는 생명체들은 도덕적인 지위를 지니는가?
ㄷ. C: 모든 생명체는 의식적으로 목표와 목적을 추구하는가?
ㄹ. D: 동물의 고통과 인간의 동일한 고통을 동등하게 취급해야 하는가?

① ㄱ, ㄴ ② ㄱ, ㄷ ③ ㄴ, ㄷ
④ ㄴ, ㄹ ⑤ ㄷ, ㄹ

Ⅳ 과학과 윤리

67

▸24112-0364

2021학년도 3월 학력평가 10번

상 중 하

(가)의 갑, 을, 병 사상가들의 입장을 (나) 그림으로 탐구하고자 할 때, A~D에 들어갈 적절한 질문만을 〈보기〉에서 있는 대로 고른 것은?

(가)	갑: 동물도 인간처럼 고통을 느낄 수 있으며 이해관계를 갖는다. 인간 종이 아니라는 이유로 동물의 이익 관심을 무시하는 것은 종 차별주의이다. 을: 인간은 대지를 상품으로 보기 때문에 남용하고 있다. 대지를 우리가 속한 생명 공동체로 바라보면 대지를 사랑과 존중으로 대하게 될 것이다. 병: 유기체를 목적론적 삶의 중심으로 생각하는 것은 자신의 방식으로 고유의 선을 추구하는 유일한 개체로서 그 존재의 실체를 인식하는 것이다.
(나)	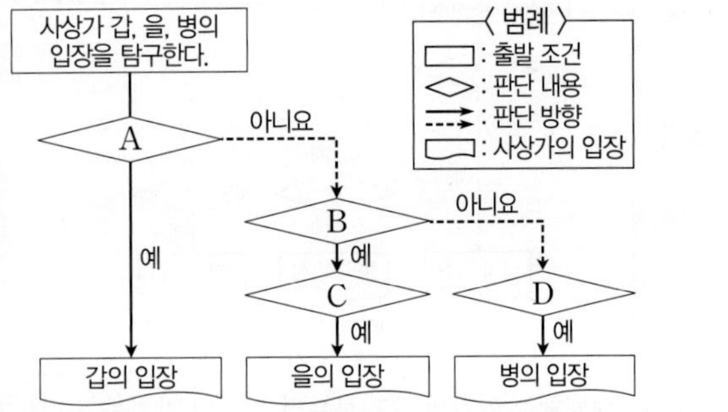

보기

ㄱ. A: 쾌고 감수 능력은 도덕적 고려를 위한 유일한 기준인가?
ㄴ. B: 생명이 없으면서 도덕적 지위를 지닌 개체가 있는가?
ㄷ. C: 자연에 대한 의무는 인간 간의 의무에서 비롯되는가?
ㄹ. D: 생태계의 모든 생명체가 지닌 본래적 가치는 동일한가?

① ㄱ, ㄴ ② ㄱ, ㄷ ③ ㄷ, ㄹ
④ ㄱ, ㄴ, ㄹ ⑤ ㄴ, ㄷ, ㄹ

68

▸24112-0365

2021학년도 3월 학력평가 14번

상 중 하

(가)의 입장에 비해 (나)의 입장이 갖는 상대적 특징을 그림의 ㉠~㉤ 중에서 고른 것은?

(가) 종 차별주의는 인종 차별주의와 달리 정당한 것이다. 도덕적 능력의 차이에 따라 동물보다 인간을 더 고려하는 차별은 정당하다.
(나) 일부 동물은 자신의 삶을 영위할 수 있는 능력, 즉 믿음, 욕구, 지각, 기억, 감정 등을 가진 삶의 주체가 될 수 있으므로 내재적 가치를 지닌다.

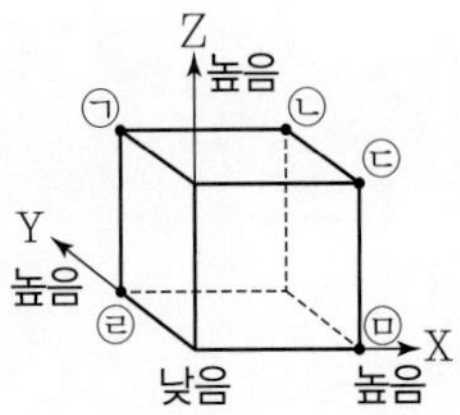

• X: 동물을 수단이 아닌 목적으로 대우해야 함을 강조하는 정도
• Y: 의학의 발전을 위해서 동물 실험이 필요함을 강조하는 정도
• Z: 동물과 인간이 모두 도덕적 권리를 지닐 수 있음을 강조하는 정도

① ㉠ ② ㉡ ③ ㉢ ④ ㉣ ⑤ ㉤

69

▸24112-0366

2021학년도 수능 15번

상 중 하

(가)의 갑, 을, 병 사상가들의 입장을 (나) 그림으로 표현할 때, A~D에 해당하는 적절한 진술만을 〈보기〉에서 있는 대로 고른 것은?

(가)	갑: 쾌고를 느낄 수 있는 능력은 어떤 존재가 이익 관심을 갖기 위한 필요충분조건이다. 만약 한 존재가 쾌고를 겪을 수 없다면, 고려해야 할 것은 아무것도 없다. 을: 자연의 아름다움을 무자비하게 파괴하려는 성향은 인간 자신에 대한 의무를 거스른다. 왜냐하면 그것은 도덕성에 기여하는 감정을 약화시키기 때문이다. 병: 개인은 상호 의존적인 대지 공동체의 구성원이다. 개인의 본능은 공동체 내에서 경쟁할 것을 촉구하지만 그의 윤리는 협동도 하라고 촉구한다.
(나)	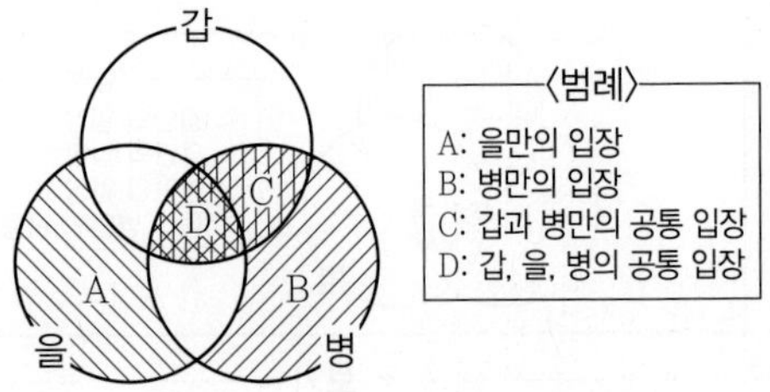

보기

ㄱ. A: 공리의 원리는 동물을 도덕적으로 고려해야 할 근거가 아니다.
ㄴ. B: 인간에 대해서뿐만 아니라 자연과 관련해서도 인간의 의무가 발생한다.
ㄷ. C: 직접적인 도덕적 의무의 대상은 인간에만 한정되지 않는다.
ㄹ. D: 도덕적 지위를 지닌 존재의 범위를 모든 생명체로 설정하는 것은 부적절하다.

① ㄱ, ㄴ ② ㄱ, ㄷ ③ ㄷ, ㄹ
④ ㄱ, ㄴ, ㄹ ⑤ ㄴ, ㄷ, ㄹ

70

▸24112-0367

2021학년도 9월 모의평가 10번 상중하

(가)의 갑, 을, 병 사상가들의 입장을 (나) 그림으로 표현할 때, A~D에 해당하는 적절한 진술만을 〈보기〉에서 있는 대로 고른 것은?

(가)

갑: 이 세상에는 육체와 영혼이라는 두 가지 실체가 있다. 물질적 육체와 비물질적 영혼의 혼합체인 인간과 달리, 동물은 의식이 없는 기계일 뿐이다.

을: 일부 포유동물은 삶의 주체가 될 수 있다. 그들은 자신의 미래에 대한 감각 등을 바탕으로 자신의 욕망과 목적을 추구하기 위해 행위할 능력을 갖추었기 때문이다.

병: 대지의 이용을 경제적 관점만이 아니라 윤리적 관점에서도 고찰해야 한다. 어떤 것이 생명 공동체의 온전성, 안정성, 아름다움의 보전에 기여한다면 그것은 옳고, 그렇지 않다면 그르다.

(나)

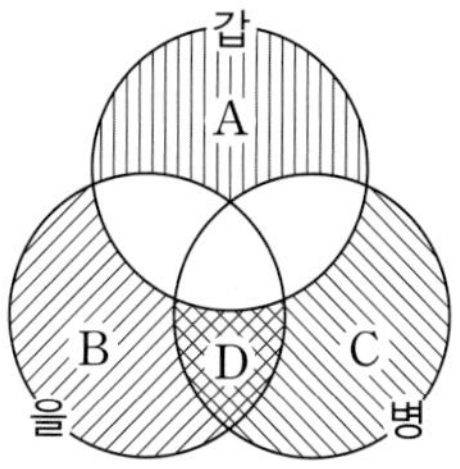

〈범례〉
A : 갑만의 입장
B : 을만의 입장
C : 병만의 입장
D : 을과 병만의 공통 입장

보기

ㄱ. A: 동물을 자원으로 사용하는 것이 금지되지는 않는다.
ㄴ. B: 사유 능력 여부로 어떤 존재의 도덕적 지위가 결정되지 않는다.
ㄷ. C: 살아 있는 모든 개체는 도덕적 고려 대상인 공동체의 일원이다.
ㄹ. D: 생명에 대한 권리는 인간에게 한정된 특수한 권리가 아니다.

① ㄱ, ㄴ ② ㄱ, ㄷ ③ ㄷ, ㄹ
④ ㄱ, ㄴ, ㄹ ⑤ ㄴ, ㄷ, ㄹ

71

▸24112-0368

2021학년도 6월 모의평가 15번 상중하

(가)의 갑, 을, 병의 입장을 (나) 그림으로 표현할 때, A~D에 해당하는 적절한 진술만을 〈보기〉에서 있는 대로 고른 것은?

(가)

갑: 도덕 판단은 보편화 가능해야 한다. 어떤 이익이 단지 인간에게 유용하다는 이유만으로, 이익 관심을 가진 동물의 이익보다 중요하다고 간주해서는 안 된다.

을: 도덕적 존중의 대상에는 도덕적 권리를 가질 수 있는 삶의 주체인 동물도 포함된다. 그들 각각은 다른 존재의 이익과 독립해 개별적 복지를 추구한다.

병: 도덕적 의무를 질 수 있는 인간에 대한 의무 외에 다른 존재에 대한 의무는 없다. 물론 동물이 수행한 봉사에 대한 감사는 간접적으로 인간의 의무에 속한다.

(나)

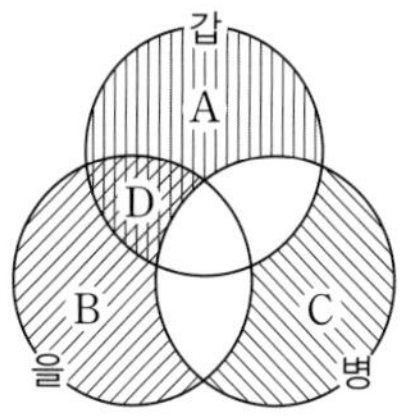

〈범례〉
A : 갑만의 입장
B : 을만의 입장
C : 병만의 입장
D : 갑과 을만의 공통 입장

보기

ㄱ. A: 이익 관심을 지닌 모든 개체는 동일한 대우를 받아야 한다.
ㄴ. B: 목적 그 자체로서 가치를 지닌 존재는 도덕적 존중의 대상이다.
ㄷ. C: 동물 학대가 그릇된 근본 이유는 인간성 실현을 저해함에 있다.
ㄹ. D: 자율적 행위 능력과 무관하게 도덕적 지위는 부여되어야 한다.

① ㄱ, ㄴ ② ㄱ, ㄷ ③ ㄷ, ㄹ
④ ㄱ, ㄴ, ㄹ ⑤ ㄴ, ㄷ, ㄹ

IV 과학과 윤리

72

▸24112-0369

2020학년도 10월 학력평가 15번

상 중 하

(가)의 갑, 을, 병 사상가들의 입장에서 서로에게 제기할 수 있는 비판을 (나) 그림으로 표현할 때, A~F에 해당하는 내용으로 가장 적절한 것은?

(가)	갑: 모든 생명체는 고유의 선을 실현하기 위해 움직인다. 우리에게 도덕적 관심을 갖게 하는 것은 유기체가 지닌 목적 추구 능력이다. 을: 자연 중에 생명은 없지만 아름다운 것을 파괴하거나 동물을 잔인하게 다루는 것은 인간의 자기 자신에 대한 의무에 어긋난다. 병: 쾌고 감수 능력을 지닌 모든 존재는 자신의 이익 관심을 갖는다. 이러한 존재들을 차별할 수 있다고 생각하는 것은 인간의 편견에 불과하다.
(나)	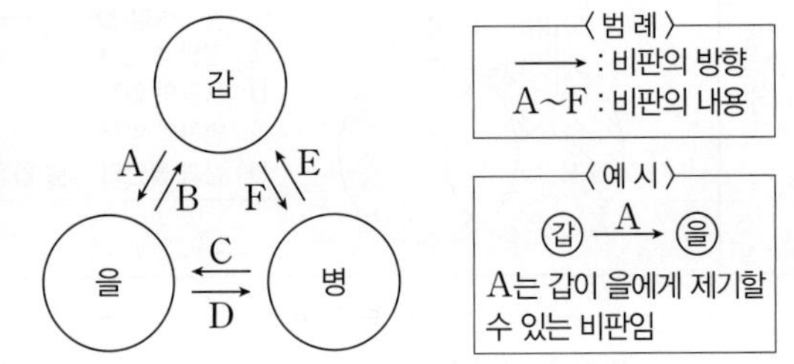

① A, C: 인간은 비이성적 존재에 대해 의무가 있음을 간과한다.

② A, F: 개별 생명체보다 생명 종(種)의 보존에 주력해야 함을 간과한다.

③ B, D: 인간의 필요를 위해 동물을 이용할 수 있음을 간과한다.

④ C, E: 유정성(有情性)이 있는 존재만이 도덕적 지위를 지님을 간과한다.

⑤ D, F: 쾌고 감수 능력이 없는 존재도 내재적 가치를 지니고 있음을 간과한다.

73

▸24112-0370

2020학년도 3월 학력평가 11번

상 중 하

(가)의 사상가 갑, 을, 병의 입장을 (나) 그림으로 탐구할 때, A~D에 들어갈 질문으로 옳은 것은?

(가)	갑: 어떤 생명이 지각과 기억이 있고, 쾌고를 느낄 수 있다면 삶의 주체로서 도덕적 권리를 지닌다. 을: 모든 생명을 상호 연결된 전체의 평등한 구성원으로 보는 '생명 중심적 평등'을 지향해야 한다. 병: 모든 생명은 목적론적 삶의 중심이기 때문에 인간의 필요와 관계없이 고유한 가치를 지닌다.
(나)	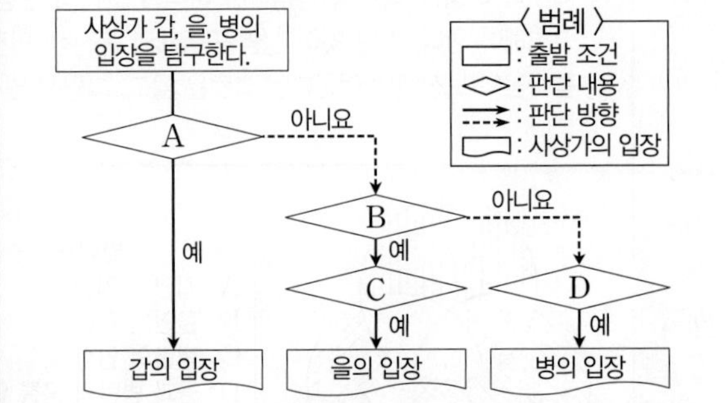

① A: 인간의 이익을 위해 동물을 학대하는 것은 잘못인가?

② B: 자연에 존재하는 모든 생명은 내재적 가치를 지니는가?

③ B: 쾌고 감수 능력이 있는 생명은 도덕적 지위를 지니는가?

④ C: 생태계를 도덕적 고려 대상으로 여기지 말아야 하는가?

⑤ D: 생태계를 통제하려는 시도를 하지 말아야 하는가?

74
▸23112-0371
2020학년도 수능 16번
상 중 하

(가)의 갑, 을, 병 사상가들의 입장에서 서로에게 제기할 수 있는 비판을 (나) 그림으로 표현할 때, A~F에 해당하는 내용으로 가장 적절한 것은?

(가)	갑: 도덕적 행위 능력과 무관하게 인간과 일부 동물은 도덕적 권리를 갖는다. 그들 각자는 고유한 삶을 살아가는 삶의 주체이다. 을: 도덕적 행위 능력이 없어도 생명체라면 존중해야 한다. 모든 생명체는 목적론적 삶의 중심이며 내재적 가치를 지닌다. 병: 도덕적 행위 능력이 있는 인간은 자연을 파괴하는 행위를 삼가야 한다. 그러한 파괴적 성향은 인간의 도덕성에 기여하는 감정을 약화시킨다.
(나)	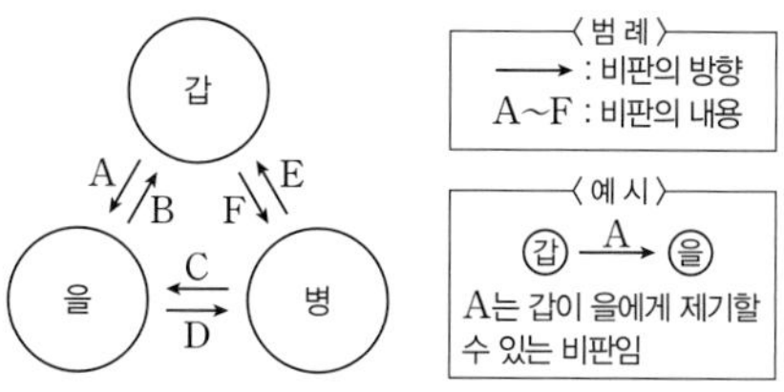

① A: 개체 각각이 지닌 고유한 선은 보호되고 증진되어야 함을 간과한다.
② B: 개체에 대한 도덕적 존중은 내재적 가치에 근거함을 간과한다.
③ D: 도덕적 행위 능력이 없는 존재도 모두 내재적 가치를 지님을 간과한다.
④ F: 어떤 존재를 목적 그 자체로 보는 근거가 이성이 아님을 간과한다.
⑤ C, E: 도덕적 행위 주체들의 도덕적 지위가 서로 평등함을 간과한다.

75
▸23112-0372
2020학년도 9월 모의평가 10번
상 중 하

(가)의 갑, 을, 병 사상가들의 입장을 (나) 그림으로 표현할 때, A~D에 해당하는 적절한 진술만을 〈보기〉에서 있는 대로 고른 것은?

(가)	갑: 대지 윤리는 생태 윤리를 반영한다. 생태 윤리는 각 개인이 대지의 건강을 위한 자신의 의무를 깨닫고 실천할 것을 요구한다. 을: 삶의 주체라는 기준을 충족하는 동물들은 내재적 가치를 가진다. 내재적 가치는 무조건적인 개념으로, 그것을 갖거나 갖지 않는 것이지 중간은 없다. 병: 생명체가 선을 갖는 이유는 그것이 목적론적 삶의 중심이기 때문이다. 생명체는 자신의 성장, 발전, 생존, 번식을 실현하려는 일관성과 통일성을 가진다.
(나)	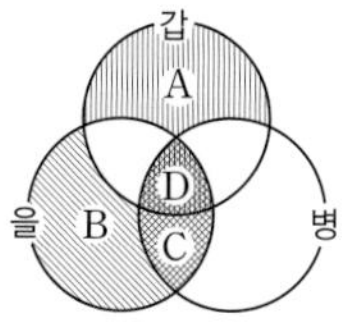 〈범 례〉 A: 갑만의 입장 B: 을만의 입장 C: 을과 병만의 공통 입장 D: 갑, 을, 병의 공통 입장

보기

ㄱ. A: 인간은 생태계에 간섭해서는 안 되는 의무를 지닌다.
ㄴ. B: 한 살 이상의 정상적인 포유동물은 내재적 가치를 지닌다.
ㄷ. C: 생태계의 선이 개체의 선보다 우선하는 것은 아니다.
ㄹ. D: 인간 상호 간의 의무는 도덕적으로 정당화될 수 있다.

① ㄱ, ㄴ ② ㄴ, ㄷ ③ ㄷ, ㄹ ④ ㄱ, ㄴ, ㄹ ⑤ ㄱ, ㄷ, ㄹ

76
▸24112-0373
2020학년도 6월 모의평가 6번
상 중 하

(가)의 갑, 을, 병 사상가들의 입장에서 서로에게 제기할 수 있는 비판을 (나) 그림으로 표현할 때, A~F에 해당하는 내용으로 가장 적절한 것은?

(가)	갑: 우리는 인간에 대해서만 직접적인 의무를 지니며, 다른 존재들에 대해서는 그러한 의무를 지니지 않는다. 인간만이 실천 이성을 지닌 자율적 존재이기 때문이다. 을: 목적론적 삶의 중심인 생명체는 내재적 가치를 지닌다. 그러한 생명체는 자신의 고유한 선을 추구하며 일관성과 통일성을 지향하는 존재이다. 병: 흙, 물, 식물, 동물, 인간을 포함하는 생명 공동체는 생명적 성질을 지닌다. 인간은 생명 공동체의 지배자가 아니며, 대지 위의 모든 존재는 평등한 구성원이다.
(나)	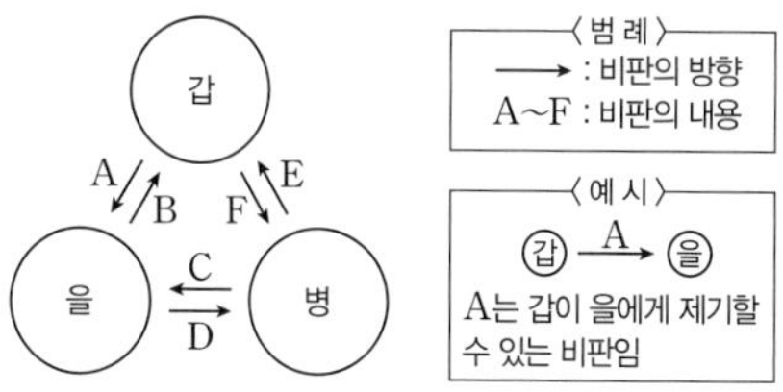

① B: 쾌고 감수 능력을 지닌 존재는 도덕적 지위가 없음을 간과한다.
② C: 생태계 안정을 위해 생명체를 해치는 행위 모두는 잘못임을 간과한다.
③ A, F: 도덕적인 행위의 주체는 오직 인간뿐이라는 점을 간과한다.
④ B, E: 인간은 다른 생명체보다 우월한 지위를 지니지 않음을 간과한다.
⑤ D, F: 모든 생명체가 내재적 가치를 지니는 것은 아님을 간과한다.

77
▸24112-0374
2019학년도 10월 학력평가 15번
상 중 하

다음을 주장한 사상가가 긍정의 대답을 할 질문만을 〈보기〉에서 있는 대로 고른 것은?

> 동물에게 고통을 야기하는 것을 정당화할 만큼 동물 실험이 중요하다고 주장한다면, 동일한 지적 수준에 있는 인간에게 고통을 야기하는 실험에도 동일한 주장을 할 수 있어야 한다. 한쪽은 우리 종의 구성원이고, 다른 한쪽은 아니라는 차이에 호소하는 것은 옹호될 수 없는 편견에 불과하다.

보기

ㄱ. 동물의 이익 관심을 고려하지 않는 동물 실험은 부당한가?
ㄴ. 실험실 동물을 착취하는 것은 종 차별주의적인 행위인가?
ㄷ. 동물에게 불필요한 고통을 주는 실험을 금지해야 하는가?
ㄹ. 인간과 동일한 권리들을 지닌 동물을 실험하면 안 되는가?

① ㄱ, ㄴ ② ㄱ, ㄹ ③ ㄷ, ㄹ
④ ㄱ, ㄴ, ㄷ ⑤ ㄴ, ㄷ, ㄹ

78

▸24112-0375
2019학년도 10월 학력평가 9번

상 중 하

(가)의 사상가 갑, 을, 병의 입장을 (나) 그림으로 탐구할 때, A~D에 해당하는 질문으로 옳지 않은 것은?

(가)	갑: 유엔의 '인권 선언'이 세계인의 인권 증진에 기여했듯이, 자연의 본래적 가치를 강조한 '지구 헌장'에 근거하여 환경 보전에 힘써야 한다. 을: 동물의 선을 위해 식물을 이용하거나 인간의 선을 위해 동물을 이용하는 것은 모두 적법하고 옳다. 이는 신의 명령과도 부합한다. 병: 살아 있는 모든 존재는 자기 보존과 행복을 향해 움직인다. 우리에게 도덕적 관심을 갖게 만드는 것은 유기체가 지닌 자연적인 목적 추구 능력이다.
(나)	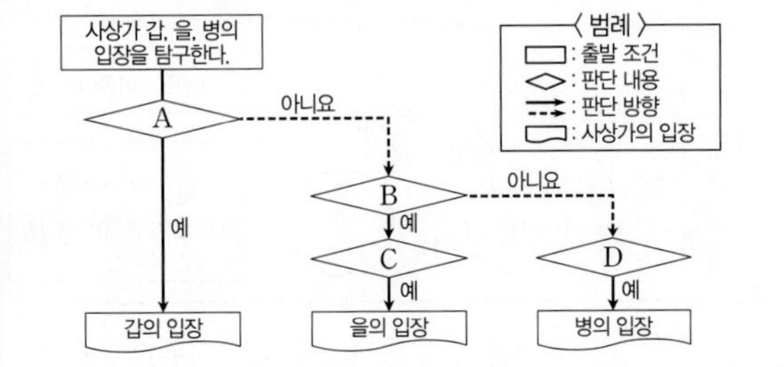

① A: 생태계는 그 자체로 도덕적 지위를 지니는가?
② B: 동물은 이성적 존재의 목적을 위해서 존재하는가?
③ B: 인간을 위한 자원이 될 수 있는 비이성적 존재가 있는가?
④ C: 모든 생명을 인간과 동일하게 대우할 필요는 없는가?
⑤ D: 인간은 내재적 존엄성을 지닌 존재들을 존중해야 하는가?

79

▸24112-0376
2019학년도 3월 학력평가 4번

상 중 하

(가)의 갑, 을, 병 사상가들의 입장을 (나) 그림으로 표현할 때, A~D에 해당하는 옳은 진술만을 〈보기〉에서 있는 대로 고른 것은?

(가)	갑: 모든 생명체는 내재적 가치를 지니며, 자기 보존을 위해 고유한 방식으로 각자의 선(善)을 추구한다는 점에서 목적론적 삶의 중심이다. 을: 지각, 믿음, 기억, 쾌고 감수 능력 등을 지닌 삶의 주체가 갖는 권리를 존중해야 한다. 삶의 주체인 개체들은 내재적 가치를 지닌다. 병: 쾌고 감수 능력은 이익 관심을 갖기 위한 필요충분조건이다. 어떤 종(種)에 속해 있다는 이유로 차별하는 것은 정당하지 않다.
(나)	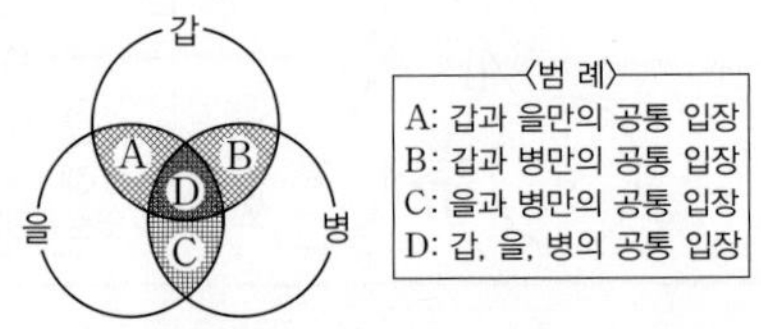

보기

ㄱ. A: 쾌고 감수 능력이 동물의 이익 고려를 위한 유일한 조건은 아니다.
ㄴ. B: 모든 유기체가 지닌 목적을 존중하는 것은 인간의 의무이다.
ㄷ. C: 고등 능력을 가진 동물은 내재적 가치를 지닌 존재이다.
ㄹ. D: 도덕적 행위 능력이 없는 존재도 도덕적 지위를 지닐 수 있다.

① ㄱ, ㄴ ② ㄱ, ㄹ ③ ㄴ, ㄷ
④ ㄱ, ㄷ, ㄹ ⑤ ㄴ, ㄷ, ㄹ

80

▸24112-0377

2019학년도 수능 9번 상중하

(가)의 갑, 을, 병 사상가들의 입장을 (나) 그림으로 표현할 때, A~D에 해당하는 적절한 진술만을 〈보기〉에서 있는 대로 고른 것은?

(가)

갑: 자연 안에 생명이 없는 아름다운 대상들에 대한 파괴를 일삼는 것은 도덕성을 크게 촉진하는 감정을 약화시켜 자기 자신에 대한 인간의 의무와 대립한다.

을: 일부 동물들은 삶의 주체로서 존중받을 도덕적 권리를 갖는다. 우리가 생명 공동체를 구성하는 개체들의 권리를 존중한다면 그 공동체는 보존될 것이다.

병: 인간은 생명 공동체인 대지의 구성원이다. 어떤 것이 생명 공동체의 온전성, 안정성, 아름다움의 보존에 이바지한다면 그것은 옳고, 그렇지 않다면 그르다.

(나)

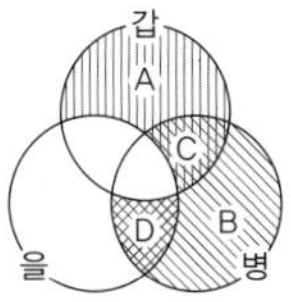

〈범례〉
A : 갑만의 입장
B : 병만의 입장
C : 갑과 병만의 공통 입장
D : 을과 병만의 공통 입장

보기

ㄱ. A: 수단으로만 취급해서는 안 될 존재는 이성적 존재뿐이다.
ㄴ. B: 유기체적 생명 공동체 자체의 도덕적 지위를 존중해야 한다.
ㄷ. C: 자연의 아름다움을 보존하는 데 이바지하는 행위만이 옳다.
ㄹ. D: 인간성을 해친다는 것이 동물 학대가 그른 주된 이유는 아니다.

① ㄱ, ㄴ ② ㄱ, ㄷ ③ ㄷ, ㄹ ④ ㄱ, ㄴ, ㄹ ⑤ ㄴ, ㄷ, ㄹ

81

▸24112-0378

2019학년도 9월 모의평가 12번 상중하

(가)의 갑, 을, 병 사상가들의 입장을 (나) 그림으로 표현할 때, A~D에 해당하는 적절한 진술만을 〈보기〉에서 있는 대로 고른 것은?

(가)

갑: 늙은 말이나 개와 같이 오랫동안 봉사한 동물들에게 감사의 정(情)을 표현하는 것은 직접적으로는 언제나 인간의 자기 자신에 대한 의무일 따름이다.

을: 무당벌레와 진딧물의 관계와 같이 하나의 종(種)을 위한 선은 다른 종을 위한 선이 아닐 수 있다. 모든 생명체는 그 자신의 선을 가지는 목적론적 삶의 중심이다.

병: 식용 송아지의 비참한 모습은 애처롭고 마음 아프게 한다. 도덕적 무능력자이지만 삶의 주체인 동물들의 도덕적 권리를 침해하는 것은 옳지 않다.

(나)

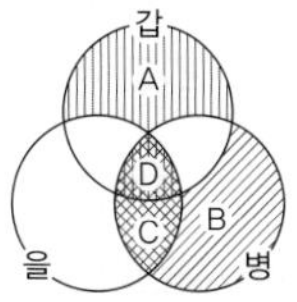

〈범례〉
A : 갑만의 입장
B : 병만의 입장
C : 을과 병만의 공통 입장
D : 갑, 을, 병의 공통 입장

보기

ㄱ. A: 인간을 목적이 아닌 수단으로만 대우해서는 안 된다.
ㄴ. B: 인간이 동물보다 본래적으로 더 우월한 것은 아니다.
ㄷ. C: 내재적 가치를 지니는 비이성적인 개체도 존재한다.
ㄹ. D: 생태계 그 자체의 도덕적 지위를 인정할 필요는 없다.

① ㄱ, ㄴ ② ㄱ, ㄷ ③ ㄷ, ㄹ ④ ㄱ, ㄴ, ㄹ ⑤ ㄴ, ㄷ, ㄹ

82

▸24112-0379

2019학년도 6월 모의평가 9번 상중하

(가)의 갑, 을, 병 사상가들의 입장을 (나) 그림으로 표현할 때, A~D에 해당하는 적절한 진술만을 〈보기〉에서 있는 대로 고른 것은?

(가)

갑: 자연 체계 내에서의 인간은 다른 동물들과 같이 대지의 산물로서 평범한 가치를 가진다. 그러나 도덕적, 실천적 이성의 주체로서 인간은 자연 안에 존엄하며 절대적 가치를 지닌 존재이다.

을: 새로운 윤리는 도덕적, 심미적 관점을 담아 옳고 그름의 기준을 마련해야 하며, 생명 공동체의 온전함에 기여해야 한다. 그러므로 대지의 사용을 이익의 문제로만 생각하지 말아야 한다.

병: 도덕적 기준은 어떤 행위에 의해 영향을 받는 모든 존재들의 이익과 고통을 동등하게 고려하는 데 있다. 그러므로 어떤 행위가 누군가에게 피해를 입히게 된다면, 그 행위는 하지 말아야 한다.

(나)

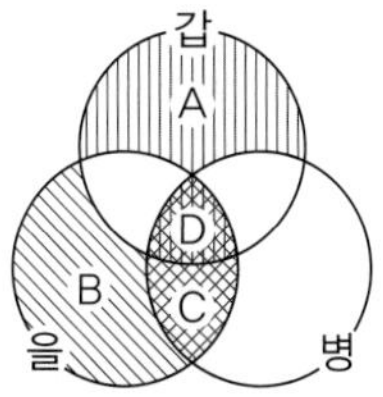

〈범례〉
A : 갑만의 입장
B : 을만의 입장
C : 을, 병만의 입장
D : 갑, 을, 병 공통의 입장

보기

ㄱ. A: 대지의 모든 산물을 목적 그 자체로 대우해야 한다.
ㄴ. B: 대지 공동체 자체가 지닌 도덕적 지위를 인정해야 한다.
ㄷ. C: 고통을 느낄 수 있는 모든 생명체를 동일하게 대우해야 한다.
ㄹ. D: 동물 학대가 인간의 의무에 위배될 수 있음을 인정해야 한다.

① ㄱ, ㄴ ② ㄱ, ㄷ ③ ㄴ, ㄹ
④ ㄱ, ㄷ, ㄹ ⑤ ㄴ, ㄷ, ㄹ

Ⅳ 과학과 윤리

기출 & 플러스

01 과학 기술과 윤리

■ 빈칸에 알맞은 말을 써 넣으시오.

01 조지 오웰의 소설 '1984'에 처음 등장한 (　　)는 집안과 거리 곳곳에 설치한 텔레스크린으로 정보를 독점하고 사회를 통제하는 권력을 일컫는 말이다.

02 (　　)이란 어떤 목적이 주어졌을 때 이를 가장 효율적으로 달성하기 위해서 최대한 합리성을 발휘하는 것을 일컫는다.

03 실존주의 철학자 (　　)는 기술이란 수단일 뿐이지 그 자체는 선도 아니고 악도 아니라는 것은 분명한 사실이라고 본다.

04 과학 기술 (　　)란 과학 기술의 발전을 비판적으로 바라보고 과학 기술의 비인간적이며 비윤리적 측면을 부각하거나 과학의 합리성 자체를 문제 삼는 입장이다.

05 (　　)란 연구 재료나 장비 등을 조작하거나 자료를 변형, 삭제하여 연구 내용과 결과를 왜곡하는 행위로 과학 기술자가 연구 과정에서 해서는 안 되는 비윤리적 행위이다.

06 (　　)은 그 기술이 사용되는 사회 공동체의 정치적, 문화적, 환경적 조건을 고려하여 해당 지역에서 지속적인 생산과 소비를 할 수 있게 한 것으로, 인간 삶의 질을 궁극적으로 향상할 수 있게 한다.

07 과학 기술자는 과학 기술 연구 윤리를 실천해야 하는데, (　　) 책임이란 연구 과정 자체에만 한정된 책임이며, (　　) 책임이란 연구 결과의 사회적 활용에 대한 책임이다.

■ 다음 내용이 옳으면 ○표, 틀리면 ×표 하시오.

08 야스퍼스는 기술을 가치 중립적으로 인식해야 한다고 본다. (　　)

09 베이컨은 과학의 목적은 지식을 활용해서 삶을 개선하는 것이라고 본다. (　　)

10 하이데거는 현대 기술의 본질적 특성은 인간을 하나의 부품으로 전락시키는 것으로 현대 기술의 본질에 대한 자각과 성찰이 필요하다고 본다. (　　)

02 정보 사회와 윤리

■ 빈칸에 알맞은 말을 써 넣으시오.

11 (　　)이란 지식 재산권 중에서 문학, 학술 또는 예술의 범위에 속하는 저작물에 대하여 창작자가 가지는 권리를 말한다.

12 (　　)란 온라인상에서 자신과 관련된 모든 정보에 대한 삭제 및 확산 방지를 요구할 수 있는 정보 주체의 자기 결정권 및 통제 권리를 뜻한다.

13 (　　)란 교육, 소득 수준, 성별, 지역 등의 차이로 정보에 대한 접근과 이용이 차이가 생기고 그 결과 경제적, 사회적 불균형이 발생하는 현상을 말한다.

14 뉴 미디어가 정보 교환에서 송수신자가 동시에 참여하지 않고도 수신자가 원하는 시간에 정보를 볼 수 있게 하는 (　　)는 뉴 미디어의 특징 중 하나이다.

15 매체 이해력이란 매체의 내용을 비판적으로 해석하면서 매체를 바람직하게 표현하는 능력으로, 미디어 (　　)라고도 한다.

■ 다음 내용이 옳으면 ○표, 틀리면 ×표 하시오.

16 정보 공유론자는 양질의 정보 생산을 위해 정보 복제에 제한이 없어야 한다고 본다. (　　)

17 밀은 표현의 자유는 민주주의를 실현하는 기초이므로 어떤 경우에도 제한될 수 없다고 본다. (　　)

18 표절 행위는 기사 작성자의 권리와 소중한 재산에 대한 침해일 뿐만 아니라 뉴 미디어 언론에 대한 신뢰를 무너뜨리는 행위이다. (　　)

03 자연과 윤리

■ 빈칸에 알맞은 말을 써 넣으시오.

19 동양의 자연관에서 도가는 천지 만물을 (　　)의 체계로 보고, 인간도 인위적 욕망을 버리고 자연의 순리에 따라 살아야 한다고 본다.

20 고대 그리스의 철학자 (　　)는 식물은 동물을 위해서, 동물은 인간을 위해서 존재하는 것이라고 본다.

21 인간 중심주의는 자연을 인간의 이익과 욕구 충족을 위한 수단으로 삼는 (　　) 자연관을 지닌다.

22 데카르트는 (　　) 세계관에 입각하여 인간과 자연의 관계를 인식 주체와 인식 대상으로 설정하고, 자연을 단순한 물질 또는 기계로 파악함으로써 도덕적 고려의 대상에서 제외했다.

23 칸트는 자연의 도덕적 지위를 부정하였으나, 인간의 자연에 대한 의무는 인간의 도덕적 완성을 위해 요청되는 (　　) 의무로 본다.

24 패스모어로 대표되는 (　　) 인간 중심주의에서는 현세대를 포함한 인류의 장기적인 이익을 위해 자연 친화적인 삶을 추구해야 한다고 주장한다.

25 싱어의 (　　)이란 쾌락과 고통을 느끼는 모든 존재의 이익을 동등하게 고려해야 한다는 원칙을 말한다.

26 슈바이처는 모든 생명은 살고자 하는 의지를 지니고 있으며, 그 자체로 신성하다는 (　　)을 강조한다.

27 테일러는 모든 생명체를 의식의 여부와 상관없이 자기 보존과 행복이라는 목적을 지향하는 (　　)으로 본다.

28 (　　)는 도덕적 고려의 범위를 개별 생명체가 아닌 생태계 전체로 보아야 한다는 전일론(全一論)적 입장을 취한다.

29 노르웨이 철학자 네스는 인류의 건강과 풍요를 위해 환경 오염과 자원 고갈 등의 문제 해결에만 관심을 가지는 것을 비판하고, 세계관과 양식 자체를 생태 중심적으로 바꾸는 (　　)를 주장한다.

30 (　　)은 동물 권리론자인 레건이 생태 중심주의를 비판하면서 사용한 용어로, 전체의 자연환경이나 생태계의 선을 위해 인간을 포함한 개별 동물을 희생할 수 있다는 관점이다.

31 유교에서는 만물이 본래의 가치를 지닌다고 보며, 인간과 자연이 조화를 이루는 (　　)의 경지를 지향한다.

32 요나스는 칸트의 주장을 수용하여 '너의 행위의 결과가 미래에도 인간이 존속할 가능성을 파괴하지 않도록 행위 하라.'라는 (　　) 정언 명령을 제시하였다.

33 (　　)란 기후 변화에 따른 불평등을 해소함으로써 실현되는 정의로, 기후 변화 문제를 형평성의 관점에서 바라본다.

34 (　　) 거래 제도란 교토 의정서가 채택됨에 따라 시행된 제도로서, 국가마다 할당된 온실가스 감축량 의무 달성을 위해 자국의 기업별, 부문별로 배출량을 할당하고, 기업은 할당된 온실가스 감축 의무를 이행하지 못할 경우 다른 나라 기업으로부터 할당량을 매입할 수 있도록 하는 제도이다.

■ 다음 내용이 옳으면 ○표, 틀리면 ×표 하시오.

35 환원주의적 사고방식은 고립된 입장에 대한 분석을 통해 전체를 이해할 수 있다는 입장으로 근대 서구의 자연관과 관련이 깊다. (　　)

36 데카르트는 인간과 달리 동물은 영혼과 육체의 단순한 결합체일 뿐이라고 본다. (　　)

37 칸트는 동물, 식물, 나아가 무생물까지도 함부로 대하는 것은 인간성을 훼손할 수 있기 때문에 바람직하지 않다고 본다. (　　)

38 싱어는 실험실 동물을 착취하는 것은 인간과 동물을 차별하는 종 차별주의적인 행위라고 본다. (　　)

39 레건은 성장한 포유동물이 도덕적 무능력자이지만 감정적인 생활을 할 뿐만 아니라 희망과 목적을 추구할 수 있는 삶의 주체이기 때문에 도덕적 지위를 지닌다고 본다. (　　)

40 테일러는 인간에게는 생명 공동체에 대한 불간섭의 의무가 있다고 본다. (　　)

41 레오폴드는 인간은 동식물을 인간을 위한 자원으로 간주할 수 없다고 본다. (　　)

42 요나스는 사후적 책임뿐만 아니라 예측할 수 있는 모든 결과에 대한 사전적 책임도 강조한다. (　　)

43 요나스는 세대 간 호혜성의 원칙에 따라 미래 세대를 책임져야 한다고 본다. (　　)

44 요나스는 인간은 과학 기술의 발전이 미래에 끼치게 될 결과를 예측하여 도덕적 책임을 져야 한다고 보므로 기술을 단순히 가치 중립적인 도구로 보는 것에 반대한다. (　　)

Ⅳ 과학과 윤리

정답 01 빅 브라더 02 도구적 합리성 03 야스퍼스 04 혐오주의 05 변조 06 적정 기술 07 내적, 외적 08 ○ 09 ○ 10 ○ 11 저작권 12 잊힐 권리 13 정보 격차 14 비동시화 15 리터러시(literacy) 16 ○ 17 × 18 ○ 19 무위(無爲) 20 아리스토텔레스 21 도구적 22 이분법적 23 간접적 24 온건한 25 이익 평등 고려의 원칙 26 생명 외경 27 목적론적 삶의 중심 28 생태 중심주의 29 심층(적) 생태주의 30 환경 파시즘 31 천인합일(天人合一) 32 생태학적 33 기후 정의 34 탄소 배출권 35 ○ 36 × 37 ○ 38 ○ 39 ○ 40 ○ 41 × 42 ○ 43 × 44 ○

함정 탈출 TIP 체크

17 밀에게 표현의 자유는 민주주의를 실현하는 기초이지만, 타인에게 해를 끼칠 때는 제한될 수 있다고 본다. 36 데카르트에 따르면 인간은 영혼과 육체라는 두 가지 실체의 결합이지만, 동물은 영혼이 없이 단지 육체만을 가진 자동 기계라고 본다. 41 레오폴드는 인간이 생명 공동체의 한 구성원이지만 동식물을 자원으로 간주할 수 있다고 본다. 43 요나스는 인간만이 책임질 수 있는 유일한 존재이며, 현세대는 앞으로 다가올 미래 세대까지 책임지려는 자세를 지녀야 한다고 주장하므로 세대 간 책임이 호혜성의 원칙에 따른다고 볼 수 없다.

V

문화와 윤리

기출 문제 분석 팁

- 예술과 관련하여 다양한 사상가들의 도덕주의의 입장과 심미주의의 입장을 묻는 문제가 출제되고 있으며, 예술의 상업화와 문화 산업에 대한 아도르노의 입장이 자주 출제되고 있다.
- 의복, 음식, 주거와 관련된 윤리 문제가 출제되고 있다. 특히 베블런의 과시 소비에 대한 관점을 묻는 문제가 자주 출제되고 있다.
- 다문화 사회의 문화 정체성과 관련하여 동화주의, 샐러드 볼 이론, 국수 대접 이론을 비교하는 문제가 출제되고 있다. 또한 종교와 관련하여 엘리아데의 종교관 및 종교 갈등의 원인과 이를 해결하기 위한 큉의 입장을 묻는 문제가 출제되고 있다.

한눈에 보는 출제 빈도

시험 \ 내용		01 예술과 대중문화 윤리 • 미적 가치와 윤리적 가치 • 대중문화의 윤리적 문제	02 의식주 윤리와 윤리적 소비 • 의식주 윤리 • 윤리적 소비	03 다문화 사회의 윤리 • 문화 다양성과 존중 • 종교의 공존과 관용
2024 학년도	수능	1	1	1
	9월 모의평가	1	1	1
	6월 모의평가	1	1	1
2023 학년도	수능	1	1	1
	9월 모의평가	1	1	1
	6월 모의평가	1	1	1
2022 학년도	수능	1	1	1
	9월 모의평가	1	1	
	6월 모의평가	1	1	1
2021 학년도	수능	1	1	1
	9월 모의평가	1	1	1
	6월 모의평가	1	2	
2020 학년도	수능	1	1	2
	9월 모의평가	1	1	1
	6월 모의평가	1	1	1

기출 문제로 유형 확인하기

01 예술과 대중문화 윤리

01 ▸24112-0380 2024학년도 수능 10번 상중하

다음을 주장한 사상가의 입장으로 가장 적절한 것은?

미적인 것은 윤리적으로 좋은 것의 상징이다. 미적인 것은 다른 모든 사람들의 동의를 요구하며 요구해야 마땅하다. 이때 우리의 마음은 쾌락의 단순한 감각적 수용을 넘어선 순화와 고양을 의식하며, 다른 사람들의 가치도 그들이 지닌 판단력의 비슷한 준칙에 따라서 평가하게 된다.

① 미적 판단과 도덕 판단은 모두 이해 관심에 근거해야 한다.
② 미적 판단은 개인의 주관적인 판단이기에 보편화될 수 없다.
③ 미적 판단의 대상인 예술은 그 자체로 자율성을 지닐 수 없다.
④ 미적 대상에 대한 감각적 경험은 도덕성 고양에 기여할 수 있다.
⑤ 미적 판단 능력은 옳고 그름을 판단하는 도덕적 능력에 종속된다.

02 ▸24112-0381 2024학년도 9월 모의평가 17번 상중하

갑, 을 사상가들의 입장으로 적절한 것만을 〈보기〉에서 고른 것은?

갑: 어진 사람은 천하의 이익[利]을 일으키고 천하의 해(害)를 없앰을 법도로 삼는다. 그는 자기 눈에 아름답고 귀에 즐겁고 몸에 편안함을 위해 일하지 않는다. 옛 성왕(聖王)은 귀에 즐거워도 백성의 이익에 맞지 않아 음악을 즐기지 않았다.
을: 군자는 도(道)를 터득함을 즐기지만 소인은 욕망[欲]의 채움을 즐긴다. 도로 욕망을 통제하면 즐거우면서도 어지럽지 않게 된다. 옛 성왕은 우아한 음악[雅頌]을 제정하고 이끌어 사람들이 즐거우면서도 어지럽지 않게 하였다.

보기

ㄱ. 갑: 분별적 사랑을 실천하기 위해 음악을 활용해야 한다.
ㄴ. 을: 예법에 맞게 음악을 만들어 백성의 화합을 도모해야 한다.
ㄷ. 을: 군자와 소인은 신분이 달라도 음악을 더불어 향유해야 한다.
ㄹ. 갑과 을: 어진 사람은 인격 도야를 위해서만 음악을 즐겨야 한다.

① ㄱ, ㄴ ② ㄱ, ㄷ ③ ㄴ, ㄷ ④ ㄴ, ㄹ ⑤ ㄷ, ㄹ

03 ▸24112-0382 2023학년도 10월 학력평가 13번 상중하

갑, 을 사상가들의 입장으로 가장 적절한 것은?

갑: 음악은 사람의 즐거움을 표현한 것이다. 하지만 사람의 타고난 성정(性情)으로 인해 즐거움이 도리에 맞지 않으면 혼란이 일어난다. 이러한 혼란을 싫어하여 옛 성왕은 아(雅)와 송(頌)의 음악을 제정한 것이다.
을: 음악을 비난하는 이유는 큰 종이나 북 같은 악기의 소리가 즐겁지 않아서가 아니다. 음악이 위로는 성왕의 일과 부합하지 아니하고, 아래로는 백성의 이익과 부합하지 않기 때문이다.

① 갑: 음악을 활용하여 백성의 감정을 바르게 인도할 수 있다.
② 갑: 음악이 도리에 맞으면 본성을 확충하는 데 도움이 된다.
③ 을: 음악은 백성에게 이로움이 아니라 의로움을 가져다준다.
④ 을: 음악은 재물을 낭비하게 하지만 생산 활동에 필수적이다.
⑤ 갑과 을: 음악은 나라를 다스리는 데 있어 중요한 수단이다.

04 ▸24112-0383 2023학년도 3월 학력평가 5번 상중하

갑, 을 사상가들의 입장으로 적절하지 않은 것은?

예술의 사명은 행복이 인간 상호 간의 결합에 있다는 진리를 이성에서 감정의 영역으로 옮겨 신(神)의 세계, 즉 사랑의 세계를 건설하는 것입니다.

예술의 영역과 도덕의 영역은 서로 분리되어 있습니다. 예술은 예술 안에서 완벽함을 추구할 뿐 예술 밖에서 완벽함을 찾지 않습니다.

① 갑: 예술은 공감을 통해 사람들을 하나의 감정으로 결합한다.
② 갑: 예술은 종교적 자각에 입각한 사랑을 불러일으켜야 한다.
③ 을: 예술은 인격 함양을 위한 삶의 본보기를 제공해야 한다.
④ 을: 예술은 예술 자체의 아름다움을 자율적으로 추구해야 한다.
⑤ 갑과 을: 예술은 미적 가치를 추구하는 활동으로 볼 수 있다.

05
▸24112-0384
2023학년도 수능 11번
상 중 하

갑, 을 사상가들의 입장으로 가장 적절한 것은?

> 갑: 어진 사람은 천하의 이익과 해로움을 따져서 일을 처리했다. 지금의 대신들이 음악을 즐기느라 나랏일을 돌보지 않는다면, 나라가 위태로워질 것이다. 음악이 즐겁기는 하지만, 백성의 이익과 부합하지 않기에 음악을 즐기는 것은 잘못이다.
> 을: 성왕(聖王)은 음악을 즐겼다. 더욱이 그것을 통해 백성의 마음을 감동시켜 본성을 교화하였다. 음악을 활용하여 백성이 좋아하고 싫어하는 감정을 예(禮)에 따라 절제하도록 했던 것이다.

① 갑: 백성 모두가 차별 없이 음악을 늘 즐기도록 국가가 힘써야 한다.
② 갑: 백성을 잘 다스리기 위해 관원은 예와 악(樂)을 함께 닦아야 한다.
③ 을: 음악으로 백성이 서로 조화를 이루며 살 수 있게 해야 한다.
④ 을: 백성이 예법에 구애되지 않고 음악을 향유할 수 있도록 해야 한다.
⑤ 갑과 을: 음악의 즐거움을 활용하여 백성의 마음을 바르게 해야 한다.

06
▸24112-0385
2023학년도 9월 모의평가 20번
상 중 하

(가)를 주장한 고대 서양 사상가의 입장에서 볼 때, (나)의 ㉠에 들어갈 진술로 가장 적절한 것은?

(가)	예술가는 사물을 모방할 수 있을 뿐 이데아 자체를 만들 수는 없네. 그래도 예술가의 훌륭한 작품은 영혼의 교육에 도움을 주네. 이때 음악적 수련이 가장 가치가 있네. 왜냐하면 리듬과 화음은 영혼 안에 들어가 우아함을 심어 주기 때문이네. 그러하니 작품 속에 무절제와 야비함을 표현하지 못하게 해야 하고, 이를 따르지 않는 예술가를 추방해야 하네.
(나)	제자: 예술이 인간의 삶 속에서 의미가 있기 위해 예술가는 어떤 노력을 해야 합니까? 스승: 예술가는 ____㉠____

① 예술을 위한 예술 활동에 전념해야 하네.
② 국가가 예술에 개입하는 것을 막아야 하네.
③ 사람의 선한 성품을 작품 속에 표현해야 하네.
④ 아름답거나 추한 모습을 사실적으로 드러내야 하네.
⑤ 사물이 나누어 가지는 아름다움의 이데아를 창조해야 하네.

07
▸24112-0386
2023학년도 6월 모의평가 8번
상 중 하

다음을 주장한 사상가의 입장으로 적절한 것만을 〈보기〉에서 고른 것은?

> 한 곡의 음악은 시작할 때 여러 소리가 합해졌다가 각각의 소리가 풀려 나오며 조화를 이루고, 음이 분명하면서도 끊임없이 이어져 완성된다. 이렇듯 음악은 여러 소리가 자기 소리를 내면서도 조화를 이루는 것이기에 배워 둘 만하다. 시가 순수한 마음을 불러일으키고 예의는 사람들을 인륜에 맞게 살아가게 하며 음악은 궁극적으로 인격을 완성시킨다.

보기

ㄱ. 음악은 개인의 도덕적 성품을 함양하기 위해 필요하다.
ㄴ. 음악은 예의와 무관하게 심미적 가치만을 담아야 한다.
ㄷ. 음악은 사람들이 서로 조화를 이루는 데 기여해야 한다.
ㄹ. 음악은 사람들의 경제적 이득 여부에 따라 활용되어야 한다.

① ㄱ, ㄴ ② ㄱ, ㄷ ③ ㄴ, ㄷ
④ ㄴ, ㄹ ⑤ ㄷ, ㄹ

08
▸24112-0387
2022학년도 10월 학력평가 16번
상 중 하

다음을 주장한 사상가의 입장으로 적절하지 않은 것은?

> 음악이란 즐기는 것[樂]으로 사람에게는 음악이 없을 수가 없다. 즐거우면 그것이 목소리에 나타나고 행동으로 표현되며 악한 본성의 변화를 일으킨다. 음악이 도리에 맞지 않으면 혼란이 없을 수 없다. 옛 임금은 그러한 혼란을 싫어해 우아한 음악을 만들어, 사람이 음악을 즐기면서도 어지러움으로 흐르지 않게 하였고, 소리의 가락과 장단으로 사람의 마음을 감동시켰다.

① 통치자는 백성을 교화시키는 도구로 음악을 이용할 수 있다.
② 우아한 음악으로 더럽고 악한 기운이 오는 것을 막을 수 없다.
③ 어떤 음악을 듣느냐에 따라 사람의 행동거지가 다를 수 있다.
④ 조화로운 음악은 사람에게서 즐거움의 감정을 일으킬 수 있다.
⑤ 도리에 어긋나는 음악이 유행하면 사회 질서의 유지가 어렵다.

09

▸24112-0388

2022학년도 3월 학력평가 12번

상 중 하

그림은 서양 사상가 갑, 을의 가상 대화이다. 갑, 을의 입장으로 가장 적절한 것은?

예술 작품은 좋은 곳에서 불어오는 미풍처럼 젊은이들에게 좋은 영향을 주어야 합니다. 예술 작품은 젊은이들이 어릴 때부터 자기도 모르는 사이에 아름다운 말을 닮고 사랑하고 공감하도록 이끌어야 합니다.

예술 작품에 도덕적인 작품, 비도덕적인 작품이라는 것은 없습니다. 예술은 예술 안에서 완벽함을 추구할 뿐, 예술 밖에서 완벽함을 찾지 않습니다. 예술이란 아름답고 섬세한 형태, 고상한 색채로 사람들을 즐겁게 해 주는 것입니다.

① 갑: 예술 작품은 인간의 품성 함양에 중요한 역할을 해야 한다.
② 갑: 예술 작품 검열은 예술의 도덕적 교화 기능을 약화시킨다.
③ 을: 예술 작품은 사회의 발전에 이바지할 때 가치를 지닌다.
④ 을: 예술 작품에 대한 평가는 도덕에 근거해서 이뤄져야 한다.
⑤ 갑, 을: 예술 작품은 예술 그 자체를 목적으로 추구해야 한다.

10

▸24112-0389

2022학년도 수능 18번

상 중 하

다음은 어느 동양 사상가의 가상 편지이다. ㉠에 들어갈 진술로 가장 적절한 것은?

○○ 선생에게

당신은 간사하고 사악한 음악으로 천하가 혼란에 빠질 수 있기 때문에 선왕(先王)이 제정한 음악으로 백성을 이끌어 주어야 함을 강조했습니다. 그리하여 음악을 즐기게 하면서도 사람의 악한 본성을 변화시켜 마음과 행동을 올바르게 해야 한다고 말했습니다. 하지만 내 생각은 다릅니다. 천하의 혼란이 생긴 이유는 모두가 자신을 사랑하면서도 아울러 서로 사랑하지[兼愛] 않아 자신과 남을 차별하기 때문입니다. 비록 악기 소리가 즐겁지 않은 것은 아니지만, 임금과 대신들이 백성에게 악기를 만들게 하고 연주를 일삼게 한다면 어떻게 되겠습니까? 분명 백성에게 많은 세금을 거두게 될 것이고, 백성은 먹고 입을 재물을 구하기가 어려워질 것입니다. 따라서 내가 볼 때 당신의 견해는 [㉠]고 생각합니다. …(후략).

① 음악과 예의의 조화를 통해 혼란을 바로잡을 수 있음을 간과한다
② 인간의 본성을 교화하여 화합하는 데 음악이 필요함을 간과한다
③ 사회적인 부작용을 일으키는 음악이 존재할 수 있음을 간과한다
④ 음악이 이상적 공동체를 구현하는 데 수단이 될 수 있음을 간과한다
⑤ 위정자가 선왕의 음악을 장려하는 것이 백성에게 무익함을 간과한다

11

▸24112-0390

2022학년도 9월 모의평가 12번

상 중 하

갑, 을 사상가들의 입장으로 가장 적절한 것은?

갑: 성왕(聖王)은 사람의 본성이 악하여 사회가 어지러울 것을 염려하였다. 이에 예의(禮義)와 법도를 만들어 사람의 성정(性情)을 교화하였다. 악(樂)이란 성인이 즐겼던 바이고, 악(樂)으로써 백성의 마음을 선도할 수 있다.
을: 사람은 시(詩)에서 감흥이 일어나고, 예(禮)에서 바로 서고, 악(樂)에서 완성된다. 도에 뜻을 두고, 덕에 의거하며, 인(仁)에 의지하고, 예(藝)에서 노닐어야 한다.

① 갑: 음악의 유일한 목적은 즐거움을 주는 것이다.
② 갑: 음악은 사람의 선한 본성을 이끌어 낼 수 있다.
③ 을: 음악은 재물을 낭비하게 하여 백성에게 해가 된다.
④ 을: 음악은 음악 자체의 아름다움을 위해서만 존재한다.
⑤ 갑, 을: 음악은 인격을 도야하기 위한 중요한 수단이다.

12

▸24112-0391

2021학년도 10월 학력평가 13번

상 중 하

다음을 주장한 사상가의 입장으로 가장 적절한 것은?

미는 도덕성의 상징이다. 바로 이 점에서 아름다움은 만족을 주며 모든 사람에게 동의를 요구하는 것이다. 누군가가 무엇인가를 아름답다고 한다면 이는 다른 사람들에게도 똑같은 만족을 요구하는 것이다. 이때 그는 단지 자기 자신만을 위해 판단하고 있는 것이 아니라 모든 사람을 위해 판단하고 있는 것이다.

① 미는 도덕과 달리 독립된 영역을 갖지 않는다.
② 미적 판단은 이해관계를 초월한 보편성을 지닐 수 있다.
③ 미의 판단 형식과 선의 판단 형식 간에는 유사성이 없다.
④ 미적 가치는 예술의 형식이 아닌 내용으로부터 도출된다.
⑤ 미적 즐거움은 이성에서 감성으로 나아가는 계기를 마련한다.

13
▸24112-0392
2021학년도 수능 5번
상중하

그림은 서술형 평가 문제와 학생 답안이다. 학생 답안의 ㉠~㉤ 중 옳지 않은 것은?

서술형 평가

◎ 문제: 예술에 대한 갑, 을 사상가들의 입장을 비교하여 서술하시오.

> 갑: 아름다운 리듬과 화음은 영혼에 들어가 우아함을 심어 주고, 미추(美醜) 감각을 키워 준다. 품위 없는 리듬과 화음은 나쁜 말씨나 고약한 성질과 연결되니, 작품 속에 선(善)의 원형을 표현하지 않는 사람은 추방해야 한다.
> 을: 미적인 것은 윤리적으로 선한 것의 상징이다. 이런 관점에서만 미적인 것은 다른 모든 사람들의 동의를 요구한다. 이때 우리의 마음은 감각적 쾌락을 넘어서 순화되고 고양된 고귀함을 느낀다.

◎ 학생 답안

갑, 을의 예술에 대한 입장을 비교해 보면, 갑은 ㉠ 예술가의 창작 행위를 떠나서는 아름다움의 원형이 존재할 수 없고, ㉡ 예술가는 미적 가치를 통해 영혼의 조화를 추구해야 한다고 본다. 을은 ㉢ 예술을 통해 타인과 감정을 공유할 수 있고, ㉣ 예술은 도덕성 증진에 기여할 수 있다고 본다. 한편 갑, 을은 모두 ㉤ 예술은 미적 가치를 다루는 활동이라고 본다.

① ㉠ ② ㉡ ③ ㉢ ④ ㉣ ⑤ ㉤

14
▸24112-0393
2021학년도 9월 모의평가 6번
상중하

갑, 을 사상가들의 입장으로 옳지 않은 것은?

> 갑: 미적인 것은 윤리적으로 선한 것을 상징하고, 자연의 미(美)에 대한 직접적인 관심을 갖는 것은 항상 그 영혼이 선하다는 것을 드러내 준다. 예술 작품의 가치는 감각적 즐거움이 아닌 예술 자체의 형식에서 찾을 수 있다.
> 을: 예술 작품은 좋은 곳에서 불어오는 미풍처럼 인간에게 좋은 영향을 주며, 어릴 때부터 자기도 모르는 사이에 아름다운 말을 닮고 사랑하고 공감하도록 이끌어 준다. 예술은 아름답고 우아한 것을 담고 있어야 한다.

① 갑: 예술 작품에서 아름다움의 판단 근거는 순수한 형식이다.
② 갑: 미적인 것에 대한 판단은 일체의 이해관심 없이 내려진다.
③ 을: 예술 작품은 아름다움과 추함을 있는 그대로 표현해야 한다.
④ 을: 미적 가치는 무질서한 리듬과 운율 안에서는 존재할 수 없다.
⑤ 갑, 을: 미를 추구하는 행위는 도덕성 촉진에 기여할 수 있다.

15
▸24112-0394
2020학년도 10월 학력평가 18번
상중하

갑은 긍정, 을은 부정의 대답을 할 질문으로 가장 적절한 것은?

> 갑: 예술 작품이 윤리적으로 비난받을 만한 내용을 담고 있는 경우 그 작품은 그만큼 예술적으로 결함이 있는 것이며, 만약 작품이 윤리적으로 칭찬할 만한 내용을 담고 있다면 그 작품은 그만큼 예술적으로 가치 있는 것이다.
> 을: 예술이 어떤 목적을 가져야 한다는 것에 대한 저항은 언제나 예술의 도덕적 성향에 대한 저항, 즉 예술이 도덕에 복종해야 한다는 것에 대한 저항이었다. 예술은 예술을 위한 것이어야 한다.

① 예술은 미적 가치를 추구하는 인간의 창조적 활동인가?
② 예술가는 오직 미적 가치에 충실하게 헌신해야 하는가?
③ 예술은 도덕이 미칠 수 있는 영역 밖에 있어야 하는가?
④ 예술의 도덕적 성격은 작품의 감상을 방해할 수 있는가?
⑤ 예술 작품의 도덕적 내용이 예술적 장점이 될 수 있는가?

16
▸24112-0395
2020학년도 3월 학력평가 15번
상중하

갑, 을, 병 사상가들의 입장으로 가장 적절한 것은?

> 갑: 미적인 것은 윤리적인 것의 상징이며, 이러한 관점에서만 미적인 것은 다른 모든 사람들의 동의를 요구한다.
> 을: 예술에서 선한 의도는 아무런 가치가 없다. 형편없는 예술은 모두 선한 의도에서 비롯된 것이다.
> 병: 우아함과 좋은 리듬은 좋은 말씨와 좋은 성품을 닮고, 추함과 나쁜 리듬은 나쁜 말씨와 나쁜 성품을 닮는다.

① 갑: 인간의 미적 체험은 도덕성을 실현하는 데 기여할 수 있다.
② 을: 진정한 감상자는 아름다운 것에서 도덕적 의미를 찾는다.
③ 병: 미적 가치와 도덕적 가치는 서로 독립된 별개의 가치이다.
④ 갑, 을: 윤리적인 공감 능력은 예술 작품 창작에 필수적이다.
⑤ 갑, 병: 미는 순수하게 이성적인 것으로 감성과는 무관하다.

V 문화와 윤리

17

▸24112-0396

2020학년도 수능 4번

상중하

(가), (나) 사상의 입장으로 적절한 것만을 <보기>에서 있는 대로 고른 것은?

(가) 악(樂)은 '같음'을, 예(禮)는 '다름'을 위한 것이다. 같으면 서로 친하게 되고, 다르면 서로 공경하게 된다. 악이 화합을 극진하게 하고 예가 순서를 극진하게 하여, 안으로 화합하고 밖으로 질서를 이룬다면, 백성은 그 안색을 보고 서로 다투지 않게 되며, 그 용모를 보고 업신여기지 않게 된다.

(나) 악(樂)은 비록 눈으로 보기에 아름답고 귀로 듣기에 즐거우나, 백성의 이익에는 부합하지 않는다. 악기를 연주하며 춤추는 것을 일삼는다면, 백성이 입고 먹을 재물은 어찌 얻을 수 있겠는가? 일찍이 여러 악기를 만들고 연주했어도 천하의 이익을 증진하는 데 도움이 되지 않았다.

보기

ㄱ. (가): 예와 악은 서로 보완적인 역할을 한다.
ㄴ. (가): 예악은 정서의 순화와 언행의 교화 모두에 기여한다.
ㄷ. (나): 음악은 실용적 관점보다 심미적 관점에서 평가해야 한다.
ㄹ. (가), (나): 음악의 가치는 사회적 효과를 고려하여 판단해야 한다.

① ㄱ, ㄴ　② ㄴ, ㄷ　③ ㄷ, ㄹ
④ ㄱ, ㄴ, ㄹ　⑤ ㄱ, ㄷ, ㄹ

18

▸24112-0397

2020학년도 9월 모의평가 14번

상중하

다음 사상가의 입장만을 <보기>에서 있는 대로 고른 것은?

시(詩)란 사람의 마음이 세상 사물이나 풍속과 감응하여 언어로 표현된 것이다. 사람이 느끼는 대상에는 올바른 것과 사악한 것이 있으니, 시에도 옳은 것과 그른 것이 있다. 우리는 시를 통해 자신을 반성하여, 올바른 시는 모범으로 삼고 사악한 시는 자신을 고치는 계기로 삼아야 한다.

보기

ㄱ. 시는 선악 판단의 대상에서 배제되어야 한다.
ㄴ. 시를 감상할 때에는 윤리적 성찰을 겸해야 한다.
ㄷ. 시는 그 사회의 도덕성을 엿볼 수 있는 거울이다.
ㄹ. 올바르지 못한 시도 교육적 기능을 수행할 수 있다.

① ㄱ, ㄴ　② ㄱ, ㄷ　③ ㄴ, ㄹ
④ ㄱ, ㄷ, ㄹ　⑤ ㄴ, ㄷ, ㄹ

19

▸24112-0398

2019학년도 10월 학력평가 2번

상중하

갑 사상가가 을 사상가에게 제기할 수 있는 비판으로 가장 적절한 것은?

갑: 음악을 하는 것은 그르다. 세금으로 만든 큰 종을 치고 큰 북을 두드리며 금슬을 타고 피리를 불면서 춤을 춘다고 해서 백성이 입거나 먹을 것을 얻을 수는 없다.

을: 음악이 종묘 가운데 있어 군주와 신하가 함께 들으면 화합하여 공경하게 되고, 한 가정 안에 있어 부모와 형제가 함께 들으면 화목하여 친하게 된다.

① 음악은 백성의 마음을 어질게 할 수 있는 것임을 간과한다.
② 음악을 장려하는 것은 사회적 화합에 이바지함을 간과한다.
③ 음악은 예와 더불어 백성의 도덕적 삶에 기여함을 간과한다.
④ 음악을 즐기는 것은 백성에게 이롭지 않은 허례임을 간과한다.
⑤ 음악은 의로움보다 이로움을 추구하므로 그른 것임을 간과한다.

20

▸24112-0399

2019학년도 3월 학력평가 18번

상중하

갑, 을 사상가들의 입장으로 적절하지 <u>않은</u> 것은?

갑: 음악이 화평해야 백성이 화합하며 방종하지 않게 된다. 그래서 옛 성왕은 "음란한 노래와 사악한 음악이 좋은 음악을 어지럽히지 못하게 하라."라고 하였다.

을: 시가(詩歌) 교육은 영혼 안에 있는 지혜를 사랑하는 것과 관련된 감각들을 일깨워야 한다. 시인들은 좋은 성품의 상(象)을 작품 속에 새겨 놓도록 해야 하며, 그렇게 하지 않는 사람의 작품 활동은 금지되어야 한다.

① 갑: 음악은 백성을 교화하는 수단이 될 수 있다.
② 갑: 음악은 정치 사회적 요구로부터 자유로워야 한다.
③ 을: 덕성을 함양하기 위해 시가 교육이 필요하다.
④ 을: 미적 가치의 추구가 진리 탐구에 도움이 된다.
⑤ 갑, 을: 예술 활동에 대한 외적 규제가 필요하다.

21
▸24112-0400
2019학년도 수능 5번
상중하

갑, 을의 입장에서 〈사례〉 속 A에게 제시할 조언으로 가장 적절한 것은?

갑: 신을 찬양하고 덕을 찬양하는 시(詩)만을 이 나라에 받아들여야 한다. 시를 통해 즐거움만 누리려 한다면 이성 대신 즐거움과 괴로움이 왕 노릇을 하게 될 것이다.
을: 예술가는 도덕적 공감을 지니지 않는다. 예술가에게 도덕적 공감은 용납될 수 없는 구태의연한 양식에 불과하다. 예술가는 단지 아름다움의 창조자일 뿐이다.

• 사례 •

A는 웹툰 작가로 포털 사이트에 작품을 연재할 예정이다. 어떤 작품을 그려야 할지 A는 고민하고 있다.

① 갑: 독자들이 오로지 즐거움만 느낄 수 있도록 하세요.
② 갑: 독자들이 도덕적 이상을 추구할 수 있도록 하세요.
③ 을: 독자들에게 권선징악의 교훈을 전달하도록 하세요.
④ 을: 독자들에게 도덕적 공감을 얻을 수 있도록 하세요.
⑤ 갑, 을: 독자들이 자신의 삶을 성찰할 수 있도록 하세요.

22
▸24112-0401
2019학년도 9월 모의평가 8번
상중하

갑, 을의 입장으로 가장 적절한 것은?

갑: 예술의 목표는 진리라는 생각 때문에 시(詩)만을 위한 시는 시적 품위가 결여된 것으로 여겨졌다. 그러나 예술이란 본래 심미적 가치만을 추구하기에 시 그 자체 외의 어떠한 다른 목적도 염두에 두지 않고 쓰인 시만이 진정한 시이다.
을: 예술의 사명은 신(神)의 세계, 즉 인간의 최고 목적인 사랑의 세계를 건설하는 일이다. 따라서 예술은 인류애가 모든 사람의 자연스러운 감정이 되도록 교육하는 데 기여해야 한다.

① 갑: 예술의 심미적 가치는 도덕적 가치에 의해 제어되어야 한다.
② 갑: 예술이 도덕적 진리를 추구할 때 심미적 가치가 더욱 고양된다.
③ 을: 예술은 사람들의 도덕적인 감정의 고양에 기여해야 한다.
④ 을: 예술은 그 자체가 목적으로 다른 것을 위한 수단이 아니다.
⑤ 갑, 을: 예술은 어떤 것에도 제한받지 않는 독립성을 지녀야 한다.

23
▸24112-0402
2019학년도 6월 모의평가 10번
상중하

다음 사상가의 입장을 〈보기〉에서 고른 것은?

추한 것과 나쁜 리듬 그리고 부조화는 나쁜 성품을 닮은 반면, 그 반대되는 것들은 좋은 성품을 닮았으며 또한 그것을 모방한 것이다. 건강에 좋은 곳에 거주함으로써 건강해지듯, 젊은이들은 아름다운 작품을 만나 자신도 모르는 사이에 아름다운 말과의 닮음과 친근함, 그리고 조화로 이끌리게 된다. 복잡 미묘한 리듬도 온갖 종류의 운율도 추구하지 말고, 예절 바르고 용감한 삶을 나타내는 리듬이 무엇인지 알도록 해야 한다.

• 보기 •

ㄱ. 예술은 독창성 구현을 목적으로 하는 심미 활동이어야 한다.
ㄴ. 예술은 올바른 품성 함양을 위한 삶의 모범을 제공해야 한다.
ㄷ. 예술가는 미(美)를 추구하므로 사회적 책임에서 자유로워야 한다.
ㄹ. 예술가는 도덕적 이상을 모방하여 영혼의 조화를 추구해야 한다.

① ㄱ, ㄴ ② ㄱ, ㄷ ③ ㄴ, ㄷ
④ ㄴ, ㄹ ⑤ ㄷ, ㄹ

24
▸24112-0403
2018학년도 수능 6번
상중하

다음 서양 사상가의 입장을 〈보기〉에서 고른 것은?

• 만약 즐거움을 위한 시가 훌륭한 법질서를 갖는 국가 안에 존재해야 할 이유가 있다면, 우리는 기꺼이 시를 받아들일 것이다. 시가 즐거움을 줄 뿐만 아니라 국가와 인간 생활에 이로운 것임이 밝혀진다면 우리에게도 분명 이득이 될 것이기 때문이다.
• 시인이나 설화 작가들이 모방을 할 경우에는, 용감하고 절제 있고 경건하며 자유인다운 사람들을 모방해야만 한다. 반면에 그 어떤 창피스러운 것도 모방하지 말아야 하며, 이런 것을 모방하는 데 능한 사람들이 되어서도 안 된다.

• 보기 •

ㄱ. 예술은 선의 실현에 기여해야 한다.
ㄴ. 예술은 진리를 왜곡할 경우 비판받아야 한다.
ㄷ. 예술에서 미와 선의 내용은 유사할 필요가 없다.
ㄹ. 예술은 사물의 실재보다 외관을 아름답게 모방해야 한다.

① ㄱ, ㄴ ② ㄱ, ㄷ ③ ㄴ, ㄷ
④ ㄴ, ㄹ ⑤ ㄷ, ㄹ

25
▸24112-0404
2024학년도 6월 모의평가 10번 상중하

그림의 강연자가 지지할 입장으로 가장 적절한 것은?

문화 산업은 소비자의 욕구가 실현될 수 있는 것처럼 선전하지만 그 욕구는 문화 산업에 의해 사전 기획된 것입니다. 문화 산업의 공식 목표는 하자 없는 완전한 규격품을 만들듯이 인간을 재생산하는 것입니다. 세상에 나타나고 있는 모든 것에는 문화 산업의 인장이 찍힙니다. 문화 산업의 기획자들은 소비자들을 기만하며 그들을 소비를 위한 단순한 객체로 만듭니다. 문화 상품의 수용 과정에서도 예술 작품의 사용 가치는 교환 가치에 의해 대체됩니다. 하지만 정신은 예술의 잘못된 보편성으로부터 벗어나 진정한 보편성에 충실하고자 합니다. 정신의 진정한 속성은 사물화에 대한 부정입니다. 정신이 문화 상품으로 고정되고 소비를 위한 목적으로 팔아 넘겨지면 정신은 소멸할 수밖에 없습니다.

① 문화 산업은 문화 상품의 표준화 가능성을 약화한다.
② 문화 산업은 사물화를 거부하는 정신의 속성을 강화한다.
③ 문화 산업은 대중문화에 대한 소비자의 주체성을 훼손한다.
④ 문화 산업의 대중적 확산은 예술의 고유한 보편성을 고양한다.
⑤ 문화 산업은 예술 작품이 지닌 경제적 효용 가치를 약화한다.

26
▸24112-0405
2023학년도 3월 학력평가 14번 상중하

그림의 강연자의 입장으로 적절한 것만을 〈보기〉에서 있는 대로 고른 것은?

문화 산업의 위치가 확고해지면 확고해질수록 문화 산업은 소비자의 욕구를 더욱더 능란하게 다룰 수 있게 됩니다. 문화 산업은 소비자의 욕구를 만들어내고 조종하며 심지어는 소비자로부터 재미를 몰수할 수도 있습니다. 문화 산업의 생산물은 모든 사람을 일하는 시간과 마찬가지로 휴식 시간에도 잡아 놓는 거대한 경제 체계의 일부입니다.

보기

ㄱ. 문화 산업은 소비자에게 능동적인 체험 활동을 보장한다.
ㄴ. 문화 산업은 규격품을 만들듯이 인간을 재생산하려 한다.
ㄷ. 문화 산업의 대중매체는 소비자의 의식을 지배하려 한다.
ㄹ. 문화 산업의 생산물은 대중이 활발하게 소비하도록 만든다.

① ㄱ, ㄴ ② ㄱ, ㄷ ③ ㄴ, ㄹ
④ ㄱ, ㄷ, ㄹ ⑤ ㄴ, ㄷ, ㄹ

27
▸24112-0406
2022학년도 3월 학력평가 7번 상중하

다음을 주장한 사상가의 입장으로 가장 적절한 것은?

문화 산업의 독점하에서 대중문화는 획일적인 모습을 하고 있다. 대중문화의 조종자들은 독점을 숨기려 하지도 않는다. 독점의 힘이 강화될수록 그 힘의 행사도 점점 노골화된다. 영화나 라디오는 더 이상 예술인 척할 필요가 없다. 대중 매체는 그들이 고의로 만들어 낸 것들을 정당화하는 이데올로기로 사용되며, 대중은 문화 산업의 객체가 된다. 대중에게 다양한 질의 대량 생산물이 제공되지만 그것은 이윤 창출을 위한 문화 산업 체계의 일부일 뿐이다.

① 문화 산업이 확산될수록 인간의 몰개성화 경향은 감소한다.
② 문화 산업은 예술을 상품화하려는 시도를 예방하고자 한다.
③ 문화 산업은 대중에게 규격화된 예술과 가치관을 전달한다.
④ 문화 산업의 목표는 예술의 심미적 가치를 보존하는 것이다.
⑤ 문화 산업은 대중이 각자 고유한 예술 체험을 하도록 장려한다.

28
▸24112-0407
2022학년도 6월 모의평가 9번 상중하

(가)를 주장한 사상가의 입장에서 (나)의 ㉠에 들어갈 진술로 가장 적절한 것은?

(가)	문화 산업은 획일적인 상품만을 생산할 뿐이다. 문화 산업의 기술은 대량 생산을 가능하게 한다. 문화 산업은 어떠한 문화 상품을 제공하든 소비자는 그것에 만족해야 한다는 것을 소비자에게 주입시킨다. 이로 인해 문화 상품은 소비자로 하여금 적극적으로 사유하는 것을 불가능하게 한다.
(나)	문화 산업은 '스타'를 제조한다. 대부분의 기획사는 스타를 철저한 전략에 따라 기획한 뒤 최대한 많은 매체에 출연시켜 돈을 번다. 그리고 대중이 싫증을 느끼면 유사한 새로운 스타를 내놓는다. 수많은 반짝 스타들이 소모품처럼 사라진다. 이러한 문제의 원인은 [㉠]

① 문화 산업이 대중문화를 규격화된 상품으로 간주하기 때문이다.
② 문화 상품이 작품 창작자의 독창적 견해에 따라 제작되기 때문이다.
③ 문화 산업이 이윤보다는 지속적 창작 활동을 추구하기 때문이다.
④ 문화 산업의 생산자가 소비자의 고유한 체험을 중시하기 때문이다.
⑤ 문화 상품이 표준화된 양식에 맞추어 생산되지 않기 때문이다.

29
▸24112-0408
2021학년도 3월 학력평가 20번
상중하

갑, 을의 입장으로 가장 적절한 것은?

> 갑: 가장 상업적인 것이 가장 예술적이고, 가장 예술적인 것이 가장 상업적이다. 돈을 번다는 것은 예술이고, 일하는 것도 예술이며, 잘되는 사업이 최상의 예술이다. 나는 사업 미술가이고 나의 작업실은 공장이다.
> 을: 문화 산업이 만든 문화 상품의 속성은 문화 소비자들의 적극적인 사유를 불가능하게 만드는 데 있다. 문화 산업은 하자 없는 규격품을 만들 듯이 인간의 정신을 단순히 재생산하려 한다.

① 갑: 예술 작품은 대중화에서 벗어나 미적 가치를 지녀야 한다.
② 갑: 예술의 상업화에 따른 이윤 창출은 예술 발전을 방해한다.
③ 을: 문화 산업은 대중의 자발성과 상상력의 발달을 저해한다.
④ 을: 문화 산업은 대중의 비판적인 의식을 바탕으로 형성된다.
⑤ 갑, 을: 예술 작품을 교환 가치로 평가하려고 해서는 안 된다.

30
▸24112-0409
2021학년도 6월 모의평가 17번
상중하

다음을 주장한 사상가의 입장으로 적절하지 않은 것은?

> 오늘날 대중문화는 얼마나 인기를 끌고 많은 수익을 올렸는지에 의해 평가되는 경향이 지배적이다. 이제 대중문화는 변화 없는 반복적인 오락물을 생산하는 장사가 되었고, 문화의 소비자는 문화 산업의 객체가 되었다. 이처럼 산업화된 대중문화 속에서 사람들의 여가 시간은 문화 산업이 제공하는 획일적 생산물로 채워질 수밖에 없다. 문화 상품의 속성은 문화 소비자의 자발성과 상상력을 제거해 버림으로써 적극적인 사유를 불가능하게 만드는 데 있다. 문화 산업은 규격품을 만들 듯이 인간을 재생산하려 한다.

① 산업화된 대중문화는 독창적 예술로 발전하기 어렵다.
② 문화 산업은 획일화된 문화를 체험할 기회를 증가시킨다.
③ 문화 산업의 표준화된 양식은 문화 소비자의 주체성을 약화시킨다.
④ 산업화된 대중문화는 소비자의 자발성과 창의적 사고를 위축시킨다.
⑤ 문화 산업은 예술을 경제적 가치가 아니라 미적 가치로만 평가한다.

31
▸24112-0410
2020학년도 6월 모의평가 13번
상중하

갑, 을 사상가들의 입장으로 적절하지 않은 것은?

> 갑: 복제 기술의 발달로 예술 작품의 '아우라'는 사라지지만 누구든 예술 작품에 대해 자신의 의견을 표현할 수 있게 된다. 또 대중 예술의 발달은 대중의 각성을 불러일으킴으로써 대중을 집단적 주체로 형성시키는 데 기여한다.
> 을: 현대 자본주의 사회에서 대중문화의 가치에 대한 평가 기준은 돈으로 일원화된다. 이러한 사회에서 대중문화는 문화 산업으로 전락하게 되며, 규격품을 만들어 내듯이 인간을 획일화시켜 능동적으로 사유하는 것을 불가능하게 만든다.

① 갑: 복제 기술의 발달은 대중들의 예술에 대한 접근성을 높인다.
② 갑: 예술 작품의 아우라 소멸은 대중의 예술 비평 활동을 위축시킨다.
③ 을: 문화 산업의 확산은 인간의 상품화와 몰개성화를 조장한다.
④ 을: 문화의 가치는 경제적 효율성에 의해 결정되어서는 안 된다.
⑤ 갑, 을: 문화의 대중화는 대중의 비판적 사고에 영향을 미친다.

32
▸24112-0411
2018학년도 6월 모의평가 13번
상중하

다음 서양 사상가의 입장으로 적절하지 않은 것은?

> 예술 작품에 대한 기술적 복제는 수공적인 복제보다 더 큰 독자성을 지니며, 예술 작품의 존속에 아무런 손상도 입히지 않는다. 예술 작품의 기술적 복제 가능성의 시대에서 예술 작품의 '아우라'는 위축된다. 그러나 사진이나 영화와 같은 영역에서 대량 복제 기술은 대중들로 하여금 개별적 상황 속에서 복제품을 쉽게 접하게 한다. 이러한 현상은 전시 가능성을 중시하는 대중 예술이 기존의 제의(祭儀) 의식에 바탕을 둔 예술을 밀어내는 결과를 초래한다. 이제 예술 작품은 새로운 기능을 지닌 형상물이 된다.

① 대중 예술은 원작이 가지고 있는 유일성의 가치를 높여 준다.
② 대중 예술은 표준화된 생산을 통해 미적 체험을 제공한다.
③ 대중 예술의 복제 기술은 예술 작품의 신비감을 축소시킨다.
④ 대중 예술의 복제 기술은 대중과 예술 작품의 거리를 좁힌다.
⑤ 대중 예술에서는 예술의 숭배 가치가 줄고 전시 가치가 늘어난다.

02 의식주 윤리와 윤리적 소비

33
▶24112-0412
2019학년도 6월 모의평가 19번
상중하

(가)의 입장에서 (나)의 입장에 대해 제시할 적절한 반론을 〈보기〉에서 고른 것은?

(가)	*패스트 패션 산업은 경제적 측면에만 몰두하여 노동 조건과 자연 생태계를 위협하는 부작용을 초래한다. 그 결과 패스트 패션을 추구하는 현상에 대한 반성이 확산되고 있다. 패션 산업 종사자와 소비자도 인간다운 삶의 권리와 조건에 기여해야 할 책임을 다해야 한다. *패스트 패션(fast fashion) : 비교적 저렴한 가격대에 최신 유행상품을 빠르게 공급해 상품 회전율이 빠른 패션
(나)	패스트 패션 산업은 생산 비용을 절감하고 이윤을 창출함으로써 기업의 사회적 역할과 책임을 다하고 있다. 또한 소비자들은 부담 없는 가격으로 패스트 패션을 즐기면서 다양한 미적 욕구를 충족하고 있다. 이처럼 패스트 패션은 기업과 소비자 모두에게 유용하다.

보기

ㄱ. 환경과 인권에 대한 기업의 역할과 책임을 간과하고 있다.
ㄴ. 패션에 대한 개인들의 차별화된 욕구와 기호를 간과하고 있다.
ㄷ. 욕구 충족만이 소비의 도덕 판단 기준이 아님을 간과하고 있다.
ㄹ. 경제적 효율을 추구하는 합리적 소비 성향을 간과하고 있다.

① ㄱ, ㄴ ② ㄱ, ㄷ ③ ㄴ, ㄷ
④ ㄴ, ㄹ ⑤ ㄷ, ㄹ

34
▶24112-0413
2018학년도 10월 학력평가 8번
상중하

갑, 을의 입장에 대한 설명으로 가장 적절한 것은?

갑: 옷을 만드는 이유는 바람과 추위를 막아 몸을 따뜻하게 하고 몸을 가리고자 하는 것이다. 몸을 가린다는 것은 꾸미기보다는 문채(文彩)를 만들어 귀천을 표시하는 것이다. 이 두 가지를 제외하면 모두 유익함이 없다.
을: 옷을 만드는 이유는 겨울에는 따뜻하게 하여 추위로부터 몸을 보호하고 여름에는 시원하게 하여 더위로부터 몸을 보호하기 위한 것일 뿐이다. 화려하기만 하고 이익을 주지 못하는 옷은 없어져야 한다.

① 갑은 사회적 지위에 맞는 의복을 입어야 한다고 본다.
② 을은 의복을 고를 때 유용성을 고려할 필요가 없다고 본다.
③ 을은 의복을 선택할 때 장식적 측면을 고려해야 한다고 본다.
④ 갑, 을은 의복이 몸을 보호하는 역할만을 해야 한다고 본다.
⑤ 갑, 을은 의복을 신체의 아름다움을 드러내는 수단으로 본다.

35
▶24112-0414
2024학년도 수능 8번
상중하

다음을 주장한 사상가의 입장에서 〈문제 상황〉 속 A에게 제시할 조언으로 가장 적절한 것은?

운동을 지나치게 많이 하거나 적게 하는 것, 음식을 지나치게 많이 먹거나 적게 먹는 것은 건강을 해치지만, 적당한 운동이나 식사는 건강에 도움이 된다. 마땅한 때에, 마땅한 방식으로, 마땅하게 행동하는 것이 쉬운 일은 아니다. 그러므로 중용을 지키는사람은 칭송받을 만하다.

〈문제 상황〉

학생 A는 급식에서 자신이 좋아하는 음식이 나올 때는 폭식을 하고, 좋아하지 않는 음식이 나올 때는 거의 먹지 않고 버린다. 최근 A는 자신의 건강과 올바른 생활 태도에 필요한 식습관이 무엇인지 고민하고 있다.

① 먹는 행위와 좋은 품성의 형성은 서로 무관함을 고려하세요.
② 먹는 것은 본능이므로 스스로 통제할 수 없음을 고려하세요.
③ 먹을 때 이성이 아닌 감정의 명령에 따라야 함을 고려하세요.
④ 먹는 즐거움을 느낄 때에도 절제의 덕이 필요함을 고려하세요.
⑤ 먹는 것은 육체의 욕망을 채우는 행위에 불과함을 고려하세요.

36
▶24112-0415
2024학년도 9월 모의평가 8번
상중하

(가), (나) 사상의 입장으로 가장 적절한 것은?

(가) 인위적인 것[人]으로 자연적인 것[天]을 없애지 말아야 한다. 사람은 소, 양, 돼지 등의 고기를 먹지만 사슴은 풀을 먹고 지네는 뱀을 먹고 올빼미는 쥐를 좋다고 먹는다. 이 넷 중 어느 쪽도 음식 맛을 바르게 안다고 할 수 없다.
(나) 예(禮)가 아니면 말하지도 보지도 듣지도 행동하지도 말아야 한다. 군자는 음식 빛깔이 나쁜 것, 제대로 요리되지 않은 것, 제철 음식이 아닌 것은 먹지 않는다. 또한 음식을 자른 모양이 반듯하지 않거나 간이 맞지 않아도 먹지 않는다.

① (가): 음식에 대한 욕구를 제거하여 자연과 조화를 이루어야 한다.
② (가): 적절한 음식을 섭취하여 인간다움과 의로움을 실현해야 한다.
③ (나): 음식의 상태를 고려하여 먹는 것은 인격 수양의 일환이다.
④ (나): 음식을 섭취하는 목적은 육체적 생명의 보존에 국한된다.
⑤ (가)와 (나): 사회적 규범에 따라 음식을 올바르게 먹어야 한다.

37
▸24112-0416
2024학년도 6월 모의평가 12번 상중하

(가), (나)의 입장으로 가장 적절한 것은?

(가) 좋은 음식은 탐을 내고, 맛없는 음식은 찡그리고, 종일 먹어도 음식이 생겨난 바를 모르는 것은 어리석은 일이다. 덕 있는 선비는 배불리 먹을 타령을 금해야 한다.
(나) 음식에 들어간 공(功)을 생각하고 자기의 덕행이 공양을 받을 만한지 생각하라. 탐욕을 버리고 식사를 약으로 알아 몸의 여윔을 방지하라. 깨달음을 이루기 위해 이 음식을 받는다.

① (가): 음식의 탐닉을 위해 음식이 생겨난 과정을 알아야 한다.
② (가): 몸의 건강과 마음의 다스림을 위해서는 금식이 필수적이다.
③ (나): 음식이 지닌 윤리적 가치보다 영양적 가치를 중시해야 한다.
④ (나): 음식을 먹는 태도가 아니라 음식에 들어간 노력이 중요하다.
⑤ (가)와 (나): 음식을 먹는 행위는 수양을 통해 조절되어야 한다.

38
▸24112-0417
2022학년도 9월 모의평가 9번 상중하

그림의 강연자가 긍정의 대답을 할 질문으로 가장 적절한 것은?

음식을 선택할 때에는 단순히 맛뿐만 아니라 건강과 환경 등 여러 요소를 고려해야 합니다. 우선, 건강과 맛을 위해 유기농 식품을 이용해야 합니다. 질이 낮은 음식을 풍족하게 먹는 것보다 덜 먹더라도 질 좋은 재료로 만든 유기농 식품을 먹는다면 건강도 증진되고 맛의 즐거움도 만끽할 수 있습니다. 또한, 환경을 생각해서 경제적 효율성이 떨어지더라도 유기농 먹거리는 반드시 가까운 지역에서 얻어야 합니다. 다른 나라에서 생산한 산업화된 유기농 식품은 장거리 수송 과정에서 이산화탄소 배출 문제를 일으킵니다. 그리고 식품의 적정 가격에 대한 논의도 해야 합니다. 가난한 사람이 유기농 식품을 이용할 수 있도록 가격은 너무 비싸도 안 되지만, 농부들의 지속 가능한 생산을 위해 너무 저렴해도 안 됩니다.

① 가난한 사람들도 유기농 음식을 이용할 수 있도록 배려해야 하는가?
② 맛의 즐거움과 건강을 위해 음식의 질보다 양을 중시해야 하는가?
③ 대량 생산으로 음식 재료 가격을 낮추는 게 언제나 바람직한가?
④ 유기농 식품의 소비 과정에서 환경에 대한 고려를 배제해야 하는가?
⑤ 가까운 지역의 유기농 식품을 이용하는 것이 가장 경제적인 소비인가?

39
▸24112-0418
2021학년도 6월 모의평가 13번 상중하

(가), (나) 사상의 입장으로 가장 적절한 것은?

(가) 군자는 밥이 완성되기까지 기울인 노력과 식재료의 출처를 알아야 하고, 마음을 절제하여 탐욕을 없애야 한다. 밥 먹을 때에도 인(仁)을 떠나지 말아야 한다.
(나) 지혜롭게 숙고하면서 공양(供養)을 받는다. 밥 먹는 것은 즐기거나 과시하려는 것이 아니다. 몸을 지탱하고 존속하는 것, 청정(淸淨)한 수행을 계속하는 것이다.

① (가): 중생의 불성(佛性)에 유념하며 음식을 먹어야 한다.
② (가): 충분한 영양 섭취를 위해 음식의 양은 많을수록 좋다.
③ (나): 음식은 타인과의 관계에서 명예를 드높이는 수단이다.
④ (나): 음식을 먹는 것이 수행의 연장으로 여겨질 필요가 없다.
⑤ (가), (나): 도리에 어긋남이 없는지 성찰하며 음식을 먹어야 한다.

40
▸24112-0419
2019학년도 10월 학력평가 5번 상중하

(가), (나)의 입장으로 적절하지 않은 것은?

(가) 결핍으로 인한 고통이 제거된다면, 소박한 음식도 사치스런 음식과 같은 쾌락을 준다. 그러므로 우리가 소박한 음식에 길들여지면 완전한 건강을 얻게 되며, 사치스러운 것들과 마주쳤을 때 동요하지 않게 된다.
(나) 사람들의 공(功)이 두루 쌓인 음식을 부족한 덕행으로는 감히 받기 어렵다. 음식을 먹는다는 것은 중생과 함께 탐욕을 버리고 몸의 여윔을 방지하는 것으로 족함을 깨달아, 도업(道業)을 이루고자 하는 것이다.

① (가): 먹는 행위를 통해 모든 쾌락이 충족됨을 알아야 한다.
② (가): 먹는 행위를 통해 허기를 면하는 것으로 만족해야 한다.
③ (나): 먹는 행위를 통해 자기 자신의 부덕을 성찰해야 한다.
④ (나): 먹는 행위를 통해 만물의 상호 연관성을 깨달아야 한다.
⑤ (가), (나): 먹는 행위를 통해 절제하는 태도를 배워야 한다.

41
▸24112-0420
2018학년도 6월 모의평가 16번
상 중 하

다음 글의 입장으로 가장 적절한 것은?

> 군자는 밥을 먹을 때 다섯 가지를 살펴야 한다. 우선 밥이 완성될 때까지 얼마나 노력이 필요한가와 밥이 어디서 나왔는가를 헤아려야 한다. 그리고 자신의 덕행이 완성되었는지를 헤아려서 공양(供養)을 받아야 한다. 마음을 절제하여 탐욕을 없애야 한다. 바른 처사와 좋은 약으로 건강을 보살펴야 한다. 끝으로 도덕을 이루어야 먹을 자격이 있다. 즉 군자는 먹을 때에도 인(仁)을 떠나지 않아야 한다.

① 먹는다는 것은 자신과 타인을 살피는 덕의 실천이다.
② 먹는다는 것은 자연에서 영양분을 섭취하는 행위이다.
③ 먹는다는 것은 좋은 음식으로 건강을 돌보는 과정이다.
④ 먹는다는 것은 윤리적 행위가 아니라 문화적 행위이다.
⑤ 먹는다는 것은 자연을 인간의 소유로 만드는 과정이다.

42
▸24112-0421
2022학년도 수능 16번
상 중 하

다음을 주장한 사상가의 입장으로 적절하지 않은 것은?

> 집은 인간이 사는 체험 공간의 구체적인 중심이며, 이런 중심을 창조해야 하는 과제는 거주함으로써 실현된다. 거주한다는 것은 특정한 자리에 속하여 뿌리를 내리고 그곳을 집으로 삼는다는 뜻이다. 특히 거주는 분리된 안전하고 편안한 영역, 즉 인간이 위협적인 외부 세계로부터 도피할 수 있는 집이라는 개인 공간을 갖고 있음을 뜻한다. 인간의 참다운 삶을 위한 거주는 인간이 자신의 존재를 쏟아부어 온전히 노력해야만 얻을 수 있고 실현할 수 있다.

① 인간은 인간다운 삶을 살기 위해 편안함의 영역을 필요로 한다.
② 거주는 주어지는 것이 아니라 각별한 노력을 통해 이루어진다.
③ 집은 인간이 거주하는 공간이며 개인이 활동하는 세계의 중심이다.
④ 거주 공간의 소유는 참다운 인간의 삶을 위한 필요충분조건이다.
⑤ 인간은 거주를 통해 외부의 위협에서 벗어나 안정을 얻을 수 있다.

43
▸24112-0422
2022학년도 6월 모의평가 18번
상 중 하

다음을 주장한 사상가의 입장으로 적절한 것만을 〈보기〉에서 있는 대로 고른 것은?

> • 집의 담장은 체험 공간을 내부와 외부로 분리하며 두 영역은 인간 삶의 기본이 된다. 인간은 안정의 영역인 집에 거주함으로써만 자신의 참된 본질을 실현할 수 있다.
> • 거주는 공동의 삶을 통해서만 가능하므로 진정한 집에는 가족이 필요하다. 집과 가족은 인간의 안전과 편안함을 조성하는 과제에 있어서 불가분의 관계로 묶여 있다.

보기

ㄱ. 인간은 거주 공간에서 유대감을 형성한다.
ㄴ. 집은 인간의 본질을 실현할 수 있는 공간이다.
ㄷ. 집은 외부 세계와 구분될 수 없는 열린 공간이다.
ㄹ. 인간은 거주함으로써만 본래적 의미의 인간이 될 수 있다.

① ㄱ, ㄴ ② ㄱ, ㄷ ③ ㄷ, ㄹ
④ ㄱ, ㄴ, ㄹ ⑤ ㄴ, ㄷ, ㄹ

44
▸24112-0423
2021학년도 10월 학력평가 2번
상 중 하

그림의 강연자가 지지할 입장으로 적절하지 않은 것은?

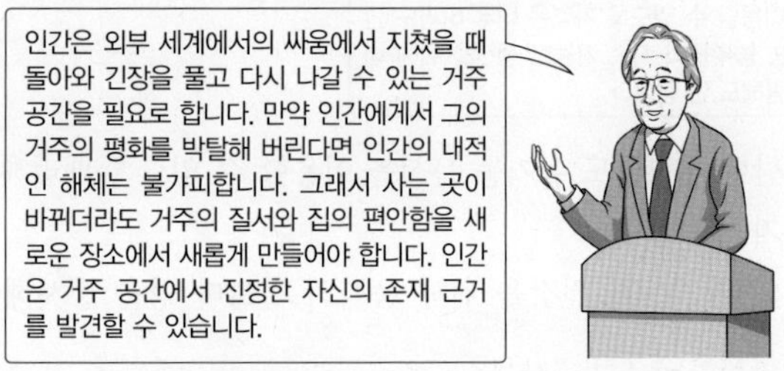
인간은 외부 세계에서의 싸움에서 지쳤을 때 돌아와 긴장을 풀고 다시 나갈 수 있는 거주 공간을 필요로 합니다. 만약 인간에게서 그의 거주의 평화를 박탈해 버린다면 인간의 내적인 해체는 불가피합니다. 그래서 사는 곳이 바뀌더라도 거주의 질서와 집의 편안함을 새로운 장소에서 새롭게 만들어야 합니다. 인간은 거주 공간에서 진정한 자신의 존재 근거를 발견할 수 있습니다.

① 인간은 삶의 체험과는 분리된 점유물인 집에서 거주한다.
② 인간은 거주함으로써 자신의 참된 본질을 실현할 수 있다.
③ 인간은 사적인 거주 공간에서 마음의 평화를 이룰 수 있다.
④ 인간은 거주를 통해 외부의 위협으로부터 보호받을 수 있다.
⑤ 인간은 새로운 거주 공간에서도 자아를 상실하지 않을 수 있다.

45

▸24112-0424
2021학년도 6월 모의평가 8번 상중하

다음을 주장한 사상가의 입장으로 가장 적절한 것은?

> 인간이 자기 집에서 사는 것을 거주라고 한다. 그러나 거주는 우리가 단순히 어떤 낯선 공간에 존재하거나 머무르는 것 이상의 의미를 지닌다. 거주는 특정 장소를 집으로 삼아 그 안에서 뿌리를 내리고 거기에 속해 있는 것이다. 또한 거주는 마음 내키는 대로 저지르는 행위가 아니라 자기 삶의 의미를 찾고 인간과 세계의 관계 전체를 규정하는 행위이다. 이런 거주는 본래부터 타고난 능력으로 주어지는 것이 아니라 자신의 존재를 쏟아 붓는 각별한 노력을 통해 획득된다.

① 거주는 행위나 능력이 아니라 장소에 속해 있는 방식이다.
② 삶의 의미가 담겨 있는 거주는 인간에게 선천적으로 주어져 있다.
③ 거주는 인간이 집에 머무르는 것 이외에 어떤 의미도 지니지 않는다.
④ 거주는 친숙한 공간에서 편안함을 얻고 삶의 기초를 발견하는 것이다.
⑤ 거주는 인간이 세계로부터 영원히 격리되어 삶의 의미를 찾는 것이다.

46

▸24112-0425
2020학년도 10월 학력평가 13번 상중하

다음을 주장한 사상가의 입장만을 〈보기〉에서 고른 것은?

> 인간은 세상으로 나아가 생업에 종사하면서 그것과 필연적으로 연관된 위험에 내던져져야 한다. 그러나 세상에서 과제를 완수하고 나면 집의 보호 속으로 돌아올 수 있는 기회도 가져야 한다. 극단적인 긴장 관계로 맺어진 이 두 측면은 똑같이 필요하며, 세계라는 외부 공간에서의 노동과 집이라는 내부 공간에서의 휴식이 균형을 이룰 때 인간은 내적으로 건강해진다. 그렇기에 인간은 집을 짓고 그 집을 방어하면서 든든한 공간을 마련해야 할 절대적인 과제를 안고 있다.

보기

ㄱ. 집에 단지 머무는 것만으로는 진정한 거주가 될 수 없다.
ㄴ. 집이라는 내부 공간에 거주함으로써 안정감을 얻을 수 있다.
ㄷ. 집은 외부 세계와 구분되지 않는 안락한 공간이어야 한다.
ㄹ. 집은 공적인 영역으로서 타인에게 언제나 열려 있어야 한다.

① ㄱ, ㄴ ② ㄱ, ㄷ ③ ㄴ, ㄷ
④ ㄴ, ㄹ ⑤ ㄷ, ㄹ

47

▸24112-0426
2019학년도 3월 학력평가 2번 상중하

다음을 주장한 사상가의 입장으로 적절하지 않은 것은?

> 거주란 낯선 공간 안에 낯선 자로서 던져진 것을 의미하지 않는다. 오히려 거주는 그 공간에 친숙해지며, 그 공간에서 삶의 확고하고 지속적인 근거를 발견하는 것을 의미한다. 인간은 외부 공간에 존재하는 위협을 막아 주는 집에서 안정감을 느끼면서, 이를 바탕으로 인간다움을 찾고 실현해 나갈 수 있다.

① 거주는 공간 속에서 친근함과 익숙함을 느끼는 것이다.
② 거주는 인간 삶의 바탕으로서 정서적 안정을 제공한다.
③ 인간은 거주를 통해 인간다운 삶을 영위해 나갈 수 있다.
④ 집은 외부로부터 인간을 보호하는 것 이상의 의미를 지닌다.
⑤ 거주는 낯선 공간 안에 내던져진 존재로서 살아가는 것이다.

48

▸24112-0427
2023학년도 10월 학력평가 15번 상중하

그림의 강연자의 입장으로 가장 적절한 것은?

문명화된 현대 사회에서 유한계급의 생활 방식은 명성의 기준을 제공합니다. 이러한 기준은 최고 상류층 이하의 모든 계층이 따르고 싶은 기준이 됩니다. 유한계급이 명성을 획득하거나 유지하는 수단은 과시적 여가와 과시적 소비입니다. 과시적 여가와 과시적 소비의 공통적인 특징은 낭비로 볼 수 있습니다. 한편 과시적 여가와 과시적 소비는 경제 발전의 각기 다른 단계에서 편의성을 기준으로 각각 선호되었습니다.

① 유한계급은 사회적 명성과 무관하게 여가 생활을 즐긴다.
② 과시적 소비는 어떠한 기능도 하지 못하는 낭비일 뿐이다.
③ 유한계급의 경쟁적인 비교 성향은 과시적 소비로 나타난다.
④ 산업 사회가 발전하면 과시적 소비에 대한 욕망은 사라진다.
⑤ 현대 사회의 극빈층은 과시적 소비의 유혹으로부터 자유롭다.

49 ▸24112-0428

2023학년도 수능 15번 상중하

다음 가상 대담의 사상가가 지지할 입장으로 가장 적절한 것은?

개인은 자신의 이익을 효율적으로 추구하는 합리적 선택에 따라 소비한다고 합니다. 이러한 입장에 대해 어떻게 생각하시나요?
1
그 입장으로 현대 사회의 소비를 설명하는 것은 소박하고 무력한 생각입니다. 예컨대 세탁기는 도구로써 쓰이지만 사회적 위세를 표현하는 역할도 합니다. 바로 이 후자의 영역이 현대 사회의 소비 영역입니다.
2
현대인은 사회적 지위 및 명성에 있어서의 차이를 드러내고자 사물 및 재화 그 자체가 아니라 기호(記號)를 소비한다는 말씀이신가요?
3
네, 그렇습니다. 그런데 역설적이게도 대(大) 부르주아는 과시 소비를 거부하고 눈에 띄지 않는 검소함, 겸손함으로 차이를 드러내기도 합니다.
4

① 현대 사회의 소비자는 경제적 합리성을 최우선으로 고려하여 소비한다.
② 현대인은 타인과의 차이를 드러내려는 욕구를 충족하기 위해 소비한다.
③ 현대 사회에서 경제적 상위 계층만이 사회적 위세를 표현하고자 한다.
④ 현대인은 사물의 기능을 중시하는 소비를 통해 만족을 얻고자 한다.
⑤ 현대인은 사회적 시선을 의식하지 않고 자신의 선호에 따라 소비한다.

50 ▸24112-0429

2023학년도 9월 모의평가 13번 상중하

그림의 강연자가 지지할 입장만을 〈보기〉에서 있는 대로 고른 것은?

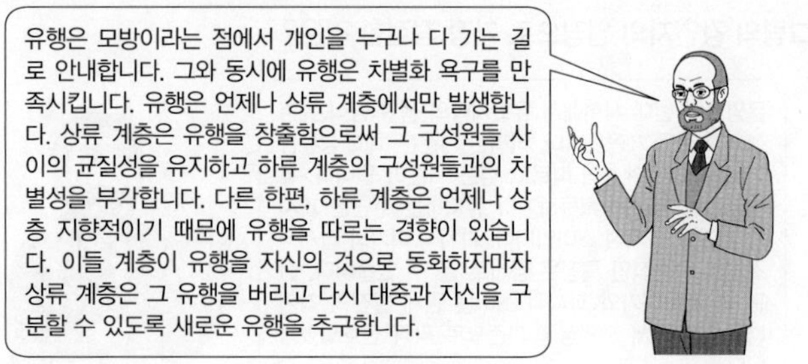

유행은 모방이라는 점에서 개인을 누구나 다 가는 길로 안내합니다. 그와 동시에 유행은 차별화 욕구를 만족시킵니다. 유행은 언제나 상류 계층에서만 발생합니다. 상류 계층은 유행을 창출함으로써 그 구성원들 사이의 균질성을 유지하고 하류 계층의 구성원들과의 차별성을 부각합니다. 다른 한편, 하류 계층은 언제나 상층 지향적이기 때문에 유행을 따르는 경향이 있습니다. 이들 계층이 유행을 자신의 것으로 동화하자마자 상류 계층은 그 유행을 버리고 다시 대중과 자신을 구분할 수 있도록 새로운 유행을 추구합니다.

보기

ㄱ. 상류 계층에 동화하려는 욕구는 유행을 확산하는 데 일조한다.
ㄴ. 모든 계층이 추구하는 유행의 양식은 항구적 속성을 지닌다.
ㄷ. 유행은 계층 내 동질성과 계층 간 차별성을 드러내는 수단이다.
ㄹ. 하류 계층의 모방은 새로운 유행을 창출하는 계기로 작동한다.

① ㄱ, ㄴ　② ㄱ, ㄷ　③ ㄴ, ㄹ
④ ㄱ, ㄷ, ㄹ　⑤ ㄴ, ㄷ, ㄹ

51 ▸24112-0430

2023학년도 6월 모의평가 13번 상중하

다음 글의 입장으로 적절하지 않은 것은?

> 산업 사회에서 유한계급은 사회적 명성의 측면에서 사회 구조의 정점에 위치하고 그들의 생활 양식은 사회의 평가 기준이 된다. 이 기준은 사회 구조의 가장 낮은 계층에 이르기까지 영향을 미친다. 각 계층에 속하는 사람들은 바로 위 계층에서 유행하는 생활 양식에 가까워지고자 온갖 노력을 기울이기 때문이다. 어떤 계급도, 즉 아무리 빈곤한 계급이라도 관례적인 과시적 소비를 전혀 하지 않을 수는 없다. 명성을 얻기 위해서는 과시적 소비를 할 수밖에 없으며, 과시적 소비를 하기 위해서는 부(富)가 있어야 한다.

① 과시적 소비로부터 완전히 자유로운 계층은 없다.
② 빈곤한 계층의 소비 행위는 사회적 명성과는 관련이 없다.
③ 산업 사회에서 명성을 얻기 위해서는 부를 필요로 한다.
④ 유한계급에게 과시적 소비는 명성을 획득하는 수단이다.
⑤ 사회에서 유행하는 생활 양식은 유한계급에 의해 주도된다.

52 ▸24112-0431

2022학년도 10월 학력평가 8번 상중하

다음을 주장한 사상가의 입장으로 가장 적절한 것은?

> 유한계급이 명성을 얻기 위해 행하는 여가와 과시 소비의 공통적인 특징은 낭비이다. 여가의 경우에는 시간과 노력의 낭비이고, 과시 소비의 경우에는 재화의 낭비이다. 여가와 과시 소비는 모두 부의 소유를 자랑하기 위한 것이며, 둘 중 어느 하나를 선택하는 것은 편의성의 문제일 뿐이다. 여가와 과시 소비는 모든 사회 계층에게 위력을 발휘한다.

① 과시 소비는 사회의 최상 계층인 유한계급에서만 나타난다.
② 재력을 경쟁적으로 비교하는 성향은 과시 소비로 나타난다.
③ 유한계급은 타인과 상관없이 자족하기 위해 여가를 즐긴다.
④ 유한계급은 부나 권력의 획득만으로 사회적 명성을 유지한다.
⑤ 부를 과시할 수 있는 상품의 가격과 수요는 언제나 반비례한다.

53

▸24112-0432
2022학년도 3월 학력평가 11번

상중하

다음을 주장한 사상가가 긍정의 대답을 할 질문으로 가장 적절한 것은?

> 고도로 조직화된 산업사회에서는 재력이 없으면 평판도 얻을 수 없다. 재력을 과시하여 평판을 얻기 위한 수단은 여가와 재화의 과시적 소비이다. 사람들의 평판을 효과적으로 얻으려면 불필요한 사치품에 돈을 써야 한다. 오로지 필수품을 소비하는 것만으로는 아무런 의미가 없다. 이러한 과시적 소비는 하층계급에서도 나타난다.

① 과시적 소비는 하층계급에서 상층계급으로 확산되는가?
② 사회 전체의 부가 늘어날수록 과시적 소비는 감소하는가?
③ 모든 계층에서 평판을 높이려는 과시적 소비가 나타나는가?
④ 자기 보존 본능은 과시적 소비의 주된 경제적 동기가 되는가?
⑤ 필수품 소비는 유한계급이 재력을 과시하는 유용한 방법인가?

54

▸24112-0433
2021학년도 3월 학력평가 12번

상중하

다음 신문 칼럼의 입장에서 지지할 견해만을 〈보기〉에서 있는 대로 고른 것은?

○○신문 ○○○○년 ○○월 ○○일

칼 럼

시장을 주도하는 주축이 기업에서 소비자로 변화하고 있다. 상표를 보고 제품을 선택했던 과거와 달리 건강한 원료, 환경 친화적인 생산 과정, 소비를 통한 사회적 가치 실현까지를 고려한 윤리적 소비가 새로운 흐름을 형성하고 있다. 이른바 소비의 '미닝 아웃(Meaning out)'이라고 할 수 있다. 미닝 아웃은 이전에는 잘 드러내지 않았던 정치적·사회적 신념 등을 소비 행위를 통해 적극적으로 표출하는 것을 뜻한다. 이제 소비자는 새로운 소비의 흐름에 적극 동참해야 하고, 기업도 생산 및 유통 과정을 변화시켜 나가야 한다.

보기

ㄱ. 기업은 이윤 추구와 더불어 사회적 책임에 힘써야 한다.
ㄴ. 기업은 생산 활동이 생태계에 미칠 영향을 고려해야 한다.
ㄷ. 소비자는 경제적 효용성만을 소비의 기준으로 삼아야 한다.
ㄹ. 소비자는 경제적 부를 과시하기 위한 소비를 지양해야 한다.

① ㄱ, ㄴ ② ㄱ, ㄷ ③ ㄷ, ㄹ
④ ㄱ, ㄴ, ㄹ ⑤ ㄴ, ㄷ, ㄹ

55

▸24112-0434
2021학년도 수능 17번

상중하

그림의 강연자가 긍정의 대답을 할 질문으로 가장 적절한 것은?

> 타인의 존경을 얻고 유지하기 위해서는 부나 권력을 획득하는 것만으로는 충분하지 않습니다. 부나 권력은 타인에게 증거로 드러나는 한에서만 존경이 부여되기 때문입니다. 극빈층을 포함한 사회의 어떤 계층도 관례적인 과시 소비를 하지 않는 경우는 없습니다. 자기 보존 본능을 제외하고는 경쟁적인 비교 성향이 가장 강력하고 지속적인 경제적 동기입니다. 그래서 겉으로 있어 보이는 체하려고 허세가 다하는 마지막 순간까지 비참할 정도의 옹색과 불편조차도 참아낼 것입니다.

① 과시 소비로부터 자유로운 사회 계층이 존재하는가?
② 타인과의 비교 성향이 인간의 허영심을 제한하는가?
③ 자본을 축적하는 것만으로도 타인의 존경을 얻을 수 있는가?
④ 과시 소비는 자신의 지위를 드러내기 위한 방편으로 행해지는가?
⑤ 경쟁적인 비교 성향은 자기 보존 본능보다 강력한 경제적 동기인가?

56

▸24112-0435
2021학년도 9월 모의평가 9번

상중하

다음은 신문 칼럼이다. ㉠에 들어갈 내용으로 적절하지 않은 것은?

○○신문 ○○○○년 ○월 ○일

칼 럼

최근 들어 개인적 취향만이 아니라 여행자의 윤리 의식을 강조하는 공정 여행에 관심을 갖는 사람들이 늘고 있다. 이들은 개인적 만족과 여행 비용의 효율성만을 추구하던 기존 여행의 관행에서 벗어나 여행지에 도움을 주고 현지 주민들과 함께할 수 있는 여행을 지향한다. 공정 여행을 통해 여행자들은 현지 주민이 제공하는 숙소와 음식을 접하고 특산품, 기념품 등을 구입하며, 현지 서비스 노동자들의 기본권을 존중한다. 나아가 여행지의 동식물을 보호할 뿐만 아니라 온실가스 배출량을 줄이기 위해 항공 여행을 자제하는 결정까지 내린다. 이처럼 공정 여행은 [㉠]

① 동식물을 포함한 생태계 전체를 고려하는 여행이다.
② 여행 지역의 지속 가능한 발전을 도모하는 여행이다.
③ 사회적 책임보다 비용의 최소화를 지향하는 여행이다.
④ 개인적 선호만이 아니라 공공의 가치도 중시하는 여행이다.
⑤ 여행자의 즐거움뿐만 아니라 현지 주민도 배려하는 여행이다.

Ⅴ 문화와 윤리

57 ▸24112-0436

2020학년도 9월 모의평가 5번 상중하

다음은 신문 칼럼이다. ㉠에 들어갈 내용으로 적절한 것만을 〈보기〉에서 있는 대로 고른 것은?

○○신문 ○○○○년 ○월 ○일

칼 럼

명품 소비는 한 사회의 모습을 반영한다. 이에 주목하여 우리 사회의 명품 소비 문제를 살펴볼 필요가 있다. 자신을 과시하려는 욕망에서 비롯된 일부 계층의 명품 소비 성향이 사회 전 계층으로 확산되어 나타나고 있다. 그래서 구매력이 부족한 사람들도 자신의 소득 수준을 초과하는 명품을 구매하거나 심지어 모조품을 찾으면서까지 과시욕을 충족하고자 한다. 이러한 소비 성향은 '남들과 같아지고 싶다.'라는 욕구와 연관되어 명품 소비를 하나의 유행으로 만든다. 그 결과, 명품 구매를 통해 남들과 같아지고 싶어하는 욕구는 일시적으로 충족되지만, 자신의 개성은 상실하게 된다. 이러한 명품 소비 문제를 극복하기 위해 우리는 [㉠] …(후략).

보기

ㄱ. 동조 욕구를 절제하고 주체적 소비를 해야 한다.
ㄴ. 자신의 경제력을 고려하는 합리적 소비를 해야 한다.
ㄷ. 모방 소비를 지양하여 자신의 개성을 표현해야 한다.
ㄹ. 특정 계층에 국한된 과시 소비의 문제를 해결해야 한다.

① ㄱ, ㄷ ② ㄴ, ㄹ ③ ㄷ, ㄹ
④ ㄱ, ㄴ, ㄷ ⑤ ㄱ, ㄴ, ㄹ

58 ▸24112-0437

2020학년도 수능 11번 상중하

㉠에 들어갈 내용으로 적절한 것만을 〈보기〉에서 고른 것은?

이제까지 우리는 자기 욕구를 정확하게 파악하고 상품 정보를 충분히 알아본 뒤, 소득 범위 내에서 가장 적은 비용으로 만족도가 높은 제품을 구매하는 것이 바람직한 소비라고 생각했다. 그러나 오늘날 더 절실히 요구되는 소비는 생산, 유통, 구매 그리고 사용 이후의 처리와 재생에 이르기까지 사회, 환경, 미래 세대 등을 배려하는 데서부터 시작한다. 이를 위해 소비할 때 우리는 [㉠]

보기

ㄱ. 생산 노동자의 권리가 보장되는지 고려해야 한다.
ㄴ. 공동선을 추구하는 기업의 제품을 선택해야 한다.
ㄷ. 지속 가능한 소비보다는 현세대의 이익을 추구해야 한다.
ㄹ. 비용 대비 편익의 극대화를 최우선적 기준으로 삼아야 한다.

① ㄱ, ㄴ ② ㄱ, ㄷ ③ ㄴ, ㄷ
④ ㄴ, ㄹ ⑤ ㄷ, ㄹ

59 ▸24112-0438

2020학년도 6월 모의평가 20번 상중하

갑, 을의 입장에서 〈문제 상황〉 속 A에게 제시할 조언으로 적절하지 않은 것은?

갑: 자신의 욕구를 정확하게 파악하고 상품 정보를 충분히 알아본 뒤 계획을 세워 주어진 예산의 범위 안에서 자신에게 가장 효용이 큰 제품을 선택하여 소비해야 한다.
을: 자신의 소비 생활이 개인에게 미치는 영향만이 아니라 사회, 자연 등에 미치는 영향을 고려하여 윤리적인 가치 판단에 따라 올바른 선택을 하는 소비를 해야 한다.

〈문제 상황〉

A는 아보카도가 슈퍼 푸드라는 이야기를 듣고 관심을 가지게 되었다. 그런데 아보카도의 생산 및 유통 과정은 많은 이산화탄소를 발생시켜 지구 온난화의 원인이 된다. 또한 재배에 많은 물이 소모되어 동식물은 물론 지역 주민의 삶에 피해를 준다. A는 그 사실을 알고 아보카도를 구매해야 할지 고민하고 있다.

① 갑: 자신의 처지에 맞는 가장 효율적인 소비인지를 고려하세요.
② 갑: 충동적 소비나 과시적 소비가 되지 않는지를 고려하세요.
③ 을: 생산 지역의 주민의 삶에 해악을 주지 않도록 결정하세요.
④ 을: 인간을 포함한 생태계에 악영향을 주지 않도록 결정하세요.
⑤ 갑, 을: 다른 가치보다 경제적 효용을 먼저 고려하여 결정하세요.

60 ▸24112-0439

2019학년도 3월 학력평가 17번 상중하

다음 토론의 핵심 쟁점으로 가장 적절한 것은?

갑: 소비의 목적은 소비를 통한 만족감의 극대화에 있습니다. 소비자는 최소 비용으로 최대 만족을 얻을 수 있는 소비만을 추구해야 합니다.
을: 저는 그렇게 생각하지 않습니다. 환경 문제로 대두하고 있는 자원 남용 문제를 해결하기 위해서는 사회 정의와 환경 등을 고려하는 소비가 필요합니다.
갑: 아닙니다. 비용과 편익을 고려하여 소비를 하면 자원이 효율적으로 분배되어 자원 남용 문제를 해결할 수 있다고 봅니다.
을: 그러한 주장은 시장 경제 논리만을 강조하는 것이므로 자원 남용 문제를 해결할 수 없습니다.

① 시장 경제 논리는 비용 대비 최대 편익을 강조하는가?
② 합리적 소비만으로 자원 남용 문제를 해결할 수 있는가?
③ 소비 활동을 통해서 자원 남용 문제를 방지할 수 있는가?
④ 소비자는 상품에 관한 정보를 바탕으로 소비해야 하는가?
⑤ 자원 남용 문제의 해결을 위해 최대 비용의 지출이 필요한가?

03 다문화 사회의 윤리

61 ▸24112-0440
2024학년도 6월 모의평가 17번 상중하

(가), (나)의 입장으로 가장 적절한 것은?

(가) 사회를 통합하기 위해 비주류 문화를 주류 사회의 문화에 편입시키고 융합하여 국가 구성원 전체가 공유하는 통일된 정체성을 확보해야 한다.
(나) 이민자의 고유한 문화와 자율성을 존중하고 유지하는 것이 진정한 사회 통합의 방법이다. 문화적 다양성을 대등하게 수용하고 다양한 문화의 평화적 공존을 모색해야 한다.

① (가): 문화의 통합성과 집단 간 결속력의 관계는 상호 배타적이다.
② (가): 사회 제도와 질서의 유지는 문화들의 평화적 공존으로부터 온다.
③ (나): 자문화 중심주의를 고집하는 태도는 사회 갈등의 원인이 된다.
④ (나): 주류 문화로 통일된 문화 정체성은 사회 발전의 원동력이 된다.
⑤ (가)와 (나): 사회 통합을 위해 문화 간 차별 없는 정책과 관용이 필요하다.

62 ▸24112-0441
2023학년도 수능 8번 상중하

다음 가상 편지에서 강조하는 내용으로 가장 적절한 것은?

○○ 국가 다문화 정책 담당자께
지난번에 의뢰해 주신 귀국의 다문화 정책의 추진 방향에 대한 답변을 드리고자 합니다. 귀국에서는 외국인과의 혼인 및 외국인 노동자의 이주가 증가하면서 이주민 문화와 기존 문화 간에 갈등이 발생하고 있습니다. 이러한 갈등을 해소하기 위해서는 다양한 문화를 주류 문화 속에 융합하여 하나의 문화를 형성하는 정책이 아니라, 다양한 문화가 조화를 이루며 평등하게 공존할 수 있는 정책을 추진해야 합니다. 비유하자면, 샐러드처럼 양상추, 당근, 오이 등이 각각 그 고유한 맛을 유지하면서도 다채로운 맛을 낼 수 있도록 해야 한다는 것입니다. 이러한 정책이 각 문화의 특수성을 존중하면서도 자유, 평등, 정의와 같은 보편적 가치를 실현하는 데 기여할 수 있습니다.

① 이주민 문화를 주류 문화에 편입시켜 사회적 결속력을 강화해야 한다.
② 보편 윤리를 실현하기 위해 각 문화의 특수성을 배제해야 한다.
③ 문화 간 갈등이 발생하지 않도록 동화주의 정책을 추진해야 한다.
④ 주류 문화의 우위를 전제로 비주류 문화의 고유성을 존중해야 한다.
⑤ 문화의 다양성을 인정함으로써 문화적 역동성을 증진해야 한다.

63 ▸24112-0442
2023학년도 6월 모의평가 17번 상중하

다음을 주장한 사상가의 관점에서 볼 때 문화에 대해 취할 입장으로 적절한 것만을 〈보기〉에서 고른 것은?

• 이상적인 사회가 당장 가능할 것이라는 가정은 합리적이지 않다. 사회적 문제들을 점진적으로 개선하면서 더 좋은 사회로 나아가려는 태도가 중요하다.
• 인간 이성의 한계는 관용을 요청한다. 하지만 우리가 관용적이지 않은 사람들에게까지 무제한의 관용을 베푼다면, 관용적인 사람들은 파멸할 것이고 관용도 소멸할 것이다.

보기

ㄱ. 모든 문화는 고유성을 지니기에 용인되어야 한다.
ㄴ. 자기 문화를 비판하는 것에 대해 열린 태도가 필요하다.
ㄷ. 불관용적인 문화에 대해서는 관용하지 않을 권리가 있다.
ㄹ. 어떤 문화가 바람직한지 여부를 판단하는 기준은 존재하지 않는다.

① ㄱ, ㄴ ② ㄱ, ㄷ ③ ㄴ, ㄷ
④ ㄴ, ㄹ ⑤ ㄷ, ㄹ

64 ▸24112-0443
2021학년도 10월 학력평가 10번 상중하

갑, 을, 병 중에서 한 사람만이 긍정의 대답을 할 질문만을 〈보기〉에서 있는 대로 고른 것은?

갑: 이주민은 자신의 문화 정체성을 포기하고, 이주해 온 국가의 구성원이 되어 주류 사회의 일원으로 편입되어야 한다.
을: 다른 재료들이 섞여 각자 고유의 맛을 지키면서 하나의 샐러드가 되듯이 다양한 문화가 대등하게 조화되어야 한다.
병: 국수가 주된 내용물이지만 고명이 첨가됨으로써 국수 맛이 풍성해지듯이 주류 문화와 비주류 문화가 공존해야 한다.

보기

ㄱ. 다양한 문화들은 사회 내에서 평등하게 공존해야 하는가?
ㄴ. 이주민들의 서로 다른 문화적 정체성을 인정해야 하는가?
ㄷ. 사회 통합은 문화 단일성을 전제로 이루어 나가야 하는가?
ㄹ. 한 사회에는 구심점이 되는 주류 문화가 존재해야 하는가?

① ㄱ, ㄴ ② ㄱ, ㄷ ③ ㄴ, ㄹ
④ ㄱ, ㄷ, ㄹ ⑤ ㄴ, ㄷ, ㄹ

65
▸24112-0444
2021학년도 3월 학력평가 9번
상 중 하

갑, 을의 입장으로 가장 적절한 것은?

> 갑: 문화 공존을 위해 타 문화에 대해 알고 상호 교류를 확대해야 한다. 다양성은 문화 교류의 전제이며, 관용은 문화 공존과 진정한 사회 통합을 위한 훌륭한 방법이다. 교육도 타 문화의 내용을 교양 과목으로 다루어야 한다.
> 을: 사회 통합을 위해 소수 문화가 주류 문화에 동화되어야 한다. 시민들 간에 동일한 문화적 정체성이 형성되면 상호 이해 및 신뢰, 유대감이 증진된다. 교육도 모두를 단일한 문화로 통합하는 것을 목표로 해야 한다.

① 갑: 자신의 문화 정체성을 유지하며 타 문화를 존중해야 한다.
② 갑: 차이 인정보다 동화의 관점에서 타 문화를 인식해야 한다.
③ 을: 문화적 풍요로움을 위해 이질적 문화들이 공존해야 한다.
④ 을: 문화들 간의 갈등을 막기 위해 소수 문화를 인정해야 한다.
⑤ 갑, 을: 주류 문화와 소수 문화가 융합을 이루도록 해야 한다.

66
▸24112-0445
2021학년도 수능 18번
상 중 하

(가)의 입장에 비해 (나)의 입장이 갖는 상대적 특징을 그림의 ㉠~㉤ 중에서 고른 것은?

> (가) 국가는 이주민이 자신의 문화를 포기하고 새로운 사회의 지배적 가치관과 문화에 동화될 수 있도록 하는 정책을 시행해야 한다. 그렇게 한다면 주류 문화를 중심으로 문화 정체성이 형성되고, 이주민은 주류 문화의 일원으로 거듭날 수 있다.
> (나) 국가는 이주민의 문화를 평등하게 인정하고 각기 다른 문화가 조화를 이룰 수 있도록 하는 정책을 시행해야 한다. 그렇게 한다면 다양한 문화의 고유성이 유지되면서 이주민의 사회 통합이 이루어질 수 있다.

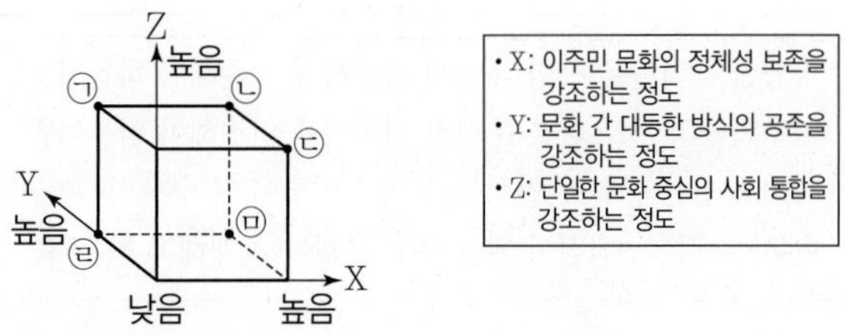
Z
높음
㉠
㉡
㉢
Y
높음
㉣
㉤
X
낮음
높음
• X: 이주민 문화의 정체성 보존을 강조하는 정도
• Y: 문화 간 대등한 방식의 공존을 강조하는 정도
• Z: 단일한 문화 중심의 사회 통합을 강조하는 정도

① ㉠ ② ㉡ ③ ㉢ ④ ㉣ ⑤ ㉤

67
▸24112-0446
2021학년도 9월 모의평가 11번
상 중 하

갑, 을의 입장으로 적절한 것만을 〈보기〉에서 있는 대로 고른 것은?

각기 다른 재료들이 섞여 각자 고유의 맛을 지키면서 하나의 샐러드가 되듯이, 한 국가나 사회 안에서 다양한 문화를 인정하여 각자 자신들의 생활 방식을 독자적으로 추구하며 조화를 이룰 수 있습니다.
국수가 주된 내용물이지만 다양한 고명들이 첨가됨으로써 맛이 풍부해지듯이, 한 국가나 사회 안에서 다양한 이질적인 문화를 허용함으로써 문화적 역동성을 증진할 수 있습니다.
갑
을

보기

ㄱ. 갑: 다양한 문화가 서로 대등하게 조화를 이루어야 한다.
ㄴ. 을: 각 문화가 정체성을 유지하면서 조화를 이루어야 한다.
ㄷ. 갑, 을: 주류 문화를 중심으로 문화 간 공존을 추구해야 한다.
ㄹ. 갑, 을: 서로 다른 문화에 대해 관용의 자세를 견지해야 한다.

① ㄱ, ㄴ ② ㄱ, ㄷ ③ ㄷ, ㄹ
④ ㄱ, ㄴ, ㄹ ⑤ ㄴ, ㄷ, ㄹ

68
▸24112-0447
2020학년도 수능 8번
상 중 하

다음 대화에서 갑, 을의 입장으로 가장 적절한 것은?

국가는 사회적 갈등을 줄이고 공동체의 결속력을 강화하기 위해 이민자가 출신국의 언어, 문화, 사회적 특성을 포기하고 주류 사회의 일원이 될 수 있는 정책을 추진해야 합니다.
국가는 사회 구성원 간의 조화를 이루기 위해 이민자의 문화적 고유성을 인정하고 기존 사회와 대등하게 공존할 수 있는 법과 제도를 적극적으로 마련해야 합니다.
갑
을

① 갑: 주류 문화 우위를 전제로 이민자 문화의 특수성을 보장해야 한다.
② 갑: 주류 문화를 수용하는 이민자의 문화적 정체성을 보장해야 한다.
③ 을: 사회 조화를 위해 주류와 비주류 간 문화 위계를 인정해야 한다.
④ 을: 이민자의 문화적 다양성을 인정하면서 사회 통합을 모색해야 한다.
⑤ 갑, 을: 사회적 연대를 위해 주류와 비주류 문화 간 공존과 결속을 강화해야 한다.

69

▸24112-0448
2020학년도 6월 모의평가 16번
상중하

갑, 을의 입장으로 적절하지 않은 것은?

> 갑: 주류 문화와의 통합 여부는 소수 문화의 구성원이 결정해야 한다. 주류 문화 구성원이 소수 문화의 통합을 강제하는 것은 부정의하다.
> 을: 단일한 언어, 문화 전통, 교육 정책을 추구하여 소수 문화가 주류 문화에 동화되도록 도와야 한다. 통일된 문화의 부재 때문에 집단 간 결속력이 훼손되는 것은 바람직하지 않다.

① 갑: 사회 통합을 위해 소수 문화가 억압받아서는 안 된다.
② 갑: 소수 문화 구성원에게 문화적 자치권을 부여해야 한다.
③ 을: 사회적 유대의 강화를 위해 단일 문화를 형성해야 한다.
④ 을: 사회 발전을 위해 주류 문화가 문화 통합의 중심이 되어야 한다.
⑤ 갑, 을: 국가의 교육 정책으로 통일된 문화를 형성해야 한다.

70

▸24112-0449
2019학년도 수능 20번
상중하

다음 신문 칼럼의 입장으로 가장 적절한 것은?

○○ 신문 ○○○○년 ○○월 ○○일

칼 럼

공용어와 공통의 문화를 강조할 경우 오히려 국가 내 집단을 다수와 소수로 갈라놓아 소수 집단이 다수에 압도당하게 된다. 통합을 위해서는 첫째, 우리 사회의 다수가 오랫동안 공유해 온 관행과 규범을 고수하지 않으려는 태도가 필요하다. 둘째, 이주민에게 기본적 시민권은 보장하되 관습과 신앙 및 삶의 양식의 통일까지 요구해서는 안 된다. 그들의 집단적 문화를 표현할 여지를 확보해 줘야 하는 것이다. 통합은 몇 세대에 걸쳐 진행된다는 것을 유념해야 한다. 국가적 유대감을 증진시키는 통합의 실행 가능한 방법은 이주민의 정체성을 국가 전체의 정체성에 종속시키는 것이 아니라 수용하는 것이다. …(후략).

① 통합 과정에서 우리 사회의 전통적 관행이 변하지 않도록 해야 한다.
② 공용어 사용을 의무화해야 국가적 유대감이 증진됨을 유념해야 한다.
③ 이주민의 고유한 문화적 특수성을 유지할 기회를 보장해야 한다.
④ 동화가 신속하게 추진되어야 통합 실행이 가능함을 유념해야 한다.
⑤ 이주민의 삶의 양식 변화가 그들의 시민권 보장보다 선행되어야 한다.

71

▸24112-0450
2019학년도 6월 모의평가 7번
상중하

갑, 을의 입장으로 가장 적절한 것은?

> 갑: 기존 시민들이 공유하는 문화에 동화될 때에만 이민자에게 시민권을 부여해야 한다. 주류 사회 시민들과 동일한 언어로 함께 교육을 받게 하고 동일한 사회 복지를 제공하며 국민 정체성을 고취시켜 이민자 집단을 동화시켜야 한다.
> 을: 기존 시민들이 공유하는 문화에 동화되지 않아도 이민자에게 시민권을 부여해야 한다. 이민자의 언어로 운용되는 자체의 법적 제도를 보장하면서 이민자 집단과 주류 사회의 결속과 통합을 도모해야 한다.

① 갑: 주류 문화와의 융합을 위해 소수 문화의 가치를 존중해야 한다.
② 갑: 사회권 보장으로 소수 집단의 문화적 정체성을 유지시켜야 한다.
③ 을: 소수 문화에 대한 불관용을 통해 국민 통합을 지향해야 한다.
④ 을: 소수 집단의 자치를 승인하면서 사회적 연대를 추구해야 한다.
⑤ 갑, 을: 문화적 동일성에 대한 요구 없이 시민권을 보장해야 한다.

72

▸24112-0451
2024학년도 수능 20번
상중하

그림의 강연자가 지지할 입장으로 가장 적절한 것은?

> 문명의 충돌을 막기 위해 우리는 무엇보다 종교 간의 관용과 적극적인 대화에 힘써야 합니다. 종교 간의 갈등은 수많은 사람을 고통스럽게 하고 사회와 국가의 발전을 가로막습니다. 이러한 갈등은 무엇보다 자신의 종교만을 맹신하고 타 종교를 인정하지 않는 배타적인 태도에 기인합니다. 종교 간의 대화 없이는 국가 안의 평화는 물론이고 국가 간의 평화도 불가능합니다. 지구에 존재하는 주요 종교들에는 비폭력과 생명 존중, 관용과 진실성, 연대와 정의로운 경제 질서, 평등과 남녀 동반 관계 등의 가치가 들어 있습니다. 종교 간의 대화를 통해 이러한 가치들을 기본으로 하는 세계 윤리를 도출하여 평화로운 세계를 만들어야 합니다.

① 종교 간의 평화 실현에 타인과의 대화 역량은 불필요하다.
② 다른 종교를 관용의 눈으로 바라보는 것은 불필요한 노력이다.
③ 종교의 통일이 문명의 충돌을 막을 수 있는 유일한 해법이다.
④ 종교 간의 갈등은 사회와 국가의 발전과 어떠한 관련도 없다.
⑤ 편견 없이 타 종교를 이해하는 일이 평화로운 공존의 초석이다.

73
▶24112-0452
2024학년도 9월 모의평가 16번
상 중 하

그림의 강연자가 지지할 입장으로 가장 적절한 것은?

성스러움이 세속적인 것과는 전혀 다른 그 무엇으로서 자신을 드러내어 보여 주기 때문에, 인간은 성스러움을 알 수 있습니다. 성스러움이 드러나는 것을 가리키는 말이 성현(聖顯)입니다. 성스러운 나무, 성스러운 돌은 정확히 그것이 성현이기 때문에, 그것이 더 이상 돌이나 나무가 아니라 성스러운 것을 보여 주는 존재가 되기 때문에 숭배를 받는 것입니다. 종교의 역사란 가장 원시적인 것에서부터 가장 고도로 발달된 것에 이르기까지 다수의 성현으로 이루어져 있다고 말할 수 있습니다. 종교적 인간이 성스러운 존재들에 의지하여 안정과 평화를 추구해 온 것은 자연스러운 일입니다. 심지어 비종교적 인간도 종교적 의례나 신화에 영향을 받기 때문에 자신도 모르는 사이에 종교적으로 행동합니다.

① 성스러움과 속됨은 서로 양립할 수 있지만 조화될 수는 없다.
② 종교적 인간은 성스러움을 만들어 내어 마음의 안정을 찾는다.
③ 종교의 역사는 성스러운 실재의 단 한 번 드러남으로 이루어진다.
④ 돌이나 나무는 그 자체로 성스럽기 때문에 숭배의 대상이 된다.
⑤ 성스러움을 믿지 않는 인간이라도 은연중에 종교적으로 행동한다.

74
▶24112-0453
2023학년도 10월 학력평가 18번
상 중 하

다음을 주장한 사상가의 입장으로 적절한 것만을 〈보기〉에서 있는 대로 고른 것은?

종교적 인간은 절대적 실재, 즉 세계 안에서 자신을 현현(顯現)하는 성스러운 존재가 있다고 항상 믿는다. 그러나 비종교적 인간은 초월성을 거부하며 실재의 상대성을 인정한다. 심지어 성스러운 존재의 의미를 의심하는 데까지 나아가기도 한다.

보기

ㄱ. 종교적 인간에게 우주는 신성성의 여러 양태를 계시한다.
ㄴ. 종교적 인간은 자연물 그 자체를 신으로 숭배하고자 한다.
ㄷ. 비종교적 인간은 자기 자신과 세계를 탈신성화하고자 한다.

① ㄴ ② ㄷ ③ ㄱ, ㄴ ④ ㄱ, ㄷ ⑤ ㄱ, ㄴ, ㄷ

75
▶24112-0454
2023학년도 3월 학력평가 18번
상 중 하

다음을 주장한 사상가의 입장으로 적절하지 않은 것은?

종교적 인간에게 자연은 항상 종교적 의미로 충만해 있다. 우주는 신의 창조물이고 세계는 신들의 손으로 완성된 것이어서 성스러움으로 가득 차 있기 때문이다. 이는 예를 들면, 신의 현존에 의해서 정화된 장소나 사물에 머무르는 경우와 같이 직접 신들과 교류하는 신성성만의 것은 아니다. 신들은 그보다 더 많은 것을 행했다. 그들은 세계와 우주적 현상의 구조 그 자체 안에서 다양한 성(聖)의 양태를 현현(顯現)한다.

① 성스러운 공간에는 성스러운 것의 출현이 결부되어 있다.
② 성스러움이 드러난 사물을 신 그 자체와 동일시해야 한다.
③ 성스러움을 가시적인 형태로 구현하는 것은 자연의 대상들이다.
④ 성스러운 세계에서만 종교적 인간은 참된 실존을 가질 수 있다.
⑤ 성스러운 세계와 세속은 분리되어 있거나 단절되어 있지 않다.

76
▶24112-0455
2023학년도 9월 모의평가 5번
상 중 하

다음 가상 편지에서 강조하는 내용으로 가장 적절한 것은?

친애하는 ○○에게

지난 편지에서 자네는 나에게 종교 간 갈등을 극복할 수 있는 방안에 대해 물었지. 그에 대한 나의 의견을 전하고자 하네. 우선, 모든 종교는 자신의 실수와 과오의 역사를 비판적 시각으로 성찰해야 하네. 다른 견해에 대한 정당한 비판은 오로지 단호한 자아비판이라는 바탕 위에서만 가능하네. 다음으로, 각 종교는 서로의 고유한 특성을 인정하고, 종교적 이해와 협력을 추구해야 하네. 그렇다고 해서 하나의 보편 종교를 요청해서는 안 되네. 마지막으로, 종교 간 대화가 필요하네. 종교 사이의 평화를 배제하고서는 국가 사이의 어떠한 평화도 불가능하고, 종교 사이의 대화를 배제하고서는 종교 사이의 어떠한 평화도 불가능하며, 내 이웃의 종교를 이해하지 않고서는 종교 사이의 어떠한 대화도 불가능하다는 것을 명심하게. …(후략).

① 세계 평화를 위해 다양한 종교를 단일 종교로 통합해야 한다.
② 종교 간 평화를 위해 자신의 종교적 정체성을 포기해야 한다.
③ 자신의 견해와 다른 종교적 견해를 결코 비판해서는 안 된다.
④ 종교 간 대화를 위해 타 종교에 대한 이해와 존중이 요청된다.
⑤ 종교 간 평화는 국가 간 평화를 실현하기 위한 전제 조건이 아니다.

77
▸24112-0456
2022학년도 10월 학력평가 18번
상중하

다음을 주장한 사상가의 입장으로 적절하지 않은 것은?

> 종교적 인간에게 자연은 항상 종교적 의미로 충만해 있다. 하늘은 신의 초월성을 계시하고, 대지는 우주적인 어머니이자 양육자로서 자신을 나타낸다. 우주의 여러 가지 리듬은 질서, 조화, 항상성, 풍요를 드러낸다. 우주는 전체로서 실재적이고 살아 있으며, 성스러움을 지닌 유기체이다. 즉 우주는 존재와 신성성의 여러 양태를 계시한다. 존재의 현현(顯現)과 성현(聖顯)이 서로 만나는 것이다.

① 종교적 인간에게 모든 자연은 우주적 신성성으로 계시된다.
② 자연적인 것과 초자연적인 것은 불가분의 관계를 맺고 있다.
③ 자연은 초월적 존재 그 자체이며 스스로 성스러움을 드러낸다.
④ 종교적 인간은 자연물을 통해 현현하는 성스러움을 숭배한다.
⑤ 자연물은 성스러움이 드러나더라도 여전히 자연 안에 존재한다.

78
▸24112-0457
2022학년도 수능 17번
상중하

다음을 주장한 사상가의 입장으로 적절하지 않은 것은?

> 인간이 성스러움을 아는 것은 그것이 속된 것과는 전혀 다른 어떤 것으로서 스스로를 현현(顯現)하고 보여 주기 때문이다. 성스러움이 드러나는 것을 성현(聖顯)이라 한다. 종교적 인간에게 자연은 결코 단순한 자연이 아니며, 항상 종교적 의미로 충만해 있다. 왜냐하면 우주는 신의 창조물이고, 세계는 신의 손으로 완성된 것이어서 성스러움으로 가득 차 있기 때문이다. 성스러운 돌, 성스러운 나무는 돌이나 나무로서 숭배되는 것이 아니라 성현이기 때문에 숭배된다.

① 세계는 성스러움이 드러나는 대상일 뿐 아니라 성(聖) 그 자체이다.
② 성스러움과 세속은 분리되어 있거나 단절되어 있는 것이 아니다.
③ 종교적 인간은 세속적 대상에서도 성스러움을 체험할 수 있다.
④ 종교적 인간에게 돌이나 나무는 단순한 자연물이 아니다.
⑤ 신은 자연을 통해 성스러움을 다양한 양태로 드러낸다.

79
▸24112-0458
2022학년도 6월 모의평가 20번
상중하

다음 토론의 핵심 쟁점으로 가장 적절한 것은?

> 갑: 종교는 윤리를 수용하지만 절대자에 대한 믿음을 통한 영원한 삶을 본질로 합니다. 영원한 삶이 더 중요하기 때문에, 윤리와 상충하는 종교적 진리도 받아들여야 합니다.
> 을: 물론 종교는 절대자의 힘을 빌려 영원을 추구하지만, 인간의 종교이기에 윤리적 삶을 강조해야 합니다. 따라서 종교는 윤리에 어긋나는 주장을 해서는 안 됩니다.
> 갑: 아닙니다. 윤리는 인간 이성에 토대를 두는데, 이성은 절대자와 달리 한계를 갖습니다. 또한 윤리가 문화마다 다르다는 점에서도 종교적 진리가 윤리를 넘어섭니다.
> 을: 문화에 따라 윤리가 다르다는 점에 동의합니다. 그렇지만 윤리의 토대가 되는 이성 역시 절대자로부터 주어진 것입니다. 따라서 종교는 윤리를 존중해야 합니다.

① 윤리는 문화에 따라 상대적인가?
② 윤리는 이성에 토대를 두고 있는가?
③ 종교는 윤리적 가르침을 지닐 수 있는가?
④ 종교는 절대자를 믿음의 대상으로 받아들이는가?
⑤ 윤리와 상충하는 종교적 진리는 허용될 수 있는가?

80
▸24112-0459
2020학년도 10월 학력평가 16번
상중하

다음을 주장한 사상가의 입장으로 적절하지 않은 것은?

> 종교적 인간에게는 모든 자연이 성현(聖顯)이 된다. 종교적 인간에게 자연은 항상 그것을 초월하는 무엇인가를 표현하고 있기 때문이다. 우주는 신의 창조물이고 세계는 신들의 손으로 완성된 것이어서 성스러움으로 가득 차 있다. 반면에 비종교적 인간은 초월성을 거절하며 성스러운 것을 자유를 획득하는 데 있어서의 가장 큰 장애물로 여긴다.

① 종교적 인간은 자연물 그 자체를 숭배의 대상으로 여긴다.
② 종교적 인간에게 자연적 실재와 초자연적 실재는 공존한다.
③ 종교적 인간은 세계를 초월한 절대적 실재가 있다고 믿는다.
④ 비종교적 인간은 자신을 역사의 주체로 보는 세속적 인간이다.
⑤ 비종교적 인간은 탈신성화의 결과이며 초월적인 것을 거부한다.

V 문화와 윤리

81

▸24112-0460
2020학년도 3월 학력평가 14번

상중하

다음을 주장한 사상가의 입장으로 가장 적절한 것은?

> 종교 간 화해를 위해서는 비공식 대화와 공식 대화, 학문적 대화, 일상적 대화 등 모든 차원의 대화가 요청된다. 이러한 종교 간 대화는 상호 이해 증진을 위해 선한 의지와 개방된 자세뿐만 아니라 연대적 인식이 요구된다는 점을 보여준다. 우리를 이끌어 갈 세 가지 기본 명제는 다음과 같다.
> • 국가 간 세계 윤리 없이 인간의 공생·공존은 불가능하다.
> • 종교 간 평화 없이 국가 간 평화는 있을 수 없다.
> • 종교 간 대화 없이 종교 간 평화는 있을 수 없다.

① 대화 역량은 종교 간 평화를 실현하는 데 필요한 것이다.
② 참된 하나의 종교를 통해서만 종교 간 평화가 보장된다.
③ 종교 간 평화는 여러 종교의 통합을 통해 가장 잘 실현된다.
④ 각자 자신의 종교적 정체성을 포기할 때 세계 평화가 실현된다.
⑤ 각 종교가 자신의 종교에 대해 반성적 성찰을 할 필요는 없다.

82

▸24112-0461
2020학년도 수능 2번

상중하

다음 사상가의 입장으로 가장 적절한 것은?

> 우리가 관심을 가지는 것은 거룩한 것의 총체이다. 종교의 역사는 성현(聖顯)으로 구성되어 있다. 종교적 인간은 우리의 세상에 속하지 않은 어떤 실재가 자연의 대상 속에서 현현(顯現)되는 사건에 마주칠 때, 예컨대 한 그루 나무를 우주적 생명의 이미지로서 접할 때 최고의 정신성에 도달하게 된다. 이와 달리 비종교적 인간은 초월을 거부하는 인간 실존의 탈신성화 과정의 결과이다.

① 비종교적 인간도 세계를 성(聖)의 드러남으로 인정한다.
② 성(聖)이 현현되는 이 세계는 초월적 존재 그 자체이다.
③ 인간은 체험이 아니라 상상을 통해서 성(聖)을 만나게 된다.
④ 어떤 인간도 현실의 삶 속에서 최고의 정신성에 도달할 수 없다.
⑤ 인간이 성(聖)을 알 수 있는 것은 자연물에 성이 드러나기 때문이다.

83

▸24112-0462
2020학년도 9월 모의평가 20번

상중하

그림은 어느 사상가의 강연이다. ㉠에 들어갈 내용으로 적절하지 않은 것은?

> 성스러움이 세속적인 것과 전혀 다른 그 무엇으로서 자신을 드러내어 보여 주기 때문에, 인간은 성스러움을 알 수 있습니다. 돌이나 나무와 같은 일상적 대상 속에 나타나는 원시적인 성현(聖顯)에서부터 예수 안에 하느님의 신성이 부여되는 높은 수준의 성현에 이르기까지 일관되게 성스러움이 흐르고 있습니다. 어느 경우에나 우리는 이 세상 것이 아닌 하나의 실재가 자연적이고 세속적인 세계의 부분을 이루는 대상 속에서 나타나는 사건과 마주하게 됩니다. 이로 볼 때, 종교적 인간은 [㉠]

① 성스러움이 드러난 돌이나 나무 자체를 신으로 받아들입니다.
② 성스러움과 세속적인 것이 단절되어 있지 않다고 생각합니다.
③ 세속의 세계 안에서 성현을 체험하며 그에 따라 살고자 합니다.
④ 세속적인 삶에서 언제든지 성스러움이 드러날 수 있다고 봅니다.
⑤ 세속의 세계를 성스럽게 만드는 거룩한 존재가 있다고 믿습니다.

84

▸24112-0463
2019학년도 수능 7번

상중하

다음 사상가의 입장으로 적절하지 않은 것은?

> 종교적 인간은 탄생, 결혼, 죽음과 같은 사건을 겪으며 거룩한 존재가 있다는 사실을 믿게 된다. 그 존재는 이 세계 안에 스스로 현현(顯現)하여 이 세계를 성화(聖化)시킨다. 그러나 세속적 인간은 자신만을 역사의 주체로 생각하며, 초월적 존재를 향한 모든 호소를 거절한다. 그들에게 거룩한 존재는 인간의 자유에 대한 최대의 장애물일 따름이다. 그럼에도 세속적 인간은 비록 스스로 깨닫지 못하고 있을 때조차 종교적으로 행동한다. 탄생, 결혼, 죽음을 기리는 의식이 세속화되기는 했지만 여전히 그 속에서는 종교적 현상이 관찰된다.

① 종교적 인간은 스스로 성스럽게 드러나는 거룩한 존재를 믿는다.
② 종교적 인간은 성스러운 것과 세속적인 것의 분리를 지향한다.
③ 종교 의식과 무관한 세속적 일상 의례에도 신성성이 깃들어 있다.
④ 세속적 인간은 통과 의례가 갖는 종교적 의미를 자각하지 못한다.
⑤ 세속적 인간은 종교의 속박에서 벗어나야 자유로워진다고 믿는다.

85 ▸24112-0464

2019학년도 9월 모의평가 16번 상중하

다음은 신문 칼럼이다. ㉠에 들어갈 내용으로 가장 적절한 것은?

○○ 신문 ○○○○년 ○○월 ○○일

칼 럼

오늘날 세계 각 지역에서는 종교 간의 갈등으로 인해 폭력과 분쟁이 심화되고 있다. 이와 관련하여 우리는 어떤 서양 사상가의 가르침에 주목할 필요가 있다. 그는 "타 종교인에 대한 관용의 정신이 참된 종교를 구별하는 가장 분명한 기준이다. 참된 종교는 영혼의 내적 확신에 기초하는데, 이러한 내적 확신을 폭력과 같은 외부적 힘으로 강제하는 것은 종교의 사명은 물론 인간 이성에도 어긋난다."라고 하였다. 이러한 가르침에 따라 종교 간의 갈등 문제를 해결하기 위해서는 [㉠]을 인식해야 한다. …(후략)…

① 정치와 종교의 분리가 불필요하다는 것
② 영혼의 내적 확신이 구원과 무관하다는 것
③ 종교적 박해는 불합리하므로 부당하다는 것
④ 관용을 허용하지 않는 종교도 참된 종교라는 것
⑤ 종교적 불관용만이 이성에 부합할 수 있다는 것

86 ▸24112-0465

2019학년도 6월 모의평가 2번 상중하

그림의 강연자가 지지할 입장만을 〈보기〉에서 있는 대로 고른 것은?

종교란 궁극적 관심에 붙잡힌 상태입니다. 종교는 궁극적 관심으로 '죽느냐 또는 사느냐'를 물으며 그 대답을 찾습니다. 진정한 종교는 유한하지 않은 궁극성에 대해 관심을 가지며 순수하고 진지한 관심으로 존재 그 자체로서의 존재를 대면합니다. 이때 궁극적 관심은 절대성을 띠지만, 그 관심의 개별적 표현은 다양한 종교에서 서로 다른 방식으로 드러납니다. 종교는 유한한 실재를 하나의 신으로 만들면 안 됩니다. 그렇게 만든 신은 우상이 되기 때문입니다.

보기

ㄱ. 종교는 삶과 죽음의 의미를 묻고 답하는 것이다.
ㄴ. 진정한 종교는 유한한 실재를 무한한 존재로 만든다.
ㄷ. 종교는 모든 존재의 근원으로서의 존재와의 만남이다.
ㄹ. 종교적 관심은 절대성을 갖지만 종교적 표현은 다양하다.

① ㄱ, ㄴ ② ㄱ, ㄷ ③ ㄴ, ㄹ
④ ㄱ, ㄷ, ㄹ ⑤ ㄴ, ㄷ, ㄹ

87 ▸24112-0466

2018학년도 10월 학력평가 10번 상중하

갑, 을의 입장으로 적절하지 않은 것은?

갑: 창조는 성스러운 것[聖]이 세계로 침투하는 신의 작업이다. 인간이 성스러움을 아는 것은 성이 속된 것[俗]과는 다른 어떤 것으로서 스스로를 드러내기 때문이다.
을: 설계된 듯한 모습을 한 생물들은 자연 선택을 통해 단순한 것에서 시작하여 진화한 것일 뿐이다. 우주 만물의 설계자로서의 신이 존재한다는 것은 유해한 망상이다.

① 갑: 성스러운 공간은 주위 공간과는 질적으로 다른 곳이다.
② 갑: 종교적 인간은 속의 시간과 성의 시간을 모두 체험한다.
③ 을: 생명들의 다양성과 복잡성은 자연 선택을 통해 나타난다.
④ 을: 우주 만물의 시원으로서의 창조적 지성은 존재하지 않는다.
⑤ 갑, 을: 자연적인 존재와 초자연적인 존재는 양립할 수 없다.

88 ▸24112-0467

2018학년도 9월 모의평가 20번 상중하

다음 글의 입장에서 볼 때, 〈가상 대담〉의 ㉠에 들어갈 말로 가장 적절한 것은?

관용은 문화적 편견과 차별의 문제를 극복하기 위해서 필요하다. 그러나 타인의 불의한 행위에 무관심하거나 도덕적 악을 참는 것은 관용이 아니다. 인류의 보편적 가치에 반하는 것들에 대해서는 불관용할 수 있어야 한다. 즉, 개인의 자유권, 생명권과 같은 권리에 대한 침해는 용인되어서는 안 된다. 모든 인간은 자신이 원하는 삶을 자유롭게 선택할 수 있는 권리가 있으며 그 누구도 개인의 자유를 박탈할 수 없다.

〈가상 대담〉

전문가: 이제는 우리나라도 다문화 사회로 가고 있습니다. 따라서 다른 문화에 대해 관용의 자세를 가져야 합니다.
리포터: 그렇다면 이런 문화도 관용의 대상이 되나요? 외국에서 이민을 온 어떤 가족은 여자는 교육받을 필요가 없다고 해서 어린 딸을 학교에 보내지 않았어요. 더군다나 딸이 성인이 되어 외출을 하고 싶어 하는데도 집 밖으로 나가지 못하게 해요.
전문가: 그런 문화는 [㉠]

① 부모의 고유한 권리를 존중한 것이므로 용인해야 합니다.
② 자녀의 기본적 권리를 침해하므로 용인해서는 안 됩니다.
③ 심각한 인권 침해가 아니므로 고유한 문화로 용인해야 합니다.
④ 종교의 계율과 전통을 충실하게 따른 것이므로 용인해야 합니다.
⑤ 다문화 사회 구성원들의 연대감을 저해하므로 용인해서는 안 됩니다.

V 문화와 윤리

기출 & 플러스

01 예술과 대중문화 윤리

■ 빈칸에 알맞은 말을 써 넣으시오.

01 예술은 (   )의 가치를 추구하지만 윤리는 (   )의 가치를 추구한다.

02 '예술을 위한 예술'을 주장하는 예술 지상주의의 입장은 예술의 (   )을 옹호하는 (   )을 지지한다.

03 도덕주의 입장은 예술이 올바른 품성을 기르고 도덕적 교훈이나 모범을 제공하는 것이라고 보며, 예술의 (   )을 강조하는 (   )을 지지한다.

04 공자는 "인(仁)에 의지하고, 예(禮)에서 노닐어야 하고, 예에서 사람이 서고, (   )에서 사람이 완성된다."라고 주장한다.

05 정약용은 음악을 통해 인격을 갈고닦아 (   )이 될 수 있다고 본다.

06 (   )은 시가(詩歌) 교육이 인간의 영혼을 우아하고 기품 있게 만들어 주며, 아름다움과 추함을 구별하고 아름다움을 내면화함으로써 훌륭한 품성을 지닐 수 있게 해 준다고 본다.

07 칸트는 상징 관계에 있는 미를 통해 (   )을 실현할 수 있다고 본다.

08 예술의 (   )란 상품을 사고파는 행위를 통해 이윤을 얻는 일이 예술 작품에도 적용되는 현상을 의미한다.

09 (   )란 대중 사회를 기반으로 형성되어 다수의 사람들이 소비하고 향유하는 문화를 의미한다.

10 아도르노는 문화가 이윤 추구의 도구가 되면서 (   )이 사물화된 의식을 조장하고 대중을 무력화함으로써 (   ) 자본주의 체제가 유지되고 재생산될 수 있도록 기능한다고 본다.

11 (   )이란 막대한 자본 투자로 발전하는 현대의 대중문화에서 자본의 힘이 대중문화를 지배하는 현상을 의미한다.

■ 다음 내용이 옳으면 ○표, 틀리면 ×표 하시오.

12 도덕주의 입장은 음악에서 내용보다 형식이 더 중요하다고 본다. (   )

13 심미주의 입장은 예술에는 예술 이외의 다른 목적이 없다고 본다. (   )

14 유교 사상은 예악 사상을 중시하면서 음악이 백성들의 도덕적인 삶에 도움이 되어야 함을 강조한다. (   )

15 오스카 와일드는 예술가는 도덕적 공감을 지니지 않는다고 본다. (   )

16 플라톤은 미의 이데아는 이성에 의해 파악되는 객관적 실재라고 본다. (   )

17 칸트는 미와 도덕적 선은 서로 조화를 이룰 수 있다고 본다. (   )

18 순자는 예(禮)에 부합하더라도 미적 욕망은 거부되어야 한다고 본다. (   )

19 발터 벤야민은 대중 예술에서는 예술의 숭배 가치가 줄고 전시 가치가 늘어난다고 본다. (   )

20 아도르노는 문화 산업이 기존 질서를 옹호하고 사회를 몰개성화한다고 본다. (   )

21 아도르노는 대중 예술품의 주된 가치는 교환 가치에 의해서 결정된다고 본다. (   )

02 의식주 윤리와 윤리적 소비

■ 빈칸에 알맞은 말을 써 넣으시오.

22 (   )은 최신 유행을 반영하여 짧은 주기로 대량 생산하여 판매하는 의류로 주로 개발 도상국에서 생산되어 가격이 저렴하다.

23 (   )란 자기의 사회적 지위와 경제적 부를 다른 사람에게 드러내어 자랑하기 위한 소비를 의미한다.

24 (   ) 운동은 장거리 운송을 거치지 않은 안전하고 건강한 지역 농산물을 구매하려는 운동으로 음식물의 먼 거리 이동에 따른 이산화탄소 발생량을 줄일 수 있다.

25 (   ) 운동은 비만 등을 유발하는 (   )의 문제를 해결하고자 가공하지 않고 사람의 손맛이 들어간 음식, 자연적인 숙성이나 발효를 거친 음식 등 전통적인 방식으로 만든 음식을 섭취하자는 운동이다.

26 (   )은 낙후된 구도심이 활성화되어 중산층 이상의 계층이 유입됨으로써 기존의 저소득층 원주민을 대체하는 현상이다.

27 (   )는 경제적 합리성이 상품 선택의 기준이 되며, 소비자 개인의 경제적 이익이나 만족감을 중시한다.

28 (   )는 가격을 소비의 유일한 판단 기준으로 삼지 않으며, 소비자의 이익을 넘어 노동자의 인권이나 환경 문제 등을 적극적으로 고려한다.

29 (　　　)란 환경을 보호하기 위해 만든 제품을 소비하는 등 소비 활동에서 환경 보호를 생활화하는 것이다.

30 (　　　)이란 개발 도상국 생산자의 경제적 자립과 지속 가능한 발전을 위해 생산자에게 보다 유리한 무역 조건을 제공하는 무역 형태이다.

■ 다음 내용이 옳으면 ○표, 틀리면 ×표 하시오.

31 윤리적 소비를 위해서는 환경, 정의, 인권의 가치를 훼손하는 기업의 제품에 대한 불매는 물론 환경이나 근로자의 인권 등 공동선을 지향하는 기업의 제품을 선택해야 한다. (　　)

32 장 보드리야르는 현대인이 소비 과정에서 자율성과 창의성을 상실하게 된다고 본다. (　　)

33 베블런은 과시적 소비가 주로 유한 계급에서 발견되지만 최하층의 계급까지 그 영향력이 확대된다고 본다. (　　)

34 유교 윤리의 입장에서 음식의 섭취 과정은 그 자체로 자기 수양의 과정이다. (　　)

35 에피쿠로스는 먹는 행위를 통해 자연적이고 필수적인 욕구를 최소한으로 충족시킬 것을 주장한다. (　　)

36 볼노브는 집은 인간 삶의 중심이며, 자아 정체성 형성에 기여한다고 본다. (　　)

03 다문화 사회의 윤리

■ 빈칸에 알맞은 말을 써 넣으시오.

37 (　　　)는 이주민이 출신국의 언어, 문화, 사회적 특성을 포기하고 주류 사회의 일원이 되도록 주류 문화로 편입시켜야 한다고 보는 입장이다.

38 다문화주의 입장의 대표적 이론인 (　　　) 이론은 한 국가 또는 사회 안에 있는 다양한 문화를 인정하며, (　　　) 이론은 문화의 다양성을 인정하면서도 주류 문화의 역할을 강조한다.

39 (　　　)는 행위의 옳음과 그름은 사회마다 다양하기 때문에 보편적 도덕 기준은 존재하지 않는다는 입장이다.

40 관용의 (　　　)이란 관용을 무제한적으로 허용한 결과 관용 자체를 부정하는 사상이나 태도까지 인정하게 되어 인권을 침해하고, 사회 질서가 무너지는 현상을 의미한다.

41 엘리아데는 인간을 (　　　)로 규정하며, 종교적 지향성을 인간의 근본적인 성향이라고 본다.

42 (　　　)는 종교를 억압받는 생명들의 탄식이며, 성장 없는 세상의 심장이고, 영혼 없는 현실의 영혼이자 인민의 아편이라고 본다.

■ 다음 내용이 옳으면 ○표, 틀리면 ×표 하시오.

43 다문화주의는 이민자들의 문화와 언어의 고유성을 인정하고, 그들의 문화가 기존 사회와 대등하게 공존해야 한다고 본다. (　　)

44 동화주의는 공동체의 결속력을 강화하기 위해서 소수 문화가 주류 문화의 일원이 되어야 한다는 입장이다. (　　)

45 엘리아데는 세속과 성스러움의 세계는 분리되어 있는 것이 아니라 조화롭게 공존할 수 있다고 본다. (　　)

46 엘리아데는 비종교적 인간도 세계를 성(聖)의 드러남으로 인정한다고 본다. (　　)

47 엘리아데는 인간이 성(聖)을 알 수 있는 것은 자연물에 성이 드러나기 때문이라고 본다. (　　)

48 관용을 위협하는 사람들에게까지 무제한의 관용을 베푼다면 관용 자체가 불가능해질 수 있다. (　　)

V 문화와 윤리

정답

01 미(美), 선(善) **02** 자율성, 순수 예술론 **03** 사회성, 참여 예술론 **04** 악(樂) **05** 성인(聖人) **06** 플라톤 **07** 도덕성 **08** 상업화 **09** 대중문화 **10** 문화 산업, 독점 **11** 자본 종속 **12** × **13** ○ **14** ○ **15** ○ **16** ○ **17** ○ **18** × **19** ○ **20** ○ **21** ○ **22** 패스트 패션 **23** 과시(적) 소비 **24** 로컬푸드 **25** 슬로푸드, 패스트푸드 **26** 젠트리피케이션(gentrification) **27** 합리적 소비 **28** 윤리적 소비 **29** 녹색 소비 **30** 공정 무역 **31** ○ **32** ○ **33** ○ **34** ○ **35** ○ **36** ○ **37** 동화주의 **38** 샐러드 볼, 국수 대접 **39** 윤리 상대주의 **40** 역설 **41** 종교적 존재 **42** 마르크스 **43** ○ **44** ○ **45** ○ **46** × **47** ○ **48** ○

함정 탈출 TIP 체크

12 도덕주의는 음악이 얼마나 도덕적 품성 함양에 기여했는지, 음악에 담긴 도덕적 내용을 중시한다. **18** 순자는 예에 부합하는 미적 욕망은 인정하지만, 예에 부합하지 않는 미적 욕망은 거부한다. **46** 엘리아데는 비종교적 인간은 세계를 성스러움의 드러남으로 인정하지 않는다고 본다.

Ⅵ

평화와 공존의 윤리

기출 문제 분석 팁

- 갈등 해결을 위한 소통과 담론의 필요성과 동서양 사상가들의 윤리적 입장을 묻는 문제가 출제되고 있다. 특히 하버마스의 담론 윤리에 대한 문제가 자주 출제되고 있다.
- 통일에 대한 찬반 논거, 통일 비용, 북한에 대한 관점 등 통일 문제를 둘러싼 쟁점에 대한 문제가 출제되고 있다.
- 국제 관계를 바라보는 현실주의와 이상주의의 관점을 비교하는 문제, 국제 평화를 위한 갈퉁의 평화론과 칸트의 영구 평화론을 비교하는 문제가 출제되고 있다. 또한 해외 원조에 대한 노직, 싱어, 롤스의 입장을 비교하는 문제가 출제되고 있다.

한눈에 보는 출제 빈도

시험 \ 내용		01 갈등 해결과 소통의 윤리 • 사회 갈등과 사회 통합 • 소통과 담론의 윤리	02 민족 통합의 윤리 • 통일 문제를 둘러싼 쟁점 • 통일이 지향해야 할 가치	03 지구촌 평화의 윤리 • 국제 분쟁의 해결과 평화 • 국제 정의와 해외 원조에 대한 다양한 관점
2024 학년도	수능	1		2
	9월 모의평가	1	1	1
	6월 모의평가	1		2
2023 학년도	수능		1	2
	9월 모의평가		1	2
	6월 모의평가	1		2
2022 학년도	수능		1	2
	9월 모의평가	1	1	2
	6월 모의평가	1		2
2021 학년도	수능	1	1	2
	9월 모의평가	1	1	2
	6월 모의평가		1	2
2020 학년도	수능		1	1
	9월 모의평가		1	1
	6월 모의평가		1	1

기출 문제로 유형 확인하기

01 갈등 해결과 소통의 윤리

01 ▸24112-0468
2024학년도 수능 3번 상중하

다음을 주장한 사상가의 입장으로 가장 적절한 것은?

> 의사소통 과정에서 발언의 합리성은 근거 제시 가능성에 있다. 또한 담론 참여자가 지닌 태도의 합리성은 자신을 비판에 노출하고, 필요시 논증에 적절히 참여하려는 자세에 있다. 이러한 비판 가능성으로 인해 합리적 발언은 개선될 수 있다.

① 담론 참여자는 자신의 오류 가능성을 인정하는 자세로 대화해야 한다.
② 담론 참여자는 타인의 의견에 비판적 이의를 제기해서는 안 된다.
③ 담론 참여자는 합의한 결론에 대해 다시 문제를 제기해서는 안 된다.
④ 담론 참여자의 전문성을 기준으로 발언의 기회를 제한해야 한다.
⑤ 담론 참여자는 자신의 개인적 이익이나 준칙을 주장해서는 안 된다.

02 ▸24112-0469
2024학년도 9월 모의평가 19번 상중하

다음을 주장한 사상가의 입장에서 〈문제 상황〉 속 A에게 제시할 조언으로 가장 적절한 것은?

> 모든 경계가 무한하지만 모두 일심(一心) 안에 들어간다. 부처의 지혜는 모습을 떠나 마음의 원천으로 돌아가고, 지혜와 일심이 온전히 같아져 둘이 없다. 따라서 지극히 공정한 부처의 뜻을 토대로 여러 주장을 조화롭게 융합[和諍]해야 한다.
>
> 〈문제 상황〉
>
> 학급 회장인 A는 축제에서 학급 부스 운영 방안을 어떻게 결정해야 할지 고민하고 있다. 학급 친구들이 사진관, 오락실, 분식집 등 서로 다른 방안을 내세워 각자의 주장을 굽히지 않고 갈등하고 있기 때문이다.

① 옳고 그름을 가려 자신만의 입장을 정당화하도록 토론하세요.
② 각 주장이 타당할 수 있음을 인정하고 친구들과 의견을 조율하세요.
③ 모든 의견을 통합할 수 없으므로 회장의 직권으로 결정하세요.
④ 다른 학급의 사례에 따라 운영 방안을 결정하도록 유도하세요.
⑤ 모두 편협한 주장이므로 친구들 다수의 동의를 기초로 판단하세요.

03 ▸24112-0470
2024학년도 6월 모의평가 18번 상중하

다음을 주장한 사상가의 입장으로 가장 적절한 것은?

> 의사소통적 실천은 생활 세계에서 합의를 이루고 유지하며 또 한 새롭게 하는 것에 관심을 둔다. 의사소통적 실천의 합리성은 달성된 합의가 최종적으로 근거에 의지해야만 한다는 점에서 드러난다. 참여자의 합리성 역시 자신의 발언에 대해 적절한 상황에서 근거를 제시할 수 있는가의 여부에 달려 있다.

① 담론 참여자는 토론에서 근거 없는 주장을 지양해야 한다.
② 담론 참여자는 타인의 의견을 자의적으로 조정할 수 있다.
③ 담론 참여자는 주관적 견해를 극복한 후에 대화에 참여해야 한다.
④ 담론 참여자의 심의를 통해 합의된 주장은 절대적으로 참이다.
⑤ 담론에서 발언 기회는 합리적 근거 제시 능력에 따라 주어져야 한다.

04 ▸24112-0471
2023학년도 3월 학력평가 2번 상중하

다음을 주장한 사상가의 입장으로 적절한 것만을 〈보기〉에서 있는 대로 고른 것은?

> 의사소통의 합리성을 실현하기 위한 이상적 담론은 다음 조건들을 충족해야 한다. 의사소통 과정에 참여한 사람들은 참된 진술을 해야 하고, 서로 이해할 수 있는 말을 해야 한다. 또한 누구나 평등하게 담론에 참여하고, 어떤 주장이든 자유롭게 표현할 수 있어야 한다. 이러한 조건들을 통해 의사소통의 합리성을 실현해야 보편타당한 규범을 도출할 수 있다.

보기

ㄱ. 담론 참여자는 다수가 지지하는 주장을 비판할 수 있다.
ㄴ. 담론 참여자 다수가 동의한 모든 규범은 타당성을 지닌다.
ㄷ. 담론 참여자는 자신의 이익을 위한 선호를 표현할 수 있다.
ㄹ. 담론 참여자는 합의한 결과로 인한 부작용도 수용해야 한다.

① ㄱ, ㄴ ② ㄱ, ㄷ ③ ㄴ, ㄹ
④ ㄱ, ㄷ, ㄹ ⑤ ㄴ, ㄷ, ㄹ

05
▸24112-0472
2023학년도 6월 모의평가 18번
상중하

다음을 주장한 사상가의 ㉠에 대한 입장으로 가장 적절한 것은?

> 현대 사회에서는 다양한 사회적 갈등이 발생한다. 이러한 갈등을 합리적으로 해결하기 위한 하나의 방안은 의사소통 이론을 바탕으로 상호 이해를 증진하기 위해 대화를 하는 것이다. 어떤 주장이 정당성을 갖기 위해서는 논증적인 대화인 [㉠]에 참여한 당사자들이 합의에 도달해야 한다. 어떤 사안에 대해 당사자들이 합리적 근거를 제시하는 토론의 과정을 거치면서 주장의 정당성이 확보된다. 보편적인 합의에 도달하기 위해서는 시민들의 적극적인 참여에 의한 공론장이 활성화되어야 한다.

① 오류 가능성을 내포한 주장을 제시해서는 안 된다.
② 개인적 선호나 욕구는 최대한 숨기고 발언해야 한다.
③ 참여자 다수의 동의로 규범의 정당성을 확보해야 한다.
④ 합의에 이른 주장에 대해서는 재논의를 허용해서는 안 된다.
⑤ 발언 기회는 합리적 논증 능력에 따라 차등 부여되어서는 안 된다.

06
▸24112-0473
2022학년도 10월 학력평가 17번
상중하

다음을 주장한 사상가의 입장으로 적절한 것만을 〈보기〉에서 있는 대로 고른 것은?

> 합리적인 의사소통이 이루어지기 위해서는 언어 능력과 행위 능력을 지닌 모든 사람에게 담론에 참여할 기회가 개방되어야 한다. 그리고 담론 참여자는 모두 담론 과정에서 자신의 주장을 발언할 기회를 동등하게 보장받아야 한다. 어떤 담론 참여자도 억압을 받지 않고 발언할 수 있어야 한다. 담론을 통해 합의된 내용은 보편적 규범이 될 수 있다.

보기

ㄱ. 담론 참여자는 개인적인 욕구를 표출해서는 안 된다.
ㄴ. 다수가 인정한 주장도 담론 과정에서 비판받을 수 있다.
ㄷ. 담론 참여자는 상호 주관적 논증을 통해 합의할 수 있다.
ㄹ. 담론 참여자는 모두 합의의 결과와 부작용을 수용해야 한다.

① ㄱ, ㄷ ② ㄱ, ㄹ ③ ㄴ, ㄷ
④ ㄱ, ㄴ, ㄹ ⑤ ㄴ, ㄷ, ㄹ

07
▸24112-0474
2022학년도 9월 모의평가 16번
상중하

다음을 주장한 사상가의 입장에서 〈사례〉 속 학생 A에게 해 줄 수 있는 조언으로 가장 적절한 것은?

> 군자는 화합하지만[和] 주체를 잃지 않고 남들과 같아지지[同] 않으며, 소인은 주체를 잃어버리고 남들과 같아지며 화합하지 않는다. 군자는 두루 포용하고[周] 파벌을 이루지[比] 않으며, 소인은 파벌을 이루고 두루 포용하지 않는다.

사례

> 학생 A는 다른 문화권에서 온 친구의 독특한 행동이 비도덕적이라고 생각하지는 않지만 왠지 낯설게 느껴진다. 그래서 학생 A는 그 친구를 어떻게 대해야 할지 고민하고 있다.

① 그 친구가 우리나라 문화에 동화되도록 설득해 보세요.
② 그 친구의 문화를 이해하는 태도로 조화롭게 지내세요.
③ 친하게 지낼 경우 얻게 되는 이익을 계산하여 행동하세요.
④ 다수가 즐기는 문화가 우월하다는 생각을 갖고 행동하세요.
⑤ 선악의 분별없이 그 친구의 행동을 모두 포용하도록 하세요.

08
▸24112-0475
2022학년도 6월 모의평가 3번
상중하

다음을 주장한 사상가의 입장만을 〈보기〉에서 고른 것은?

> 화자의 의사소통의 의도에는 다음 사항들이 포함되어야 한다. 첫째, 화자가 자신과 청자 사이에 정당한 것으로 인정된 상호 관계가 성립하도록 규범적 맥락에 따라 올바른 의사소통 행위를 수행하는 것이다. 둘째, 화자가 자신의 지식을 청자가 받아들이며 공유하도록 참된 진술을 하는 것이다. 셋째, 화자가 자신이 말한 것을 청자가 믿도록 생각, 의도, 감정, 소망 등을 진실하게 표현하는 것이다.

보기

ㄱ. 의사소통 행위는 상호 이해를 지향해야 한다.
ㄴ. 오류 가능성이 있는 주장도 담론에 부칠 수 있다.
ㄷ. 발화(發話) 내용이 참되다면 어떠한 발화 자세도 허용된다.
ㄹ. 규범의 타당성은 참여자 대다수의 동의를 얻어야 확보된다.

① ㄱ, ㄴ ② ㄱ, ㄷ ③ ㄴ, ㄷ
④ ㄴ, ㄹ ⑤ ㄷ, ㄹ

09
▸24112-0476
2021학년도 10월 학력평가 14번 상중하

다음을 주장한 사상가의 입장만을 〈보기〉에서 있는 대로 고른 것은?

의사소통이 이상적으로 이루어지기 위해서는 다음의 규칙들이 전제되어야 한다. 언어 능력과 행위 능력을 지닌 모든 주체가 담론에 참여할 수 있어야 하며, 참여한 모든 사람은 모든 주장을 문제시하여 담론의 내용으로 삼을 수 있어야 하고, 자신의 생각과 욕구를 표현할 수 있어야 한다. 이런 규칙들을 준수하며 실천적 담론에 참여하는 모든 당사자가 동의한 규범들만이 타당성을 가질 수 있다.

보기

ㄱ. 규범이 정당화되려면 모든 담론 참여자가 합의해야 한다.
ㄴ. 담론 참여자는 타인의 주장에 이의를 제기해서는 안 된다.
ㄷ. 공정한 담론을 통해 합의된 준칙은 구속력을 지닐 수 있다.
ㄹ. 담론의 공동 결의 과정에서 자신의 희망을 표현할 수 있다.

① ㄱ, ㄴ ② ㄱ, ㄷ ③ ㄴ, ㄹ
④ ㄱ, ㄷ, ㄹ ⑤ ㄴ, ㄷ, ㄹ

10
▸24112-0477
2021학년도 3월 학력평가 8번 상중하

다음을 주장한 사상가의 입장에서 〈사례〉 속 A에게 제시할 조언으로 가장 적절한 것은?

언어 능력과 행위 능력을 지닌 모든 주체는 담론에 참여할 수 있고, 어떤 주장도 문제시할 수 있으며, 모든 주장을 담론에 끌어들일 수 있고, 자신의 희망이나 욕구를 표현할 수 있어야 한다. 어떤 담론 참여자도 이러한 권리를 행사함에 있어 담론의 내부나 외부로부터의 강제에 의해 방해받아서는 안 된다.

사례

고등학교 학급 회장 A는 북한 이탈 주민 지원 센터에 후원금을 보낼 것인가에 대한 회의를 진행하고 있다. A는 다양한 의견이 제시되는 상황에서 어떻게 해야 할지 고민하고 있다.

① 합리적인 의사소통을 거쳐 합의된 결론을 따르세요.
② 학급 학생들의 바람이나 욕구들은 고려하지 마세요.
③ 회의가 길어질수록 결론은 불확실해짐을 깨달으세요.
④ 소수보다 다수 학생의 의견이 항상 옳다고 생각하세요.
⑤ 다양한 입장을 균등하게 반영한 주장만을 받아들이세요.

11
▸24112-0478
2021학년도 수능 3번 상중하

다음을 주장한 사상가의 입장으로 가장 적절한 것은?

의사소통의 합리성은 강제 없이 상호 간의 논증적 대화를 통해 보편적 합의에 도달하는 경험에 호소한다. 이를 통해 담론 참여자는 주관적 견해를 극복하고, 이성적 동기에 근거한 공동의 신념으로 인해 상호 주관성을 확인하게 된다.

① 담론 참여자는 논의 주제에 정통한 전문가들로만 구성해야 한다.
② 담론 참여자는 자신의 개인적 선호나 욕구를 발언해서는 안 된다.
③ 담론 참여자는 다른 사람의 주장에 이의를 제기해서는 안 된다.
④ 담론 참여자는 정당한 담론의 결과와 그 부작용까지 수용해야 한다.
⑤ 담론 참여자는 이해관계의 조정 수단으로만 담론을 활용해야 한다.

12
▸24112-0479
2021학년도 9월 모의평가 17번 상중하

그림의 강연자가 지지할 주장으로 가장 적절한 것은?

모든 사유의 출발점은 홀로 사유하는 '나'가 아니라 서로 대화를 주고받는 '우리'가 되어야 합니다. 언어적·사회적 존재인 인간에게는 타자를 단지 도구화하지 않고, 타자의 고유성을 인정하는 의사소통 행위의 가능성이 존재합니다. 의사소통 행위는 사회적 행위자들이 상호 이해를 목적으로 서로의 행위 계획을 조정하는 데에서 성립합니다. 모든 당사자들이 어떠한 강제도 없이 자유롭고 평등한 담론을 통해 동의할 수 있는 행위 규범들만이 정당화가 가능합니다.

① 행위 규범으로서의 올바름은 비판과 논증을 통해 정당화될 수 있다.
② 이상적 담화에서 담론 참여자는 타인의 의견을 거부할 수 없다.
③ 주관적 견해를 극복한 후에 담론에 참여하는 것이 이상적이다.
④ 타당한 규범은 대화에 참여한 다수에 의해 동의를 얻은 규범이다.
⑤ 상호 인정의 자세는 타자를 나와 완전히 동일화하기 위해 요구된다.

13 ▸24112-0480
2020학년도 3월 학력평가 20번 상중하

다음을 주장한 사상가의 입장만을 〈보기〉에서 있는 대로 고른 것은?

> 어떤 준칙이 보편적 규범으로 승인되기 위해서는 담론이 필요하다. 나는 담론에 참여한 자들이 합의를 지향하며 그들의 행위 계획을 조정하는 상호 작용을 의사소통이라 부른다. 이때 도달한 합의는 타당성 주장에 대한 상호 인정에 따라 평가된다. 담론의 과정에서 참여자들은 서로 의견을 주고받으며, 각자의 개별 상황에 따른 타당성 주장들, 즉 진리 주장, 정당성 주장 및 진실성 주장을 제기해야 한다.

보기

ㄱ. 담론의 모든 참여자는 서로를 동등한 인격의 소유자로 대우해야 한다.
ㄴ. 규범의 타당성 여부를 판단할 때는 결과에 대한 고려를 해서는 안 된다.
ㄷ. 담론의 참여자들은 논의에서 합의된 보편적 규범의 실천을 추구해야 한다.
ㄹ. 어떤 준칙이 보편적 규범이 되기 위해서는 모든 대화 당사자들이 동의해야 한다.

① ㄱ, ㄴ ② ㄱ, ㄹ ③ ㄴ, ㄷ
④ ㄱ, ㄷ, ㄹ ⑤ ㄴ, ㄷ, ㄹ

14 ▸24112-0481
2018학년도 3월 학력평가 15번 상중하

다음을 주장한 사상가의 입장에 대한 설명으로 가장 적절한 것은?

> 모든 이성적 논의를 거부하는 것과 엘리트주의적 태도는 불가분의 관계이다. 소수만이 진리를 파악할 수 있다는 사람의 주장은 상호 주관적으로 검토하는 공적 담론의 장(場)을 통해 자신을 입증해야 할 의무로부터 벗어난 것이다. 또한 모든 사람들을 동등하게 존중해야 한다는 원칙에도 어긋난다.

① 신이 인간 본성에 부여한 절대적인 도덕 법칙을 강조한다.
② 다수에 의한 합의보다 개개인의 주관적인 결정을 중시한다.
③ 도덕 판단의 정당화 근거로 의사소통의 합리성을 중시한다.
④ 의사 결정 과정에서 전문가의 견해에 의존할 것을 강조한다.
⑤ 공론의 장에서 상호 비판하는 행위를 삼가야 함을 강조한다.

02 민족 통합의 윤리

15 ▸24112-0482
2024학년도 9월 모의평가 20번 상중하

(가)의 입장에 비해 (나)의 입장이 갖는 상대적 특징을 그림의 ㉠~㉤ 중에서 고른 것은?

(가) 북한은 우리의 안보를 위협하는 경계의 대상이다. 따라서 북한보다 우월한 군사력과 강력한 군사 동맹을 바탕으로 전쟁을 억지해야 한다. 이를 통해 국민의 생명과 재산을 보호하고 평화를 실현할 수 있을 뿐만 아니라 통일로 나아가는 기초를 마련할 수 있다.
(나) 북한은 우리와 함께 평화 통일을 실현해야 할 협력의 상대이다. 따라서 한반도 평화를 위해서는 군사적 경쟁보다는 활발한 남북 대화와 교류를 통해 상호 불신을 해소하고, 더 나아가 통일을 이룸으로써 분단으로 인한 구조적·문화적 폭력까지 제거해야 한다.

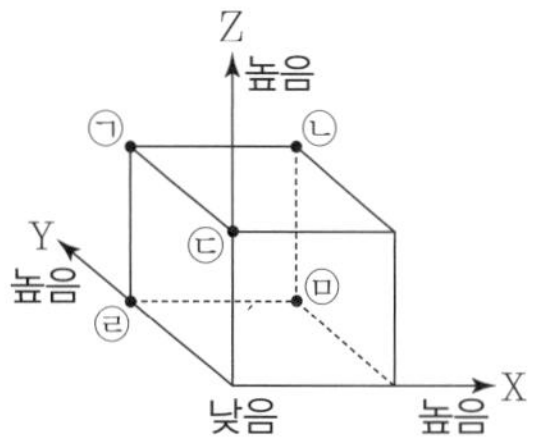

• X: 남북한 관계에서 군사적 힘의 논리를 강조하는 정도
• Y: 통일을 통한 적극적 평화의 실현을 강조하는 정도
• Z: 남북한 간 신뢰 형성의 중요성을 강조하는 정도

① ㉠ ② ㉡ ③ ㉢ ④ ㉣ ⑤ ㉤

16 ▸24112-0483
2023학년도 10월 학력평가 3번 상중하

(가)의 입장에 비해 (나)의 입장이 갖는 상대적 특징을 그림의 ㉠~㉤ 중에서 고른 것은?

(가) 통일은 남북 간 정치적 일괄 타결을 통해 조속히 이루어져야 한다. 점진적 교류를 통한 통일은 남북 간 이질감 해소에 기여할 수 있지만, 최우선 과제인 남북한 이산가족의 문제를 시급히 해결하는 데 한계가 있기 때문이다.
(나) 통일은 남북 간 사회·문화적 협력을 통해 단계적으로 이루어져야 한다. 급진적 통일은 남북한 이산가족의 문제를 빨리 해결할 수 있지만, 최우선 과제인 남북 간 이질감 해소와 신뢰 회복에 한계가 있기 때문이다.

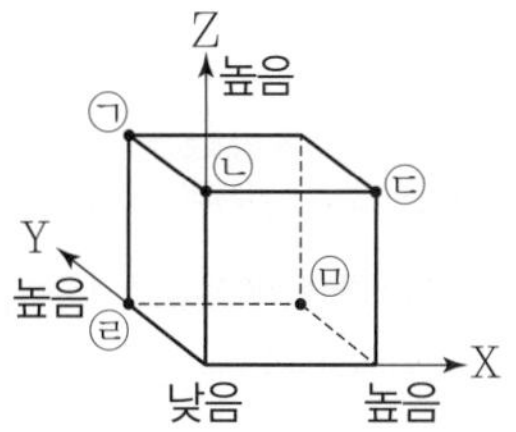

• X: 정치적 합의를 통한 신속한 통일 달성을 강조하는 정도
• Y: 점진적 방식에 의한 남북 간 민족 동질감 회복을 강조하는 정도
• Z: 통일의 선결 과제로 남북한 이산가족의 인도적 문제 해결을 강조하는 정도

① ㉠ ② ㉡ ③ ㉢ ④ ㉣ ⑤ ㉤

17

▸24112-0484
2023학년도 수능 20번

상중하

(가)의 입장에 비해 (나)의 입장이 갖는 상대적 특징을 그림의 ㉠~㉤ 중에서 고른 것은?

(가) 통일은 남한의 기술과 북한의 자원을 결합하여 경제 성장의 동력을 확보할 수 있기 때문에 필요하다. 그러나 통일을 해야 하는 보다 중요한 이유는, 통일이 군사적 위협을 해소하여 한반도 평화를 실현하고, 사회 복지 예산을 확충하여 사회적 불평등을 완화하고 사회 안전망을 강화할 수 있다는 점이다.

(나) 통일은 군사적 긴장을 해소하여 평화를 실현하고 분단 비용의 해소를 통해 사회 안전망의 토대를 마련할 수 있기 때문에 필요하다. 그러나 통일을 해야 하는 보다 중요한 이유는, 통일이 남북 경제권을 통합하여 경제 성장은 물론 동북아 경제 공동체 형성의 견인차 역할을 할 수 있다는 점이다.

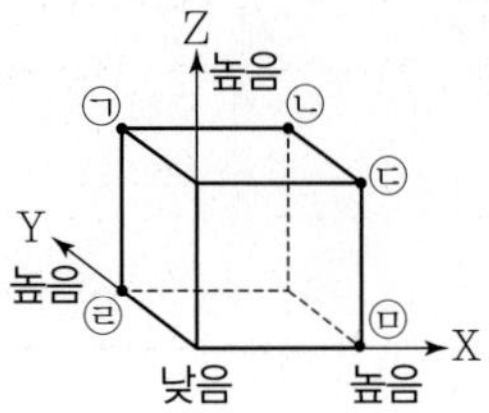

• X: 통일을 통한 경제 성장의 중요성을 강조하는 정도
• Y: 통일을 통한 한반도 평화 실현의 중요성을 강조하는 정도
• Z: 통일을 통한 사회 안전망 확대의 중요성을 강조하는 정도

① ㉠ ② ㉡ ③ ㉢ ④ ㉣ ⑤ ㉤

18

▸24112-0485
2023학년도 9월 모의평가 18번

상중하

(가)의 입장에 비해 (나)의 입장이 갖는 상대적 특징을 그림의 ㉠~㉤ 중에서 고른 것은?

(가) 통일을 통해 북한 주민의 인권 보장을 위한 밑거름을 조성하고 동북아시아의 평화에 기여할 수 있다. 그러나 통일은 남한의 기술과 북한의 자원을 결합하여 경제적 이익을 창출한다는 점에서 더 중요하다.

(나) 통일을 통해 경제적 이익을 얻을 수 있다. 그러나 통일은 북한 주민의 인권 상황을 개선하고 한반도 평화 정착을 바탕으로 세계 평화에 기여한다는 점에서 더 중요하다.

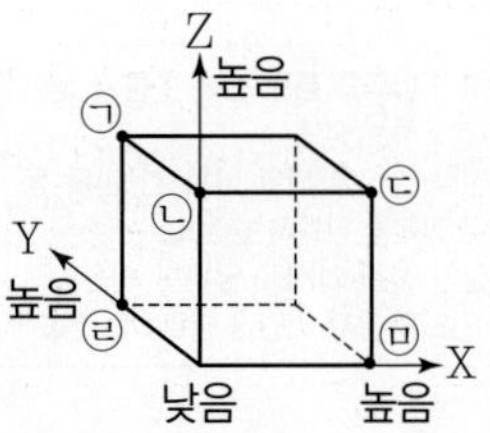

• X: 통일의 경제적 효과를 강조하는 정도
• Y: 통일을 통한 인도적 가치의 실현을 강조하는 정도
• Z: 통일이 국제 평화에 기여함을 강조하는 정도

① ㉠ ② ㉡ ③ ㉢ ④ ㉣ ⑤ ㉤

19

▸24112-0486
2022학년도 3월 학력평가 14번

상중하

갑, 을의 입장으로 가장 적절한 것은?

갑: 남북의 분단 비용 중 국방비가 큰 비중을 차지한다. 남북은 모두 경제 규모 대비 적정 수준 이상의 국방비를 지출하고 있다. 남북이 통일이 된다면 국방비를 줄일 수 있으므로 통일 비용에 대한 부담도 줄어들 것이다.

을: 남북이 통일이 된다면 통일 이전과 달리 세계적인 강대국들과 국경을 접하게 되기 때문에 국방비가 늘어나게 될 것이다. 통일에 따른 국방비 증가는 통일 비용에 대한 부담을 더 크게 할 것이다.

① 갑: 통일 편익은 북한이 아닌 남한 지역에서만 발생할 것이다.
② 갑: 통일 이후의 국방비 감소는 통일 편익을 증대시킬 수 있다.
③ 을: 통일된 이후에도 분단 비용은 지속적으로 발생할 것이다.
④ 을: 통일 국가의 영토는 남북한을 합친 것보다 확장될 것이다.
⑤ 갑, 을: 통일 이전 대비 통일 이후의 국방비는 증가할 것이다.

20

▸24112-0487
2022학년도 수능 20번

상중하

다음 토론의 핵심 쟁점으로 가장 적절한 것은?

갑: 현재의 분단 상황은 정전 상태로, 전쟁이 발생할 수 있는 불안정한 상태입니다. 따라서 이 상황이 끝나지 않는 한 한반도 평화와 지속 가능한 발전은 보장하기 어렵습니다.

을: 맞습니다. 그래서 종전 선언이 필요합니다. 종전 선언은 남북한이 상호 적대 정책을 전환하는 신호탄이 될 것이며, 남북 교류의 물꼬를 트고 한반도 평화를 이끌어낼 것입니다.

갑: 종전 선언으로 남북 교류가 확대될 수 있지만 북한의 대남 적대 정책은 유지될 것입니다. 따라서 종전 선언은 북한의 핵 폐기에 대한 반대급부로서 추진되어야 합니다.

을: 종전 선언이 북한만을 위한 시혜는 아니므로 상호주의의 대상은 아닙니다. 오히려 종전 선언이 정전 상태를 명분으로 핵을 개발한다는 북한의 입장을 변화시킬 수 있습니다.

① 북한은 현재 대남 적대 정책을 취하고 있는가?
② 분단은 한반도의 지속 가능한 발전을 저해하는가?
③ 종전 선언을 통해 남북 교류가 활성화될 수 있는가?
④ 종전 선언은 상호주의 관점에서 이루어져야 하는가?
⑤ 현재의 한반도 상황은 전쟁이 종식되지 않은 상태인가?

21

▸24112-0488
2022학년도 9월 모의평가 14번 상중**하**

㉠에 들어갈 진술로 가장 적절한 것은?

> 독일의 통일 사례는 통일을 준비하는 우리에게 중요한 교훈을 준다. 독일은 통일 전 많은 교류와 협력을 추진해 왔음에도 불구하고, 통일 이후 구 동독 지역 주민들과 구 서독 지역 주민들이 서로를 비하하고 무시하는 등 심각한 갈등을 겪었다. 또한 사회·문화적인 이질성을 줄이지 못한 상황에서 통일이 되면서 통일 이후에 사회를 통합하는 데 막대한 비용을 지불해야 했다. 이처럼 오랜 기간 서로 다른 이념과 체제에서 살아온 사람들이 서로에 대한 이질감을 극복하고 내적인 통합을 이루는 것은 단기간에 달성할 수 있는 쉬운 문제가 아니다. 따라서 우리는 [㉠]

① 교류와 협력보다는 체제의 우위를 공고히 해야 한다.
② 사회적 갈등을 예방하기 위해 흡수 통일을 지향해야 한다.
③ 사회·문화적 통합을 이루기 위한 장기적 대책을 강구해야 한다.
④ 민족의 동질성을 회복하기 위해 급진적으로 통일을 이루어야 한다.
⑤ 이념적 통합이 선행되지 않으면 통일을 위한 노력을 중단해야 한다.

22

▸24112-0489
2021학년도 수능 13번 상**중**하

다음 토론의 핵심 쟁점으로 가장 적절한 것은?

> 갑: 북한 주민은 통일 한국에서 함께 살아갈 동포입니다. 이념을 떠나 고통받는 사람을 돕는 것은 윤리적 의무입니다. 따라서 인도적 차원에서 조건 없는 대북 지원이 필요합니다.
> 을: 고통받는 이들을 돕는 것은 마땅한 의무이지만, 북한 사회의 특성상 대북 지원이 북한 주민들의 혜택으로 돌아가는지 확인할 방법이 없습니다.
> 갑: 북한 사회의 투명성이 낮아 그러한 의심이 들 수 있습니다. 그러나 대북 지원은 남북 교류 증진에 마중물 역할을 할 수 있으며, 궁극적으로 북한 사회의 개방을 촉진할 수 있습니다.
> 을: 물론 대북 지원은 남북 교류 활성화에 도움이 될 수 있습니다. 그러나 지원 물품이 군사 용도로 쓰일 수 있으므로 북한 사회의 개방이 선행된 이후에 행해져야 합니다.

① 북한 사회는 투명성이 낮은가?
② 고통받는 북한 주민을 도와야 하는가?
③ 북한 사회의 개방이 이루어져야 하는가?
④ 대북 지원은 조건부로 행해져야 하는가?
⑤ 대북 지원은 남북 교류를 촉진시킬 수 있는가?

23

▸24112-0490
2021학년도 9월 모의평가 19번 상**중**하

다음 토론의 핵심 쟁점으로 가장 적절한 것은?

> 갑: 인권은 누구나 누려야 할 보편적 가치입니다. 하지만 북한의 경우, 주민들의 인권이 제대로 보장되지 못하고 있다는 비판이 있습니다. 북한 주민들의 인권 상황 개선이 필요합니다.
> 을: 동의합니다. 북한은 주민들의 인권 상황 개선을 위해 스스로 노력해야 합니다. 인권 문제가 개선되지 않으면 국제 사회의 여론이 악화되고, 이는 남북 관계에도 영향을 주게 됩니다.
> 갑: 같은 의견입니다. 그러나 인권 상황 개선을 위해 북한 스스로의 노력에만 의존할 수 없습니다. 북한의 상황을 고려하면, 국제 사회가 인도적 차원에서 적극 개입해야 합니다.
> 을: 제 생각은 다릅니다. 국제 사회의 적극적 개입은 한반도에 긴장 상태를 불러올 수 있습니다. 또한 외교와 내정에서 다른 나라로부터 간섭받지 않을 권리를 북한도 요구할 것입니다.

① 인간은 누구나 인간다운 삶을 살 권리를 지니는가?
② 북한 주민들의 인권 상황이 개선될 필요가 있는가?
③ 국제 사회가 북한의 인권 문제에 적극 개입해야 하는가?
④ 북한의 인권 문제는 남북 관계에 영향을 미칠 수 있는가?
⑤ 북한 스스로 인권 상황을 개선하기 위해 노력해야 하는가?

24

▸24112-0491
2021학년도 6월 모의평가 19번 상**중**하

(가)의 입장에 비해 (나)의 입장이 갖는 상대적 특징을 그림의 ㉠~㉤ 중에서 고른 것은?

> (가) 남북한의 통일을 위해서는 신속한 정치적, 법적 결단이 이루어져야 한다. 정치적 영역에서 일괄 타결이 이루어질 때, 통일에 이르는 시간이 단축될 뿐만 아니라 다른 분야의 문제도 빠르게 해결되어 통일이 실현될 것이다.
> (나) 남북한의 통일을 위해서는 이산가족 상봉, 스포츠 교류 등 비정치적 영역부터 교류 협력을 시작하여 단계적으로 확대해 나가야 한다. 이러한 노력이 지속되어야 남북한의 불신이 해소되어 정치 통합의 기반이 조성될 것이다.

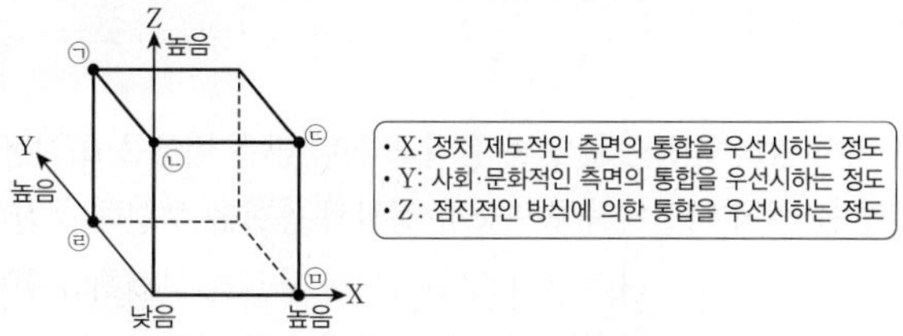

① ㉠ ② ㉡ ③ ㉢ ④ ㉣ ⑤ ㉤

25 ▸24112-0492
2020학년도 10월 학력평가 14번 상중하

(가)의 입장에 비해 (나)의 입장이 갖는 상대적 특징을 그림의 ㉠~㉤ 중에서 고른 것은?

(가) 통일 문제는 무엇보다 경제적인 관점에서 접근해야 한다. 통일이 되면 국방비가 줄어들고 인구와 국토의 증가로 인해 경제 규모가 커지며 나아가 국가 신뢰도도 높아지기 때문이다.

(나) 통일 문제는 무엇보다 인도주의적 관점에서 접근해야 한다. 통일이 되면 남북한 주민들이 분단으로 인한 고통과 불편을 겪지 않고 자유와 인권을 누리며 행복한 삶을 살 수 있기 때문이다.

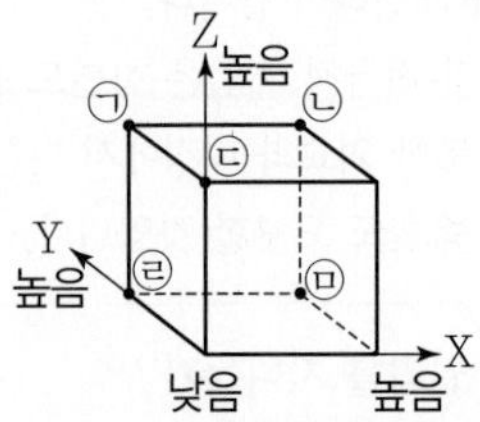

• X: 해외 기업의 투자 유치를 위해 통일이 필요하다고 보는 정도
• Y: 이산가족의 고통 해소를 위해 통일이 필요하다고 보는 정도
• Z: 내수 확대와 일자리 창출을 위해 통일이 필요하다고 보는 정도

① ㉠ ② ㉡ ③ ㉢ ④ ㉣ ⑤ ㉤

26 ▸24112-0493
2020학년도 수능 17번 상중하

다음 강연자의 입장으로 가장 적절한 것은?

통일은 분단되기 이전으로 돌아가는 것이 아니라 미래를 향한 새 역사의 창조 작업입니다. 통일은 평화와 민족의 공동 번영, 이산가족의 고통 해소, 그리고 자유와 평등 신장 등에 기여할 것입니다. 그러므로 통일은 성취해야 하지만, 어떤 형태로든 통일이 되기만 하면 된다는 통일 지상주의를 추구해서는 안 됩니다. 또한 급진적 방식의 통일은 사회적 갈등과 많은 비용을 초래할 것입니다. 따라서 통일은 국민적 합의에 기초하여 평화적 방식에 따라 단계적으로 추진되어야 합니다. 이런 방식은 급진적 방식의 통일보다 통일 비용을 줄이고 더 많은 통일 편익을 가져올 것입니다. 이러한 점에서 문화, 예술 등 비교적 합의하기 쉬운 분야로부터 교류 협력을 시작하여 궁극적으로는 체제 통합으로 나아가야 합니다.

① 점진적 평화 통일이 급진적 통일보다 더 많은 비용을 초래한다.
② 통일을 위해 비정치적 협력보다 정치적 통합을 우선해야 한다.
③ 인도적 측면이 아니라 경제적 관점에서 통일을 성취해야 한다.
④ 통일은 이유와 방식을 불문하고 성취해야 할 민족적 과업이다.
⑤ 통일은 민족의 번영과 인류의 보편적 가치 구현에 기여해야 한다.

27 ▸24112-0494
2020학년도 9월 모의평가 11번 상중하

(가)의 입장에 비해 (나)의 입장이 갖는 상대적 특징을 그림의 ㉠~㉤ 중에서 고른 것은?

(가) 통일에 따른 경제적 효과를 고려하는 것보다 남북한 언어와 문화의 이질화 문제를 해소하는 것이 더 중요하다. 또한 이산가족의 만남, 북한 주민의 보편적 삶의 권리 실현을 위해 통일이 되어야 한다.

(나) 통일 문제를 문화적 동질성 회복과 인권 신장의 관점에서 고찰할 필요도 있다. 그러나 분단에 따른 각종 불안 요인을 극복하여 경제 발전의 안정적 토대를 구축하는 것이 더 중요하기 때문에 통일이 되어야 한다.

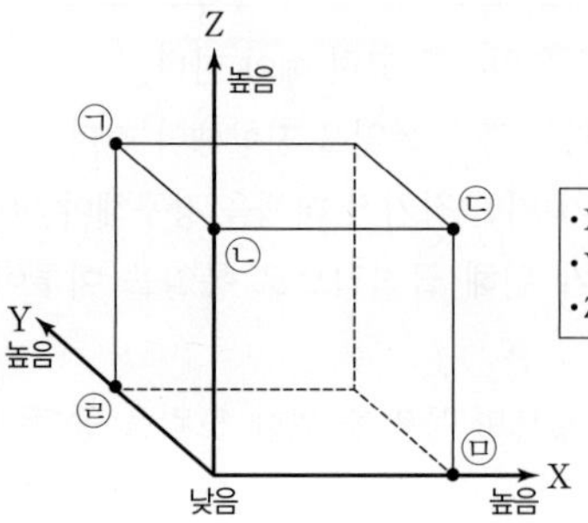

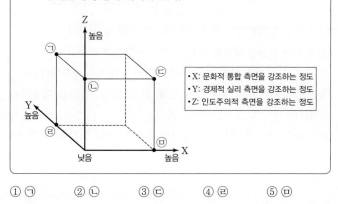

• X: 문화적 통합 측면을 강조하는 정도
• Y: 경제적 실리 측면을 강조하는 정도
• Z: 인도주의적 측면을 강조하는 정도

① ㉠ ② ㉡ ③ ㉢ ④ ㉣ ⑤ ㉤

28 ▸24112-0495
2020학년도 6월 모의평가 9번 상중하

다음 글을 바탕으로 이끌어 낼 수 있는 내용으로 적절하지 <u>않은</u> 것은?

우리나라의 통일 방안은 '민족 공동체 통일 방안'이다. 분단에서 통일에 이르는 과정에서는 여러 비용이 발생하지만, 통일이 된다면 점차 이를 상쇄하고 남을 정도의 편익도 생긴다. 분단 비용은 분단에 따른 대립과 갈등으로 인해 지불하는 유무형의 비용으로 편익을 기대하기 어렵다. 평화 비용은 인도적 지원, 사회 문화 교류 사업 등과 같이 통일 이전에 한반도의 평화를 정착시키기 위해 지불하는 투자 성격의 비용이다. 통일 비용은 통일 이후에 제도의 통합, 화폐의 통합 등을 위해 통일 한국이 지불하는 비용으로 통일의 시기와 방법에 따라 달라진다.

① 이산가족의 고통과 외국인 투자 감소는 분단 비용에 포함된다.
② 남한 정부가 추진하는 스포츠 교류 사업은 통일 비용에 포함된다.
③ 분단 비용은 소모적 비용으로 민족 경쟁력 약화를 초래할 수 있다.
④ 평화 비용은 군사적 긴장을 완화시켜 분단 비용을 감소시킬 수 있다.
⑤ 경제 협력의 확대를 통해 통일이 되면 통일 비용은 절감될 수 있다.

03 지구촌 평화의 윤리

29
▸24112-0496
2024학년도 수능 16번

상중하

갑, 을 사상가들의 입장으로 옳지 않은 것은?

> 갑: 국제 사회에서 평화 실현은 도덕적 의무이다. 국가는 세계 시민법에 따라 외국 방문객이 평화적으로 처신하는 한 적대적으로 대하면 안 된다. 세계 시민법의 이념은 공적인 인권과 영원한 평화를 위해 필요하다.
> 을: 국제 정치에서 평화 유지는 세력 균형을 통해 가능하다. 모든 정치가 그러하듯 국제 정치도 권력을 얻기 위한 투쟁이다. 따라서 국제 정치의 본질상 평화 상태에서도 폭력 사용의 가능성은 항상 존재한다.

① 갑: 국가는 모든 외국인에 대해 호의적으로 대할 필요는 없다.
② 갑: 국가 간 신뢰를 불가능하게 하는 적대 행위를 해서는 안 된다.
③ 을: 국제 정치에서 개별 국가들의 권력욕은 갈등의 원인이다.
④ 을: 국제법에 근거한 세력 균형이 유일한 평화 유지 수단이다.
⑤ 갑과 을: 국제 연맹은 독립된 국가처럼 주권을 행사할 수 없다.

30
▸24112-0497
2024학년도 6월 모의평가 19번

상중하

갑, 을 사상가들의 입장으로 적절한 것만을 〈보기〉에서 고른 것은?

> 갑: 이기적 본성을 지닌 인간처럼 국가도 권력의 극대화를 추구한다. 국제 정치에서 세력 균형은 주권 국가로 구성된 국제 사회의 중요한 안정 요소이다.
> 을: 국제 정치에서 국가들은 서로를 하나의 인격체로 대하고, 무력과 기만을 근절해 평화를 예비해야 한다. 세계 시민법은 영원한 평화의 실현을 위해 필수 불가결한 것이다.

보기

ㄱ. 갑: 파괴된 세력 균형을 복원하는 방법은 전쟁뿐이다.
ㄴ. 갑: 국내 정치와 같이 국제 정치도 그 본질은 권력 투쟁이다.
ㄷ. 을: 국가들의 자유 보장이라는 연맹의 이념이 확산되어야 한다.
ㄹ. 갑과 을: 평화 실현을 위해서는 국가 간 협력이 유일한 방도이다.

① ㄱ, ㄴ ② ㄱ, ㄷ ③ ㄴ, ㄷ ④ ㄴ, ㄹ ⑤ ㄷ, ㄹ

31
▸24112-0498
2023학년도 10월 학력평가 14번

상중하

갑, 을 사상가들의 입장으로 가장 적절한 것은?

> 갑: 직접적 폭력, 구조적 폭력, 문화적 폭력에 대한 진단, 예측, 처방이 필요하다. 진정한 평화는 직접적 폭력뿐만 아니라 구조적 폭력, 문화적 폭력이 모두 사라져야 실현된다.
> 을: 이성이 전쟁을 탄핵하고 평화 상태를 의무로 부과해도 국가 간의 계약 없이는 영원한 평화가 보장될 수 없다. 모든 전쟁을 영원히 종식시키는 평화 연맹이 필요하다.

① 갑: 문화적 폭력으로 인해 비의도적 차별이 정당화될 수 있다.
② 갑: 평화적 수단과 과정으로는 진정한 평화를 실현할 수 없다.
③ 을: 평화를 위해 국가 간 계약을 주도할 세계 정부가 필요하다.
④ 을: 국가 간 적대 행위의 중단은 영원한 평화 상태를 보증한다.
⑤ 갑과 을: 국가 정치 체제는 평화 실현에 영향을 주지 않는다.

32
▸24112-0499
2023학년도 3월 학력평가 13번

상중하

갑, 을 사상가들의 입장으로 가장 적절한 것은?

> 갑: 영구 평화를 달성하기 위해서 모든 국가의 시민적 정치 체제는 공화 정체이어야 하며, 국제법은 자유로운 국가들의 연방 체제에 기초해야 한다.
> 을: 진정한 평화는 모든 종류의 폭력이 없는 상태이다. 직접적 폭력과 구조적 폭력은 물론이고, 문화적 폭력까지 사라진 적극적 평화 상태를 추구해야 한다.

① 갑: 각 국가는 매매를 통해 다른 국가의 소유가 될 수 있다.
② 갑: 어떤 경우에도 타국인을 적대적으로 대우해서는 안 된다.
③ 을: 직접적 폭력의 제거는 진정한 평화 실현의 전제 조건이다.
④ 을: 물리적 폭력의 제거는 구조적 폭력이 제거되어야 실현된다.
⑤ 갑과 을: 폭력이나 전쟁은 어떤 상황에서도 정당화될 수 없다.

33
▸24112-0500
2023학년도 수능 13번
상중하

갑, 을 사상가들의 입장으로 적절한 것만을 〈보기〉에서 고른 것은?

> 갑: 본래 이기적인 인간과 마찬가지로 국가도 권력의 극대화를 추구한다. 권력을 얻기 위한 투쟁이 국제 정치의 본질이다. 힘을 통해 힘을 견제하는 세력 균형이 전쟁을 억지한다.
> 을: 인간의 이성은 어떠한 전쟁도 있어서는 안 된다고 명령한다. 영원한 평화를 위해서는 모든 국가가 공화제를 향해 노력해야만 하며, 국가들의 평화 연맹이 필요하다.

보기

ㄱ. 갑: 경쟁 국가의 행동의 경향성을 예측하는 것은 가능하다.
ㄴ. 갑: 국가 간 동맹 없이는 국가 간 세력 균형은 불가능하다.
ㄷ. 을: 평화 연맹의 수립 과정에서 국가 간 합병은 배제된다.
ㄹ. 갑과 을: 전쟁은 국제 평화를 실현하기 위한 최후의 정치적 행위로서 정당화된다.

① ㄱ, ㄴ ② ㄱ, ㄷ ③ ㄴ, ㄷ
④ ㄴ, ㄹ ⑤ ㄷ, ㄹ

34
▸24112-0501
2023학년도 9월 모의평가 16번
상중하

갑, 을 사상가들의 입장으로 적절한 것만을 〈보기〉에서 고른 것은?

> 갑: 영구 평화를 위해 상비군은 점차 완전히 폐지되어야 한다. 그러나 조국을 외부의 침략으로부터 방어하기 위한 시민들의 자발적이고 정기적인 무장 훈련은 사정이 다르다.
> 을: 전쟁과 같은 직접적 폭력 외에도 간접적 폭력이 존재한다. 각각의 폭력은 상호 작용하며 서로 영향을 미친다. 이러한 다양한 폭력을 제거해야 진정한 평화가 달성될 수 있다.

보기

ㄱ. 갑: 평화 연맹은 모든 전쟁의 영구적 종식을 목표로 한다.
ㄴ. 갑: 세계 시민법은 인권 보장이 아닌 영구 평화를 위한 것이다.
ㄷ. 을: 문화적 폭력은 구조적 폭력을 올바른 것으로 보이게 한다.
ㄹ. 갑과 을: 폭력의 사용은 어떠한 경우에도 허용될 수 없다.

① ㄱ, ㄴ ② ㄱ, ㄷ ③ ㄴ, ㄷ
④ ㄴ, ㄹ ⑤ ㄷ, ㄹ

35
▸24112-0502
2023학년도 6월 모의평가 20번
상중하

(가)의 입장에 비해 (나)의 입장이 갖는 상대적 특징을 그림의 ㉠~㉤ 중에서 고른 것은?

> (가) 오직 국익에 도움이 되는지 여부를 기준으로 국가의 대외 정책의 좋고 나쁨이 결정된다. 힘의 논리를 바탕으로 한 국익 추구로 인하여 국제 분쟁이 발생하며, 평화는 힘의 균형을 통해 전쟁을 예방 또는 억지함으로써 달성될 수 있다.
> (나) 국제 사회의 부정의는 국가들의 행동을 규제하는 국제기구나 국제적 규범을 통해 해결할 수 있다. 국제법은 국제 사회에서 매우 중요하며, 평화는 국가 간의 이성적 대화와 협력, 국제기구 등의 노력을 통해 달성될 수 있다.

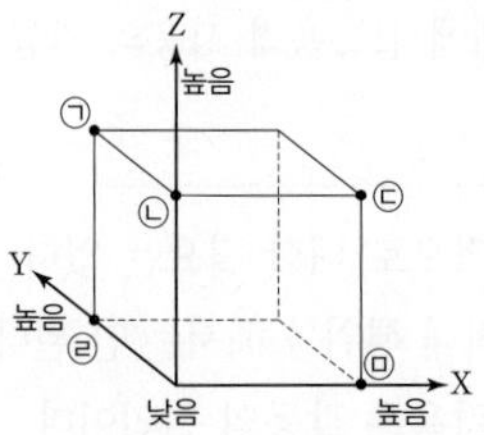

• X: 국제법을 통한 평화 실현에 회의적인 정도
• Y: 분쟁의 원인을 상대에 대한 오해에서 찾는 정도
• Z: 다른 국가를 잠재적 위협으로 인식하는 정도

① ㉠ ② ㉡ ③ ㉢ ④ ㉣ ⑤ ㉤

36
▸24112-0503
2022학년도 10월 학력평가 6번
상중하

다음 글의 입장으로 가장 적절한 것은?

> 국가 '안에서' 구성원들은 선한 삶을 추구할 수 있다. 하지만 국가 '밖에서' 국가들은 선을 추구하는 것이 불가능하다. 왜냐하면 국가보다 상위의 주권적 권력이 국제 관계에서는 존재하지 않기 때문이다. 국가들은 국익을 위해 무정부 상태에서 타국과 경쟁하기 때문에 보편적 원칙에 대한 합의가 어렵다. 평화는 힘의 논리에 의한 세력 균형을 통해 분쟁을 억지할 때 가능하다.

① 국가 간 분쟁 억지를 위한 최선의 방안은 국제법 제정이다.
② 국제기구와 비정부 기구는 국제 사회의 주된 행위자가 된다.
③ 국제 관계에서 대화를 통한 영구 평화의 실현은 불가능하다.
④ 국가는 국제 관계에서 합리적으로 행위하는 선량한 집단이다.
⑤ 국제 사회의 주권자인 세계 정부를 통해 평화를 이룰 수 있다.

37
▸24112-0504
2022학년도 3월 학력평가 4번
상중하

갑, 을 사상가들의 입장으로 가장 적절한 것은?

> 갑: 우리는 영원한 평화를 확립하기 위해 그리고 전쟁 수행을 종식시키기 위해, 모든 국가의 시민적 정치 체제가 공화 정체가 되도록 노력해야 한다.
> 을: 평화를 알기 위해서는 먼저 폭력에 대해 알아야 한다. 폭력에는 직접적 폭력과 구조적 폭력 그리고 이 두 가지 폭력을 정당화하는 문화적 폭력이 있다.

① 갑: 개별 국가의 자유를 보호하는 국제 연맹이 필요하다.
② 갑: 다른 국가의 체제 변화를 위한 강제력 사용은 허용된다.
③ 을: 비의도적으로 발생하는 폭력은 문화적 폭력에 국한된다.
④ 을: 직접적 폭력과 구조적 폭력은 서로 영향을 주지 않는다.
⑤ 갑, 을: 평화 조약의 체결은 영원한 평화의 실현을 보장한다.

38
▸24112-0505
2022학년도 수능 4번
상중하

갑, 을 사상가들의 입장으로 적절한 것만을 <보기>에서 고른 것은?

> 갑: 국제 정치의 본질은 권력 투쟁이다. 권력은 국제 정치에서 최상이라고 인정되는 가치이다. 정치적인 정책은 권력을 유지하거나 확장하거나 과시하기 위한 목적에서 추진된다.
> 을: 국제 사회의 평화는 국제 연맹을 통해서 달성될 수 있다. 국제 연맹은 모든 전쟁의 영원한 종식을 추구하고, 국가들의 자유를 보호하고 지속시키는 데에만 관여한다.

보기

ㄱ. 갑: 국가 간 힘의 균형으로 국력 경쟁이 종식될 수 있다.
ㄴ. 을: 평화 조약은 어떠한 전쟁 상태도 종식시킬 수 없다.
ㄷ. 을: 이방인이 갖는 환대의 권리는 조건부적으로 보장된다.
ㄹ. 갑, 을: 국제 사회의 평화를 유지할 수 있는 방법이 존재한다.

① ㄱ, ㄴ　② ㄱ, ㄷ　③ ㄴ, ㄷ
④ ㄴ, ㄹ　⑤ ㄷ, ㄹ

39
▸24112-0506
2022학년도 9월 모의평가 13번
상중하

다음을 주장한 사상가의 입장으로 가장 적절한 것은?

> 국가들 사이의 영원한 평화를 위한 확정 조항은 다음과 같다. 첫째, 모든 국가의 시민적 정치 체제는 공화 정체여야 한다. 모든 입법은 근원적 계약의 이념에서 나오는 공화 정체에 기초해야만 한다. 둘째, 국제법은 자유로운 국가들의 연방 체제에 기초해야 한다. 국가들은 국제법의 이념에 따라 움직이지 않기에 전쟁을 방지하기 위하여 지속적인 연맹이 필요하다. 셋째, 세계 시민법은 보편적 우호의 조건들에 국한되어야 한다. 여기서 우호란 외국인이 타국의 영토에 도착했다고 해서 적대적으로 취급받지 않을 권리를 의미한다.

① 국제 관계에서는 국가가 유일한 행위자로 간주된다.
② 국제 연맹은 국가와 같은 주권적 권력으로 기능해야 한다.
③ 평화 조약을 통해 모든 전쟁들을 영원히 종식시킬 수 있다.
④ 국가 간 분쟁의 해소가 영원한 평화 실현의 충분조건은 아니다.
⑤ 정치 체제의 개선이 평화의 실현을 위한 전제 조건은 아니다.

40
▸24112-0507
2022학년도 6월 모의평가 17번
상중하

갑, 을 사상가들의 입장으로 가장 적절한 것은?

> 갑: 국제 정치의 궁극 목표가 무엇이든 권력 획득이 항상 일차적 목표이다. 정치가나 국민이 궁극적으로 추구하는 것이 자유, 안전 보장, 번영 등으로 다양해도, 그들이 국제 정치적으로 자신들의 목표를 달성하기 위해 권력을 수단으로 삼고자 한다는 점에서는 같다.
> 을: 이성은 도덕적으로 법칙을 수립하는 최고 권력의 왕좌를 차지한다. 이성이 전쟁을 탄핵하고 평화 상태를 직접적인 의무로 규정한다 하더라도, 평화 연맹이 존재하지 않으면 안 된다. 이 연맹은 모든 전쟁을 영구히 종식시키고자 한다.

① 갑: 권력 투쟁 현상은 국내 정치뿐 아니라 국제 정치에서도 나타난다.
② 갑: 국제적인 도덕적 합의를 통해 국가 간 분쟁을 해결해야 한다.
③ 을: 영구 평화를 위해 정치 체제의 변화가 수반될 필요는 없다.
④ 을: 영구 평화는 공고한 평화 조약에 의해서만 실현될 수 있다.
⑤ 갑, 을: 세계 공화국을 수립하여 영구적 평화 유지에 기여해야 한다.

41
▸24112-0508
2021학년도 10월 학력평가 4번
상중하

갑, 을, 병 사상가들의 입장으로 가장 적절한 것은?

갑: 실천 이성이 평화 상태를 직접적 의무로 부과하더라도 국가 간의 계약 없이 영원한 평화는 있을 수 없다. 모든 전쟁의 종식을 추구하는 평화 연맹이 있어야 한다.
을: 국제 관계에서 국가 간 평화를 유지하는 방법은 세력 균형이다. 한 국가가 세력 균형의 유지와 재수립을 위해 사용하는 가장 주된 방법은 군비 경쟁이다.
병: 군비 경쟁이 초래하는 전쟁이 사라져야 평화가 실현될 수 있다. 나아가 전쟁과 같은 직접적 폭력뿐만 아니라 구조적·문화적 폭력까지 제거해야 진정한 평화가 실현된다.

① 갑: 다수의 국제 연맹을 창설해야 항구적인 평화가 보장된다.
② 을: 인간의 본성에 근거하여 국제 관계를 이해해서는 안 된다.
③ 병: 구조적 폭력과 문화적 폭력은 항상 의도적으로 발생한다.
④ 갑, 을: 국가들 간의 모든 분쟁은 국제법으로 해결해야 한다.
⑤ 갑, 병: 진정한 평화의 실현을 위해 군비 경쟁을 삼가야 한다.

42
▸24112-0509
2021학년도 3월 학력평가 19번
상중하

그림은 서양 사상가 갑, 을의 가상 대화이다. 갑, 을의 입장으로 가장 적절한 것은?

영구 평화를 실현하기 위해서는 모든 전쟁의 종식을 추구하는 평화 연맹이 필요합니다. 이를 위해 개별 국가는 공화 정체이어야 하고 국제법은 자유로운 국가들의 연방 체제에 기초해야 합니다.
전쟁의 종식만으로는 진정한 평화라고 할 수 없습니다. 진정한 평화를 위해서는 직접적 폭력, 사회 구조 속의 폭력, 폭력을 정당화하는 문화를 제거해야 합니다.
갑
을

① 갑: 국가 간에는 국제법이 아닌 세계 시민법을 따라야 한다.
② 갑: 개인은 세계 국가의 국적을 갖는 구성원이 되어야 한다.
③ 을: 문화는 평화 또는 폭력을 정당화하는 수단이 될 수 있다.
④ 을: 평화적 수단이나 과정을 통해서는 평화가 달성될 수 없다.
⑤ 갑, 을: 개별 국가의 정치 제도 개선은 평화 실현과 무관하다.

43
▸24112-0510
2021학년도 수능 14번
상중하

(가), (나)의 입장으로 적절한 것만을 〈보기〉에서 고른 것은?

(가) 인간의 본성은 이기적이므로 국가도 이기적일 수밖에 없다. 국제 관계는 만인에 대한 만인의 투쟁 상태와 유사하다. 그러므로 권력의 극대화를 추구하는 과정에서 국제 분쟁이 발생한다.
(나) 인간이 이성적으로 행동하듯 국가도 이성적으로 행동하는 경향이 있으므로 국가 간 상호 협력이 가능하다. 하지만 상대방에 대한 무지나 오해, 동맹이나 비밀 외교 등으로 인해 국제 분쟁이 발생한다.

보기

ㄱ. (가): 국제 관계에서 평화를 유지하기 위한 정책은 없다.
ㄴ. (가): 국제 관계에서 국가의 권력을 견제할 수 있는 것은 다른 국가의 권력이다.
ㄷ. (나): 국제 정치의 불완전한 제도는 전쟁의 원인이 될 수 있다.
ㄹ. (가), (나): 국제 분쟁은 각국의 도덕성 증진으로 해결해야 한다.

① ㄱ, ㄴ ② ㄱ, ㄷ ③ ㄴ, ㄷ
④ ㄴ, ㄹ ⑤ ㄷ, ㄹ

44
▸24112-0511
2021학년도 9월 모의평가 20번
상중하

갑, 을 사상가들의 입장으로 적절한 것만을 〈보기〉에서 있는 대로 고른 것은?

갑: 공화 정체인 국가들은 평화를 요구하는 시민들에 의해 쉽게 전쟁을 일으킬 수 없게 된다. 그러한 국가들은 자발적으로 결성한 평화 연맹에서 자유와 평화를 보장받고자 하며, 영구 평화를 위해 세계 시민적 체제로 나아가고자 한다.
을: 물리적 관점에서 협소하게 규정되던 기존의 폭력 개념은 불완전하다. 우리는 구조적, 문화적 폭력까지 없는 상태를 지향해야 한다. 이러한 상태는 소극적 평화 상태를 뛰어넘는 그 이상의 상태라 할 수 있다.

보기

ㄱ. 갑: 이방인이 평화롭게 처신하는 한 우호적으로 대우해야 한다.
ㄴ. 갑: 평화 연맹은 국가와 같은 주권적 권력으로 기능해야 한다.
ㄷ. 을: 폭력의 예방 없이는 적극적 평화를 실현할 수 없다.
ㄹ. 갑, 을: 모든 전쟁의 종식은 진정한 평화 실현의 필수 조건이다.

① ㄱ, ㄴ ② ㄱ, ㄷ ③ ㄴ, ㄹ
④ ㄱ, ㄷ, ㄹ ⑤ ㄴ, ㄷ, ㄹ

45
▸24112-0512
2021학년도 6월 모의평가 18번 상중하

(가), (나)의 입장으로 가장 적절한 것은?

(가) 국제 평화를 실현하기 위해서는 이성적 존재인 국가들이 합리적인 대화와 협력을 하고, 세력 균형, 동맹, 비밀외교 등을 영원히 제거해야 한다. 왜냐하면 이러한 잘못된 정책이나 제도에 의해 국제 분쟁이 발생하기 때문이다.

(나) 국제 분쟁을 억지하기 위해서는 국가 간 힘의 균형이 이루어져야 한다. 왜냐하면 한 국가나 국가들의 동맹이 우월한 힘을 갖게 되면 다른 국가들에 대해 패권적인 의지를 강요하게 될 위험이 커지기 때문이다.

① (가): 국제 관계에서는 국가가 유일한 행위자로 간주된다.
② (가): 국가 간 동맹과 힘의 균형을 통해서만 군비 경쟁은 종식된다.
③ (나): 국제 관계에서 세력 균형은 평화를 영구적으로 보장한다.
④ (나): 전쟁 수행의 최종 목표와 외교 정책의 최종 목표는 국익이다.
⑤ (가), (나): 자국의 이익 추구보다 세계 평화가 우선되어야 한다.

46
▸24112-0513
2020학년도 10월 학력평가 12번 상중하

다음을 주장한 사상가의 입장으로 가장 적절한 것은?

전쟁의 폭력성과 적대성이라는 악순환에서 벗어나는 것은 이성이 명령하는 의무이다. 영구 평화를 위해서 모든 국가의 시민적 정치 체제는 공화 정체이어야 하고, 국제법은 자유로운 국가들의 연방 체제에 기초해야 하며, 세계 시민법은 보편적 우호의 조건들로 국한되어야 한다.

① 비민주적 국가에 대해서는 폭력적 개입이 허용되어야 한다.
② 평화 조약 체결만으로는 항구적인 평화가 보장될 수 없다.
③ 국가는 증여에 의해 다른 국가의 소유로 전환될 수 있다.
④ 어떤 전쟁도 도덕적으로 허용되거나 정당화될 수 없다.
⑤ 국제 국가를 구성하여 국제 연맹을 형성해야 한다.

47
▸24112-0514
2020학년도 3월 학력평가 18번 상중하

다음을 주장한 사상가의 입장으로 가장 적절한 것은?

언어, 예술, 종교, 이념, 도덕, 가치 등 인간 존재의 상징적 차원에서 작동하는 문화적 폭력은 살인, 빈곤, 억압, 소외, 착취 등 직접적·구조적 폭력의 모든 유형을 관통하며 이들에 정당성과 합법성을 부여함으로써 폭력을 은폐한다. 따라서 진정한 평화는 직접적 폭력의 부재뿐만 아니라, 구조적 폭력과 문화적 폭력의 부재를 지향할 때에만 가능하다.

① 직접적 폭력과 달리 문화적 폭력은 제거할 수 없다.
② 의도되지 않은 폭력은 직접적인 피해를 입힐 수 없다.
③ 진정한 평화는 직접적 폭력의 제거로 완전히 실현된다.
④ 문화적 폭력은 직접적·구조적 폭력의 발현을 조장한다.
⑤ 직접적·구조적·문화적 폭력들은 항상 동시에 나타난다.

48
▸24112-0515
2019학년도 6월 모의평가 18번 상중하

그림은 서양 사상가 갑, 을의 가상 대화이다. 갑, 을의 입장으로 옳지 않은 것은?

전쟁의 완전 종식과 영구 평화는 도덕적 입법의 최고 자리에 위치한 이성이 명령하는 의무입니다. 영구 평화를 실현하기 위해 모든 전쟁 수단의 금지와 국가 간 연맹의 확장이 필요합니다.
전쟁 종식만으로 평화가 보장되지 않습니다. 진정한 평화는 직접적, 구조적, 문화적 폭력을 예방함으로써 가능합니다. 이를 위해 억압과 착취의 구조를 시급히 개선해야 합니다.
갑
을

① 갑: 개별 국가의 주권을 인정하면서 영원한 평화를 실현해야 한다.
② 갑: 국제법을 통해 국가 간 우호와 시민의 자유를 증진해야 한다.
③ 을: 편견 극복을 위한 교육은 적극적 평화를 실현하는 방법이다.
④ 을: 직접적 폭력을 제거함으로써 인간 존엄 실현의 조건이 완비된다.
⑤ 갑, 을: 평화의 실현을 위해서는 정치 제도의 개선이 필수적이다.

49 ▸24112-0516

2019학년도 3월 학력평가 6번 상중하

갑, 을 사상가들의 입장으로 옳지 않은 것은?

> 갑: 진정한 평화는 모든 종류의 폭력이 없는 상태이다. 폭력에는 테러와 전쟁과 같은 직접적 폭력, 억압과 착취와 같은 간접적 폭력, 그리고 이러한 폭력들을 정당화하는 문화적 폭력이 있다.
> 을: 평화 상태가 정초되려면 모든 국가의 시민적 정치 체제는 공화 정체이어야 하고, 국제법은 자유로운 국가들의 연방 체제에 기초해야 하며, 세계 시민법은 보편적 우호의 조건들에 국한되어야 한다.

① 갑: 평화를 실현하기 위한 수단은 평화적이어야 한다.
② 갑: 문화적 폭력이 존재하면 진정한 평화가 실현될 수 없다.
③ 을: 비민주적 국가에 대한 무력 개입은 정당하다.
④ 을: 공화 정체가 수립되어야 영원한 평화의 기틀이 마련된다.
⑤ 갑, 을: 진정한 평화 실현을 위해 전쟁은 종식되어야 한다.

50 ▸24112-0517

2024학년도 수능 19번 상중하

갑, 을 사상가들의 입장으로 적절한 것만을 〈보기〉에서 있는 대로 고른 것은?

> 갑: 질서 정연한 사회의 장기 목표는 무법 국가와 마찬가지로 고통받는 사회들을 질서 정연한 만민의 사회에 가입시키는 것이어야 한다. 고통받는 사회가 적정 수준의 사회가 되면 더 이상의 원조는 필요하지 않다.
> 을: 우리는 인류의 고통을 감소시키고 쾌락을 증진할 의무를 지닌다. 우리에게는 얼마 되지 않는 비용으로 곤궁한 타인의 복리에 중요한 변화를 일으킬 수 있을 때 발생하는 의무보다 우선할 수 있는 것은 없다.

보기

ㄱ. 갑: 독재나 착취로 빈곤한 사회는 원조 대상이 될 수 없다.
ㄴ. 갑: 고통받는 사회가 스스로 정치 문화를 개선하도록 원조해야 한다.
ㄷ. 을: 지구촌의 절대 빈곤 해결을 위한 원조의 의무는 정언 명령이다.
ㄹ. 갑과 을: 원조의 목적은 인류 복지 수준의 균등화가 아니다.

① ㄱ, ㄷ ② ㄱ, ㄹ ③ ㄴ, ㄹ
④ ㄱ, ㄴ, ㄷ ⑤ ㄴ, ㄷ, ㄹ

51 ▸24112-0518

2024학년도 9월 모의평가 18번 상중하

갑, 을 사상가들의 입장으로 가장 적절한 것은?

> 갑: 원조 대상자의 이익을 고려하는 데 인종은 아무런 상관이 없다. 중요한 것은 이익 자체이다. 이익 평등 고려의 원칙에 따라 빈곤으로 고통받는 사람들에게 원조를 해야 한다.
> 을: 원조의 목적은 고통받는 사회가 자신들의 문제를 합당하게 관리할 수 있을 때까지 도와, 결과적으로 그 사회가 질서 정연한 만민의 사회의 구성원이 되도록 하는 것이다.

① 갑: 원조는 보편적인 의무이지만 조건부적으로 시행될 수 있다.
② 갑: 원조 결정 시 원조 주체의 이익을 고려하는 것은 허용될 수 없다.
③ 을: 원조의 차단점 설정은 원조 대상의 정치적 자율성을 침해한다.
④ 을: 고통받는 사회의 기본 제도 개선을 위한 원조는 허용될 수 없다.
⑤ 갑과 을: 고통받는 빈곤국의 복지 향상이 원조의 최종 목적이다.

52 ▸24112-0519

2024학년도 6월 모의평가 14번 상중하

갑, 을 사상가들의 입장으로 적절한 것만을 〈보기〉에서 고른 것은?

> 갑: 고통받는 사회들만 원조가 필요하다. 원조의 목표는 고통받는 사회들이 질서 정연한 국제 사회의 구성원이 되게 하는 것이다. 이러한 목표나 차단점을 넘어서면 원조는 필요 없다.
> 을: 절대 빈곤은 매우 나쁜 것이다. 우리에게 그에 상응하는 도덕적으로 중요한 일을 희생시키지 않고 절대 빈곤을 감소시킬 힘이 있다면, 인류 복지의 최대화를 위해 우리는 마땅히 그렇게 해야 한다.

보기

ㄱ. 갑: 공격적인 사회는 자원이 매우 부족해도 원조 대상이 아니다.
ㄴ. 을: 절대 빈곤의 감소를 위한 원조는 예외 없는 도덕적 의무이다.
ㄷ. 을: 원조는 이익 평등 고려의 원칙에 따른 전 지구적 의무이다.
ㄹ. 갑과 을: 원조 대상의 경제력은 원조 결정의 고려 사항이 아니다.

① ㄱ, ㄴ ② ㄱ, ㄷ ③ ㄴ, ㄷ ④ ㄴ, ㄹ ⑤ ㄷ, ㄹ

53

▸24112-0520
2023학년도 10월 학력평가 20번
상중하

갑, 을 사상가들의 입장으로 적절한 것만을 〈보기〉에서 고른 것은?

갑: 원조의 목적은 절대 빈곤으로 인한 고통을 줄이는 것이다. 우리는 나쁜 일을 방지할 수 있는 힘을 가지고 있고, 그 일에 상당하는 도덕적 의미를 가진 다른 일이 희생되지 않는다면 그렇게 해야만 한다.
을: 원조의 목적은 고통받는 사회를 질서 정연한 사회가 되도록 돕는 것이다. 천연자원과 부가 빈약한 사회라도 그 사회의 정치적 전통, 법, 재산, 계급 구조가 적정 수준의 사회를 유지하게 하는 것이라면 질서 정연해질 수 있다.

보기

ㄱ. 갑: 국내 부조와 해외 원조를 의무로 규정하는 근거는 다르지 않다.
ㄴ. 을: 원조 대상국의 복지 수준 향상은 원조의 결과일 수는 있어도 목적일 수는 없다.
ㄷ. 을: 질서 정연한 사회의 기본 구조에 적용되는 모든 원칙이 해외 원조에도 적용되어야 한다.
ㄹ. 갑과 을: 원조 주체의 자기 이익 고려는 해외 원조의 목적 달성을 저해한다.

① ㄱ, ㄴ ② ㄱ, ㄷ ③ ㄴ, ㄷ ④ ㄴ, ㄹ ⑤ ㄷ, ㄹ

54

▸24112-0521
2023학년도 3월 학력평가 7번
상중하

(가)의 갑, 을 사상가들의 입장을 (나) 그림으로 표현할 때, A~C에 해당하는 적절한 진술만을 〈보기〉에서 있는 대로 고른 것은?

(가)
갑: 원조의 의무는 절대 빈곤에 처한 사람들을 돕는 것이다. 이익 평등 고려의 원칙에 따라 빈곤으로 고통받는 사람들에게 원조를 해야 한다.
을: 원조의 의무는 고통받는 사회가 질서 정연한 사회가 될 수 있도록 돕는 것이다. 질서 정연한 사회의 만민은 고통받는 사회들을 원조해야 한다.

(나)
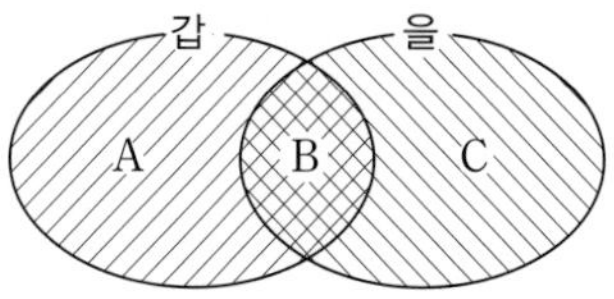

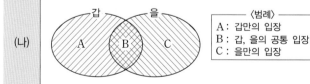

〈범례〉
A : 갑만의 입장
B : 갑, 을의 공통 입장
C : 을만의 입장

보기

ㄱ. A: 원조는 원조 대상뿐만 아니라 원조 주체의 이익도 증진해야 한다.
ㄴ. B: 자원 빈곤국을 모두 원조 대상국으로 삼을 필요는 없다.
ㄷ. B: 원조 대상국의 정치적 상황을 고려하여 원조해야 한다.
ㄹ. C: 절대 빈곤층의 처지 개선이 원조의 주된 목표는 아니다.

① ㄱ, ㄴ ② ㄱ, ㄷ ③ ㄴ, ㄹ
④ ㄱ, ㄷ, ㄹ ⑤ ㄴ, ㄷ, ㄹ

55

▸24112-0522
2023학년도 수능 18번
상중하

갑, 을 사상가들의 입장으로 적절한 것만을 〈보기〉에서 있는 대로 고른 것은?

갑: 원조의 목적이 충족되고, 모든 만민이 자유주의적 정부나 적정 수준의 정부로 작동하는 상황에 이르게 되면 상이한 만민 간의 평균적 부의 차이를 다시 좁혀야 할 이유는 없다.
을: 절대 빈곤에 빠져 있는 사람들을 돕지 않는 것은 그들을 죽게 내버려 두는 것과 다름이 없다. 절대 빈곤으로 인해 고통받는 사람을 돕는 것은 공리의 원리에 따른 도덕적 의무이다.

보기

ㄱ. 갑: 공적 정의관이 규제하지 않는 사회는 원조 대상이 될 수 없다.
ㄴ. 갑: 원조는 원조 대상이 정치적 자율성을 가질 수 있도록 이루어져야 한다.
ㄷ. 을: 원조의 의무는 절대 빈곤에 상당하는 도덕적으로 중요한 다른 일을 희생할 것을 원조 주체에게 요구할 수 있다.
ㄹ. 갑과 을: 특정 빈곤국에 대한 원조를 중단해야 하는 경우가 있다.

① ㄱ, ㄴ ② ㄱ, ㄷ ③ ㄴ, ㄹ
④ ㄱ, ㄷ, ㄹ ⑤ ㄴ, ㄷ, ㄹ

56

▸24112-0523
2023학년도 9월 모의평가 17번
상중하

갑, 을 사상가들의 입장으로 적절하지 않은 것은?

갑: 질서 정연한 만민은 고통을 겪는 사회들을 위해 원조해야 한다. 그런데 분배 재원만으로는 정치적·사회적 부정의를 교정하기에 충분하지 않다. 오히려 고통을 겪는 사회들의 정치 문화가 변화하는 것이 매우 중요하다.
을: 풍요로운 국가의 사람들 대부분은 기본적 필요가 충족되지 않은 빈곤을 막기 위해 원조해야 한다. 그들이 소득의 1퍼센트 정도만 기부하면 전 세계 빈곤층을 완전히 없애는 단계에 이를 수 있다.

① 갑: 고통을 겪는 사회가 자국민 인권에 관심을 갖게 원조해야 한다.
② 갑: 원조의 목적은 합당하고 합리적인 제도의 실현과 보존에 있다.
③ 을: 기아의 주된 원인은 전 세계 식량 총 생산량의 부족에 있지 않다.
④ 을: 모든 사람은 세계 모든 이의 복지에 동일한 책임을 져야 한다.
⑤ 갑과 을: 국가 간 부의 불평등이 그 자체로 부정의한 것은 아니다.

57 ▸24112-0524
2023학년도 6월 모의평가 15번 상중하

(가)의 갑, 을 사상가들의 입장을 (나) 그림으로 탐구하고자 할 때, A~C에 들어갈 적절한 질문만을 〈보기〉에서 있는 대로 고른 것은?

(가)	갑: 질서 정연한 사회들은 고통받는 사회의 구성원들이 자신들의 문제를 합당하게 관리할 수 있도록 도와야 한다. 즉, 그 사회가 제도와 문화를 개선하여 질서 정연한 사회가 되도록 도와야 한다. 을: 풍요로운 사회의 부유한 사람들은 고통받는 전 세계 사람들을 위해 소득의 일부를 기부해야 한다. 고통을 감소시키고 쾌락을 증진하는 것은 인류의 의무이다.
(나)	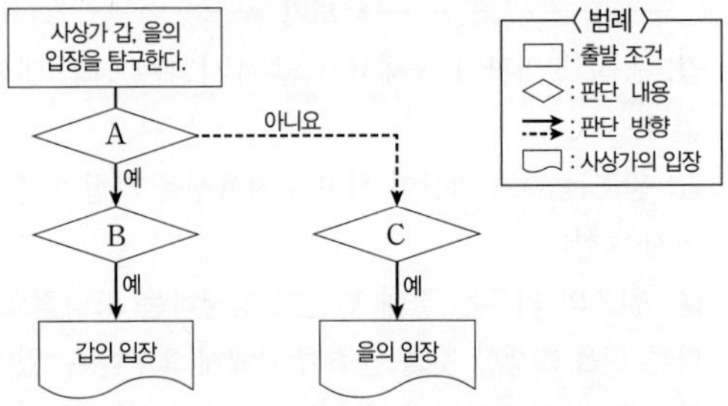

보기

ㄱ. A: 원조의 목적은 인류 전체의 복지 증진이 아니라 정치 체제의 개선이어야 하는가?
ㄴ. B: 원조의 목표를 달성하기 위해서는 국가 간 부의 재분배가 필수적인가?
ㄷ. B: 원조 대상 국가에게 인권을 강조하는 것은 원조의 목적 실현을 저해하는가?
ㄹ. C: 원조를 통해 방지할 해악보다 더 큰 희생이 발생한다면 원조는 중단될 수 있는가?

① ㄱ, ㄷ ② ㄱ, ㄹ ③ ㄴ, ㄷ
④ ㄱ, ㄴ, ㄹ ⑤ ㄴ, ㄷ, ㄹ

58 ▸24112-0525
2022학년도 10월 학력평가 5번 상중하

(가)의 갑, 을, 병 사상가들의 입장을 (나) 그림으로 표현할 때, A~D에 해당하는 적절한 진술만을 〈보기〉에서 있는 대로 고른 것은?

(가)	갑: 우리는 절대 빈곤이 나쁜 것임을 안다. 도덕적으로 중요한 일을 희생하지 않고 절대 빈곤을 감소시킬 수 있는 사람은 마땅히 원조의 의무를 갖는다. 을: 우리는 고통받는 사회의 구성원이 자유로운 사회의 자유롭고 평등한 시민 또는 적정 수준의 사회 구성원이 되도록 원조해야 한다. 병: 우리는 각자의 삶을 영위하는 서로 다른 개인이다. 국가는 개인에게 사회적 선을 위한 희생을 요구하면서 개인의 소유 권리를 침해하면 안 된다.
(나)	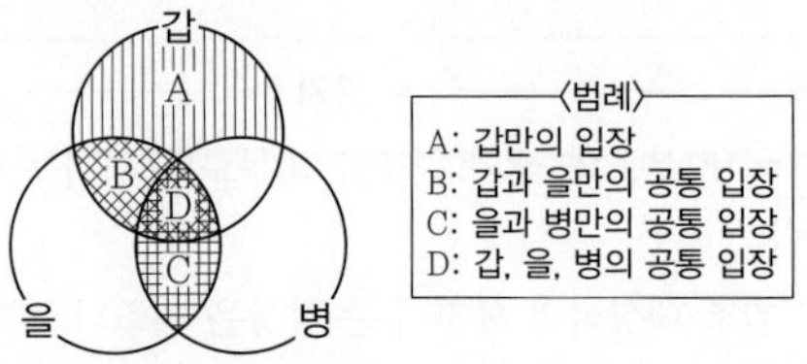

보기

ㄱ. A: 개인뿐만 아니라 국가도 인류의 복지 증진을 목적으로 원조를 해야 한다.
ㄴ. B: 원조는 주체와 대상의 친소 관계와는 무관하게 실천해야 할 윤리적 의무이다.
ㄷ. C: 원조를 위해 세금을 부과하는 것은 소유 권리를 침해하는 것이 아니다.
ㄹ. D: 국가가 원조를 통해 부국과 빈국의 경제적 평등을 실현해야 하는 것은 아니다.

① ㄱ, ㄷ ② ㄴ, ㄹ ③ ㄷ, ㄹ
④ ㄱ, ㄴ, ㄷ ⑤ ㄱ, ㄴ, ㄹ

59 ▶24112-0526
2022학년도 3월 학력평가 13번 　상 중 하

(가)의 갑, 을 사상가들의 입장을 (나) 그림으로 표현할 때, A~C에 해당하는 적절한 진술만을 〈보기〉에서 있는 대로 고른 것은?

(가)	갑: 원조의 의무는 이익 평등 고려의 원칙에 따라 행해져야 한다. 얼마나 떨어져 있고 어떤 공동체에 속하느냐는 원조를 결정하는 기준이 아니다. 을: 원조의 의무는 합당하게 정의로운 자유적 만민과 적정 수준의 만민이 불리한 여건에 의해 고통받고 있는 사회에 대해 부담해야 할 의무이다.
(나)	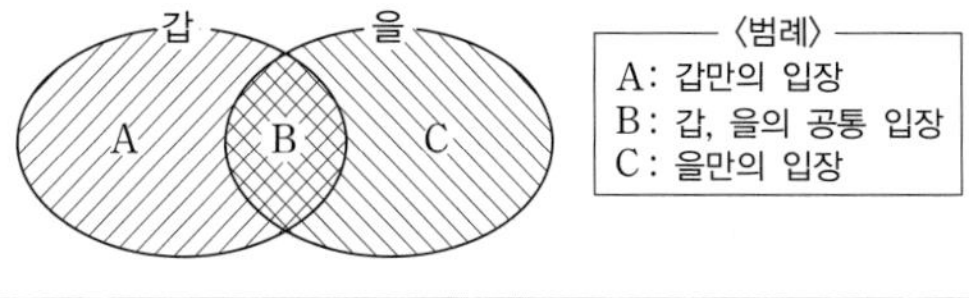

〈범례〉
A: 갑만의 입장
B: 갑, 을의 공통 입장
C: 을만의 입장

● 보기 ●
ㄱ. A: 빈곤에 처한 모든 사람들을 균등하게 원조해야 한다.
ㄴ. B: 원조할 때 원조 대상국의 정치적 상황을 고려해야 한다.
ㄷ. B: 원조 주체는 원조 대상국에 강제력을 행사하면 안 된다.
ㄹ. C: 질서 정연한 사회는 지구적 분배 정의의 원칙에 따라 원조해야 한다.

① ㄱ, ㄴ　② ㄱ, ㄹ　③ ㄴ, ㄷ　④ ㄱ, ㄷ, ㄹ　⑤ ㄴ, ㄷ, ㄹ

60 ▶24112-0527
2022학년도 수능 19번 　상 중 하

(가)의 갑, 을, 병 사상가들의 입장에서 서로에게 제기할 수 있는 비판을 (나) 그림으로 표현할 때, A~F에 해당하는 내용으로 가장 적절한 것은?

(가)	갑: 우리가 하는 원조의 역할은 고통받는 사회가 만민들의 사회의 완전한 성원이 되도록 돕는 것이다. 그리고 그들이 미래의 경로를 정할 수 있도록 하는 것이다. 을: 우리의 풍요로움을 우리 사회의 시민에게만 나누어 주는 것은 잘못이다. 이익 평등 고려의 원칙에 따라 혜택을 가장 크게 낼 수 있는 곳에 사용해야 한다. 병: 우리는 최소 국가 안에서 삶을 선택하고 목표를 실현할 수 있다. 이 과정에서 우리는 같은 존엄성을 지닌 다른 개인들의 자발적인 협동의 도움을 받는다.
(나)	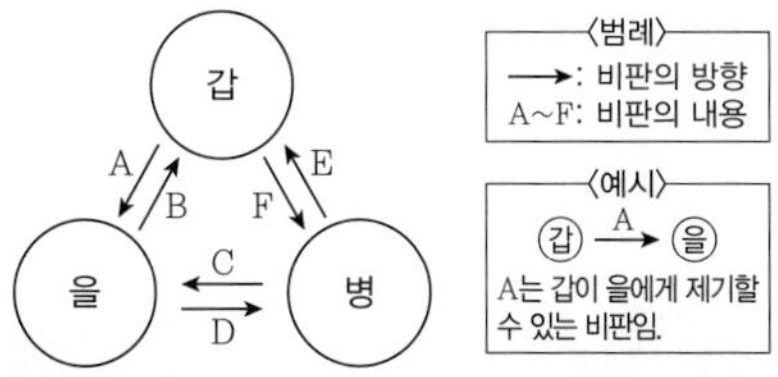

〈범례〉
→ : 비판의 방향
A~F: 비판의 내용

〈예시〉
갑 →A→ 을
A는 갑이 을에게 제기할 수 있는 비판임.

① A: 원조의 중단 지점을 두는 것은 원조 목적에 위배됨을 간과한다.
② B: 원조 대상을 선정할 때 상대적 빈곤은 고려할 필요가 없음을 간과한다.
③ C, E: 자신의 이웃을 먼저 돕는 것이 정당한 경우가 있음을 간과한다.
④ D: 자선을 행하지 않는 것이 비난의 대상이 될 수 없음을 간과한다.
⑤ F: 원조 대상국이 자국의 부정의를 교정하도록 도와야 함을 간과한다.

61 ▶24112-0528
2022학년도 9월 모의평가 8번 　상 중 하

갑, 을 사상가들의 입장으로 적절한 것만을 〈보기〉에서 있는 대로 고른 것은?

갑: 질서 정연한 만민은 고통받는 사회들을 원조해야 할 의무를 지닌다. 그러나 이 의무를 실행하게 하는 방법이 경제적 및 사회적 불평등을 규제하는 분배 정의의 원칙을 따르는 것은 아니다.
을: 우리는 적은 비용으로도 가난한 사람의 복리에 중요한 변화를 일으킬 수 있다. 쾌락 증진과 고통 감소를 추구하는 공리주의 이론에 근거하여 원조 여부를 판단해야 한다.

● 보기 ●
ㄱ. 갑: 정의의 원칙에 따라 운영되는 국가는 원조의 대상이 아니다.
ㄴ. 을: 빈곤으로 고통받는 사람을 원조하지 않아도 되는 경우가 있다.
ㄷ. 을: 원조는 도덕적 구속력이 배제된 개인적 선택의 문제이다.
ㄹ. 갑, 을: 자원이 풍부한 국가는 원조의 대상이 될 수 없다.

① ㄱ, ㄴ　② ㄴ, ㄹ　③ ㄷ, ㄹ
④ ㄱ, ㄴ, ㄷ　⑤ ㄱ, ㄷ, ㄹ

62 ▶24112-0529
2022학년도 6월 모의평가 12번 　상 중 하

(가)의 갑, 을, 병 사상가들의 입장을 (나) 그림으로 탐구하고자 할 때, A~D에 들어갈 적절한 질문만을 〈보기〉에서 있는 대로 고른 것은?

(가)	갑: 국가는 개인의 권리를 침해하지 않는 최소 국가이어야 한다. 국가는 시민들에게 다른 사람들을 돕도록 강제적 수단을 사용해서는 안 된다. 을: 원조의 의무는 고통받는 사회가 질서 정연한 사회가 될 수 있도록 돕는 것이다. 그러나 국내 사회에 적용되는 정의의 원칙이 국제 사회에 적용될 이유는 없다. 병: 자국민을 돕는 것이 원조하는 것보다 더 효율적인 경우도 있다. 그러나 이것이 다른 나라 사람의 이익을 평등하게 고려하지 않아도 된다는 것을 의미하지는 않는다.
(나)	사상가 갑, 을, 병의 입장을 탐구한다. A → 아니요 예 ↓　　B → 아니요 　　　예 ↓ 　　　C　　　　D 　예 ↓　예 ↓　예 ↓ 갑의 입장　을의 입장　병의 입장 〈범례〉 ▭ : 출발 조건 ◇ : 판단 내용 ┈▷ : 판단 방향 ▭ : 사상가의 입장

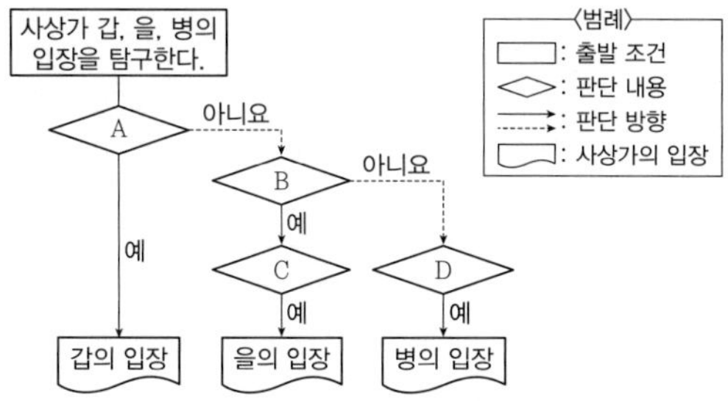

● 보기 ●
ㄱ. A: 모든 원조는 원조 주체의 사적 소유권을 침해하는가?
ㄴ. B: 원조는 자원 분포의 우연성의 결과를 조정하려는 것인가?
ㄷ. C: 원조를 중단할 수 있는 명확한 목표를 규정해야 하는가?
ㄹ. D: 원조는 비용 대비 편익을 계산하여 이루어져야 하는가?

① ㄱ, ㄴ　② ㄴ, ㄷ　③ ㄷ, ㄹ
④ ㄱ, ㄴ, ㄹ　⑤ ㄱ, ㄷ, ㄹ

VI
평화와 공존의 윤리

63
▸24112-0530
2021학년도 10월 학력평가 18번
상 중 하

갑, 을 사상가들의 입장으로 가장 적절한 것은?

갑: 원조의 대상을 친소 관계를 바탕으로 결정하는 것은 이익 평등 고려의 원칙에 위배된다. 원조는 국가나 인종에 상관없이 절대 빈곤에 처한 사람들을 돕는 것이다.
을: 원조의 목표는 사회들 간의 부와 복지의 수준을 조정하는 것이 아니다. 원조는 고통받는 사회가 질서 정연한 국제 사회의 구성원이 되도록 하는 것이다.

① 갑: 원조는 고통 감소 가능성에 대한 고려 없이 실시해야 한다.
② 갑: 원조는 각국의 부의 수준이 같아질 때까지 실시해야 한다.
③ 을: 원조 대상국은 불리한 여건으로 고통받는 사회로 국한된다.
④ 을: 원조 목적을 달성하기 위해서는 강제력의 사용도 허용된다.
⑤ 갑, 을: 원조의 주체는 민주적이면서 부유한 국가로 한정된다.

64
▸24112-0531
2021학년도 3월 학력평가 11번
상 중 하

(가)의 갑, 을 사상가들의 입장을 (나) 그림으로 표현할 때, A～C에 해당하는 적절한 진술만을 〈보기〉에서 고른 것은?

(가)	갑: 고통받는 사회가 빈곤에 처한 결정적 요소는 정치 문화의 결함이다. 원조를 통해 고통받는 사회가 질서 정연한 사회로 편입하도록 도와야 한다. 을: 세계를 지금 이대로 방치한다면 질서 정연한 사회가 되기도 전에 많은 생명이 희생될 것이다. 이익 평등 고려의 원칙에 따라 원조를 해야 한다.
(나)	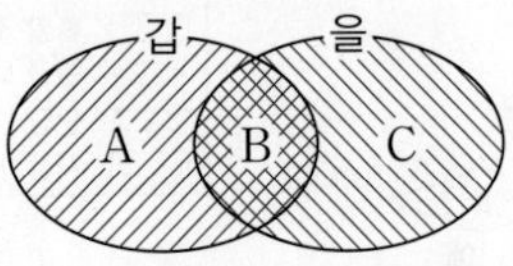 〈범례〉 A : 갑만의 입장 B : 갑과 을의 공통 입장 C : 을만의 입장

보기

ㄱ. A: 원조의 목적은 대상국이 자유롭거나 적정 수준의 사회가 되게 하는 것이다.
ㄴ. B: 원조는 공리의 원리에 따라 마땅히 실천해야 할 윤리적 의무이다.
ㄷ. B: 어떤 사회가 경제적으로 풍요롭지 않더라도 원조의 주체가 될 수 있다.
ㄹ. C: 국가 간 부의 재분배를 통해 원조의 목표를 달성하려는 것은 잘못이다.

① ㄱ, ㄴ ② ㄱ, ㄷ ③ ㄴ, ㄷ ④ ㄴ, ㄹ ⑤ ㄷ, ㄹ

65
▸24112-0532
2021학년도 수능 4번
상 중 하

갑, 을 사상가들의 입장으로 적절한 것만을 〈보기〉에서 있는 대로 고른 것은?

갑: 원조의 목적은 고통받는 사회를 질서 정연한 사회가 되도록 하는 데 있다. 어떤 사회가 합당하게 합리적으로 통치된다면, 자원이 부족해도 질서 정연한 사회가 될 수 있다.
을: 원조는 극단적 빈곤을 방지하기 위해 이루어져야 한다. 이 경우 원조는 이익 평등 고려의 원칙에 따라 인종과 국적의 구분 없이 시행되어야 한다.

보기

ㄱ. 갑: 사회 제도 개선을 목표로 한 원조는 빈곤 해소에 도움이 될 수 있다.
ㄴ. 갑: 원조하는 나라는 원조받는 나라의 인권 개선을 위해 강제력을 행사할 수 있다.
ㄷ. 을: 원조 주체의 경제력에 대한 고려 없이 원조가 실행되어서는 안 된다.
ㄹ. 갑, 을: 다른 나라에 빈곤한 사람들이 있다는 사실은 필연적으로 원조의 의무를 정당화한다.

① ㄱ, ㄴ ② ㄱ, ㄷ ③ ㄴ, ㄹ
④ ㄱ, ㄷ, ㄹ ⑤ ㄴ, ㄷ, ㄹ

66
▸24112-0533
2021학년도 6월 모의평가 9번
상 중 하

그림은 서양 사상가 갑, 을의 가상 대화이다. 갑, 을의 입장으로 가장 적절한 것은?

원조의 목표는 고통받는 사회가 만민의 사회의 완전한 성원이 되고, 그들 스스로 자신의 미래를 결정할 수 있게 돕는 데 있습니다. 원조의 의무는 고통받는 사회가 적정 수준의 기본 제도들을 갖출 때까지 유효합니다.
원조의 목표는 사람들의 고통을 줄이고 기본 욕구를 충족시키는 데 있습니다. 극단적 빈곤을 겪는 사람들은 적정 체제가 갖추어지기도 전에 고통스럽게 죽어갈 것입니다. 빈민을 돕는 것은 세계 시민으로서 우리의 의무입니다.
갑
을

① 갑: 원조 대상국의 정치 문화의 개선이 강제되어서는 안 된다.
② 갑: 원조는 원조 대상국의 빈곤 해소 시점까지만 행해져야 한다.
③ 을: 원조의 대상은 지리적 근접성을 기준으로 결정되어야 한다.
④ 을: 부유한 국가의 모든 시민들은 원조 대상에 포함되지 않는다.
⑤ 갑, 을: 원조 목표는 국가 간 부의 재분배를 통한 경제적 평등의 실현이다.

67
▸24112-0534
2021학년도 9월 모의평가 15번
상중하

(가)의 갑, 을 사상가들의 입장을 (나) 그림으로 탐구하고자 할 때, A~C에 들어갈 적절한 질문만을 〈보기〉에서 있는 대로 고른 것은?

(가)
갑: 불리한 여건으로 고통받는 사회를 돕지 않는 것은 정당화될 수 없다. 그 사회가 스스로 미래의 경로를 결정할 수 있도록 원조의 의무를 실천해야 한다.
을: 절대 빈곤으로 고통받는 사람들을 방치하는 것은 정당화될 수 없다. 전 지구적 차원에서 이익의 평등성을 고려하여 원조의 의무를 실천해야 한다.

(나)

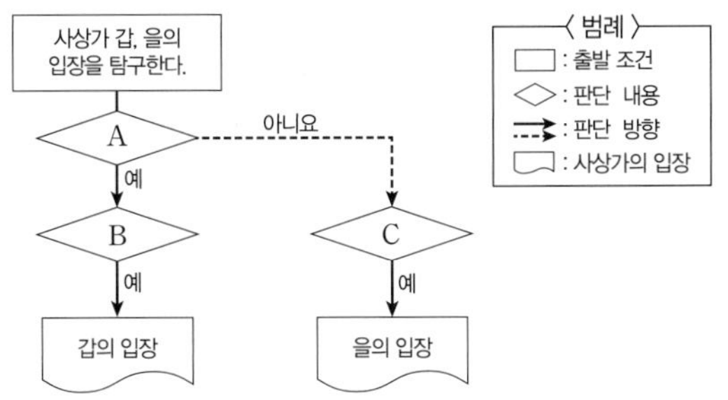

보기

ㄱ. A: 경제적 불평등을 규제하는 원칙은 원조의 근거인가?
ㄴ. B: 천연자원이 부족한 빈곤국도 원조 대상에서 제외 가능한가?
ㄷ. B: 원조의 목적은 고통받는 사회에 자유를 확립하는 것인가?
ㄹ. C: 원조 주체는 원조 결정 시 자기 이익을 고려해야 하는가?

① ㄱ, ㄴ ② ㄱ, ㄹ ③ ㄴ, ㄷ
④ ㄱ, ㄷ, ㄹ ⑤ ㄴ, ㄷ, ㄹ

68
▸24112-0535
2020학년도 10월 학력평가 17번
상중하

갑, 을 사상가들의 입장만을 〈보기〉에서 있는 대로 고른 것은?

갑: 원조를 통해 세계의 가난한 사람들을 자유로운 사회의 자유롭고 평등한 시민 또는 적정 수준의 사회 구성원이 될 수 있는 수준까지 끌어올려야 한다.
을: 원조는 지구적 차원에서 빈민의 복지 증진을 목표로 한다. 신발 한 켤레 값으로 개발도상국 어린이의 생명을 구할 수 있다면 세계 시민으로서 그렇게 해야만 한다.

보기

ㄱ. 갑: 원조 대상에서 정의의 원칙이 확립된 사회는 제외된다.
ㄴ. 갑: 원조의 직접적 목표는 인권 보장과 생활수준 향상이다.
ㄷ. 을: 원조는 부국보다 빈국의 빈민을 도울 때 더 효율적이다.
ㄹ. 갑, 을: 원조는 빈곤이 해소될 때까지 계속되어야만 한다.

① ㄱ, ㄷ ② ㄴ, ㄹ ③ ㄷ, ㄹ
④ ㄱ, ㄴ, ㄷ ⑤ ㄱ, ㄴ, ㄹ

69
▸24112-0536
2020학년도 3월 학력평가 10번
상중하

(가)를 주장한 사상가의 입장에서 (나)의 갑, 을, 병에게 제기할 수 있는 적절한 비판만을 〈보기〉에서 있는 대로 고른 것은?

(가)	우리는 세계가 하나라는 생각에 기초하여 이익 평등 고려의 원칙에 따라 국가적인 경계를 넘어서 원조를 의무적으로 실천해야 한다.
(나)	갑: 우리는 모든 사람을 배려할 수 없다. 우리는 배려자로서 우리 앞의 타자를 먼저 만나야 한다. 을: 원조는 질서 정연한 사회체제를 설립하려는 만민들을 돕는 큰 기획의 한 방편이다. 병: 개인은 정당하게 얻은 소유물에 대해 타인의 고통과 무관하게 절대적 소유 권리를 지닌다.

보기

ㄱ. 갑은 친소 관계를 고려하지 않고 원조해야 함을 간과한다.
ㄴ. 을은 공리의 원칙을 해외 원조에 적용해야 함을 간과한다.
ㄷ. 병은 원조를 위해 재산의 일부를 기부해야 함을 간과한다.
ㄹ. 갑, 을은 원조 주체가 개인으로 한정되어야 함을 간과한다.

① ㄱ, ㄴ ② ㄱ, ㄹ ③ ㄷ, ㄹ
④ ㄱ, ㄴ, ㄷ ⑤ ㄴ, ㄷ, ㄹ

70
▸24112-0537
2020학년도 수능 15번
상중하

갑, 을 사상가들의 입장으로 적절한 것만을 〈보기〉에서 있는 대로 고른 것은?

갑: 우리는 이익 평등 고려의 원칙에 따라 절대 빈곤에 처한 사람들을 도와야 한다. 사치품을 구입할 여유가 있는 사람들이 기부하지 않는 것은 막을 수 있는 죽음이 무한정 지속되는 현실에 무관심함을 드러내는 것일 뿐이다.
을: 질서 정연한 사회들의 장기 목표는 고통받는 사회들을 질서 정연한 만민 사회로 가입시키는 것이다. 이는 고통받는 사회가 자신의 문제를 합당하게 관리할 수 있게 도와 만민 사회의 구성원이 되도록 하려는 것이다.

보기

ㄱ. 갑: 자국민에 대한 우선적 원조가 도덕적으로 정당한 경우도 있다.
ㄴ. 갑: 모든 사람은 빈곤 해소를 위한 원조에 동등한 부담을 져야 한다.
ㄷ. 을: 적정 수준의 제도 확립에 막대한 부가 꼭 필요한 것은 아니다.
ㄹ. 갑, 을: 인권이 보장된 민주주의 국가도 원조 대상에 포함된다.

① ㄱ, ㄷ ② ㄱ, ㄹ ③ ㄴ, ㄹ
④ ㄱ, ㄴ, ㄷ ⑤ ㄴ, ㄷ, ㄹ

Ⅵ 평화와 공존의 윤리

71
▸24112-0538
2020학년도 9월 모의평가 12번
상중하

(가)의 갑, 을 사상가들의 입장을 (나) 그림으로 표현할 때, A～C에 해당하는 적절한 질문만을 〈보기〉에서 있는 대로 고른 것은?

(가)
갑: 고통받는 사회는 정의로운 정치 체제를 만들 수 있는 전통을 결핍하고 있다. 질서 정연한 사회의 만민은 이러한 고통받는 사회를 원조해야 할 의무를 갖는다.
을: 절대 빈곤은 나쁘다. 어떤 절대 빈곤이 그에 상당하는 도덕적으로 중요한 다른 일을 희생하지 않고서 방지될 수 있다면, 우리는 이 절대 빈곤을 막아야만 한다.

(나)
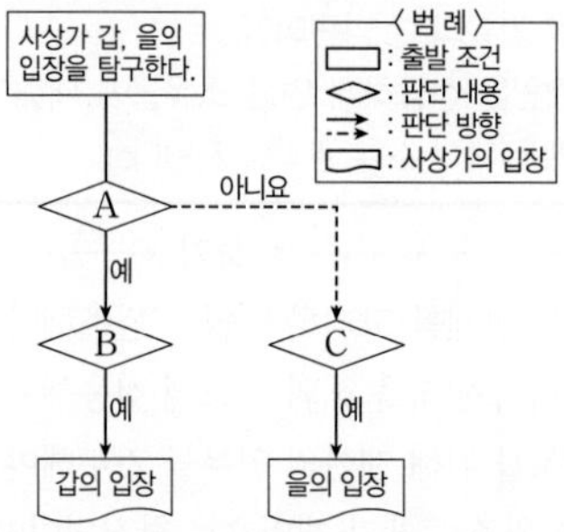

보기

ㄱ. A: 원조는 국가 간 복지 수준의 조정을 목표로 하는가?
ㄴ. B: 원조는 국가 간에 자원을 재분배하는 윤리적 의무인가?
ㄷ. C: 질서 정연한 사회의 구성원은 원조 대상이 될 수 있는가?
ㄹ. C: 원조 주체와 대상의 이익을 평등하게 고려해야 하는가?

① ㄱ, ㄴ ② ㄱ, ㄷ ③ ㄷ, ㄹ
④ ㄱ, ㄴ, ㄹ ⑤ ㄴ, ㄷ, ㄹ

72
▸24112-0539
2020학년도 6월 모의평가 10번
상중하

갑, 을 사상가들의 입장으로 적절한 것만을 〈보기〉에서 있는 대로 고른 것은?

갑: 원조는 빈곤으로 고통을 받고 있는 전 세계 사람들을 위해 자신의 소득의 일부를 나누어 주는 것이다. 우리는 모든 존재의 이익을 평등하게 고려하여 원조를 해야 한다.
을: 원조의 목적은 불리한 여건으로 인해 고통을 받고 있는 사회를 질서 정연한 만민들의 사회로 편입시켜 자유와 평등을 확립하도록 도와주는 것이다.

보기

ㄱ. 갑: 공리의 원리에 따라 인류의 부가 균등할 때까지 원조해야 한다.
ㄴ. 갑: 원조의 결과로 모든 사람이 경제적 이익을 얻어야만 한다.
ㄷ. 을: 자립적인 정의 사회는 빈곤해도 원조 대상에서 제외될 수 있다.
ㄹ. 갑, 을: 해외 원조는 자선의 차원을 넘어 윤리적 의무가 된다.

① ㄱ, ㄴ ② ㄱ, ㄷ ③ ㄷ, ㄹ
④ ㄱ, ㄴ, ㄹ ⑤ ㄴ, ㄷ, ㄹ

73
▸24112-0540
2019학년도 10월 학력평가 7번
상중하

갑, 을 사상가들의 입장만을 〈보기〉에서 있는 대로 고른 것은?

갑: 전 지구적 빈곤을 구제하기 위해 충분한 소득을 가진 사람들이 기부금을 내지 않는다면, 이는 심각한 도덕적 실패로 간주되어야 한다. 이들에게는 인류 전체의 공리를 증진하기 위해 가난한 사람들을 도울 의무가 있다.
을: 전 지구적 차원에서 가장 가난한 사람의 복지를 향상시키는 것이 원조의 목적은 아니다. 원조의 목적은 고통받는 사회가 질서 정연한 국제 사회의 구성원이 되도록 돕는 것이다.

보기

ㄱ. 갑: 원조 주체는 가까운 지역의 빈민부터 도와주어야 한다.
ㄴ. 갑: 부유한 국가의 절대 빈민도 원조의 대상이 될 수 있다.
ㄷ. 을: 비인권적이고 공격적인 사회는 원조의 대상이 아니다.
ㄹ. 갑, 을: 절대 빈곤층의 처지 개선은 원조의 목적이 아니다.

① ㄱ, ㄴ ② ㄱ, ㄹ ③ ㄴ, ㄷ
④ ㄱ, ㄷ, ㄹ ⑤ ㄴ, ㄷ, ㄹ

74
▸24112-0541
2019학년도 3월 학력평가 8번
상중하

갑, 을 사상가들의 입장으로 옳지 않은 것은?

갑: 원조의 목적은 고통받는 사회가 질서 정연한 국제 사회의 성원이 되도록 하는 데 있다. 원조를 제공하는 질서 정연한 사회들은 온정적 간섭주의를 발휘해서는 안 되고, 세심하게 계획된 방법으로 행동해야 한다.
을: 원조의 의무는 원조 대상이 얼마나 떨어져 있느냐에 의해 정해지지 않는다. 우리는 도덕적으로 중요한 다른 것을 희생시키지 않으면서 어떤 나쁜 일이 발생하는 것을 막을 수 있다면 의무적으로 그렇게 해야 한다.

① 갑: 원조 대상 국가에 강제력을 행사하는 것은 옳지 않다.
② 갑: 고통받는 사회가 아닌 사회들은 원조의 대상이 아니다.
③ 을: 원조 대상의 경제력에 관계없이 원조가 수행되어야 한다.
④ 을: 세계에 존재하는 해악의 감소 차원에서 원조가 필요하다.
⑤ 갑, 을: 원조가 인류의 경제적 평등 실현을 위한 것은 아니다.

75
▸24112-0542
2019학년도 수능 17번
상 중 하

갑, 을 사상가들의 입장으로 가장 적절한 것은?

> 갑: 인권에 대한 강조는 무능한 정치 체제나 국민의 복지에 무감각한 통치자들의 행동을 바꾸도록 작용할 수 있으며 기근 예방에도 도움이 될 것이다. 원조의 목적은 고통받는 사회가 질서 정연한 사회로 바뀌도록 돕는 데 있다.
>
> 을: 인권 유린이 없거나 절대 빈곤 상태가 아니라 해서 개인을 돕는 일에 관계하지 않는 국제 정의의 원칙은 옳지 않다. 우리는 지구상 모든 사람의 이익을 평등하게 고려하여, 기본적 필요조차 충족되지 못한 개인들을 도와야 한다.

① 갑: 원조의 목적은 국가 간 경제적 평등을 위한 분배 정의 실현이다.
② 갑: 원조 대상국에게 인권 상황을 개선하도록 권고해서는 안 된다.
③ 을: 원조 대상은 최대 효용의 원리에 따라 결정되어서는 안 된다.
④ 을: 원조 주체의 과도한 희생이 없는 범위 내에서 원조해야 한다.
⑤ 갑, 을: 원조는 고통받는 사회들 간의 부의 수준 조정을 지향해야 한다.

76
▸24112-0543
2019학년도 9월 모의평가 3번
상 중 하

다음 사상가의 입장으로 가장 적절한 것은?

> 공정으로서의 정의에 의하면 질서 정연한 사회란 그 구성원들의 선을 증진하고 공적 정의관에 의해 효과적으로 규제되는 사회이다. 그런데 정의의 원칙을 자기 사회 내에 있는 사람들에게만 적용하고 세계를 지금 이대로 내버려둔다면, 수백만 명이나 되는 사람들이 자신의 나라가 질서 정연한 사회가 되기 전에 빈곤으로 인해 죽어갈 것이다. 우리는 고통을 느끼는 모든 존재의 이익을 평등하게 고려해야 하므로 빈곤으로 인해 고통받는 사람들을 도와야만 한다.

① 원조 대상자의 국적은 원조 여부를 결정하는 데 중요하지 않다.
② 원조는 전 지구적 차원의 윤리적인 의무로 정당화될 수 없다.
③ 원조 대상에서 질서 정연한 사회의 빈곤한 시민은 제외되어야 한다.
④ 원조는 인류의 공리 증진이 아닌 지구적 정의 실현을 지향해야 한다.
⑤ 원조의 최종 목적은 고통받는 사회의 정치 문화를 개선하는 것이다.

기출 & 플러스

01 갈등 해결과 소통의 윤리

■ 빈칸에 알맞은 말을 써 넣으시오.

01 (　　　)은 칡이나 등나무가 복잡하게 얽혀 있는 모습에서 유래한 말로 개인이나 집단 사이에 목표나 이해관계가 달라 서로 충돌하거나 화합하지 못하는 것을 의미한다.

02 (　　　)은 특정한 지역에 살고 있거나 그 지역 출신인 사람들에게 다른 지역 사람들이 가지는 좋지 않은 생각이나 편견을 의미한다.

03 (　　　)는 혈연, 지연, 학연을 중심으로 파벌주의를 조장함으로써 공정성과 합리성을 저해하는 부작용을 가져온다.

04 (　　　)은 공동체 구성원이 모두 함께 살아가야 한다는 것을 인식하고 공통으로 나누어 가지는 귀속 의식으로 개인의 소외를 극복할 수 있는 공존의 기반이 된다.

05 (　　　)은 언어로 표현되는 인간의 모든 관계를 분석하는 도구이자 이상적 의사소통 행위로, 현실에서 전개되는 각종 사건과 행위를 해석하고 인식하는 틀을 제공한다.

06 공자가 강조한 (　　　)이란 남과 사이좋게 지내되 의를 굽혀 좇지 않는다는 뜻으로, 곧 남과 화목하게 지내지만 자기의 중심과 원칙을 잃지 않는다는 의미이다.

07 원효는 (　　　) 사상을 통해 모든 이론과 종파의 특수성과 상대적 가치를 인정하면서 전체로서 조화하고자 하였다.

08 하버마스는 합리적인 의사소통이 이루어지기 위해서는 대화 당사자들이 이상적인 담론의 조건인 (　　　), (　　　), (　　　)을 지켜야 한다고 본다.

09 (　　　)는 소통이 의사 결정의 중심을 이루는 민주주의로, 사회적 쟁점에 관해 시민이 전문가 및 공직자들과 공적 심의를 진행하고 합의를 이끌어 내는 정책 결정 방식을 말한다.

■ 다음 내용이 옳으면 ○표, 틀리면 ×표 하시오.

10 하버마스는 의사소통의 합리성을 실현해야 토론의 합의에 도달할 수 있다고 본다. (　　)

11 하버마스는 담론의 결과가 반영된 법이라고 할지라도 여전히 이의 제기가 가능하다고 본다. (　　)

02 민족 통합의 윤리

■ 빈칸에 알맞은 말을 써 넣으시오.

12 (　　　)이란 통일 이후 남북한 격차를 해소하고 이질적인 요소를 통합하는 데 부담해야 할 비용이다.

■ 다음 내용이 옳으면 ○표, 틀리면 ×표 하시오.

13 우리 정부가 추진하는 남북 스포츠 교류 사업은 통일 비용에 포함된다. (　　)

03 지구촌 평화의 윤리

■ 빈칸에 알맞은 말을 써 넣으시오.

14 국제 정치학자 (　　　)는 국가의 이익이 도덕성과 충돌할 때, 도덕성보다 국가의 이익을 우선시하는 (　　　) 입장을 지닌다.

15 칸트는 (　　　)을 통해 전쟁과 평화의 근원적 문제는 국가 간 신뢰가 정착되어 있느냐가 중요하다고 강조하고, 평화를 위한 예비 조항과 확정 조항 등에 대해 서술하였다.

■ 다음 내용이 옳으면 ○표, 틀리면 ×표 하시오.

16 현실주의는 군사 동맹의 방법을 통해 세력 균형, 즉 힘의 균형을 이루어 평화를 이룰 수 있다고 본다. (　　)

17 갈퉁은 소극적 평화와 적극적 평화를 구분하고, 진정한 평화를 위해서는 적극적 평화 상태를 추구해야 한다고 주장한다. (　　)

18 칸트는 공화국 간의 연맹을 통해 평화 연맹을 이루는 것이 영구적 평화를 실현하는 방안이라고 본다. (　　)

19 싱어는 모든 사람은 빈곤 해소를 위한 원조에 동등한 부담을 져야 한다고 본다. (　　)

20 롤스는 인권이 보장된 민주주의 국가는 원조의 대상이 아니라고 본다. (　　)

21 노직은 원조가 도덕적 의무의 문제가 아니라 자율적 선택의 문제라고 본다. (　　)

정답 01 갈등 02 지역감정 03 연고주의 04 연대 의식 05 담론 06 화이부동(和而不同) 07 화쟁(和諍) 08 개방성, 평등성, 호혜성 09 심의 민주주의 10 ○ 11 ○ 12 통일 비용 13 × 14 모겐소, 현실주의 15 영구 평화론 16 ○ 17 ○ 18 ○ 19 × 20 ○ 21 ○

함정 탈출 TIP 체크

13 남한 정부가 추진하는 남북 스포츠 교류 사업은 평화 비용에 해당한다.
19 싱어는 기본적 필요를 충족하지 못하며 살아가는 빈민에게는 원조의 부담을 지우지 않는다.

산학협력 연구중심 대학
ERICA와 함께 갑시다
캠퍼스 혁신파크
여의도 공원 면적 규모
1조 5,000억 원 투자(2030년)
대한민국의 실리콘밸리
KAKAO DATA CENTER
BK21 10개 교육연구단(팀) 선정
· 전국 578개 연구단(팀)에 2020.9. ~ 2027. 8.(7년) 총 2조 9천억 원 지원
중앙일보 대학평가 10년연속 10위권
· 현장의 문제를 해결하는 IC-PBL 수업 운영
· 창업 교육 비율 1위
· 현장 실습 비율 1위
여의도에서 25분
25 MIN
· 신안산선 개통 2025년
한양대에리카역
광명역 KTX
영등포역 ITX
여의도
본 교재 광고의 수익금은 콘텐츠 품질개선과 공익사업에 사용됩니다.
모두의 요강(mdipsi.com)을 통해 한양대학교에리카의 입시정보를 확인할 수 있습니다.
한양대학교 ER
Education Research Industry Cluster

EBS

문제를 사진 찍고 **해설 강의 보기**
Google Play | App Store

EBS*i* 사이트 **무료 강의 제공**

2025학년도 수능 대비

수능 기출의 미래

All New

정답과 해설

사회탐구영역 | 생활과 윤리

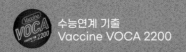

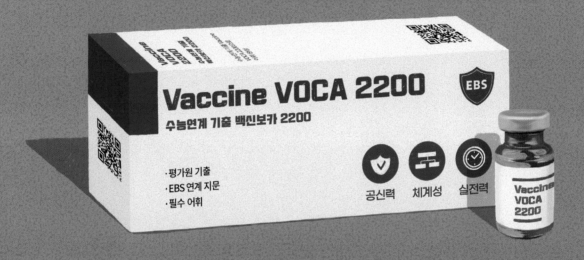

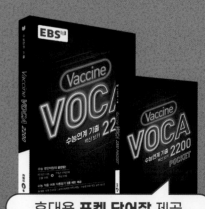

2025학년도 수능 대비

수능 기출의 미래

사회탐구영역 | 생활과 윤리

All New

정답과 해설

정답과 해설

I 현대의 삶과 실천 윤리

본문 8~13쪽

01 현대 생활과 실천 윤리

01 ①	02 ④	03 ③	04 ⑤	05 ⑤	06 ③
07 ⑤	08 ④	09 ③	10 ④	11 ③	12 ①
13 ②	14 ①	15 ②	16 ②	17 ②	18 ①
19 ②	20 ③	21 ②	22 ②	23 ③	24 ③
25 ⑤					

01 이론 규범 윤리학과 메타 윤리학의 입장 비교

자료 분석 (가)는 이론 규범 윤리학, (나)는 메타 윤리학이다. 규범 윤리학은 도덕적 행위의 근거가 되는 도덕 원리나 인간의 성품에 관해 탐구하고, 이를 바탕으로 도덕적 문제의 해결과 실천 방안을 제시한다. 메타 윤리학은 도덕적 언어의 의미를 분석하고 도덕적 추론의 정당성을 검증하기 위한 논리를 분석한다.

선택지 분석

✓❶ 이론 규범 윤리학은 도덕 규범의 정립이나 도덕적 삶의 지침이 되는 보편적 원리를 제시한다. O

②, ④ 기술 윤리학에 해당하는 내용이다. X

③ 실천 윤리학에 해당하는 내용이다. X

⑤ 메타 윤리학에만 해당하는 내용이다. X 답 ①

02 메타 윤리학과 실천 윤리학의 입장 비교

빈출 문항 자료 분석

(가), (나) 윤리학의 핵심 과제로 가장 적절한 것은?

(가) 윤리학은 '옳다', '그르다'와 같은 도덕적 용어의 의미를 분석하고 도덕 판단이 정당화될 수 있는 추론의 규칙을 검토하는 데 주력해야 한다. → 메타 윤리학
→ 도덕적 언어의 의미를 분명하고 주의 깊게 분석해야 함

(나) 윤리학은 인공 임신 중절, 소수 집단 우대 정책 등과 같은 우리 삶의 다양한 문제에 윤리 이론을 적용하여 실천적인 지침을 제공하는 데 주력해야 한다.
→ 실천 윤리학
→ 삶의 구체적 상황에서 발생하는 윤리 문제의 원인을 분석함

해결 전략 (가)는 메타 윤리학, (나)는 실천 윤리학이다. 메타 윤리학은 도덕적 언어의 의미를 분석하고, 도덕적 추론의 정당성을 검증하기 위한 논리를 분석한다. 실천 윤리학은 삶에서 구체적으로 발생하는 윤리 문제에 대하여 도덕 원리를 근거로 하여 실제적이고 구체적인 해결책을 모색하는 데 주된 관심을 지닌다. 각 윤리학의 특성을 명확히 이해하고 다른 윤리학과의 차이점을 비교해서 파악해 두어야 한다.

선택지 분석

① 기술 윤리학에 해당하는 내용이다. X

② 이론 윤리학에 해당하는 내용이다. X

③ 메타 윤리학에 해당하는 내용이다. X

✓❹ 실천 윤리학은 삶의 구체적 상황에서 발생하는 다양한 윤리 문제에 대한 해결 방안을 찾고자 한다. O

⑤ 이론 윤리학에 해당하는 내용이다. X 답 ④

03 규범 윤리학과 기술 윤리학의 특징 파악

자료 분석 제시문의 '나'는 규범 윤리학, '어떤 사람'은 기술 윤리학을 지지하는 입장이다. 규범 윤리학은 도덕적 행위의 근거가 되는 도덕 원리나 인간의 성품에 관해 탐구하고, 이를 바탕으로 도덕적 문제의 해결과 실천 방안을 제시한다. 반면에 기술 윤리학은 도덕 현상과 문제를 명확히 기술하고, 기술된 현상 간의 인과 관계를 설명하고자 한다.

선택지 분석

①, ②, ④ 메타 윤리학에서 강조하는 내용이다. X

✓❸ 규범 윤리학의 입장에서는 기술 윤리학의 입장에 대해 올바른 행위 지침을 제공하는 규범적 탐구의 중요성을 간과한다고 비판할 수 있다. O

⑤ 기술 윤리학에서 강조하는 내용이지, 간과하는 내용이 아니다. X 답 ③

04 규범 윤리학과 기술 윤리학의 입장 비교

자료 분석 제시문의 '나'는 규범 윤리학의 입장이고, '어떤 사람'은 기술 윤리학의 입장이다. 규범 윤리학은 도덕 원리 탐구와 도덕 문제의 해결 방안 제시를 중시한다. 기술 윤리학은 도덕 현상과 문제를 명확히 기술하고, 기술된 현상들 간의 관계를 설명한다. 규범 윤리학의 입장에서 기술 윤리학에 대해 비판할 수 있는 내용이 무엇인지 파악하여 해결해야 한다.

선택지 분석

① 기술 윤리학은 도덕적 문제 상황의 인과 관계를 설명해야 함을 강조한다. X

② 메타 윤리학에 해당하는 설명이다. X

③ 규범 윤리학에 해당하는 설명이다. 기술 윤리학은 행위의 도덕적 근거에 대한 이론을 정립해야 함을 간과하는 입장이다. X

④ 기술 윤리학은 특정 사회의 도덕 관습에 대한 실태 조사가 필요함을 강조한다. X

✓❺ 규범 윤리학에 해당하는 설명이다. 기술 윤리학은 도덕 현상을 객관적이고 사실적으로 기술하는 데 주력한다. O 답 ⑤

05 실천 윤리학과 메타 윤리학의 입장 비교

자료 분석 제시문의 '나'는 실천 윤리학의 입장이고, '어떤 사람'은 메타 윤리학의 입장이다. 실천 윤리학은 삶의 구체적 상황에서 발생하는 윤리 문제의 원인을 분석하고 이에 대한 해결책을 찾고자 한다. 메타 윤리학은 도덕적 언어의 분석과 도덕적 추론의 논리적 타당성 입증을 윤리학적 탐구의 본질로 삼는다.

선택지 분석

① 메타 윤리학은 도덕적 논의의 인식론적 구조에 대한 분석을 강조한다. X
② 메타 윤리학은 도덕 추론의 정당성 검증을 위한 논리 분석을 윤리학의 주요 과제라고 본다. X
③ 규범 윤리학에 해당하는 설명이다. X
④ 기술 윤리학에 해당하는 설명이다. X
✓❺ 실천 윤리학은 도덕 문제 해결을 위한 구체적인 행위 지침을 제시한다. O

답 ⑤

06 실천 윤리학과 기술 윤리학의 특징 파악

빈출 문항 자료 분석

㉠에 들어갈 진술로 가장 적절한 것은?

> 나는 윤리학이란 도덕 이론에 근거하여 우리가 당면한 실질적인 도덕 문제를 해결하는 것을 목표로 삼아야 한다고 생각한다. 그런데 어떤 사람은 사회에서 통용되고 있는 도덕 현상을 과학적으로 설명하는 것을 윤리학의 목표로 삼아야 한다고 주장한다. 나는 이러한 주장이 [㉠]고 생각한다.
>
> (→ 실천 윤리학 / → 기술 윤리학 / → 실천 윤리학의 입장에서 기술 윤리학에 대해 평가하는 내용이 들어가야 함)

해결 전략 제시문의 '나'는 실천 윤리학, '어떤 사람'은 기술 윤리학을 지지하는 입장이다. 실천 윤리학은 구체적인 삶에서 발생하는 윤리 문제에 대해 도덕 이론을 근거로 하여 해결책을 모색하는 데 주된 관심을 둔다. 반면에 기술 윤리학은 도덕 현상을 과학적, 객관적으로 설명하는 데 주된 관심을 둔다. 실천 윤리학의 입장에서 기술 윤리학에 대해 비판할 수 있는 내용이 무엇인지 파악하여 해결해야 한다.

선택지 분석

① 도덕적 담론의 논증 구조에 대한 논리적 분석을 강조하는 것은 메타 윤리학에서 강조하는 내용이다. X
② 도덕 판단의 표준에 대한 체계적인 이론의 정립은 이론 윤리학에서 강조하는 내용이다. X
✓❸ 실천 윤리학의 입장에서는 기술 윤리학 입장에 대해 도덕적으로 바람직한 삶의 이상에 대한 규범적 탐구를 간과한다고 비판할 수 있다. O
④ 도덕적 딜레마 해결을 위한 타 학문과의 학제적 연구는 실천 윤리학에서 강조하는 내용이다. X
⑤ 도덕규범이 형성된 인과 관계에 대한 경험적인 탐구는 기술 윤리학에서 강조하는 내용이다. X

답 ③

07 실천 윤리학과 기술 윤리학의 특징 비교

자료 분석 제시문의 '나'는 실천 윤리학, '어떤 사람'은 기술 윤리학을 지지하는 입장이다. 실천 윤리학은 현실적이고 구체적인 도덕 문제 해결을 위한 실천적 지침을 제공하는 것을 윤리학의 주목적이라고 본다. 기술 윤리학은 도덕 현상과 도덕 관행에 관한 사실을 과학적으로 탐구하고 기술하는 것을 윤리학의 주목적이라고 본다. 실천 윤리학의 입장에서 기술 윤리학에 대해 비판할 수 있는 내용이 무엇인지 파악하여 해결해야 한다.

선택지 분석

① 도덕 현상을 가치 중립적으로 기술하는 것이 필요하다고 보는 것은 기술 윤리학의 입장이다. X
② 도덕 언어에 함축된 의미 분석이 윤리학의 주된 목적이라고 보는 것은 메타 윤리학의 입장이다. X
③ 도덕 관행의 발생 과정을 객관적으로 설명하는 것을 강조하는 것은 기술 윤리학의 입장이다. X
④ 실천 윤리학은 도덕 문제 해결을 위한 사실적 지식이 필요하다고 본다. X
✓❺ 실천 윤리학의 입장에서는 기술 윤리학의 입장에 대해 도덕 문제를 해결하기 위해 실천적 지침을 제공해야 함을 간과한다고 비판할 수 있다. O

답 ⑤

08 메타 윤리학과 실천 윤리학의 특징 파악

자료 분석 (가)는 메타 윤리학, (나)는 실천 윤리학이다. 메타 윤리학은 인간의 바람직한 삶을 안내하거나 도덕적 문제를 해결하는 데 관심을 갖기보다는 도덕적 언어의 의미나 논리적 구조 분석을 윤리학의 탐구 과제로 본다. 실천 윤리학은 도덕적 행위의 실천을 목적으로 하며, 구체적인 삶에서 발생하는 윤리 문제에 대해 도덕 원리를 근거로 하여 해결책을 모색하는 데 주된 관심을 둔다.

선택지 분석

① 인간의 바람직한 삶의 방향을 제시하는 것은 메타 윤리학의 주된 목표가 아니다. X
② 기술 윤리학에서 제시할 수 있는 주된 목표이다. X
③ 메타 윤리학에서 제시할 수 있는 주된 목표이다. X
✓❹ 실천 윤리학은 현실에서 발생하는 도덕적 문제 상황에 대한 해결책을 제시하고자 한다. O
⑤ 이론 윤리학에서 제시할 수 있는 주된 목표이다. 메타 윤리학은 보편적인 도덕 원칙을 정립하는 데 주된 관심을 두지 않는다. X

답 ④

09 이론 윤리학과 기술 윤리학의 입장 비교

자료 분석 제시문의 '나'는 이론 윤리학, '어떤 사람들'은 기술 윤리학의 입장이다. 이론 윤리학은 윤리적 행위를 위한 근본 원리로 성립 가능한 도덕 원리를 탐구한다. 기술 윤리학은 도덕 현상과 문제를 명확히 기술하고, 기술된 현상들 간의 인과 관계를 설명하는 데 관심을 갖는다.

선택지 분석

① 기술 윤리학은 도덕 현상을 객관적으로 설명해야 할 사실들의 집합체라고 본다. X
② 메타 윤리학에 해당하는 설명이다. X
✓❸ 이론 윤리학은 기술 윤리학과 달리 도덕적 행위의 근거가 되는 도덕 원리를 탐구하는 것을 주요 목적으로 삼아야 한다고 본다. O
④ 기술 윤리학은 도덕적 관행이나 풍습이 문화 현상의 일부라고 보고 이에 대한 객관적, 과학적 서술에 중점을 둔다. X
⑤ 메타 윤리학에 해당하는 설명이다. X

답 ③

10 규범 윤리학과 메타 윤리학의 입장 비교

자료 분석 제시문의 '나'는 규범 윤리학의 입장이고, '어떤 사람들'은 메타 윤리학의 입장이다. 규범 윤리학은 인간이 어떻게 행동해야 하는가에 대한 보편화될 수 있는 규범적 원리를 탐구한다. 메타 윤리학은 도덕 언어의 의미를 분석하고 도덕 추론의 타당성을 검토한다.

선택지 분석

① 메타 윤리학은 윤리학이 학문으로서 성립 가능한지를 모색한다. X

② 기술 윤리학에 해당하는 설명이다. 기술 윤리학은 전 세계 사회 집단의 구체적인 도덕적 관행에 주의를 기울이며, 도덕적 관행들을 문화적 사실로 본다. X

③ 기술 윤리학에 해당하는 설명이다. 기술 윤리학은 도덕적인 현상과 문제에 대해 명확하게 기술하고 기술된 현상들 간의 인과 관계를 정확하게 설명하고자 한다. X

✓❹ 규범 윤리학은 메타 윤리학과 달리 도덕적 행위의 근거가 되는 도덕 원리를 제시한다. O

⑤ 메타 윤리학은 도덕적 추론의 논리적 타당성 입증을 윤리학적 탐구의 본질로 삼는다. X

답 ④

11 메타 윤리학에 대한 실천 윤리학의 입장 파악

자료 분석 제시문의 '나'는 실천 윤리학의 입장이고, '일부 윤리학자들'은 메타 윤리학의 입장이다. 실천 윤리학은 삶에서 구체적으로 발생하는 윤리 문제에 대하여 도덕 원리를 근거로 하여 실제적이고 구체적인 해결책을 모색하는 데 주된 관심을 지닌다. 메타 윤리학은 도덕적 언어의 의미나 도덕 추론의 정당성 분석에 중점을 둔다.

선택지 분석

① 메타 윤리학은 윤리학의 학문적 성립 가능성에 대한 탐구를 강조한다. X

② 도덕 판단의 근거가 되는 규범 체계의 필요성을 강조하는 것은 이론 윤리학이다. X

✓❸ 실천 윤리학의 입장에서 볼 때 메타 윤리학은 현실의 도덕 문제에 윤리 이론을 적용하여 구체적인 해결책을 제시하지 못한다는 문제점을 지닌다. O

④ 도덕 현상에 대한 객관적 서술과 인과 관계의 설명을 강조하는 것은 기술 윤리학이다. X

⑤ 메타 윤리학은 도덕 추론의 논리적 분석이 윤리학의 핵심 과제라고 본다. X

답 ③

12 다양한 윤리학의 특징 파악

자료 분석 (가)는 실천 윤리학, (나)는 메타 윤리학, (다)는 이론 윤리학이다. 실천 윤리학은 이론 윤리를 현대 사회의 여러 윤리 문제에 적용하여 실제적인 해결책을 모색하는 데 주된 관심을 갖는다. 메타 윤리학은 윤리학이 학문으로서 성립 가능한지를 모색한다. 이론 윤리학은 도덕 원리나 도덕적 정당화의 이론적인 근거를 제시하는 데 주된 관심을 갖는다.

선택지 분석

✓❶ 도덕 현상의 인과 관계를 기술하는 것은 기술 윤리학의 입장에 해당한다. X

② 실천 윤리학은 현실적이고 구체적인 윤리 문제에 대하여 이론 윤리학에서 탐구한 도덕 원리를 근거로 해결 방안을 모색하고자 한다. 따라서 실천 윤리학은 이론 윤리학을 필요로 한다. O

③ 메타 윤리학에 해당하는 설명이다. O

④ 규범 윤리학에 해당하는 설명이다. O

⑤ 이론 윤리학은 도덕 원리나 도덕적 정당화의 이론적 근거를 제시할 때, 메타 윤리학의 연구 결과를 활용할 수 있다. O

답 ①

13 이론 윤리학과 기술 윤리학의 특징 파악

자료 분석 제시문의 '나'는 이론 윤리학의 입장을 취하고 있으며, '어떤 사람'은 기술 윤리학의 입장을 취하고 있다. 이론 윤리학은 도덕 원리나 도덕적 정당화의 이론적인 근거를 제시하는 데 주된 관심을 갖는다. 기술 윤리학은 도덕 현상을 객관적이고 사실적으로 기술하는 데 주력한다.

선택지 분석

① 도덕적 관습이나 풍습 등을 경험적으로 조사하여 기술하는 기술 윤리학의 입장에 해당한다. X

✓❷ 이론 윤리학의 입장에서 기술 윤리학은 '가치 판단을 위해 도덕 이론을 정립해야 한다.'는 점을 간과하고 있다고 비판할 수 있다. O

③ 기술 윤리학은 윤리학을 사실을 다루는 과학으로 이해하려 한다. '윤리학이 하나의 학문으로 성립 가능한지의 여부를 검토해야 한다.'는 것은 메타 윤리학에서 이론 윤리학에 대해 주로 제기하는 비판이다. X

④ 도덕 언어의 의미 분석을 핵심 과제로 삼는 것은 메타 윤리학이다. X

⑤ 도덕 추론의 논리적 구조를 밝히고 타당성을 검토하는 데 주력하는 것은 메타 윤리학이다. X

답 ②

14 규범 윤리학과 기술 윤리학의 특징 비교

자료 분석 (가)는 규범 윤리학, (나)는 기술 윤리학의 입장이다. 규범 윤리학은 어떤 원리가 윤리적 행위를 위한 근본 원리로 성립할 수 있는지를 연구한다. 기술 윤리학은 도덕 현상과 문제를 명확히 기술하고, 기술된 현상들 간의 관계를 설명한다.

선택지 분석

✓❶ 규범 윤리학은 인간이 어떻게 행동해야 하는가에 대한 보편적 원리를 탐구하고 도덕 판단의 기준을 명확히 하여 인간이 도덕적 행위를 실천할 수 있는 지침을 마련해야 한다고 본다. O

② 도덕적 언어의 의미를 분석하여 윤리학이 학문으로서 성립 가능한지를 모색하는 것은 메타 윤리학이다. X

③ 규범 윤리학의 입장이다. 규범 윤리학은 도덕적 행위의 근거가 되는 도덕 원리나 인간의 성품에 관해 탐구하고, 이를 바탕으로 도덕적 문제의 해결과 실천 방안을 제시한다. X

④ 기술 윤리학은 도덕적 관습이나 풍습 등을 경험적으로 조사하여, 도덕 현상을 가치 중립적이고 객관적으로 기술하는 데 주력한다. X

⑤ 규범 윤리학은 인간이 준수해야 할 보편적인 도덕규범의 정립을 목표로 삼으므로 가치와 무관하다고 보기 어렵다. X

답 ①

15 규범 윤리학과 메타 윤리학의 특징 파악

자료 분석 갑은 규범 윤리학, 을은 메타 윤리학의 입장이다. 규범 윤리학은 인간이 어떻게 행동해야 하는가에 대한 보편화될 수 있는 규범적 원리를 탐구한다. 메타 윤리학은 도덕 언어의 의미를 분석하고 도덕 추론의 타당성을 검토한다.

선택지 분석

✓ㄱ. 규범 윤리학은 선과 악, 옳음과 그름이 무엇인지에 대해 탐구한다. O

ㄴ. 규범 윤리학은 객관적 도덕 원리를 정립함으로써 무엇이 옳고 그른지를 판단할 수 있다고 본다. X

✓ㄷ. 메타 윤리학은 도덕적 추론의 정당성을 검증하기 위한 논리를 분석한다. O

ㄹ. 도덕 현상의 객관적 진술을 윤리학의 주된 목표로 삼는 것은 기술 윤리학이다. X 답 ②

16 메타 윤리학과 실천 윤리학의 특징 파악

빈출 문항 자료 분석

㉠에 들어갈 진술로 가장 적절한 것은?

> 나는 윤리학이 행위의 근거가 되는 도덕적 원리를 탐구하기보다는 도덕적 논의에서 사용되는 용어의 의미를 밝히고 추론의 규칙을 분석해야 한다고 생각한다. (→ 메타 윤리학) 그런데 어떤 사람은 윤리학이 사회·문화적 변화와 과학 기술의 발달로 인해 발생하는 구체적 윤리 문제에 대한 해결책 탐구에 주력해야 한다고 주장한다. 나는 이러한 주장이 (→ 실천 윤리학) [㉠]고 생각한다.

해결 전략 제시문의 '나'는 메타 윤리학의 입장을 지지하고, '어떤 사람'은 실천 윤리학의 입장을 지지한다.

선택지 분석

① 실천 윤리학은 도덕 문제 탐구에 사회·자연 과학적 지식을 활용한다. X

✓❷ 메타 윤리학은 도덕적 논의에 사용되는 용어들의 의미 분석 및 도덕적 추론의 규칙과 인식의 방법 검토를 핵심 과제로 삼는다. 반면 실천 윤리학은 우리 삶의 여러 영역에서 발생하는 윤리적인 문제들에 대한 구체적이고 실천적인 해결책 모색을 주된 탐구 과제로 삼는다. 그러므로 '나'의 입장에서 '어떤 사람'의 주장은 '도덕 문제 해결보다 도덕 논증의 타당성 분석이 중요함을 간과한다.'고 할 수 있다. O

③ 도덕 현상을 과학적으로 기술해야 할 사실의 집합으로 보는 견해는 기술 윤리학의 입장이다. X

④ 실천 윤리학은 도덕 문제 해결에 행위의 선악을 판단하는 도덕 원리가 필요하다고 본다. X

⑤ 실천 윤리학은 도덕 이론의 연구만으로는 삶의 구체적 문제 해결에 한계가 있다고 보고, 윤리 문제에 대한 실제적이고 구체적인 해결책을 모색한다. X 답 ②

17 실천 윤리학과 기술 윤리학의 특징 파악

자료 분석 (가)는 실천 윤리학, (나)는 기술 윤리학의 입장이다. 실천 윤리학은 삶에서 구체적으로 발생하는 윤리 문제에 대하여 도덕 원리를 근거로 하여 실제적이고 구체적인 해결책을 모색하는 데 주된 관심을 갖는다. 기술 윤리학은 도덕 현상과 문제를 명확히 기술(記述)하고, 기술된 현상들 간의 인과 관계를 설명하는 데 관심을 갖는다.

선택지 분석

① 실천 윤리학은 도덕적 신념과 관습에 가치와 당위가 포함된다고 본다. X

✓❷ 실천 윤리학은 이론 윤리를 현대 사회의 여러 윤리 문제에 적용하여 그 문제에 대한 해결책을 모색한다. O

③ 기술 윤리학은 도덕 규칙이나 평가 원리를 정립하는 데 관심을 두지 않는다. X

④ 메타 윤리학의 입장이다. 기술 윤리학은 도덕 언어의 의미 분석이나 도덕 추론의 타당성 검증에 관심을 두지 않는다. X

⑤ 기술 윤리학은 절대적이고 객관적인 도덕 규칙의 존재를 인정하지 않는다. X 답 ②

18 실천 윤리학과 메타 윤리학의 특징 파악

자료 분석 (가)는 실천 윤리학, (나)는 메타 윤리학의 입장이다. 실천 윤리학은 삶에서 구체적으로 발생하는 윤리 문제에 대하여 도덕 원리를 근거로 하여 실제적이고 구체적인 해결책을 모색하는 것을 주된 목표로 삼는다. 메타 윤리학은 도덕적 언어의 의미를 분석하고, 도덕적 추론의 정당성을 검증하기 위한 논리적 분석을 주된 목표로 삼는다.

선택지 분석

✓❶ 삶의 구체적인 도덕 문제의 해결을 윤리학의 핵심 과제로 보는 것은 실천 윤리학이다. O

② 도덕적 추리와 논증 방법의 연구를 핵심 과제로 삼는 것은 메타 윤리학이다. X

③ 도덕적 관행에 대한 인과적 서술을 핵심 과제로 삼는 것은 기술 윤리학이다. X

④ 메타 윤리학은 경험적 연구를 통한 도덕성의 검증을 핵심 과제로 삼지 않는다. X

⑤ 보편적인 도덕 법칙의 정립을 핵심 과제로 여기는 것은 이론 윤리학이다. X 답 ①

19 이론 윤리학과 기술 윤리학의 입장 비교

자료 분석 갑은 이론 윤리학, 을은 기술 윤리학의 입장이다. 이론 윤리학은 윤리적 행위를 위한 근본 원리로 성립 가능한 도덕 원리를 탐구하며, 도덕 원리나 도덕적 정당화의 이론적인 근거를 제시하는 데 주된 관심을 가진다. 이에 비해 기술 윤리학은 도덕 현상과 문제를 명확히 기술하고 기술된 현상들 간의 인과 관계를 설명하는 것을 목적으로 한다.

선택지 분석

① 도덕 언어 분석에 주력하는 것은 메타 윤리학이다. X

✓❷ 이론 윤리학은 인간으로서 지켜야 할 기준이나 규범을 정립하여 도덕적 삶을 살도록 지침을 제시한다. O

③ 기술 윤리학은 도덕 현상을 가치 중립적으로 기술하는 윤리학이다. X

④ 당위적 규범을 제시하는 것은 기술 윤리학의 입장이라고 보기 어렵다. X

⑤ 이론 윤리학에서는 도덕 문제의 객관적 서술을 윤리학의 중심 목표로 보지 않는다. X 답 ②

20 규범 윤리학과 메타 윤리학의 특징 파악

자료 분석 제시문의 '나'는 규범 윤리학의 입장, '어떤 사람들'은 메타 윤리학의 입장이다. 규범 윤리학은 도덕 원리를 탐구하고 도덕적 문제의 해결과 실천 방안을 제시한다. 이에 비해 메타 윤리학은 도덕적 언어의 의미를 분석하고 윤리학의 학문적 성립 가능성을 모색한다.

선택지 분석

① 규범 윤리학의 입장에서 메타 윤리학에 대해 제기할 비판으로 적절하지 않다. X

② 규범 윤리학은 윤리 문제를 가치 중립적으로 접근해야 한다고 보지 않는다. X

✓❸ 규범 윤리학은 메타 윤리학에 대해 도덕규범의 정립이 필요함을 간과하고 있다고 비판할 수 있다. O
④ 도덕 현상에 대한 객관적 기술을 강조하는 것은 기술 윤리학이다. X
⑤ 도덕 문제의 해결을 강조하는 것은 실천 윤리학이다. X 답 ③

21 실천 윤리학과 기술 윤리학의 특징 파악

빈출 문항 자료 분석

갑, 을의 입장으로 가장 적절한 것은?

갑: 윤리학은 윤리 이론의 탐구보다는 실제 삶에서 만나는 도덕 문제의 해결을 목표로 삼아야 한다. 이를 위해 도덕 이론의 도움을 받을 뿐 아니라 생명공학, 법학 등의 자연과학 및 사회과학 지식을 적극 활용해야 한다.
(→ 실생활의 구체적인 도덕 문제의 해결을 과제로 삼음) (→ 실천 윤리학의 학제적 성격)

을: 윤리학은 개인의 생활 그리고 사회의 구조와 기능 속에 존재하는 도덕 현상을 과학적으로 탐구하는 것을 목표로 삼아야 한다. 즉 사람들이 따랐거나 따르고 있는 윤리가 무엇인지 기술하고 설명해야 한다.
(→ 기술 윤리학)

해결 전략 갑은 실천 윤리학, 을은 기술 윤리학에 해당한다. 실천 윤리학은 도덕 문제의 해결에 관심을 두며, 기술 윤리학은 도덕적 관습이나 풍습 등을 경험적으로 조사하여 기술하고자 한다.

선택지 분석
① 기술 윤리학에 대한 설명이다. 기술 윤리학은 도덕 현상과 문제를 명확하게 기술하고, 기술된 현상들 간의 인과 관계를 설명하는 데 관심을 갖는다. X
✓❷ 실천 윤리학은 구체적 삶의 도덕적 딜레마 해결을 중시한다. 현대 과학 기술의 급속한 발달은 새로운 윤리적 쟁점과 딜레마 상황을 초래하였고, 시대의 변화에 따라 정치, 경제, 사회, 문화 등 다양한 영역에서 나타나는 윤리 문제에 대한 해결책이 요청되면서 실천 윤리학의 필요성이 제기되었다. O
③ 도덕적 당위를 다루는 것은 규범 윤리학이다. 규범 윤리학은 인간이 어떻게 행동해야 하는가에 대한 보편화될 수 있는 규범적 원리를 탐구한다. X
④ 이론 윤리학에 대한 설명이다. 이론 윤리학은 어떤 도덕 원리가 윤리적 행위를 위한 근본 원리로 성립할 수 있는지를 연구한다. X
⑤ 메타 윤리학에 대한 설명이다. 메타 윤리학은 윤리학의 학문적 성립 가능성을 모색하기 위해 도덕 언어의 의미 분석과 도덕적 추론의 정당성을 검증하기 위한 논리 분석에 주된 관심을 둔다. X 답 ②

22 기술 윤리학에 대한 실천 윤리학의 평가

자료 분석 제시문의 '나'는 실천 윤리학의 입장을 취하고 있고, '어떤 사람'은 기술 윤리학의 입장을 취하고 있다. 기술 윤리학은 도덕적 관습이나 풍습 등을 경험적으로 조사하여 기술(記述)하고자 한다. 기술 윤리학을 연구하는 사람들은 전 세계 사회 집단의 구체적인 도덕적 관행에 특별한 주의를 기울이며, 도덕적 관행들을 그 나라 사람들이 무엇을 먹고 어떻게 옷을 입는지에 관한 사실들과 같은 문화적 사실로 본다. 반면 과학 기술의 급속한 발달과 사회 변화에 따라 발생하는 삶의 다양한 영역에서 구체적인 문제들을 해결하기 위해 등장한 실천 윤리학은 도덕 이론의 활용을 통해 새로운 윤리 문제들의 해결과 해결을 위한 근거를 마련하고자 한다.

선택지 분석
① 기술 윤리학은 도덕 문제를 도덕 이론과의 관련성을 바탕으로 파악하지 않는다. X
✓❷ 실천 윤리학에서는 도덕적 관습이나 풍습 등을 경험적으로 조사하여 기술할 것을 강조하는 기술 윤리학이 도덕 문제 해결을 위한 도덕 판단의 중요성을 간과하고 있다고 비판할 수 있다. O
③ 도덕적 추론의 논리적 타당성은 메타 윤리학에서 강조한다. X
④ 기술 윤리학은 도덕적 딜레마를 해결할 것을 강조하지 않는다. X
⑤ 기술 윤리학은 도덕적 관습에 관한 경험적 서술이 갖는 의의를 중시한다. X 답 ②

23 이론 윤리학과 실천 윤리학의 특징 파악

자료 분석 (가)는 이론 윤리학, (나)는 실천 윤리학이다. 실천 윤리학은 다양한 학문 분야의 전문적 지식과 기술을 활용하는 학제적 접근을 강조한다. 학제적 접근이란 둘 이상의 학문 분야와 관계된 것을 뜻한다.

선택지 분석
① 도덕 관습에 대한 객관적 기술을 목적으로 하는 것은 기술 윤리학의 입장이다. 이론 윤리학은 도덕 판단의 기준을 명확히 하여 윤리 이론을 정립하고 이를 정당화하면서 행위를 인도하고자 한다. X
② 윤리학의 학문적 성립 가능성을 탐구하는 것은 메타 윤리학이다. X
✓❸ 실천 윤리학이 현실적인 도덕 문제를 해결하기 위해서는 의학, 법학, 과학, 종교 등 다양한 학문 분야의 전문적 지식과 기술이 필요하다. 따라서 실천 윤리학은 윤리적 문제를 해결하기 위해서 학제적 연구를 할 필요가 있다. O
④ 실천 윤리학은 구체적인 문제 해결을 위해 가치를 분별하고 가치 판단을 해야 한다고 본다. X
⑤ 도덕 언어의 분석을 학문의 중점 과제로 삼는 것은 메타 윤리학이다. X
답 ③

24 기술 윤리학에 대한 실천 윤리학의 평가

자료 분석 제시문의 '나'는 실천 윤리학, '어떤 사람들'은 기술 윤리학의 입장이다. ㉠에는 실천 윤리학의 입장에서 기술 윤리학에 대해 비판하는 내용이 들어가야 한다.

선택지 분석
① 기술 윤리학은 도덕 현상에 대한 객관적 탐구의 필요성을 강조하는 입장이다. X
② 기술 윤리학은 도덕 현상의 인과 관계에 대한 설명의 필요성을 강조하는 입장이다. X
✓❸ 실천 윤리학은 기술 윤리학과 달리 삶의 도덕 문제 해결을 위해 구체적인 해결책을 제시해야 한다고 본다. O
④ 도덕 추론 과정의 논리적 타당성 검증의 중요성을 강조하는 것은 메타 윤리학이다. X
⑤ 어떤 원리가 윤리적 행위를 위한 근본 원리로 성립할 수 있는지를 연구하는 이론 윤리학의 특징이다. X 답 ③

25 메타 윤리학에 대한 실천 윤리학의 평가

빈출 문항 자료 분석

㉠에 들어갈 진술로 가장 적절한 것은?

윤리학의 목표는 보편적 도덕 원리를 구체적인 문제 상황에 적용하여 해결 방안을 탐구하는 데 있다.(→ 실천 윤리학) 그런데 어떤 사람들은 윤리학의 목표가 도덕적 언어의 의미 분석과 도덕적 추론의 타당성 검토에 있다고 주장한다. 내가 보기에 이들은(→ 메타 윤리학) 윤리학이 [㉠]는 점을 간과하고 있다.
(→ 실천 윤리학의 입장에서 메타 윤리학에 대해 평가하는 내용이 들어가야 함)

해결 전략 제시문의 '나'는 실천 윤리학의 입장이고, '어떤 사람들'은 메타 윤리학의 입장이다. 실천 윤리학은 이론 윤리를 현대 사회의 여러 윤리 문제에 적용하여 구체적인 윤리 문제를 해결하는 데 초점을 두는 학문이다. 실천 윤리학의 관심 분야로는 생명 윤리, 정보 윤리, 환경 윤리, 문화 윤리, 성 윤리, 사회 윤리 등이 있다. 실천 윤리학의 입장에서 메타 윤리학에 대해 비판할 수 있는 내용이 무엇인지 파악하여 해결해야 한다.

선택지 분석

① 도덕 언어의 의미를 분석하고 도덕 추론의 타당성을 검토하는 것은 메타 윤리학의 입장이다. X

② 메타 윤리학은 '옳다'와 '그르다', '해야 한다'와 '해서는 안 된다'는 것의 의미를 탐구하며 도덕 명제에 대한 검증 가능성을 검토해야 한다고 본다. X

③ 메타 윤리학은 도덕 언어의 의미 분석과 도덕적 추론의 정당성을 검증하기 위한 논리 분석에 관심을 둠으로써 윤리학의 학문적 성립 가능성을 모색하고자 한다. X

④ 도덕적인 현상과 문제에 대해 명확하게 기술하고자 하는 기술 윤리학의 입장이다. X

✓ ⑤ 실천 윤리학은 윤리학이 현실적 도덕 문제의 해결을 위한 지침을 제공해야 한다는 점을 강조한다. 메타 윤리학은 현실의 도덕 문제를 해결하는 데 주된 관심을 두지 않으므로 추상적이고 개념적인 탐구에 그칠 뿐이라는 비판을 받기도 한다. O

답 ⑤

본문 14~25쪽

02 현대 윤리 문제에 대한 접근

26 ④	27 ④	28 ①	29 ③	30 ①	31 ⑤
32 ③	33 ②	34 ①	35 ②	36 ③	37 ③
38 ①	39 ②	40 ①	41 ③	42 ③	43 ②
44 ④	45 ④	46 ④	47 ①	48 ①	49 ④
50 ①	51 ①	52 ⑤	53 ④	54 ②	55 ②
56 ④	57 ⑤	58 ①	59 ③	60 ⑤	61 ②
62 ②	63 ⑤	64 ①	65 ④	66 ③	67 ⑤
68 ④	69 ⑤	70 ①	71 ①	72 ④	73 ③

26 맹자와 석가모니의 입장 비교

자료 분석 갑은 맹자, 을은 석가모니이다. 맹자는 인간은 누구나 하늘로부터 선한 본성을 부여받았으므로 이러한 본성을 확충해야 한다고 주장하였다. 석가모니는 무상한 존재의 실상을 제대로 파악하지 못하면 탐욕과 집착이 생겨 고통이 발생하므로 수행을 통해 탐욕과 집착에서 벗어나야 한다고 보았다.

선택지 분석

① 맹자는 인간의 본성은 선하며, 나쁜 환경에 처한 사람이라고 해서 반드시 자신의 본성을 잃게 되는 것은 아니라고 보았다. X

② 맹자는 다른 사람을 편안하게 하기 위해서는 자신을 먼저 수양해야 한다[修己安人]고 보았다. X

③ 석가모니는 탐욕으로 생긴 번뇌는 깨달음을 통해 소멸될 수 있다고 보았다. X

✓ ④ 석가모니는 나와 남이 둘이 아니라는 자타불이(自他不二)에 대한 자각에서 만물에 대한 사랑이 생긴다고 보았다. O

⑤ 맹자는 인간 사이에 지켜야 할 도리인 인륜을 지키는 삶을 강조하였다. X

답 ④

27 노자와 석가모니의 입장 비교

자료 분석 갑은 노자, 을은 석가모니이다. 노자는 물이 가지고 있는 겸허와 부쟁의 덕이 무위자연을 나타낸다고 보았다. 석가모니는 모든 존재와 현상에는 원인과 조건이 있다는 연기(緣起)를 깨달아야 한다고 보았다.

선택지 분석

✓ ㄱ. 노자는 인의(仁義)를 인위적인 것으로 보고, 인의의 강조가 사회 혼란을 야기한다고 보았다. O

ㄴ. 석가모니는 세계는 끊임없이 변화한다고 보고, 영원한 실체는 없다고 보았다. X

✓ ㄷ. 석가모니는 고통의 원인이 되는 집착과 번뇌의 제거를 통해 참된 깨달음에 이를 수 있다고 보고, 집착과 번뇌의 제거를 위한 수행이 필요하다고 보았다. O

✓ ㄹ. 노자와 석가모니는 차별하는 마음을 버려야 진리를 깨달을 수 있다고 보았다. O

답 ④

28 맹자와 노자의 입장 비교

자료 분석 갑은 맹자, 을은 노자의 주장이다. 맹자는 인간에게 선천적으로 선한 도덕심인 사단(四端)이 갖추어져 있다고 보았고, 사단을 확충하여 사덕(四德)에 이르러야 한다고 주장하였다. 노자는 자연의 순리를 따르는 무위자연(無爲自然)의 삶을 강조하였다.

선택지 분석

✓ ❶ 맹자는 사단이라는 선한 마음이 누구에게나 주어져 있다고 보고, 충서(忠恕)와 같은 덕목의 실천을 통해 타인을 존중하고 배려하는 도덕적 인격 완성을 추구하였다. O

② 맹자는 군자는 항산이 없어도 항심을 유지할 수 있다고 보았다. X

③ 노자는 작은 나라에 적은 수의 백성이 자신의 삶에 만족하며 사는 소국 과민을 이상적인 사회로 보았다. X

④ 노자는 천지 만물의 근원인 도(道)에 따라 자연스러움을 따르는 무위자연의 삶을 강조하였다. X

⑤ 맹자는 선악을 구별하고 악을 행하지 말아야 타고난 선한 본성대로 살아갈 수 있다고 보았지만, 노자는 옳고 그름을 가리는 태도가 인간의 그릇된 인식과 가치관이라고 보았다. X

답 ①

29 맹자와 노자의 사상적 입장 비교

자료 분석 갑은 유교 사상가인 맹자, 을은 도가 사상가인 노자이다. 맹자는 왕이 이익이 아닌 인의(仁義)의 실현을 정치의 목표로 삼아야 한다고 보았다. 노자는 천지 만물의 근원인 도(道)에 따라 인위적으로 강제하지 않고 자연스러움을 따르는 무위자연(無爲自然)의 삶을 강조하였다.

선택지 분석

ㄱ. 자신과 타인을 구분하지 않는 사랑인 겸애(兼愛)를 강조한 사상가는 묵자이다. X

✓ ㄴ. 맹자는 군주의 자세로 자신을 수양하고 난 뒤 다른 사람을 편안하게 하는 수기안인(修己安人)을 강조하였다. O

✓ ㄷ. 노자는 무위(無爲)의 삶을 위해 무지(無知)의 덕을 갖출 것을 강조하였다. O

ㄹ. 노자는 사회 혼란의 원인을 인간의 그릇된 인식과 가치관, 인위적인 규범과 제도라고 보고 선악을 분별하지 않고 도와 일치되는 삶을 강조하였다. X

답 ③

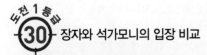

도전 1등급 30 장자와 석가모니의 입장 비교

도전 1등급 문항 분석 ▸▸ 정답률 20.6%

갑, 을 사상가들의 입장으로 가장 적절한 것은?

> 갑: 성인(聖人)의 은혜가 만세에 베풀어져도 사람에게 특별히 치우치지 않는다. 친함이 있으면 어진 자가 아니며, 명성을 추구하여 참된 자기를 잃으면 선비가 아니다. → 장자
> (사람에게 특별히 치우치지 않는다 → 세상 만물을 차별하지 않음)
> (친함이 있으면 … 선비가 아니다 → 유교를 비판하는 도가의 입장)
>
> 을: 이것이 있기 때문에 저것이 있고, 이것이 일어나기 때문에 저것이 일어난다. 이 법(法)은 내가 만든 것도 아니고 다른 사람이 만든 것도 아니다. → 석가모니
> (이것이 있기 때문에 … 일어난다 → 연기설)

해결 전략 갑은 장자이고, 을은 석가모니이다. 장자는 도(道)의 관점에서 볼 때 세상 만물은 평등한 가치를 지닌다고 주장하면서, 도와 일치되는 삶을 사는 사람이자 절대 자유의 경지에 도달한 사람인 지인, 진인, 성인 등을 이상적 인간상으로 제시하였다. 석가모니는 모든 존재와 현상에는 원인과 조건이 있다는 연기적 세계관을 제시하였다.

선택지 분석

✓ ❶ 장자는 조용히 앉아서 자신을 구속하는 일체의 것들을 잊어버리는 것, 즉 좌망을 통해 어떠한 외물에도 얽매이지 않고 자유롭게 살아가는 절대 자유의 경지를 추구하였다. O

② 유교의 입장이다. 공자는 사욕을 극복하고 예를 회복해야[克己復禮] 인(仁)을 실현할 수 있다고 주장하였다. X

③ 불교는 세상의 모든 존재와 현상이 상호 관계 속에서 존재한다고 보고, 독립적으로 존재하는 것은 없다고 보았다. X

④ 불교는 모든 것이 끊임없이 변화한다고 보고, 불변하는 자아는 없다고 보았다. X

⑤ 유교의 입장이다. 유교에서는 인간을 하늘로부터 도덕적 본성을 부여받은 존재로 보았다. X

답 ①

31 장자와 공자의 입장 비교

자료 분석 갑은 장자, 을은 공자이다. 장자는 자기중심적으로 시비나 선악을 분별하지 않고, 도와 일치되는 삶을 사는 사람이자 절대 자유의 경지에 도달한 사람인 지인, 진인, 성인 등을 이상적 인간상으로 제시하였다. 공자는 학문과 덕행이 고루 겸비된 도덕적 인격자를 군자(君子)라고 하였다.

선택지 분석

① 공자가 긍정의 대답을 할 질문이다. 공자는 군자란 죽은 뒤에 자신의 이름이 일컬어지지 않는 것을 싫어한다고 보았다. X

② 공자가 긍정의 대답을 할 질문이다. 공자는 시비선악을 분별하는 분별적 지혜를 중시하였다. X

③ 공자가 긍정의 대답을 할 질문이다. 공자는 인간이 하늘로부터 도덕적 본성을 부여받은 존재라고 보았다. X

④ 공자가 긍정의 대답을 할 질문이다. 군자란 자신을 수양하고 난 뒤 다른 사람을 편안하게 하는 수기안인(修己安人)을 실현하는 사람이다. X

✓ ❺ 장자가 긍정, 공자가 부정의 대답을 할 질문이다. 장자는 모든 분별에서 벗어나 자연을 따르는 것을 중시하였다. O

답 ⑤

32 석가모니와 장자의 입장 비교

빈출 문항 자료 분석

갑, 을의 입장으로 가장 적절한 것은?

> 갑: 세 개의 갈대가 빈 땅에 서려고 할 때에 서로서로 의지하여야 설 수 있는 것과 같이, 식(識)도 정신과 물질을 인연(因緣)하여 생긴다. → 불교(석가모니)
> (서로서로 의지하여야 설 수 있는 것 → 연기설을 바탕으로 만물의 상호 의존성 강조)
>
> 을: 옳다는 것으로 인해 그른 것이 있고, 그르다는 것으로 인해 옳은 것이 있다. 진인(眞人)은 대립적인 말에 사로잡히지 않고, 모든 대립을 넘어선 자연에 비추어 사유한다. → 도가(장자)
> (모든 대립을 넘어선 자연에 비추어 사유한다 → 도의 관점에서 만물은 평등하므로, 세속적인 기준에 얽매이지 말고 정신적으로 자유로운 삶을 살아야 함)

해결 전략 갑은 석가모니, 을은 장자이다. 석가모니는 모든 존재와 현상이 원인과 조건에 의해 생겨나며, 그 원인과 조건이 없으면 결과도 없다는 연기설을 제시하였다. 장자는 도의 관점에서 사물을 보면 시비(是非), 선악(善惡), 미추(美醜) 등의 분별은 상대적인 것에 불과하다고 보았다.

선택지 분석

① 석가모니는 자아의식을 변하지 않는 실체로 간주하지 않았다. X

② 석가모니는 정신과 물질 모두 집착하지 말아야 한다고 보았다. X

✓ **❸ 장자는 인간의 자기중심적 고정 관념과 선입견 때문에 시비, 선악, 미추, 귀천과 같은 상대적 관점이 생긴다고 보았다.** O

④ 장자는 인(仁)을 실천할 것을 강조하지 않았다. X

⑤ 석가모니만의 입장이다. X

답 ③

33 노자와 공자의 사상적 입장 비교

자료 분석 갑은 노자, 을은 공자이다. 노자는 인위적으로 강제하지 않고 욕심을 내지 않는 무위(無爲)와 무욕(無欲)의 삶을 살 것을 강조하였다. 공자는 도덕성을 바탕으로 지속적으로 수양하면 누구나 도덕적으로 완성된 인간[君子]이 될 수 있다고 보았다.

선택지 분석

① 노자는 옳고 그름을 분별하는 지식과 인위적인 규범을 사회 혼란의 원인으로 보고 자연의 순리를 따르는 삶을 강조하였다. X

✓ **❷ 노자는 시비선악을 분별하지 말고 도(道)에 따라 무위자연의 삶을 살아야 한다고 보았다.** O

③ 공자는 이로움을 보면 의로움을 생각해야 한다고 주장하면서[見利思義] 실리보다 인의(仁義)를 실천하는 삶을 강조하였다. X

④ 공자의 인(仁)은 존비친소의 구별을 전제로 시비선악을 분별하여 실천하는 사랑이다. X

⑤ 공자만의 입장이다. 공자는 사욕을 극복하고 예를 회복하여[克己復禮] 내면적 도덕성인 인을 실현할 수 있다고 주장하였다. X

답 ②

34 석가모니의 불교 윤리 사상의 특징 이해

자료 분석 제시문은 석가모니의 주장이다. 석가모니는 모든 존재와 현상이 무수한 원인과 조건이 상호 관계하여 성립되므로, 원인과 조건이 없어지면 결과도 사라지게 된다는 연기설을 주장하였다.

선택지 분석

✓ **❶ 석가모니는 만물이 상호 의존적인 관계 속에 있으므로 모든 생명을 존중해야 한다고 보았다.** O

② 석가모니는 모든 존재가 부처가 될 가능성인 불성을 지니고 있다고 보고, 이를 회복해야 한다고 보았다. X

③ 석가모니는 모든 존재가 끊임없이 변화하며 고정된 실체가 없음을 깨달아야 한다고 보았다. X

④ 석가모니는 살아 있는 모든 존재에게는 불성이 있기 때문에 모든 생명은 평등하다고 보았다. X

⑤ 석가모니는 모든 존재가 독립된 실체가 아닌 상호 관계 속에서 존재한다고 보았다. X

답 ①

35 유교 사상과 도가 사상의 입장 이해

자료 분석 갑은 유교 사상가인 공자, 을은 도가 사상가인 노자이다. 공자의 정명(正名)이란 '명분을 바로잡는 것'으로, 공자는 사회의 모든 구성원이 자신의 이름과 직분을 일치시킬 때 바른 사회가 된다고 보았다. 노자는 천지 만물의 근원인 도(道)에 따라 인위적으로 강제하지 않고 자연스러움을 따르는 무위자연의 삶을 강조하였다.

선택지 분석

① 공자는 사회 혼란을 극복하기 위해 내면적 도덕성인 인(仁)과 외면적 규범인 예(禮)를 회복해야 한다고 주장하였다. 인위적인 규범에서 벗어나 무위를 추구할 것을 강조한 사상가는 노자이다. X

✓ **❷ 공자는 '자신의 마음을 미루어 남에게 미친다.'는 의미를 담고 있는 '서(恕)'를 강조하면서 자신이 하기 싫은 일을 남에게 시켜서는 안 된다고 주장하였다.** O

③ 노자는 예를 혼란의 시초라고 보고, 예법에 대해 반대하였다. 직분과 지위에 따른 예법을 강조한 사상가는 공자이다. X

④ 노자는 시비선악이 인간의 그릇된 인식과 가치관일 뿐이며, 도의 관점에서 보면 천지 만물은 상대적인 가치를 지닌다고 보았다. X

⑤ 공자는 인(仁)을 강조하였지만 친소(親疏)의 구별이 있는 사랑을 강조하였고, 노자는 인(仁)과 의(義)를 대도(大道)가 사라져서 나타난 것이라고 비판하였다. 모든 사람에 대한 차별 없는 사랑을 강조한 사상가는 묵자이다. X

답 ②

36 불교 사상과 도가 사상의 입장 파악

자료 분석 (가)는 불교 사상, (나)는 도가 사상이다. 불교는 모든 존재와 현상에는 원인과 조건이 있다는 연기의 법칙을 강조하였다. 도가는 인위적인 규범과 제도를 사회 혼란의 원인으로 보고 자연의 순리를 따르는 삶을 강조하였다.

선택지 분석

ㄱ. 불교에서는 모든 것이 변화한다고 보고 고정불변의 실체는 없다고 보았다. X

✓ **ㄴ. 불교에서는 모든 것이 상호 관계 속에서 존재한다는 연기의 법칙을 깨달으면, 자기가 소중하듯이 다른 사람도 소중하다는 자비의 마음이 생긴다고 보고 자비를 실천할 것을 강조하였다.** O

✓ **ㄷ. 도가에서는 천지 만물의 근원인 도(道)에 따라 인위적으로 강제하지 않고 자연스러움을 따르는 무위자연의 삶을 강조하였다.** O

ㄹ. 인의(仁義)를 통해 도덕적 인격 완성과 도덕적 이상 사회의 실현을 추구하는 것은 유교 사상에 해당한다. X

답 ③

37 공자와 노자의 윤리적 입장 파악

자료 분석 갑은 공자, 을은 노자이다. 공자의 대동 사회는 인륜이 구현되고 인재가 중용되며 재화가 고르게 분배되고 사회적 약자가 보살핌을 받는 평화롭고 도덕적인 공동체이다. 노자의 소국과민(小國寡民)은 영토가 작고 인구가 적은 나라로, 인위적 문명의 발달이 없는 무위와 무욕의 이상 사회이다.

선택지 분석

ㄱ. 공자의 인(仁)은 존비친소(尊卑親疏)의 구별을 전제로 하여 시비선악을 분별해서 실천하는 사랑을 의미한다. 무차별적 사랑인 겸애(兼愛)를 주장한 사상가는 묵자이다. X

✓ ㄴ. 공자는 어진 사람과 능력 있는 사람이 선발되고, 사랑[仁]이 모든 사람에게 미치는 도덕적인 사회인 대동 사회를 추구하였다. O

✓ ㄷ. 노자는 통치자가 무위로 다스림으로써 사람들이 자연적 본성에 따라 소박한 삶을 영위하는 소국과민 사회를 추구하였다. O

ㄹ. 노자는 예법을 인위적인 것으로 보며, 사회 혼란의 원인이 된다고 보았다. X 답 ③

38 장자의 사상적 입장 이해

자료 분석 제시문은 도가 사상가인 장자의 주장이다. 장자는 모든 분별과 차별에서 벗어나 만물을 평등한 것으로 보며, 주위 환경에 의해 본심을 어지럽히지 않고 도(道)와 일치하는 삶을 추구하였다.

선택지 분석

✓ ❶ 장자는 시비와 선악을 분별하는 데에서 벗어나 자연의 섭리에 따라 살아야 한다고 보았다. X

② 장자는 도가 세상 만물 어디에나 있다고 하였으며, 도에 일치하는 삶을 살아야 한다고 보았다. O

③ 장자는 마음을 비워서 깨끗이 하는 심재(心齋)를 제시하였으며, 타고난 자연적 본성과 자연의 흐름을 따르는 삶을 강조하였다. O

④ 장자는 어떠한 외물에도 얽매이지 않고 자유롭게 살아가는 절대 자유의 경지를 추구하였다. O

⑤ 장자는 조용히 앉아서 자신을 구속하는 일체의 것들을 잊어버리는 좌망(坐忘)을 수양 방법으로 제시하였다. O 답 ①

39 불교 사상과 도가 사상의 입장 비교

자료 분석 (가)는 불교 사상이고, (나)는 도가 사상이다. 불교에서는 모든 존재와 현상에는 원인과 조건이 있다고 보고, 도가는 모든 분별과 차별에서 벗어나 만물을 평등한 것으로 본다.

선택지 분석

① 불교에서는 불성(佛性)이 수행을 통해 형성되는 것이 아니라 인간이라면 누구나 본래 지니고 있는 것이라고 본다. X

✓ ❷ 불교에서는 모든 존재와 현상이 무수한 원인과 조건에 의해 생겨난다고 본다. 또한 이러한 연기의 법을 올바르게 이해할 때 윤회의 고통에서 벗어나 해탈에 이를 수 있다고 본다. O

③ 도가는 시비선악의 분별과 인위적 규범으로부터 벗어나 무위자연의 도에 따르는 삶을 살아갈 것을 강조한다. X

④ 도가는 인간을 자연적 본성을 지닌 존재로 보며, 순수한 마음을 되찾아 자연의 흐름을 따르는 삶을 강조한다. X

⑤ 도가에서는 도의 관점에서 볼 때 세상 만물은 평등한 가치를 지닌다고 본다. X 답 ②

40 불교 사상의 윤리적 성찰의 의미 파악

자료 분석 제시문은 불교 사상이다. 불교 사상에서는 부처의 마음이자 깨달음을 얻을 수 있는 근거인 불성(佛性)을 누구나 가지고 있다고 본다.

선택지 분석

✓ ❶ 불교 사상은 참된 진리를 깨닫기 위한 참선을 중시한다. O

② 좌망은 조용히 앉아서 자신을 구속하는 일체의 것들을 잊어버리는 것으로 장자가 제시한 수양 방법이다. X

③ 거경은 삼가고 조심하는 태도를 가지는 것으로 유교 사상에서 제시하는 수양 방법이다. X

④ 신독은 홀로 있을 때에도 도리에 어긋나지 않도록 몸과 마음을 바르게 하고 언행을 신중하게 하는 것으로 유교 사상에서 제시하는 수양 방법이다. X

⑤ 심재는 마음을 비워서 깨끗이 하는 것으로 장자가 제시한 수양 방법이다. X 답 ①

41 유교와 도가의 사상적 입장 파악

자료 분석 (가)는 유교 사상이고, (나)는 도가 사상이다. 유교는 정명(正名) 사상을 바탕으로 사회적 지위에 따른 예의와 규범을 중시해야 한다고 본다. 반면 도가는 인위적인 규범과 제도에서 벗어나 무위자연(無爲自然)에 따라 살아갈 것을 강조한다.

선택지 분석

① 도가 사상은 만물을 차별하지 말고 평등하게 볼 것을 강조한다. 따라서 도가 사상에서 긍정의 대답을 할 질문이다. X

② 도가 사상은 명예와 욕심을 버리고 소박한 삶을 살 것을 강조한다. 따라서 도가 사상에서 긍정의 대답을 할 질문이다. X

✓ ❸ '사회적 지위에 따른 예의와 규범을 중시해야 하는가?'는 유교 사상에서는 긍정, 도가 사상에서는 부정의 대답을 할 질문이다. O

④ 연기의 법칙을 깨달아 자비의 정신을 실천할 것을 강조하는 사상은 불교이다. X

⑤ 도가 사상은 예법에 집착하지 말고 자연의 흐름에 따라 살 것을 강조한다. 따라서 도가 사상에서 긍정의 대답을 할 질문이다. X 답 ③

42 노자, 석가모니, 공자의 입장 비교

자료 분석 갑은 노자, 을은 석가모니, 병은 공자이다. 공자는 인(仁)을 실현하여 도덕적 삶을 살기 위해서는 서(恕)를 실천해야 한다고 보았다.

선택지 분석

① 노자는 분별적인 지식을 비우고 허정의 공부를 해야 한다고 보았다. X

② 석가모니는 만물이 상호 연관되어 있으며 실체라고 하는 것은 존재하지 않는다고 보았다. X

✓ ❸ 공자는 내 마음을 미루어 상대방의 마음을 헤아려 보는 서(恕)를 실천해야 한다고 보았다. O

④ 노자와 석가모니는 본성을 변화시키는 것이 아니라 실현해야 한다고 보았다. X

⑤ 노자는 예를 인위적인 것으로 보므로 예를 회복해야 한다고 주장하지 않았다. X 답 ③

43 맹자의 사상적 입장 이해

자료 분석 제시문은 맹자의 주장이다. 맹자는 사단(四端)이라는 선한 마음이 누구에게나 주어져 있다고 보았다.

선택지 분석

① 겸애(兼愛)를 강조한 사상가는 묵자이다. X

✓ ❷ 맹자는 인간이 선한 본성에 따라 행동할 것을 강조하였다. O

③ 맹자는 인간이 선한 본성을 타고난다고 보았다. X

④ 도가의 입장에 해당한다. X
⑤ 맹자는 타고난 본성에 따라 살 것을 강조하였다. X 답 ②

44 윤리 문제에 대한 벤담의 입장 이해

자료 분석 제시문을 주장한 사상가는 벤담이다. 벤담은 쾌락을 산출하고 고통을 줄이는 결과를 낳는 행위를 선으로 보았으며, 쾌락의 양을 계산할 수 있다고 보고 쾌락을 계산하기 위한 일곱 가지 기준을 제시하였다.

선택지 분석
① 자연법을 강조한 아퀴나스의 입장에서 제시할 수 있는 조언이다. X
② 칸트의 입장에서 제시할 수 있는 조언이다. X
③ 덕 윤리를 강조하는 입장에서 제시할 수 있는 조언이다. X
✓ **❹ 벤담은 고통을 피하고 쾌락을 추구하는 것이 인간 행위의 목적이며 쾌락에는 질적 차이가 없고 양적 차이만 있으므로 쾌락은 계산 가능하다고 보았다. 따라서 벤담은 〈문제 상황〉 속 A에게 기부 행위가 산출할 쾌락의 양을 쾌락 계산법에 따라 계산해 보라고 조언할 수 있다.** O
⑤ 밀의 입장에서 제시할 수 있는 조언이다. X 답 ④

45 칸트의 의무론 이해

자료 분석 제시문은 칸트의 주장이다. 칸트는 도덕성을 판단할 때 행위의 결과보다 동기를 중시하면서 오로지 의무 의식과 선의지에서 나온 행위만이 도덕적 가치를 지닌다고 보았다.

선택지 분석
① 칸트는 타인에게 인정받기 위한 행위를 도덕적 행위라고 보지 않았다. X
② 아리스토텔레스의 입장에 해당하는 내용이다. X
③ 칸트는 경향성에 따른 행위를 도덕적 행위라고 보지 않았다. X
✓ **❹ 칸트는 가능한 여러 행위 중에서 의무 의식에서 나온, 즉 의무로부터 비롯된 행위만이 도덕적 가치를 지닌다고 보았다.** O
⑤ 공리주의 입장에 해당하는 내용이다. X 답 ④

46 매킨타이어의 덕 윤리 이해

자료 분석 제시문은 매킨타이어의 주장이다. 매킨타이어는 개인의 자유와 선택보다는 공동체의 전통과 역사를 더 중시하며, 도덕적 판단에서 구체적이며 맥락적인 사고를 중시할 것을 주장하였다.

선택지 분석
ㄱ. 매킨타이어는 보편적인 도덕 원칙보다 공동체의 전통과 역사를 더 중시하였다. X
✓ **ㄴ. 매킨타이어는 도덕적 판단을 위해 공동체와 그 공동체의 전통과 역사를 중시해야 한다고 보았다.** O
ㄷ. 매킨타이어에 따르면 행위자의 성품을 먼저 평가하고, 이를 근거로 행위의 옳고 그름을 판단해야 한다고 보았다. X
✓ **ㄹ. 매킨타이어는 공동체의 역사적 시간과 사회적 공간에서 펼쳐지는 삶의 구체적 모습이 도덕적 정체성을 형성하는 데 반영되어야 한다고 보았다.** O 답 ④

47 벤담의 사상적 입장 이해

자료 분석 제시문은 벤담의 주장이다. 벤담은 쾌락이 계산될 수 있다고 하면서, 행위의 옳고 그름을 평가하는 유일한 기준은 행위에 의해 생겨날 쾌락과 고통의 양이라고 보았다.

선택지 분석
✓ **❶ 벤담은 공리주의 입장에서 유용성의 원리에 따라 사회적 손익을 계산하라고 A에게 조언할 것이다.** O
② 벤담은 '공리의 원리', '유용성의 원리'라는 보편적 도덕 원리가 있다고 보았다. X
③ 칸트의 윤리학의 입장에서 제시할 수 있는 조언이다. 벤담은 동기가 아닌 결과를 도덕성 판단의 척도라고 보았다. X
④ 칸트의 윤리학의 입장에서 제시할 수 있는 조언이다. X
⑤ 벤담은 공동체의 이익은 그 구성원들의 이익의 총합이라고 보았다. 따라서 사익의 총합과 공익은 같다. X 답 ①

48 벤담의 사상적 입장 이해

자료 분석 제시문은 벤담의 주장이다. 벤담은 '최대 다수의 최대 행복'을 추구하는 공리의 원리를 도덕과 입법의 원리로 제시하였으며, 쾌락에는 양적 차이만 있다고 보는 양적 공리주의를 주장하였다.

선택지 분석
✓ **❶ 벤담은 공리주의 입장에서 도덕과 입법의 근거인 유용성의 원리를 따르라고 A에게 조언할 것이다.** O
② 벤담은 법안의 효용을 고려한 결정을 하라고 조언할 것이다. X
③ 벤담은 기술이 가져올 해악과 이익을 모두 고려한 결정을 하라고 조언할 것이다. X
④ 벤담은 기술의 활용 결과를 고려한 결정을 하라고 조언할 것이다. X
⑤ 벤담은 개인과 사회의 이익을 모두 고려한 결정을 하라고 조언할 것이다. X 답 ①

49 아리스토텔레스와 칸트의 사상적 입장 비교

자료 분석 갑은 아리스토텔레스, 을은 칸트이다. 아리스토텔레스는 중용에 해당하는 행동들을 반복적으로 실천할 때 품성적 덕을 갖출 수 있다고 보았다. 칸트는 이성적 존재인 인간은 고유한 도덕 법칙을 가지고 있는 존엄한 존재라는 점을 강조하였다.

선택지 분석
① 아리스토텔레스는 국가라는 정치 공동체 속에서만 최선의 삶이 가능하다고 보았다. X
② 아리스토텔레스는 품성적 덕이 반복적 실천과 습관을 통해 형성된다고 보았다. X
③ 칸트는 단순히 의무에 맞는 행위가 아니라 의무 의식과 선의지에서 나온 행위만을 도덕적 행위로 간주해야 한다고 보았다. X
✓ **❹ 칸트는 이성적이고 자율적인 인간은 보편적인 도덕 법칙을 수립할 수 있다고 보았다.** O
⑤ 칸트는 자연적 경향성이 아닌 의무에서 비롯된 행위만을 도덕적 행위라고 보았다. X 답 ④

50 아리스토텔레스의 덕 윤리 이해

빈출 문항 자료 분석

다음을 주장한 사상가의 입장에서 〈문제 상황〉 속 A에게 제시할 조언으로 적절한 것만을 〈보기〉에서 있는 대로 고른 것은?

도덕적 덕은 대상에 있어서의 중간이 아니라 우리와의 관계에서 성립하는 중용에 의존한다. 중용은 두 악덕, 즉 지나침에 따른 악덕과 모자람에 따른 악덕 사이의 중용이다. → 중용은 지나침과 모자람의 중간 상태로 산술적 평균의 의미가 아님

〈문제 상황〉

인성교육 전문가인 A는 아동을 바른 품성을 지닌 사람으로 기르고자 한다. 이를 위해 A는 인성교육 프로그램을 어떤 방향과 내용으로 개발해야 할지 고민 중이다.

보기

ㄱ. 아동이 인간의 고유한 본성을 실현할 수 있도록 개발하세요. (→ 이성) (→ 도덕적 덕은 습관화를 통해 길러짐)
ㄴ. 아동이 습관화를 통해 도덕적 품성을 함양하도록 개발하세요.
ㄷ. 아동이 행복은 곧 옳고 그름에 관한 앎임을 알도록 개발하세요.
ㄹ. 아동이 어떠한 상황에서도 두려움의 감정을 갖지 않는 용기 있는 사람이 되도록 개발하세요. → 감정이나 행위와 관련하여 '마땅함'에 중용의 특성이 있음

해결 전략 제시문을 주장한 사상가는 아리스토텔레스이다. 아리스토텔레스는 행복한 삶을 살기 위해서는 덕이 필요하며, 덕은 지성적 덕과 도덕적 덕으로 나눌 수 있다고 보았다. 아리스토텔레스는 지성적 덕은 주로 교육을 통해 얻어지고 길러지며, 도덕적 덕은 올바른 행동의 습관화, 중용의 반복적 실천을 통해 형성된다고 보았다.

선택지 분석

✓ ㄱ. 아리스토텔레스는 이성적 인간이 공동체 안에서 자신의 본성, 즉 이성을 실현해야 한다고 보았다. O

✓ ㄴ. 아리스토텔레스에 따르면 도덕적 품성을 지닌 사람은 도덕적 덕이 있는 사람이고, 도덕적 덕은 지나침과 부족의 악덕 사이에서 상황에 따라 알맞게 행동하는 것을 습관화하여 형성되는 덕이다. O

ㄷ. 아리스토텔레스에게 행복은 완전한 덕[탁월성]에 따르는 영혼의 활동이지, 단지 옳고 그름에 관한 앎이 아니다. X

ㄹ. 아리스토텔레스에 따르면 어떠한 상황에서도 두려움의 감정을 느끼지 않는 사람은 무모한 사람으로서 용기의 덕을 갖추지 못한 사람이다. X

답 ①

51 벤담의 윤리 사상 이해

자료 분석 제시문은 벤담의 주장이다. 벤담은 모든 쾌락이 질적으로 같으며 양적인 차이만 있다고 가정하고 쾌락을 계산할 수 있다고 보았다. 벤담은 쾌락의 계산 기준으로 강도, 지속성, 확실성, 근접성, 다산성, 순수성, 범위 등을 제시하였다.

선택지 분석

✓ ❶ 양적 공리주의자인 벤담은 옳은 행위는 그 행위의 결과가 가져올 이익의 총합이 극대화되는 행위라고 보았다. 따라서 로봇 개발자 A에게 로봇 개발이 가져올 해악과 편익의 총합을 계산하여 결정하라고 조언할 수 있다. O

② 벤담은 문제 상황과 관련된 모든 사람의 이익을 계산할 때, 한 사람의 이익을 한 사람 이상으로 계산하지 말아야 한다고 보았다. 따라서 자신은 물론 어떠한 타인의 이익에 가중치를 두고 계산해서는 안 된다. X

③ 벤담은 쾌락의 질적 차이는 없으며, 오직 양적 차이만이 있다고 보았다. X

④ 벤담은 행위의 옳고 그름은 그 행위의 결과에 의해 결정된다고 보았다. X

⑤ 벤담은 문제 상황과 관련된 모든 사람의 이익을 고려해야 한다고 보았다. X

답 ①

52 칸트 윤리 사상의 현실적 적용

자료 분석 제시문은 칸트의 정언 명령이다. 칸트는 "네 의지의 준칙이 언제나 동시에 보편적 입법의 원리가 될 수 있도록 행위 하라."라는 정언 명령을 제시하면서 보편주의를 강조하였다.

선택지 분석

① 칸트는 보상을 기대하고 한 행동은 도덕적 행위가 될 수 없다고 보았다. X

② 칸트는 동정심에 따른 행동은 도덕적 행위가 될 수 없다고 보았다. X

③ 칸트는 자신과 타인의 고통을 고려한 행동은 도덕적 행위가 될 수 없다고 보았다. X

④ 칸트는 거짓 약속을 하는 것은 정언 명령을 위반하는 것으로 보았다. X

✓ ❺ 칸트가 제시한 정언 명령은 절대적이고 보편타당한 실천 법칙이므로 보편화 가능해야 한다. O

답 ⑤

53 칸트의 사상적 입장 파악

자료 분석 제시문은 칸트의 주장이다. 칸트는 도덕성을 판단할 때 행위의 결과보다 동기를 중시하면서 오로지 의무 의식과 선의지에서 나온 행위만이 도덕적 가치를 지닌다고 보았다.

선택지 분석

① 칸트는 기업의 회생에 부합하는 행위여도 그 행위의 동기가 선의지로부터 비롯된 것이 아니라면 정당화될 수 없다고 보았다. X

② 칸트는 행위의 결과가 아니라 행위의 동기에 따라 옳고 그름을 판단해야 한다고 보았다. X

③ 칸트는 단순히 의무에 맞는 행위가 아니라 의무 의식에서 나온 행위가 진정한 도덕적 가치를 지닌다고 보았다. X

✓ ❹ 칸트는 자연적 경향성을 극복하고 선의지를 따르는 행위가 도덕적인 행위라고 보았다. O

⑤ 칸트는 경제적 유용성 유무가 아니라 행위의 동기에 따라 옳고 그름을 판단해야 한다고 보았다. X

답 ④

54 칸트와 매킨타이어의 사상적 입장 비교

자료 분석 갑은 의무론의 입장인 칸트, 을은 덕 윤리 사상가인 매킨타이어이다. 칸트는 의무 의식과 선의지에서 비롯된 행위만이 도덕적 가치를 지닌다고 본다. 매킨타이어는 공동체의 전통과 역사에 주목하여, 도덕적 판단에서 구체적이고 맥락적인 사고를 중시할 것을 주장하였다.

선택지 분석

① 칸트는 무제한적으로 선하다고 생각할 수 있는 것은 오직 선의지뿐이

라고 주장하면서 선을 따르려는 의지만이 도덕적이라고 보았다. X

✓ ❷ 칸트는 개인의 행위 규칙인 준칙이 보편적인 도덕 법칙이 될 수 있다고 보았다. O

③ 매킨타이어는 공동체와 그 공동체의 역사를 중시하여, 역사적 시간과 사회적 공간에서 펼쳐지는 삶의 구체적 모습이 도덕적 판단에 반영되어야 한다고 보았다. X

④ 매킨타이어는 덕이 사회적 실천 또는 관행에 내재한 선을 성취하는 데 유용한 인간의 성품이라고 주장하였다. 이러한 덕은 타고난 성품이 아니라 후천적으로 습득된 것이다. X

⑤ 매킨타이어는 도덕 판단에서 구체적·맥락적 사고를 중시하였다. X

답 ②

55 공리주의적 접근 이해

자료 분석 제시문은 공리주의를 대표하는 벤담의 주장이다. 벤담은 쾌락을 산출하고 고통을 피하는 결과를 낳는 행위를 선(善)이라고 보고, '최대 다수의 최대 행복'을 도덕과 입법의 원리로 제시하였다.

선택지 분석

① 칸트의 입장에서 제시할 조언이다. 칸트는 그 자체로 선한 의지, 즉 선의지의 지배를 받는 행위를 도덕적 행위로 보았다. X

✓ ❷ 벤담은 '공리의 원리', '최대 행복의 원리'가 옳은 행위를 결정하는 기준이 된다고 보았다. 따라서 〈문제 상황〉 속 A에게 탑승자와 보행자의 고통의 총합을 최소화하도록 설계하라는 조언을 제시할 것이다. O

③ 벤담에 따르면 유용성의 산출은 모든 이해 당사자의 쾌락과 고통을 고려하여 이루어진다. 탑승자의 안전을 최우선으로 고려하는 것은 유용성을 산출하는 방식으로 보기 어렵다. X

④ 칸트의 입장에서 제시할 조언이다. 칸트는 인간의 인격을 수단이 아닌 목적으로 대우하라는 정언 명령을 강조하였다. X

⑤ 벤담은 사회적 관습에 내재한 선을 강조하지 않았다. 사회적 관습에 내재한 선을 강조한 사상가는 덕 윤리를 주장한 매킨타이어이다. X 답 ②

56 칸트와 벤담의 사상 파악

자료 분석 갑은 칸트, 을은 벤담이다. 칸트는 이성적이고 자율적인 인간은 보편적인 도덕 법칙을 의식할 수 있으며, 도덕 법칙은 무조건적이고 절대적인 명령이라고 보았다. 벤담은 모든 쾌락이 양적인 차이만 있다고 보고 쾌락을 계산할 수 있다고 보았다.

선택지 분석

① 칸트는 행위의 도덕적 가치는 그 행위의 결과와 무관하게 결정된다고 보았다. 칸트는 좋은 결과를 산출한 행위라도 도덕 법칙에 대한 존경심에 의한 행위가 아니라면 도덕적 가치가 없는 행위라고 보았다. O

② 칸트는 오로지 의무 의식과 선의지에서 나온 행위만이 도덕적 가치를 지니며 옳은 행위라고 보았다. O

③ 벤담은 쾌락을 산출하고 고통을 피하는 결과를 낳는 행위, 즉 유용한 결과를 낳는 행위를 옳은 행위라고 보았다. O

✓ ❹ 벤담은 모든 쾌락이 질적으로 같으며 양적인 차이만 있다고 가정하고, 모든 쾌락을 계산할 수 있다고 보았다. X

⑤ 칸트는 보편적인 도덕 법칙이 존재한다고 보았고, 벤담은 '공리의 원리'를 행위의 옳고 그름을 규정하는 보편적 원칙으로 보았다. O 답 ④

57 칸트 의무론의 적용

자료 분석 제시문은 칸트의 윤리적 입장이다. 칸트는 의무에 맞는 행위가 아니라 의무이기 때문에 행한 행위만이 도덕적 가치를 지닌다고 보았다.

선택지 분석

① 덕 윤리의 입장에서 제시할 조언으로 적절하다. 덕 윤리는 도덕 법칙이나 원리보다 행위자의 내면적 도덕성이나 성품의 중요성을 강조한다. X

② 칸트는 자연적 성향에 따른 행위는 도덕적 가치를 지니지 못한다고 보았다. X

③ 공리주의의 입장에서 제시할 조언으로 적절하다. 공리주의는 행위의 옳고 그름을 판단할 때 관련된 이해 당사자들의 최대 행복을 가져오는 행위를 승인하는 공리의 원리를 기준으로 해야 한다고 본다. X

④ 칸트는 도덕적 의무에 맞는 행위라도 의무로부터 일어난 것이 아니라면 도덕적 가치가 없다고 보았다. 따라서 칸트의 입장에서 제시할 조언으로 적절하지 않다. X

✓ ❺ 칸트의 입장에 따른다면 상인 A에게 이익을 추구하는 자연적 경향성이 아닌 오직 의무 의식에서 비롯된 행위를 하라고 조언할 것이다. O

답 ⑤

58 칸트와 밀의 사상적 입장 비교

자료 분석 갑은 칸트, 을은 밀이다. 칸트는 도덕성을 판단할 때 행위의 동기를 중시하면서 오로지 의무 의식과 선의지에서 나온 행위만이 도덕적 가치를 지닌다고 보았다. 밀은 쾌락의 양뿐만 아니라 질적인 차이까지도 고려해야 한다고 보았다.

선택지 분석

✓ ❶ 칸트는 보편화 가능한 준칙에 따라 행위 해야 한다고 보았다. 칸트에 의하면 거짓말을 해도 된다는 준칙은 보편화될 수 없다. O

② 칸트는 자연적 경향성에 따른 행위는 도덕적 행위가 될 수 없다고 보았다. X

③ 밀은 결과를 기준으로 행위의 도덕성을 판단해야 한다고 보았다. X

④ 밀은 공리의 원리를 도덕의 원리로 보고 쾌락과 유용성을 가져오는 행위를 옳다고 보았다. X

⑤ 칸트에 의하면 도덕 법칙은 인간이라면 누구나 어떤 상황에서도 예외 없이 따라야 하는 무조건적이고 절대적인 명령이다. X 답 ①

59 매킨타이어와 벤담의 입장 비교

빈출 문항 자료 분석

갑 사상가가 을 사상가에게 제기할 수 있는 비판으로 가장 적절한 것은?

갑: '나는 무엇을 해야만 하는가?'라는 물음에 앞서 '나는 어떤 이야기 또는 이야기들의 부분인가?'라는 물음에 답해야 한다. 나의 삶의 역사는 공동체의 역사 속에 있고, 나의 도덕적 정체성은 공동체 구성원의 자격 속에서 발견된다. → 매킨타이어의 덕 윤리 관점

을: '나는 무엇을 해야만 하는가?'라는 물음에 대한 적절한 대답은 공리의 원리를 따르는 것이라고 하겠다. 이 원리는 고통과 쾌락의 양을 계산하여, 구성원들의 이익 총합으로서의 공동체 이익을 증진시키도록 행위 할 것을 요구한다. → 벤담의 공리주의 관점

해결 전략 갑은 매킨타이어이고, 을은 벤담이다. 매킨타이어는 덕 윤리의 관점에서 개인의 자아 정체성은 개인의 총합 이상의 것인 공동체 속에서 형성된다고 주장하였다. 벤담은 공동체를 개인의 총합으로 보는 공리주의의 입장에서 개인이 공리의 원리에 따라 행동할 것을 강조하였다.

선택지 분석

① 벤담은 행위의 유용성을 중시하였다. X

② 벤담은 공리의 원리라는 보편적 도덕 원리를 제시하였다. X

✓**❸ 매킨타이어는 벤담에게 공동체가 개인의 단순한 집합체로 간주될 수 없음을 간과한다는 비판을 제기할 수 있다.** O

④ 벤담은 타인의 행복을 고려해서 행동할 것을 강조하였다. X

⑤ 벤담은 행위 결과를 고려해서 행위의 도덕성을 판단해야 한다고 보았다. X

답 ③

60 매킨타이어의 덕 윤리 입장 파악

자료 분석 제시문의 '나'는 매킨타이어이고, '어떤 사상가'는 칸트이다. 매킨타이어는 현대 사회에서 덕 윤리 이론을 새롭게 정립하여 제시하였다.

선택지 분석

① 칸트는 선한 성품에서 나온 행위가 도덕적 행위라고 간주하지 않았다. X

② 칸트는 인간이 보편적인 도덕 법칙을 인식할 수 있다고 보았다. X

③ 칸트는 이성적 행위자인 개개인이 도덕 법칙의 수립자가 될 수 있다고 보았다. X

④ 칸트는 도덕 법칙이 이성적 존재인 인간에게 구속력을 지닌다고 보았다. X

✓**❺ 매킨타이어는 공동체와 그 공동체의 전통과 역사를 중시해 역사적 시간과 사회적 공간에서 펼쳐지는 삶의 구체적 모습이 도덕적 판단에 반영되어야 한다고 보았다.** O

답 ⑤

61 현대 덕 윤리와 칸트 윤리에 대한 이해

자료 분석 갑은 현대 덕 윤리 사상가인 매킨타이어이고, 을은 칸트이다. 매킨타이어는 공동체의 전통과 역사를 중시하며 도덕 판단에서 구체적, 맥락적 사고를 중시하였다.

선택지 분석

① 매킨타이어는 덕은 옳고 선한 행위를 반복함으로써 형성되는 후천적인 것으로 보았다. X

✓**❷ 매킨타이어는 덕을 사회적 실천을 통해 선을 이루는 데 필요한 성품으로 보고, 유덕한 품성을 기를 것을 강조하였다.** O

③ 칸트의 입장이 아닌 공리주의의 입장이다. X

④ 칸트는 도덕적 행위자는 상황적 맥락을 고려해서 행위 하기보다는 도덕 법칙에 따라 행위 해야 한다고 보았다. X

⑤ 매킨타이어는 행위의 도덕성을 평가하는 데 있어서 동기와 감정을 중요하게 고려하였다. X

답 ②

62 벤담의 사상 이해

자료 분석 제시문은 공리주의 사상가인 벤담의 주장이다. 벤담은 개인적 차원의 행복주의를 사회적 차원으로 확대시켜 '최대 다수의 최대 행복'을 도덕과 입법의 원리로 제시하였다.

선택지 분석

① 칸트의 입장에서 제시할 수 있는 조언이다. X

✓**❷ 벤담은 '최대 다수의 최대 행복'을 도덕과 입법의 기본 원리로 제시한다. 따라서 A에게 관련된 이해 당사자들의 쾌락 혹은 행복을 최대화할 수 있도록 행동하라고 조언할 수 있다.** O

③ 아리스토텔레스의 입장에서 제시할 수 있는 조언이다. X

④ 벤담은 행위의 결과를 중시하므로 벤담이 제시할 수 있는 적절한 조언이 아니다. X

⑤ 벤담은 공익이 사익의 총합일 뿐이라고 보았다. X

답 ②

63 칸트의 사상 이해

자료 분석 제시문을 주장한 사상가는 칸트이다. 칸트는 도덕성을 판단할 때 행위의 결과보다 동기를 중시하면서 오로지 의무 의식과 선의지에서 나온 행위만이 도덕적 가치를 지닌다고 보았다.

선택지 분석

① 덕 윤리에서 제시할 조언이다. 칸트는 공동체의 전통과 덕목에 부합하는 행위가 모두 도덕적 가치를 지니는 것은 아니라고 보았다. X

② 칸트는 자연적 경향성에서 비롯된 행위는 도덕적 행위가 될 수 없다고 보았다. X

③ 칸트는 조건적인 명령이 아니라 무조건적인 명령인 정언 명령에 따른 행위를 강조하였다. X

④ 칸트는 사회적으로 칭찬과 인정을 받은 행위가 모두 도덕적 가치를 지니는 것은 아니라고 보았다. X

✓**❺ 칸트는 동정심과 같은 감정이 아니라 보편적인 도덕 법칙에 따른 행위만이 도덕적 가치를 지닌다고 보았다.** O

답 ⑤

64 나딩스가 벤담에게 제기할 반론 이해

자료 분석 갑은 배려 윤리 사상가인 나딩스이고, 을은 공리주의 사상가인 벤담이다. 나딩스는 여성의 도덕적 특징인 타인에 대한 배려나 보살핌, 유대감, 의존, 책임 등을 중시하였다. 나딩스는 윤리적 배려를 가능하게 하는 것은 과거에 배려를 받았던 경험과 기억이라고 보았다. 나딩스가 벤담에게 제기할 반론을 찾아야 한다.

선택지 분석

✓**❶ 나딩스의 입장에서 볼 때, 공리주의는 최대 행복의 원리를 맥락에 대한 고려 없이 획일적으로 적용하는 문제점을 지니고 있다.** O

② 나딩스는 유용성을 계산하거나 보편적 도덕 원리에 따를 것을 강조하지 않았다. X

③ 벤담은 고통을 회피하고 쾌락을 추구하는 것은 인간의 고유한 성향이라고 보았다. X

④ 벤담은 나의 행복과 타인의 행복을 동등하게 고려해야 한다고 보았다. X

⑤ 벤담은 윤리적 행위를 위해서는 동기보다 결과가 중요하다고 보았다. X

답 ①

도전 1등급

65 칸트와 나딩스의 사상적 입장 이해

도전 1등급 문항 분석 ▸▸ 정답률 39.0%

갑, 을 사상가들의 입장에서 〈문제 상황〉 속 A에게 제시할 수 있는 조언으로 가장 적절한 것은?

갑: 인간은 그저 마음이 끌리는 대로 행위 해서는 안 된다. 반드시 도덕 법칙을 따르려는 의무 의식에서 비롯된 행위를 해야 한다.

을: 인간의 의무는 배려하는 자와 배려받는 자와의 직접적인 만남 속에서 일어난다. '나는 해야 한다.'는 것은 욕구나 성향을 나타낸다.

〈문제 상황〉

A는 홍수로 피해를 겪고 있는 ○○ 지역 주민을 돕기 위해 봉사 활동을 하러 갈지, 여행을 갈지 고민하고 있다.

(의무 의식 → 정념의 자연적 경향성에 따라 생각할 때에는 하기 싫은 일이지만, 그럼에도 불구하고 자신의 이성이 명령하는 도덕적 요구에 따라 그 일을 마땅히 수행해야만 한다고 생각하는 마음)

(갑 → 칸트의 의무론적 윤리(행위의 결과보다 동기를 중시하면서 오로지 의무에서 비롯된 행위만이 도덕적 가치를 지님))

(배려하는 자와 배려받는 자 → 나딩스의 배려 윤리(인간관계와 구체적 맥락에 주목))

해결 전략 갑은 칸트, 을은 나딩스이다. 나딩스의 배려 윤리는 인간의 내적 특성, 감정 등을 고려함으로써 도덕적 행위를 일으키므로 도덕적 실천에 효과적이라는 점을 파악하여 문제를 해결해야 한다.

선택지 분석

① 칸트는 자연적 경향성을 따르는 행위는 바람직하지 못하다고 보았다. X

② 칸트는 단순히 의무와 일치하는 행위가 아니라 도덕 법칙을 따르려는 의무 의식에서 비롯된 행위를 도덕적인 행위라고 보았다. X

③ 나딩스는 칸트의 윤리와 같은 보편적·추상적인 도덕 원리를 비판하고, 인간관계와 구체적 맥락을 고려하여 자연적 감정에 따른 행위를 중시하였다. X

✓ **❹ 나딩스는 주민의 고통에 공감하며 관심과 배려를 실천해야 한다고 보았다. O**

⑤ 공리주의의 입장이다. X

답 ④

66 칸트의 의무론과 규칙 공리주의의 특징 이해

자료 분석 갑은 칸트이고, 을은 규칙 공리주의이다.

선택지 분석

① 칸트는 개인의 준칙도 보편화가 가능하다면 보편적 도덕 법칙이 될 수 있다고 보았다. X

② 칸트는 자연적 경향성이나 동기가 아닌, 오로지 의무 의식과 선의지에서 나온 행위만을 도덕적이라고 보았다. X

✓ **❸ 규칙 공리주의는 최대 행복을 가져오는 규칙을 행위의 기준으로 삼아야 한다고 본다. O**

④ 규칙 공리주의는 최대의 유용성을 산출하여 가장 좋은 결과를 가져오는 규칙을 찾고자 하는 입장이다. 행위의 결과와 무관한 보편적인 도덕 규칙을 강조하는 것은 칸트의 입장이다. X

⑤ 행위자의 유덕한 품성을 강조하는 것은 덕 윤리의 입장이다. X

답 ③

67 매킨타이어가 밀에게 제기할 반론 이해

자료 분석 갑은 덕 윤리를 주장한 매킨타이어, 을은 질적 공리주의를 주장한 밀이다. 덕 윤리의 입장에서 공리주의에 대해 비판할 내용을 찾아야 한다.

선택지 분석

① 밀은 인간을 고통을 피하고 쾌락을 추구하는 존재로 보므로, 밀에게 제기할 적절한 반론이 아니다. X

② 매킨타이어는 구체적 맥락을 중시하므로 매킨타이어가 제기할 반론으로 적절하지 않다. X

③ 밀은 도덕 판단의 기준이 행위의 결과에 있음을 주장하므로 적절한 반론이 아니다. X

④ 밀은 사회 전체의 행복 최대화가 보편적 도덕 원리임을 주장하므로 적절한 반론이 아니다. X

✓ **❺ 매킨타이어는 유용성을 중시하는 밀에게 유용성의 합리적 계산보다 공동체의 전통이 중요함을 간과한다고 반론을 제기할 수 있다. O**

답 ⑤

68 아퀴나스의 사상 이해

자료 분석 아퀴나스는 인간은 생물학적 존재로서 자신과 자기 종족을 보존하려는 성향과 이성적 존재로서 진리를 파악하려는 성향을 신으로부터 부여받는다고 보았다.

선택지 분석

①, ③ 공리주의의 입장이다. X

② 담론 윤리학자인 하버마스의 입장이다. 하버마스는 논리적 토론을 통해 보편적 합의에 도달하는 이성, 즉 의사소통의 합리성을 중시하였다. X

✓ **❹ 아퀴나스는 자기 보존, 종족 보존 등 인간이 본성적으로 지니는 자연적 성향에 따라 살아가야 함을 강조하였다. O**

⑤ 아퀴나스는 자연법의 원리에 따를 것을 주장하였다. X

답 ④

69 칸트와 요나스의 입장 이해

자료 분석 갑은 칸트, 을은 요나스이다. 요나스는 칸트의 정언 명령을 계승하였다. 요나스는 책임의 주체는 이성을 가진 존재이지만, 책임의 대상은 이성을 가지지 않은 자연을 포함해야 한다고 보았다.

선택지 분석

① 칸트는 자연적 경향성에 근거한 행위를 도덕적 행위로 보지 않았다. X

② 칸트는 도덕 법칙의 형식(보편화 정식, 인간성 정식)으로 행위를 판단해야 한다고 보았다. X

③ 요나스는 인류의 존속을 위해 현 인류가 미래 세대에 대한 책임과 자연에 대한 책임을 동시에 이행해야 한다고 주장하였다. X

④ 요나스는 자신이 의도하지 않은 행위의 결과까지도 책임을 져야 한다고 하였다. X

✓ **❺ 칸트와 요나스 모두 인간이 무조건적으로 준수해야 할 의무를 정언 명령의 형식으로 표현하였다. O**

답 ⑤

70 문제 상황에 대한 아리스토텔레스 덕 윤리의 입장 파악

자료 분석 제시문은 아리스토텔레스의 덕 윤리의 입장이다. 아리스토텔레스와 같이 덕 윤리 사상가들은 덕을 습관적 행위의 결과로 생기는 성품의 훌륭함으로 보고 선한 인품을 갖출 것을 강조한다.

선택지 분석

✓❶ 아리스토텔레스의 덕 윤리는 행위에 대한 판단을 행위자의 도덕적 성품에 비추어 하려 한다. 따라서 아리스토텔레스의 입장에서는 A에게 사회 구성원으로서 추구해야 할 도덕적 성품에 비추어 판단하라고 조언할 것이다. O

② 덕 윤리는 개인의 권익보다는 공동선을 중시하므로 적절한 조언이 아니다. X

③ 선의지에서 비롯되는 의무 의식을 강조하는 것은 칸트의 의무론이다. X

④ 결과의 유용성을 측정해 판단할 것을 조언하는 것은 공리주의이다. X

⑤ 덕 윤리는 상황과 맥락을 고려하여 판단을 내릴 것을 강조한다. X

답 ①

71 현대 덕 윤리 입장에서 칸트의 의무론 평가

자료 분석 제시문의 '나'는 현대 덕 윤리의 입장이고, '어떤 사상가'는 의무론을 주장한 칸트이다. ㉠에는 덕 윤리의 관점에서 칸트의 의무론에 대해 비판하는 내용이 들어가야 한다.

선택지 분석

✓❶ 덕 윤리는 칸트와 달리 자연적 감정에서 비롯된 행위가 도덕적 가치를 가질 수 있다고 본다. O

② 보편적인 원리를 고려하여 행위 할 것을 강조하는 것은 칸트의 의무론적 입장이다. X

③ 의무 의식에서 나온 행위가 도덕적 행위가 될 수 있다고 보는 것은 칸트의 의무론적 입장이다. X

④ 행위의 도덕성을 판단하는 유일한 근거를 선의지로 보는 것은 칸트의 의무론적 입장이다. X

⑤ 맥락에 따라 도덕적 판단이 달라질 수 없다고 보는 것은 칸트의 의무론적 입장이다. 덕 윤리는 구체적 상황과 맥락에 따라 도덕적 판단이 달라질 수 있다고 본다. X

답 ①

72 공리주의 사상 이해

자료 분석 (가)는 벤담의 사상이다. 공리주의에서는 보다 많은 사람에게 이익을 주어야 한다는 공리의 원리에 근거하여 도덕 문제를 해결하고자 한다.

선택지 분석

① 덕 윤리학자 또는 아리스토텔레스가 할 수 있는 조언이다. X

②, ⑤ 칸트가 할 수 있는 조언이다. X

③ 공리주의에서는 자신의 이익과 사회의 이익의 조화를 강조한다. X

✓❹ 공리주의에서는 유용성의 원리에 입각하여 (나)의 A에게 더 많은 행복을 가져다줄 행위를 선택해야 한다고 조언할 것이다. O

답 ④

73 규칙 공리주의와 담론 윤리의 특징 이해

자료 분석 (가)는 규칙 공리주의, (나)는 담론 윤리의 입장이다. 규칙 공리주의에서는 어떤 규칙이 최대의 유용성을 산출하는지 판단한 후, 그 규칙에 부합하는 행위를 옳은 행위로 본다. 하버마스의 담론 윤리에서는 옳고 그름에 대한 판단의 정당성을 공적 담론에서 찾는다.

선택지 분석

① 규칙 공리주의는 어떤 규칙이 최대의 유용성을 산출하는지 알 수 있다고 본다. X

② 행위 그 자체의 결과를 옳은 행위의 결정 기준으로 삼는 것은 행위 공리주의의 입장이다. X

✓❸ 담론 윤리에서는 행위 규범은 그 규범에 영향을 받는 사람들이 합리적인 토론을 통해 자유롭게 동의할 경우에만 타당성을 지닐 수 있다고 본다. O

④ 담론의 참여자들은 누구나 평등하게 의사소통 과정에 참여할 수 있어야 하고, 어떤 주장이든 자유롭게 개진할 수 있어야 한다. X

⑤ 규칙 공리주의와 담론 윤리는 모두 규칙이나 규범을 준수할 때, 결과를 고려해야 한다고 본다. X

답 ③

본문 26쪽

03 윤리 문제에 대한 탐구와 성찰

74 ② 75 ⑤ 76 ② 77 ①

74 성찰에 대한 소크라테스의 입장 파악

빈출 문항 자료 분석

다음을 주장한 사상가의 입장에서 〈사례〉 속 A에게 제시할 충고로 가장 적절한 것은?

재물이나 명성과 명예는 최대한 많아지도록 마음을 쓰면서도 지혜와 진리, 자신의 영혼이 최대한 훌륭해지도록 하는 일에 대해서는 마음을 쓰지 않는 것을 부끄러워해야 한다. 숙고하지 않는 삶은 살 가치가 없다. → 성찰하는 삶의 중요성을 강조한 소크라테스

→ 인간에게 가장 중요한 일은 각자의 영혼을 최상의 상태로 가꾸는 것임

• 사례 •

제2차 세계 대전 당시 유대인 학살의 실무 책임자였던 피고 A는 재판 과정에서 자신이 명령받은 일을 하지 않았다면 양심의 가책을 받았을 것이라고 말했다. 이에 많은 사람들은 그를 악마같다고 비난했으나, 그는 맡은 일을 성실히 수행했을 뿐인데 자신이 비난받는 이유를 모르겠다고 항변했다.

해결 전략 제시문은 소크라테스의 주장이다. 소크라테스는 "성찰하지 않는 삶은 살 가치가 없다."라고 주장하며, 인간은 자신의 삶을 성찰하고 변화시킬 수 있는 존재라고 강조하였다. 윤리적 성찰이란 어떻게 살아야 할 것인지를 고민하고 자신을 도덕적인 관점에서 반성적으로 검토하는 것이다. 윤리적 성찰은 윤리적 실천력을 높이고 자신의 도덕적 변화와 성장을 도모함으로써 참다운 인격을 완성할 수 있다. 소크라테스를 비롯한 윤리적 성찰의 중요성을 강조한 동서양 사상가들의 입장을 잘 알아 두어야 한다.

선택지 분석

① 소크라테스는 명성이나 명예를 추구하는 데 마음을 쓰지 말고 영혼을 훌륭하게 하는 일에 마음을 쓸 것을 강조하였다. X

✓ **❷ 소크라테스는 성찰하는 삶을 강조하였다. 다시 말해 자신의 행동에서 지혜롭지 못한 것은 없는지 지속적으로 성찰할 것을 강조하였다.** O

③ 소크라테스는 옳음을 추구할 것을 강조하면서, 옳음보다 유용성을 중시한 당시의 소피스트에 대해 비판적인 입장을 취하였다. X

④ 소크라테스는 직위와 결부된 책임을 이행할 때에도 그것이 옳은지 아닌지를 성찰하는 자세가 필요하다고 보았다. X

⑤ 소크라테스는 국가의 규범을 의심 없이 받아들여야 한다고 주장하지 않았다. 소크라테스에 따르면 국가의 규범도 성찰의 대상이다. X 답 ②

75 밀의 사상 이해

빈출 문항 자료 분석

다음 강연자의 입장으로 가장 적절한 것은?

한 사람이 권력을 가지고 전 인류를 침묵시키는 것은 부당합니다. 마찬가지로 전 인류가 한 사람을 침묵시키는 것 역시 부당합니다. 침묵시키려는 의견이 오류라고 확신할 수 없고, 설령 오류라고 해도 그것을 침묵시키는 것은 해악입니다. 인간의 지적 능력은 한계가 있으므로 누구나 오류를 범할 수 있습니다. 진리로 공인된 견해도 오류 가능성으로부터 자유롭지 못합니다. 어떤 의견이든 그것을 반박하고 반증할 수 있는 완벽한 자유가 보장돼야 합니다.

→ 인간의 과오 가능성

→ 토론의 자유를 주장한 밀

해결 전략 강연자는 토론의 자유를 주장한 밀이다. 밀은 인간이 과오를 범할 수 있는 가능성을 제시하였다. 밀은 인간은 과오를 범할 수 있기 때문에 자신이 과오를 범할 수 있는 가능성이 있다는 것을 스스로 받아들이고 그 과오에 대한 예방책을 마련할 수 있도록 하기 위해 토론이 필요하다고 보았다. 토론은 인간의 인식과 판단에서 오류 가능성을 줄이고 갈등을 원만하게 해결하는 데 도움을 주며, 주관적인 의견이 보편적인 앎의 형태로 나아가는 데 도움을 준다. 토론의 역할에 대해 정리해 두도록 한다.

선택지 분석

① 밀은 어떠한 의견도 침묵시키지 말고 발언의 자유를 보장해야 한다고 주장하였다. X

② 밀은 참이라고 검증된 진술만을 발언해야 한다고 주장하지 않았다. X

③ 밀은 진리로 공인된 견해라 하더라도 비판할 수 있다고 보았다. X

④ 밀은 인간이 완벽한 지적 능력을 갖추고 있다고 보지 않았다. X

✓ **❺ 밀은 어떠한 의견이 토론 과정을 통해 오류라고 합의되더라도 진리 탐구에 기여할 수 있다고 보았다.** O 답 ⑤

76 밀의 사상 이해

자료 분석 가상 대담 속의 사상가는 공리주의자인 밀이다. 밀은 공리의 관점에서 표현의 자유에 대해 설명하며, 표현의 자유가 보장되기 위해서는 소수의 의견일지라도 그 의견을 존중해야 한다고 말하고 있다.

선택지 분석

① 소수 의견이 옳지 않다고 해도 논쟁을 펼치는 과정에서 반드시 다수의 의견에 복종해야 하는 것은 아니다. X

✓ **❷ 밀의 주장에 따르면, 소수의 의견이 옳은 경우 인류는 오류를 수정할 기회를 갖게 되며, 소수 의견이 옳지 않은 경우 인류는 기존의 진리가 지닌 가치와 의의를 재확인하게 된다.** O

③ 다수와 소수가 모두 동의한다고 해서 반드시 진리가 되는 것은 아니다. X

④ 다수에 의해 확립된 의견이 반드시 진리의 표준이라고 말할 수는 없다. X

⑤ 유용성의 명분으로 표현의 자유를 제한해서는 안 된다. X 답 ②

77 밀의 사상 이해

자료 분석 (가)는 언론과 사상의 자유를 주장한 밀의 사상이다. (나)는 소수의 발언 기회를 제한함으로써 진리의 가치를 지킬 수 있다는 주장이다. 밀은 진리를 찾기 위해서는 토론의 자유가 반드시 필요하며, 토론을 통해 인류는 오류를 수정할 기회를 얻게 된다고 주장하였다. 또한 진리를 위해 소수의 의견이라 할지라도 존중해야 한다고 보았다.

선택지 분석

✓❶ 밀은 자유로운 토론을 통해서 진리에 도달할 가능성이 커진다고 보았지만, 모두가 합의한다고 해서 그것이 곧 불변의 진리가 되는 것은 아니라고 보았다. X

② 밀은 소수의 의견이 진리일 수 있다고 보았다. O

③ 밀은 자유로운 토론 과정에서 진리의 가치를 재확인할 수 있다고 주장하였다. O

④ 밀은 자유로운 논박을 통해 진리에 대한 참된 이해가 가능하다고 보았다. O

⑤ 밀은 소수 의견이 오류라고 해도 부분적으로는 진리일 수 있다고 보았다. O

답 ①

Ⅱ 생명과 윤리

본문 30~37쪽

01 삶과 죽음의 윤리

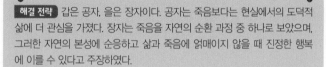

01 ②	02 ②	03 ⑤	04 ④	05 ②	06 ④
07 ①	08 ④	09 ①	10 ③	11 ②	12 ③
13 ①	14 ⑤	15 ④	16 ⑤	17 ④	18 ④
19 ②	20 ③	21 ②	22 ④	23 ⑤	24 ③
25 ①	26 ②	27 ⑤	28 ②	29 ④	30 ①

01 삶과 죽음에 대한 공자와 장자의 입장 비교

빈출 문항 자료 분석

갑, 을 사상가들의 입장으로 가장 적절한 것은?

갑: 사람에게 인(仁)은 물과 불보다 더 필요한 것이다. 하지만 나는 물과 불로 인해 죽은 사람은 보았지만, 인을 실천하다가 죽은 사람은 아직 보지 못하였다. → 인(仁)의 중요성을 강조한 공자

을: 삶과 죽음은 사계절의 운행과 같다. 이러한 이치에 통달한 지인(至人)을 물과 불이 다치게 할 수 없고, 추위와 더위가 해칠 수 없으며, 짐승들마저도 죽이지 못한다. → 삶과 죽음을 서로 연결된 순환 과정으로 본 장자

해결 전략 갑은 공자, 을은 장자이다. 공자는 죽음보다는 현실에서의 도덕적 삶에 더 관심을 가졌다. 장자는 죽음을 자연의 순환 과정 중 하나로 보았으며, 그러한 자연의 본성에 순응하고 삶과 죽음에 얽매이지 않을 때 진정한 행복에 이를 수 있다고 주장하였다.

선택지 분석

① 공자는 죽음보다는 현실의 도덕적 삶에 더 관심을 가졌고, 도(道)를 실현하기 위해 자신의 삶을 희생할 수 있다고 보았다. X

✓❷ 공자는 삶을 구하기보다 인(仁)의 실천을 위해 노력함으로써 도(道)를 실현해야 한다고 보았다. O

③ 장자의 입장이 아니다. X

④ 장자는 죽음이 자연스러운 과정이며 애도(哀悼)의 대상이 아니라고 보았다. X

⑤ 공자와 장자 모두 삶과 죽음이 운명[命]에 따라 주기적으로 순환하는 것이라고 주장하지 않았다. X

답 ②

02 죽음에 대한 장자와 맹자의 입장 비교

자료 분석 갑은 장자, 을은 맹자이다. 장자는 죽음을 자연의 순환 과정 중 하나로 보았으며, 그러한 자연의 본성에 순응하고 삶과 죽음에 얽매이지 않을 때 진정한 행복에 이를 수 있다고 주장하였다. 맹자는 죽음 이후보다 현실에서 인의(仁義)를 실현하는 도덕적 삶을 강조하였다.

선택지 분석

① 장자는 죽음을 거부하라거나 도덕적 삶을 추구해야 한다고 주장하지

않았다. ✗

✓ **❷ 장자는 삶과 죽음을 사계절의 변화와 같은 자연의 변화로 보고, 삶과 죽음을 초연하게 대해야 한다고 주장하였다. ○**

③ 불교의 입장에 해당하는 내용이다. ✗

④ 장자의 입장에 해당하는 내용이다. ✗

⑤ 맹자는 죽음을 슬퍼할 대상으로 본 반면, 장자는 죽음을 슬퍼할 대상으로 보지 않았다. ✗ 답 ②

03 석가모니와 장자의 죽음관 비교

빈출 문항 자료 분석

갑, 을 사상가들의 입장으로 가장 적절한 것은?

갑: 오온(五蘊)에 대해서 제대로 알지 못하여 해탈하지 못하면, 태어남 · 늙음 · 병듦 · 죽음[生老病死]에 대한 두려움을 넘을 수 없다.
- 오온(五蘊) → 괴로움의 무더기(색 · 수 · 상 · 행 · 식)
- 해탈 → 사물의 실상을 있는 그대로 통찰함으로써 괴로움에서 벗어나는 것
- 태어남 · 늙음 · 병듦 · 죽음[生老病死] → 인간이 누구나 겪는 대표적인 고통
- → 석가모니(불교)

을: 삶과 죽음은 명(命)이다. 대자연은 육체를 주어 나를 이 세상에 살게 하며, 삶을 주어 나를 수고롭게 하며, 늙음으로 나를 편안하게 해주며, 죽음으로 나를 쉬게 한다. → 장자(도가)
- → 자연의 본성에 순응하고 삶과 죽음에 얽매이지 않을 때 진정한 행복에 이를 수 있음

해결 전략 갑은 석가모니, 을은 장자의 주장이다. 석가모니는 죽음은 윤회의 과정으로 현세의 업보가 죽음 이후의 삶을 결정한다고 보았다. 석가모니는 연기를 올바르게 이해할 때 윤회의 고통에서 벗어나 해탈에 이를 수 있다고 보았다. 장자는 삶과 죽음을 기(氣)가 모이고 흩어지는 것으로 서로 연결된 순환 과정으로 보며 죽음에 초연할 것을 강조하였다.

선택지 분석

① 석가모니는 죽음도 태어남, 늙음, 병듦과 더불어 괴로움이라고 보았다. ✗

② 석가모니는 죽음이 윤회의 과정으로 현세의 업보가 죽음 이후의 삶을 결정한다고 보았다. ✗

③ 장자는 삶과 죽음을 기가 모이고 흩어지는 자연의 순환 과정이라고 보았다. ✗

④ 장자는 삶과 죽음이라는 자연의 본성에 순응할 때 진정한 행복에 이를 수 있다고 보았다. ✗

✓ **❺ 장자는 삶과 죽음을 기가 모이고 흩어지는 자연적이고 필연적인 과정으로 보아 죽음에 초연할 것을 강조하였다. ○** 답 ⑤

04 죽음에 대한 에피쿠로스와 플라톤의 입장 비교

자료 분석 갑은 에피쿠로스, 을은 플라톤이다. 에피쿠로스는 살아 있는 동안 죽음을 경험할 수 없기 때문에 죽음을 두려워할 필요가 없다고 보았다. 플라톤은 영혼이 육체를 떠날 때 비로소 참으로 존재하는 것, 즉 이데아를 가장 잘 사유할 수 있다고 보았다.

선택지 분석

① 에피쿠로스는 죽음을 악으로 보지 않았다. 에피쿠로스는 삶이 해를 주는 것도 아니고, 삶의 부재가 악으로 생각되지 않으므로 현자는 삶의 중단을 두려워하지 않는다고 주장하였다. ✗

② 에피쿠로스는 죽음이란 인간을 구성하던 원자가 흩어져 개별 원자로 돌아가는 것으로, 인간이 죽으면 감각을 상실하게 된다고 보았다. ✗

③ 플라톤은 죽음 이후 육체를 떠난 영혼의 사유를 통해 참된 실재인 이데아를 인식할 수 있다고 보았다. ✗

✓ **❹ 플라톤은 죽음을 통해 영혼이 육체로부터 해방되어 불완전한 세계에서 완전한 세계인 이데아의 세계로 들어갈 수 있다고 보았다. ○**

⑤ 플라톤에게만 해당하는 입장이다. ✗ 답 ④

05 삶과 죽음에 대한 에피쿠로스와 석가모니의 입장 비교

자료 분석 갑은 에피쿠로스, 을은 석가모니이다. 에피쿠로스는 인간이 죽으면 원자의 상태로 흩어지게 되므로 죽음을 감각의 상실이자 영혼의 해체라고 보았으며, 불멸에 대한 갈망은 무의미하다고 주장하였다. 석가모니는 죽음[死]이 생(生), 노(老), 병(病)과 더불어 고통이며, 죽음을 윤회의 과정이라고 보았다.

선택지 분석

① 에피쿠로스는 인간이 죽으면 감각이 소멸되므로 죽음의 고통을 경험할 수 없기 때문에 죽음을 의식하거나 두려워할 필요가 없다고 보았다. ✗

✓ **❷ 에피쿠로스는 죽음에 대한 바른 인식을 통해 죽음을 두려워해서는 안 된다고 보았다. ○**

③ 석가모니는 원인과 조건에 의해 형성된 모든 것은 끊임없이 변화하며 불변하는 실체는 존재하지 않는다고 보았다. ✗

④ 석가모니는 연기의 법칙을 올바르게 이해할 때 윤회의 고통에서 벗어나 해탈에 이를 수 있다고 보았다. ✗

⑤ 에피쿠로스와 석가모니 모두 내세의 영원한 삶에 대해 언급하지 않았다. ✗ 답 ②

06 죽음에 대한 플라톤과 에피쿠로스의 입장 비교

자료 분석 갑은 플라톤, 을은 에피쿠로스이다. 플라톤은 죽음을 통해 영혼이 육체로부터 해방되어 영원불멸하는 이데아의 세계에 들어갈 수 있다고 보았다. 에피쿠로스는 인간이 죽음을 경험할 수 없기 때문에 죽음을 두려워할 필요가 없다고 보았다.

선택지 분석

① 플라톤은 지혜로운 사람은 죽음을 두려워하지 않고 의연히 받아들인다고 보았다. ✗

② 플라톤은 지혜를 사랑하는 자와 달리 육신을 사랑하는 자는 죽음을 주저하는 태도를 보인다고 보았다. ✗

③ 에피쿠로스는 지혜로운 사람은 죽음이 어떠한 악도 아니라고 보기에 죽음을 고통이라고 여기지 않는다고 보았다. ✗

✓ **❹ 에피쿠로스는 우리는 자신의 죽음을 감각으로 경험할 수 없기 때문에 죽음은 우리에게 아무것도 아니라고 보았다. 따라서 에피쿠로스 입장에서는 죽음 때문에 두려워하거나 불안해할 필요가 없다. ○**

⑤ 플라톤은 육체에 대한 집착에서 벗어나 영혼의 순수성을 추구함으로써 죽음의 불안에서 벗어날 수 있다고 보았다. 에피쿠로스는 죽음은 우리에게 아무것도 아님을 알고, 불멸에 대한 열망을 제거함으로써 죽음의 불안에서 벗어나야 한다고 보았다. ✗ 답 ④

07 유교와 불교의 죽음관 비교

자료 분석 (가)는 유교 사상, (나)는 불교 사상이다. 유교 사상에서는 예에 따라 죽은 사람에 대하여 애도하는 것이 마땅한 도리라고 보았다. 불교 사

상에서는 삶과 죽음의 고통에서 벗어나기 위해 집착을 버리고 깨달음을 얻을 것을 강조하였다.

선택지 분석

✓❶ 유교에서는 죽음을 슬퍼하는 것은 인간의 도리에도 맞고 자연스러운 것이라고 보았다. X

② 유교에서는 '삶을 제대로 알지 못하는데 죽음을 어찌 알 수 있겠는가?'라는 공자의 입장에 입각하여, 죽음에 관심을 가지기보다는 인륜적 삶에 충실하기를 권고하고 있다. O

③ 불교에서는 죽음을 고통으로 보고, 연기를 깨달아 죽음의 고통에서 벗어나야 한다고 보았다. O

④ 불교에서는 삶과 죽음을 서로 다르지 않다고 보았다. O

⑤ 유교와 불교는 죽음에 집착하지 않는 삶의 태도를 지녀야 한다고 보았다. O

답 ①

08 에피쿠로스의 죽음관 파악

빈출 문항 자료 분석

다음의 가상 대화에서 ㉠에 들어갈 주장으로 가장 적절한 것은?

사람은 언젠가는 죽음을 맞이할 수밖에 없다는 것이 두렵습니다. 선생님은 이에 대해 어떻게 생각하십니까?
인간은 죽음을 경험할 수 없기 때문에 죽음을 두려워할 필요가 없다고 본 에피쿠로스
죽음이란 우리에게 아무것도 아닙니다.
죽은 후에는 감각 능력의 상실로 고통을 느낄 수 없으므로 죽음을 두려워할 필요가 없음
그 이유는 무엇입니까?
우리가 두려워해야 할 유일한 것은 고통입니다. 그런데 감각을 상실하면 고통을 느낄 수 없습니다. 그리고 우리가 죽게 되면 모든 감각 능력을 상실합니다. 따라서
㉠

해결 전략 가상 대화의 사상가는 에피쿠로스이다. 에피쿠로스는 인간이 죽음을 경험할 수 없기 때문에 죽음을 두려워할 필요가 없다고 보았다.

선택지 분석

① 에피쿠로스는 인간이 죽음을 두려워할 필요가 없다고 보았다. X

②, ③ 에피쿠로스는 인간은 죽은 후에 고통을 겪을 수 없다고 보았다. X

✓❹ 에피쿠로스는 죽음은 인간을 구성하던 원자가 흩어져 개별 원자로 돌아가는 것이라고 보았다. 그는 인간이 죽으면 감각을 상실하기 때문에 죽음을 두려워할 필요가 없다고 보았다. O

⑤ 에피쿠로스는 인간은 죽은 후에 쾌락을 얻을 수도 없다고 보았다. X

답 ④

09 죽음에 대한 플라톤과 에피쿠로스의 입장 비교

자료 분석 갑은 플라톤, 을은 에피쿠로스이다. 플라톤은 육체를 순수한 인식을 방해하는 감옥처럼 생각하였고, 죽음 이후에야 영혼이 순수한 지식을 얻을 수 있다고 보았다. 에피쿠로스는 죽음을 인간을 구성하던 원자가 흩어져 개별 원자로 돌아가는 것이라고 보았다.

선택지 분석

✓❶ 플라톤은 죽음을 통해 영혼이 육체로부터 해방되어 영원불멸하는 이데아의 세계에 들어갈 수 있다고 보았다. O

② 플라톤은 죽음 이후 인간이 육체로부터 벗어나야 순수한 인식이 가능하다고 보았고, 이성과 사유를 통해 진리를 파악해야 한다고 주장하였다. X

③ 에피쿠로스는 우리가 존재하는 한 죽음은 우리와 함께 있지 않으며, 죽음이 오면 우리는 이미 존재하지 않으므로 죽음은 인간에게 아무것도 아니라고 보았다. X

④ 에피쿠로스는 죽음과 동시에 영혼은 감각할 수 없는 상태가 되므로 쾌락과 고통을 느낄 수 없다고 보았다. X

⑤ 에피쿠로스는 인간이 죽음을 경험할 수 없으므로 죽음을 두려워할 필요가 없다고 보았다. X

답 ①

10 삶과 죽음에 대한 공자와 장자의 입장 비교

자료 분석 갑은 공자, 을은 장자이다. 공자는 죽음보다는 도덕을 실천하는 삶에 더 관심을 가졌다. 장자는 삶과 죽음을 서로 연결된 순환 과정으로 보며 죽음에 초연할 것을 강조하였다.

선택지 분석

ㄱ. 공자는 사후 세계보다는 현실에서 도덕을 실천하는 삶에 관심을 가져야 한다고 보았다. X

✓ㄴ. 공자는 죽음을 자연의 과정으로 여기면서도 예를 갖추어 애도해야 한다고 보았다. O

✓ㄷ. 장자는 삶과 죽음을 모두 자연의 순환 과정으로 보고 이를 분별하는 태도에서 벗어나 도에 따라야 한다고 주장하였다. O

ㄹ. 공자와 장자 모두 내세의 행복을 위해 선한 행위를 할 것을 주장하지 않았다. X

답 ③

11 삶과 죽음에 대한 장자의 입장 파악

자료 분석 제시문은 도가 사상가인 장자의 주장이다. 장자는 삶과 죽음은 기(氣)가 모였다가 흩어지는 자연적이고 필연적인 과정이라고 보았다.

선택지 분석

✓ㄱ. 장자는 삶과 죽음이 기(氣)가 모이고 흩어지는 자연스러운 과정이므로 삶에 얽매이지도 말고 죽음을 걱정하지도 말아야 한다고 보았다. O

ㄴ. 장자는 인의예지(仁義禮智)와 같은 인위적인 규범을 부정적으로 보았다. X

✓ㄷ. 장자에 따르면 삶과 죽음은 계절의 변화처럼 자연적이고 필연적인 과정이다. O

ㄹ. 죽음을 윤회의 일부로 보고, 현생의 업보가 죽음 이후의 내생을 결정한다고 보는 사상은 불교이다. X

답 ②

12 공자와 장자의 죽음관 파악

자료 분석 갑은 공자, 을은 장자이다. 공자는 죽음보다 현실에서의 도덕적 삶에 더 관심을 가졌다. 장자는 삶과 죽음을 서로 연결된 순환 과정으로 보고 죽음에 초연할 것을 강조하였다.

선택지 분석

① 삶과 죽음을 모두 고통이라고 본 사상가는 석가모니이다. X

② 삶과 죽음을 기가 모였다가 흩어지는 연속적 과정이라고 본 사상가는 장자이다. ✗

✓❸ 장자는 삶과 죽음을 서로 연결되어 순환하는 자연스러운 과정이라고 보고 슬퍼할 필요가 없다고 보았다. ○

④ 죽음보다는 인을 이루는 삶, 즉 현실에서의 도덕적 삶에 더 관심을 가져야 함을 강조한 사상가는 공자이다. ✗

⑤ 현세의 업보[業]가 죽음 이후의 내세의 삶에 영향을 미친다고 본 사상가는 석가모니이다. ✗ 답 ③

13 죽음에 대한 플라톤의 입장 이해

자료 분석 제시문은 플라톤의 주장이다. 플라톤은 육체를 순수한 인식을 불가능하게 하는 감옥처럼 생각하였다.

선택지 분석

✓❶ 플라톤은 죽음 이후에 영혼이 육체에서 벗어나 진리를 순수하게 인식할 수 있다고 보았다. ✗

② 플라톤은 육체에 갇혀 있던 영혼이 죽음을 통해 영원불변한 이데아의 세계로 들어갈 수 있다고 보았다. ○

③ 플라톤은 살아 있는 동안 자신의 영혼을 육체의 본성으로부터 순수하게 지켜 영혼을 더럽히지 않아야 진리에 다가갈 수 있다고 보았다. ○

④ 플라톤은 영혼이 육체로부터 분리되어 자유로워지는 것은 살아서는 불가능하며, 죽음 이후에 가능하다고 보았다. ○

⑤ 플라톤은 죽음을 통해 육체로부터 벗어난 영혼만이 순수한 인식을 통해 순수한 진리를 알게 될 것이라고 보았다. ○ 답 ①

14 삶과 죽음에 대한 유교, 도가, 불교의 입장 파악

빈출 문항 자료 분석

(가)~(다) 사상의 입장으로 옳지 않은 것은?

(가) 아침에 도(道)를 깨달으면 저녁에 죽어도 좋다. 뜻있는 선비는 살아남고자 하여 인(仁)을 해치는 일이 없다. → 유교 사상

(나) 진인(眞人)은 삶을 기뻐하지도 않고, 죽음을 싫어하지도 않는다. 착한 일을 행하여 명성을 가까이하지도 말고, 악한 짓을 행하여 형벌을 가까이하지도 말아야 한다. → 도가 사상

(다) 전생(前生)에 뿌려진 씨앗은 이번 생에 받는 것이고, 다음 생에 거둘 열매는 이번 생에 행하는 바로 그것이다. → 불교 사상

해결 전략 (가)는 유교 사상이고, (나)는 도가 사상이며, (다)는 불교 사상이다. 유교에서는 삶과 죽음을 자연의 순환 과정으로 보면서도 죽음에 대해 적절한 애도를 표해야 한다고 본다. 도가에서는 삶과 죽음은 자연의 순환 과정일 뿐이므로 삶과 죽음에 초연해야 한다고 본다.

선택지 분석

① 유교에서는 죽음을 슬픈 일로 여기면서도 의로운 일을 위해서는 목숨을 버릴 수도 있다고 본다. ○

② 도가에서는 인의(仁義)와 같은 도덕을 위해 목숨을 바치는 것은 어리석은 일이라고 본다. ○

③ 불교에서는 연기의 법칙을 깨달으면 윤회의 고통에서 벗어날 수 있다고 본다. ○

④ 유교와 도가는 모두 태어남과 죽음을 자연스러운 과정이라고 본다. ○

✓❺ 불교에서는 삶과 죽음을 연기의 법칙으로 설명하며, 연기를 깨달아 집착을 버리면 윤회의 고통에서 벗어날 수 있다고 본다. 선한 삶을 살아야 내세에 행복할 수 있다는 것은 도가가 아닌 불교에 해당하는 내용이다. ✗

답 ⑤

15 도가와 불교의 죽음관 파악

자료 분석 (가)는 도가 사상, (나)는 불교 사상이다. 도가에서는 삶과 죽음을 자연스러운 현상으로 보고, 인간이 개입할 수 없는 필연적인 과정이라고 본다. 불교에서는 자신의 본래 모습을 깨달음으로써 끝없는 윤회의 고통에서 벗어날 수 있다고 본다.

선택지 분석

① 죽음을 다음 생으로 이어지는 윤회의 과정으로 본 것은 불교의 입장이다. ✗

② 도가에서는 죽음이 자연의 과정이기 때문에 애도할 필요가 없다고 본다. ✗

③ 죽음을 기(氣)가 모였다가 흩어지는 자연스러운 현상으로 본 것은 도가의 입장이다. ✗

✓❹ 불교에서는 깨달음을 통해 생로병사(生老病死)의 고통에서 벗어나야 한다고 본다. ○

⑤ 도가와 불교 모두 죽음을 인간 삶에서 벗어난 지극한 경지라고 보지 않는다. ✗ 답 ④

16 에피쿠로스와 플라톤의 죽음관 이해

자료 분석 갑은 에피쿠로스, 을은 플라톤이다. 에피쿠로스는 인간은 죽음을 경험할 수 없기 때문에 죽음을 두려워할 필요가 없다고 보며, 플라톤은 육체를 순수한 인식을 방해하는 감옥처럼 생각하고 죽음을 육체로부터 해방되는 것이라고 보았다.

선택지 분석

① 에피쿠로스는 죽음 이후에는 육체와 감각이 모두 소멸한다고 보았다. ✗

② 에피쿠로스는 죽음을 원자의 흩어짐으로 이해하였다. 그에 따르면 죽음 이후의 삶은 없다. ✗

③ 플라톤은 영혼이 불멸한다고 보았다. ✗

④ 플라톤은 죽음을 영혼이 육체에서 해방되는 계기로 보았다. ✗

✓❺ 에피쿠로스는 인간은 죽음을 경험할 수 없기 때문에 죽음을 두려워할 필요가 없다고 보았다. 플라톤은 육체를 순수한 인식을 방해하는 감옥으로 여기고, 죽음을 육체로부터 해방되는 것으로 보았다. 에피쿠로스와 플라톤은 모두 지혜로운 사람에게 죽음은 두려움의 대상이 아니라고 보았다. ○

답 ⑤

17 죽음에 대한 에피쿠로스와 플라톤의 입장 비교

자료 분석 갑은 에피쿠로스, 을은 플라톤이다. 에피쿠로스는 죽음은 인간을 구성하던 원자가 흩어져 개별 원자로 돌아가는 것으로, 죽음이 인간에게 아무것도 아니며 인간은 죽음을 경험할 수 없기 때문에 죽음을 두려워할 필요가 없다고 보았다. 플라톤은 "우리가 무엇인가를 순수하게 인식하려면 육체에서 벗어나야 하며 오직 영혼만을 사용하여 사물 그 자체를 보아야 한

다. 죽었을 때라야 우리는 간절히 바라는 지혜를 얻을 수 있다."라고 주장하며 육체를 순수한 인식을 방해하는 감옥처럼 생각하고 죽음 이후에 순수한 영혼으로 참된 지혜를 발견할 수 있다고 보았다.

선택지 분석

① 에피쿠로스는 죽음은 감각이 상실되는 것이므로 고통이 있다고 보지 않았으며 쾌락을 추구함으로써 극복하는 것이라고 보지 않았다. X

② 에피쿠로스는 죽음을 악으로 보지 않았다. X

③ 플라톤은 죽음 이후의 세계에서 참된 지혜를 발견할 수 있다고 보았다. X

✓❹ 에피쿠로스와 플라톤 모두 죽음을 두려움의 대상으로 보지 않았다. O

⑤ 에피쿠로스는 죽음이 인간에게 아무것도 아니라고 보며 내세를 대비해야 한다고 보지 않았다. X

답 ④

18 석가모니와 장자의 죽음관 비교

자료 분석 갑은 석가모니, 을은 장자이다. 불교에서는 삶과 죽음은 하나라고 보며, 도가에서는 삶과 죽음은 기가 모였다가 흩어지는 것이라고 본다.

선택지 분석

① 석가모니는 생로병사를 모두 고통이라고 보았다. X

② 석가모니는 인간의 삶이 자신의 업과 무관하지 않다고 보았다. X

③ 장자는 자연적 본성을 따라야 한다고 보았다. X

✓❹ 장자는 도(道)에 따르는 사람은 삶과 죽음에 집착하지 않는다고 보았다. O

⑤ 석가모니와 장자 모두 삶과 죽음을 분별해야 한다고 보지 않았다. X

답 ④

19 삶과 죽음에 대한 장자의 입장 이해

자료 분석 제시문은 삶과 죽음에 대한 장자의 주장이다. 장자는 삶과 죽음을 서로 연결된 순환 과정으로 보았다.

선택지 분석

① 불교의 입장이다. X

✓❷ 장자는 삶에 집착하지 않고 도(道)를 따라 살아갈 것을 강조하였다. O

③ 장자는 내세의 행복을 위해 옳은 일을 해야 한다고 보지 않았다. X

④ 장자는 인의(仁義)에 따르는 삶을 강조하지 않았다. X

⑤ 장자는 삶과 죽음은 차별이 없으므로 죽음 앞에서 슬퍼할 필요가 없다고 보았다. X

답 ②

20 죽음에 대한 공자와 장자의 입장 비교

자료 분석 갑은 공자, 을은 장자이다. 공자는 죽음이 아쉽지 않도록 도덕적으로 충실하게 살 것을 강조하였다.

선택지 분석

① 공자는 인간이 죽은 뒤에 윤회한다고 주장하지 않았다. X

② 공자는 죽음을 인간의 내세(來世)에서의 도덕적 완성을 위한 과정으로 보지 않았다. X

✓❸ 장자는 모든 분별과 차별에서 벗어나 만물을 평등한 것으로 보았으며, 주위 환경에 의해 본심을 어지럽히지 않고 도(道)와 일치하는 삶을 살아갈 것을 강조하였다. O

④ 공자의 입장이다. 장자는 죽음을 애도의 대상으로 간주하지 않았다. X

⑤ 공자만의 입장이다. X

답 ③

21 죽음에 대한 장자와 야스퍼스의 입장 비교

자료 분석 갑은 장자, 을은 야스퍼스이다.

선택지 분석

✓ㄱ. 장자는 삶과 죽음은 기(氣)가 모였다가 흩어지는 것으로 차별이 없으며, 사계절의 운행과 같이 자연스러운 순환 과정이라고 본다. O

ㄴ. 불교의 입장이다. 불교에 따르면 죽음은 현실의 세계로부터 벗어나 또 다른 세계로 윤회하게 됨을 의미한다. X

✓ㄷ. 야스퍼스는 죽음이 좌절을 통해 참된 실존을 깨달을 수 있는 한계 상황이라고 본다. O

ㄹ. 장자는 삶과 죽음이 차별이 없으므로 죽음 앞에서 슬퍼할 필요가 없고 죽음에 초연해야 한다고 보며, 야스퍼스는 인간이 죽음이라는 한계 상황에 직면하여 결단을 통해 참된 실존을 깨달을 수 있다고 본다. 따라서 장자와 야스퍼스는 모두 인간이 죽음에 대한 불안을 극복할 수 있다고 본다. X

답 ②

22 죽음에 대한 장자와 불교의 입장 비교

자료 분석 갑은 죽음에 대한 장자의 입장, 을은 불교 사상가의 입장이다. 장자는 삶과 죽음은 차별이 없으므로 죽음 앞에서 슬퍼할 필요가 없고 죽음에 초연해야 한다고 보았다. 불교에서는 죽음이 생(生)·노(老)·병(病)과 더불어 고통이며, 죽음은 윤회의 과정으로 현세의 의도적 행위가 죽음 이후의 삶을 결정한다고 본다.

선택지 분석

① 장자는 만물을 차별하는 분별적 지혜에서 벗어나야 한다고 보았다. X

② 불교에서는 삶과 죽음이 하나이며, 죽음 이후에도 또 다른 고통에 들어가게 된다고 본다. X

③ 불교에서는 생명이 있는 것은 죽은 뒤 그 업에 따라 다시 태어나 삶이 반복된다고 하는 윤회 사상을 주장한다. X

✓❹ 불교에서는 죽음은 또 다른 세계로 윤회하는 것이며, 현세에서의 선행과 악행이 죽음 이후의 삶을 결정한다고 보므로, 업(業)이 사후의 삶에 영향을 준다고 본다. O

⑤ 장자는 삶과 죽음은 기(氣)가 모이고 흩어지는 것으로, 이는 자연 현상과 다를 바 없으며 두려워하거나 슬퍼할 필요가 없다고 보았다. X

답 ④

23 인공 임신 중절에 대한 토론의 핵심 쟁점 파악

자료 분석 갑은 인공 임신 중절을 허용해야 한다는 입장이고, 을은 인공 임신 중절을 허용해서는 안 된다는 입장이다.

선택지 분석

①, ③, ④ 갑과 을이 부정의 대답을 할 질문이다. X

② 갑과 을이 긍정의 대답을 할 질문이다. X

✓❺ 갑은 태아가 본래적 가치를 지니지 않으므로 인공 임신 중절을 허용해야 한다는 입장이고, 을은 태아가 본래적 가치를 지니므로 인공 임신 중절을 허용해서는 안 된다는 입장이다. 따라서 토론의 핵심 쟁점은 '태아는 본래적 가치를 지니므로 인공 임신 중절은 부당한가?'이다. O

답 ⑤

도전 1등급 24 임신 중절에 대한 찬반 입장 비교

도전 1등급 문항 분석 ▸▸ 정답률 42.0%

갑, 을의 입장으로 적절한 것만을 〈보기〉에서 있는 대로 고른 것은?

갑: 태아는 인간 생명체이지만 완전한 인격체는 아니기에 부분적인 도덕적 지위만을 가집니다. 따라서 태아를 함부로 죽이는 것은 안 되지만, 임신부의 질병 등으로 현재 상황이 좋지 않고 나중에 더 좋은 상황에서 임신하려는 경우라면 임신 중절은 허용됩니다.

임신 중절 찬성

을: 태아는 잠재적인 인간이라는 사실은 부정될 수 없습니다. 잠재성이 중요한 이유는 태아를 죽이는 것이 미래의 합리적이고 자의식적인 존재를 죽이는 것이기 때문입니다. 따라서 인간으로서의 잠재성을 지닌 태아를 해치는 것은 옳지 않습니다. → 임신 중절 반대

→ 태아는 완전한 인격체가 아니므로 부분적인 도덕적 지위만을 지닌다고 봄

→ 태아는 잠재적인 인간이므로 태아를 임신 중절 하는 것은 잘못이라고 봄

보기

ㄱ. 갑: 태아의 권리와 임신부의 권리를 ~~동등하게 대우~~해야 한다.
→ 태아와 임신부의 권리를 다르게 대우해야 함

ㄴ. 을: 태아는 특별한 방해가 없는 한 하나의 인격체로 자랄 것이다.

ㄷ. 을: ~~태아는 합리적 · 자의식적인 존재~~이기에 해쳐서는 안 된다.
→ 태아는 미래에 합리적 · 자의식적 존재가 됨

ㄹ. 갑, 을: 태아를 단순한 세포 조직처럼 함부로 대우해서는 안 된다.
→ 갑, 을 모두 태아를 함부로 죽이는 것에 반대함

해결 전략 갑은 임신 중절을 허용하는 입장이고, 을은 임신 중절을 반대하는 입장이다. 임신 중절을 반대하는 잠재성 논거에서는 태아는 임신 순간부터 한 인간으로 성장할 잠재성을 갖고 있으므로 태아도 인간으로서 지위를 가지고 있다고 본다는 점을 파악하여 문제를 해결해야 한다.

선택지 분석

ㄱ. 갑은 임신부의 결정에 의해 임신 중절을 할 수 있다고 본다. 따라서 태아의 권리와 임신부의 권리를 동등하게 대우할 것을 주장한다고 볼 수 없다. X

✓ ㄴ. 을은 태아를 잠재적 인간으로 간주하므로 태아가 특별한 방해를 받지 않는 한 하나의 인격체로 성장할 것이라고 본다. O

ㄷ. 을은 태아를 잠재적 인간으로 간주하므로 태아가 현재가 아닌 미래에 합리적이고 자의식적인 존재가 될 수 있다고 본다. X

✓ ㄹ. 갑, 을은 모두 태아가 생명체라는 것을 인정하므로 태아를 단순한 세포 조직처럼 다루는 데 반대한다. O

답 ③

25 낙태 허용에 대한 찬반 입장 비교

자료 분석 갑은 태아가 잠재적 인간에 불과하므로 낙태는 허용되어야 한다는 입장이고, 을은 태아의 생명이 절대적 가치를 지니므로 낙태는 금지되어야 한다는 입장이다.

선택지 분석

✓ ❶ 갑은 태아는 잠재적 인간에 불과하므로, 태아와 임신부의 생명의 가치가 각각 다르다고 본다. O

② 여성이 자신의 신체에서 일어나는 일을 자율적으로 결정하고 선택할 수 있어야 한다고 보는 것은 갑의 입장이다. X

③ 을은 갑과 달리 모든 인간의 생명은 존엄하며, 태아 역시 생명이 있는 인간이므로 보호해야 한다고 본다. X

④ 갑은 을과 달리 낙태에 대해 찬성하며 낙태가 법적으로 허용되어야 한다고 본다. X

⑤ 갑은 태아가 지니는 생명의 가치가 절대적이지 않다고 보므로 태아의 생명권이 제한될 수 있다고 본다. 을은 잘못이 없는 인간을 해치는 것은 도덕적으로 옳은 일이 아니므로 무고한 태아의 생명권이 제한될 수 없다고 본다. X

답 ①

26 안락사의 윤리적 쟁점에 대한 입장 비교

자료 분석 갑은 연명 치료의 중단과 같은 소극적 안락사만을 허용해야 한다고 보고, 을은 소극적 안락사뿐만 아니라 약물 주입과 같은 적극적 안락사도 허용해야 한다고 본다.

선택지 분석

① 토론에서 언급되지 않은 내용이다. X

✓ ❷ 갑은 소극적 안락사만 도덕적인 행위라고 보고, 을은 소극적 안락사뿐만 아니라 적극적 안락사도 도덕적인 행위라고 본다. 갑은 긍정, 을은 부정의 대답을 할 질문이므로 토론의 핵심 쟁점이 될 수 있다. O

③, ⑤ 갑, 을 모두 긍정의 대답을 할 질문이다. X

④ 갑, 을 모두 부정의 대답을 할 질문이다. X

답 ②

27 뇌사에 대한 입장 비교

자료 분석 (가)는 뇌사를 죽음의 기준으로 보아야 한다는 입장이고, (나)는 심폐사를 죽음의 기준으로 보아야 한다는 입장이다.

선택지 분석

① (가)는 유용성 극대화를 위해서 뇌사의 인정이 필요함을 강조하고 있다. (나)는 뇌사가 인정되어서는 안 된다는 입장이다. X

② (가)는 뇌사를 죽음으로 인정할 때 사회적 선이 실현된다고 보았다. (나)는 뇌사가 인정되어서는 안 된다는 입장이다. X

③ (가)는 뇌 기능 상실이 죽음을 판단하는 유일한 기준이라고 보았다. (나)는 뇌 기능 상실이 죽음을 판단하는 유일한 기준이 아니라고 보았다. X

④ (가)는 뇌사를 죽음으로 인정해야 장기 이식이 확대될 수 있다고 보았다. (나)는 심폐사를 죽음으로 인정해야 생명의 존엄성을 지킬 수 있다고 보았다. X

✓ ❺ (나)는 뇌사를 죽음으로 보면 생명의 존엄성과 같은 인간의 가치를 해칠 수 있다고 보았다. O

답 ⑤

28 뇌사의 윤리적 쟁점 파악

자료 분석 죽음에 대한 판정 기준으로 (가)는 심폐사, (나)는 뇌사를 주장하고 있다. (가)는 죽음의 시점을 확실하게 판정할 수 있는 심폐사만을 죽음으로 인정해야 한다고 본다. (나)는 뇌사자의 인간 존엄성을 지키고 의료 자원의 효율적 이용을 위해 뇌사를 죽음으로 인정해야 한다고 본다.

선택지 분석

① 뇌사를 주장하는 입장은 의료 자원의 효율적 이용이 필요하다고 본다. X

✓ ❷ 죽음의 판정 기준으로 심폐사를 주장하는 입장은 뇌사가 완결된 죽음이 아니며 '죽어 가는 과정'에 불과하다고 간주한다. O

③ 심폐사를 주장하는 입장은 뇌사 인정이 뇌사자의 생명권을 침해한다고 본다. X

④ 뇌사를 주장하는 입장은 장기 이식을 위해 뇌사를 죽음의 기준으로 삼아야 한다고 본다. X
⑤ 뇌사를 주장하는 입장은 무의미한 연명 치료가 인간 존엄성을 훼손한다고 본다. X 답 ②

29 안락사에 대한 칼럼의 입장 파악

자료 분석 칼럼은 회생 불가능한 환자의 인간으로서의 존엄성을 보호하기 위해 연명 치료를 하지 말아야 한다는 입장이다.

선택지 분석

✓ㄱ. 칼럼은 인간의 존엄성에는 죽어가는 사람의 존엄성도 포함된다고 주장하면서 환자의 존엄성 유지를 위해 연명 치료를 하지 말아야 한다고 보았다. O

ㄴ. 칼럼은 회생 불가능한 환자에 대한 소극적 안락사가 필요하다는 입장이다. X

✓ㄷ. 칼럼은 회생 불가능한 환자의 생명을 인위적으로 지속시키거나 단축시키는 것은 인간답게 죽을 권리를 침해하는 일이라고 본다. O

✓ㄹ. 칼럼은 회생 불가능한 환자에게 심폐 소생 장치를 연결하여 연명 치료를 지속하는 것보다 심폐 소생 장치를 연결하지 않는 것이 바람직하다고 주장하면서 연명 치료에 반대하고 있다. O 답 ④

30 뇌사 인정에 대한 입장 파악

자료 분석 제시문에서는 뇌사를 죽음으로 인정하고 뇌사자의 장기 이식을 허용해야 한다고 주장한다는 점을 파악하여 문제를 해결해야 한다.

선택지 분석

✓ㄱ. 생명체의 활동에 뇌가 결정적 기능을 담당하고 있다는 주장은 뇌사를 죽음으로 인정하는 것을 정당화하는 근거가 될 수 있다. O

✓ㄴ. "뇌사판정위원회"가 뇌사의 오판을 줄일 수 있다고 주장하므로, 뇌사 판정의 오류를 줄일 수 있는 제도적 절차가 있다고 볼 것이다. O

ㄷ. 제시문에서는 뇌사자의 장기 이식이 공익의 실현에 기여한다고 본다. X

ㄹ. 제시문에서는 뇌사를 인정하므로, 심폐사만을 죽음으로 보아야 한다고 주장하지 않는다. X 답 ①

02 생명 윤리

31 ⑤	32 ④	33 ④	34 ⑤	35 ③	36 ⑤
37 ②	38 ⑤	39 ⑤	40 ⑤	41 ①	42 ④
43 ③	44 ⑤	45 ③	46 ⑤	47 ②	48 ⑤
49 ⑤	50 ④	51 ③			

31 인간 배아 복제 연구에 대한 입장 비교

빈출 문항 자료 분석

(가)의 주장을 (나) 그림으로 나타낼 때, ㉠에 대한 반론의 근거로 가장 적절한 것은?

→ 인간 배아 복제 반대

(가)	인간 배아 복제는 줄기세포를 추출하기 위해 인간 배아를 파괴하여 인간의 생명권을 침해하기 때문에 허용되어서는 안 된다.
(나)	대전제: 인간의 생명권을 침해하는 행위는 허용되어서는 안 된다. + 소전제: ㉠ (→ 인간 배아를 파괴하는 인간 배아 복제는 인간의 생명권을 침해하는 행위이다.) ↓ 결론: 인간 배아를 파괴하는 인간 배아 복제는 허용되어서는 안 된다.

해결 전략 (가)는 인간 배아 복제를 허용해서는 안 된다는 입장이다. (나)의 ㉠에 들어갈 내용은 '인간 배아를 파괴하는 인간 배아 복제는 인간의 생명권을 침해하는 행위이다.'이다. ㉠에 들어갈 소전제에 대한 반론이 인간 배아 복제에 찬성하는 입장임을 파악한 후, 인간 배아 복제를 찬성하는 입장의 근거(복제 과정에서 이용하는 배아는 아직 완전한 인간이 아님)를 찾아야 한다.

선택지 분석

①, ②, ③, ④ 모두 (가)의 입장에 부합하는 내용이다. X

✓❺ ㉠에 대한 반론은 '인간 배아 복제는 인간의 생명권을 침해하는 행위가 아니다.'이다. 따라서 '인간 배아는 도덕적 지위가 없는 단순한 세포 덩어리이다.'는 ㉠에 대한 반론의 근거로 가장 적절하다. O 답 ⑤

32 생식 세포 유전자 치료 허용에 대한 입장 비교

자료 분석 (가)는 생식 세포 유전자 치료는 허용해서는 안 된다는 입장이다. (나)의 ㉠에 들어갈 내용은 '태어날 자녀를 대상으로 한 생식 세포 유전자 치료는 인간의 자율성을 침해하는 행위이다.'이다.

선택지 분석

①, ②, ⑤ (가)의 입장에 부합하는 내용이다. X

③ ㉠에 대한 근거 또는 ㉠에 대한 반론의 근거와 무관한 내용이다. X

✓❹ ㉠에 대한 반론은 '생식 세포 유전자 치료는 태어날 자녀의 자율성을 침해하지 않는 행위이다.'이다. 따라서 '태어날 자녀는 자신의 유전 질환을 치료하는 것에 동의할 것이다.'는 ㉠에 대한 반론의 근거로 적절하다. O 답 ④

33 우생학에 대한 입장 비교

빈출 문항 자료 분석

다음 토론의 핵심 쟁점으로 가장 적절한 것은?

갑: 과거 우생학은 국가의 특정한 목적을 위해 개인의 자유를 침해했기 때문에 금지되었습니다. 하지만 개인의 자유로운 선택을 존중하는 우생학은 허용되어야 합니다. → 우생학 허용

을: 동의합니다. 개인의 자유로운 선택을 전제한다면, 개인은 자신뿐 아니라 자녀에 대한 치료 목적의 소극적 우생학은 물론 자질 강화를 위한 적극적 우생학의 권리도 지닙니다. → 소극적 우생학, 적극적 우생학 모두 허용

갑: 물론 개인은 자신에 대해서는 그러한 권리 모두를 지닙니다. 하지만 자녀에 대한 소극적 우생학과 달리, 부모가 유전적 개입을 통해 자녀의 삶을 특정 방향으로 유도하려는 적극적 우생학은 자녀의 자율성을 침해하기에 금지되어야 합니다. → 소극적 우생학만을 허용

을: 그렇지 않습니다. 인간의 삶의 방향은 유전자, 환경, 노력 등의 복합적인 상호 작용으로 결정됩니다. 자녀에 대한 적극적 우생학이 자녀의 자율성을 침해하는 것은 아닙니다.

해결 전략 갑은 자녀에 대한 적극적 우생학은 자녀의 자율성을 침해하기에 금지되어야 한다는 입장이다. 을은 개인의 자유로운 선택이 전제된다면, 자신뿐 아니라 자녀에 대한 소극적 우생학과 적극적 우생학의 권리를 보장해야 한다는 입장이다. 토론의 핵심 쟁점을 찾기 위해서는 갑과 을이 모두 동의하거나 부정할 내용, 제시문에 나타나지 않은 내용을 배제해야 한다.

선택지 분석

①, ②, ③, ⑤ 갑, 을 모두 긍정의 대답을 할 질문이다. X

✓ ❹ 자녀의 자질 강화를 위해, 즉 자녀의 능력 향상을 위해 부모가 자녀의 유전자에 개입해도 되는가에 대해 갑은 부정, 을은 긍정의 대답을 할 것이다. O

답 ④

34 배아 복제에 대한 윤리적 쟁점 이해

자료 분석 갑은 복제 배아를 인간이라고 말할 수 없다고 보고 배아 복제에 찬성하는 입장이다. 을은 복제 배아와 인간을 구분할 수 있는 명확한 시점이 존재하지 않으므로 복제 배아가 인간으로서 지위를 지닐 수 있다고 보고 배아 복제에 반대하는 입장이다.

선택지 분석

①, ②, ③, ④ 갑, 을 모두 긍정의 대답을 할 질문이다. X

✓ ❺ 갑은 복제 배아를 인간으로 인정하지 않는 반면, 을은 복제 배아를 인간으로서 지위를 지닌 존재라고 본다. 따라서 토론의 핵심 쟁점은 복제 배아가 인간으로서 지위를 지니는지의 여부이다. O

답 ⑤

35 배아 복제에 대한 윤리적 쟁점 파악

자료 분석 갑은 배아가 인간과 동일한 도덕적 지위를 지니므로 배아 복제가 허용될 수 없다고 본다. 을은 배아가 도덕적 지위를 지니지 못하므로 배아 복제를 허용해야 한다고 본다.

선택지 분석

ㄱ. 갑은 인간 배아가 인간과 동일한 도덕적 지위를 지닌다고 본다. X

✓ ㄴ. 을은 배아의 도덕적 지위를 인정하지 않으므로, 배아를 세포 덩어리로 간주하고 있다고 볼 수 있다. O

✓ ㄷ. 을은 배아 복제를 허용해야 한다고 주장하므로, 인간 배아를 수단으로 이용할 수 있다고 본다. O

ㄹ. 을만의 입장이다. X

답 ③

36 유전자 치료에 대한 칼럼의 입장 파악

자료 분석 칼럼은 생명 공학의 발달로 유전병의 치료가 가능해지고 있으나 체세포 유전자 치료와 달리 생식 세포 유전자 치료의 경우 윤리적으로 논란이 될 수 있음을 우려하고 있다. 칼럼은 생식 세포 유전자 치료의 경우 배아의 파기가 수반되는 연구가 필요하며, 유전자 검사로 얻은 배아의 유전 정보는 적극적 우생학으로 이어질 수 있으므로 이를 허용해서는 안 된다고 주장하고 있다.

선택지 분석

① 칼럼은 체세포 유전자 치료제가 환자 본인의 동의를 전제로 사용되고 있음을 밝히고 있다. X

② 칼럼은 생식 세포 유전자 치료를 위한 유전자 검사는 배아의 유전 정보가 자질 강화에 활용되어 적극적 우생학으로 이어질 수 있으므로 허용해서는 안 된다고 주장하고 있다. X

③ 칼럼은 유전자 검사로 얻은 배아의 유전 정보가 치료가 아닌 자질 강화의 목적으로 활용되는 것에 반대하고 있다. X

④ 칼럼은 유전자 검사의 결과가 치료가 아닌 자질 강화에 활용되는 것은 적극적 우생학으로도 이어질 수 있으므로 허용되어서는 안 된다고 주장하고 있다. X

✓ ❺ 칼럼은 체세포 유전자 치료는 허용될 수 있지만 인간 배아를 수단화하는 생식 세포 유전자 치료는 허용되어서는 안 된다는 입장이다. O

답 ⑤

37 유전적 간섭에 대한 하버마스의 입장 이해

자료 분석 제시문은 적극적인 유전적 간섭을 추구하는 자유주의적 우생학을 비판한 하버마스의 주장이다. 하버마스는 배아에 대한 적극적인 유전적 간섭을 추구하는 자유주의적 우생학은 배아의 사물화를 초래하며, 이는 인간이 자유롭고 평등한 도덕 주체가 되는 것을 어렵게 하므로 유전적 간섭은 치료에 국한되어야 한다고 보았다.

선택지 분석

✓ ㄱ. 하버마스는 유전적 간섭이 치료라는 목적을 위한 것이라면 허용될 수 있다고 보았다. O

ㄴ. 하버마스는 자유주의 우생학이 배아의 사물화를 초래하고, 인간이 도덕 주체가 되기 위한 근본 조건을 뒤흔들기 때문에 허용되어서는 안 된다고 보았다. X

✓ ㄷ. 하버마스에 따르면 인간의 유전적 자연성은 개개인이 자유롭고 평등한 도덕 주체가 되기 위한 근본적인 조건이다. O

ㄹ. 하버마스는 부모의 적극적인 유전적 간섭으로 태어난 자녀는 스스로를 자기 삶의 유일한 저자이자 다른 사람들과 평등한 주체로서 인식하지 못하게 된다고 보았다. X

답 ②

38 유전 공학 연구에 대한 쟁점 파악

자료 분석 갑은 치료를 목적으로 하는 유전 공학 연구는 물론 자연적 능력을 강화시킬 수 있는 유전자 강화 연구도 허용되어야 한다고 주장하는 반면, 을은 치료를 목적으로 하는 유전 공학 연구는 허용되어야 하지만 유전자 강화 연구는 중단되어야 한다고 주장한다.

선택지 분석

① 갑, 을 모두 긍정의 대답을 할 질문이다. 갑과 을은 모두 질병 극복이라는 선을 추구하는 유전 공학 연구에 동의한다. X

② 갑, 을 모두 긍정의 대답을 할 질문이다. 갑과 을은 모두 치료를 목적으로 하는 유전 공학의 발전에 동의한다. X

③ 갑, 을 모두 부정의 대답을 할 질문이다. 갑과 을은 모두 유전자 강화 기술의 목적을 질병의 치료가 아니라 자연적 능력의 강화라고 본다. X

④ 갑, 을 모두 긍정의 대답을 할 질문이다. 갑과 을은 모두 유전자 강화 기술이 인간의 자연적 능력을 강화시킨다고 본다. X

✓❺ 갑은 부정의 대답을, 을은 긍정의 대답을 할 질문이므로 토론의 핵심 쟁점으로 적절하다. 갑은 유전자 강화를 목적으로 하는 유전 공학 연구를 허용해야 한다고 보지만, 을은 인간의 고유성과 정체성을 훼손하는 유전자 강화 연구는 중단되어야 한다고 본다. O

답 ⑤

39 유전자 강화에 대한 토론의 핵심 쟁점 파악

빈출 문항 자료 분석

다음 토론의 핵심 쟁점으로 가장 적절한 것은?

> 갑: 유전 공학의 발전으로 개발된 유전자 치료는 유전병을 치료할 수 있는 유일한 방법입니다. 유전자 치료는 인류의 고통을 줄일 수 있으므로 허용되어야 합니다.
> → 갑, 을 모두 유전자 치료가 허용될 수 있다고 봄
>
> 을: 동의합니다. 인류의 복지 증진을 위해 치료 목적의 유전적 개입을 허용해야 할 뿐만 아니라 부모의 선택에 따라 자녀의 유전적 자질을 강화하는 것도 허용해야 합니다.
>
> 갑: 아닙니다. 유전자 강화를 통해 체력이나 지적 능력 등을 향상시키는 것은 자녀의 삶을 부모가 원하는 특정한 방향으로 유도하는 것입니다. 이는 후세대의 자율성을 침해하는 것이므로 허용되어서는 안 됩니다.
> → 유전자 강화는 후세대의 자율성을 침해하므로 허용되어서는 안 됨
>
> 을: 그렇지 않습니다. 후세대는 유전자 강화를 통해 향상된 체력이나 지적 능력 등을 이용해서 자신이 추구하는 삶의 목적을 달성할 수 있으므로, 유전자 강화는 자녀의 삶을 특정한 방향으로 유도하는 것이 아닙니다.
> → 유전자 강화를 통해 자신이 추구하는 삶의 목적 달성이 가능하므로 유전자 강화는 허용해야 함

해결 전략 갑은 유전자 강화는 후세대의 자율성을 침해하므로 허용되어서는 안 된다고 주장하는 반면, 을은 유전자 강화를 통해 향상된 능력을 이용하여 자율적인 삶을 살 수 있으므로 유전자 강화를 허용해야 한다고 주장한다. 토론의 핵심 쟁점을 찾기 위해서는 갑과 을이 모두 동의하거나 부정할 내용, 제시문에 나타나지 않은 내용을 배제해야 한다.

선택지 분석

① 갑과 을은 모두 유전자 치료가 인간의 이익을 위해 허용될 수 있다고 본다. X

② 갑과 을은 모두 치료 목적의 유전적 개입이 허용될 수 있다고 본다. X

③ 갑과 을은 모두 유전자 강화가 후세대의 체력이나 지적 능력을 향상시킬 수 있다고 본다. X

④ 갑과 을은 모두 후세대의 삶을 특정한 방향으로 유도하는 유전자 강화는 허용되어서는 안 된다고 본다. X

✓❺ 갑은 유전적인 자질을 향상시키는 유전자 강화를 허용해서는 안 된다고 보는 입장이고, 을은 유전자 강화가 허용되어야 한다고 보는 입장이다. O

답 ⑤

40 유전자 교정 기술에 대한 찬반 입장 파악

빈출 문항 자료 분석

갑은 긍정, 을은 부정의 대답을 할 질문으로 가장 적절한 것은?

> 갑: 유전적 결함이 있는 환자는 유전자 교정 기술의 혜택으로 자신과 타인의 부정적 평가에서 벗어나 잃어버린 존엄을 되찾을 수 있다. 이 기술의 활용은 개인의 유전자 선호에 달려 있다. 인류는 자신의 의도에 맞게 유전 정보를 활용하여 과학적 유토피아를 실현할 수 있다.
> → 유전자 교정 기술에 긍정적 입장
>
> 을: 유전자 교정 기술은 인간성을 변화시킬 수 있어서 바람직하지 않다. 이 기술이 발전하면 인류는 생명체를 지적(知的)으로 설계할 수 있는 힘을 가질 수밖에 없다. 그러나 유전자의 좋고 나쁨을 인간이 판단해서는 안 된다. 왜냐하면 교정은 좋은 것이 있음을 전제하는데, 변화하는 환경에 유전자가 어떻게 적응할지 모르기 때문이다.
> → 유전자 교정 기술에 부정적 입장

해결 전략 갑은 유전자 교정 기술이 인간의 삶에 가져올 혜택에 대해 긍정적이며, 그 기술을 인간이 통제할 수 있다고 본다. 반면 을은 유전자 교정 기술이 인간의 삶에 결과적으로 어떤 영향을 끼칠지 알 수 없으므로 자의적으로 판단해서는 안 된다고 본다.

선택지 분석

①, ② 갑, 을 모두 긍정의 대답을 할 질문이다. X

③, ④ 갑은 부정, 을은 긍정의 대답을 할 질문이다. X

✓❺ '유전자 교정 기술에서 인간이 유전자의 가치를 판단하는 것은 정당한가?'라는 질문에 대해 갑은 긍정, 을은 부정의 대답을 할 것이다. O

답 ⑤

41 유전자 조작과 관련된 쟁점 파악

자료 분석 (가)는 치료를 위한 유전자 조작은 허용될 수 있지만, 자질 강화를 위한 유전자 조작은 허용될 수 없다는 입장이다. 이에 비해 (나)는 치료를 위한 유전자 조작뿐만 아니라 자질 강화를 위한 유전자 조작도 허용되어야 한다는 입장이다.

선택지 분석

✓❶ (가)의 입장에 비해 (나)의 입장은 미래 자녀의 동의를 중시하는 정도(X)가 낮고, 유전자 조작의 허용 범위를 확대하는 정도(Y)가 높으며, 부모의 자유로운 선택의 범위를 확대하는 정도(Z)도 높다. O

②, ③, ④, ⑤ (가)에 비해 (나)의 입장이 지닌 상대적 특징이라고 할 수 없다. X

답 ①

42 배아 복제와 관련된 토론의 핵심 쟁점 파악

자료 분석 갑은 인간 개체 복제에 대해 반대하지만, 질병 치료를 위한 인간 배아 복제에 대해서는 허용될 수 있다는 입장이다. 을은 인간 개체 복제뿐만 아니라 인간 배아 복제 역시 허용될 수 없다는 입장이다.

선택지 분석

① 갑, 을 모두 동물 복제는 허용될 수 있다고 본다. X

② 갑, 을 모두 인간 개체 복제는 인간 존엄성을 훼손한다고 본다. X

③ 갑, 을 모두 멸종 동물의 복원과 희귀 동물의 보존 및 식량난 해결을 목적으로 하는 동물 복제가 사회적 유용성 증진에 기여한다고 본다. X

✓ **❹ 갑은 치료 목적의 인간 배아 복제를 찬성하는 입장이고, 을은 인간 배아 복제에 반대하는 입장이다. 따라서 토론의 핵심 쟁점은 "치료 목적의 인간 배아 복제는 허용될 수 있는가?"라고 할 수 있다. O**

⑤ 갑, 을 모두 인간 배아는 성인과 같은 도덕적 지위를 지니지 않는다고 본다. X

답 ④

43 유전자 치료에 대한 입장 파악

자료 분석 칼럼은 유전자 치료에 사용되는 유전자 가위 기술이 우생학을 초래할 수 있다고 우려하는 입장이다.

선택지 분석

① 칼럼에 유전자 가위 기술을 동물에게 사용하면 안 된다는 입장은 나타나 있지 않다. X

② 칼럼에서는 "유전자 가위 기술은 인간의 유전적 구성을 통제하려는 시도로 이어지는 첫걸음이 될 수 있으므로 인간을 대상으로 사용해서는 안 될 것이다."라고 진술하고 있다. X

✓ **❸ 칼럼은 유전자 가위 기술이 인간의 유전적 구성을 통제하여 인간을 개량하려는 우생학으로 변질될 우려가 있다고 보는 입장이다. O**

④ 칼럼에서는 인간을 대상으로 유전자 가위 기술을 사용해서는 안 된다고 보기 때문에 유전자 가위 기술을 성인을 대상으로 한 실험에 한해서 사용해야 한다고 보기 어렵다. X

⑤ 칼럼에서는 유전자 가위 기술을 인간을 대상으로 사용해서는 안 된다고 보고 있으므로 부모가 자녀의 유전자를 선택할 때만 허용해야 한다고 보기 어렵다. X

답 ③

44 장기 이식에 대한 찬반 입장 파악

자료 분석 갑은 장기 기증에 반대하는 입장에서 장기 이식이 인간의 존엄성을 침해하는 것이라고 본다. 을은 장기 기증을 찬성하는 입장에서 장기 기증을 하려는 인간의 자유로운 결정권을 존중해야 한다고 본다.

선택지 분석

① 갑과 을 모두 장기 이식이 생명을 살릴 수 있다고 본다. X

② 갑과 을 모두 인간의 존엄성을 훼손하는 장기 매매는 허용될 수 없다고 본다. X

③ 갑과 을 모두 몸의 소유권을 자신이 갖는다고 주장한다. X

④ 갑과 을은 모두 몸은 인간 존엄성의 토대가 된다고 본다. X

✓ **❺ 갑은 자기 몸에 대한 소유권을 인정하면서도 장기 기증이 인간 존엄성을 훼손할 수 있다고 보고 장기 기증의 자유를 허용해서는 안 된다고 주장한다. 이와 달리 을은 몸의 일부분을 기증해도 인간 존엄성을 훼손하지 않으므로 개인은 장기 기증과 관련하여 자기 결정권을 가진다고 주장한다. O**

답 ⑤

45 자율성 존중의 원칙 이해

자료 분석 갑은 환자의 치료에서 의사의 온정적 간섭을 긍정한다. 을은 온정적 간섭도 도움이 되지만 환자의 자기 결정권이 존중되어야 한다고 본다.

선택지 분석

① 갑과 을은 모두 질병 치료가 의사의 본질적 사명이라고 본다. X

② 갑과 을은 모두 의사의 온정적 간섭이 질병 치료에 도움이 된다고 본다. X

✓ **❸ 갑은 환자 치료에서 의사의 온정적 간섭을 긍정하지만, 을은 환자의 자기 결정권이 존중되어야 한다고 본다. 따라서 토론의 핵심 쟁점은 치료에 있어서 환자의 자율성이 우선되어야 하는지 여부라고 할 수 있다. O**

④ 갑과 을은 모두 의사는 질병에 대한 전문 지식을 지니지만 환자는 그렇지 못하다는 입장에 동의한다. X

⑤ 갑, 을은 모두 의사의 의학적 판단이 환자의 건강 회복을 목적으로 한다는 입장에 동의한다. X

답 ③

46 하버마스의 유전자 조작에 대한 입장 파악

자료 분석 가상 대담의 사상가는 하버마스이다. 하버마스는 치료를 위한 유전자 조작은 허용될 수 있지만 강화를 위한 유전자 조작은 세대 간의 평등성을 훼손하고 그 존재의 자율성을 근본적으로 침해하는 행위이므로 허용될 수 없다고 보았다.

선택지 분석

① 하버마스는 강화를 위한 유전자 조작은 인간을 수단화하는 것이라고 보았다. O

② 하버마스는 의사소통의 합리성이 확보된다면 유전학적 치료에 대한 합의를 할 수 있다고 보았다. O

③ 하버마스는 치료를 위한 유전자 개입까지 거부하지는 않았다. O

④ 하버마스는 유전학적 강화를 통해 태어난 사람은 부모의 일방적 결정과 당사자의 동의 결여로 태어난 것이므로 자신의 삶을 부당하게 간섭당한 것이라고 보았다. O

✓ **❺ 하버마스는 자질 강화를 위한 배아 유전자 조작은 세대 간의 균형을 회복시키는 것이 아니라 세대 간의 평등성을 훼손한다고 보았다. X**

답 ⑤

47 장기 이식에 관한 윤리적 문제 이해

자료 분석 갑은 장기 기증에 잠정적 동의, 묵시적 동의도 인정해야 한다는 입장이고, 을은 장기 기증에 명시적 동의만 인정해야 한다는 입장이다.

선택지 분석

① 갑과 을은 모두 장기 기증 활성화를 위한 노력이 필요하다는 점에 동의하고 있다. X

✓ **❷ 갑은 장기 기증 거부 의사를 밝히지 않았다면 장기 이식이 가능해야 한다고 보고, 을은 명시적 동의를 한 경우에만 장기 이식이 가능해야 한다고 본다. O**

③ 갑과 을은 모두 뇌사자가 장기 기증 거부 의사를 밝혔다면 장기 이식을 할 수 없다고 본다. X

④ 갑과 을은 모두 장기 기증이 불치병에 걸린 환자를 치료하는 데 기여한다고 본다. X

⑤ 뇌사의 판정 기준은 토론에서 언급되지 않은 내용이다. X

답 ②

48 유전자 조작 허용에 대한 입장 이해

자료 분석 갑은 유전적 질병 치료를 위한 유전자 조작만이 아니라 자질 강화를 위한 개인 차원의 유전자 조작도 허용해야 한다는 입장이다. 반면에 을은 유전적 질병 치료를 위한 유전자 조작만을 허용해야 한다는 입장이다.

선택지 분석

①, ② 갑과 을이 모두 긍정의 대답을 할 내용이므로 제시된 토론의 핵심 쟁점이 될 수 없다. X

③, ④ 갑과 을이 모두 부정의 대답을 할 내용이므로 제시된 토론의 핵심 쟁점이 될 수 없다. X

✓❺ 제시된 토론의 핵심 쟁점은 자질 강화를 위한 개인 차원의 유전자 조작 허용 여부이다. O

답 ⑤

49 동물 실험에 대한 윤리적 쟁점 이해

빈출 문항 자료 분석

다음 토론의 핵심 쟁점으로 가장 적절한 것은?

갑: 동물 실험은 인간을 위한 신약 개발이나 제품의 안전성 검증 등을 위해 수행되고 있습니다. 그런데 동물 실험 과정에서 수많은 동물이 큰 고통을 받고 있습니다. 동물에게도 고통받지 않을 권리가 있습니다. → 동물에게 고통받지 않을 권리 인정 / → 동물에게 고통받지 않을 권리가 있으므로 동물 실험 반대

을: 동의합니다. 하지만 모든 동물 실험이 부당한 것은 아닙니다. 동물이 겪는 고통에도 불구하고 인간의 생명과 건강을 위해 큰 이익을 주는 경우에는 동물 실험이 정당성을 확보할 수 있습니다. → 동물 실험 찬성

갑: 동물 실험이 인간에게 큰 이익을 줄 수 있지만, 인간의 이익이 동물 실험을 정당화할 수는 없습니다. 동물도 인간과 동등한 권리를 가집니다. 모든 동물 실험은 동물의 권리를 침해하는 것이기 때문에 금지되어야 합니다. → 인간의 이익 여부와 상관없이 모든 동물 실험 반대

을: 아닙니다. 동물의 권리와 이익보다 인간의 권리와 이익을 중시해야 합니다. 다만 인간에게 큰 이익을 주지 못하면서 동물에게 큰 고통을 줄 경우에는 동물 실험이 금지되어야 합니다. → 인간에게 이익을 주는 동물 실험 찬성, 이익을 주지 못하는 동물 실험 반대

해결 전략 갑은 동물에게 고통받지 않을 권리가 있으며, 동물도 인간과 동등한 권리를 가진다고 보는 입장이다. 따라서 갑은 인간의 이익 여부와 상관없이 모든 동물 실험이 부당하며, 금지되어야 한다고 주장한다. 을은 동물에게 고통받지 않을 권리가 있음을 인정하지만 동물의 권리와 이익보다는 인간의 권리와 이익이 더 중요하다고 보는 입장이다. 이에 을은 동물 실험이 정당하며, 인간에게 이익을 주지 못하면서 동물에게 고통을 주는 동물 실험의 경우만 금지되어야 한다고 주장한다. 토론의 핵심 쟁점을 찾기 위해서는 갑과 을이 모두 동의하거나 부정할 내용을 배제해야 한다.

선택지 분석

①, ②, ③ 갑과 을이 긍정의 대답을 할 질문이다. X

④ 갑과 을이 부정의 대답을 할 질문이다. X

✓❺ 갑은 동물 실험이 고통받지 않을 권리를 침해하는 것이기 때문에 금지되어야 한다고 하지만, 을은 동물의 권리와 이익보다 인간의 그것이 더 중요하기 때문에 인간에게 큰 이익을 주는 경우에는 동물 실험이 정당할 수 있다고 본다. 따라서 토론의 핵심 쟁점은 '인간의 이익이 동물 실험을 정당화하는 근거가 될 수 있는가'이다. O

답 ⑤

50 동물 실험의 쟁점 파악

빈출 문항 자료 분석

(가), (나)의 입장으로 적절한 것만을 〈보기〉에서 고른 것은?

(가) 인간의 행복을 위해서는 질병을 극복할 수 있는 신약이 개발되어야 한다. 개발 과정에서 인간에게 미칠 수 있는 신약의 부작용을 최소화하기 위해서는, 설령 동물에게 고통을 준다 해도 동물 실험은 불가피하다. 다만, 고통은 악(惡)이므로 연구자는 동물에게 가하는 고통을 최소화해야 한다. → 동물 실험 허용

(나) 질병은 극복되어야 할 인류의 과제이다. 하지만 인간과 동물은 질병의 종류와 증상이 매우 다르기 때문에, 동물 실험은 그 효과가 의심스러우며 신약 개발에 도움이 되지 않는다. 특히 인간처럼 쾌고 감수 능력을 지닌 동물에게 고통을 주는 동물 실험을 금지하고 그 대안을 강구해야 한다. → 동물 실험 금지

사례

ㄱ. (가): 동물 실험은 그 목적이 선해도 허용될 수 없다.

ㄴ. (가): 인간의 복지가 동물들의 이익 관심보다 우선한다. → 인간의 질병 극복과 행복을 위해서는 동물에게 고통을 준다 해도 동물 실험을 허용해야 함

ㄷ. (나): 인간은 생물학적으로 대부분의 질병을 동물과 공유한다.

ㄹ. (가), (나): 동물에게 고통을 가하는 것은 도덕적으로 악하다. → (가)와 (나)의 공통된 입장

해결 전략 (가)는 신약 개발 과정에서 신약의 부작용을 최소화하기 위해서는 동물 실험이 불가피하다고 보면서도 동물 실험을 할 경우에 동물의 고통을 최소화해야 한다고 본다. (나)는 동물 실험은 효과가 매우 의심스럽다고 하면서 동물 실험을 대체할 대안을 강구해야 한다고 본다.

선택지 분석

ㄱ. (가)는 동물 실험이 불가피하다고 본다. X

✓ㄴ. (가)는 동물 실험이 필요하다고 보고 있으므로, 인간의 복지가 동물들의 이익 관심보다 중요하다고 볼 것이다. O

ㄷ. (나)는 인간과 동물은 질병의 종류와 증상이 매우 다르다고 본다. X

✓ㄹ. (가)는 고통을 악이라고 보고 있고, (나)는 쾌고 감수 능력이 있는 동물에게 고통을 주는 실험을 해서는 안 된다고 본다. O

답 ④

51 동물 실험에 대한 입장 파악

자료 분석 갑은 인간과 동물의 도덕적 지위는 차이가 있다고 보고 동물 실험에 찬성하는 입장이며, 을은 인간과 동물의 도덕적 지위에 차이가 있다고 하더라도 동물을 인간을 위한 수단으로 삼아서는 안 된다는 입장이다.

선택지 분석

① 갑, 을 모두 동물과 인간은 생물학적으로 유사한 개체라고 본다. X

② 갑, 을 모두 인간과 동물의 도덕적 지위에 차이가 있다고 보며, 도덕적 지위를 판단할 수 있는 기준에 관해서는 언급되어 있지 않다. X

✓❸ 갑은 동물을 인간의 이익을 위한 수단으로 사용할 수 있다고 보며, 을은 동물을 인간을 위한 도구로 삼아서는 안 된다고 보므로 토론의 핵심 쟁점이 될 수 있다. O

④ 갑, 을 모두 동물 실험을 대신할 믿을 만한 대안적 방법이 없다고 본다. X

⑤ 갑, 을 모두 동물 실험은 인간을 위한 수단으로 동물을 사용하는 것이라고 본다. X

답 ③

본문 43~49쪽

03 사랑과 성 윤리

52 ⑤	53 ④	54 ①	55 ①	56 ⑤	57 ⑤
58 ⑤	59 ②	60 ③	61 ③	62 ①	63 ②
64 ⑤	65 ②	66 ④	67 ①	68 ⑤	69 ⑤
70 ③	71 ②	72 ②	73 ③	74 ②	75 ④
76 ①	77 ①	78 ⑤	79 ④	80 ⑤	

52 사랑에 대한 프롬의 입장 이해

빈출 문항 자료 분석

다음 가상 편지를 쓴 사상가의 입장으로 가장 적절한 것은?

> ○○에게
> 지난 편지에서 자네는 요즘 만나는 이성 친구를 진정한 사랑의 대상으로 여겨도 되는지 물었지. 내 생각은 이러하네. 자네는 사랑이 영혼의 힘이자 활동이라는 사실을 잘 모르는 것 같더군. 사랑은 상대의 성장과 행복에 대한 갈망이고 보호, 존경, 책임, 이해를 의미한다네. 사랑은 능동적인 활동으로 인간의 고립을 극복하게 하면서도 각자의 특성을 유지할 수 있게 하는 힘이라네. 단지 적절한 사랑의 대상을 찾기만 한다고 해서 사랑이 완성되는 것은 아니라네. 그것은 그림을 그리는 방법을 배우지 않은 채 좋은 대상을 고르는 것만으로 아름다운 그림이 저절로 그려지지 않는 것과 같네. 세상에 노력 없이 얻어지는 것은 없는 법이네. 사랑도 그렇다네. 우선 제대로 사랑하는 방법을 배워야 한다네. …(후략).
>
> → 참된 사랑은 삶의 기술처럼 학습과 노력으로 계발되는 기술이라고 본 프롬

해결 전략 가상 편지는 사랑에 대한 프롬의 주장이다. 프롬은 진정한 사랑은 인간의 온전한 인격적 관계 속에서 성립할 수 있다고 보았다. 프롬은 사랑은 적극적 활동으로 상대방을 이해하고 존중하며 이를 바탕으로 보호하고 책임을 지는 것이라고 보았다. 프롬은 사랑에도 일정한 태도가 필요하다고 보았다. 진정한 사랑은 상대를 소유 대상으로 보지 않으며, 상대의 고유한 개성을 존중하고 성장에 관심을 갖는 것이다. 프롬은 사랑의 요소로서 보호, 책임, 존경, 이해 등을 제시하였다. 프롬이 제시한 사랑의 요소의 의미를 파악하여 문제를 해결해야 한다.

선택지 분석

① 프롬에 따르면 참된 사랑은 사랑의 대상과 하나가 될 때 느끼는 영속적 감정이 아니라, 영혼의 힘이자 활동이다. X

② 프롬은 참된 사랑은 자신이 사랑할 대상을 찾아낸다고 해서 완성되는 것은 아니라고 보았다. X

③ 프롬은 자신의 관점에서 상대의 입장을 이해하는 것은 참된 사랑이 아니라고 보았다. X

④ 프롬은 사랑을 수동적 감정이 아니라 능동적 활동이라고 보았다. X

✓ **⑤ 프롬은 삶이 일종의 기술인 것처럼 참된 사랑도 학습과 노력으로 계발되는 기술이라는 것을 깨달아야 한다고 보았다. O**

답 ⑤

53 프롬의 사랑의 자세에 대한 이해

자료 분석 그림의 강연자는 프롬이다. 프롬은 사랑이 지배의 관계가 되지 않기 위해 존경이 필요하며, 존경이란 상대방을 있는 그대로 보고 개성을 존중하는 능력이라고 주장하였다.

선택지 분석

① 프롬은 사랑은 받는 것이 아니라 주는 것이라고 보았다. X

② 프롬은 사랑은 상대방을 변화시키려고 하는 것이 아니라 있는 그대로 보는 것이라고 보았다. X

③ 프롬은 사랑은 상대방을 존경하는 것이지 복종하는 것이 아니라고 보았다. X

✓ **④ 프롬은 사랑은 상대방을 지배하고 소유하는 것이 아니라 상대방의 고유성을 존중하는 방식으로 표현되어야 한다고 보았다. O**

⑤ 프롬은 존경은 외경이 아니라 상대를 있는 그대로 보는 것이라고 보았다. X

답 ④

54 사랑에 대한 프롬의 입장 이해

자료 분석 가상 편지를 쓴 사상가는 프롬이다. 프롬은 사랑이 수동적 감정이 아닌 능동적 활동이고, 적극적으로 참여하는 것이며, 받는 것이 아니라 주는 것이라고 보았다. 프롬은 보호, 책임, 존경, 이해를 사랑의 기본적 요소로 보았다.

선택지 분석

✓ **ㄱ. 프롬의 사랑의 구성 요소 중 책임에 대한 설명이다. O**

✓ **ㄴ. 프롬은 사랑의 네 가지 기본적 요소로 보호, 책임, 존경, 이해를 제시하였다. O**

ㄷ. 프롬은 사랑이란 자신의 의지대로 상대방을 변화시키려는 활동이 아니라고 보았다. X

ㄹ. 프롬은 사랑이 능동적으로 주는 행위이지만 자신의 생명을 희생해야 하는 것이라고 주장하지는 않았다. X

답 ①

55 사랑에 대한 프롬의 입장 파악

자료 분석 그림의 강연자는 프롬이다. 프롬은 진정한 사랑은 상대를 소유 대상으로 보지 않으며, 상대의 고유한 개성을 존중하고 성장에 관심을 갖는 것이라고 본다.

선택지 분석

✓ **ㄱ. 프롬에 따르면 사랑은 서로의 개성을 인정하면서도 하나가 되는 것이다. O**

ㄴ. 프롬에 따르면 사랑은 상대방을 상대방의 입장에서 이해하는 것이다. X

✓ **ㄷ. 프롬에 따르면 사랑은 서로의 생동감을 고양시키는 것이다. O**

ㄹ. 프롬에 따르면 사랑은 수동적으로 빠지는 것이 아니라 능동적으로 참여하는 것이다. 프롬은 사랑은 받는 것이 아니라 주는 것이며, 준다고 하는 행위는 활동성을 가지고 있으므로 더 즐거운 것이라고 보았다. X

답 ①

56 성(性)에 대한 보수주의와 중도주의 입장 비교

빈출 문항 자료 분석

갑, 을의 입장으로 가장 적절한 것은?

성(性)은 사적 자유의 영역을 넘어 사회 안정과 질서 유지와도 관련됩니다. 결혼의 울타리 안에서 이루어지는 성만이 정당합니다. 부부 간의 사랑이야말로 성의 근거입니다.
성은 상대방에 대한 배려와 사랑을 필요로 합니다. 굳이 결혼과 결부시킬 필요가 없습니다. 사랑 없이 쾌락만을 추구하는 성은 도덕적으로 정당하지 않습니다.
갑
을
→ 결혼과 출산 중심의 성 윤리
→ 사랑 중심의 성 윤리

해결 전략 갑은 성에 대한 보수주의 입장, 을은 성에 대한 중도주의 입장이다. 성에 대한 보수주의 입장에서는 성이 부부간의 신뢰와 사랑을 전제로 할 때만 도덕적이라고 주장한다. 따라서 결혼을 통해 이루어지는 성적 관계만이 정당하다고 본다. 성에 대한 중도주의 입장에서는 사랑을 동반한 성적 자유를 인정하고, 사랑을 통해 성적 자유와 성에 대한 책임을 절충한다.

선택지 분석

① 보수주의 입장에서는 성적 관계에서 개인의 자유보다 사회적 책임이 더 중요하다. X

② 보수주의 입장에서는 출산과 양육이 바람직한 성적 관계의 조건이라고 본다. X

③ 중도주의 입장에서는 성적 관계를 윤리적 가치 판단의 대상으로 본다. X

④ 중도주의 입장에서 정당한 성적 관계는 당사자 간의 동의만이 아니라 사랑도 필요하다고 본다. X

✓❺ 보수주의와 중도주의 모두 성적 관계는 당사자 간의 사랑을 전제해야 도덕적 정당성을 갖는다고 본다. O 답 ⑤

57 성에 대한 자유주의와 보수주의의 입장 비교

자료 분석 성과 사랑의 관계에 대해 (가)는 자유주의, (나)는 보수주의이다. 자유주의는 타인에게 해악을 주지 않는 범위에서 성인들의 자발적 동의에 따른 성적 자유를 허용한다. 보수주의는 성이 부부간의 신뢰와 사랑을 전제로 할 때 도덕적으로 정당화될 수 있다고 주장한다.

선택지 분석

①, ②, ③, ④ 모두 옳은 위치가 아니다. X

✓❺ 자유주의의 입장과 비교해 볼 때 보수주의의 입장이 지닌 상대적 특징은 '성적 관계에서 쾌락적 가치보다 생식적 가치를 강조하는 정도(X)'는 높고, '사랑과 무관한 성적 관계가 정당함을 강조하는 정도(Y)'는 낮고, '혼전(婚前) 성적 관계의 도덕적 허용을 강조하는 정도(Z)'는 낮다. 따라서 ㉤이 옳은 위치이다. O 답 ⑤

58 성에 대한 자유주의와 보수주의의 입장 비교

자료 분석 갑은 성에 대한 자유주의 입장이고, 을은 보수주의 입장이다. 자유주의는 개인의 자발적 동의에 따라 이루어지는 성적 관계를 허용하는 입장이며, 보수주의는 결혼을 통해 이루어지는 성적 관계만이 도덕적이라고 주장하는 입장이다.

선택지 분석

① 자유주의는 성적 관계의 도덕성은 자율성의 원칙과 해악 금지의 원칙 준수 여부로 판명된다고 본다. X

② 자유주의는 자발적 동의에 의한 성적 관계일지라도 해악 금지의 원칙을 어길 경우 비도덕적일 수 있다고 본다. X

③ 보수주의는 인격적 가치를 존중하는 성적 관계일지라도 결혼 제도 안에서 이루어지는 성적 관계만이 도덕적이라고 본다. X

④ 보수주의는 부부 사이의 성적 관계뿐만 아니라 모든 성적 관계가 도덕적 평가의 대상이 될 수 있다고 보며, 부부 사이의 성적 관계만이 도덕적으로 정당화될 수 있다고 본다. X

✓❺ 자유주의와 보수주의는 모두 사랑이 결부된 성적 관계가 도덕적으로 정당화될 수 있다고 본다. 자유주의는 자율성의 원칙과 해악 금지의 원칙을 전제로 한 성적 관계라면 사랑의 결부 여부와 상관없이 도덕적이라고 본다. 보수주의는 신뢰와 사랑을 전제로 하는 부부 사이에서 이루어지는 성적 관계라면 도덕적이라고 본다. O 답 ⑤

59 성에 대한 보수주의와 자유주의의 입장 비교

자료 분석 (가)는 성에 대한 보수주의 입장, (나)는 자유주의 입장이다. 보수주의 입장은 결혼과 출산 중심의 성 윤리를 제시하여, 결혼을 통해 이루어지는 성적 관계만이 정당하다고 본다. 자유주의 입장은 개인의 자발적 동의에 기초한 성을 중시하며, 타인에게 해악을 주지 않는 범위에서 성적 자유를 허용한다.

선택지 분석

① 보수주의 입장에서는 사회적 책임과 관련된 결혼과 출산, 양육의 책임을 수행할 수 있는 관계에서의 성적 행위만을 정당하다고 본다. X

✓❷ 보수주의 입장에서는 혼인 관계인 부부간의 성적 행위만이 도덕적으로 정당화될 수 있다고 본다. O

③ 자유주의 입장에서는 성적 행위가 합의로 이루어지더라도 타인에게 해악을 주어서는 안 된다고 본다. X

④ 자유주의 입장에서는 성적 행위가 인격 존중의 의무만 다한다면 도덕적으로 정당화된다고 본다. X

⑤ 자유주의 입장에서는 사랑이 동반된 관계가 아니더라도 성적 행위가 인격 존중의 의무만 다한다면 도덕적으로 정당화된다고 본다. X 답 ②

60 성에 대한 중도주의와 보수주의 입장 비교

자료 분석 성과 사랑의 관계에 대해 갑은 중도주의, 을은 보수주의의 입장이다. 중도주의는 사랑을 전제로 서로 간의 인격을 존중하는 성적 관계가 도덕적으로 온전하다고 주장한다. 보수주의는 결혼한 가정 속에서 출산과 양육에 대한 책임과 관련된 성적 활동만이 도덕적으로 온전하다고 강조한다.

선택지 분석

① 갑, 을 모두 부정의 대답을 할 질문이다. X

②, ④, ⑤ 갑, 을 모두 긍정의 대답을 할 질문이다. X

✓❸ 갑은 부정, 을은 긍정의 대답을 할 질문이므로 토론의 핵심 쟁점이 될 수 있다. O 답 ③

61 성과 사랑의 관계에 대한 보수주의와 자유주의의 입장 비교

자료 분석 성과 사랑의 관계와 관련하여 갑은 결혼과 출산 중심의 성 윤리를 제시한 보수주의, 을은 개인의 자발적인 동의 중심의 성 윤리를 제시한 자유주의의 입장이다.

선택지 분석

ㄱ. 갑과 을이 모두 긍정의 대답을 할 질문이다. 갑은 출산과 양육을 목적으로 하는 성관계가 정당화된다고 본다. 을은 해악 금지의 원칙을 준수하면서 당사자들이 자발적으로 합의한 성관계가 정당화된다고 본다. X

✓ ㄴ. 갑과 을이 모두 부정의 대답을 할 질문이다. 갑은 부부가 출산과 양육의 책임을 이행할 수 있을 때, 을은 당사자들이 자발적으로 합의했을 때 각각 성관계가 정당화될 수 있다고 보므로 갑과 을 모두 성관계를 도덕적 판단의 대상으로 본다. O

ㄷ. 갑과 을이 모두 긍정의 대답을 할 질문이다. 갑과 을은 모두 성의 자기 결정권 존중이 성관계 정당화의 필수 조건이라고 본다. X

✓ ㄹ. 갑과 을이 모두 부정의 대답을 할 질문이다. 갑은 부부간의 신뢰와 사랑을 전제로 할 경우, 을은 당사자들이 자발적으로 합의한 경우 쾌락을 위한 성관계라고 하더라도 상대의 인격성을 침해하는 것이 아니라고 본다. O

답 ③

62 사랑과 성의 관계에 대한 자유주의와 보수주의 비교

자료 분석 (가)는 타인에게 해악을 주지 않는 범위에서 성인들의 자발적 동의에 따른 성적 자유를 허용해야 한다고 보는 자유주의 입장이다. (나)는 성적 관계가 부부간의 사랑과 신뢰를 전제로 출산과 양육에 대한 책임을 질 수 있는 경우에 정당화된다고 보는 보수주의 입장이다.

선택지 분석

✓ ❶ (가)의 입장에 비해 (나)의 입장은 '성의 가치를 감각적 쾌락에서 찾는 정도(X)'는 낮고, '성행위의 전제로서 사랑을 강조하는 정도(Y)'와 '사회적 관점에서 성행위에 수반될 책임을 강조하는 정도(Z)'는 높다. 그러므로 ㉠이 정답이 된다.

답 ①

63 칸트의 성 윤리 파악

자료 분석 제시문을 주장한 사상가는 칸트이다. 칸트는 결혼이라는 두 사람 간의 계약을 통해 상대방의 전인격에 대한 권리를 가질 수 있으며, 도덕적으로 정당한 성관계가 가능하다고 보았다.

선택지 분석

① 칸트는 결혼을 자발적 동의에 바탕을 둔 계약이라고 보았다. X

✓ ❷ 칸트는 결혼이라는 조건이 충족될 때 개인은 인간성을 추락시키지도 않고 도덕성을 위반하지 않으면서도 상대방의 성을 향유할 수 있다고 보았다. O

③ 칸트는 결혼이라는 계약을 전제로 할 때 도덕적으로 정당한 성관계가 가능하다고 보았다. X

④ 칸트는 인격적 만남인 결혼이라는 조건이 충족될 때 성관계가 정당화될 수 있다고 보았다. X

⑤ 칸트는 결혼이라는 조건이 충족될 때 도덕적으로 정당한 성관계가 가능하다고 보았다. X

답 ②

64 성 상품화와 성적 자기 결정권의 관계에 대한 입장 파악

자료 분석 (가)는 타인에게 해를 끼치지 않는다면 성적 자기 결정권에 따른 성 상품화도 허용 가능하다고 보는 데 반해, (나)는 성 상품화는 인격을 훼손하는 행위로서 성적 자기 결정권을 남용하는 것이라고 보아 성 상품화에 반대한다.

선택지 분석

① (가)는 성 상품화가 반드시 타인에게 해를 끼치는 것은 아니라고 보기 때문에 성 상품화가 정당화될 수 있다고 본다. O

② (가)는 타인에게 해를 끼치지 않는다면 자신의 성적 매력을 이용하여 구매를 유도하는 행위가 정당화될 수 있다고 본다. O

③ (나)는 성 상품화가 인격을 훼손하기 때문에 성 상품화가 정당화될 수 없다고 본다. O

④ (나)는 성적 이미지를 이용한 이윤 추구 행위는 성을 도구화하는 것으로 정당화될 수 없다고 본다. O

✓ ❺ (가), (나) 모두 성적 자기 결정권의 행사에는 일정한 제한이 있어야 한다고 본다. (가)는 타인에게 해를 끼치지 않는 경우에만 정당하다고 보았고, (나)는 인격을 훼손하지 않는 범위 내에서 행사되어야 한다고 보았다. X

답 ⑤

65 성에 대한 보수주의와 자유주의의 입장 비교

자료 분석 '나'는 성에 대한 보수주의의 입장이고, '어떤 사람들'은 자유주의의 입장이다. 보수주의는 결혼을 통해 이루어지는 성적 관계만이 도덕적이라고 주장하고, 자유주의는 자발적 동의에 따라 다른 사람에게 피해를 주지 않는 한 성적 관계가 허용될 수 있다고 본다. ㉠에는 보수주의의 입장에서 자유주의의 입장에 대해 비판할 수 있는 내용이 들어가야 한다.

선택지 분석

① 자유주의는 성적 행위가 타인에게 해악을 주지 않는다면 정당화될 수 있다고 본다. X

✓ ❷ 보수주의는 성은 결혼을 전제로 할 때 정당화될 수 있다고 본다. O

③ 자유주의는 서로가 동의한 성적 행위는 정당화될 수 있다고 본다. X

④ 자유주의는 사랑을 전제로 하지 않더라도 개인의 자발적 동의가 있다면 성적 행위가 정당화될 수 있다고 본다. X

⑤ 자유주의는 성의 생식적인 가치보다 쾌락적인 가치를 더 중시하는 입장이다. X

답 ②

66 사랑과 성의 관계에 대한 보수주의와 중도주의의 입장 비교

자료 분석 갑은 보수주의, 을은 중도주의의 입장이다. 보수주의는 결혼과 출산 중심의 성 윤리를 제시하고, 중도주의는 사랑 중심의 성 윤리를 제시한다.

선택지 분석

① 보수주의는 임신과 출산에 대한 책임 있는 성적 관계만이 도덕적이라고 주장한다. O

② 보수주의는 성이 부부간의 신뢰와 사랑을 전제로 하는 사적 영역에 속하면서도 결혼이라는 제도를 통한 사회 질서 유지와 관계된다고 본다. O

③ 중도주의는 성의 전제 조건을 사랑이라고 보고, 사랑이 동반된 성적 관계를 중시한다. O

✓ ❹ 성적 자기 결정권의 존중을 성적 관계의 필요충분조건이라고 보는 입

Ⅱ 생명과 윤리

장은 자유주의의 입장이다. 중도주의는 성적 자기 결정권의 존중은 성적 관계의 필요조건이라고 본다. 중도주의는 사랑을 성적 관계의 필요충분조건이라고 본다. X

⑤ 보수주의와 중도주의 모두 성적 관계에서 상호 간의 존중과 배려를 중시한다. O 답 ④

67 성에 대한 보수주의와 자유주의의 입장 비교

자료 분석 갑은 성에 대한 보수주의 입장을 가지고 있고, 을은 자유주의 입장을 지니고 있다. 보수주의 입장에서는 성은 결혼 및 출산과 관련될 때만 도덕적이고 온전한 것이 된다고 본다. 반면 자유주의 입장에서는 강요나 위해가 없다면 결혼이나 출산 또는 사랑이 없는 성도 도덕적으로 정당화될 수 있다고 본다.

선택지 분석

✓❶ 갑은 서로의 인격이 존중된 성행위라 할지라도 부부 사이에서 이루어진 것이 아니라면 도덕적으로 정당화될 수 없다고 본다. O

② 갑은 결혼이 전제되지 않는다면 자기결정권 존중만으로 성행위가 정당화될 수 없다고 본다. X

③ 을은 성이 도덕적으로 정당화되기 위해서는 자율성 존중과 해악 금지의 원칙이 지켜져야 한다고 본다. X

④ 을은 성의 고유한 쾌락적 가치를 인정하며 성을 결혼, 출산 등과 관련짓지 않는다. X

⑤ 갑의 입장에만 해당하는 내용이다. X 답 ①

68 성에 대한 보수주의와 자유주의의 입장 비교

자료 분석 갑은 보수주의, 을은 자유주의의 입장이다. 보수주의는 결혼과 출산 중심의 성 윤리를 제시하며, 자유주의는 개인의 자발적인 동의 중심의 성 윤리를 제시한다.

선택지 분석

① 성에 대한 책임보다 성적인 자유를 중시하는 것은 자유주의의 입장이다. X

② 성의 쾌락적 가치를 중시하는 것은 보수주의의 입장이라고 보기 어렵다. X

③ 성은 서로의 사랑을 바탕으로 한 행위로 제한되어야 한다고 보는 것은 중도주의의 입장이다. X

④ 자유주의에서는 성이 도덕적 제약 없이 이루어져야 한다고 보지 않는다. X

✓❺ 보수주의와 자유주의는 모두 성이 자발적 의사를 바탕으로 하지 않으면 정당화될 수 없다고 본다. O 답 ⑤

69 성 윤리에 대한 입장 비교

빈출 문항 자료 분석

갑, 을의 입장으로 가장 적절한 것은?

성의 자연적 목적은 출산이며, 부부간의 신뢰와 사랑을 전제로 할 때만 성적 관계는 정당화될 수 있습니다.
아닙니다. 혼인 관계 여부와 상관없이 인격적인 사랑을 전제로 한 성적 관계는 도덕적으로 허용되어야 합니다.
갑
을
→ 보수주의
중도주의 ←

해결 전략 성과 사랑의 관계에 대해 갑은 보수주의, 을은 중도주의의 입장을 취하고 있다. 중도주의의 입장에서는 사랑이 동반된 성적 관계는 허용될 수 있으며, 성과 사랑을 결혼과 결부시키지 않는다. 보수주의와 중도주의의 차이점과 공통점을 파악하여 문제를 해결해야 한다.

선택지 분석

① 갑은 성적 관계는 도덕적 가치 판단의 대상이라고 본다. X

② 갑은 쾌락적인 가치보다 생식적인 가치를 중시한다. X

③ 을은 결혼을 전제하지 않아도 사랑이 전제된 성적 관계는 허용될 수 있다고 본다. X

④ 자유주의의 입장이다. 을은 상호 동의가 전제되어도 사랑이 결여된 성적 관계는 허용될 수 없다고 본다. X

✓❺ 갑은 성이 부부간의 신뢰와 사랑을 전제로 할 때만 도덕적이라고 보며, 을은 혼인 관계 여부와 상관없이 사랑이 동반된 성적 관계는 허용될 수 있다고 본다. 갑, 을은 모두 성적 관계는 사랑이 전제될 경우에 정당화될 수 있다고 본다. O 답 ⑤

70 성 윤리에 대한 입장 비교

자료 분석 갑은 성에 대한 중도주의, 을은 자유주의, 병은 보수주의의 입장에 해당한다.

선택지 분석

① 중도주의에서는 사랑이 없이 성적 쾌락만을 추구하는 성은 그르다고 보고, 사랑이 있는 성을 도덕적으로 옳다고 본다. O

② 자유주의는 타인에게 해악을 주지 않는 범위 내에서 자발적 동의에 따른 성적 자유를 허용해야 한다고 보므로, 사랑이 없는 성도 허용될 수 있다고 본다. O

✓❸ 보수주의의 입장에 따르면 성이 도덕적이기 위한 필요충분조건은 결혼이다. X

④ 중도주의와 자유주의는 보수주의와 달리 결혼과 무관한 성도 허용될 수 있다고 본다. O

⑤ 보수주의는 결혼을 통한 성적 관계만이 정당하다고 보므로, 혼전 순결을 지켜야 한다고 본다. O 답 ③

71 성에 대한 칸트의 입장 이해

자료 분석 제시문을 주장한 사상가는 칸트이다. 칸트는 성을 향유하면서 인격체로 존재할 수 있는 유일한 조건은 결혼이라고 보는 보수주의의 입장을 견지하였다. 성과 사랑의 관계에서 자유주의의 입장은 사랑이 없어도 당사자들의 자발적 합의가 있다면 다른 사람에게 피해를 주지 않는 한 도덕적일 수 있다고 본다.

선택지 분석

① 성에 대한 중도주의적 입장이다. 칸트는 성적 관계를 정당화할 수 있는 조건은 결혼이라고 보았다. X

✓ **❷ 칸트는 성의 향유는 인간을 사물로 만드는 것이지만 결혼한 경우에는 성을 향유하면서도 인격체로서 존재할 수 있다고 보았다.** O

③ 성에 대한 자유주의의 입장이다. X

④ 칸트는 결혼한 부부만이 상대의 성을 사용할 수 있으며 인격체로 존재할 수 있다고 보았다. X

⑤ 제시문과 거리가 먼 내용이다. X

답 ②

72 배려 윤리 사상 이해

자료 분석 제시문은 나딩스의 주장이다. 나딩스의 배려 윤리는 기존의 남성 중심적이고 정의 중심적인 윤리를 보완하기 위해 등장하였다. 나딩스는 여성의 도덕적 특징인 타인에 대한 배려와 보살핌, 유대감이나 의존, 책임 등을 중시하였다.

선택지 분석

✓ **ㄱ. 나딩스는 도덕적 문제 상황에서 구체적 맥락에 근거하여 의사 결정을 내려야 한다고 보았다.** O

ㄴ. 나딩스는 보편화 가능성을 강조하는 의무론을 비판하며, 도덕적 의무감과 법칙이 도덕적 행위의 기반이 되어야 한다고 보지 않았다. X

✓ **ㄷ. 나딩스에 따르면 배려는 배려자에 의해 일방적으로 이루어지는 것이 아니라, 배려자와 피배려자 사이의 상호 작용을 통해 이루어진다.** O

ㄹ. 나딩스는 배려는 정의와 권리가 아니라 공감과 책임에 기초해야 한다고 보았다. X

답 ②

73 성차별에 대한 보부아르의 입장 파악

자료 분석 그림의 강연자는 보부아르이다. 보부아르는 "제2의 성"이라는 책에서 남성과 동등한 여성의 권리를 주장하였다. 보부아르는 여성이 사회 속에서 '여성다움'을 강요받아 왔다고 지적하고 생물학적 차이를 이유로 여성을 부당하게 차별하는 것은 잘못이라고 주장하였다.

선택지 분석

① 보부아르는 인간에게 정해진 본성이 없다고 보았다. X

② 보부아르는 여성의 의무가 생물학적 요소에 의해 결정되어서는 안 된다고 보았다. X

✓ **❸ 보부아르는 "여성은 태어나는 것이 아니라 만들어지는 것이다."라고 주장하면서 여성성을 남성 중심의 가치관이 반영된 사회의 산물로 보았다.** O

④ 보부아르는 여성이 자유롭고 주체적인 존재임을 깨닫고 실존적 자유를 회복해야 한다고 보았다. X

⑤ 보부아르는 여성이 남성보다 우월하다고 주장하지 않았다. 보부아르는 여성이 남성과 다르지 않음을 강조하였다. X

답 ③

74 성과 윤리에 대한 길리건의 입장 파악

빈출 문항 자료 분석

다음을 주장한 사상가의 입장으로 가장 적절한 것은?

> 길리건은 도덕 판단에서 남성과 여성이 중시하는 것이 서로 다르다는 사실에 주목함
>
> 관계적인 윤리는 도덕에 대한 남성의 주된 관심이었던 이기심 대 이타심의 대결을 넘어선다. 이러한 이분법을 넘어서는 '다른 목소리'를 찾으려 할 때 도덕 논의에 있어 주된 문제는 어떻게 객관적인 도덕 원리를 수립할 것인가가 아니라 어떻게 보살피려는 의지를 가지고 책임감 있게 인간관계를 맺을 것인가로 전환된다.
>
> → 길리건은 책임과 인간관계의 맥락에서 사랑, 공감, 동정심, 상호 의존성, 유대 등 여성의 도덕적 특성의 중요성을 강조하는 배려 윤리를 주장하였음

해결 전략 제시문은 길리건의 주장이다. 길리건은 남성과 구분되는 여성의 특징을 토대로 배려 윤리를 제시하였다. 길리건은 도덕 문제에 접근할 때 기존의 남성 중심의 정의 윤리적 접근에 여성 중심의 배려 윤리적 접근이 포함되어야 한다고 보았다.

선택지 분석

① 길리건은 도덕적인 추론 능력보다 배려, 관계 등을 중시하였다. X

✓ **❷ 길리건은 남성과 여성의 관점을 조화시키는 것을 강조하였다.** O

③ 길리건은 객관적인 도덕 원리를 수립하는 것보다 배려와 인간관계를 중시하였다. X

④ 길리건은 여성의 도덕성은 상호 의존성도 함양해야 한다고 보았다. X

⑤ 길리건은 남성의 도덕성과 여성의 도덕성의 구별을 인식해야 한다고 보았다. X

답 ②

75 성 평등에 대한 입장 이해

빈출 문항 자료 분석

다음 신문 칼럼의 입장으로 적절하지 않은 것은?

> ○○신문 ○○○○년 ○월 ○일
>
> **칼 럼**
>
> 남성과 여성 간 지적 능력의 차이는 사회적이고 환경적인 요인에 의한 것이다. 여성으로 태어난 것이 사회적 지위를 결정하거나 다양한 직업으로의 진출을 방해하는 이유가 되어서는 안 된다. 가정 속에서 여성이 평등한 권리를 누리고 남성이 여성을 존중하게 되면 인간 본성에도 유익한 영향을 줄 것이다. 여성이 자신의 생각을 피력할 수 있게 되면 사회 전체의 생각과 감정을 발전시킬 것이다. 인간으로서의 기본권을 누리지 못하고 있는 여성에 대해 차별이 지속되는 것은 사회 전체의 손실이 아닐 수 없다. …(후략).
>
> → 여성에 대한 존중은 인간 본성과 사회에 유익한 영향을 주게 됨

해결 전략 신문 칼럼은 여성에 대한 차별에 반대하고, 남성과 여성이 평등해야 함을 주장하고 있다. 성차별은 개인의 능력이나 잠재력을 발휘할 수 없도록 하여 사회적 차원에서 인력 낭비를 초래한다.

선택지 분석

① 칼럼은 여성을 존중하면 인간 본성에도 유익한 영향을 준다고 본다. O

② 칼럼은 여성을 부당한 관습과 제도로부터 해방시켜야 한다고 본다. O
③ 칼럼은 여성의 지위 향상은 사회에도 유익한 결과를 가져온다고 본다. O
✓❹ 칼럼은 남녀 간의 지적 능력의 차이가 선천적인 것이 아니라 사회적이고 환경적인 요인에 의한 것이며, 여성을 억압하거나 부당하게 대우하는 것은 잘못이라고 본다. X
⑤ 칼럼은 여성의 표현의 자유는 사회 전체의 생각과 감정도 발전시킨다고 본다. O 답 ④

76 길리건의 입장 이해

자료 분석 제시문을 주장한 사상가는 길리건이다. 길리건은 여성과 남성의 도덕적 지향성이 동일하지 않다고 보고, 여성은 배려를 중시한다고 주장하였다.

선택지 분석
✓❶ 길리건은 여성의 도덕성은 남성의 도덕성과 다르며, 여성의 도덕성을 남성의 도덕성보다 열등한 것으로 보는 편견을 버려야 함을 주장하였다. O
② 길리건은 상대방에 대한 배려의 감정을 중시하였다. X
③ 보편적 의무 의식에 따라 무조건적으로 행해져야 함을 주장한 것은 칸트이며, 길리건은 그러한 칸트의 입장을 비판하였다. X
④ 길리건은 남녀의 도덕적 판단 기준은 다르다고 보았다. X
⑤ 길리건은 도덕 판단에 있어 상황적 맥락을 합리적 추론보다 중시하였다. X
답 ①

77 가족 윤리에 대한 유교 사상의 입장 파악

빈출 문항 자료 분석

다음 사상의 입장으로 적절하지 않은 것은?

사람에게는 도(道)가 있다. 배불리 먹고, 따뜻하게 입으며, 편안히 살면서 교육이 없으면 금수에 가깝다. 성인(聖人)은 이를 근심하여 인륜(人倫)을 가르치게 하니, 아버지와 아들은 친애가 있고, 임금과 신하는 의리가 있으며, 남편과 아내는 분별이 있고, 어른과 어린이는 차례가 있으며, 벗 사이에는 믿음이 있는 것이다. → 오륜

해결 전략 제시문은 유교 사상가인 맹자의 주장이다. 오륜(五倫)이란 유교에서 강조하는 다섯 가지 인간의 도리로, 부자유친(父子有親), 군신유의(君臣有義), 부부유별(夫婦有別), 장유유서(長幼有序), 붕우유신(朋友有信)이 있다.

선택지 분석
✓❶ 유교에서는 몸을 감히 상하게 하거나 훼손하지 않는 것을 효의 시작으로 본다. 또한 이름을 떨쳐 부모를 영광되게 하는 입신양명을 통해 효가 완성된다고 본다. X
② 자식은 부모의 의중을 살펴서 언행을 삼가며 부모가 편안한 마음을 지닐 수 있도록 부드러운 표정으로 공대(恭待)해야 한다. O
③ 형제는 형과 아우의 순서가 있는 상하 관계이면서 한 부모 아래의 동기라는 점에서 횡적 관계이다. 형제는 연령의 차이를 통해 장유유서의 도리를 깨달을 수 있다. O
④ 부부는 친밀한 사이이지만 서로가 손님을 대하듯 공경해야 한다[相敬如賓]. O
⑤ 부부는 혼인을 통한 인류의 처음이자 만복의 근원으로, 아무리 친하고 가까워도 서로 행동을 바르게 하고 조심해야 한다. O 답 ①

78 부부 윤리에 대한 유교의 입장 파악

자료 분석 제시문은 유교의 오륜(五倫) 중 '부부유별(夫婦有別)' 조목을 중심으로 부부간에 지켜야 할 윤리에 대해 말하고 있다.

선택지 분석
① 제시문은 부부가 화목하면 부모께서 편안하고 즐거우실 것이라고 하고 있다. O
② 제시문은 부부의 역할이 조화를 이루어야 집안이 바르게 된다고 하고 있다. O
③ 제시문은 부부의 역할을 구별하고 서로 존중해야 한다고 하고 있다. O
④ 제시문은 부부는 백성을 낳는 시작이며 모든 행복의 근원이라고 하고 있다. O
✓❺ 유교의 입장에 따르면 부부의 관계도 옳고 그름이나 예절의 규제로부터 자유롭지 않다. X 답 ⑤

79 유교 사상의 가족 윤리 파악

자료 분석 제시문은 유교 사상의 가족 윤리를 설명하고 있다. 유교 사상에서는 부부간에 부부유별(夫婦有別)과 상경여빈(相敬如賓)의 윤리를 강조한다.

선택지 분석
✓ㄱ. 유교 사상에서는 부부의 도리가 모든 예의 근본이라고 본다. O
✓ㄴ. 유교 사상에서는 부부가 친밀한 사이이지만 서로 손님을 대하듯 공경해야 한다고 본다. O
✓ㄷ. 유교 사상에서는 부부 관계가 상호 의존적이고 보완적인 관계라고 본다. O
ㄹ. 유교 사상에서는 부부가 각자의 역할에 분별이 있어야 한다고 본다. X
답 ④

80 부부 윤리에 대한 유교의 입장 이해

자료 분석 (가)는 유교 사상가인 공자의 주장이고, (나)의 ㉠은 '부부'이다. 유교에서는 부부를 각자의 역할은 다르면서도 서로 존중하고 보완하는 협력적 관계로 본다.

선택지 분석
① 자애와 효도를 실천해야 하는 호혜적 관계는 부자 관계이다. X
② 유교에서는 부부 관계를 천륜 관계로 보지 않는다. X
③ 수직적 관계가 아니라 평등하고 대등한 관계로 본다. X
④ 장유의 서열과 친애를 근본으로 하는 관계는 형제자매 관계이다. X
✓❺ 서로의 역할을 구분하면서도 상호 보완하는 협력적 관계는 부부 관계이다. O 답 ⑤

Ⅲ 사회와 윤리

본문 54~61쪽

01 직업과 청렴의 윤리

01 ⑤	02 ②	03 ③	04 ④	05 ⑤	06 ④
07 ②	08 ①	09 ⑤	10 ④	11 ④	12 ①
13 ④	14 ①	15 ②	16 ⑤	17 ②	18 ③
19 ④	20 ②	21 ⑤	22 ②	23 ③	24 ②
25 ⑤	26 ③	27 ④	28 ③	29 ①	30 ④
31 ①					

01 직업관에 대한 순자와 플라톤의 입장 비교

자료 분석 갑은 순자, 을은 플라톤이다. 순자는 예(禮)에 따라 각자가 사회적 역할을 분담해야 한다고 보았다. 플라톤은 각자가 자신의 직분에 충실하고, 다른 구성원의 일에 간섭하지 않아야 정의가 실현될 수 있다고 보았다.

선택지 분석

ㄱ. 순자는 각자의 적성과 능력에 따라 사회적 역할을 분담해야 한다고 보기 때문에 군주가 모든 직분에 통달해야 한다고 주장하지 않았다. X

✓ ㄴ. 순자는 사회 구성원의 직분을 나누는 도덕적 기준으로 예를 제시하였다. O

✓ ㄷ. 플라톤은 인간의 영혼이 이성, 기개, 욕망이라는 세 부분으로 나누어져 있다고 보았다. 플라톤은 같은 구분법을 적용해 국가도 통치자, 방위자, 생산자의 세 계층으로 나누었으며, 국가는 세 계층이 각각의 본분에 맞는 탁월성을 발휘하여 조화를 이룰 때 정의로울 수 있다고 주장하였다. O

✓ ㄹ. 순자와 플라톤은 직분의 구분이 공동체 이익 증진에 도움이 된다고 보았다. 순자는 모든 사람들이 직분을 올바로 수행하면 천하가 태평해진다고 보았고, 플라톤은 이상 국가에서 구성원 각자가 본분에 맞는 덕을 발휘하여 조화를 이룬다고 보았다. O

답 ⑤

02 직업에 대한 플라톤과 순자의 입장 비교

자료 분석 갑은 플라톤, 을은 순자이다. 플라톤은 사람들을 통치자, 방위자, 생산자의 세 계층으로 나누고, 국가는 세 계층이 각각의 본분에 맞는 탁월성을 발휘하여 조화를 이룰 때 정의로울 수 있다고 하였다. 순자는 예를 기준으로 각자에게 사회적 역할을 분배해야 사회가 질서 있게 된다고 보았다.

선택지 분석

① 플라톤은 통치자와 방위자, 즉 수호자 계층은 재산을 공유하고 공동생활을 해야 한다고 주장하였다. X

✓ ❷ 플라톤은 각자가 타고난 성향에 적합한 한 가지 일에 종사해야 정의로운 국가가 실현된다고 보았다. O

③ 순자는 인간의 본성을 악하다고 보고, 예를 통해 악한 본성을 변화시키고 극복할 것을 주장하였다. X

④ 순자는 예에 정통한 사람은 모든 일을 이해하고 잘하는 사람이 아니라 농인, 상인, 공인을 다스릴 수 있는 사람이라고 보았다. X

⑤ 플라톤은 각자의 고유한 기능에 따라 사회적 역할을 분담해야 한다고 보았다. 순자는 예에 따라 직분이 정해져야 한다고 보았다. X

답 ②

03 맹자와 순자의 직업관 파악

빈출 문항 자료 분석

갑, 을 사상가들의 입장으로 적절하지 않은 것은?

> 갑: 백성은 항산(恒産)이 있어야 항심(恒心)을 지닐 수 있다. 성인(聖人)이 천하를 다스리면 곡식이 물이나 불과 같이 풍족해질 것이다. 만일 곡식이 물이나 불과 같이 풍족해지면 백성에게 어찌 불인(不仁)함이 있겠는가? → 직업을 통한 경제적 안정이 도덕적 삶의 기반이 된다고 봄(맹자)
> 을: 왕공(王公)과 사대부의 자손이라도 예의(禮義)를 힘써 행할 수 없다면 서인(庶人)으로 귀속시킨다. 서인의 자손이라도 학문을 쌓아 몸을 바르게 하고 예의를 힘써 행할 수 있다면 사대부로 귀속시킨다.
> → 각자의 적성과 능력에 따라 사회적 역할을 분담하는 예에 따를 것을 강조함(순자)

해결 전략 갑은 맹자, 을은 순자이다. 맹자는 백성에게 일정한 생활 근거인 항산(恒産)이 없다면 그로 인해 일정한 마음인 항심(恒心)도 없게 된다고 보았다. 순자는 인간의 성정을 선하게 변화시키고 재화를 공정하게 분배하기 위한 사회 규범으로 예(禮)를 강조하였다. 맹자와 순자의 직업관의 특성과 두 사상가의 공통점을 잘 파악해 두어야 한다.

선택지 분석

① 맹자는 백성이 직업을 통해 기본적 생계를 유지할 수 있어야 한다고 보았다. O

② 맹자는 직업을 통한 경제적 안정[恒産(항산)]이 도덕적 삶[恒心(항심)]의 기반이 된다고 보았다. O

✓ ❸ 순자는 각 구성원의 선호가 아니라 적성과 능력에 따라 사회적 역할이 결정되어야 함을 강조하였다. X

④ 순자는 각 구성원의 적성과 능력에 따라 사회적 역할을 분담하는 예(禮)에 따라 사회적 역할이 결정되어야 한다고 보았다. O

⑤ 맹자, 순자는 모두 사회적 분업과 직업 간의 상호 보완을 통해 사회 질서를 유지할 수 있다고 보았다. O

답 ③

04 공직자에 대한 플라톤과 맹자의 입장 비교

자료 분석 갑은 플라톤, 을은 맹자이다. 플라톤은 통치자가 지혜의 덕을 바탕으로 다스려야 한다고 보았고, 맹자는 통치자가 항산을 보장해야 한다고 보았다.

선택지 분석

✓ ㄱ. 플라톤은 통치자가 좋음 자체, 즉 선의 이데아를 모범으로 삼아 다스려야 한다고 보았다. O

✓ ㄴ. 맹자는 통치자가 직업을 통해 백성의 생활 기반을 마련해 주어야 백성들이 도덕심을 지닐 수 있다고 보았다. O

ㄷ. 맹자는 정신노동과 육체노동, 대인(大人)이 하는 일과 소인(小人)이 하는 일을 구분하였으며, 통치자는 다스리는 일에 충실해야 한다고 보았다. X

✓ ㄹ. 플라톤은 통치자를 비롯한 방위자, 생산자 등 모든 계층의 구성원이 각자의 직분을 충실히 수행하여 조화롭게 살아가는 것을 정의(正義)라고 보았다. 맹자는 대인과 소인이 각자의 역할대로 사회적 직분을 이행해야 한다고 보았다. O

답 ④

05 맹자의 입장 파악

자료 분석 제시문은 맹자의 주장이다. 맹자에 따르면 통치자는 백성들이 경제적으로 안정되어 도덕적인 삶을 살 수 있도록 해 주어야 한다.

선택지 분석

① 예(禮)를 통해 인간의 악한 본성을 교화해야 한다고 본 것은 순자이다. X

② 맹자는 민본주의에 입각하여 통치자에 의한 통치와 백성을 위한[爲民] 통치를 주장하였다. X

③ 맹자는 통치자가 인의(仁義)를 해칠 경우 통치자를 교체할 수 있다는 역성혁명을 주장하였다. X

④ 맹자는 통치자가 덕치로써 왕도(王道)를 실현해야 한다고 본다. X

✓ ❺ 맹자는 통치자가 직업을 통해 백성에게 일정한 생활 근거인 항산(恒産)을 마련해 주어야 한다고 주장하였으며, 직업 활동을 통해 인간의 타고난 선한 본성을 지키고 확충해 나갈 수 있다고 보았다. O

답 ⑤

06 칼뱅과 마르크스의 직업관 비교

빈출 문항 자료 분석

갑, 을 사상가들의 입장만을 〈보기〉에서 있는 대로 고른 것은?

→ 모든 직업이 신의 부르심에 따라 각 사람에게 주어진 소중한 것이라고 봄

갑: 사람들은 자신의 직무가 비속하거나 신과 무관한 것이 아니라, 신의 부르심[召命]에 따라 봉사하고 있는 신성한 것이라는 사실을 깊이 생각해야 한다. → 칼뱅

을: 자본주의 체제에서는 노동자가 더 많이 생산할수록 그는 더 가난해지고 무력해진다. 결국 노동은 노동자의 본질에 속하지 않게 되고 노동자는 노동으로부터 소외된다. → 마르크스

→ 자본의 지휘와 규율이 강화되면서 노동자는 자율성을 상실하고 소외된 노동으로 인간 소외를 겪게 된다고 봄

사례

→ 마르크스는 자본주의 체제에서 노동자의 노동은 자본에 예속된 임금 노동으로 자발적인 것이 아닌 강제된 것이라고 봄

ㄱ. 갑: 노동은 신성하며 노동으로 얻은 것은 신의 선물이다.

ㄴ. 을: 소외된 노동은 인간에 의한 인간의 소외를 일으킨다.

ㄷ. 을: 노동자는 자본가에게 경제적으로 예속될 수밖에 없다.

ㄹ. 갑, 을: 노동의 본질은 자신의 잠재력을 계발하는 데 있다.

→ 칼뱅은 신의 소명인 직업을 통해 신의 영광을 실현해야 한다고 주장, 마르크스는 노동을 인간의 본질로 보고 노동은 인간에게 자기실현을 위한 계기가 되어야 한다고 주장함

해결 전략 갑은 칼뱅, 을은 마르크스이다. 칼뱅은 직업을 '신으로부터 부름받은 자기 몫의 일'이라고 보면서 자신의 직업에 충실히 임하는 것이 바로 신의 명령을 따르는 것임을 강조하였다. 마르크스는 자본주의하에서 노동자의 노동은 인간의 본질 실현이 아니라 생존을 위한 수단으로만 간주되므로 인간이 노동으로부터 소외된다고 보았다.

선택지 분석

✓ ㄱ. 칼뱅은 노동을 신의 소명이라고 보았고, 소명에 따라 봉사하고 있는 신성한 것이라고 주장하였다. O

✓ ㄴ. 마르크스는 자본주의 체제의 분업화된 노동이 인간의 소외를 발생시킨다고 보았다. O

✓ ㄷ. 마르크스는 자본의 지휘와 규율이 강화되면서 노동자는 자율성을 상실하고 자본의 논리에 완전히 종속된다고 보았다. O

ㄹ. 칼뱅은 노동을 통해 신의 명령을 따르고 신의 영광을 드러낼 수 있다고 보았다. 마르크스는 노동을 통해 인간의 본질을 구현하고 자아를 실현할 수 있다고 보았다. X

답 ④

도전 1등급 07 직업에 대한 공자와 플라톤의 입장 비교

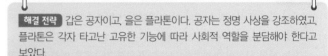

도전 1등급 문항 분석 ▸▸ 정답률 40.1%

갑, 을 사상가들의 공통된 입장만을 〈보기〉에서 있는 대로 고른 것은?

갑: 모든 사람에게는 주어진 본분이 있다. 군주는 군주의 본분을, 신하는 신하의 본분을, 부모는 부모의 본분을, 자식은 자식의 본분을 다하는 것을 정명(正名)이라 한다. → 공자

을: 국가에서 통치자는 지혜를, 방위자는 용기를, 생산자는 절제를 발휘하여, 여러 구성원들이 조화롭게 살아가는 것을 정의(正義)라 한다. → 플라톤

→ 사회적 직분에 합당한 덕목이 요구됨

보기

ㄱ. 사회적 직분에는 그것에 합당한 도덕적 덕목이 요구된다.

ㄴ. 누구나 자신의 직업을 선택할 수 있는 자유를 가져야 한다.

ㄷ. 각자는 역할 수행에 필요한 덕을 갖추도록 노력해야 한다.

→ 공자와 플라톤의 공통점

ㄹ. 구성원의 역할이 분담되면 자연스럽게 이상적 국가가 실현된다.

해결 전략 갑은 공자이고, 을은 플라톤이다. 공자는 정명 사상을 강조하였고, 플라톤은 각자 타고난 고유한 기능에 따라 사회적 역할을 분담해야 한다고 보았다.

선택지 분석

✓ ㄱ. 공자와 플라톤은 모두 사회적 직분에는 그것에 합당한 덕이 있다고 보았다. O

ㄴ. 공자와 플라톤은 직업을 자유롭게 선택할 수 있다고 보지 않았다. X

✓ ㄷ. 공자와 플라톤은 개인들은 사회적 직분을 수행하기 위한 덕을 갖추려고 노력해야 한다고 보았다. O

ㄹ. 공자와 플라톤은 사회 구성원들이 각자에게 분담된 역할을 제대로 수행하기 위해 노력해야 한다고 하였다. X

답 ②

08 공자와 순자의 직업관 파악

자료 분석 갑은 공자, 을은 순자이다. 공자는 덕이 있는 군자와 덕이 부족한 소인을 구별하고, 각자가 자신의 덕에 부합하는 자리에서 주어진 소임을 다할 것을 강조하였다. 순자는 각자가 지닌 덕과 능력에 따라 일을 분배해야 한다고 보았다.

선택지 분석

✓ ❶ 공자는 각자 자신이 맡은 직분에 충실할 것을 강조하였다. X

② 공자는 정명(正名) 사상을 바탕으로 자기 본분을 올바르게 행하여 공동체 질서를 유지해야 한다고 보았다. O

③ 순자는 개인의 사회적 직분은 덕과 능력에 따라 정해져야 한다고 보았다. O

④ 순자는 올바른 직분의 수행을 위해 예(禮)에 의한 욕망의 적절한 제어가 필요하다고 보았다. O

⑤ 공자와 순자는 자신의 사회적 역할에 부합하는 도리를 실천해야 한다고 보았다. O

답 ①

09 직업 윤리에 대한 마르크스와 맹자의 입장 비교

자료 분석 갑은 마르크스, 을은 맹자이다. 마르크스와 맹자는 모두 직업 노동의 경제적 측면이 인간의 도덕적 삶에 영향을 미친다고 보았다. 마르크스는 인간은 노동을 통해 자신의 본질을 실현할 수 있다고 보며, 자본주의 체제의 분업화된 노동은 인간 소외를 발생시킨다고 비판하였다. 맹자는 대인의 일과 소인의 일을 구별하여 사회적 분업과 직업 간의 상호 보완성을 강조하며, 직업을 통한 경제적 안정이 도덕적 삶의 기반이 된다고 보았다.

선택지 분석

① 마르크스는 자본주의에서 노동자는 노동 소외에 의해 자신의 노동 생산물을 향유하지 못한다고 보았다. X

② 마르크스는 자본주의에서는 노동자가 자발적 노동이 아니라 자본에 예속된 노동을 한다고 보았다. X

③ 맹자는 역성혁명을 주장하며 통치자가 인의를 상실할 경우 통치자를 교체할 수 있다고 보았다. X

④ 맹자는 경제적 안정은 도덕적 삶을 영위하는 데 도움이 되므로 생산물 교환을 삼가야 할 행위라고 보지 않을 것이다. X

✓ ❺ 마르크스와 맹자 모두 경제적인 요인이 도덕적 삶에 영향을 미칠 수 있다고 보았다. O 답 ⑤

10 순자의 직업관 이해

자료 분석 제시문은 순자의 주장이다. 순자는 각자의 적성과 능력에 따라 사회적 역할을 분담하는 예(禮)에 따를 것을 강조하였다.

선택지 분석

✓ ㄱ. 순자는 예에 따라 사회적 역할을 분담하고, 각자의 직분을 정해야 한다고 보았다. O

✓ ㄴ. 순자는 농부, 공인, 상인 등 각자의 분야에 능한 사람이 그 분야를 이끌어 가야 한다고 보았다. O

ㄷ. 순자는 예절과 의리를 쌓아 군자가 된 사람이 통치하는 일을 해야 한다고 보았다. X

✓ ㄹ. 순자는 재능과 덕을 갖추면 서민의 자손이라도 관리가 될 수 있다고 보았다. O 답 ④

11 순자와 맹자의 직업 윤리 비교

자료 분석 갑은 순자, 을은 맹자이다. 순자는 생산에 종사하는 사람과 이들을 지도하는 군자의 일이 서로 다르다고 주장하였고, 맹자는 정신노동을 하는 사람과 육체노동을 하는 사람은 각자 자신의 역할과 직분을 수행해야 한다고 보았다. 맹자는 "항산이 없이도 항심을 갖는 것은 오직 선비만이 할 수 있습니다. 일반 백성은 항산이 없으면 그로 인하여 항심도 없어지게 됩니다."라고 말하며 도덕적 삶인 항심을 지속하기 위해서는 경제적 안정을 위한 일정한 생업인 항산이 필요하다고 주장하였다.

선택지 분석

① 순자는 예에 따라 사회적 분업이 이루어져야 한다고 보았다. O

② 순자는 군자가 도에 정통하면 자신의 직분을 잘 수행할 수 있다고 보았다. O

③ 맹자는 각자 자신이 해야 할 일을 해야 한다는 사회적 분업의 원리를 중시하였다. O

✓ ❹ 맹자는 백성은 항산(恒産)이 없으면 항심(恒心)을 지니기 어렵다고 보았다. X

⑤ 순자와 맹자는 모든 사람들이 자신의 직분과 역할에 충실할 것을 강조하였다. O 답 ④

도전 1등급 12 노동에 대한 마르크스와 프리드먼의 관점 이해

도전 1등급 문항 분석 ▸▸ 정답률 44.0%

갑, 을 사상가들의 입장으로 가장 적절한 것은?

→ 마르크스(자본주의 사회는 부르주아와 프롤레타리아로 나뉘어 계급적으로 대립하고 있음)

갑: 자본주의 사회는 적대적인 두 계급으로 분열되어 있고, 프롤레타리아는 그들의 노동이 자본을 증식시키는 한에서만 일거리를 얻을 수 있다. 부르주아의 존립은 더 이상 사회와 양립할 수 없다.

을: 자본주의 사회는 대부분의 경제 행위가 민간 기업을 통해 이루어진다. 기업의 사회적 책임은 오직 기업의 이윤 극대화를 위해 노력하는 것이고, 노동조합 지도자들의 사회적 책임은 조합원의 이익을 위해 봉사하는 것이다.

→ 프리드먼(기업의 유일한 사회적 책임은 이윤 극대화에 있음)

해결 전략 갑은 마르크스, 을은 프리드먼이다. 마르크스는 노동자가 공장제 기계 공업에서 분업적 노동으로 물건을 생산하고 임금으로 노동의 대가를 받으면서, 노동의 완성된 결과물을 볼 수도 소유할 수도 없게 되는 노동의 소외가 발생한다고 주장하였다. 프리드먼은 기업의 유일한 사회적 책임은 이윤 극대화에 있다고 보았다.

선택지 분석

✓ ❶ 마르크스는 노동자가 노동의 생산물에서 소외되는 자본주의 경제 체제를 비판하면서, 인간은 노동을 통해 자신의 본질을 실현할 수 있어야 한다고 주장하였다. O

② 마르크스는 인간이 노동으로부터 소외되어서는 안 된다고 보고, 인간 소외 현상을 초래하는 공장 내 분업에 반대하였다. X

③ 프리드먼은 기업에 이윤 극대화 외의 사회적 책임을 요구하는 것은 자유 시장 경제의 틀을 깨는 것이라고 보고 반대하였다. X

④ 프리드먼은 사회 규칙을 준수하면서 기업 이익의 극대화를 추구하는 것이 기업의 유일한 사회적 책임이라고 주장하였다. 기업은 경제적 책임 이외에도 공정하고 합법적인 범위 내에서 이윤을 추구해야 하므로 법적 책임을 지켜야 한다. X

⑤ 마르크스는 자본가(부르주아)의 경제적 억압과 착취로부터 벗어나기 위해서는 노동자(프롤레타리아)의 투쟁과 혁명이 필요하다고 보았다. X

답 ①

13 칼뱅과 마르크스의 직업관 비교

자료 분석 갑은 칼뱅, 을은 마르크스이다. 마르크스는 근대 산업 혁명 시대의 노동자는 공장제 기계 공업에서 분업적 노동으로 물건을 생산하고 임금으로 노동의 대가를 받으면서 자신의 노동의 완성된 결과물을 볼 수도 소유할 수도 없게 되는 노동 소외가 발생한다고 주장하였다.

선택지 분석

ㄱ. 칼뱅은 노동은 신이 부여한 소명이며, 자신의 직업에 충실히 임하는 것이 신의 명령에 따르는 것이라고 보았다. X

✓ ㄴ. 칼뱅은 신의 소명으로 주어진 직업에는 귀천이 없다고 보았다. 칼뱅은 힘든 일이라도 이를 소명으로 알고 순종하면 모든 일이 신 앞에서 빛날 것이라고 주장하였다. O

ㄷ. 마르크스는 분업으로 인해 노동자는 창조적 능력이나 소질을 발휘하지 못하고 소외된 노동을 하게 된다고 보고 이에 반대하였다. X

✓ ㄹ. 마르크스는 자본주의 경제 체제에서는 노동자가 노동의 생산물에서 소외된다고 보고 이를 비판하였다. O 답 ④

14 마르크스와 베버의 직업관 비교

자료 분석 갑은 마르크스, 을은 베버이다. 마르크스는 자본주의 사회에서 노동자는 자율성을 상실하고 자본의 논리에 완전히 종속된다고 보았으며, 베버는 태만과 향락을 부정하고 신의 영광을 드러내기 위해서 직업 활동에 종사할 것을 강조하는 프로테스탄티즘의 금욕주의가 근대 자본주의 정신을 탄생시킨 바탕이라고 보았다.

선택지 분석

✓ ❶ 마르크스에 따르면 자본주의 사회에서 노동자의 노동은 소외된 노동이다. 마르크스는 노동자가 소외에서 벗어나기 위해서는 사적 소유를 폐지해야 한다고 주장하였다. X

② 마르크스에 따르면 분업은 정신적 능력을 쇠퇴시키며 소외를 심화시킨다. O

③ 베버는 노동 계급에 강제된 금욕과 직업 노동을 의무로 여기는 청교도적 윤리가 결합하여 노동 생산성을 촉진시켰다고 보았다. O

④ 베버는 청교도가 노동을 은총 상태를 확인하기 위한 수단으로 파악함으로써 노동을 종교적 실천으로 여겼다고 보았다. O

⑤ 마르크스는 분업이 생산성을 대폭 향상시켰다고 보았고, 베버는 소명 의식에 기반한 노동이 자본주의 발전에 기여했다고 보았다. O 답 ①

15 순자와 맹자의 직업관 비교

자료 분석 갑은 순자, 을은 맹자이다. 순자는 직업 분담에서 예를 중시하였으며, 예에 정통한 사람이 농부와 상인, 공인을 다스리는 일을 할 수 있다고 보았다. 맹자는 모든 것을 스스로 만들어 사용하면서 살아갈 수는 없으며, 대인이 할 일과 소인이 할 일이 따로 있다고 보았다.

선택지 분석

① 순자는 예를 기준으로 사회적 직책과 그에 따른 역할이 정해져야 한다고 보았다. O

✓ ❷ 순자는 사회적 신분이 자유로운 선택이 아니라 예(禮)에 따라 정해져야 한다고 보았다. X

③ 맹자는 분업을 통한 노력자(勞力者), 노심자(勞心者)의 유기적 관계를 중시하였다. O

④ 맹자는 노력자에게 일정한 생활 근거를 마련해 주어야 도덕심이 유지된다고 보았다. O

⑤ 순자와 맹자는 사회 구성원 각자가 직분에 충실할 때 사회 질서가 유지된다고 보았다. O 답 ②

16 고용인과 고용주 간의 윤리 이해

자료 분석 칼럼은 고용주와 고용인 윤리에 대해 설명하고 있다. 고용주는 법적 테두리 내에서 건전하게 이윤을 추구해야 하며, 노동자의 역할을 인정하고 노동자의 권리를 보장해야 하고, 소비자에게 양질의 서비스와 제품을 제공해야 하며 사회적 책임을 다하여 공익 가치 실현에 기여해야 한다. 고용인은 자신이 맡은 업무를 성실히 수행하여 노동 생산성 향상을 위해 노력해야 하며, 기업가와 맺은 근로 계약을 지키고 기업가와 협력을 추구해야 한다.

선택지 분석

① 칼럼에 따르면 기업은 고용인과 고용주의 이윤 추구를 위한 것이므로 고용주에게 기업은 사익 추구의 수단이 될 수 있다. X

② 칼럼에 따르면 고용인과 고용주는 각자의 이익을 위해 서로 협력할 수 있고 결속할 수 있다. X

③ 칼럼에 따르면 고용인은 고용주가 공익을 해칠 경우에도 신의를 지켜야 하는 것은 아니다. X

④ 칼럼에 따르면 고용주는 고용인의 충성까지 구매할 수 없다. 따라서 조직에 충성하지 않는 고용인이라고 해서 반드시 그 조직을 떠나야 하는 것은 아니다. X

✓ ❺ 칼럼에 따르면 고용되어 일하는 사람인 고용인은 기업의 이윤 추구에 기여해야 할 의무와, 공익을 위반한 기업의 비행을 적극 알려야 할 시민의 의무를 함께 이행해야 한다. O 답 ⑤

17 기업의 사회적 책임에 대한 보겔과 프리드먼의 입장 이해

빈출 문항 자료 분석

갑, 을 모두가 부정의 대답을 할 질문만을 〈보기〉에서 있는 대로 고른 것은?

(→ 기업의 이익 증진을 위해 공익을 추구해야 함)
갑: 기업은 시장 경쟁력 강화를 위한 경영 전략 차원에서 공익 증진이라는 사회적 책임에 힘써야 한다. 그러한 기업은 소비자 불매운동을 예방하고, 직원들의 헌신과 소비자들의 신뢰를 얻는 데 훨씬 유리하기 때문이다. → 보겔

을: 기업의 사회적 책임은 오로지 시장의 규칙을 준수하면서 기업 이익의 극대화를 위해 자유로운 경쟁에 전념하는 것이다. 이 과정에서 기업은 보이지 않는 손에 이끌려 원래 의도하지 않았던 공익에 기여하게 된다. → 프리드먼
(→ 기업의 본질은 공익이 아닌 이익 추구에 있음)

보기

ㄱ. 기업은 모든 사회적 책임으로부터 자유로워야 하는가? (x, x)

ㄴ. 기업은 자유 시장 경제 원리에 따라 경영되어야 하는가? (o, o)

ㄷ. 기업은 공익의 증진을 본질적 목적으로 삼아야 하는가? (x, x)

ㄹ. 기업은 기업 이익 증진을 위해 공익을 추구해야 하는가? (o, x)

해결 전략 갑은 기업이 사회적 책임을 이행하면 기업의 이윤 추구와 소비자들의 신뢰를 얻는 데에도 유리하다고 간주한 보겔이다. 을은 기업의 유일한 사회적 책임은 기업 이익의 극대화라고 주장한 프리드먼이다. 보겔과 프리드먼은 모두 기업은 공익 증진이 아니라 이윤 극대화를 본질적 목적으로 삼는다고 보며, 사회적 책임으로부터 자유로울 수 없다고 보았다. 기업의 사회적 책임에 대한 두 입장의 공통점과 차이점을 잘 구분해 두어야 한다.

선택지 분석

✓ ㄱ. 갑, 을은 모두 기업은 사회적 책임으로부터 자유로울 수 없다고 보므로 모두 부정의 대답을 할 질문이다. X

ㄴ. 갑, 을이 모두 긍정의 대답을 할 질문이다. O

✓ ㄷ. 갑, 을은 모두 기업은 공익 증진이 아니라 이윤 극대화를 본질적 목적으로 삼는다고 보므로 모두 부정의 대답을 할 질문이다. X

ㄹ. 시장 경쟁력 강화를 위한 경영 전략 차원에서 공익을 추구해야 한다고 보는 갑이 긍정의 대답을 할 질문이다. O 답 ②

18 공직자 윤리에 대한 정약용의 입장 이해

빈출 문항 자료 분석

다음을 주장한 사상가가 강조하는 공직자의 자세로 옳지 않은 것은?

• 관청에서 쓰는 모든 물건은 하늘에서 비처럼 내리고 땅에서 물처럼 솟는 것이 아니니, 씀씀이를 절약하면서 물건 사용의 폐해를 살펴 백성들의 힘을 덜어 주어야 한다. → 정약용은 공직자는 절약해야 하며 욕심을 부려서는 안 된다고 봄
• 청렴한 선비는 벼슬자리에 부임하러 갈 때 가족을 데려가지 않는데, 이때의 가족이란 아내와 자식을 일컫는다. 형제 간에는 가끔 왕래해도 되지만 오래 머물러서는 안 된다.
→ 공직자는 청렴의 태도를 지니고 사사로운 이익에 이끌리지 않도록 노력해야 함

해결 전략 제시문은 정약용의 주장이다. 정약용은 공직자 윤리로 절용(節用)과 청렴(淸廉)을 강조하였고, 공직자가 절약하지 않고 욕심을 부리면 부정부패하게 된다고 주장하였다.

선택지 분석
① 정약용은 사익보다는 청렴을 더 중시하였다. O
② 정약용은 공직자가 백성에게 자애로워야 하고[愛民], 자애롭기 위해서는 반드시 절용해야 한다고 보았다. O
✓❸ 정약용은 청백리가 되려면 자신에게만 관대하고 가족에게는 엄격해야 한다고 주장하지 않았다. X
④, ⑤ 정약용은 세금으로 쓰이는 돈은 하늘에서 비처럼 내린 것이 아니라 백성의 땀과 노력에서 나온 것이니 아껴 써서 국민들의 경제적 부담을 줄여야 한다고 보았다. O 답 ③

19 정약용의 공직자 윤리 이해

자료 분석 제시문은 정약용의 주장이다. 정약용은 공직자 윤리로 절용과 청렴을 강조하였다.

선택지 분석
①, ②, ③ 정약용은 공직자가 나라 곳간을 절약하면서도 애민 정신을 바탕으로 인색하지 않아야 한다고 보았다. O
✓❹ 정약용은 공직자가 자기 공적을 자랑하지 않고 남모르게 선정을 베풀어야 한다고 보았다. X
⑤ 정약용은 공직자가 공과 사를 구분하여 업무를 공정하게 처리하고, 사사로운 이익을 취하지 않는 청렴을 실천해야 한다고 보았다. O 답 ④

20 공직자 윤리에 대한 정약용의 입장 이해

자료 분석 제시문은 정약용의 주장이다. 정약용은 공직자 윤리로 절용과 청렴을 강조하였다. 정약용은 절약하지 않고 탐욕을 부리면 부정부패하게 되므로, 공직자는 덕을 쌓고 근검절약하는 삶을 살아야 한다고 주장하였다.

선택지 분석
✓ㄱ. 정약용은 목민관이 청렴을 실천하려면 지혜로워야 한다고 보았다. O
ㄴ. 정약용은 목민관의 자의적 공금 집행에 반대하였다. X
✓ㄷ. 정약용은 청렴이 인을 실현하려는 욕구에서 비롯된다고 보았다. O
ㄹ. 정약용은 목민관의 청렴은 자기 수양을 통해 실현된다고 보았다. X
답 ②

21 공직자 윤리에 대한 정약용의 입장 이해

자료 분석 제시문은 정약용의 주장이다. 정약용은 목민관이 백성을 편안하고 이롭게 해야 하고, 위세를 앞세워서는 안 된다고 보았다.

선택지 분석
① 정약용은 절용이 목민관의 첫 번째 의무라고 보고 공직자의 청렴과 검소를 강조하였다. O
② 정약용은 공직자가 마음에 두려움을 간직해야 방자하지 않게 된다고 주장하며 자기 절제에 힘써야 한다고 보았다. O
③ 정약용은 법을 두려워하고 준수하여 백성의 편안을 도모해야 한다고 보았다. O
④ 정약용은 공직자의 청렴을 강조하여 공무를 처리할 때 사욕을 개입시켜서는 안 된다고 보았다. O
✓❺ 정약용은 공직자가 의(義)와 법(法), 백성을 두려워하는 마음을 가져야 한다고 보았다. X 답 ⑤

22 정약용의 공직 윤리 이해

자료 분석 제시문의 사상가는 정약용이다. 정약용은 "목민심서"에서 관리들의 폐해를 지적하며 백성을 다스리는 바른 도리에 관해 제시하였다. 정약용은 나라와 백성을 생각하는 관리는 무엇보다 자신의 사사로운 이익을 취해서는 안 되며, 청렴의 자세를 지녀야 한다고 강조하였다.

선택지 분석
① 애민의 자세를 강조하는 정약용의 공직 윤리에 해당한다. O
✓❷ 정약용은 공직자는 검약한 생활을 하면서도 자신의 녹봉을 아껴 곤궁한 친척에게 두루 베풀어야 한다고 보았다. 따라서 곤궁한 친척을 도우려는 어진 마음을 지니고 이를 실천해야 한다고 보았다. X
③, ④ 검약의 자세를 강조하는 정약용의 공직 윤리에 해당한다. O
⑤ 청렴과 검약의 자세를 강조하는 정약용의 공직 윤리에 해당한다. O
답 ②

23 정약용의 공직자 윤리 이해

자료 분석 제시문은 정약용의 주장이다. 정약용은 목민관의 청렴과 절용을 강조하였다.

선택지 분석
① 정약용은 청렴을 선의 원천이며 덕의 근본으로 보았다. 정약용에게 청렴 실천은 인의예지의 사덕을 구현하는 바탕이 된다. O
② 정약용은 사치와 낭비와 탐욕을 없애 청렴하게 공무를 수행할 것을 강조하였다. O
✓❸ 정약용은 절용을 목민관의 가장 중요한 임무라고 보았지만, 백성 통치의 유일한 방안이라고 보지는 않았다. X
④ 정약용은 절용의 실천을 통해 애민(愛民)을 실현할 수 있다고 보았다. O
⑤ 정약용은 공직자의 청렴과 절용의 실천은 백성들의 삶을 풍요롭게 할

Ⅲ 사회와 윤리

뿐 아니라, 안정된 사회를 조성하는 기반이 된다고 보았다. O 답 ③

24 정약용의 공직 윤리 이해

빈출 문항 자료 분석

다음을 주장한 사상가의 입장으로 적절하지 않은 것은?

부모님이 노쇠하고 집안이 가난하다는 것은 진실로 딱한 일이다. 그렇다고 자신의 딱한 처지를 벗어나고자 목민관이 되고자 하는 것은 올바른 일이 아니다. 천지의 공적 이치[公理]로 보면, 벼슬을 위해서 사람을 선발하는 것이지, 사람을 위해서 벼슬을 선택하는 경우는 없다. 만약 목민관에 임명되어 부임지에 갈 때에는 부유하더라도 검소한 차림이어야 하며, 관청의 재물이나 자산이 여유롭다 하더라도 절약할 수 있는 검소함을 지녀야 한다. 또한 고을의 선비들에게 학문을 권장하기 위해 한 수레의 책을 가져가는 것이 청렴한 관리의 자세이다.

→ 가족의 생계를 위해 관직을 맡는 것은 옳지 못함
→ 절약과 검소함을 강조한 정약용
→ 지역의 학문 풍토 조성을 위한 노력

해결 전략 제시문은 정약용의 주장이다. 정약용은 나라와 백성을 생각하는 관리는 무엇보다 자신의 사사로운 이익을 취해서는 안 되며, 청렴의 자세를 지녀야 한다고 강조하였다.

선택지 분석

① 정약용은 목민관이 관청의 재물을 절약해야 한다고 보았다. O

✓❷ 정약용은 자신의 딱한 처지를 벗어나고자 목민관이 되고자 하는 것은 올바른 일이 아니라고 보았다. X

③ 정약용은 목민관이 소비를 절제해야 한다고 보았다. O

④ 정약용은 목민관이 공과 사를 분명하게 구분해야 한다고 보았다. O

⑤ 정약용은 고을의 선비들에게 학문을 권장하기 위해 한 수레의 책을 가져가는 것이 청렴한 관리의 자세라고 보았다. O 답 ②

25 공직자 윤리에 대한 정약용의 입장 파악

자료 분석 제시문은 정약용의 주장이다. 정약용은 "목민심서"에서 백성을 다스리는 목민관의 바른 도리에 관해 제시하였다.

선택지 분석

① 정약용은 목민관이 자신의 사사로운 이익을 취해서는 안 되며, 공익을 추구해야 한다고 보았다. O

② 정약용은 목민관이 애민 정신을 바탕으로 백성을 사랑하고 덕으로 다스리며 즐거움을 나누는 사람이 되어야 한다고 보았다. O

③ 정약용은 청렴의 덕목과 더불어 백성의 교화와 직무에도 능하여야 칭송을 받을 수 있다고 보았다. O

④ 정약용은 목민관이 백성을 위한 다양한 정치적·경제적·사회적 방책을 강구하여야 한다고 보았다. O

✓❺ 정약용은 목민관이 청렴해야 한다고 주장하면서 목민관이 청렴하지 못한 것은 지혜가 모자라기 때문이라고 보았다. X 답 ⑤

26 정약용이 강조할 공직자의 자세 파악

자료 분석 제시문을 주장한 사상가는 정약용이다. 정약용은 목민관이 백성의 정당한 수익을 빼앗으면 민생고가 심해진다고 보았다.

선택지 분석

① 정약용은 애민의 기본을 청렴이라고 보고, 청렴하기 위해서는 절용해야 한다고 보았다. O

② 정약용은 청렴을 목민관의 근본적인 의무이며, 모든 덕의 근원이라고 보았다. 정약용의 입장에서 볼 때 공직자가 국민으로부터 신뢰와 지지를 얻으려면 청렴해야 한다. O

✓❸ 정약용의 입장에서 볼 때 공직자는 납품을 받는 과정에서 생산자의 정당한 이익을 고려해야 한다. X

④ 정약용은 목민관이 집안을 바로잡아야 청탁과 뇌물이 들어오지 않는다고 보고, 작은 선물이라도 경계해야 한다고 보았다. O

⑤ 정약용은 목민관이 청렴해야 할 뿐만 아니라 치밀해야 하며, 백성에게 재물을 나누어 주면서도 실효성이 있어야 한다고 보았다. O 답 ③

27 정약용의 공직 윤리 이해

자료 분석 제시문은 정약용의 주장이다. 정약용은 공직자 윤리로 절용(節用)과 청렴(清廉)을 강조하였다.

선택지 분석

① 정약용에 따르면 수령은 실효가 있도록 재물을 바르게 써야 한다. 따라서 수령은 재정 지출의 효과를 고려해야 한다. X

② 정약용에 따르면 수령은 모름지기 공공의 복리 증진에 주력해야 한다. X

③ 정약용에 따르면 수령은 백성을 다스리는 자이므로 직분상 백성과 동등하지 않다. X

✓❹ 정약용은 백성의 복리를 위하고자 하는 참된 수령이라면 청렴해야 하며, 청렴하려면 반드시 절약해야 한다고 주장하였다. O

⑤ 정약용에 따르면 수령은 백성을 사랑하여 백성의 복리를 위해 노력해야 한다. X 답 ④

28 정약용과 플라톤의 공직자 윤리 이해

자료 분석 갑은 정약용, 을은 플라톤이다. 정약용은 공직자(목민관)가 절용(節用)과 청렴(清廉)의 자세를 가져야 한다고 보았다.

선택지 분석

① 정약용은 공직자가 공적 업무와 사적 업무의 경계를 명확히 해야 한다고 보았다. X

② 정약용은 공직자가 항상 청렴해야 한다고 보았다. X

✓❸ 플라톤은 통치자가 공동체를 위해 유익한 것에 대한 지혜의 덕을 발휘해 정의로운 국가를 추구해야 한다고 보았다. O

④ 플라톤은 통치를 통치자의 고유한 역할이라고 보았다. X

⑤ 정약용은 공직자의 사유 재산을 금지해야 한다고 주장하지 않았다. X 답 ③

29 공직자 윤리 이해

빈출 문항 자료 분석

다음 글의 입장으로 적절하지 않은 것은?

통치자가 다스림에 충실할 수 있도록 백성들로부터 세금을 거두어들임

> 옛 성인(聖人)이 세금 제도를 만든 것은 백성으로부터 거두어 자기를 봉양하자는 것이 아니었다. 백성들이 모여 살면서 갈등과 투쟁이 생겨 서로 죽이기까지 하거니와, 통치자가 법으로 다스려 평화롭게 해 주어야만 민생이 편안해진다. 그러나 이 일은 농사를 지으면서 함께 할 수 없으므로, 백성은 수확의 10분의 1을 세(稅)로 바쳐 통치자를 공양(供養)하는 것이다. 통치자가 백성으로부터 거두어들인 것이 큰 만큼, 백성에 대한 보답도 무거운 것이다. 후세의 통치자는 세금 제도를 만든 의의를 모르고 '백성이 나를 공양하는 것은 당연한 것'이라고 말하면서 가혹하게 수취하니, 백성들도 그 영향을 받아 서로 싸워 국가가 혼란해진다.

해결 전략 제시문은 통치자가 다스림에 충실할 수 있도록 백성들로부터 세금을 거두어들여야 한다는 입장이다. 즉 제시문은 공직자가 자신의 본분에만 충실해야 한다는 입장이라는 것을 파악하여 문제를 해결해야 한다.

선택지 분석

✓❶ **제시문에 따르면 통치자는 농사와 통치를 함께 할 수 없다. 통치자는 통치 자체에 충실해야 한다.** X

② 제시문에 따르면 백성들이 모여 살면 갈등과 투쟁이 생겨 서로 죽이기까지 하므로 통치자는 백성들을 법으로 다스려 평화롭게 해 주어야 한다. O

③ 제시문에 따르면 백성들의 갈등을 다스릴 통치자의 역할이 필요하며, 통치는 농사를 지으며 함께 할 수 없으므로 통치자와 백성은 각자의 본분에 충실해야 한다. O

④ 제시문에 따르면 통치자가 백성으로부터 거두어들인 것이 큰 만큼 백성에 대한 보답도 무겁다. O

⑤ 제시문에 따르면 통치자가 탐욕을 부리고 백성을 수탈하면 백성들도 그 영향을 받아 서로 싸워 국가가 혼란해진다. O

답 ①

30 공직자 윤리 이해

자료 분석 갑은 정약용, 을은 맹자이다. 정약용은 "목민심서"에서 수령 노릇을 잘하려는 자는 반드시 자애로워야 하고, 자애로워지려는 자는 반드시 청렴해야 한다고 주장하며 청렴의 중요성을 강조하였다. 청렴이란 성품과 품행이 맑고 깨끗하여 탐욕을 부리지 않는 것을 말한다. 맹자는 군주가 백성의 생업을 마련해 주어야 한다고 보았다.

선택지 분석

① 정약용은 수령에게 청렴의 덕목이 필요하다고 보았다. O

② 정약용은 수령은 탐욕을 경계하고 청렴할 것을 강조하였다. O

③ 맹자는 직업을 통해 백성에게 일정한 생활 근거[恒産(항산)]를 마련해 줄 것을 강조하였다. O

✓❹ **맹자는 한 사람이 모든 일을 할 수는 없으므로 각자 자신이 해야 할 일을 수행하는 것이 이상적이라고 본다. 맹자는 "대인이 할 일이 있고 소인이 할 일이 따로 있으며, 어떤 사람은 마음을 수고롭게 하고, 어떤 사람은 몸을 수고롭게 한다."라고 주장하며 정신노동과 육체노동을 구분하였다.** X

⑤ 정약용과 맹자 모두 백성을 편안히 하고 백성과 함께 즐거워하는[與民同樂(여민동락)] 정치를 추구하였다. O

답 ④

도전 1등급 31 노블레스 오블리주의 의미 이해

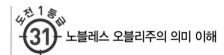

도전 1등급 문항 분석 ▸▸ 정답률 42.6%

다음 신문 칼럼의 입장에서 볼 때, ㉠에 대한 설명으로 적절하지 않은 것은?

> ○○신문 ○○○○년 ○월 ○일
>
> **칼 럼**
>
> 고위 공직자들은 법률 제도와 별도로 권한에 상응하는 책무 의식을 스스로 내면화해야 한다. 귀족의 책무를 뜻하는 [㉠]은/는 서양의 전통에서 유래하였지만 고위 공직을 담당한 지도자에게 여전히 요청되는 덕목이다. 이 덕목은 더 강한 책임 의식, 더 높은 도덕성, 더 많은 희생을 요구한다. 이 덕목의 실현으로 사회 구성원 상호 간의 신뢰와 연대는 강화되고 준법과 참여가 원활해진다. 나아가 국가가 내우외환에 봉착할 경우 구성원 모두 위기 극복을 위한 공동의 노력에 기꺼이 나서게 된다. …(후략)….

노블레스 오블리주

해결 전략 ㉠은 '노블레스 오블리주'이다. 노블레스 오블리주란 사회 지도층에게 사회에 대한 책임이나 국민의 의무를 모범적으로 실천하는 높은 도덕성을 요구하는 말이다. 공직자 윤리란 공직자가 직무 수행에 있어서 그 전문적 능력에 따라 최선을 다하며 국민 전체의 봉사자로서 준수해야 할 행동 규범을 의미한다.

선택지 분석

✓❶ **노블레스 오블리주는 고위 공직자 등이 스스로 내면화해야 할 덕목이므로 법적 규제를 의미하지 않는다.** X

② 노블레스 오블리주는 사회 구성원 간 신뢰와 연대를 강화하는 데 기여한다. O

③ 노블레스 오블리주는 더 높은 도덕성, 더 많은 희생을 요구하는 덕목이므로 정치권력의 사익 추구를 방지할 수 있다. O

④ 노블레스 오블리주는 전통 사회에서나 현대 사회에 모두 요구되는 덕목이다. O

⑤ 노블레스 오블리주는 국가가 내우외환에 봉착할 경우 구성원 모두가 위기 극복을 위해 노력하게 한다. O

답 ①

본문 62~84쪽

02 사회 정의와 윤리

32 ③	33 ②	34 ①	35 ④	36 ⑤	37 ①
38 ①	39 ⑤	40 ②	41 ⑤	42 ④	43 ②
44 ④	45 ⑤	46 ⑤	47 ④	48 ④	49 ④
50 ④	51 ②	52 ①	53 ②	54 ⑤	55 ③
56 ④	57 ⑤	58 ⑤	59 ⑤	60 ②	61 ③
62 ①	63 ⑤	64 ④	65 ②	66 ①	67 ⑤
68 ③	69 ④	70 ③	71 ⑤	72 ②	73 ⑤
74 ④	75 ⑤	76 ③	77 ④	78 ②	79 ⑤
80 ④	81 ④	82 ③	83 ②	84 ②	85 ②
86 ④	87 ④	88 ②	89 ⑤	90 ⑤	91 ③
92 ②	93 ①	94 ⑤	95 ③	96 ⑤	

도전 1등급

32 사회 윤리에 대한 니부어의 입장 파악

도전 1등급 문항 분석 ▸▸ 정답률 29.0%

다음을 주장한 사상가의 입장만을 〈보기〉에서 있는 대로 고른 것은?

> 개인 간의 관계를 합리적인 조정과 설득에 의해 확립하는 것은 가능하다. 집단 간의 관계는 각 집단이 갖고 있는 힘의 비율에 따라 수립되므로 합리적인 설득으로 집단 간의 관계를 확립하는 것은 불가능하다. 그러므로 합리적인 설득 이외에 강제력에 의한 방법이 병행되어야 집단 간의 힘의 균형을 이룰 수 있다.
> → 니부어는 정의 실현을 위해서는 정치적 강제력이 필요하다고 보았음

보기

ㄱ. 사회 협력의 범위를 확대하면 사회 갈등은 해결될 수 있다.
ㄴ. 사회적 억제가 없으면 사회의 이기적 충동을 없앨 수 없다.
ㄷ. 사회 정의의 실현에 기여한 폭력도 본질적으로는 비도덕적이다.
ㄹ. 사회 갈등을 비폭력적으로 해결하려고 하면 해악을 초래할 수 있다.

해결 전략 제시문은 니부어의 입장이다. 니부어는 사회 갈등을 해결하기 위해서는 사회적 억제와 내면적 억제가 필요하다고 보았으며, 비폭력적 방법만으로는 사회 갈등을 해결할 수 없다고 보았다.

선택지 분석

ㄱ. 니부어는 사회 협력의 범위를 확대한다고 해서 사회 갈등이 해결될 수 있다고 보지 않으며, 강제력에 의한 방법이 병행되어야 한다고 보았다. X

✓ ㄴ. 니부어는 사회의 이기적 충동은 강제력이라는 사회적 억제가 필요하다고 보았다. O

ㄷ. 니부어는 폭력이 본질적으로 비도덕적인 것이라고 단언해서는 안 된다고 보았다. X

✓ ㄹ. 니부어는 사회 갈등을 비폭력적으로 해결하려고 하면 해악을 초래할 수 있으므로 강제력이 필요하다고 보았다. O 답 ③

33 니부어의 사상적 입장 이해

자료 분석 제시문은 니부어의 주장이다. 니부어는 집단의 도덕성은 개인의 도덕성보다 열등하며, 정의 실현을 위해서는 강제력이 필요하다고 보았다.

선택지 분석

✓ ㄱ. 니부어는 집단 이기주의가 집단 구성원의 이성적 판단을 방해하여 집단의 도덕성 고양을 어렵게 한다고 보았다. O

ㄴ. 니부어는 개인의 합리성만으로는 집단의 갈등을 해소하기 어렵다고 보았다. X

ㄷ. 니부어는 집단 간의 갈등이 개인의 도덕적인 문제로 환원될 수 없다고 보았다. X

✓ ㄹ. 니부어는 정의 실현을 위해서는 폭력을 수반하는 강제력도 정당화될 수 있다고 보았다. O 답 ②

34 니부어의 사상적 입장 이해

자료 분석 제시문은 니부어의 주장이다. 니부어는 사회 집단의 도덕성이 개인의 도덕성보다 현저하게 떨어진다고 보고, 외적 강제력을 동원하여 힘을 바탕으로 정의를 실현할 필요가 있다고 보았다. 그러나 이러한 정치적 방법은 개인의 도덕성에 대해 배타적이지 않으며 개인의 도덕성의 도움을 받아야 한다고 보았다.

선택지 분석

✓ ❶ 니부어는 사회 갈등을 해소하는 민주적 과정에 강제력이 필요하다고 보았다. X

② 니부어는 인간의 자기 보존 욕구는 세력 강화의 욕구로 쉽게 전환된다고 보았다. O

③ 니부어는 도덕적 계몽을 통해 사회적 갈등을 완화한다 해도 사회적 갈등 자체를 제거할 수는 없다고 보았다. O

④ 니부어는 한 집단의 이기심은 이에 맞서는 다른 집단의 이기심에 의해서만 견제될 수 있다고 보았다. 집단 이기심의 상호 투쟁을 통해 정의가 실현될 수 있다는 것이다. O

⑤ 니부어는 강제력만으로 자신을 보존하고 통합을 유지할 수 있는 국가는 없다고 보았다. O 답 ①

35 니부어의 사상적 입장 이해

자료 분석 제시문은 니부어의 주장이다. 니부어는 외적 강제력을 동원하여 힘을 바탕으로 정의를 실현할 필요가 있다고 보았다.

선택지 분석

① 니부어는 집단 간 힘의 차이를 정치적 강제력으로 조정해야 한다고 보았다. X

② 니부어는 개인과 사회의 도덕적 이상은 절대적 모순 관계가 아니라고 보며 둘의 조화를 강조하였다. X

③ 니부어는 집단의 규모가 커질수록 충동을 제어하는 이성의 힘은 약해진다고 보았다. X

✓ ❹ 니부어는 개인으로서의 인간은 도덕적일 수 있지만, 사회 집단은 개인보다 이기적 충동을 강하게 표출하게 되므로 비도덕적인 특성을 보일 수 밖에 없다고 보았다. 니부어는 합리성에 부합하는 강제력을 행사함으로써 사회 정의를 실현할 수 있다고 보았다. O

⑤ 니부어는 집단 간 관계는 각 집단이 갖는 힘의 비율에 따라 수립된다고 보았다. X 답 ④

36 니부어의 사상적 입장 이해

빈출 문항 자료 분석

(가)를 주장한 사상가의 입장에서 (나)의 A, B, C의 행위에 대해 제기할 수 있는 적절한 비판만을 〈보기〉에서 있는 대로 고른 것은?

→ 니부어는 개인적으로 도덕적인 사람도 자신이 속한 집단의 이익을 위해 비도덕적으로 행동하기 쉽다고 봄

(가)	이성적 능력의 향상을 통해 사회 문제를 해결할 수 있다고 믿는 사람들도 있다. 그러나 집단의 이기적 충동의 힘이 이성보다 강력하기 때문에 이성의 힘만으로는 사회 집단 간의 갈등을 해결하기 어렵다. 그러한 갈등을 극복하기 위해서는 정치적인 힘이 필요하다.
(나)	• A는 전제 정치에 비폭력으로 대응하면서 사랑과 평화라는 종교적 이상을 바탕으로 전제 군주의 자비심에 호소하였다. • B는 봉건 체제를 타파하기 위해서 개인의 양심과 결단에 근거하여 독자적으로 테러를 감행하였다. • C는 식민 지배에 반대하면서 자국민들과 단결하여 비폭력적으로 지배국의 상품 불매 운동을 전개하였다.

보기

개인의 양심과 도덕성만으로는 정의의 실현이 어려움

ㄱ. A는 정치적인 힘 대신에 양심에만 호소하는 잘못을 범했다.
ㄴ. B는 자신의 의도를 조직적인 정치적 저항과 연결시키지 못했다.
ㄷ. C는 비폭력적으로 대응하여 정치적인 힘을 활용하지 못했다.
→ 집단적 저항을 통해 힘의 불균등한 분배를 해소하고자 함
ㄹ. A와 B는 집단적 저항이 필요함을 제대로 파악하지 못했다.

해결 전략 (가)를 주장한 사상가는 니부어이다. 니부어는 정의를 실현하기 위해 개인의 도덕성 함양과 함께 사회 구조나 제도의 개선이 필요하다고 보았다. 니부어는 외적 강제력을 동원하여 힘을 바탕으로 정의를 실현할 필요가 있다고 본다는 점을 파악하여 문제를 해결해야 한다.

선택지 분석

✓ ㄱ. A는 사랑과 평화라는 종교적 이상을 바탕으로 군주의 자비심에 호소하였으므로 정치적인 힘을 활용하지 못했다고 볼 수 있다. O

✓ ㄴ. B는 개인의 양심과 결단에 의한 테러를 감행했지만, 조직의 힘과 연결시키지는 못했다. O

ㄷ. C는 비폭력적으로 대응하면서도 정치적인 힘을 활용했다고 볼 수 있다. X

✓ ㄹ. A, B는 집단적 저항이 필요함을 제대로 파악하지 못했다고 볼 수 있다. O

답 ⑤

37 니부어의 사상적 입장 이해

자료 분석 제시문은 사회 윤리에 대한 니부어의 입장이다. 니부어는 사회 집단 간의 힘의 불균형과 집단 이기주의로 인한 갈등은 개인의 도덕성에만 호소해서는 해결이 불가능하며, 제도와 정책의 개선이 필요하다고 주장하였다. 제도와 정책은 합리적이어야 하지만 선의지의 통제를 받는다면 비합리적인 강제력도 허용된다고 보았다.

선택지 분석

✓ ❶ 니부어는 정의로운 사회 실현을 위한 강제력의 사용을 강조하지만, 이 강제력은 정당한 목적을 달성하기 위해 도덕적인 통제를 받아야 하므로 선의지의 역할이 필요하다고 보았다. O

② 니부어는 개인의 동정심과 같은 개인적 도덕성만으로는 집단의 도덕성을 결정하지 못하므로, 정의롭고 도덕적인 사회 제도나 구조가 개인의 도덕적 삶을 이끌어 낼 수 있다고 보았다. X

③ 니부어는 올바른 정치적 도덕성을 위해서는 외적 강제력과 같은 비합리적 수단의 사용이 필요하다고 보았다. X

④ 니부어는 집단의 크기와 개인의 도덕성은 반비례한다고 보았다. 즉 개인이 속한 집단의 크기가 커질수록 개인의 내면적 억제력은 약해진다. X

⑤ 니부어는 최소한의 강제력으로 정의를 실현하는 것이 합리적이라고 보았다. X

답 ①

38 니부어의 사상적 입장 이해

자료 분석 제시문을 주장한 사상가는 니부어이다. 니부어는 사회 집단 간의 힘의 불균형과 집단 이기주의로 인한 갈등은 개인의 도덕성에만 호소해서는 해결이 불가능하며, 제도와 정책의 개선이 필요하다고 주장하였다.

선택지 분석

✓ ❶ 니부어는 정의 실현을 목적으로 한 강제력은 도덕적으로 정당화될 수 있으며 이를 사용할 수 있다고 보았다. O

② 니부어는 올바른 정치적 도덕성은 선의지의 통제를 받은 강제력, 폭력 등 비합리적 방법을 사용할 수 있다고 보았다. X

③ 니부어는 사회 집단의 도덕성이 개인의 도덕성보다 현저하게 떨어지며, 집단 속에서 이기주의적으로 되어 가는 인간의 성향과 힘의 불균등한 분배로 말미암아 부정의가 지속되고 있다고 보았다. X

④ 니부어는 집단 간의 힘이 균형적인 상태에 도달해도 잠정적 평화만을 가져올 뿐이라고 보았다. X

⑤ 니부어는 합리적 개인들의 자발적인 조정과 함께 외적 강제력의 사용을 통해 불의를 극복할 수 있다고 보았다. X

답 ①

39 니부어의 사상적 입장 이해

자료 분석 제시문을 주장한 사상가는 니부어이다. 니부어는 개인도 이타심과 타인을 배려하는 도덕성을 가지고 있으며, 개인의 도덕적 선의지의 고양도 정의의 실현에 기여한다고 보았다. 사회 정의는 개인 간의 올바른 도리 또는 사회를 구성하고 유지하는 공정한 도리를 말한다.

선택지 분석

✓ ㄱ. 니부어는 개인의 이타심이 애국심과 결합하여 국가 이기주의로 전환된다고 보았다. O

ㄴ. 니부어에 따르면 개인들 간의 도덕적 관계는 설득과 조정을 통해서도 수립될 수 있다. X

✓ ㄷ. 니부어는 강제력은 가급적 최소로 사용하는 것이 합리적이라고 주장하였다. O

✓ ㄹ. 니부어는 "개개의 인간은 다른 사람들의 이익을 더욱 존중할 수도 있다는 점에서 도덕적이다."라고 주장하였다. O

답 ⑤

40 분배 정의에 대한 롤스와 노직의 입장 비교

빈출 문항 자료 분석

갑, 을 사상가들의 입장으로 적절한 것만을 〈보기〉에서 있는 대로 고른 것은?

갑: 정의의 일차적 주제는 사회의 기본 구조, 즉 사회의 주요 제도가 권리와 의무를 배분하고 사회 협동체로부터 생긴 이익의 분배를 정하는 방식이다. 사회의 기본 구조를 규제하는 원칙은 원초적 합의의 대상이다.
→ 롤스는 자유롭고 평등한 개인이 공정한 조건에서 채택하게 되는 정의의 원칙을 토대로 사회가 운영될 때 사회적 가치가 정의롭게 분배될 것이라고 봄

을: 정의의 주제는 세 가지이다. 즉, 누구의 소유물도 아니던 것이 어떻게 누군가의 소유물이 될 수 있는가, 한 사람의 소유물이 어떻게 다른 사람의 소유물이 될 수 있는가, 그리고 부정의를 어떻게 바로잡을 수 있는가이다.
→ 노직은 절차적 정의의 관점에서 개인이 정당한 취득 및 양도, 교정의 원칙에 따라 얻은 모든 소유물에 대해 소유 권리를 지닌다고 봄

보기

→ 롤스의 차등의 원칙은 사회적 · 경제적 불평등이 모두에게, 특히 최소 수혜자에게 이익이 될 경우 정당하다고 봄
ㄱ. 갑: 차등의 원칙은 천부적 능력의 차등이 있어도 성립한다.
ㄴ. 을: ~~각 개인에게 소유물을 분배하는~~ 최소 국가만이 정의롭다.
→ 노직은 개인의 정당한 소유물에 대한 배타적이고 절대적인 권리를 강조하면서, 개인의 권리를 보호하는 역할만 수행하는 최소 국가가 정당하다고 주장함
ㄷ. 을: 소유물 취득의 정당성은 타인의 처지 ~~개선~~을 요구한다.
→ 노직은 누구에게도 소유되지 않은 사물이라 하더라도 그 취득은 다른 사람의 상황을 악화시키지 않도록 정당하게 이루어져야 한다고 봄
ㄹ. 갑과 을: 개인은 사유 재산을 소유할 불가침적 권리를 지닌다.
→ 롤스와 노직은 모두 개인의 사유 재산권을 인정함

해결 전략 갑은 롤스, 을은 노직이다. 롤스는 차등의 원칙 적용을 전제로 타고난 재능을 가진 사람이 그 재능을 활용함으로써 더 많은 이익을 가질 수 있다고 보았다. 노직은 취득과 이전의 과정이 정당하면 그 과정을 통해 얻은 소유물에 대해서는 배타적 권리를 가진다고 보았다.

선택지 분석

✓ ㄱ. 롤스는 차등의 원칙을 통해 천부적 능력의 차별로(차이로) 인한 불평등을 조정해야 한다고 보았다. 롤스는 천부적으로 유리한 처지에 있는 사람들은 아주 불리한 처지에 있는 사람들의 여건을 향상시켜 준다는 조건 하에서만 그들의 행운에 의해 이익을 볼 수 있다고 보았다. O

ㄴ. 노직은 최소 국가가 소유물을 분배하는 주체가 아니라고 보았다. 따라서 노직은 소유물을 분배하는 최소 국가만이 정의롭다고 주장하지 않았다. X

ㄷ. 노직은 타인의 처지 개선이 아니라 타인의 처지를 악화시키지 않는 한 자신의 노동이 투입된 결과물에 대해 소유권을 갖는다고 주장하였다. X

✓ ㄹ. 롤스는 사유 재산을 소유할 권리는 제1원칙에 의거해 누구나 평등하게 가지며, 노직은 개인이 자신의 천부적 자산이나 정당하게 소유한 소유물에 대해 배타적이고 절대적인 권리를 지닌다고 보았다. O

답 ②

41 분배적 정의에 대한 롤스와 노직 입장 비교

자료 분석 갑은 롤스, 을은 노직이다. 롤스는 천부적 재능의 차이에 따른 산물은 최소 수혜자에게 최대 이익이 되도록 분배되어야 한다고 보았다. 노직은 개인의 천부적 재능은 개인에게 소유 권리가 있다고 보고, 천부적 재능으로부터 나오는 것에 대한 소유 권리도 그 개인에게 있다고 보았다.

선택지 분석

ㄱ. 롤스와 노직은 모두 개인의 소유권을 침해하지 않는 과세 정책을 인정한다. X

✓ ㄴ. 롤스의 차등의 원칙에 따르면 더 큰 재능의 소유자가 불우한 사람들의 여건을 향상시켜 준다면 그 재능으로부터 더 큰 이익을 얻을 수 있다. O

✓ ㄷ. 롤스의 차등의 원칙에 따르면 재산의 불평등한 분배가 최소 수혜자에게 이익이 되지 않을 경우에는 평등하게 분배되어야 한다. O

✓ ㄹ. 노직은 개인 간 자유롭게 체결된 계약이 이행되지 않을 경우, 국가가 그 이행을 강제할 수 있다고 보았다. O

답 ⑤

42 분배적 정의에 대한 노직과 롤스의 입장 비교

자료 분석 갑은 노직, 을은 롤스이다. 노직은 재화의 취득, 이전의 과정이 공정하다면 소유물에 대한 정당한 소유권을 지닌다고 보았다. 롤스는 원초적 입장에서 합의한 정의 원칙에 의해 공정한 분배가 이루어진다고 보았다.

선택지 분석

ㄱ. 노직은 지능 지수에 의한 분배 원리를 비역사적 원리이자 정형적 원리라고 보았다. 그는 정형적 원리가 개인의 선택의 자유를 침해할 수밖에 없다고 보고, 비정형적인 정의의 원칙에 입각한 소유 권리론만이 개인의 자유를 침해하지 않는다고 보았다. X

✓ ㄴ. 롤스는 사유 재산을 소유할 권리를 모든 사람이 평등하게 누려야 할 기본적 자유로 보면서 제1원칙에 의해 평등하게 보장받아야 한다고 보았다. O

ㄷ. 롤스는 분배의 몫을 결정하는 데 있어 사회적·자연적 여건이 유리하게 작용하지 않도록 하기 위해 원초적 상황에서 무지의 베일 속에 있다고 가정하고 정의의 원칙을 도출해야 한다고 보았다. X

✓ ㄹ. 노직과 롤스 모두 자연적·사회적 우연성에 의한 결과물에 대해 정당한 자격을 지닐 수 있다고 보고, 이에 따른 경제적 불평등은 허용될 수 있다고 보았다. O

답 ④

43 분배적 정의에 대한 롤스와 노직의 입장 비교

자료 분석 (가)의 갑은 롤스, 을은 노직이다. 분배적 정의를 실현하기 위해 롤스는 평등한 자유의 원칙, 차등의 원칙, 공정한 기회균등의 원칙을 강조하였고, 노직은 취득, 이전, 교정에서의 정의의 원칙을 강조하였다.

선택지 분석

✓ ㄱ. 롤스와 노직은 모두 자유롭게 양도된 재화가 재분배의 대상이 될 수 있다고 보았다. 롤스는 분배적 정의를 실현하기 위한 정의의 원칙을 주장하였다. 노직은 최초 취득에 있어 정당성을 갖지 못할 경우 자유롭게 양도된 재화일지라도 재분배의 대상이 될 수 있다고 보았다. O

ㄴ. 롤스는 천부적 재능의 분포는 임의적인 자연적 사실이며 정의롭거나 부정의한 것이 아니라고 보았다. X

ㄷ. 롤스에 따르면 공정한 기회균등의 원칙은 구성원들의 모든 이익을 평

등하게 보장하는 것이 아니라 직위와 직책을 얻을 기회를 모든 사람에게 개방하는 것이다. X

✓ ㄹ. 노직은 개인이 자신의 천부적·자연적 자산이나 정당하게 소유한 소유물에 대해 배타적이고 절대적인 권리를 지닌다고 보았다. O 답 ②

44 분배적 정의에 대한 노직과 롤스의 입장 비교

자료 분석 갑은 노직, 을은 롤스이다. 노직은 분배 결과가 아닌 소유 과정의 정당성이 소유 권리를 창출한다고 보았다. 롤스는 공정한 기회균등의 원칙과 차등의 원칙이 지켜진다면 사회적·경제적 불평등도 허용된다고 주장하였다.

선택지 분석

✓ ㄱ. 노직은 도덕적 공과를 기준으로 삼는 분배는 정형적 원리에 따른 것으로, 분배적 정의에 위배된다고 보았다. O

✓ ㄴ. 노직은 취득과 이전의 원칙과 함께 교정의 원칙에 의해서도 재화가 양도될 수 있다고 보았다. O

ㄷ. 롤스는 공정한 절차를 따를 것을 주장했지만 이를 통해 부의 균등한 분배가 보장되는 것은 아니다. 롤스는 공정한 절차에 따르고 최소 수혜자를 포함한 사회 구성원 모두에게 이익이 될 경우에는 경제적 불평등이 정당화될 수 있다고 보았다. X

✓ ㄹ. 노직과 롤스는 모두 국가가 불의한 분배를 교정하기 위해 개입할 수 있다고 보았다. 노직은 소유권의 취득과 양도 과정에 부정의가 있을 경우 국가가 개입하여 교정할 필요가 있다고 보았다. 롤스는 정의의 원칙을 위반할 경우 이를 교정하기 위해 국가가 개입할 수 있다고 보았다. O 답 ④

45 분배 정의에 대한 롤스와 노직의 입장 비교

자료 분석 갑은 롤스, 을은 노직이다. 롤스는 공정한 분배가 이루어지려면 사회 제도가 공정한 조건에서 합의된 정의 원칙에 의해 규제되어야 한다고 주장하였다. 노직은 분배 결과가 아니라 소유 과정의 정당성이 소유 권리를 창출한다고 보았다.

선택지 분석

✓ ㄱ. 롤스는 최소 수혜자에게 이익이 될 경우에만 사회적·경제적 불평등이 정당화될 수 있다고 보았다. 따라서 최소 수혜자에게 이익이 되지 않는 한 부, 소득과 같은 사회적 가치들은 평등하게 분배되어야 한다고 보았다. O

ㄴ. 롤스는 기본적 자유들 중 어느 것도 절대적이지 않다고 보았다. 따라서 롤스는 기본적 자유들이 상충할 경우 제한될 수 있다고 보고, 서로 상충하는 기본적 자유들 각각에 대해 균등하게 보장될 필요는 없다고 보았다. X

✓ ㄷ. 노직은 자신의 노동을 투여하지 않더라도, 타인에 의해 자유로이 양도받아 취득한 소유물, 즉 이전의 원칙에 의해 취득한 소유물에 대해서는 정당한 소유 권리가 있다고 보았다. O

✓ ㄹ. 롤스는 개인의 능력은 우연성의 영향을 받는다고 보고, 능력에 따라 부와 소득이 분배되는 것은 정의의 원칙에 어긋날 수 있다고 보았다. 노직은 능력에 따른 분배는 정형적 원리에 따른 분배라고 보고, 이는 소유 권리를 침해할 수 있다고 보았다. O 답 ⑤

도전 1등급 46 분배 정의에 대한 롤스와 노직의 입장 비교

도전 1등급 문항 분석 ▸▸ 정답률 28.0%

(가)의 갑, 을 사상가들의 입장을 (나) 그림으로 탐구하고자 할 때, A∼C에 해당하는 적절한 질문만을 〈보기〉에서 있는 대로 고른 것은?

(가)

갑: 정의 이론은 사회의 기본 구조를 정하는 방식을 다룬다. 정의의 일차적 주제는 사회의 주요 제도에 의해 권리와 의무를 배분하고 사회 협동체로부터 생긴 이익의 분배를 정하는 방식에 관한 것이다.
→ 롤스(공정한 분배가 이루어지려면 사회 제도가 공정한 조건에서 합의된 정의 원칙에 의해 규제되어야 함)

을: 분배 정의에 관한 정형적 원리는 재분배 행위를 반드시 불러온다. 소유 권리론의 관점에서 볼 때 재분배는 개인들의 권리를 침해한다. 소유권을 지켜 줄 최소 국가는 우리를 불가침의 개인들로 취급한다.
→ 노직(개인의 소유권을 침해하지 않고 개인의 권리를 보호하는 역할만을 수행하는 최소 국가만이 정당함)

(나)

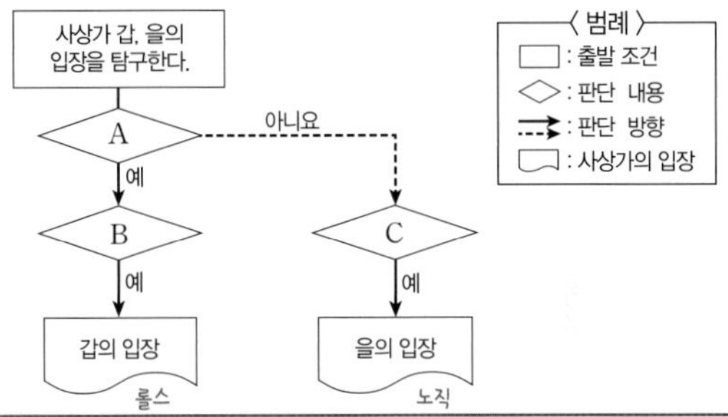

보기

ㄱ. A: 공정한 분배를 위해 올바른 결과에 대한 독립적 기준이 필수적으로 요구되는가?
→ 롤스와 노직 모두 절차적 정의관의 입장임

ㄴ. B: 더 많은 재능을 타고난 자가 자신의 재능을 활용하여 더 많은 이익을 획득하도록 장려되는 경우가 있는가?
→ 최소 수혜자에게 이득이 된다면 자연적 우연성·천부적 재능으로 인한 소득 격차 허용

ㄷ. B: 정의 원칙 수립 시 당사자 간 합의는 가설적이고 비역사적인가?
→ 정의의 원칙이 도출되는 롤스의 원초적 입장은 가상적·비실제적 상황임

ㄹ. C: 과거 상황은 사물에 대한 차별적 소유권을 창출하는 요인인가?
→ 역사적으로 사물의 취득, 이전 과정이 정당하다면 개인은 사물에 대한 배타적·절대적 권리를 지님

해결 전략 갑은 롤스, 을은 노직이다. 롤스는 평등한 자유의 원칙, 공정한 기회균등의 원칙, 차등의 원칙이 축차적 서열을 이룬다고 보았다. 노직은 취득과 이전의 과정이 정당하면 그 과정을 통해 얻은 소유물에 대해서는 배타적 권리를 가진다고 보았다.

선택지 분석

ㄱ. 롤스와 노직은 공정한 분배 여부는 바르고 공정한 절차가 있고 그 절차를 제대로 따른 것인지에 달려 있다고 보았다. 따라서 롤스와 노직은 공정한 분배를 위해서 올바른 결과에 대한 독립적 기준이 요구된다고 보지 않았다. X

✓ ㄴ. 롤스는 사회를 상호 이익을 위한 협동 체제로 보고, 더 많은 재능을 타고난 사람이 더 적은 재능을 타고난 이들의 이익에 공헌한다면, 자신의 재능을 활용하여 더 많은 이익을 획득하도록 장려된다고 보았다. O

✓ ㄷ. 롤스는 정의의 원칙들은 무지의 베일 속에서 선택된다고 보았다. 즉 당사자들은 가설적이고 비역사적인 원초적 입장에서 정의의 원칙을 수립한다고 본 것이다. O

✓ ㄹ. 노직은 역사적 소유 권리를 주장하며 사물에 대한 차별적 소유권은 과거 상황이나 과거 행위에 의해 창출된다고 보았다. O 답 ⑤

Ⅲ 사회와 윤리

47 분배적 정의에 대한 롤스와 노직의 입장 비교

빈출 문항 자료 분석

갑, 을 사상가들의 입장으로 적절한 것만을 〈보기〉에서 있는 대로 고른 것은?

> 갑: 사람이 천부적으로 타고난 것이나 사회의 어떤 특정한 지위에 태어나는 것은 정의롭다거나 부정의하다고 할 수 없다. 이것은 단지 자연적 사실에 불과하다. 정의 여부가 문제되는 것은 제도가 그러한 사실들을 처리하는 방식이다. → 롤스는 천부적 재능의 분배나 사회적 여건의 우연성은 정의롭다거나 부정의하다고 할 수 없다고 봄
>
> 을: 정형적 분배 원리는 생산과 분배를 독립된 주제로 취급한다. 하지만 소유 권리론에 따르면 이들은 분리된 것이 아니다. 생산과 관련된 사람들의 과거 행위는 사물들에 대한 차별적인 소유 권리를 창조한다. → 노직은 소유 권리론이 역사적이라고 봄

보기

ㄱ. 갑: 차등의 원칙은 자연적 운의 도덕적 임의성을 처리하는 공정한 분배의 원칙이다. → 롤스의 차등의 원칙은 운명의 우연성을 공정하게 다루는 정의로운 방식임

ㄴ. 갑: 최소 수혜자에게 이득이 된다면 천부적 재능으로 인한 소득 격차도 허용될 수 있다. → 롤스는 천부적 재능의 분포를 공동의 자산으로 보고 공동의 이익을 가져올 경우에만 자연적 · 사회적 우연성을 이용할 수 있다고 봄

ㄷ. 을: 역사적 원리에 따른 부의 불평등은 정당화될 수 있다.

ㄹ. 갑, 을: 개인은 사회적 운의 결과물에 대해 정당한 자격을 갖지 ~~않는다~~.

→ 노직은 소유 권리론이 역사적이라고 보고 취득과 이전의 과정에서 부정의가 발생하지 않았다면 그 소유가 정당하다고 봄

해결 전략 갑은 롤스, 을은 노직이다. 롤스는 원초적 입장에서 채택한 정의의 원칙들에 의해 사회적 가치들이 분배되어야 정의롭다고 보았다. 노직은 재화의 취득, 이전의 과정이 부당하지 않다면 개인은 재화에 대한 배타적·절대적 권리를 지닌다고 주장하였다.

선택지 분석

✓ㄱ. 롤스는 우연성에 따른 산물이 최소 수혜자에게 최대 이익이 되는 방식으로 분배되어야 한다고 주장하였다. O

✓ㄴ. 롤스는 경제적 이익이 최소 수혜자를 포함한 모든 구성원에게 이익이 되는 방식, 즉 모든 구성원의 처지를 개선하는 방식으로 분배되는 것은 정당하다고 보았다. O

✓ㄷ. 노직은 분배 결과가 아니라 역사적 원리에 따른 소유 과정의 정당성이 소유 권리를 창출한다고 보았다. O

ㄹ. 롤스와 노직은 모두 개인이 사회적 운의 결과물에 대해 정당한 자격을 지닐 수 있다고 보았다. X

답 ④

48 분배 정의에 대한 롤스와 노직의 입장 비교

자료 분석 (가)의 갑은 롤스, 을은 노직이다. 롤스는 자연적·사회적 우연성이 배제된 원초적 입장의 무지의 베일로부터 공정한 정의의 원칙을 도출하였다. 노직은 자유 지상주의적 입장에서 소유 권리론과 최소 국가를 주장하였다.

선택지 분석

✓ㄱ. 롤스는 가상적 상황인 원초적 입장을 제시하여 상호 무관심한 사람들이 무지의 베일하에서 합의를 통해 정의의 원칙을 도출하게 된다고 보았다. O

✓ㄴ. 롤스는 기본적 자유들이 상충하는 경우 기본적 자유가 제한될 수 있다고 보았다. O

ㄷ. 롤스는 차등의 원칙이 법과 정책에 적용되지만, 구체적인 사적 거래에는 직접 적용되지 않는다고 보았다. X

✓ㄹ. 노직은 정형적 분배의 원칙은 필연적으로 재분배를 초래하여 분배적 정의에 위배된다고 보았다. 노직은 절차적 정의의 관점에서 재화의 취득, 이전의 과정이 부당하지 않다면 개인은 재화에 대한 배타적·절대적 권리를 지닌다고 주장하였다. O

답 ④

49 분배적 정의에 대한 노직과 롤스의 입장 비교

자료 분석 갑은 노직, 을은 롤스이다. 노직은 어떤 사람의 타고난 자질은 그 사람에게 소유 권리가 있으며, 그 자질로 인해 발생한 소유물에 대해서도 그 사람에게 소유 권리가 있다고 보았다. 롤스는 천부적 재능이나 사회적 우연에 따른 분배는 도덕적으로 자의적인 것으로 정당하지 않다고 보았다. 롤스는 많은 혜택을 누리고 있는 사람들에게 큰 이익이 허용되는 것은 혜택을 누리지 못하는 사람들에게 이익이 되는 경우에 한하며, 그렇지 않은 경우에는 인정되어서는 안 된다고 본다.

선택지 분석

✓ㄱ. 노직은 천부적 자질과 그로 인해 소유하게 된 것에 대해 개인이 소유 권리를 가진다고 보았다. O

✓ㄴ. 롤스는 천부적 자질을 타고나는 것은 우연적이고 임의적인 자연적 사실이며, 정의롭거나 부정의한 것이 아니라고 보았다. O

✓ㄷ. 롤스는 개인이 정의의 원칙에 따라 얻은 것에 대해 권한을 갖는다고 보았다. O

ㄹ. 롤스만의 입장이다. 롤스는 불평등한 분배가 그 사회의 최소 수혜자들에게 이익이 될 때 정당화될 수 있다고 보는 차등의 원칙을 주장하였다. X

답 ④

50 노직과 롤스의 정의론 비교

자료 분석 갑은 노직, 을은 롤스이다. 노직은 절차적 정의의 관점에서 재화의 취득과 이전의 과정이 정의롭다면 그 결과도 정의롭다고 보았다. 롤스는 공정한 조건에서 합의된 정의의 원칙들에 의해 효과적으로 규제되는 사회를 정의로운 사회라고 보고 평등한 자유의 원칙, 차등의 원칙, 공정한 기회 균등의 원칙을 제시하였다.

선택지 분석

ㄱ. 노직은 도덕적 공과에 따른 분배는 정형적 원리에 의한 분배이므로 소유 권리를 침해하고 정의롭지 못하다고 보았다. X

✓ㄴ. 롤스는 차등의 원칙이 호혜성의 입장을 표현한 것이며, 모든 성원을 고려한 상호 이익의 원칙이라고 보았다. O

ㄷ. 롤스에 따르면 기본적 자유는 다른 기본적 자유와 상충할 때 제한될 수 있기 때문에 절대적이지 않다. X

✓ㄹ. 노직은 개인에게 천부적 자산에 대한 소유 권리가 있다고 보았으며, 롤스는 천부적 자산 자체와 천부적 자산의 분포를 구분하면서 천부적 자산의 분포는 공유 자산으로 간주되지만 천부적 자산 자체에 대한 권한은 개인에게 있다고 보았다. O

답 ④

도전 1등급

51 마르크스, 노직, 롤스의 정의관 파악

도전 1등급 문항 분석 ▸▸ 정답률 42.0%

(가)의 갑, 을, 병 사상가들의 입장을 (나) 그림으로 표현할 때, A~D에 해당하는 질문으로 적절한 것만을 〈보기〉에서 있는 대로 고른 것은?

(가)

갑: 노동이 생활 수단일 뿐만 아니라 일차적인 생활 욕구로 된 후에, 사회는 자신의 깃발에 '각자는 능력에 따라, 각자에게는 필요에 따라'라고 쓸 수 있게 된다. → 마르크스

을: 한 사람의 소유물은 취득, 이전, 불의의 교정 원리에 의해 권리를 부여받았으면 정당하다. 각 개인의 소유물이 정당하다면 소유물의 전체 집합도 정당하다. → 노직

병: 원초적 입장에서 합의된 정의 원칙들은 사회 협동체의 종류와 설립할 정부 형태를 명시해 준다. 정의 원칙들을 이렇게 보는 방식을 공정으로서의 정의라 부른다. → 롤스

(나)

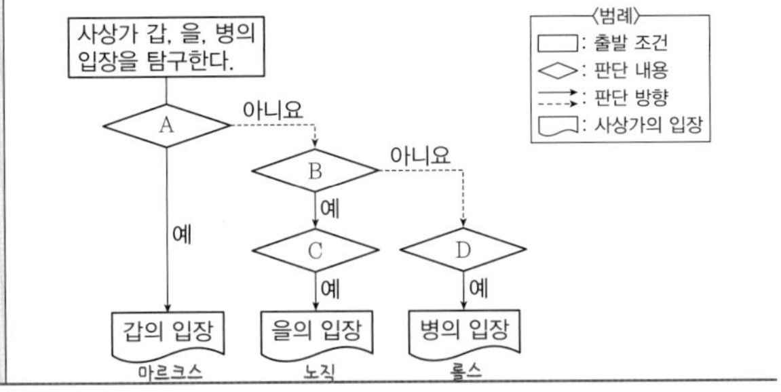

보기

ㄱ. A: 가장 바람직한 분배는 국가가 없는 상태에서 가능한가?

ㄴ. B: ~~자기 노동의 결과에 대해서만~~ 정당한 소유권을 갖는가?
→ 노직은 취득의 원리뿐만 아니라 이전의 원리도 주장함

ㄷ. C: 최소 국가는 정의 실현을 위해 분배 과정에 개입할 수 있는가?

ㄹ. D: 재산에 대한 사적 소유권은 ~~차등적으로~~ 분배되어야 하는가?
→ 기본적 자유 → 불의의 교정 원리

해결 전략 갑은 마르크스, 을은 노직, 병은 롤스이다. 마르크스는 능력에 따라 일하고 필요에 따라 분배할 것을 주장하였다. 노직은 개인은 정당한 소유물에 대해 배타적·절대적 권리를 지닌다고 보았다. 롤스는 자연적·사회적 우연성이 배제된 원초적 입장에 놓인 사람들은 모든 사람에게 공정한 정의 원칙에 합의하게 된다고 보았다.

선택지 분석

✓ ㄱ. 마르크스는 국가가 소멸된 공산 사회에서 능력에 따라 일하고 필요에 따라 분배하는 것을 가장 바람직한 상태로 보았다. 마르크스의 입장에서 가장 바람직한 분배는 국가가 없는 공산 사회에서 가능하다. 이와 달리 노직, 롤스는 모두 국가 상태에서 정의로운 분배가 가능하다고 보았다. O

ㄴ. 노직은 노동을 통해 정당하게 취득한 재화뿐 아니라 타인에 의해 자유로이 양도받은 재화에 대해서도 정당한 소유 권리가 있다고 보았다. X

✓ ㄷ. 노직은 재화를 취득하거나 양도받는 과정에서 과오나 잘못된 절차에 의한 소유가 발생했을 때는 이를 바로잡기 위해 최소 국가가 개입할 수 있다고 보았다. O

ㄹ. 롤스는 재산에 대한 사적 소유권을 기본적 자유라고 보고 모든 구성원이 기본적 자유들을 평등하게 누려야 한다고 보았다. X

답 ②

52 롤스와 노직의 정의론 이해

자료 분석 갑은 롤스, 을은 노직이다. 롤스는 공정한 분배가 이루어지려면 사회 제도가 공정한 조건에서 합의된 정의 원칙에 의해 규제되어야 한다고 보았다. 노직은 개인이 정당하게 소유물을 취득했다면 그 소유물을 자유롭게 처분할 수 있다고 보았다.

선택지 분석

✓ ❶ 롤스는 천부적 자산에 대한 개인의 소유권은 인정하지만, 어떤 권리도 절대적이지는 않으며, 기본적 자유라 하더라도 다른 기본적 자유에 의해 제한될 수 있다고 주장하였다. 노직은 소유에 이르는 과정이 정당하면, 소유물에 대한 권리를 갖게 된다고 주장하였다. X

② 롤스는 기본적 자유가 개인들에게 평등하게 분배되어야 한다고 주장하였다. O

③ 노직은 노동을 통해 소유물을 취득했다 하더라도 타인의 상황을 악화시켰다면 이는 정당하지 못한 것이라고 보았다. 노직은 정당하지 못한 방법으로 획득한 소유물은 교정의 대상이 된다고 보았다. O

④ 노직은 정형적 원리에 따른 분배는 개인들이 자신들의 소유물에 대한 처분 방법을 자유롭게 선택할 권리를 침해한다는 점에서 이전에서의 정의의 원리에 위배된다고 보았다. O

⑤ 롤스와 노직은 모두 정의의 원칙에 따른다면 불평등도 정당화될 수 있다고 보았다. O

답 ①

53 분배 정의에 대한 롤스, 왈처, 노직의 입장 비교

자료 분석 (가)의 갑은 롤스, 을은 왈처, 병은 노직이다. 롤스는 모든 구성원이 원초적 입장에서 합의할 두 가지 정의의 원칙에 의해 규제되는 사회를 정의로운 사회라고 보았다. 왈처는 다양한 삶의 영역에서 각기 다른 공정한 기준에 따라 사회적 가치가 분배될 때 사회 정의가 실현된다고 보았다. 노직은 개인의 소유권을 침해하지 않고 개인의 권리를 보호하는 역할만을 수행하는 최소 국가를 주장하였다.

선택지 분석

✓ ㄱ. 노직은 사회적 약자를 배려하는 재분배 정책에 반대하였고, 롤스와 왈처는 재분배 정책이 분배 정의에 위배되지 않는다고 보았다. O

ㄴ. 롤스와 왈처, 노직 모두 부정의한 분배를 교정하기 위한 국가의 개입이 정당화될 수 있다고 보았다. X

ㄷ. 노직은 과거의 상황이나 행위가 사물에 대한 소유 권리나 응분의 자격을 발생시킨다고 보았다. X

✓ ㄹ. 롤스와 왈처, 노직 모두 재산과 소득의 균등 분배를 주장하지 않았다. O

답 ②

54 분배 정의에 대한 노직, 롤스, 왈처의 입장 비교

자료 분석 (가)의 갑은 노직, 을은 롤스, 병은 왈처이다. 롤스는 차등의 원칙에 따라 개인이 소득과 부에 대해 갖는 권리에 제한을 두어야 한다고 본 반면, 노직은 차등의 원칙에 반대하며 이러한 권리에 제한을 가해서는 안 된다고 보았다. 왈처는 정의의 영역을 세분화하고, 서로 다른 사회적 가치는 서로 다른 분배 기준과 절차, 다른 주체에 의해 분배되어야 한다고 보았다.

선택지 분석

① 노직은 롤스의 차등적 원칙이 정형적인 정의의 원칙이라고 보고, 정형화된 분배 원칙에 따라 재화를 분배하는 것은 개인의 소유권 침해를 초래

한다고 보았다. O

② 노직은 경제적 정의가 중앙 집권적 분배 과정에 의해서는 성취될 수 없다고 보고, 오직 최소 국가에 의해서만 경제적 정의가 실현될 수 있다고 주장하였다. O

③ 롤스는 노직과 달리 천부적 재능의 분포를 공동 자산으로 보아야 한다고 보았다. O

④ 롤스는 가상적 상황인 원초적 입장에서 상호 무관심한 사람들이 무지의 베일하에서 합의를 통해 정의의 원칙을 도출해야 한다고 보았다. O

✓❺ 노직과 롤스는 절차가 공정하면 결과도 공정하다고 보는 절차적 정의를 강조하는 입장이다. 노직은 취득과 이전(양도)의 과정이 정당하면 그 과정을 통해 얻은 소유물에 대해 개인은 절대적 권리를 가진다고 보았다. 롤스는 공정한 절차를 통해 합의된 것이라면 정의롭다고 보는 순수 절차적 정의를 내세워 '공정으로서의 정의'를 주장하였다. X 답 ⑤

55 분배적 정의에 대한 노직과 롤스의 입장 비교

자료 분석 (가)의 갑은 노직, 을은 롤스이다. 노직은 공리주의와 같이 분배 결과를 기준으로 분배의 공정성 여부를 판단하는 입장을 비판하며, 소유 과정의 정당성이 소유물에 대한 정당한 자격인 소유 자격을 창출한다고 보았다. 롤스는 원초적 입장에서 채택한 정의의 원칙들에 의해 사회적 가치들이 분배되어야 정의롭다고 보았다. 롤스는 정의의 원칙들에 따라 최소 수혜자들의 삶의 기대치를 향상시키는 분배가 이루어지는 사회가 정의로운 사회라고 보았다.

선택지 분석

ㄱ. 노직과 롤스 모두 '예'라고 대답할 질문이다. X

✓ㄴ. 노직은 분배받는 사람의 도덕적 공과와 같은 정형적 원리에 따른 분배는 개인의 소유 권리를 침해하기 때문에 정의에 위배된다고 보았다. O

✓ㄷ. 롤스는 최대 다수의 최대 행복을 추구하는 공리의 원리는 사회 구성원 일부에게만 이익이 되는 불평등을 정당화시킬 위험이 있다고 보았다. 그에 따르면 사회적 가치들의 불평등한 분배가 모든 사람에게 이익을 주지 않는 단순한 불평등은 부정의하다. O

ㄹ. 롤스가 '아니요'라고 대답할 질문이다. 롤스는 최소 수혜자의 이익 극대화는 정의 원칙들의 축차적 순서에 따라 평등한 자유의 원칙과 공정한 기회균등의 원칙 다음에 보장되어야 하는 것이기 때문이다. X 답 ③

도전 1등급 56 롤스와 노직의 정의론 비교

도전 1등급 문항 분석 ▸▸ 정답률 38.5%

갑, 을 사상가들의 입장으로 적절한 것만을 〈보기〉에서 고른 것은?

> 갑: 분배적 정의의 중심 문제는 사회 체제의 선택이다. 정의의 원칙들은 기본 구조에 적용되며 그 주요 제도들이 하나의 체계로 결합되는 방식을 규제하는 것이다. 공정으로서의 정의의 이념은 특수한 상황의 우연성을 처리하기 위해서 순수한 절차적 정의의 관념을 이용하고 있다. → 롤스
>
> 을: 분배적 정의의 완결된 원리는 오직 다음일 것이다. 어떤 분배가 정의로울 충분조건은 그 분배하에서 모든 사람이 자신이 소유하고 있는 것에 대한 소유 권리를 소유함이다. 소유물에서의 정의의 세 원리는, 소유물 취득의 원리, 소유물 이전의 원리, 이 두 원리의 위반을 교정하는 원리이다. → 노직
> → 개인은 정당한 소유물에 대해 배타적·절대적 권리를 지님

보기

ㄱ. 갑: 사유 재산권은 ~~차등의 원칙에 의해서만 제한될 수 있다.~~

ㄴ. 을: 분배 정의의 정형적 원리는 필연적으로 재분배를 요구한다.
→ 노직은 필요, 업적 등 정형화된 기준이 분배의 기준이 되어서는 안 된다고 봄

ㄷ. 을: ~~자신의 노동에 의한 결과에만~~ 정당한 소유권이 부여된다.

ㄹ. 갑, 을: 개인은 정당한 소유물에 대한 배타적 사용권을 지닌다.
→ 롤스와 노직의 공통 입장

해결 전략 갑은 롤스, 을은 노직이다. 롤스는 원초적 입장으로부터 도출된 정의의 원칙을 따를 때 공정한 분배가 실현된다고 보았다. 분배 정의에 대한 롤스와 노직의 사상적 차이점을 파악하여 문제를 해결해야 한다.

선택지 분석

ㄱ. 롤스는 사유 재산을 소유할 권리와 같은 기본적 자유들은 정의의 제1원칙에 의거해서 평등해야 하며, 차등의 원칙에 의해 제한될 수 없다고 보았다. X

✓ㄴ. 노직은 분배 정의의 정형적 원리는 필연적으로 재분배를 요구한다고 비판하였다. O

ㄷ. 노직은 정당한 이전을 통해 얻은 소유물에 대해서도 정당한 소유권을 갖는다고 보았다. X

✓ㄹ. 롤스와 노직 모두 개인은 정당한 소유물에 대한 배타적 사용권을 지닌다고 보았다. O 답 ④

57 롤스와 노직의 정의론 이해

빈출 문항 자료 분석

갑, 을 사상가들의 입장으로 옳지 않은 것은?

> 갑: 정의로운 사회는 평등한 자유와 공정한 기회 균등을 보장하는 제도를 가진다. 이 제도의 체계에서 처지가 나은 자들의 보다 높은 기대치가 정당화되는 유일한 조건은 그 사회의 최소 수혜자들의 기대치를 향상시키는 것이다.
> → 롤스는 공정한 절차에 따르고 최소 수혜자를 포함한 사회 구성원 모두에게 이익이 될 경우에는 경제적 불평등이 정당화될 수 있다고 봄
>
> 을: 취득에서의 정의의 원리에 의해 소유물을 취득한 자는 그에 대한 소유 권리를 가진다. 자연적 자산의 경우에도 개인들은 그것에 대한 소유 권리를 가지며 이로부터 나오는 것에 대해서도 그러하다.
> → 노직은 개인이 자신의 천부적 자산이나 정당하게 소유한 소유물에 대해 배타적이고 절대적인 권리를 지닌다고 봄

해결 전략 갑은 롤스, 을은 노직이다. 롤스는 정의의 원칙을 도출하는 과정에서 자연적 우연성이나 사회적 우연성이 배제되어야 한다고 보았다. 노직은 각 개인은 정당한 소유물에 대해 절대적 권리를 가진다고 보았다.

선택지 분석

① 롤스는 능력과 재능이 유사하다면 성공의 기회도 유사해야 한다고 보았다. O

② 롤스는 최소 수혜자의 처지를 개선하는 사회적 불평등은 정당화될 수 있다고 보았다. O

③ 노직은 사회적 유용도나 도덕적 공과에 따른 분배 원리를 정형적인 분배 원리라고 비판하였다. O

④ 노직은 분배된 결과보다 분배의 역사적 과정에 의해 분배의 정당성이 결정된다고 보았다. O

✓❺ 롤스와 노직 모두 선천적 재능에 비례하는 보상을 제공하는 것에 반대하였다. X 답 ⑤

58 분배 정의에 대한 롤스와 노직의 입장 비교

자료 분석 (가)의 갑은 롤스, 을은 노직이다. 롤스와 노직은 정의의 원칙에 따라 절차나 과정이 정의로운 분배는 결과와 무관하게 모두 정의롭다고 보았다.

선택지 분석

ㄱ. 자연적 우연성을 없애야 하는가에 대해 롤스는 부정의 대답을 할 것이다. X

✓ ㄴ. 롤스는 정의의 원칙에 부합하는 분배는 정의로운 것이라고 보았다. O

✓ ㄷ. 노직은 자발적으로 양도된 재화라도 최초 취득의 정당성이 보장되지 않으면 교정의 대상이 될 수 있다고 보았다. O

✓ ㄹ. 롤스는 공정으로서의 정의관에서 사회는 상호 이익을 위한 협동 체제라고 보았으며, 노직은 개인의 자유로운 선택을 보장하므로 개인 간 자발적 교환 체제라고 보았다. O

답 ⑤

59 분배 정의에 대한 왈처, 노직, 롤스의 입장 비교

빈출 문항 자료 분석

(가)의 갑, 을, 병 사상가들의 입장에서 서로에게 제기할 수 있는 비판을 (나) 그림으로 표현할 때, A~F에 해당하는 내용으로 가장 적절한 것은?

(가)	갑: 어떤 사회적 가치 X도 X의 의미와 상관없이 단지 누군가가 다른 가치 Y를 가지고 있다는 이유만으로 Y를 가진 사람에게 분배해서는 안 된다. → 왈처는 다양한 사회적 가치가 각기 고유한 영역 내에서 서로 다른 절차와 방식에 따라 분배되어야 한다고 봄 을: 어떤 사람의 재화에 취득과 이전에서의 정의의 원리 또는 불의의 교정의 원리에 의해 소유권이 부여되었다면 그 소유는 정당하다. → 노직은 절차적 정의의 관점에서 재화의 취득, 이전의 과정이 부당하지 않다면 재화에 대한 개인의 소유 권리를 보장해 주어야 한다고 봄 병: 재산 및 소득의 분배가 균등해야 할 필요는 없다. 분배는 차등의 원칙에 따라 최소 수혜자의 이익이 최대가 되도록 이루어져야 한다. → 롤스는 사회의 이익이 최소 수혜자를 포함한 모든 구성원에게 이익이 되는 방식, 즉 모든 구성원의 처지를 개선하는 방식으로 분배되는 것이 정당하다고 봄
(나)	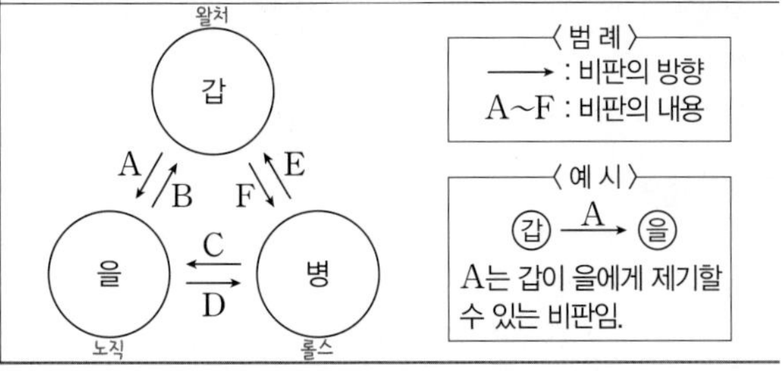

해결 전략 (가)의 갑은 왈처, 을은 노직, 병은 롤스이다. 왈처는 사회에 따라 다양한 사회적 가치가 존재한다고 보았으며, 다양한 영역을 형성하는 사회적 가치는 각각 고유한 영역의 서로 다른 분배 원칙, 서로 다른 절차, 서로 다른 주체에 의해 분배되어야 한다고 보고 복합 평등으로서의 정의를 주장하였다. 노직은 분배 결과가 아닌 소유 과정의 정당성이 소유 권리를 창출한다고 보았으며, 개인의 권리를 보호하는 최소한의 역할만을 하는 최소 국가를 옹호하였다. 롤스는 공정한 기회균등의 원칙과 차등의 원칙이 지켜진다면 사회적·경제적 불평등이 허용될 수 있다고 보았다.

선택지 분석

① 롤스는 복지 국가에서 분배 정의가 완전하게 실현되지는 않는다고 보았다. X

② 왈처는 정의의 다양한 영역들 간 경계가 사라져야 한다고 주장하지 않았다. X

③ 왈처와 롤스가 국가가 부의 분배 과정에 개입할 수 있음을 간과한다고 보기 어렵다. X

④ 왈처는 공동체의 특수성에 맞는 분배 기준이 필요하다고 보았다. X

✓ ⑤ 롤스는 왈처, 노직과 달리 가상의 상황인 원초적 입장에서 정의의 원칙을 도출해야 한다고 보았다. O

답 ⑤

도전 1등급 60 롤스와 노직의 정의론 비교

도전 1등급 문항 분석 ▸▸ 정답률 31.5%

갑, 을 사상가들의 입장으로 가장 적절한 것은?

> 갑: 천부적 재능의 분포를 공동의 자산으로 생각하여, 사람들은 공동의 이익을 가져오는 경우에만 자연적·사회적 우연성을 이용하기로 약속한다. 이러한 차등 원칙은 운명의 우연성을 공정하게 다루는 정의로운 방식이다. → 롤스
> (자산 → 천부적 자질, 사회 계층 간의 소득 격차, 부의 세습, 불평등한 교육 기회 상속 등)
>
> 을: 분배가 정의로운가는 그 분배가 어떻게 이루어졌는가에 달려 있다. 이러한 역사적 원리에 따르면, 사람들의 과거 행위나 상황은 사물에 대한 차별적인 소유 권리나 응분의 자격을 만들어 낸다. → 노직
> → 취득과 이전 과정이 정당하면 그 과정을 통해 얻은 소유물에 대해서는 절대적 권리를 가짐

해결 전략 롤스의 정의의 원칙 중 제1원칙(평등한 자유의 원칙)은 모든 사람은 기본적 자유에서 평등한 권리를 지닌다는 것이다. 기본적 자유에는 정치적 자유, 언론과 집회의 자유, 양심과 사상의 자유, 신체의 자유, 사유 재산을 가질 수 있는 자유, 자의적인 구속과 체포로부터의 자유 등이 있다. 롤스의 정의의 제1원칙을 파악하고 문제를 해결해야 한다.

선택지 분석

① 롤스는 유리한 처지에 있는 사람들은 아주 불리한 처지에 있는 사람들의 여건을 향상시켜 준다는 전제하에 우연성으로 인한 이득을 취할 수 있다고 보았다. X

✓ ② 롤스에 따르면 언론과 결사의 자유, 양심과 사상의 자유, 정치적 자유, 사유 재산권 등은 기본적 자유들에 포함된다. 이러한 기본적 자유들은 정의의 제1원칙에 따라 평등하게 분배되어야 한다. O

③ 노직은 사람들에게는 누구도 소유하지 않은 자연물을 취득할 자유가 있지만, 그 자유는 다른 사람의 상황을 악화시키지 않을 때 정당하다고 보았다. X

④ 노직은 분배에서 역사적 과정이 중요하다고 보고, 분배 결과에 초점을 둔 정의론은 소유권을 침해한다고 보았다. X

⑤ 노직은 천부적 운, 사회적 운 모두 도덕적 관점에서 임의적인지 그렇지 않은지는 중요하지 않다고 보면서 그러한 운은 개인에게 소유 권리가 있다고 보았다. 롤스는 천부적 운, 사회적 운 모두 도덕적 관점에서 볼 때 임의적이라고 주장하였다. X

답 ②

61 노직과 롤스의 정의론 비교

자료 분석 갑은 노직, 을은 롤스이다. 자유 지상주의자 노직과 공정으로서의 정의를 주장한 롤스의 분배 정의에 대한 입장을 비교하여 공통점과 차이점을 파악해야 한다.

선택지 분석

ㄱ. 노직에 따르면 재화는 취득의 원리, 이전의 원리, 교정의 원리에 의해 획득될 수 있다. X

✓ ㄴ. 노직은 최소 수혜자의 입장을 고려하는 차등의 원칙은 정형적 원칙으로 개인의 소유 권리를 침해한다고 보고, 재분배 정책에 반대한다. O

✓ ㄷ. 노직과 롤스의 공통된 입장이다. 노직과 롤스는 모두 분배 정의가 자유 경쟁 시장 체제에서 실현될 수 있다고 본다. O

ㄹ. 롤스는 개인의 천부적 자질을 이용하여 재화를 획득하는 것이 부정의하다고 보지 않는다. 다만 롤스는 개인의 천부적 재능 분포의 우연성에 따른 불평등은 조정되어야 한다고 본다. X

답 ③

도전 1등급 62 롤스와 노직의 정의론 비교

도전 1등급 문항 분석 ▸▸ 정답률 26.0%

갑, 을 사상가들의 입장으로 옳지 않은 것은?

→ 롤스는 정의의 원칙을 도출하는 과정에서 자연적 우연성이나 사회적 우연성이 배제되어야 한다고 봄

갑: 소득과 부가 자연적 우연성이나 사회적 우연성과 같은, 도덕적으로 임의적인 요소에 의해 분배되는 것은 부정의하다. 유사한 능력과 재능을 가진 사람들은 유사한 인생의 기회를 가지도록 실질적인 공정한 기회가 보장되어야 한다.

을: 어떤 분배가 정의로울 충분조건은 그 분배하에서 모든 사람들이 자신들의 소유물에 대해 소유 권리를 소유함이다. 정당한 소유권을 가진 사람들이 그 소유물을 자유롭게 이전하였다면, 그 결과가 불평등해도 이 또한 정의롭다.

→ 노직은 각 개인은 정당한 소유물에 대해 절대적 권리를 가진다고 봄

해결 전략 갑은 롤스, 을은 노직이다. 롤스는 능력, 재능과 같은 자연적·사회적 우연성을 응분의 것이 아니라 임의적인 것으로 보고, 우연성의 영향을 감소시키는 분배 방식은 정당화될 수 있다고 보았다. 롤스는 우연성에 따른 산물이 최소 수혜자에게 최대 이익이 되는 방식으로 분배되어야 한다고 주장하였다. 노직은 우연성에 따른 불평등이 취득과 이전의 원칙에 부합하는 불평등이라면 완화되지 않아도 정당하다고 보았다. 롤스와 노직의 분배 정의에 대한 입장을 비교하여 공통점과 차이점을 파악해야 한다.

선택지 분석

✓ ❶ 롤스는 천부적 재능의 불균등한 분포 자체를 부정의하다고 간주하지 않고, 천부적 재능 분포의 우연성에 따른 불평등은 조정되어야 한다고 보았다. X

② 롤스는 사회의 기본 구조가 기본적 권리와 의무를 배분하고 이익의 분배를 정하는 방식을 정의의 일차적 주제로 보았다. O

③ 노직은 최초 취득이 정당해도 부정의한 이전이 이루어졌다면 교정되어야 한다고 보았다. O

④ 노직은 결과의 평등을 강조하는 정의 원칙에 반대하였다. 노직은 분배의 결과가 아니라 소유 과정의 정당성이 소유 권리를 창출한다고 보았다. O

⑤ 롤스와 노직은 사회적 불평등을 시정하기 위한 명분으로 기본권을 제한할 수 없다고 보았다. O

답 ①

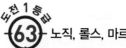

도전 1등급 63 노직, 롤스, 마르크스의 사상적 입장 비교

도전 1등급 문항 분석 ▸▸ 정답률 40.0%

(가)의 갑, 을, 병 사상가들의 입장을 (나) 그림으로 탐구할 때, A～D에 해당하는 적절한 질문만을 〈보기〉에서 있는 대로 고른 것은?

(가)

갑: 개인들의 소유 권리를 보장하는 것이 정의이다. 포괄적 국가는 개인의 권리를 침해할 것이므로 좁은 기능으로 제한된 최소 국가만이 정당화된다. → 노직

을: 개인들이 공정한 조건에서 합의한 것이 정의의 원칙이다. 개인의 기본적 자유를 보장하고 최소 수혜자에게 최대 이익이 돌아가도록 해야 한다. → 원초적 입장에서 합리적 당사자들은 정의의 원칙에 합의할 수 있다고 봄(롤스)

병: 개인들의 노동량에 따라 재화를 분배하는 것은 정의롭지 않다. 노동 소외가 극복되고 생산력이 고도화된 공산주의 사회에서는 새로운 분배 원칙이 요구된다. → 자본주의 사회에서 발생한 노동 소외는 공산주의 사회에서 극복될 수 있다고 봄(마르크스)

(나)

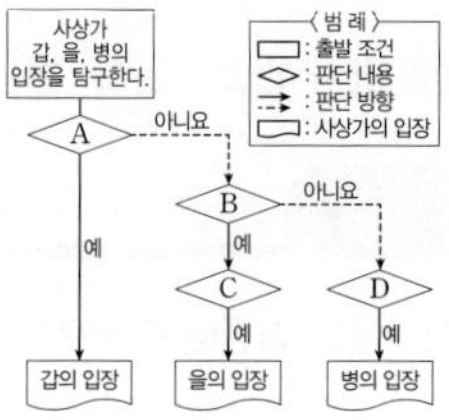

보기

ㄱ. A: ~~정형화된 재화 분배 원칙~~은 분배적 정의에 위배되는가?
→ 노직은 비정형적 원칙 주장

ㄴ. B: 경제적 불평등의 극복을 위해 기본적 자유를 제약할 수 있는가?
→ 롤스는 국가가 개인의 기본적 자유를 침해할 수 없다고 봄

ㄷ. C: 분배 절차의 공정성으로 분배 결과의 정의가 보장되는가?
→ 롤스는 절차나 과정이 공정하면 그 분배의 결과는 공정하다고 봄

ㄹ. D: 업적에 따른 분배 원칙은 부당한 경제적 불평등을 초래하는가?
→ 마르크스는 필요에 따른 분배 주장

해결 전략 노직은 롤스의 차등적 원칙이 정형적인 정의의 원칙이라고 보고 이러한 고정된 정형적 원칙은 개인의 선택의 자유를 침해할 수밖에 없다고 본다. 비정형적인 정의의 원칙에 입각한 소유 권리론만이 개인의 자유를 침해하지 않는다고 본다.

선택지 분석

✓ ㄱ. 노직은 정형화된 분배 원칙에 따라 재화를 분배하는 것은 소유 권리를 침해한다고 본다. O

ㄴ. 롤스는 경제적 불평등을 극복한다는 명분으로 기본적 자유를 제약할 수 없다고 본다. X

✓ ㄷ. 롤스는 절차적 정의의 관점에서 공정한 절차는 결과의 정당성을 보장한다고 본다. O

✓ ㄹ. 마르크스는 업적에 따른 분배는 노동자의 노동 소외를 초래한다고 본다. 마르크스는 인간의 기본적 욕구와 필요에 대한 우선적 분배를 주장하였다. O

답 ⑤

64 노직, 롤스, 벤담의 사상적 입장 비교

자료 분석 갑은 노직, 을은 롤스, 병은 벤담이다. 롤스의 정의의 두 원칙에는 우선성의 규칙이 있다. 정의의 두 원칙에서 제1원칙은 제2원칙에 우선한다. 원초적 입장에서 합의 당사자들이 자유를 우선한다는 것은, 효율성과

경제적 복지의 향상을 위해 기본적 자유가 침해되는 것을 허용하지 않는다는 것이다. 자유의 우선성을 인정하지 않으면 전체적인 복지라는 명분으로 개인의 기본적 자유가 훼손될 수 있기 때문이다.

선택지 분석

① 절차적 정의를 주장하는 노직과 롤스가 모두 긍정의 대답을 할 질문이다. X

② 노직, 롤스, 벤담은 모두 개인은 자신의 이익 증진에 관심을 가진다고 보므로 긍정의 대답을 할 질문이다. X

③ 최소 수혜자의 처지를 개선하고자 하는 롤스와 공리주의자 벤담 모두 긍정의 대답을 할 질문이다. X

✓❹ 롤스는 정의의 원칙들(제1원칙, 제2원칙) 간에 서열을 두는 것이 필요하다고 보았다. O

⑤ 자본주의 체제를 인정하는 노직, 롤스, 벤담 모두 부정의 대답을 할 질문이다. X 답 ④

65 아리스토텔레스의 정의 이해

자료 분석 '고대의 어느 사상가'는 아리스토텔레스이다. 아리스토텔레스는 서로 다른 공적과 가치에 비례한 차등한 배분을 분배적 정의, 서로 동등한 가치에 대한 균등한 교정을 교정적(시정적) 정의라고 보았다.

선택지 분석

✓ㄱ. 아리스토텔레스는 기하학적 비례에 따라 몫이 분배될 때 분배적 정의가 실현된다고 보았다. O

ㄴ. 분배적 정의는 인간의 가치에 비례하는 평등이므로, 무조건적 평등이 아닌 기하학적 비례에 따른 동등함이다. X

ㄷ. 산술적 비례에 따르는 것은 분배적 정의가 아닌 교정적(시정적) 정의에 해당한다. X

✓ㄹ. 분배적 정의에 따르면 가치에 비례하는 몫을 누리지 못하는 사람이 발생하는 것은 정의롭지 못한 것이다. O 답 ②

66 마르크스, 롤스, 노직의 정의론 이해

자료 분석 (가)의 갑은 마르크스, 을은 롤스, 병은 노직이다. 마르크스는 자본주의 체제 안에서 노동자는 예속된 상태에 있다고 보고, 역사 발전 단계에 따라 능력에 따라 일하고 필요에 따라 분배하는 공산주의 사회가 도래한다고 주장하였다. 롤스는 무지의 베일 속의 계약 당사자들은 상호 무관심하며 자신의 특수한 사정을 모르지만 경제학, 심리학 등의 일반적인 사실에 대해서는 알고 있는 합리적인 사람들이라고 보았다. 노직은 개인의 권리를 보호하는 최소한의 역할만을 하는 최소 국가를 옹호하였다.

선택지 분석

✓ㄱ. 마르크스는 긍정의 대답을, 롤스와 노직은 부정의 대답을 할 것이다. O

✓ㄴ. 사회·경제적 불평등은 모두의 이익이 될 경우에만 정당화된다고 본 롤스는 긍정의 대답을, 모두의 이익이 되는 것과 관계없이 취득, 이전, 교정의 원리에 부합하면 소유권을 인정하며 그에 따른 불평등도 용인하는 노직은 부정의 대답을 할 것이다. O

ㄷ. 무지의 베일 속의 사람은 타인의 이익에 대해 무관심하지만 자신의 이익에는 관심을 지닌다고 보는 롤스의 관점에서 부정의 대답을 할 질문이다. X

ㄹ. 자유롭게 이전된 소유물이라고 하더라도 최초 취득이 정의롭지 못하다면 그 소유물은 교정 대상이 된다고 보는 노직의 입장에서 부정의 대답을 할 질문이다. X 답 ①

67 롤스와 노직의 입장 비교

자료 분석 갑은 롤스, 을은 노직이다. 롤스는 원초적 입장에서 채택한 정의의 원칙들에 의해 사회적 가치가 분배되어야 정의롭다고 보았다. 노직은 자유로운 경제 활동의 과정에서 다른 사람들의 기본적인 자유와 권리를 침해하지 않는 한, 개인은 그 소유물에 대한 절대적 권리를 가진다고 보았다.

선택지 분석

ㄱ. 롤스는 차등의 원칙만이 아니라 평등한 자유의 원칙, 공정한 기회균등의 원칙이 충족되어야 분배 정의가 실현된다고 보았다. X

✓ㄴ. 롤스는 무지의 베일 속 당사자가 경제학, 심리학 등의 일반적 사실에 대해 안다고 보았다. O

✓ㄷ. 노직은 분배 과정에서 취득과 이전의 원칙이 지켜지면 그 결과도 정당하다고 보았다. O

✓ㄹ. 롤스는 최소 수혜자에게 최대의 이익이 되는 경제적 불평등은 정당하다고 보았고, 노직은 소유 권리가 보장되는 경제적 불평등은 정당하다고 보았다. O 답 ⑤

도전 1등급

68 노직, 롤스, 아리스토텔레스의 입장 비교

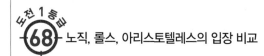

도전 1등급 문항 분석 ▸▸ 정답률 26.1%

(가)의 사상가 갑, 을, 병의 입장을 (나) 그림으로 탐구할 때, A~D에 해당하는 적절한 질문만을 〈보기〉에서 있는 대로 고른 것은?

(가)	갑: 정의는 자신이 선택하는 바에 따라 소유권이 행사되는 것이다. 취득과 이전에서의 정의의 원칙을 따라 소유물을 취득한 자는 그것에 대한 소유권이 있다. → 노직 을: 정의의 원칙은 원초적 상황에서 합의로 도출된다. 정의로운 사회에서는 시민들에게 공통된 정의감이 존재하며 시민적 유대와 체제의 안정성이 보장된다. → 롤스 병: 정의는 동등한 사람에게 동등한 몫을 분배하는 것이다. 분배에서의 옳음은 일종의 비례인데 그것은 비율과 비율의 균등성을 의미한다. → 아리스토텔레스
(나)	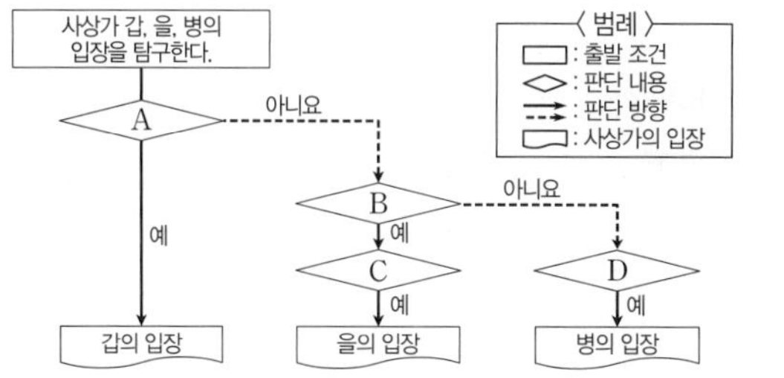

보기

ㄱ. A: 재화는 ~~개인의 자유로운 선택에 의해서만~~ 이전되는가?

ㄴ. B: 정의로운 사회의 시민은 ~~타인의 처지와 이익에 무관심한~~가?

ㄷ. C: 공정한 기회균등 원칙은 경제적 불평등을 허용하는가?

ㄹ. D: 분배와 교환의 정의는 모두 비례의 동등함을 따라야 하는가?

해결 전략 사회 정의는 사회를 구성하고 유지하는 공정한 도리로, 사회가 추구해야 할 가장 핵심적이고 기본적인 덕목이며 사회 윤리적 문제를 해결하기 위한 기준이다. 사회 정의에 대한 노직, 롤스, 아리스토텔레스의 공통점과 차이점을 파악하여 문제를 해결해야 한다.

선택지 분석

ㄱ. 현실적으로 재화는 개인의 자유로운 선택에 의해서만 이전되지는 않는다. X

ㄴ. 타인의 이익에 대한 무관심은 정의의 원칙을 수립하는 원초적 입장에서 전제하는 것이다. X

✓ ㄷ. 롤스는 사회 경제적 불평등은 공정한 기회균등의 원칙과 차등의 원칙을 전제로 정당화될 수 있다고 하였다. O

✓ ㄹ. 아리스토텔레스는 분배적 정의와 교환의 정의 모두 비례의 동등함을 따라야 한다고 보았다. O 답 ③

69 형벌에 대한 베카리아와 루소의 입장 비교

자료 분석 갑은 베카리아, 을은 루소이다. 베카리아는 공리주의 관점과 사회 계약론의 관점에서 사형의 부당함을 강조하였다. 루소는 사회 계약의 관점에서 시민의 안전과 생명을 보호하기 위해서 사형이 필요하다고 보았다.

선택지 분석

ㄱ. 베카리아는 형벌의 일시적 강도가 아닌 지속도가 인간의 정신에 더 큰 효과를 준다고 보았다. 따라서 베카리아는 모든 고통을 한순간에 집중시키는 사형은 종신 노역형보다 덜 효과적이라고 보았다. X

✓ ㄴ. 베카리아는 독립된 인간들이 하나의 사회를 형성하기 위한 조건이 법임에도 불구하고 오히려 이 법을 통해 살인하는 형벌은 부당하다고 보았다. O

ㄷ. 루소는 사회 계약을 위반한 살인자는 더 이상 시민의 일원이 아닌 공중의 적으로 처벌하는 것이라고 보았다. X

✓ ㄹ. 베카리아와 루소는 모두 사형의 정당성을 사회 계약론의 입장에서 판단할 수 있다고 보았다. 따라서 베카리아와 루소 모두 사회 계약의 목적에 반하는 형벌은 정당성이 없다고 보았다. O 답 ④

70 교정적 정의에 대한 베카리아와 칸트의 입장 비교

자료 분석 갑은 베카리아, 을은 칸트이다. 베카리아는 사회 계약론적 관점과 공리주의 관점에서 사형의 부당성을 주장하였다. 칸트는 응보주의 관점에서 사형 이외에 살인에 대한 보복의 동등성은 없다고 보고 사형의 정당성을 주장하였다.

선택지 분석

ㄱ. 베카리아는 범죄 억제력이 형벌의 강도보다 형벌의 지속도에 달려 있다고 보면서도, 범죄 억제력은 형벌의 지속도만이 아니라 형벌의 강도에서도 나온다고 보았다. X

✓ ㄴ. 베카리아는 종신 노역형은 범죄자보다 시민들에게 더 큰 공포를 주기 때문에 범죄를 예방하기에 적절한 형벌이라고 보았다. 베카리아에 따르면 형벌은 시민들에게 공포를 주어 범죄를 예방할 수 있어야 한다. O

ㄷ. 칸트는 응보에 바탕을 둔 형벌은 범죄자에게 자신의 자율적 행위에 대해 책임을 지게 하는 것이므로 형벌을 통해 범죄자의 존엄성을 실현할 수 있다고 보았다. 하지만 형벌을 범죄자의 존엄성을 실현하기 위한 필요악으로 본 것은 아니다. 형벌은 어떤 다른 선의 촉진을 목적으로 해서는 안 되고, 오직 범죄 행위에 대한 응당한 보복을 목적으로 해야 하기 때문이다. X

✓ ㄹ. 베카리아와 칸트는 사형을 오직 본보기로 집행하는 것은 부당하다고 보았다. 베카리아는 사형보다 종신 노역형이 본보기로 그 예방 효과가 크다는 근거를 들어 사형의 부당함을 주장하였다. 칸트는 사형을 비롯한 형벌이 범죄자 자신이나 시민 사회의 어떤 다른 선을 촉진하기 위한 수단으로서 가해져서는 안 된다고 주장하였다. 즉 형벌이 본보기로 집행되는 것을 부당하다고 보았다. O 답 ③

도전 1등급 71 교정적 정의에 대한 칸트, 루소, 베카리아의 입장 비교

도전 1등급 문항 분석 ▸▸ 정답률 24.0%

(가)의 갑, 을, 병 사상가들의 입장에서 서로에게 제기할 수 있는 비판을 (나) 그림으로 표현할 때, A~F에 해당하는 내용으로 가장 적절한 것은?

(가)	갑: 자연 상태로부터 법적 상태로의 이행은 형법을 요청한다. 살인과 달리 사형은 고통받는 인격 안에 있는 인간성을 추악하게 만드는 것으로부터 벗어나 있어야 한다. → 칸트는 사형이 살인자의 고통받는 인격을 해방하여 인간의 존엄성을 실현하는 것이라고 봄 을: 살인자는 사회의 법을 위반했으므로 그 행위로 인해 조국에 대한 반역자가 되어 버린다. 그는 국가의 구성원이 아니므로 국가로부터 분리되어야 한다. → 루소는 타인의 생명을 희생시킨 살인자는 스스로 사회의 구성원이기를 포기한 것이며, 사회 계약으로서 법을 어긴 것으로 봄 병: 인간은 자신을 죽일 권리가 없으므로 그 권리를 양도하는 것은 불가능하다. 사형은 권리의 문제가 아니며, 한 사람의 시민에 대한 국가의 전쟁이다. → 베카리아는 개인의 생명권은 양도할 수 없는 것이며, 국가는 사형을 집행할 권리를 갖지 않는다고 보고 사형에 반대함
(나)	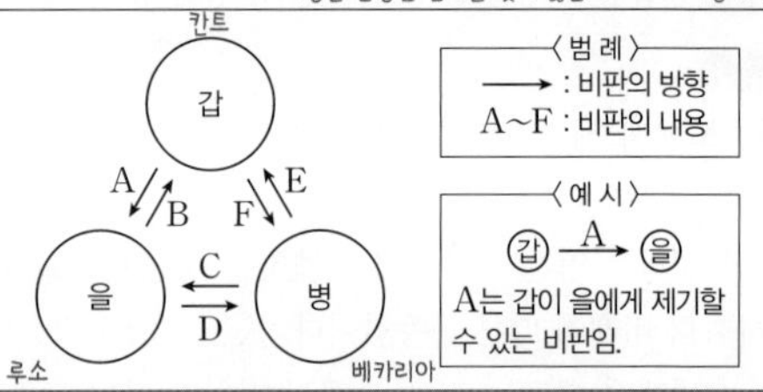

해결 전략 갑은 칸트, 을은 루소, 병은 베카리아의 주장이다. 칸트는 응보주의 관점에서 살인자에 대한 사형은 정당하며 사형 이외의 형벌은 정의에 부합하지 않는다고 보았다. 루소는 사회 계약설의 관점에서 타인의 생명을 희생시킨 사람은 추방에 의해서나 공중의 적으로서 죽음에 의해 국가로부터 분리되어야 한다고 보았다. 베카리아는 공리주의 관점에서 살인자에 대해 사형보다 종신 노역형이 범죄 예방과 사회 전체의 이익 증진에 부합한다고 주장하였다.

선택지 분석

① 칸트는 형벌이 범죄자가 단지 범죄를 저질렀다는 이유 때문에 부과되어야 한다고 보았다. X

② 칸트는 살인자에 대한 사형이 살인자의 고통받는 인격을 해방시켜 인간 존엄성을 실현하는 것이라고 보았다. X

③ 루소는 살인자에 대해 추방이나 사형을 통해 그가 국가로부터 분리되어야 한다고 보았다. 베카리아는 개인의 생명권이 양도될 수 없을 뿐만 아니라 국가는 사형을 집행할 권리를 갖지 않는다고 보아 살인자에 대한 사형을 반대하였다. X

④ 베카리아는 사회 전체를 대표하는 입법자만 형벌권이 있다고 보았다. X

✓ ⑤ 칸트는 형법을 도덕법칙의 또 다른 형태인 정언 명령으로 보았고, 실천 이성은 보편적이고 공동체적인 입법의 주체로서 형법을 만들었다고 보았다. 따라서 살인자에 대한 사형은 정언 명령이기도 하면서 응보주의적 관점에서 사회 계약에 포함될 수 있는 것으로 보았다. 그에 비해 베카리아는 법이 각 개인의 자유 중에서 최소한의 몫을 모은 것 그 이상이 아니라고 보았으며, 살인자에 대한 사형과 같은 과도한 형벌은 사회 계약으로 성립될 수 없는 권력의 남용으로 보았다. O 답 ⑤

72 교정적 정의에 대한 베카리아, 칸트, 루소의 입장 비교

자료 분석 (가)의 갑은 베카리아, 을은 칸트, 병은 루소이다. 형벌에 대해 베카리아는 사회 계약론과 공리주의 입장, 칸트는 응보주의적 입장, 루소는 사회 계약론적 입장이다. 베카리아는 범죄 예방 효과의 측면에서 볼 때 사형보다는 종신 노역형이 효과적임을 들어 사형 제도의 폐지를 주장하였다. 칸트는 처벌은 죄를 저질렀다는 이유만으로 범죄자에게 부과되어야 한다고 보는 응보주의의 입장으로 처벌의 정도는 죄의 정도에 비례해야 한다고 보았다. 루소는 사회 계약설의 관점에서 계약자인 시민의 생명과 안전을 확보하기 위한 사형 제도는 정당하다고 보았다.

선택지 분석

① 칸트는 동등성의 원리에 의하여 처벌은 범죄의 해악 정도에 비례하여 이루어져야 한다고 보았다. X

✓❷ 칸트는 사형이 살인자의 고통받는 인격을 해방하여 인간 존엄성을 실현하는 것으로 보았다. O

③ 루소는 타인의 생명을 해친 자는 사회 계약을 위반한 자로서 시민의 자격이 없으므로 사형에 처할 수 있다고 주장하였다. 베카리아는 살인자에 대한 형벌이 시민의 공포심을 자극해야 정당화될 수 있음을 강조하였다. X

④ 칸트는 형벌은 공동체의 이익 증진과 같은 목적을 달성하기 위한 수단이 아니라, 단지 범죄자가 범죄를 저질렀기 때문에 가해지는 응분의 처벌이며 형벌의 법칙은 하나의 정언 명령이라고 보았다. X

⑤ 베카리아는 범죄를 억제시킬 수 있는 적절한 강도의 형벌을 주장하였다. 또한 형벌이 지속적 효과를 가질 때 범죄를 더 잘 예방할 수 있다고 보았다. X

답 ②

73 교정적 정의에 대한 칸트, 베카리아, 루소의 입장 비교

자료 분석 (가)의 갑은 칸트, 을은 베카리아, 병은 루소이다. 칸트는 형벌의 본질은 응보에 있으며 응보주의에 바탕을 둔 사형은 인간 존엄성의 가치를 인정하는 것이라고 보았다. 베카리아는 자신을 죽일 권리를 국가에 양도하는 사람은 없기 때문에 사형은 사회 계약에 부합하지 않는 부당한 형벌이라고 보았다. 루소는 사회 계약설의 관점에서 시민의 생명권과 안전을 확보하기 위하여 국가에 의한 사형 제도를 인정하였다. 사형에 처할 만큼 중죄를 범한 사람은 일반 의지로 규정된 사회 계약으로서의 법을 위반했기 때문이다.

선택지 분석

① 칸트는 사형이 살인범의 고통받는 인격을 해방하여 인간의 존엄성을 존중하는 형벌이라고 보았다. X

② 칸트는 범죄자가 형벌을 받아야 할 행위를 원했기 때문에 형벌을 받는 것임을 강조하였다. 칸트는 응보주의적 관점에서 형벌은 범죄자 자신의 자율적 행위, 즉 스스로 선택한 행위에 대해 책임을 지우는 것이라고 보았다. X

③ 베카리아는 생명을 위임하는 것은 사회 계약의 내용에 포함될 수 없다고 보고 사형에 반대하였다. X

④ 베카리아는 형벌의 강도보다 지속성을 중시해야 한다고 보았다. 베카리아는 강도가 높은 사형보다 고통이 길게 유지되어 오랫동안 본보기로 기능하는 종신 노역형이 범죄 억제력의 측면에서 더 효과적이라고 보았다. X

✓❺ 칸트는 사형을 비롯한 형벌은 결코 범죄자 자신이나 시민 사회를 위해 어떤 다른 선을 촉진하기 위한 수단으로 가해질 수 없고 오직 범죄자가 범죄를 저질렀기 때문에 가해져야 한다고 보았다. 반면 루소는 사회 계약설의 관점에서 계약자인 시민의 생명과 안전을 확보하기 위한 수단으로 사형 제도를 정당하다고 보았다. O

답 ⑤

74 교정적 정의에 대한 베카리아, 루소, 칸트의 입장 비교

자료 분석 (가)의 갑은 베카리아, 을은 루소, 병은 칸트이다. 베카리아는 생명은 양도할 수 없는 것이기 때문에 사회 계약을 이유로 사형을 정당화할 수 없다고 보았다. 루소는 타인의 생명을 희생시킨 살인범은 스스로 사회의 구성원이기를 포기한 것이며, 국가는 살인범에게 사형을 집행할 권한을 갖는다고 보았다. 칸트는 살인범은 모두 공적 법칙에 의해 사형에 처해져야 한다고 보았다.

선택지 분석

① 베카리아가 사형을 비효과적 형벌이라고 본 이유는 사형이 강렬한 인상을 주는 것은 사실이지만 지속적인 인상을 주지 않기 때문이다. 베카리아의 입장에 해당하지 않기 때문에 베카리아가 루소와 칸트에게 제기할 수 있는 비판이 아니다. X

② 루소와 베카리아는 생명권 양도 여부가 사형제의 정당성을 판단하는 근거가 될 수 있다고 보았다. 루소는 사회 계약 시 계약자가 생명권을 양도했으므로 사형제는 정당하다고 보는 반면, 베카리아는 계약자가 생명권을 양도하지 않았으므로 사형제는 부당하다고 보았다. 따라서 루소가 베카리아에게 제기할 수 있는 비판이 아니다. X

③ 루소는 살인범은 더 이상 도덕적 인격이 아니라 공공의 적일 뿐이라고 보았다. 루소가 간과하고 있지 않기 때문에 칸트가 루소에게 제기할 수 있는 비판이 아니다. X

✓❹ 루소는 법은 일반 의지의 행위에 속하고, 일반 의지는 오직 공공의 이익만을 생각한다고 보았다. 또한 그는 법에 의해 집행되는 모든 형벌은 공공의 이익을 위해서 집행되어야 한다고 보았다. 반면에 칸트는 형벌은 어떠한 선, 즉 이익을 위한 한낱 수단으로서 가해질 수 없고, 항상 오직 범죄자가 범죄를 저질렀기 때문에만 형벌이 가해져야 한다고 보았다. 따라서 루소는 칸트에게 모든 형벌은 공공의 이익을 위해서 집행되어야 함을 간과한다고 비판할 수 있다. O

⑤ 칸트와 베카리아는 형벌의 목적은 범죄자에게 고통을 주는 데 있지 않다고 보았다. 형벌의 목적은 칸트에게는 응보이고, 베카리아에게는 범죄 예방이다. 따라서 칸트가 베카리아에게 제기할 수 있는 비판이 아니다. X

답 ④

75 교정적 정의에 대한 칸트, 베카리아, 벤담의 입장 비교

자료 분석 갑은 칸트, 을은 베카리아, 병은 벤담이다. 칸트는 형벌이 동등성의 원리에 따라 단지 범죄자가 범죄를 저질렀다는 이유로 부과되어야 한다고 보았다. 베카리아는 공리주의 관점에서 사형보다 종신 노역형을 주장하며, 이것이 범죄 예방과 사회 전체의 이익에 기여한다고 주장하였다. 벤담은 형벌의 주된 목적이 범죄 예방에 있으며, 범죄자가 범죄 행위를 통해 얻는 이익보다 형벌로 받는 고통과 손해가 더 커야 한다고 보았다.

선택지 분석

① 칸트는 살인범이라 할지라도 단지 수단이 아니라 목적으로서 대우해야 한다고 보았다. 칸트는 살인범이 사형 선고를 받게 되더라도 태어날 때부터 가지고 있는 자신의 인격성을 여전히 지닌다고 보았다. X

② 베카리아는 일반 시민에게 두려움을 주어 유사한 범죄 행위를 할 가능성을 억지하는 것을 형벌의 목적으로 보았다. 따라서 베카리아는 일반 시

민이 법을 두려워하도록 형벌이 집행되어야 한다고 보았다. X
③ 벤담은 형벌의 목적을 공동체의 해악을 방지하는 것이라고 보았다. 하지만 벤담은 모든 형벌은 폐해이고, 형벌 그 자체는 악이라고 보았다. X
④ 공적 정의를 만인의 행복에 영향을 미치는 방식일 뿐이라고 본 사상가는 칸트가 아니라 베카리아만의 입장이다. X
✓❺ 베카리아와 벤담은 형벌의 목적을 범죄 억지에 두고 있다. 하지만 베카리아와 벤담은 형벌 그 자체를 고통이라고 보고, 형벌을 범죄 억지에 충분한 정도 이상으로 가해서는 안 된다고 보았다. 베카리아와 벤담의 입장에서 범죄 억지력이 있으면서도 범죄자에게 가능한 한 적은 고통을 주는 형벌은 허용될 수 있다. O 답 ⑤

76 교정적 정의에 대한 벤담, 베카리아, 칸트의 입장 비교

자료 분석 (가)의 갑은 벤담, 을은 베카리아, 병은 칸트이다. 벤담은 처벌은 악이지만 처벌로 초래되는 해악보다 처벌을 통해 더 큰 악을 제거할 수 있다면 처벌이 허용될 수 있다고 보았다. 베카리아는 종신 노역형이 사형보다 범죄 예방에 효과적이라고 주장하면서 사형 제도에 반대하였다. 칸트는 응보주의 관점에서 형벌은 범죄자가 아닌 범죄 행위 그 자체에 대한 보복으로 가해져야 하며, 살인에 대한 응당한 보복은 사형이라고 주장하였다.

선택지 분석
① 벤담과 베카리아는 모두 형벌을 통해 행위를 통제하고자 하는 대상은 범죄자에 국한되어서는 안 된다고 보았다. X
② 벤담과 베카리아는 모두 형벌의 종류와 크기는 사회적 파급 효과를 고려하여 정해야 한다고 보았다. X
✓❸ 칸트는 형벌이 범죄자 자신이나 시민 사회를 위한 어떤 다른 선을 촉진하기 위해서 부과되는 것은 범죄자를 단지 수단으로만 취급하는 것이라고 보고 이를 반대하였다. O
④ 베카리아는 사형을 반대하였고, 사형이 지속적인 공포 인상을 준다고 보지도 않았다. X
⑤ 벤담은 형벌로부터 초래되는 해악은 형벌을 부과할 때 고려해야 할 사항이라고 보았다. X 답 ③

77 형벌에 대한 칸트, 베카리아, 루소의 입장 비교

자료 분석 갑은 칸트, 을은 베카리아, 병은 루소이다. 칸트는 형벌의 본질이 응보에 있으며, 응보주의에 바탕을 둔 형벌은 인간을 다른 목적을 위한 수단으로 취급하는 것이 아니라고 보았다. 베카리아는 생명은 양도할 수 없는 것이기 때문에 사회 계약을 이유로 사형을 정당화할 수 없다고 보았다. 루소는 사회 계약설의 관점에서 계약자인 시민의 생명과 안전을 확보하기 위한 사형 제도는 정당하다고 보았다.

선택지 분석
① 칸트는 응보주의의 관점에서 범죄 행위에 상응하는 동등한 형벌을 부과해야 한다고 보았다. 범죄가 사회에 끼친 해악에 따라 형벌을 부과해야 한다고 보는 것은 공리주의의 입장이다. X
② 베카리아는 사형과 같은 다른 형벌도 공공의 이익에 기여한다면 정당화될 수 있다고 보았다. 그러나 순식간에 끝나는 사형보다 오랫동안 고통의 본보기가 되어 범죄 예방 효과가 큰 종신 노역형이 형벌의 목적을 실현하는 데 효과적이라고 보았다. X
③ 루소는 개인이 사회 계약을 통해 자기 생명을 처분할 권리를 국가에 양도한다고 보았다. X
✓❹ 칸트는 사형으로 살인범의 시민적 인격성이 상실된다고 보았고, 루소는 살인범은 구성원의 자격이 없다고 보았다. O
⑤ 베카리아는 형벌이 일반 시민의 범죄 예방뿐만 아니라 범죄자를 교화시키는 역할을 한다고 보았다. X 답 ④

78 교정적 정의에 대한 베카리아, 벤담, 칸트의 입장 비교

자료 분석 (가)의 갑은 베카리아, 을은 벤담, 병은 칸트이다. 형벌에 대해 베카리아는 사회 계약론과 공리주의적 입장, 벤담은 공리주의의 입장, 칸트는 응보주의의 입장이다.

선택지 분석
✓ㄱ. 사회 계약론의 입장에서 사형에 반대하는 베카리아가 벤담과 칸트에게 제기할 수 있는 비판이다. 벤담은 공리주의의 입장에서 사형에 대해 중도적인 입장이며, 칸트는 사형에 찬성하는 입장이다. O
ㄴ. 베카리아도 형벌은 최대 다수의 최대 행복을 지향해야 한다고 보는 공리주의적 관점을 가지고 있으므로 벤담이 베카리아에게 제기할 수 없는 비판이다. X
✓ㄷ. 칸트는 사형이 범죄자의 고통받는 인격을 해방하여 인간의 존엄성을 실현하는 형벌이라고 보았다. O
ㄹ. 벤담과 베카리아의 공리주의 입장에서는 형벌이 방지할 해악이 형벌의 해악보다 커야 한다고 보았다. X 답 ②

79 형벌에 대한 칸트, 베카리아, 루소의 입장 비교

자료 분석 (가)의 갑은 칸트, 을은 베카리아, 병은 루소이다.

선택지 분석
ㄱ. 칸트, 베카리아, 루소 모두 긍정의 대답을 할 질문이다. 칸트는 '동등성의 원리', 베카리아는 '공리의 원리', 루소는 '사회 계약의 원리'를 정의의 기초가 되는 원리로 삼아 형벌을 가해야 한다고 보았다. X
✓ㄴ. 베카리아는 자신의 생명을 빼앗을 권능을 기꺼이 사회에 양도할 사람은 어느 누구도 없다고 보았다. 반면에 루소는 사회 계약의 목적이 계약자의 생명 보존이며, 타인의 희생으로 자신의 생명을 보존하려는 사람은 타인을 위해 필요하다면 자신도 생명을 희생해야 한다고 보았다. O
✓ㄷ. 베카리아는 형벌이 범죄가 공익에 반하는 정도와 범죄로 이끄는 유혹에 비례하여 가해져야 한다고 보았다. O
✓ㄹ. 루소는 사회 계약의 위반자는 국가로부터 추방되거나 공공의 적으로 사형에 처해져 제거되어야 한다고 보고, 계약자의 생명이 국가로부터 조건부적으로 보장된다고 보았다. O 답 ⑤

80 사형 제도에 대한 칸트, 베카리아, 루소의 입장 비교

자료 분석 갑은 칸트, 을은 베카리아, 병은 루소이다. 칸트는 사형은 살인자의 고통받는 인격을 해방하여 인간의 존엄성을 실현하게 한다고 보았다. 베카리아는 순식간에 끝나는 사형보다 오랫동안 고통의 본보기가 되어 예방 효과가 큰 종신 노역형이 바람직하다고 보았다. 루소는 살인자는 사회 계약을 어긴 것이므로 더 이상 사회 구성원이 아닌 공공의 적으로 간주되어야 한다고 보았다.

선택지 분석
① 베카리아는 형벌이 주는 공포, 즉 형벌의 예방 효과는 형벌의 강도보다 지속성에서 나온다고 보았다. X

② 베카리아는 종신 노역형을 범죄자를 목적으로 대우하는 형벌이라고 보지 않았다. X
③ 베카리아는 사형이 시민의 범죄 의욕을 전혀 억제할 수 없어서가 아니라 사형보다 종신 노역형이 오랫동안 고통의 본보기가 될 수 있어 더 바람직하다고 보았다. X
✓ ❹ 칸트는 사형을 비롯한 형벌은 결코 범죄자 자신이나 시민 사회를 위해 어떤 다른 선을 촉진하기 위한 한낱 수단으로 가해질 수 없고 오직 범죄자가 범죄를 저질렀기 때문에 가해져야 한다고 보았다. 반면 루소는 사형은 시민들의 생명을 지키기 위해 실행되는 형벌이라고 보았기 때문에 칸트에게 사형이 시민들의 생명을 지키기 위해 실행되는 형벌임을 간과한다는 비판을 제기할 수 있다. O
⑤ 칸트는 범죄자를 처벌하는 것은 범죄자가 처벌을 의욕했기 때문이 아니라 처벌받을 행위를 의욕했기 때문이라고 보았다. X 답 ④

도전 1등급

81 형벌에 대한 루소, 칸트, 베카리아의 입장 비교

도전 1등급 문항 분석 ▸▸ 정답률 17.0%

(가)의 갑, 을, 병 사상가들의 입장에서 서로에게 제기할 수 있는 비판을 (나) 그림으로 표현할 때, A~F에 해당하는 내용으로 가장 적절한 것은?

(가)	갑: 법은 사회적 결합의 계약 조건이기 때문에, 법에 복종하는 시민들이 법의 제정자가 되어야 한다. 법은 일반 의지에 의해 행사되어야 한다. → 루소(사회 계약설의 관점) 을: 법은 공적 정의를 실현하기 위해 동등성의 원리에 따라 형벌을 규정해야 한다. 오직 보복법만이 형벌의 질과 양을 명확하게 제시할 수 있다. → 칸트(응보주의의 관점) 병: 법은 공익을 증진하기 위해 제정되어야 한다. 그러므로 법은 범죄자가 아닌 시민의 이익을 위해 사형을 대체한 종신 노역형을 규정해야 한다. → 베카리아(공리주의의 관점)
(나)	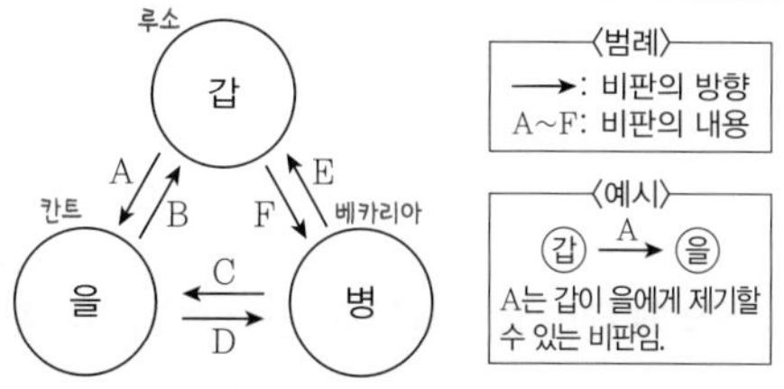

해결 전략 (가)의 갑은 루소, 을은 칸트, 병은 베카리아이다. 루소는 사회 계약설의 관점에서 계약자인 시민의 생명과 안전을 확보하기 위한 사형 제도는 정당하다고 보았다. 칸트는 응보주의 관점에서 살인자에 대한 사형은 정당하며 사형 이외의 형벌은 정의에 부합하지 않다고 보았다. 베카리아는 공리주의 관점에서 사형보다 종신 노역형이 범죄 예방과 사회 전체의 이익 증진에 부합한다고 보았다.

선택지 분석
① 칸트와 베카리아는 모두 범죄와 형벌 간에 비례 관계가 성립해야 한다고 보았다. X
② 루소는 살인자는 더 이상 국가 구성원이 아니라고 보았다. X
③ 베카리아는 사형이 범죄 억제력이 전혀 없다고 주장하지 않았다. 베카리아는 일시적이고 순간적인 사형에 비해 지속적으로 고통을 가하는 종신 노역형이 범죄 억제력이 크다고 보았다. X
✓ ❹ 칸트는 사회 계약설의 관점과 달리 형벌의 권한이 공적 이성에 있다고 보고, 보복법에 따른 사형 제도를 찬성하였다. 칸트는 형벌의 본질이 응보에 있다고 보았지만, 베카리아는 "자신의 생명을 빼앗을 권능을 타인에게 기꺼이 양도할 사람이 이 세상에 누가 있겠는가?"라고 하면서 생명을 위임하는 것은 사회 계약의 내용에 포함될 수 없다고 주장하였다. O
⑤ 루소는 사형제 존폐 문제를 계약자의 생명 보존을 위해 정해야 한다고 보았다. X 답 ④

82 형벌에 대한 루소와 베카리아의 입장 비교

자료 분석 갑은 루소, 을은 베카리아이다. 루소는 사회 계약설을 바탕으로 사형 제도에 찬성하였고, 베카리아는 사회 계약이 생명 보존을 위해 맺은 것이므로 생명을 빼앗는 사형은 사회 계약으로 성립될 수 없는 것이라고 주장하였다.

선택지 분석
① 루소는 사회 계약의 목적은 계약자의 생명 보존이며 사회 구성원은 각자의 생명권을 공동체에 양도한다고 보았다. O
② 루소는 사회 계약을 위반한 살인범은 사회 구성원이 아닌 공공의 적으로 사형에 처해야 한다고 보았다. O
✓ ❸ 베카리아는 범죄 예방 효과는 형벌 타당성 평가의 기준이 될 수 있다고 보고 사형보다 범죄 예방 효과가 큰 종신 노역형을 주장하였다. X
④ 베카리아는 사형보다 종신 노역형이 범죄 예방 효과가 크다고 보았다. O
⑤ 루소와 베카리아는 모두 사형의 정당성을 사회 계약에 근거하여 설명하였다. 루소는 사회 계약설의 관점에서 시민의 생명권과 안전을 확보하기 위한 사형 제도를 인정하였다. 베카리아는 개인이 자신의 생명권을 국가에 양도하지 않았으므로 국가도 개인의 생명을 빼앗을 권리가 없다고 보고 사형 제도에 반대하였다. O 답 ③

83 교정적 정의에 대한 베카리아, 칸트, 벤담의 입장 비교

자료 분석 갑은 베카리아, 을은 칸트, 병은 벤담이다. 베카리아와 벤담은 공리주의적 관점에서 범죄 예방을 위해 처벌이 필요하다고 보았다.

선택지 분석
① 베카리아는 개인이 자신의 생명을 국가에 위임하지 않았고, 국가도 개인의 생명을 빼앗을 권리가 없다고 하면서 사형 제도의 폐지를 주장하였다. X
✓ ❷ 칸트는 시민적 인격성과 생득적 인격성을 구분하여 살인자는 시민적 인격성을 상실할지라도 타고난 생득적 인격성이 존재한다고 보았다. 따라서 칸트는 살인자를 물권의 대상, 즉 물건(수단)으로 취급해서는 안 되며 목적으로 대우해야 한다고 보았다. O
③ 벤담은 처벌이 초래할 해악이 처벌이 예방할 해악보다 작아야 한다고 보았다. X
④ 베카리아는 사형이 종신형보다 실효성이 적고 비인간적이므로 사형이 폐지되어야 한다고 보았다. 벤담은 공리의 원리에 따라 사형이 더 큰 악을 방지하여 범죄 예방과 사회 전체의 행복 증진에 실효성이 있다면 사형이 존치될 수 있다고 보는 입장이다. X
⑤ 칸트는 응보주의의 관점에서 처벌의 본질은 범죄 행위에 대해 응당한 보복을 가하는 것이라고 보았다. X 답 ②

84 형벌에 대한 칸트, 베카리아, 루소의 입장 비교

빈출 문항 자료 분석

(가)의 갑, 을, 병 사상가들의 입장에서 서로에게 제기할 수 있는 비판을 (나) 그림으로 표현할 때, A~F에 해당하는 내용으로 적절하지 않은 것은?

(가)	갑: 형벌은 범죄자가 처벌받을 행위를 의욕했기 때문에 가해져야 하며, 결코 어떤 다른 선을 촉진하기 위한 수단으로서 가해질 수 없다. (→ 응보주의) 을: 형벌은 범죄를 억제하기에 충분한 정도의 강도만을 지녀야 한다. 따라서 사형보다 고통이 길게 유지되어 오랫동안 본보기로 기능하는 형벌이 필요하다. (→ 공리주의) 병: 사형은 죄인을 시민이 아닌 적으로서 처벌하는 것이다. 그 판결은 그가 사회 계약을 파기하여 이미 국가의 구성원이 아니라는 증명이자 선언이다. (→ 사회 계약론)
(나)	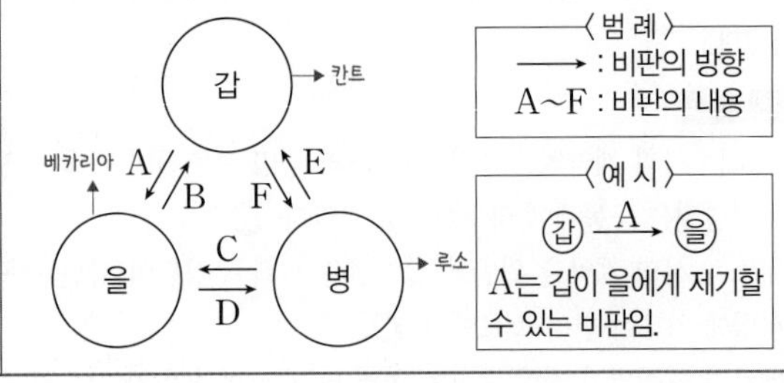

해결 전략 (가)의 갑은 칸트, 을은 베카리아, 병은 루소이다. 칸트는 응보주의 입장에서 형벌은 어떤 다른 선을 촉진하기 위한 수단으로 가해질 수는 없고, 범죄자가 범죄를 저질렀기 때문에 가해지는 것이라고 보았다. 베카리아는 공리주의 입장에서 형벌은 타인들의 범죄를 억제시키기에 충분한 정도의 강도로 가해져야 한다고 보았다. 루소는 사회 계약론의 입장에서 형벌은 사회 질서 유지를 위해 가해지는 것이며, 범죄자가 처형당할 때 그는 시민이 아니라 적으로 간주되는 것이라고 주장하였다.

선택지 분석

① 칸트는 형벌이 동등성의 원리에 따라 가해져야 한다고 보았으나 베카리아는 유용성의 원리에 근거해야 한다고 보았다. O

✓❷ '형벌은 국가 존립을 위한 수단으로 집행될 수 있음을 간과한다.'라는 것은 베카리아 입장에서 칸트의 입장에 대해 제기할 수 있는 비판 내용(B)이지만, 베카리아 입장에서 루소의 입장에 대해 제기할 수 있는 비판 내용(D)은 아니다. X

③ 루소는 사회 계약이 사형제의 근거가 된다고 보았지만 베카리아는 그렇지 않다고 보았다. O

④ 루소는 사형이 일반 시민들의 안전을 지키기 위해 실행되는 것이라고 한 데 반해 칸트는 범죄 그 자체에 대한 응보 차원에서 이루어진다고 보았다. O

⑤ 칸트는 범죄자도 목적으로 대해야 한다고 보았으나 루소는 범죄자를 국가의 시민이 아닌 적으로 보았다. O 답 ②

85 루소, 베카리아, 칸트의 형벌에 대한 입장 파악

자료 분석 갑은 루소, 을은 베카리아, 병은 칸트이다. 루소는 사회 계약의 입장에서 사형을 찬성하였다. 베카리아는 사형보다 종신 노역형이 형벌의 효과가 크다는 점에서 사형을 반대하였다. 칸트는 응보주의적 관점에서 사형에 찬성하였다.

선택지 분석

① 루소는 살인범은 사회 계약의 위반자로서 자신이 사회 구성원이 아님을 스스로 입증한 자라고 보았다. O

✓❷ 베카리아는 사형이 주는 인상이 아무리 크더라도 급속한 망각의 힘을 이겨낼 수 없다고 보며, 사형을 대체한 종신 노역형이 범죄 예방에 효과적이라고 보았다. X

③ 칸트는 사형은 살인범의 인격을 존중해 주는 형벌이 될 수 있다고 보았다. O

④ 루소와 베카리아 모두 범죄에 상응하는 형벌의 부과는 사회 계약에 근거해야 한다고 보았다. O

⑤ 베카리아는 공리주의의 관점에서, 칸트는 응보주의의 관점에서 형벌이 부과되어야 한다고 보았다. O 답 ②

86 형벌에 대한 베카리아, 벤담, 칸트의 입장 이해

자료 분석 갑은 베카리아, 을은 벤담, 병은 칸트이다. 베카리아는 형벌의 목적을 범죄 예방으로 보고, 종신 노역형이 사형보다 더 효과적이라고 보았다. 벤담은 공리의 원리에 따라 형벌이 집행되어야 한다고 보았다. 칸트는 형벌의 본질은 범죄 행위에 상응하는 처벌을 가하는 것이라고 보았다.

선택지 분석

① 베카리아와 벤담 모두 형벌은 법률을 통해서만 집행되어야 한다고 보았다. X

② 벤담과 베카리아 모두 형벌은 범죄의 사회적 해악에 비례해서 부과되어야 한다고 보았다. X

③ 칸트는 형벌을 사적 보복이 아닌 공적 정의 실현이라고 보았다. 따라서 칸트에게 제기할 수 있는 정당한 비판이 될 수 없다. X

✓❹ 형벌의 목적으로 범죄 예방을 강조하는 베카리아의 입장에서는 응보론을 주장하는 칸트의 입장에 대해 "범죄자 처벌보다 범죄 예방이 형벌의 목적임을 간과한다."라는 비판을 제기할 수 있다. O

⑤ 벤담과 베카리아 모두 보편적 도덕 원리인 공리의 원리에 따라 형벌이 집행되어야 한다고 보았다. X 답 ④

87 교정적 정의에 대한 베카리아와 칸트의 입장 비교

자료 분석 (가)의 갑은 베카리아, 을은 칸트이다. 베카리아는 형벌의 목적을 범죄 예방으로 보았고, 칸트는 형벌의 본질이 응당한 보복을 가하는 것이라고 보았다.

선택지 분석

① 베카리아는 형벌의 목적을 범죄 예방으로 보았다. X

② 베카리아는 살인자를 법정 처벌보다 가중해서 처벌해야 한다고 보지 않았다. X

③ 칸트는 형벌이 응보주의적 관점에서 범죄 행위에 대한 응당한 보복이라고 보았으므로 범죄가 공익에 반하는 정도에 따라 형벌의 경중이 결정되어야 한다고 보지 않았다. X

✓❹ 칸트는 응보주의적 관점에서 사형은 살인자의 고통받는 인격을 해방하여 인간의 존엄성을 실현하는 것이라고 보았다. O

⑤ 칸트는 살인자는 생득적 인격성을 상실했기 때문이 아니라 살인자의 고통받는 인격을 해방하여 인간의 존엄성을 실현시키기 위해서 사형을 당해야 한다고 보았다. X 답 ④

88 형벌에 대한 베카리아, 칸트, 벤담의 입장 비교

자료 분석 갑은 베카리아, 을은 칸트, 병은 벤담이다. 칸트는 형벌의 본질은 응보에 있다는 응보주의에 바탕을 두고 있으며, 벤담은 범죄의 예방과 교화를 통해 사회적 효용을 최대화할 것을 주장하였다.

선택지 분석

① 칸트가 '예'라고 대답할 질문이다. X

✓ ❷ 베카리아와 벤담은 형벌이 범죄 예방을 위해 부과되어야 한다고 보았고, 칸트는 응보주의적 관점에서 형벌이 부과되어야 한다고 보았다. O

③, ④ 칸트가 '아니요'라고 대답할 질문이다. X

⑤ 벤담이 '아니요'라고 대답할 질문이다. X

답 ②

89 형벌에 대한 베카리아와 칸트의 입장 비교

자료 분석 갑은 베카리아, 을은 칸트이다. 베카리아는 범죄 억제력 측면에서 사형보다 종신 노역형이 효과적이라고 보며, 필요 이상의 잔혹한 형벌은 비난받아야 한다고 보았다. 이에 비해 칸트는 사형은 살인자의 고통받는 인격을 해방하여 인간의 존엄성을 실현하는 것이라고 보았다.

선택지 분석

✓ ㄱ. 베카리아는 형벌이 시민에게 공포감을 주려는 의도를 가진 것이라고 보는 반면, 칸트는 형벌이 보복 이외의 다른 선을 촉진하기 위한 수단일 수 없다고 보았다. O

ㄴ. 베카리아는 범죄의 중대성을 따질 수 있는 척도는 범죄에 의해 사회가 받은 손해이지 범죄자의 반사회적 의도 혹은 의사가 아니라고 보았다. X

✓ ㄷ. 베카리아는 필요 이상의 형벌은 범죄 예방에 유해한 결과를 초래하고 사회 계약의 본질과도 상반된다고 보았다. O

✓ ㄹ. 칸트는 인도주의적 동정심에서 사형의 부당성을 주장하는 것은 법의 왜곡이라고 보았다. O

답 ⑤

90 형벌에 대한 칸트, 루소, 베카리아의 입장 비교

자료 분석 갑은 칸트, 을은 루소, 병은 베카리아이다. 칸트는 형벌의 본질은 응보에 있으며, 응보주의에 바탕을 둔 사형은 인간을 다른 목적을 위한 수단으로 취급하는 것이 아니라고 보았다. 루소는 사회 계약을 바탕으로 우리가 살인으로부터 보호받기 위해 살인자를 사형에 처하는 것에 동의했으며, 살인자는 정당한 사회 구성원이 아니므로 그의 생명권을 박탈하더라도 이는 사회 계약에 위반되는 것이 아니라고 보았다. 베카리아는 개인이 자신의 생명을 국가에 위임하지 않았고, 국가도 개인의 생명을 빼앗을 권리가 없다고 하면서 사형 제도의 폐지를 주장하였다.

선택지 분석

① 루소는 국가가 사형을 집행할 권리를 지닌다고 보았다. X

② 칸트는 살인자를 사형시키는 것이 그의 인간 존엄성을 존중하는 것이라고 보았다. X

③ 베카리아는 형벌의 정의는 사회 계약에 근거해야 한다고 보았다. X

④ 칸트는 처벌의 목적은 교화가 아니라 응보에 있다고 보았다. X

✓ ❺ 칸트는 베카리아와 달리 형벌이 공리 증진의 수단으로 가해져서는 안 된다고 보았다. O

답 ⑤

91 사형에 대한 칸트, 벤담, 베카리아의 입장 비교

자료 분석 갑은 칸트, 을은 벤담, 병은 베카리아이다. 칸트는 인격의 존엄성에 대한 준수를 정언명령으로 삼고, 사형이 살인범의 인간 존엄성을 존중하는 형벌이라고 강조하며 사형 제도를 찬성하였다. 벤담은 형벌로 인해 초래되는 해악이 형벌을 통해 예방할 해악보다 커서는 안 된다고 보았다. 베카리아는 범죄 예방 효과의 측면에서 사형보다 종신 노역형이 효과적이라고 보았다. 벤담과 베카리아는 모두 형벌이란 사회적 이익을 증진하기 위한 수단이며, 범죄를 예방하기 위해 필요하다고 보는 공리주의적 관점을 취하고 있다.

선택지 분석

ㄱ. 사형이 범죄자의 고통받는 인격을 해방하여 인간의 존엄성을 실현하는 것이라고 본 것은 칸트만의 입장이다. X

ㄴ. 칸트는 살인을 저지른 범죄자에게는 오직 사형만이 정당하다고 보았다. X

✓ ㄷ, ㄹ. 벤담과 베카리아는 형벌이 방지할 해악이 형벌의 해악보다 크다면 그 형벌은 정당하며, 형벌의 목적은 범죄 예방에 있다고 보았다. O

답 ③

92 형벌에 대한 벤담, 베카리아, 루소의 입장 비교

빈출 문항 자료 분석

(가)의 갑, 을, 병 사상가들의 입장에서 서로에게 제기할 수 있는 비판을 (나) 그림으로 표현할 때, A~F에 해당하는 적절한 내용만을 〈보기〉에서 있는 대로 고른 것은?

(가)	갑: 모든 형벌은 악이다. 공리의 원리에 의하면 형벌은 그것을 통해 더 큰 악을 없애는 것을 보장하는 경우에만 인정되어야 한다. → 벤담(공리주의적 관점) 을: 사형이 주는 인상이 대단하더라도 망각의 힘을 이겨낼 수 없다. 형벌은 강력하지만 일시적 인상보다는 약하더라도 지속적 인상을 제공해야 한다. → 베카리아(공리주의적 관점 · 사회 계약론적 관점) 병: 살인을 한 사람은 자신이 죽임을 당해도 좋다고 동의한 것이다. 사회 계약은 일반 의지에 따라 시민의 생명 보전을 목적으로 한다. → 루소(사회 계약론적 관점)
(나)	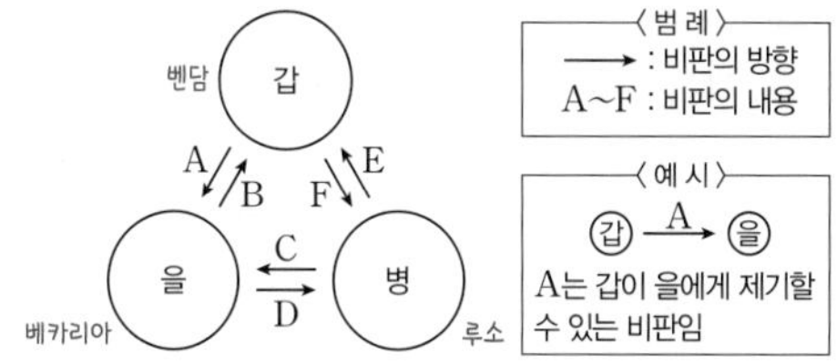

보기

ㄱ. D: 시민은 자신의 생명을 빼앗을 권리를 국가에 양도할 수 없음을 간과한다. → 베카리아는 국가가 개인의 생명을 빼앗을 권리가 없다고 봄

ㄴ. A, C: 형벌은 사회 계약의 목적을 달성하기 위해 부과되어야 함을 간과한다. → 베카리아는 형벌의 권한은 사회 계약으로부터 나온다고 봄

ㄷ. B, E: 형벌이 범죄자의 교화에 기여하는 정도는 형벌의 양과 비례함을 간과한다. → 벤담은 형벌의 양과 형벌이 범죄자의 교화에 기여하는 정도는 비례한다고 봄

ㄹ. D, F: 형벌은 최대 다수의 최대 행복을 위해 집행되어야 함을 간과한다. → 벤담과 베카리아는 공리주의적 관점에서 형벌이 필요하다고 봄

Ⅲ 사회와 윤리

해결 전략 루소와 베카리아는 모두 범죄에 대한 형벌의 권한은 사회 계약으로부터 나온다고 보았다. 루소는 타인의 생명을 희생시킨 살인범은 스스로 사회의 구성원이기를 포기한 것이며, 국가는 살인범에게 사형을 집행할 권한을 갖는다고 보았다. 반면 베카리아는 개인이 자신의 생명을 국가에 위임하지 않았다고 보았다.

선택지 분석

✓ ㄱ. 베카리아는 자신의 생명을 위임하는 것은 사회 계약의 내용에 포함될 수 없으며, 국가에게는 시민의 생명을 박탈할 권리가 없다고 보고 사형 제도에 반대하였다. O

ㄴ. 베카리아는 형벌이 사회 계약의 목적을 달성하기 위해 부과되어야 한다고 보았다. X

ㄷ. 벤담은 형벌의 양과 형벌이 범죄자의 교화에 기여하는 정도는 비례한다고 보았다. X

✓ ㄹ. 벤담과 베카리아는 모두 공리주의적 입장에서 유용성과 공공의 이익, 최대 다수의 최대 행복을 위해 형벌이 필요하다고 보았다. O 답 ②

93 형벌에 대한 벤담, 칸트, 베카리아의 입장 비교

자료 분석 갑은 벤담, 을은 칸트, 병은 베카리아이다. 벤담은 공리주의의 관점에서 범죄의 예방과 교화를 통해 사회적 효용을 최대화할 것을 주장하였다. 따라서 형벌은 그로 인해 초래되는 해악이 형벌을 통해 예방할 해악보다 커서는 안 된다고 주장하였다. 칸트는 응보주의의 관점에서 형벌은 인간을 다른 목적을 위한 수단으로 취급하는 것이 아니라 범죄자 자신이 스스로 선택한 행위에 대해 책임을 지우는 것이라고 보았다. 베카리아는 공리주의적 관점에서 사형보다 오랫동안 고통의 본보기가 되어 예방 효과가 큰 종신 노역형이 바람직하다고 보았다.

선택지 분석

✓ ❶ 벤담과 베카리아는 형벌이 범죄자를 교화하고 범죄를 예방하는 것으로 사회적 이익 증진을 목적으로 한다고 보았다. 칸트에 의하면 형벌은 사회적 선을 촉진하기 위한 수단이 아니라 공적 정의를 실현하기 위한 수단이다. O

② 벤담과 베카리아는 공리주의적 관점에서 형벌의 방법은 효용성을 고려하여 결정해야 한다고 보았다. X

③ 공리주의적 관점에서 형벌은 고통을 유발하지만 범죄 예방을 위해 필요하므로 필요악이라고 보았다. X

④ 벤담, 칸트, 베카리아 모두 죄형 법정주의에 따라 법률에 입각하여 형벌을 집행해야 한다고 보았다. X

⑤ 벤담, 칸트, 베카리아 모두 비례성의 원칙에 따라 형벌의 크기가 범죄로 인해 발생하는 해악에 비례해야 한다고 보았다. X 답 ①

94 형벌에 대한 칸트와 베카리아의 입장 비교

자료 분석 갑은 칸트, 을은 베카리아이다. 칸트는 형벌의 목적을 범죄 예방이나 범죄자 교화에 두어서는 안 된다고 보며 오직 범죄 행위에 상응하는 처벌을 가하는 데 두어야 한다고 주장하였다. 칸트는 위법 행위는 반드시 그에 상응하는 처벌을 받아야 한다는 응보주의적 형벌 정의론을 주장하였다. 특히 살인에 대한 처벌은 오직 사형만 가능하다고 하였다. 그는 위법과 형벌의 동등성만이 정의에 부합된다고 보았기 때문이다. 베카리아는 사회 계약이 생명 보존을 위해 맺은 것이므로 생명을 빼앗는 사형은 사회 계약으로 성립될 수 없는 것이라고 주장하였다.

선택지 분석

① 칸트에 따르면 범죄자는 처벌을 원했기 때문이 아니라 처벌을 받을 행동을 원했기 때문에 처벌받는 것이다. X

② 칸트에 따르면 사형은 살인범의 인격을 수단으로서만 대하려는 것이 아니라 존중하는 것이다. X

③ 베카리아에 따르면 처벌을 목격하는 사람들에게 지속적인 인상을 주어야 처벌의 효과가 높아지므로, 종신 노역형이 효과를 지니려면 공개적으로 집행되어야 한다. X

④ 베카리아에 따르면 누구든 자신의 생명을 박탈할 권리를 양도하지 않을 것이므로 사형은 사회 계약의 목적에 부합하지 않는다. X

✓ ❺ 칸트와 베카리아에 따르면 형벌을 내릴 권위는 범죄로 인한 피해자가 아니라 입법자에게 있다. 그리고 칸트와 베카리아 모두에게 형벌은 공적인 정의 실현의 수단이다. O 답 ⑤

95 형벌에 대한 칸트와 벤담의 입장 비교

자료 분석 갑은 칸트, 을은 벤담이다. 칸트는 형벌의 본질이 응보에 있으며, 형벌은 인간을 다른 목적을 위한 수단으로 취급하는 것이 아니라고 보았다. 벤담은 공리주의적 관점에서 형벌 제도에 접근하였다. 따라서 사회 전체의 이익을 최우선적으로 고려하였다.

선택지 분석

ㄱ. 벤담이 긍정의 대답을 할 질문이다. 벤담은 형벌이 범죄자에게 고통을 유발하더라도 범죄를 억지한다면 정당하다고 보았다. X

✓ ㄴ. 칸트가 긍정의 대답을 할 질문이다. 칸트는 살인범에 대한 사형이 살인범의 인격에 대한 존중을 전제한다고 보았다. O

ㄷ. 벤담은 형벌 그 자체는 고통이므로 악이라고 보았다. X

✓ ㄹ. 벤담이 긍정의 대답을 할 질문이다. 벤담은 형벌의 목적이 범죄 억지를 통한 사회적 이익의 증진이라고 보았다. O 답 ③

96 형벌에 대한 칸트와 베카리아의 입장 비교

자료 분석 갑은 칸트, 을은 베카리아이다. 칸트는 응보주의적 관점에서 형벌의 필요성을 주장하였다. 칸트는 사형은 자신의 자율적인 행위, 즉 스스로 저지른 살인에 대해 응분의 책임을 지우는 것이므로 인간의 존엄성과 가치를 인정하는 것이라고 보았다. 이에 비해 베카리아는 공리주의적 관점에서 형벌의 필요성을 주장하였다.

선택지 분석

① 응보주의적 관점에서 형벌의 필요성을 주장하는 칸트는 긍정, 공리주의적 관점에서 형벌의 필요성을 주장하는 베카리아는 부정의 대답을 할 질문이다. X

② 형벌을 공적 정의 실현의 수단으로 보는 칸트와 베카리아 모두 긍정의 대답을 할 질문이다. X

③ 칸트는 긍정, 베카리아는 부정의 대답을 할 질문이다. 칸트는 사형을 살인범의 인간으로서의 존엄성을 존중하는 것이라고 보았다. X

④ 공리주의의 입장으로 베카리아가 긍정의 대답을 할 질문이다. X

✓ ❺ 칸트에 의하면 형벌의 목적은 범죄 행위에 상응하는 형벌 부과를 통한 정의 실현에 있다. 베카리아에 의하면 형벌의 목적은 범죄자의 교화와 본보기를 통한 범죄 예방에 있다. O 답 ⑤

본문 85~95쪽

03 국가와 시민의 윤리

97 ③	98 ①	99 ④	100 ④	101 ①	102 ①
103 ④	104 ①	105 ②	106 ⑤	107 ④	108 ③
109 ③	110 ⑤	111 ④	112 ②	113 ①	114 ①
115 ⑤	116 ③	117 ④	118 ③	119 ④	120 ④
121 ④	122 ⑤	123 ①	124 ⑤	125 ②	126 ⑤
127 ④	128 ④	129 ②	130 ②	131 ①	132 ①
133 ②	134 ③	135 ③	136 ⑤	137 ①	138 ③
139 ①	140 ③				

97 국가에 대한 홉스와 로크의 입장 비교

빈출 문항 자료 분석

(가)의 사상가 갑, 을의 입장을 (나) 그림으로 탐구하고자 할 때, A~C에 들어갈 적절한 질문만을 〈보기〉에서 있는 대로 고른 것은?

(가)

→ 홉스 / → 자연 상태를 경쟁, 불신 등을 제어할 공통의 권력이 없는 '만인의 만인에 대한 투쟁'이라고 보았음

갑: 만인은 서로 늑대처럼 싸우는 자연 상태에서 벗어나기 위해 상호 계약을 맺어 하나의 인격으로 결합해야 한다. 이 인격을 지닌 통치자는 모든 사람의 힘과 수단을 임의로 사용할 수 있는 권력을 지닌다. → 자연 상태를 통제할 수 있는 주권자를 세우고, 그에게 모든 구성원의 권력과 힘을 양도하여 절대적 권력을 행사하게 하는 사회 계약을 주장하였음

을: 절대 권력에 책임을 묻지 않는 식의 합의는 여우나 스컹크를 피해 사자에게 잡아먹히는 데 만족하는 것과 같다. 통치자가 시민의 생명, 자유 및 자산을 보존하지 못할 때 시민은 통치자에 저항할 수 있다. → 저항권을 인정

→ 로크 / → 개인은 생명, 자유, 재산을 보존하기 위해 사회 계약을 체결함

(나)

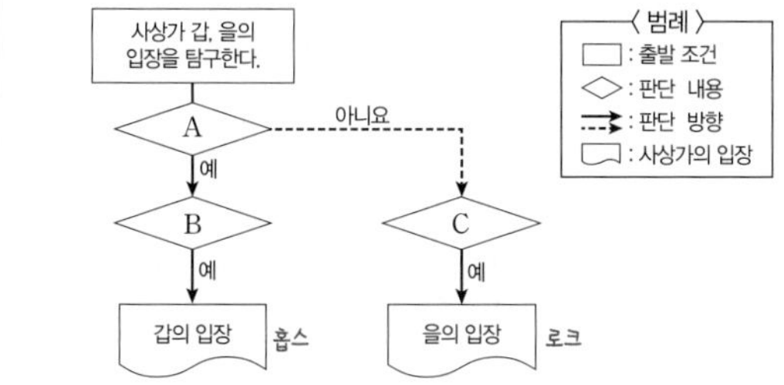

보기

ㄱ. A: 국가의 통치자가 사회 계약을 위반하는 것은 ~~가능~~한가?

ㄴ. B: 국가는 신의(信義) 계약으로 탄생한 ~~자연적~~ 인격인가?
→ 국가는 상호 계약으로 성립한 인위적 인격임

ㄷ. B: 국가가 부재하는 곳에서는 각자의 소유권도 부재하는가?
→ 홉스는 국가가 없는 자연 상태에서는 공동 소유만 있을 뿐 사적 소유권이 확립될 수 없다고 봄

ㄹ. C: 국가의 통치자에게는 단지 신탁된 권력만 주어지는가?
→ 로크는 국가를 절대 권력체가 아닌 시민의 안전과 평화로운 삶을 위해 신탁된 권력일 뿐이라고 보았음

해결 전략 갑은 홉스, 을은 로크이다. 홉스는 서로 늑대처럼 싸우는 투쟁 상태에서 벗어나기 위해 계약을 통해 국가를 형성하고 법규 위반자를 엄격히 제재하기 위해 군주에게 절대권을 부여해야 한다고 보았다. 로크는 국가의 최고 권력은 입법권이지만, 이 권력은 구성원들이 신탁한 권력이므로 입법권이 신탁의 목적에 어긋나면 신탁을 철회할 수 있다고 보았다.

선택지 분석

ㄱ. 홉스는 통치자는 사회 계약의 당사자가 아니기 때문에 통치자가 사회 계약을 위반하는 것이 불가능하다고 보았다. 또한 로크는 통치자가 사회 계약을 위반해서는 안 된다고 보았다. 통치자가 가지는 권력은 구성원들이 신탁한 권력일 뿐이기 때문이다. X

ㄴ. 홉스는 국가를 신의 계약으로 형성되는 인위적인 인격으로 보았다. X

✓ ㄷ. 홉스는 국가가 형성되기 이전인 자연 상태에서는 개인의 소유권이 없다고 보았다. O

✓ ㄹ. 로크는 자기 보존을 목적으로 계약을 맺은 구성원들은 신탁된 권력만을 통치자에게 준다고 보았다. O

답 ③

98 국가와 시민의 윤리에 대한 로크의 입장 이해

자료 분석 제시문은 로크의 주장이다. 로크는 사회 계약론적 입장에서 사람들이 자연 상태에서 해결하기 힘든 분쟁을 해결하고자 공정한 재판관이자 집행관으로서 국가를 형성했다고 보았다.

선택지 분석

ㄱ. 로크는 사회 계약 당시 개인은 자연권 중 일부의 권리만을 양도한다고 보고, 국가에 양도하지 않은 시민의 권리도 보장된다고 보았다. X

✓ ㄴ. 로크는 시민의 저항권을 인정하며, 입법부를 폐지할 수 있는 최고의 권력이 시민에게 있다고 보았다. O

ㄷ. 로크는 자연 상태에서 공통된 자연법이 있다고 보았다. 다만 자연 상태에서 분쟁이 발생하는 이유는 공통된 자연법을 집행할 공정한 권력이 없어서라고 보았다. X

답 ①

도전 1등급 99 국가와 시민의 윤리에 대한 홉스의 입장 이해

도전 1등급 문항 분석 ▸▸ 정답률 23.0%

다음을 주장한 사상가의 입장으로 적절한 것만을 〈보기〉에서 있는 대로 고른 것은?

→ 홉스는 '만인의 만인에 대한 투쟁' 상태인 자연 상태에서 벗어나 자신의 생명을 보존하고 평화로운 삶을 살기 위해 상호 간의 합의를 통해 국가가 형성되었다고 주장함

자연 상태는 전쟁 상태이며, 소유도 지배도 내 것과 네 것의 구별도 없다. 이러한 자연 상태로부터 빠져나올 수 있는 가능성은 죽음의 공포라는 정념과 평화 추구의 이성에 있다.

보기

ㄱ. 국민의 자유와 주권자의 절대 권력은 양립할 수 있다.

ㄴ. 자연 상태에는 생명과 자유를 빼앗길 수 있는 ~~불의가 존재한다~~.
→ 정의와 불의는 국가 이후에 존재함

ㄷ. 주권자는 평화와 공동 방위를 위해 국민의 힘과 수단을 임의로 사용할 수 있다. → 주권자로서 통치자는 자신과 분리할 수도 없고 나누어 가질 수도 없는 절대 권력을 가짐

해결 전략 제시문은 홉스의 주장이다. 홉스는 자연 상태를 경쟁, 불신 등을 제어할 수 있는 공통의 권력이 없는 '만인의 만인에 대한 투쟁'이라고 보았다. 홉스는 자연 상태를 통제할 수 있는 주권자를 세우고, 그에게 모든 구성원의 권력과 힘을 양도하여 절대적 권력을 행사하게 하는 사회 계약을 주장하였다. 홉스, 로크, 루소는 모두 국가는 사람들이 필요에 따라 계약을 맺어 형성한 것이라는 사회 계약론을 주장하였다. 국가에 대한 사회 계약론의 입장을 사상가별로 비교하여 파악해 두어야 한다.

선택지 분석

ㄱ. 홉스는 자연 상태의 모든 인간이 자연권을 국가에 자발적으로 양도하는 방식으로 사회 계약을 체결하여 절대적 권력이 만들어진다고 보았다. O

ㄴ. 홉스는 자연 상태에서는 모든 인간이 만물에 대한 권리를 가지고 있기

때문에 정의와 불의, 옳고 그름이 없다고 보았다. X
ㄷ. 홉스는 사람들의 평화와 공동 방위를 위해 모든 권력과 힘을 양도받은 국가가 그 힘과 수단을 임의로 사용할 수 있다고 보았다. O 답 ④

100 사회 계약에 대한 홉스와 로크 입장 비교

자료 분석 갑은 홉스, 을은 로크이다. 홉스는 사람들이 '만인의 만인에 대한 투쟁' 상태에서 벗어나기 위해 국가를 만들었으므로, 국가는 시민들의 생명과 안전을 지키고 질서를 유지해야 한다고 보았다. 한편 로크는 사람들이 자연 상태에서 해결하기 힘든 분쟁을 해결하기 위해 공정한 재판관이자 집행관으로서 국가를 만든 것이므로, 국가는 시민들 간의 분쟁을 해결하고 생명과 자유와 재산을 보호하여 평화롭고 안전한 사회를 유지해야 한다고 보았다.

선택지 분석
① 홉스는 자연 상태를 통제할 수 있는 주권자를 세우고, 주권자에게 모든 구성원의 권력과 힘을 양도하여 절대적 권력을 행사하게 해야 한다고 보았다. 홉스는 주권자로서 통치자는 자신과 분리할 수도 없고 또 나누어 가질 수도 없는 절대 권력을 가지며, 주권은 계약의 주체인 인민에게 있는 것이 아니라 통치자에게 부여되어 있다고 보았다. X
② 홉스는 군주가 절대 권력을 지니지만 사회 계약을 파기할 수 없다고 보았다. 홉스는 사람들의 모든 인격을 떠맡는 권리가 주권자에게 부여된 것은 만인 상호의 신약에 의해서만 이루어지며, 주권자와 어느 한 사람 사이에서 이루어지는 일이 아니기 때문에 주권자 측에서 신약을 파기할 수는 없다고 보았다. X
③ 로크는 사회 계약을 사람들이 상호 간에 편안하고 안전하며 평화로운 삶을 영위하기 위해서 다른 사람들과 공동체를 결성하기로 합의하는 것이라고 보았다. X
✓❹ 로크는 입법권을 최고 권력으로 보았지만 시민의 재산 보호와 같은 공공선에 의해 제한될 수 있다고 보았다. O
⑤ 로크에게만 해당하는 설명이다. 홉스는 자연 상태에서는 모든 개인이 만물에 대한 권리를 가지고 있기 때문에 정의와 불의가 없다고 보았다. 홉스는 로크와 달리 소유권은 자연권이 아니라 사회 계약을 통해 정당화되는 권리라고 보았다. X 답 ④

101 사회 계약에 대한 홉스와 로크의 입장 비교

자료 분석 갑은 홉스, 을은 로크이다. 홉스는 인간들이 만인의 만인에 대한 투쟁 상태에서 벗어나 자신의 생명을 보존하기 위해 계약을 맺어 국가를 형성하게 되었다고 보았다. 로크는 공통된 재판관의 부재로 자연 상태에서 해결하기 어려운 분쟁을 해결하고, 개인의 생명과 자유, 재산을 보호하기 위해 계약을 맺어 국가를 형성하게 되었다고 보았다.

선택지 분석
✓❶ 홉스는 공통 권력이 없는 자연 상태에서는 정의나 불의가 존재하지 않는다고 보았다. O
② 홉스는 군주가 사법권, 분쟁의 해결권뿐만 아니라 입법권도 갖는다고 보았다. X
③ 로크는 개인의 재산 보존이 시민 사회의 주된 목적이라고 보았다. 로크는 국가가 시민들 간의 분쟁을 해결하고 생명, 자유, 재산을 보호하여 평화롭고 안전한 사회를 유지해야 한다고 보았다. X
④ 로크는 권력 분립에 의한 통치가 사회 계약에 부합한다고 보았다. 로크는 국가 권력이 법률을 제정하는 입법권, 법률을 집행하는 집행권 등으로 분할된다고 주장하였다. X
⑤ 로크에게만 해당하는 설명이다. X 답 ①

102 국가와 시민의 윤리에 대한 로크와 홉스의 입장 비교

자료 분석 갑은 로크, 을은 홉스이다.

선택지 분석
✓ㄱ. 로크는 자연 상태에서는 공평무사한 재판관이 없고, 제시문의 내용과 같이 개인은 타인이 자연법을 위반한 것을 판단하는 권력을 갖는다고 보았다. 따라서 자연 상태에서 분쟁 발생 시 모든 당사자는 재판관이 된다고 보았다. O
✓ㄴ. 로크는 시민의 저항권을 인정하였다. 로크는 정부의 권력은 단지 신탁된 권력이라고 보고, 정부가 신탁에 반해서 행동하는 것이 발견될 때에는 시민에 의해 철회될 수 있다고 보았다. O
ㄷ. 홉스는 자연 상태에서는 모든 개인이 만물에 대한 권리를 가지고 있기 때문에 정의와 불의, 옳고 그름이 없다고 보았다. 홉스는 제시문의 내용과 같이 정의는 유효한 계약을 지키는 것이고, 그 계약을 위반하는 것이 불의라고 보았으며, 유효한 계약은 국가 수립과 함께 시작된다고 보았다. 즉 홉스는 정의와 불의는 국가 이후에 존재한다고 보았다. X
ㄹ. 로크의 입장에만 해당한다. 홉스는 시민이 아니라 리바이어던을 주권자라고 보았다. X 답 ①

103 국가에 대한 아리스토텔레스, 루소, 홉스의 입장 비교

자료 분석 갑은 아리스토텔레스, 을은 루소, 병은 홉스이다. 아리스토텔레스는 국가를 구성원들의 훌륭하고 행복한 삶을 살기 위한 가장 포괄적인 도덕 공동체로 보았다. 루소는 자연 상태에서 인간은 자유롭고 평등하며 평화로운 삶을 누리지만 사회 상태로 이행되면서 불평등과 예속의 상태에 처하게 된다고 보고, 사회 계약을 통해 국가를 형성함으로써 불평등과 예속에서 벗어나 자유로운 삶을 누릴 수 있게 된다고 주장하였다. 홉스는 인간이 전쟁 상태인 자연 상태에서 벗어나 개인의 생명을 보존하기 위해 계약을 맺어 국가를 형성하게 된다고 보았다.

선택지 분석
① 아리스토텔레스는 공동의 유익함을 고려하는 정치 체제를 올바르다고 보았다. 루소는 국가의 행위는 오직 공공의 이익만을 대상으로 한다고 보았다. X
② 아리스토텔레스는 인간이 국가 밖에서는 행복한 삶을 살 수 없다고 보고, 국가 밖에서 살 수 있는 사람은 짐승 아니면 신이라고 보았다. X
③ 홉스와 루소는 자기 보존을 사회 계약의 목적이라고 보고, 국가 구성원의 생명권 보장은 국가의 목적이라고 보았다. X
✓❹ 루소는 국가 구성원인 개인은 법을 따르는 동시에 법의 제정자여야 한다고 보았다. 이와 달리 홉스는 개인은 법을 따르는 자이고, 법의 제정자는 주권자인 리바이어던이라고 보았다. O
⑤ 아리스토텔레스는 국가는 자연 발생적으로 존재하는 것이라고 보고, 국가 권위에 대한 복종의 의무는 자연적 의무라고 보았다. 홉스는 국가 권위에 대한 복종의 의무는 자연 발생적으로 존재하는 것이 아니라, 상호 계약에 의해 발생된 의무라고 보았다. X 답 ④

104 홉스와 로크의 사회 계약설 입장 비교

빈출 문항 자료 분석

갑, 을 사상가들 중 적어도 한 사람이 부정의 대답을 할 질문으로 적절한 것만을 〈보기〉에서 고른 것은?

→ 자연 상태는 만인의 만인에 대한 투쟁 상태

갑: 자연 상태에서 인간의 경쟁, 불신, 공명심 때문에 분쟁이 발생한다. 이러한 전쟁 상태로부터 벗어나서 자연권을 보호하기 위해 개인들은 사회적 동의로 절대 권력을 수립한다. → 전제 군주에게 권력 위임(홉스)

을: 자연 상태에서 개인들은 생명, 자유, 재산의 권리를 보호하기 위해 입법부를 구성하기로 합의한다. 그러나 입법부가 자연권을 보호하지 못하면 시민들은 신탁을 철회할 수 있다. → 저항권 인정(로크)

→ 자연 상태에서 해결하기 힘든 분쟁을 해결하기 위해 공정한 재판관이자 집행관으로서 국가를 수립

보기

ㄱ. 공권력이 형성된 이후에 자연권 보호는 ~~개인만의 책임~~인가? (→ 국가의 책임) → 홉스 X, 로크 X

ㄴ. 정부에 의한 시민의 재산권 침해는 정부 해체의 근거가 되는가? → 홉스 X, 로크 O

ㄷ. 국가의 권위에 복종해야 할 의무는 계약에 토대를 두는가? → 홉스 O, 로크 O
→ 사회 계약론의 공통된 입장

ㄹ. 인간은 자연 상태에서 이성의 능력을 발휘하여 계약을 하는가? → 홉스 O, 로크 O
→ 사회 계약론의 공통된 입장

해결 전략 갑은 홉스, 을은 로크이다. 홉스는 사람들이 '만인의 만인에 대한 투쟁' 상태에서 벗어나기 위해 국가를 만들었으므로, 국가는 시민들의 안전을 보호하고 질서를 유지해야 한다고 보았다. 로크는 사람들이 자연 상태에서 해결하기 힘든 분쟁을 해결하기 위해 공정한 재판관이자 집행관으로서 국가를 만들었으므로, 국가는 시민들 간의 분쟁을 해결하고 생명과 자유와 재산을 보호해야 한다고 보았다.

선택지 분석

✓ ㄱ. 홉스와 로크는 모두 공권력이 형성된 이후에 자연권 보호는 개인만의 책임이 아니라고 보았다. O

✓ ㄴ. 홉스는 로크와 달리 정부에 의한 시민의 재산권 침해는 정부 해체의 근거가 될 수 없다고 보았다. O

ㄷ. 홉스와 로크는 모두 국가의 권위에 복종해야 할 의무는 계약에 토대를 둔다고 보았다. X

ㄹ. 홉스와 로크는 모두 인간은 자연 상태에서 이성의 능력을 발휘한다고 보았다. X

답 ①

105 국가에 대한 홉스와 로크의 입장 비교

자료 분석 갑은 홉스, 을은 로크이다. 홉스는 인간이 만인의 만인에 대한 투쟁 상태인 자연 상태에서 벗어나기 위해 사회 계약을 맺으면서 국가가 형성된다고 보았다. 로크는 인간이 자연 상태에서 비교적 평화로운 삶을 누리지만 개인의 권리를 더 확실하게 보장받기 위해 사회 계약을 통해 국가를 구성한다고 보았다.

선택지 분석

① 홉스는 주권이 없는 자연 상태보다 절대적 군주가 있는 것이 낫다고 보았다. 홉스는 사람들이 비참한 자연 상태에서 벗어나기 위해 국가를 수립했으며, 모든 권력과 힘을 양도받은 주권자를 통해 안전과 평화를 보장받을 수 있다고 보았다. X

✓ **❷ 홉스는 모든 국민이 주권자가 행하는 행위와 판단의 장본인이라고 보았다.** O

③ 로크는 입법부가 시민의 동의 없이 시민의 재산을 자의적으로 처분할 수 없다고 보았다. 로크는 국가가 시민의 의사에 반해 절대적인 권력을 행사한다면 입법부를 폐지하거나 변경할 수 있다고 주장하였다. X

④ 로크는 시민들이 계약을 통해 국가를 형성하면서 자연권의 일부를 양도하게 된다고 보았다. 따라서 통치 권력은 자의적으로 행사되어서는 안 되며, 법률에 근거하여 행사되어야 한다고 보았다. X

⑤ 로크는 자연 상태가 자유의 상태이기는 하지만 결코 방종의 상태는 아니라고 주장하면서, 자연 상태에서도 다른 사람의 권리를 침해하거나 서로를 손상시키는 일을 금지하는 자연법이 존재한다고 보았다. X

답 ②

106 국가에 대한 아리스토텔레스와 로크의 입장 비교

자료 분석 갑은 아리스토텔레스, 을은 로크이다. 아리스토텔레스는 국가 안에서만 최선의 삶이 가능하다고 보았고, 로크는 국가가 계약에 따라 국민의 자유와 권리를 보호해야 한다고 보았다.

선택지 분석

① 아리스토텔레스는 국가가 구성원들이 훌륭하고 행복한 삶을 살 수 있도록 해 주는 가장 포괄적인 도덕 공동체라고 보았다. O

② 아리스토텔레스는 국가가 자급자족적일 뿐 아니라 가장 높은 단계의 공동체라고 보았다. O

③ 로크는 인간이 자연 상태에서 해결하기 힘든 분쟁을 해결하기 위해 공정한 재판관이자 집행관으로서 사회 계약을 통해 국가를 형성하게 된다고 보았다. O

④ 로크는 국가가 인민의 생명과 재산을 자의적으로 다루게 된다면 국가에 신탁으로 맡겨진 권력은 다시 인민에게로 되돌아가게 된다고 보았다. O

✓ **❺ 아리스토텔레스와 로크 모두 해당되지 않는 내용이다.** X

답 ⑤

107 국가의 역할과 의무에 대한 로크의 입장 파악

자료 분석 제시문을 주장한 사상가는 로크이다. 로크는 사람들이 자연 상태에서 해결하기 힘든 분쟁을 해결하기 위해 공정한 재판관이자 집행관으로서 국가를 만든 것이므로, 국가는 시민들 간의 분쟁을 해결하고 생명, 자유, 재산을 보호하여 평화롭고 안전한 사회를 유지해야 한다고 보았다.

선택지 분석

ㄱ. 로크는 국가를 가족 공동체 의식이 전제된 정치적 공동체가 아니라, 개인들이 자연 상태에서 해결하기 힘든 분쟁을 해결하기 위해 계약에 의해 형성한 정치적 공동체라고 보았다. 국가를 가족 공동체 의식이 전제된 정치적 공동체라고 본 사상가는 아리스토텔레스이다. X

✓ ㄴ. 로크는 개인들의 필요, 즉 생명, 자유, 재산과 같은 기본적 권리 보장을 목적으로 한 계약에 의해 국가가 수립되었다고 보았다. O

ㄷ. 로크는 국가가 자연적으로 형성된 것이 아니라 계약에 의해 형성되었다고 보았다. 국가를 인간의 정치적 본성으로 형성되는 자연적 공동체로 본 사상가는 아리스토텔레스이다. X

✓ ㄹ. 로크는 국가는 구성원들에게 생명과 자유, 재산을 보호받을 수 있는 권리를 동등하게 보장해야 한다고 보았다. O

답 ④

108 국가와 시민의 관계에 대한 홉스와 로크의 입장 비교

자료 분석 갑은 홉스, 을은 로크이다. 홉스는 자연 상태에서 인간들은 각자 자신의 생존과 이익만을 추구하며, 그 결과 '만인에 대한 만인의 투쟁' 상태

에 빠진다고 보았다. 홉스는 이러한 자연 상태를 극복하기 위해 사람들은 계약을 맺어서 법과 규범을 만들고, 이를 집행하기 위한 국가를 세우게 된다고 보았다. 로크는 국가는 개인의 생명, 자유, 재산을 지키기 위한 것으로 개인은 자신의 권리를 보장받기 위해 계약을 맺어 국가를 구성한다고 보았다.

선택지 분석

① 홉스는 공통의 권력이 없어 혼란스러운 자연 상태에서 벗어나기 위해 사회 계약을 맺으면서 국가가 수립되었다고 보았다. O

② 홉스는 국가가 모든 사람의 동의하에 부여받은 통치 권력을 공공의 평화와 안전을 위해 절대적으로 행사할 수 있다고 주장하였다. O

✓❸ **로크는 인간이 자연 상태에서 비교적 평화로운 삶을 누리지만 생명, 자유, 재산을 더 확실하게 보장받기 위해 사회 계약을 통해 국가를 구성한다고 보았다. 인간이 자연 상태에서 공동체를 구성하고자 하는 정치적 본성으로 인해 자연스럽게 국가 상태에 들어간다고 본 사상가는 아리스토텔레스이다.** X

④ 로크는 국가 권력에 대한 제한이 필요하다고 보고, 국가는 공동선을 실현하기 위한 목적 이외에는 자의적으로 권력을 행사해서는 안 된다고 주장하였다. O

⑤ 홉스와 로크는 모두 국가에 대한 시민의 의무가 국가가 시민의 생명권을 보호해 준다는 조건 아래에서 계속될 수 있다고 보았다. 홉스는 국가가 시민의 생명권을 침해할 경우 시민에게 저항할 권리가 있다고 보았으며, 로크는 국가가 시민의 생명, 자유, 재산에 대한 권리를 침해할 경우 시민들이 저항권을 행사할 수 있다고 보았다. O 답 ③

109 로크와 아리스토텔레스의 국가론 파악

빈출 문항 자료 분석

갑, 을 사상가들의 입장으로 적절하지 않은 것은?

갑: 자연 상태에서는 사람들 간의 분쟁을 해결하는 공통된 법률이 없고, 무사 공평한 재판관도 없다. 그래서 인간은 자신의 생명, 자유, 재산을 보호하기 위해 공동체를 결성하고 스스로를 정부의 지배하에 두고자 한다.
→ 국가는 개인의 생명과 자유, 재산을 보호하여 평화롭고 안전하며 행복한 삶을 보장해야 함(로크)

을: 모든 공동체는 어떤 종류의 좋음을 목표로 하는 것이지만, 국가는 그 모든 공동체들 중에서 최고의 것이면서 다른 모든 공동체들을 포괄한다. 그리고 국가는 모든 좋음들 중에서 최고의 좋음을 목표로 한다.
→ 국가는 가장 포괄적이면서 주요한 공동체이며, 국가라는 정치 공동체 속에서만 최선의 삶이 가능함(아리스토텔레스)

해결 전략 갑은 로크, 을은 아리스토텔레스이다. 로크는 국가가 개인의 생명과 자유, 재산을 보호하여 평화롭고 안전하며 행복한 삶을 보장해야 한다고 보았다. 아리스토텔레스는 국가는 구성원들이 훌륭하고 행복한 삶을 살 수 있도록 해 주는 가장 포괄적인 도덕 공동체라고 보았다.

선택지 분석

① 로크는 국가는 공통된 법률에 따라 시민들 간의 분쟁을 공정하게 해결해야 한다고 보았다. O

② 로크는 국가는 국가의 외부인이 그 구성원에게 가한 침해를 처벌할 수 있는 권력, 곧 전쟁과 평화에 관한 권력을 가지고 있다고 보았다. O

✓❸ **로크는 각 개인은 국가가 자신의 생명, 자유, 재산에 대한 권리를 보호해 준다는 조건으로 국가의 명령에 복종하기로 약속한다고 주장하였다. 아리스토텔레스는 국가가 본질적으로 인간의 사회적·정치적 본성에 따라 자연적으로 형성되는 것이라고 주장하였다.** X

④ 아리스토텔레스는 행복한 삶을 위해서는 자급자족할 수 있는 공동체가 필요한데, 이 공동체가 국가라고 보았다. O

⑤ 로크와 아리스토텔레스 모두 시민은 자신이 속한 국가에 대한 정치적 의무를 진다고 보았다. O 답 ③

110 국가에 대한 홉스, 로크, 아리스토텔레스의 입장 비교

자료 분석 (가)의 갑은 홉스, 을은 로크, 병은 아리스토텔레스이다. 홉스는 이기적 존재인 인간의 생명과 재산을 보호하고 사회 질서를 유지하기 위해, 로크는 이성을 지녔지만 오류 가능성이 있는 인간들의 분쟁을 해결하기 위해 국가가 필요하다고 보았다. 아리스토텔레스는 국가는 구성원들이 행복한 삶을 살 수 있도록 해 주는 가장 포괄적인 도덕 공동체라고 보았다.

선택지 분석

① 로크는 군주가 아닌 입법부가 최고 통치 권력을 가져야 한다고 보므로 로크가 홉스에게 제기할 수 있는 비판이다. X

② 로크는 준법의 의무가 명시적 동의뿐만 아니라 묵시적 동의를 통해서도 생긴다고 보았다. X

③ 로크는 정부가 국민의 생명과 자유와 재산을 침해한다면 국민은 양도했던 권리를 정부에서 되찾는 저항권을 행사할 수 있다고 보았다. X

④ 아리스토텔레스는 가족이나 마을과 같은 결사체들도 국가와 같이 선한 목적을 추구한다고 보았다. X

✓❺ **아리스토텔레스는 국가가 자연적으로 발생한다고 보았고, 홉스와 로크는 국가가 합리적인 개인들의 계약을 통해 형성된다고 보았다.** O 답 ⑤

111 국가에 대한 맹자와 아리스토텔레스의 입장 파악

자료 분석 갑은 맹자, 을은 아리스토텔레스이다. 맹자는 군주의 통치권은 하늘로부터 주어진 것이라고 보았으며, 아리스토텔레스는 인간은 본성적으로 정치적인 존재라고 보았다.

선택지 분석

✓ㄱ. 맹자는 국가의 통치자가 덕으로써 백성을 감화시켜야 한다고 보았다. O

✓ㄴ. 맹자는 "항산(恒産)이 있어야 항심(恒心)이 있다."라고 하면서 생업이 보장되어야 백성들이 올바른 생각과 행동을 바탕으로 도덕적인 삶을 영위할 수 있다고 보았다. O

✓ㄷ. 아리스토텔레스는 사람들이 자연스럽게 가정을 꾸리듯이 국가도 인간의 본성상 자연스럽게 발생하는 것이라고 보고 정치 공동체인 국가에서 인간은 선을 실현할 수 있다고 보았다. O

ㄹ. 국가가 자연 상태에서 벗어나려는 인간들의 계약으로 수립된다는 입장은 사회 계약론의 국가관이다. X 답 ④

112 국가에 대한 홉스와 로크의 입장 비교

자료 분석 갑은 홉스, 을은 로크이다. 홉스와 로크는 모두 사회 계약론의 입장에서 국가를 구성원들이 안전하고 평화로운 삶을 위해 합의하여 만든 것이라고 보았다. 홉스는 국가가 이기적 존재인 인간의 생명과 재산을 보호하고 사회 질서를 유지해야 한다고 보았다. 이에 비해 로크는 국가가 이성을 지녔지만 오류 가능성이 있는 인간들의 분쟁을 해결하고 개인의 생명과 자유, 재산을 보호하여 평화롭고 안전하며 행복한 삶을 보장해야 한다고 보았다.

선택지 분석

① 로크가 동의하지 않을 입장이다. X

✓❷ 사회 계약설의 입장이다. 홉스와 로크는 모두 사회 계약론자이다. O

③ 홉스는 인간의 본성이 선하다고 보지 않았다. X

④ 로크는 국가를 절대 권력체로 보지 않았다. X

⑤ 아리스토텔레스의 입장이다. 로크와 홉스 같은 사회 계약론자들은 국가를 계약의 산물이라고 보았다. X

답 ②

113 시민 불복종에 대한 롤스의 입장 이해

빈출 문항 자료 분석

다음을 주장한 사상가의 입장으로 적절한 것만을 〈보기〉에서 있는 대로 고른 것은?

> 시민 불복종은 법에 대한 충실성의 한계 내에서 부정의한 법에 대한 불복종을 나타낸다. 시민 불복종 행위에 가담함으로써 소수자는 다수자에게 그들의 행위가 정의의 원칙들에 대한 위반으로 해석되기를 바라는지 아니면 공통된 정의감에 비추어 소수자의 합당한 요구를 인정하고자 하는지를 숙고하도록 강요하게 된다. → 롤스의 시민 불복종
> → 시민 불복종은 정치적 다수자로 하여금 공통된 정의감에 비추어 소수자의 합당한 요구에 대한 숙고를 강요함

보기

→ 롤스는 사회적 다수에 의해 공유된 정의관이 불복종의 기준이 되어야 한다고 봄

ㄱ. 시민 불복종은 다수자의 정의감을 나타내는 양심적인 행위이다.

ㄴ. 시민 불복종은 법의 경계선 ~~내에서~~ 행해지는 정치적 행위이다.

→ 롤스는 시민 불복종을 법에 대한 충실성의 한계 내에서 부정의에 대해 항거하는 '위법한' 행위라고 봄

ㄷ. 부정의한 법의 변혁은 시민 불복종의 ~~목적이 아니라 결과~~이다.

→ 롤스는 시민 불복종이 거의 정의로운 사회에서 부정의한 법이나 정부 정책에 변혁을 가져올 목적으로 행해져야 한다고 봄

해결 전략 제시문은 롤스의 주장이다. 롤스는 시민 불복종이 시민들의 공유된 정의관에 근거해 법의 충실성의 한계 내에서 일어날 수 있다고 보았다. 롤스가 주장하는 시민 불복종의 특성을 명확히 이해하고 있어야 한다.

선택지 분석

✓ㄱ. 롤스는 시민 불복종이 다수가 공유한 정의관으로 보았으며, 다수자의 정의감을 나타내는 양심적인 행위라고 보았다. O

ㄴ. 롤스는 시민 불복종이 법의 경계선 밖에서 행해지는 정치적 행위라고 보았다. X

ㄷ. 롤스는 부정의한 법의 변혁은 시민 불복종의 목적이라고 보았다. X

답 ①

114 시민 불복종에 대한 롤스의 입장 이해

자료 분석 제시문은 롤스의 주장이다. 롤스는 시민 불복종은 거의 정의로운 사회 내에서 그 체제의 합법성을 인정하는 시민들에게서만 일어나며, 법에 대한 충실성의 한계 내에서 이루어져야 한다고 주장하였다.

선택지 분석

✓❶ 롤스는 시민 불복종을 하기에 똑같이 타당한 사정을 가진 많은 집단들 모두가 시민 불복종을 하게 될 경우, 정의로운 체제의 효율성을 침해하게 될 극심한 무질서가 따르게 될 수 있다고 보았다. 따라서 그는 시민 불복종에 가담할 수 있는 범위에 한계가 있다고 보았다. O

② 롤스는 시민 불복종의 문제는 거의 정의로운 사회에서 성립된다고 보고, 완전히 정의로운 사회에서는 시민 불복종이 성립되지 않는다고 보았다. X

③ 롤스에 따르면 안정적인 민주 체제에서 발생하는 시민 불복종은 처벌을 감수하는 행위이다. X

④ 롤스는 공적 심의를 거친 법과 정책이어도 공유된 정의관에 따라 불복종할 수 있다고 보았다. X

⑤ 롤스는 시민 불복종을 다수결의 원칙에 대한 반대를 표하는 정치 행위라고 보지 않았다. 롤스에 따르면 시민 불복종은 다수결의 원칙에 따라 제정된 법과 정책 중 부정의한 법과 정책에 변혁을 가져올 목적으로 반대를 표하는 정치 행위이다. X

답 ①

115 시민 불복종에 대한 싱어와 롤스의 입장 비교

자료 분석 (가)의 갑은 싱어, 을은 롤스의 주장이다. 싱어는 공리의 원칙을 시민 불복종의 정당화 근거로 삼아 시민 불복종이 산출할 이익과 손해를 계산해 보아야 한다고 주장하였다. 롤스는 시민들이 정의감에 기초하여 동의할 것으로 보는 정의의 원칙을 정당화 근거로 삼아, 거의 정의로운 사회에서 부정의한 법과 정책의 변화를 위해 시민 불복종을 전개할 수 있다고 보았다.

선택지 분석

ㄱ. 싱어와 롤스가 모두 부정의 대답을 할 질문이다. 싱어는 부정의한 법에 불복종하는 것이 다수를 강제적으로 억압하려는 것이 아니라, 다수에게 제대로 된 정보를 알리려는 시도이거나 혹은 그 문제에 대해 국가적인 관심을 촉구하기 위한 것으로 보았다. 롤스는 시민 불복종을 다수의 정의감에 호소하여 자유로운 협동의 조건이 침해되었다는 것을 알리고, 이러한 호소를 통해 기존의 입장을 재고하도록 하는 것으로 보았다. X

✓ㄴ. 싱어가 긍정의 대답을 할 질문이다. 싱어는 시민 불복종을 통해 항의의 진지성과 법의 통치 및 민주주의의 기본 원칙들에 대한 존중을 표명하는 것으로 보았고, 이를 민주주의적인 의사 결정을 좌절시킨다기보다는 복원하려는 시도라고 보았다. O

✓ㄷ. 롤스가 긍정의 대답을 할 질문이다. 롤스는 정의의 원칙을 완전히 보장할 현실적인 정치적 절차가 없고, 정의로운 헌법하에서도 부정의한 법이 제정되고 정의롭지 못한 정책이 시행될 수 있다고 보았다. O

✓ㄹ. 롤스가 긍정의 대답을 할 질문이다. 롤스는 공유된 정의감을 바탕으로 도출된 정의의 원칙이 시민 불복종의 정당화 근거라고 보았다. 따라서 이익 집단의 시민 불복종도 공공의 정의관에 근거한다면 정당화될 수 있다고 보았다. O

답 ⑤

116 시민 불복종에 대한 롤스와 싱어의 입장 비교

자료 분석 갑은 롤스, 을은 싱어이다. 롤스는 시민 불복종의 정당화 여부가 법과 정책의 부정의한 정도에 달려 있으며, 시민 불복종은 다수의 정의관, 즉 공공적인 정의관에 근거해야 한다고 보았다. 싱어는 공리주의 입장에서 시민 불복종의 결과가 가져올 이익과 손해를 따져 봐야 하며, 불족종 행위의 성공 가능성을 고려하여 시민 불복종을 전개해야 한다고 주장하였다.

선택지 분석

① 롤스는 부정의한 법이나 정책이라 할지라도 그에 따라야 할 의무를 갖는다고 보았다. 그러나 법과 정책이 평등한 자유의 원칙이나 공정한 기회

Ⅲ 사회와 윤리

균등의 원칙에 심각하게 위배될 경우 시민 불복종의 대상이 될 수 있다고 보았다. X

② 롤스는 사회 체제의 근본적 변화가 아니라 체제의 합법성을 인정하는 가운데 일부 부정의한 법이나 정부 정책을 바꾸기 위한 목적으로 시민 불복종이 행해진다고 보았다. X

✓ ❸ 싱어는 시민 불복종이 헌법에 근거한 법에도 행해질 수 있다고 보았다. O

④ 싱어에 따르면 시민 불복종은 다수를 위협하거나 강제하는 행위가 아니라 항의의 진지성을 다수에게 알리려는 시도이다. X

⑤ 롤스와 싱어는 모두 시민 불복종이 법체계 전체를 부정하는 것이 아니므로 자신의 위법 행위에 대한 처벌을 감수해야 한다고 보았다. X 답 ③

117 시민 불복종에 대한 롤스의 입장 이해

자료 분석 제시문은 롤스의 주장이다. 롤스는 사회적 다수에 의해 공유된 정의관이 불복종의 근거가 되어야 한다고 보았다.

선택지 분석

✓ ㄱ. 롤스는 부정의한 법이나 정책이라도 그것을 따라야 할 의무가 있다고 보았다. 다만 정의의 제1원칙인 평등한 자유의 원칙과 제2원칙 중 공정한 기회균등의 원칙을 심각하게 위반한 법이나 정책에 대해 불복종할 수 있다고 보았다. O

ㄴ. 롤스는 시민 불복종은 거의 정의로운 사회에서 심각하게 부정의한 일부의 법과 정책의 변화를 위해 전개되어야 한다고 보았다. X

✓ ㄷ. 롤스는 시민 불복종으로 인해 준법의 의무와 부정의에 저항할 의무가 서로 충돌할 수 있다고 보았다. O

✓ ㄹ. 롤스는 공유된 정의감에 의거한 시민 불복종을 통해 민주 사회의 시민들이 갖는 양심적인 신념들 간의 불일치를 줄일 수 있다고 보았다. O

답 ④

118 시민 불복종에 대한 롤스와 싱어의 입장 비교

자료 분석 (가)의 갑은 롤스, 을은 싱어이다. 롤스는 시민 불복종은 거의 정의로운 사회에서 부정의한 법과 정책의 변화를 위해 전개되어야 하며, 사회적 다수에 의해 공유된 정의관이 불복종의 기준이 되어야 한다고 보았다. 싱어는 시민 불복종이 산출할 이익과 손해를 계산해 보아야 한다고 주장하였다.

선택지 분석

ㄱ. 롤스와 싱어가 '예'라고 대답할 질문이다. 롤스는 너무 많은 다수의 시민이 불복종에 참여하게 되면 민주 체제 자체가 위험해질 수 있음을 인정하고, 시민 불복종에 한계점이 있다고 보았다. 싱어는 시민 불복종은 법에 대한 복종심의 일반적인 저하를 가져올 수도 있다는 다소간의 위험을 무릅쓰는 행위라고 보았다. X

✓ ㄴ. 롤스가 '예'라고 대답할 질문이다. 롤스는 시민 불복종 행위가 불복종의 대상이 되고 있는 바로 그 법을 위반하라고 요구하지는 않는다고 보았다. 불복종의 대상이 되고 있는 법을 위반하면 반역죄가 될 경우와 같이 특수한 경우에는, 그 법을 위반하지 않고 도로 교통법과 같은 정의로운 법을 위반하는 방식으로 시민 불복종이 가능하다고 보았다. O

✓ ㄷ. 롤스가 '예'라고 대답할 질문이다. 롤스는 시민 불복종은 대체로 질서 정연하면서도 정의에 대한 심각한 부정의가 일어나는 사회에서 발생한다고 보았다. 다시 말해 민주 체제이면서도 심각한 부정의가 일어날 경우 시민 불복종은 가능하다고 본 것이다. O

ㄹ. 싱어가 '아니요'라고 대답할 질문이다. 싱어는 다수의 의견을 반영하지 않고 있는 법뿐만 아니라, 다수의 견해가 진정으로 반영되었더라도 공리에 반하는 법에 대해서도 시민 불복종은 가능하다고 보았다. X 답 ③

119 시민 불복종에 대한 싱어와 롤스의 입장 비교

자료 분석 갑은 싱어, 을은 롤스이다. 싱어는 공리주의 입장에서 시민 불복종의 결과가 가져올 이익과 손해를 따져 보고 시민 불복종을 전개해야 한다고 주장하였다. 롤스는 시민 불복종이란 부정의한 법이나 정책에 변화를 가져오기 위한 행위로 다수의 정의관에 근거해야 한다고 보았다.

선택지 분석

ㄱ. 싱어는 시민 불복종은 불법적이기는 하지만 시민 불복종의 수단은 사회 부정의를 해결하고자 하는 목적에 의해 정당화될 수 있다고 보았다. X

✓ ㄴ. 롤스는 합법적인 민주적 권위에 대한 시민 불복종은 가능하며, 시민 불복종은 거의 정의로운 사회의 안정에 기여할 수 있다고 보았다. O

ㄷ. 롤스의 입장에서 시민 불복종은 다수의 정의감이 상실될 때 요청되는 것이 아니다. 롤스는 다수의 정의감이 존재하는 사회에서 심각한 부정의가 발생할 때 시민 불복종이 발생한다고 보았다. X

✓ ㄹ. 롤스는 여러 시민 불복종이 동시에 발생할 경우, 정의로운 체제의 효율성을 침해하게 될 극심한 무질서가 따르게 될 수 있으므로 이를 신중히 고려해야 한다고 보았다. 싱어는 시민 불복종을 통해 중단시키려고 하는 악의 크기와 이를 통해 가져올 법과 민주주의에 대한 존중심의 감소 정도를 저울질해 봐야 한다고 보았다. O 답 ④

도전 1등급 120 시민 불복종에 대한 싱어와 롤스의 입장 비교

도전 1등급 문항 분석 ▸▸ 정답률 48.0%

갑, 을 사상가들의 입장으로 적절한 것만을 〈보기〉에서 있는 대로 고른 것은?

갑: 시민 불복종을 결심함에 있어서 우리는 결과론적 관점에서 불복종을 통해 중단시키고자 하는 악의 크기와 우리의 행위가 가져올 법에 대한 존중의 감소 가능성을 저울질해 봐야 한다. → 싱어 (결과론적 → 공리주의 입장)

을: 시민 불복종은 공동체의 정의감에 호소하기에, 평등한 자유의 원칙에 대한 심한 위반이나 공정한 기회 균등의 원칙에 대한 현저한 위배에 국한되어야 한다. → 롤스 (공동체의 정의감 → 사회적 다수에 의해 공유된 정의관이 불복종의 근거가 되어야 함)

• 보기 •

ㄱ. 갑: 시민 불복종은 불법 행위이지만 법치를 존중하는 행위이다.

ㄴ. 을: 종교의 자유를 부정하는 법은 시민 불복종의 대상이 된다. (→ 평등한 자유의 원칙에 위배됨)

ㄷ. 을: 부정의한 법을 변혁하고자 불가피하게 다른 법을 위반하는 시민 불복종은 정당화될 수 있다. → 롤스의 간접적 시민 불복종에 해당됨

ㄹ. 갑, 을: 다수결 원칙에 따라 민주적으로 제정된 법은 시민 불복종의 대상이 아니다.

해결 전략 갑은 싱어, 을은 롤스이다. 싱어는 공리주의 입장에서 시민 불복종이 산출할 이익과 손해를 계산해 보아야 한다고 주장하였다. 롤스는 시민 불복종이 다수의 공유된 정의관에 근거해야 하며, 거의 정의로운 사회에서 부정의한 법과 정책의 변화를 위해 시민 불복종이 이루어져야 한다고 보았다.

선택지 분석

✓ ㄱ. 싱어는 시민 불복종이 불법 행위이지만, 법치를 존중하는 행위라고 보았다. O

✓ ㄴ. 롤스는 평등한 자유의 원칙을 심각하게 침해하는 법은 시민 불복종의 대상이라고 보았다. O

✓ ㄷ. 롤스는 부정의한 법을 변혁하고자 불가피하게 다른 법을 위반할 수 있다고 보았다. O

ㄹ. 싱어와 롤스는 모두 다수결 원칙에 따라 민주적으로 제정된 법도 시민 불복종의 대상이 될 수 있다고 보았다. X 답 ④

121 시민 불복종에 대한 롤스와 싱어의 입장 비교

자료 분석 갑은 롤스, 을은 싱어이다. 롤스는 공유된 정의관에 심각하게 위배되는 법률과 정책이 시민 불복종의 대상이라고 주장하였다. 싱어는 시민 불복종으로 중단시키려고 하는 악의 크기와 시민 불복종 행위가 가져올 법과 민주주의에 대한 존중의 감소 가능성을 고려해 시민 불복종을 전개해야 한다고 주장하였다.

선택지 분석

✓ ㄱ. 롤스는 소수자의 기본권을 박탈하는 법은 평등한 자유의 원칙을 현저하게 위반하는 법이므로 시민 불복종의 대상이 될 수 있다고 보았다. O

✓ ㄴ. 롤스는 거의 정의로운 사회에서는 시민 불복종을 보복적으로 억압하지 않는다고 보았다. O

✓ ㄷ. 싱어는 공유된 정의관에 대해서도 시민 불복종을 할 수 있다고 보았다. 싱어는 한 사회 내에 공유된 정의관이 정의롭지 못하다면 공유된 정의관 자체에 대한 불복종도 가능하다고 보았다. O

ㄹ. 롤스는 시민 불복종이 개인의 양심이 아닌 다수의 정의관에 근거해야 한다고 보았다. 싱어는 공리주의 입장에서 시민 불복종의 결과가 가져올 이익과 손해를 계산해 보아야 한다고 주장하였다. X 답 ④

122 시민 불복종에 대한 롤스와 싱어의 입장 비교

자료 분석 갑은 롤스, 을은 싱어이다. 롤스는 부정의한 법이나 정책의 변화를 가져오기 위한 시민 불복종은 정당화될 수 있다고 보았다. 싱어는 공리주의 입장에서 시민 불복종의 결과가 가져올 이익과 손해를 계산해 보아야 한다고 보았다.

선택지 분석

① 롤스와 싱어 모두 부정의 대답을 할 질문이다. 롤스와 싱어는 시민 불복종이 그 자체로 위법 행위라고 보지만, 다수를 위협하고 강제하는 형식이 아니라 비폭력적으로 행해져야 한다고 보았다. X

② 롤스와 싱어 모두 부정의 대답을 할 질문이다. 싱어는 시민 불복종이 민주주의 원칙에 대한 존중을 전제로 해야 한다고 보았다. X

③ 롤스와 싱어 모두 긍정의 대답을 할 질문이다. 롤스는 시민 불복종의 대상에서 제외되는 정의롭지 못한 법이 있을 수 있다고 보았다. X

④ 롤스와 싱어 모두 긍정의 대답을 할 질문이다. 롤스와 싱어는 모두 시민 불복종이 부정의한 법이나 정책을 개선하기 위해 합법적인 방법을 시도했지만 효과가 없을 때 고려하는 최후의 수단이어야 한다고 보았다. X

✓ ❺ 롤스는 정의의 원칙을 심각하게 위반하는 법과 정책에 대해 시민 불복종을 할 수 있다고 보았고, 싱어는 동물의 이익 옹호를 위해 시민 불복종을 할 수 있다고 보았다. O 답 ⑤

123 시민 불복종에 대한 롤스의 입장 파악

자료 분석 제시문을 주장한 사상가는 롤스이다. 롤스는 거의 정의로운 사회에서 부정의한 법과 정책의 변화를 위해 시민 불복종을 전개할 수 있다고 보았으며, 사회적 다수에 의해 공유된 정의관이 불복종의 기준이 되어야 한다고 보았다.

선택지 분석

✓ ❶ 롤스는 시민 불복종이 헌법과 사회 제도 일반을 규제하는 정의의 원칙들에 의해 지도되어야 한다고 보았다. O

② 롤스는 시민 불복종이 개인의 도덕 원칙이나 종교적 신념이 아닌 사회적 다수에 의해 공유된 정의관에 근거해야 한다고 보았다. X

③ 롤스는 거의 정의로운 사회의 시민은 정의로운 체제를 지켜야 하는 의무를 가지므로, 부정의한 법이 평등한 자유의 원칙이나 공정한 기회균등의 원칙을 현저하게 위배하지 않는 한 그 법을 준수해야 한다고 보았다. X

④ 롤스는 시민 불복종이 합법적인 정치적 반대가 실패한 후 최후의 수단으로 시도되어야 한다고 보았다. X

⑤ 롤스는 헌법에 규정된 방식으로 제정된 법이라도 부정의할 수 있으므로 그 부정의의 정도에 따라 시민 불복종의 대상이 될 수 있다고 보았다. X

답 ①

124 시민 불복종에 대한 롤스, 싱어의 관점 파악

자료 분석 갑은 롤스, 을은 싱어이다. 롤스는 사회적 다수에 의해 공유된 정의관이 불복종의 기준이 되어야 한다고 보았다. 싱어는 공리주의의 입장에서 시민 불복종의 결과가 가져올 이익과 손해를 계산해 보아야 한다고 주장하였다.

선택지 분석

ㄱ. 롤스는 시민 불복종의 적절한 대상이 되는 부정의를 정의의 제1원칙인 평등한 자유의 원칙에 대한 심한 위반이나 제2원칙 중 공정한 기회균등의 원칙에 대한 현저한 위배에 국한시켜야 한다고 보았다. X

✓ ㄴ. 롤스는 시민 불복종의 문제는 어느 정도 정의로운 국가 내에서 그 체제의 합법성을 인정하고 받아들이는 시민들에 있어서만 생겨난다고 보았다. O

✓ ㄷ. 싱어는 시민 불복종에 참여한 사람들이 민주주의의 기본 원칙들과 법의 지배를 존중한다고 보았다. O

✓ ㄹ. 롤스는 시민 불복종이 많은 집단들에 의해 행해질 경우 극심한 무질서가 따르게 될 수 있고 이로 인해 모든 이에게 불행한 결과를 가져올 수 있기에 시민 불복종에 가담할 수 있는 범위에 한계가 있다고 가정하였다. 또한 싱어는 공리주의 입장에서 시민 불복종의 결과가 가져올 이익과 손해를 계산해 보아야 한다고 주장하였다. O 답 ⑤

125 시민 불복종에 대한 롤스의 입장 파악

자료 분석 제시문은 롤스의 주장이다. 롤스는 부정의한 법이나 정책에 변화를 가져오기 위한 시민 불복종은 정당화된다고 보았다. 그는 시민 불복종이 개인의 양심이 아닌 다수의 정의관에 근거해야 하며, 최후의 수단으로 시도되어야 한다고 주장하였다.

선택지 분석

① 롤스는 집단의 이익이 아닌 사회적 다수에 의해 공유된 정의관이 불복종의 기준이 되어야 한다고 보았다. X

✓❷ 롤스는 시민 불복종은 거의 정의로운 사회에서 부정의한 법과 정책의 변화를 위해 전개되어야 한다고 보았다. 롤스는 극단적으로 부정의한 사회에서는 시민 불복종이 성립되지 않는다고 보았다. O
③ 롤스는 시민 불복종은 법에 대한 충실성의 한계 내에서 법에 대한 불복종을 나타내는 것이어야 한다고 보았다. X
④ 롤스는 시민 불복종은 정치 체제의 변혁을 목적으로 삼는 것이 아니라고 보았다. X
⑤ 롤스는 시민 불복종의 근거인 다수의 정의감은 개인의 양심과 양립할 수 있다고 보았다. X 답 ②

126 시민 불복종에 대한 소로, 싱어, 롤스의 입장 비교

자료 분석 갑은 소로, 을은 싱어, 병은 롤스이다. 소로는 정의롭지 못한 법이나 정부의 명령에 불복종해야 한다고 주장하며, 시민 불복종은 개인의 양심에 근거하는 것이라고 보았다. 싱어는 시민 불복종이 산출할 이익과 손해를 계산해 보아야 한다고 보았다. 롤스는 시민 불복종이 다수의 정의관에 근거해야 하며, 최후의 수단으로 시도되어야 한다고 주장하였다.

선택지 분석
① 소로는 양심에 어긋나는 부정의한 법에 즉각적으로 불복종해야 한다고 보았다. O
② 싱어는 시민 불복종에 참여한 사람들은 비폭력적으로 행위하고 행위 결과에 대한 처벌을 감수하면서 법의 지배와 민주주의의 기본 원칙들을 존중해야 한다고 보았다. O
③ 롤스는 시민 불복종으로 발생할 불행한 결과를 고려하여 효과적으로 계획되어야 한다고 보았다. O
④ 소로와 롤스는 모두 시민 불복종이 위법 행위이지만 양심적인 행위라고 보았다. O
✓❺ 싱어는 공리주의, 롤스는 공유된 정의관에 근거하여 시민 불복종을 할 수 있다고 보았다. X 답 ⑤

127 시민 불복종에 대한 롤스의 입장 파악

자료 분석 제시문은 롤스의 주장이다. 롤스는 시민 불복종이 거의 정의로운 사회에서 부정의한 법이나 정부 정책에 변혁을 가져올 목적으로 행해져야 한다고 보았다.

선택지 분석
✓ㄱ. 롤스는 시민 불복종이 위법 행위이기는 하지만 입헌 체제를 유지하는 데 기여하는 도덕적으로 옳은 행위라고 보았다. O
ㄴ. 롤스는 시민 불복종을 거의 정의로운 사회에서 전개되는 것으로 보았다. X
✓ㄷ. 롤스는 시민 불복종이 체제의 안정성을 유지하는 데 기여하는 행위라고 보았다. O
✓ㄹ. 소수자 투표권 제한 정책은 평등한 기본적 자유를 침해할 가능성이 있으므로 시민 불복종의 대상이 될 수 있다. O 답 ④

128 시민 불복종에 대한 싱어와 롤스의 입장 비교

자료 분석 갑은 싱어, 을은 롤스이다. 싱어는 시민 불복종을 하려 할 때 시민 불복종이 산출할 이익과 손해, 시민 불복종의 성공 가능성 등을 고려해야 한다고 보았다. 롤스는 시민 불복종은 거의 정의로운 사회에서 부정의한 법이나 정책의 변화를 위해 전개되어야 하며, 시민 불복종의 기준은 사회적 다수에 의해 공유된 정의관이어야 한다고 보았다.

선택지 분석
① 싱어에 따르면 시민 불복종은 비용과 편익을 고려해서 이루어져야 한다. O
② 싱어는 정당한 시민 불복종도 법에 대한 복종심을 감소시킬 수 있다고 보았다. O
③ 롤스에 따르면 시민 불복종은 거의 정의로운 사회에서만 가능하다. O
✓❹ 롤스에 따르면 개인 또는 집단의 이익, 종교적 가르침 등은 시민 불복종의 정당한 근거가 될 수 없다. X
⑤ 싱어와 롤스는 모두 시민 불복종을 위법이지만 정의를 추구하는 행위로 보았다. O 답 ④

도전 1등급

129 시민 불복종에 대한 롤스의 입장 파악

도전 1등급 문항 분석 ▸▸ 정답률 33.2%

다음을 주장한 사상가의 입장으로 가장 적절한 것은?

질서 정연한 사회에서 개인은 정의로운 제도를 유지하고 발전시켜야 하는 자연적 의무를 지니므로 정의로운 법에 따라야 한다. 문제는 부정의한 법을 어느 정도까지 따라야 하는가이다. 이 문제와 관련된 시민 불복종 이론은 원초적 입장에 있는 당사자들의 관점에서 바라볼 필요가 있다. 당사자들은 정의로운 체제의 안정성을 유지하기 위한 방법을 찾고자 정당한 시민 불복종을 규정하는 조건들을 채택하게 될 것이다.

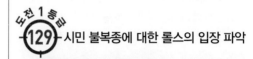

사회적 다수에 의해 공유된 정의관이 불복종의 기준이 되어야 함

해결 전략 제시문은 롤스의 주장이다. 롤스는 부정의한 법이나 정책에 변화를 가져오기 위한 시민 불복종은 정당화된다고 보았다는 점을 파악하여 문제를 해결해야 한다.

선택지 분석
① 롤스는 시민 불복종의 목적은 다수의 이익 증진이 아니라 정의 실현이라고 보았다. X
✓❷ 롤스는 평등한 자유의 원칙이나 기회균등의 원칙을 현저하게 침해하는 법률이나 정책은 시민 불복종의 대상이 될 수 있다고 보았다. O
③ 롤스는 시민 불복종이 양심적인 행위이면서도 정의 실현에 기여한다고 보았다. X
④ 롤스는 시민 불복종이 불의한 법이나 정책에 이의를 제기하는 정치적 행위라고 보았다. X
⑤ 롤스는 사소하게 잘못된 법률이나 정책은 시민 불복종의 대상이 아니라고 보았다. X 답 ②

130 시민 불복종에 대한 롤스와 싱어의 입장 이해

자료 분석 갑은 롤스, 을은 싱어이다. 롤스는 시민 불복종이 법에 대한 충실성의 한계 내에서 부정의에 대해 항거하는 위법한 행위라고 보았다. 싱어는 공리주의의 입장에서 시민 불복종의 결과가 가져올 이익과 손해를 계산해야 한다고 보았다.

선택지 분석

① 롤스는 시민 불복종을 민주적 체제의 합법성을 인정하는 시민들의 행위라고 보았다. O

✓❷ 롤스는 거의 정의로운 사회의 부정의한 모든 법에 대해 불복종할 것을 주장하지는 않았다. X

③ 싱어는 시민 불복종이 산출할 사회적 이익과 손해를 계산해 보아야 한다고 보았다. O

④ 싱어는 시민 불복종에 앞서 부정의를 해결할 수 있는 합법적인 방법이 우선적으로 고려되어야 한다고 보았다. O

⑤ 롤스와 싱어 모두 시민 불복종으로 인한 처벌을 감수해야 한다고 보았다. O

답 ②

131 시민 불복종에 대한 롤스와 싱어의 입장 비교

자료 분석 갑은 롤스, 을은 싱어이다. 롤스는 사회적 다수에 의해 공유된 정의관이 불복종의 기준이 되어야 하며, 거의 정의로운 사회에서 부정의한 법과 정책의 변화를 위해 시민 불복종이 전개되어야 한다고 보았다. 이에 비해 싱어는 시민 불복종이 산출할 이익과 손해를 계산해 보아야 한다고 보았다.

선택지 분석

✓❶ 롤스는 평등한 자유의 원칙뿐만 아니라 공정한 기회균등의 원칙에 어긋나는 법과 제도도 시민 불복종의 대상이 된다고 보았다. O

② 싱어는 공리주의의 입장으로 시민 불복종의 정당화가 결과와 무관하게 이루어져야 한다고 보지 않았다. X

③ 롤스는 다수의 정의관이 포괄하지 못하는 사안, 즉 개인적인 도덕 원칙이나 종교적인 교설 등에 대해서는 시민 불복종을 행사할 수 없다고 보았다. 싱어는 롤스와 달리 다수의 정의관이 포괄하지 못하는 사안에 대해서도 시민 불복종을 행사할 수 있다고 보았다. X

④ 롤스는 거의 정의로운 국가에서는 합당한 저항에 대한 보복적 억압이 없다고 보았다. X

⑤ 롤스와 싱어는 시민 불복종의 정당성이 법과 제도의 부정의한 정도에 반비례한다고 보지 않았다. X

답 ①

132 시민 불복종에 대한 롤스의 입장 이해

자료 분석 제시문은 롤스의 주장이다. 롤스는 시민 불복종이 거의 정의로운 사회에서 공공의 정의관을 바탕으로 행해질 수 있다고 보았다.

선택지 분석

✓ㄱ. 롤스는 시민 불복종은 거의 정의로운 사회에서 행해질 수 있는 행위라고 보았다. O

ㄴ. 롤스는 시민 불복종이 평등한 자유의 원칙과 공정한 기회균등의 원칙을 위반한 경우에 행해질 수 있다고 보았다. X

✓ㄷ. 롤스는 시민 불복종이 공공의 정의관을 기반으로 하고 있다고 보았다. O

ㄹ. 롤스는 시민 불복종을 위법 행위라고 보았다. X

답 ①

133 롤스의 시민 불복종 이해

빈출 문항 자료 분석

다음 사상가의 입장으로 가장 적절한 것은?

> <u>거의 정의로운 사회에서 구성원에게 요구되는 가장 중대한 자연적 의무는 체제의 안정에 기여하는 것이다.</u> 이를 위해 구성원들은 체제의 불가피한 결함을 똑같이 분담해야 한다. 물론 사회의 부정의가 구성원에게 주는 부담이 과도해서는 안 된다. → 롤스의 주장

해결 전략 제시문은 롤스의 주장이다. 롤스는 시민 불복종은 법에 대한 충실성의 한계 내에서 이루어지는 법에 대한 불복종을 의미한다고 보았다. 법에 대한 충실성은 불복종 행위가 공공적이고 비폭력적인 성격과 그 행위의 법적인 결과물을 받아들이겠다는 의지에 의해 표현된다고 보았다. 롤스는 정당한 시민 불복종은 체제의 안정에 기여한다고 보았다.

선택지 분석

① 롤스는 공유된 정의감에 호소하는 시민 불복종은 공공적 행위라고 보았다. X

✓❷ 롤스는 법이 부정의한 정도에 따라 시민 불복종의 정당화 여부가 달라진다고 보았다. 롤스에 따르면 거의 정의로운 사회의 구성원은 체제 안정을 위해 법의 부정의함이 어느 정도를 넘지 않으면 그 법을 준수해야 한다. 하지만 사회의 부정의가 구성원에게 주는 부담이 과도하면 안 된다. 어떤 법의 부정의함이 과도하고 심각할 경우 시민 불복종은 정당화될 수 있다. O

③ 롤스에 의하면 정당한 시민 불복종은 민주적 권위에 맞서는 위법 행위이지만, 체제의 안정에 기여한다. X

④ 롤스는 정치 과정에는 정의로운 결과를 보장할 정의로운 절차가 없기 때문에 정의의 원칙에 기초한 헌법하에서도 부정의한 법이 제정될 수 있다고 보았다. X

⑤ 롤스는 거의 정의로운 사회의 구성원에게는 부정의한 법이라고 하더라도 그 부정의가 어느 정도를 넘지 않으면 준수해야 할 자연적 의무가 있다고 보았다. X

답 ②

134 시민 불복종에 대한 롤스와 소로의 입장 이해

자료 분석 갑은 롤스, 을은 소로이다. 롤스는 시민 불복종의 정당화 조건으로 법에 대한 충실성을 주장하였다. 시민 불복종은 부정의를 개선하는 방편이지만 의도적 위법 행위이기 때문에 국가 체제를 혼란스럽게 할 수도 있다. 그래서 롤스는 시민 불복종은 법에 대한 충실성 내에서 전개되어야 하며, 이렇게 적절한 제한 조건에 부합하는 시민 불복종은 정의로운 제도를 강화시키고 사회를 더 안정시킨다고 주장하였다. 이에 비해 소로는 정의롭지 못한 법이나 정부의 명령에 불복종해야 한다고 주장하며, 시민 불복종은 개인의 양심에 근거하는 것이라고 보았다.

선택지 분석

ㄱ. 롤스는 시민 불복종은 민주 헌법의 의도에 어긋나지 않는다고 보았다. X

ㄴ. 롤스가 주장하는 시민 불복종은 정의의 원칙이 준수되는 사회를 지향한다. 롤스의 시민 불복종의 대상은 정의의 제1원칙인 평등한 자유의 원칙을 심각하게 위반하는 경우, 제2원칙인 공정한 기회균등의 원칙을 현저하게 위반하는 경우이다. X

✓ ㄷ. 소로는 법에 대한 존경심보다 먼저 정의에 대한 존경심을 기르는 것이 바람직하다고 보았다. O

✓ ㄹ. 롤스와 소로는 부정의한 법률이나 정책에 저항하는 시민 불복종은 시민의 정당한 권리라고 보았다. O 답 ③

135 시민 불복종에 대한 롤스의 주장 이해

자료 분석 제시문을 주장한 사상가는 롤스이다. 롤스는 시민 불복종이 어느 정도 정의로운 사회에서 사회 구성원 다수의 정의관에 어긋나는 법과 정책의 개선을 위한 정치적 행위라고 보았다.

선택지 분석

ㄱ. 롤스는 의회가 합법적으로 제정한 법률이라도 상당할 정도로 부정의하다면 불복종할 수 있다고 보았다. X

✓ ㄴ. 롤스는 시민 불복종이 정당화되기 위해서는 시민 불복종 운동에 참여한 사람은 처벌을 감수할 수 있어야 한다고 보았다. O

✓ ㄷ. 롤스는 개인적 양심이 아니라 사회적 다수의 정의관이 시민 불복종의 근거가 되어야 한다고 보았다. 따라서 개인의 양심에 근거하더라도 정당한 불복종이 아닐 수도 있다고 보았다. O

ㄹ. 롤스에 따르면 시민 불복종은 정치 체제를 변혁하기 위한 것이 아니다. 롤스는 부정의한 법이나 정책에 대해 변화를 가져오기 위한 최후의 대책으로 시민 불복종이 정당화된다고 주장하였다. X 답 ③

136 시민 불복종에 대한 롤스와 소로의 입장 이해

자료 분석 갑은 롤스, 을은 소로이다. 롤스는 다수에 의해 공유된 공공적 정의관이 저항의 기준이라고 보았다. 이에 비해 소로는 법을 넘어선 개인의 양심이 저항의 기준이라고 보고, 자신의 양심에 따라 정의롭지 못한 국가 권력이나 부당한 법률에 불복종하는 것이 자신의 가치를 지키는 방법이라고 보았다.

선택지 분석

① 롤스는 사회적 다수에 의해 공유된 정의관을 시민 불복종의 최종 근거로 삼아야 한다고 보았다. X

② 롤스의 시민 불복종 대상은 부정의한 법이나 제도이다. 롤스는 시민 불복종을 통해 정의의 원칙을 실현하고자 하였다. X

③ 소로는 개인의 양심을 저항 판단의 최종 근거로 보므로, 개인이 시민 불복종의 주체가 될 수 있다고 보았다. X

④ 소로는 정의롭지 못한 국가 권력이나 부당한 법률이 개정될 때까지 기다리기보다, 자신이 옳다고 믿는 양심에 따라 그에 어긋나는 불의한 법에 즉시 불복종해야 한다고 보았다. X

✓ ❺ 롤스와 소로는 모두 시민 불복종이 위법 행위이기는 하지만 정의를 실현하기 위한 양심적 행위라고 보았다. O 답 ⑤

137 시민 불복종에 대한 소로와 롤스의 입장 이해

빈출 문항 자료 분석

갑, 을 사상가들의 입장으로 옳지 않은 것은?

갑: 법에 대한 존경심보다 먼저 정의에 대한 존경심을 기르는 것이 바람직하다. 나의 유일한 책무는 나의 양심에 비추어 언제나 옳다고 생각하는 일을 행하는 것이다. → 소로는 양심에 근거하여 정의롭지 못한 정부에 대한 시민 불복종을 주장함

을: 시민 불복종은 법에 대한 충실성의 한계 내에서 이루어져야 한다. 시민 불복종은 정치적으로 양심적인 행위이고, 공중의 정의감에 호소하려고 의도된 것이다. → 롤스는 다수의 정의감에 호소하는 불복종의 의도를 보여 줌

해결 전략 갑은 소로, 을은 롤스이다. 소로는 시민 불복종이 양심과 정의에 위배되는 법에 대한 의도적 위반이라고 보았으며, 양심에 근거하여 정의롭지 못한 정부에 대해 시민 불복종을 해야 한다고 주장하였다. 이에 비해 롤스는 시민 불복종이 정부의 정책에 변혁을 가져올 목적으로 행해지는 정치적 행위라고 보며, 시민 불복종 운동은 사회 정의의 실현을 목적으로, 공개적이며, 비폭력적이고, 최후의 수단으로 시도되어야 한다고 보았다.

선택지 분석

✓ ❶ 소로는 헌법의 위배 여부 판단이 아닌, 헌법을 넘어선 개인의 양심이 저항 판단의 최종 근거라고 보았다. X

② 소로는 자신의 양심에 따라 정의롭지 못한 국가 권력이나 부당한 법률에 불복종하는 것이 자신의 가치를 지키는 방법이라고 보았다. O

③ 롤스의 시민 불복종은 일부 부정의한 법과 정부 정책에 근거한 것으로 정치 체제의 변혁을 의도하지 않는다. O

④ 롤스의 시민 불복종은 법의 충실성의 한계 내에 있는 것으로 시민 불복종에 따른 처벌을 감수한다. O

⑤ 시민 불복종은 정의롭지 못한 법이나 정부 정책을 변혁시키려는 목적으로 행하는 의도적 위법 행위이므로 불의를 교정하는 역할을 수행할 수 있다. O 답 ①

138 시민 불복종에 대한 롤스의 입장 이해

자료 분석 제시문을 주장한 사상가는 롤스이다. 롤스는 시민 불복종은 법에 대한 충실성의 한계 내에서 이루어지는 법에 대한 불복종이므로 공개적이고 비폭력적인 방식으로 이루어져야 한다고 보았다.

선택지 분석

ㄱ. 롤스는 시민 불복종은 청원의 일종이라는 점에서, 그리고 우리의 법에 대한 충실성을 보여 준다는 의미에서 폭력적 방식을 취해서는 안 된다고 주장하였다. X

✓ ㄴ. 롤스는 시민 불복종을 거의 정의로운 사회에서 부정의의 정도가 다소 심각한 법이나 정부의 정책을 바꾸기 위한 목적에서 행해지는, 공공적이고 비폭력적이며 양심적이기는 하지만 법에 반하는 행위로 보았다. 그에

따르면 시민 불복종을 하는 사람들은 사회의 다수가 갖는 정의감에 호소하며, 자유롭고 평등한 사람들 사이에서 사회 협동체의 원칙이 존중되지 않고 있음을 알리고자 한다. 따라서 시민 불복종은 사회적 협동의 기본 원리에 근거한 양심적 항거이다. O

ㄷ. 롤스는 시민 불복종은 위법 행위이기는 하지만 도덕적으로 정당화될 수 있는 것이라고 보았다. X

✓ ㄹ. 롤스는 민주적 정부에서 만들어진 법이라 하더라도 부정의하다면 시민 불복종의 대상이 될 수 있다고 보았다. O 답 ③

도전 1등급

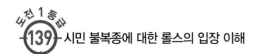

139 시민 불복종에 대한 롤스의 입장 이해

도전 1등급 문항 분석 ▸▸ 정답률 38.0%

다음 사상가의 입장만을 〈보기〉에서 있는 대로 고른 것은?

> 정의의 원칙을 완전히 보장해 줄 완전한 헌법을 제정하기는 어려우며 그 절차도 찾기 어렵다. 또한 헌법에 따라 제정된 법이 정의로운 것이기를 보장해 줄 완벽한 절차도 존재하지 않는다. 이러한 한계로 인해 헌법이 정의로우며 그로부터 이익을 받고 또 받을 예정이라면, 우리는 다수자가 제정한 법이 부정의하다 할지라도 그에 따라야 할 의무를 갖는다. 하지만 대체로 질서정연한 사회 안에서, 정의의 원칙에 어긋나는 법이 심각한 정도로 부정의할 경우, 우리는 시민 불복종을 고려하게 된다. → 롤스
>
> (→ 롤스의 자연적 의무) (→ 평등한 자유의 원칙과 공정한 기회균등의 원칙에 어긋날 경우)

보기

ㄱ. 정치적 절차는 완전히 정의로운 법의 제정을 보장할 수 없다.
ㄴ. 시민 불복종의 대상이 되지 않는 부정의가 존재할 수 있다.
ㄷ. 시민 불복종은 부정의한 정치 체제에 항거하는 것이다.
ㄹ. 원초적 입장에서 합의한 원칙도 시민 불복종의 대상이다. (→ 정의의 원칙)

해결 전략 제시문은 롤스의 주장이다. 롤스는 시민 불복종이 정의라는 최상의 가치를 위해 이루어져야하기 때문에 위법 행위로 인한 처벌을 기꺼이 감수해야 하며, 다른 사람에게 해를 끼칠 수 있는 폭력적 방법은 배제해야 한다고 주장하였다.

선택지 분석

✓ ㄱ. 롤스는 정치적 절차는 완전히 정의로운 법의 제정을 보장할 수 없기 때문에 거의 정의로운 사회에서 시민 불복종이 발생된다고 보았다. O

✓ ㄴ. 롤스는 사회의 기본 구조가 합당하게 정의로울 경우, 그 사회의 구성원은 그 부정의가 지나치지만 않으면 부정의한 법도 준수해야 한다고 보았다. O

ㄷ. 롤스에게 시민 불복종은 거의 정의로운 사회에서 발생되기 때문에 부정의한 정치 체제에 대한 항거가 아니라 부정의한 법에 대한 항거이다. X

ㄹ. 롤스에게 시민 불복종의 대상은 원초적 입장에서 합의한 원칙(평등한 자유의 원칙, 공정한 기회균등의 원칙)을 심각하게 어기고 있는 부정의한 법이다. X 답 ①

140 시민 불복종에 대한 소로와 롤스의 입장 이해

자료 분석 갑은 소로, 을은 롤스이다. 소로는 비폭력 저항 운동에 대한 도덕적 근거를 제시하였다. 그는 옳지 못한 국가 권력에 대해서는 시민이 불복종할 권리를 가진다고 주장하였다. 그리고 국가의 법에 대한 존경심보다 먼저 정의에 대한 존경심을 기르는 것이 바람직하다고 보았다. 이에 비해 롤스는 사회적 다수에 의해 공유된 정의관(공공적 정의관)이 저항의 기준이 되어야 한다고 보았다.

선택지 분석

① 소로는 시민 불복종은 개인의 양심에 근거한다고 보았다. X

② 소로는 불의한 법에 대한 불복종을 주장하므로 법은 시민 불복종의 정당성 판별 기준이 될 수 없다. X

✓ ❸ 롤스는 양심적 거부 중 공유된 정의관에 근거하지 않는 것은 시민 불복종에 해당하지 않는다고 보았다. O

④ 롤스는 시민 불복종은 체제의 정당성을 인정하는 틀 내에서 이루어지는 정치적 행위라고 보았다. X

⑤ 롤스는 시민 불복종은 공권력에 의한 처벌을 받아들인다고 주장하였다. X 답 ③

Ⅳ 과학과 윤리

본문 100~106쪽

01 과학 기술과 윤리

01 ①	02 ③	03 ④	04 ②	05 ③	06 ④
07 ④	08 ①	09 ③	10 ④	11 ⑤	12 ④
13 ③	14 ③	15 ①	16 ④	17 ①	18 ②
19 ②	20 ③	21 ③	22 ①	23 ④	24 ①
25 ④	26 ④	27 ②	28 ④		

01 기술에 대한 야스퍼스와 하이데거의 입장 비교

빈출 문항 자료 분석

갑, 을 사상가들의 입장으로 가장 적절한 것은?

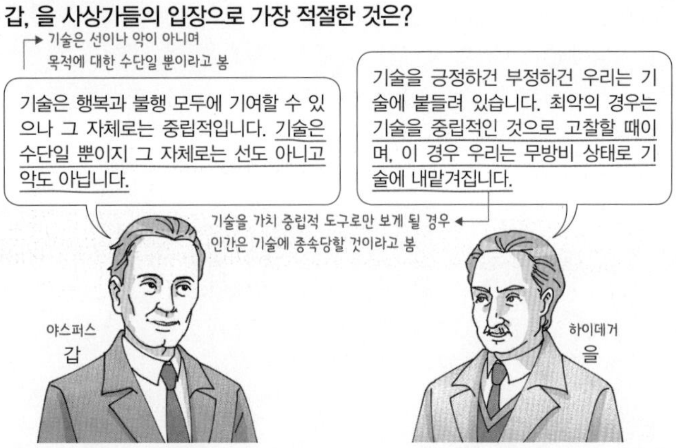

→ 기술은 선이나 악이 아니며
목적에 대한 수단일 뿐이라고 봄
기술은 행복과 불행 모두에 기여할 수 있으나 그 자체로는 중립적입니다. 기술은 수단일 뿐이지 그 자체로는 선도 아니고 악도 아닙니다.
기술을 긍정하건 부정하건 우리는 기술에 붙들려 있습니다. 최악의 경우는 기술을 중립적인 것으로 고찰할 때이며, 이 경우 우리는 무방비 상태로 기술에 내맡겨집니다.
기술을 가치 중립적 도구로만 보게 될 경우 ←
인간은 기술에 종속당할 것이라고 봄
야스퍼스
갑
하이데거
을

해결 전략 갑은 야스퍼스, 을은 하이데거이다. 야스퍼스는 기술이 인간 사회와 무관하게 그 자체의 발전 논리를 가지고 있으며, 선도 아니고 악도 아닌 수단일 뿐이라고 주장하였다. 하이데거는 기술이 단순한 가치 중립적 도구가 아니며, 감추어져 있는 존재의 모습을 드러내 주는 수단이라고 파악하였다.

선택지 분석

✓❶ 야스퍼스는 기술은 인간이 설정한 목적에 대한 수단일 뿐이라고 보고, 기술을 공허한 힘이라고 보았다. O

② 야스퍼스는 기술이 인간이 결정한 목적에 따라 활용된다고 보았다. X

③ 하이데거는 기술을 단순한 가치 중립적 도구가 아니라고 보았다. 그는 기술이 가치 중립적으로 고찰될 경우, 즉 가치 판단으로부터 자유롭게 될 경우 인간이 기술에 종속당할 것이라고 보았다. X

④ 하이데거는 기술이 인간이 자연과 관계 맺는 방식을 변화시킬 수 있다고 보았다. X

⑤ 야스퍼스는 기술이 인간의 개입 없이 독자적으로 인간에게 해악을 입힐 수 없다고, 즉 기술이 인간과 무관하게 인간에게 이익을 주거나 해악을 줄 수 없다고 보았다. X

답 ①

02 과학자의 사회적 책임에 대한 입장 비교

자료 분석 (가)는 과학자에게 사회적 책임이 없다고 보는 입장이고, (나)는 과학자에게 사회적 책임이 있다고 보는 입장이다. (가)는 과학자가 연구 윤리를 지키며 자신의 연구가 참 또는 거짓인지를 밝혀야 하고, 다른 연구자들이 신뢰할 수 있는 검증 과정을 거쳐야 한다고 본다. (나)는 과학자의 사회적 책임을 강조하는 입장으로 과학자는 자신의 연구 결과가 사회에 미칠 영향에 대해 책임을 져야 하며 자신의 연구 활동이 인간의 존엄성을 구현하고 삶의 질 향상을 위한 것인지 성찰하는 자세를 가져야 한다고 본다.

선택지 분석

①, ②, ④, ⑤ 모두 옳은 위치가 아니다. X

✓❸ (나)는 (가)에 비해 '과학자가 인류의 복지 증진에 기여해야 함을 강조하는 정도(X)'는 높고, '과학자의 연구 활동이 사회적 책임과 무관함을 강조하는 정도(Y)'는 낮으며, '과학 기술 활용에 대한 과학자의 윤리적 성찰을 강조하는 정도(Z)'는 높다고 본다. 따라서 ㉢이 옳은 위치에 해당한다. O

답 ③

03 기술에 대한 야스퍼스와 하이데거의 입장 비교

빈출 문항 자료 분석

갑 사상가가 을 사상가에게 제기할 수 있는 비판으로 가장 적절한 것은?

갑: 기술은 그 기술을 실현시키는 것과는 독립해 있는 자립적인 존재로서 일종의 공허한 힘이다. 결국 기술은 그 자체로 선도 아니고 악도 아니다. → 기술은 선이나 악이 아닌 수단일 뿐이며, 인간의 목적 설정에 따라 긍정적인 효과 혹은 부정적인 효과를 낼 수 있음 → 야스퍼스

을: 기술은 은폐되어 존재하는 것을 탈은폐의 길로 이끄는 것이다. 우리가 기술을 중립적인 것으로 고찰할 때, 우리는 무방비 상태로 기술에 내맡겨져 종속되어진다. → 기술은 단순한 가치 중립적 도구가 아니며, 감추어져 있는 존재의 모습을 드러내 주는 수단임 → 하이데거

해결 전략 갑은 야스퍼스이고, 을은 하이데거이다. 야스퍼스는 기술 그 자체는 선도 아니고 악도 아니며, 기술은 단지 수단일 뿐이라고 보았다. 하이데거는 기술은 그저 하나의 수단만이 아니며, 탈은폐의 한 방식이라고 보았다. 과학 기술을 가치 중립적으로 보는 입장에서 과학 기술에 대한 가치 판단이 필요하다고 보는 입장에 대해 제기할 수 있는 비판을 찾아야 한다.

선택지 분석

① 야스퍼스는 기술은 일종의 공허한 힘이라고 보고, 인간의 개입 없이 기술 스스로 인간에게 해악을 끼칠 수도 없고 이익을 줄 수도 없다고 보았다. 따라서 야스퍼스의 입장에서 제기할 수 있는 비판이 아니다. X

② 하이데거는 기술의 본질을 고찰하지 않을 때 인간이 기술에 종속될 수 있다고 보고, 인간이 기술의 본질을 고찰할 때 기술의 종속에서 벗어나 기술과 자유로운 관계를 맺을 수 있다고 보았다. 따라서 하이데거가 간과하고 있는 내용이 아니다. X

③ 야스퍼스는 인간이 기술을 어떻게 이용할지에 대한 윤리적 성찰이 필요하다고 보았다. 따라서 야스퍼스의 입장에서 제기할 수 있는 비판이 아니다. X

✓❹ 야스퍼스는 하이데거에게 기술은 수단일 뿐임을, 즉 인간이 설정한 목적을 달성하기 위한 것일 뿐임을 간과하고 있다고 비판할 수 있다. O

⑤ 하이데거는 기술은 사물의 참모습을 밖으로 드러내 주는 것이라고 보았다. 따라서 하이데거가 간과하고 있는 내용이 아니다. X

답 ④

04 과학자의 사회적 책임에 대한 입장 비교

빈출 문항 자료 분석

갑이 을에게 제기할 수 있는 비판으로 가장 적절한 것은?

> 갑: 과학자 집단에 필요한 것은 자연적 사실을 규명하는 과정에서의 내적 책임뿐이다. 과학자 집단에 외적 책임을 부과하면 연구의 범위가 확대되기 어렵다. 과학 연구는 과학적 지식이 관찰과 일치하는지, 논리적 기준에 근거하는지에 기초해서 그 타당성을 판단하면 된다. → 과학자 집단의 내적 책임만을 인정하는 입장
>
> 을: 과학자 집단에는 내적 책임뿐만 아니라 외적 책임이 필요하다. 과학 연구에는 연구자의 과거 경험이나 지식, 사회적 기대가 반영되기 때문에 가치가 개입된다. 따라서 과학자 집단은 자신의 과학 연구를 비판적으로 성찰하고 해로운 결과가 예측되는 연구에 대해 책임 있는 행동을 해야 한다. → 과학자 집단의 외적 책임까지 인정하는 입장

해결 전략 과학자의 내적 책임은 연구 과정에서 연구 윤리를 준수하는 것으로, 자신의 연구 결과의 활용에 대한 책임까지 질 필요는 없다고 본다. 과학자의 외적 책임은 연구 결과가 사회에 미칠 영향까지 책임을 져야 한다는 것이다. 과학자는 연구 결과물의 부정적 영향을 검토하고 예방하여야 하며, 사회적으로 해로운 결과가 예상된다면 연구를 중단해야 한다고 보는 입장이다.

선택지 분석

① 을은 연구 대상 선정과 결과 활용에 가치가 반영된다고 본다. X

✓❷ 갑은 과학자에게 외적 책임, 즉 사회적 책임을 강조할 경우 연구의 범위가 확대되지 못해 연구 활성화가 저해된다고 본다. O

③ 갑과 을은 과학자 집단이 준수해야 하는 윤리가 존재한다고 본다. X

④ 을은 과학이 궁극적으로 삶의 질의 향상을 지향한다고 본다. X

⑤ 을은 과학 연구에 사회적 필요와 정치적 목적이 개입될 수 있다고 본다. X

답 ②

05 과학 기술에 대한 입장 비교

자료 분석 과학 기술과 관련하여 갑은 과학자에게 내적 책임만 있다고 보고 을은 과학자에게 외적 책임(사회적 책임)이 있다고 본다. 갑은 과학자가 연구 과정에서 연구 윤리를 준수하고, 연구 결과를 완전하게 공표해야 하지만, 자신의 연구 결과의 활용에 대한 책임까지 질 필요는 없다고 본다. 을은 과학자가 연구 과정에서의 내적 책임뿐만 아니라, 과학 기술의 결과물이 사회에 미칠 수 있는 부정적 영향과 미래에 초래할 수 있는 위험을 폭넓게 검토하여 이에 대한 예방적 조치를 해야 한다고 본다.

선택지 분석

X: '과학 기술의 활용 결과를 과학자가 책임져야 한다고 보는 정도'는 을이 갑보다 높다.

Y: '과학 기술 연구와 관련된 과학자의 책임을 축소해야 한다고 보는 정도'는 을이 갑보다 낮다.

Z: '과학자가 과학 기술의 사회적인 영향력을 성찰해야 한다고 보는 정도'는 을이 갑보다 높다.

✓❸ X는 높고, Y는 낮고, Z는 높으므로 정답은 ㉢이다. 답 ③

06 야스퍼스와 하이데거의 기술에 대한 입장 파악

빈출 문항 자료 분석

그림은 서양 사상가 갑, 을의 가상 대화이다. 갑, 을의 입장으로 적절한 것만을 〈보기〉에서 고른 것은?

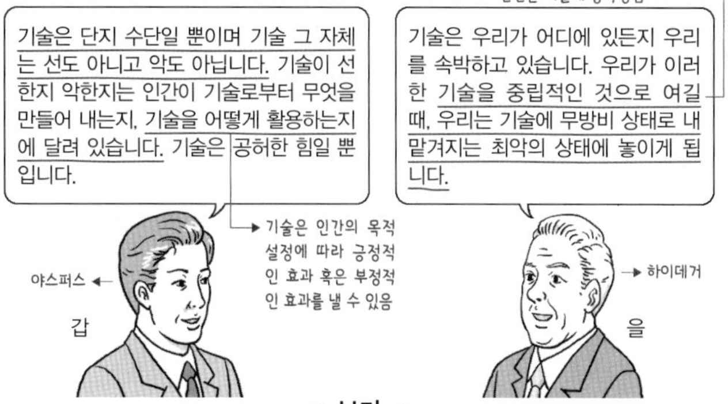

기술을 중립적인 것으로 볼 때 인간은 기술에 종속당함
기술은 단지 수단일 뿐이며 기술 그 자체는 선도 아니고 악도 아닙니다. 기술이 선한지 악한지는 인간이 기술로부터 무엇을 만들어 내는지, 기술을 어떻게 활용하는지에 달려 있습니다. 기술은 공허한 힘일 뿐입니다.
기술은 우리가 어디에 있든지 우리를 속박하고 있습니다. 우리가 이러한 기술을 중립적인 것으로 여길 때, 우리는 기술에 무방비 상태로 내맡겨지는 최악의 상태에 놓이게 됩니다.
기술은 인간의 목적 설정에 따라 긍정적인 효과 혹은 부정적인 효과를 낼 수 있음
야스퍼스
갑
하이데거
을

보기

ㄱ. 갑: 기술의 활용 결과는 가치 평가의 대상이 아니다.
ㄴ. 을: 기술에 대해 가치 중립적 태도를 가져서는 안 된다.
ㄷ. 을: 기술에 대해 무관심할 때 기술로부터 자유로워진다.
ㄹ. 갑, 을: 기술의 활용 방향에 대한 윤리적 성찰이 필요하다. → 야스퍼스와 하이데거의 공통점

해결 전략 갑은 야스퍼스, 을은 하이데거이다. 야스퍼스는 기술이 인간 사회와 무관하게 그 자체의 발전 논리를 가지고 있으며, 선도 아니고 악도 아닌 수단일 뿐이라고 보았다. 반면에 하이데거는 기술이 단순한 가치 중립적 도구가 아니며, 기술을 가치 중립적 도구로만 보게 되면 인간이 기술에 종속당할 것이라고 보았다.

선택지 분석

ㄱ. 야스퍼스는 기술 자체는 가치 중립적이지만, 기술의 활용 결과는 가치 평가의 대상이라고 보았다. X

✓ㄴ. 하이데거는 기술에 대해 가치 중립적 태도를 가지면 위험한 상태에 놓이게 된다고 보았다. O

ㄷ. 하이데거는 기술에 대한 윤리적 성찰이 필요하다고 보았다. X

✓ㄹ. 야스퍼스와 하이데거는 모두 기술의 활용 방향에 대한 윤리적 성찰이 필요하다고 보았다. O

답 ④

07 기술에 대한 하이데거와 야스퍼스의 입장 비교

자료 분석 갑은 하이데거, 을은 야스퍼스이다. 하이데거는 인간이 기술에 종속되는 것을 우려하였고, 야스퍼스는 기술 그 자체를 가치 중립적인 것으로 보았다.

선택지 분석

X: 기술을 가치 중립적인 것이 아니라고 보는 정도는 야스퍼스가 하이데거보다 낮다.

Y: 기술에 대한 연구의 자율성 보장을 강조하는 정도는 야스퍼스가 하이데거보다 높다.

Z: 기술 자체에 대한 비판적 관점이 필요하다고 보는 정도는 야스퍼스가 하이데거보다 낮다.

✓❹ X는 낮고 Y는 높고 Z는 낮으므로 하이데거에 비해 야스퍼스의 입장이 갖는 상대적 특징은 ㉣이다. 답 ④

IV 과학과 윤리

08 야스퍼스와 하이데거의 기술에 대한 입장 파악

자료 분석 갑은 야스퍼스, 을은 하이데거이다. 야스퍼스는 기술이 그 자체의 발전 논리를 가지고 있으며, 선도 아니고 악도 아닌 수단일 뿐이라고 보았다. 반면에 하이데거는 기술은 단순한 가치 중립적 도구가 아니며 감추어져 있는 존재의 모습을 드러내 주는 수단이라고 보았다.

선택지 분석

✓❶ 야스퍼스는 기술을 가치 중립적으로 파악한 데 비해 하이데거는 기술을 가치 중립적 도구로 파악하는 데 반대하였다. O

②, ④ 야스퍼스가 부정의 대답을 할 질문이다. X

③, ⑤ 하이데거가 긍정의 대답을 할 질문이다. X 답 ①

09 과학 기술에 대한 베이컨과 하이데거의 입장 비교

빈출 문항 자료 분석

갑, 을 사상가들의 입장으로 옳은 것은?

갑: 과학의 목적은 자연을 인간의 의도에 맞도록 변형함으로써 인간의 활동 영역을 넓히는 것이다. 인간은 자연의 사용자이자 해석자로서 자연을 경험적으로 연구해야 한다. 자연에 대한 인간의 지배권은 오직 기술과 학문에 달려 있다. → 베이컨

을: 현대 기술의 본질은 기술적인 것이 아니다. 우리는 어디서나 부자유스럽게 기술에 붙들려 있다. 최악의 경우는 기술을 중립적으로 고찰할 때이며, 이 경우 우리는 무방비 상태로 기술에 내맡겨져 전적으로 기술의 본질에 대해 맹목적이게 된다. → 하이데거

해결 전략 베이컨은 과학의 목적은 삶의 개선이며, 관찰과 실험을 통해 유용한 지식을 얻을 수 있다고 보았다. 하이데거는 기술이 단순한 가치 중립적 도구가 아니며 감추어져 있는 존재의 모습을 드러내 주는 수단이라고 보았다. 하이데거가 기술에 대한 윤리적 성찰의 필요성을 주장했다는 점을 파악하여 문제를 해결해야 한다.

선택지 분석

① 베이컨은 과학과 실험을 통해 유용한 지식을 얻을 수 있다고 본다. X

② 베이컨은 과학의 목적은 지식을 활용해서 삶을 개선하는 것이라고 본다. X

✓❸ 하이데거에 따르면 현대 기술의 본질적 특성은 인간을 하나의 부품으로 전락시키는 것이다. 그러므로 현대 기술의 본질에 대한 자각과 성찰이 필요하다. O

④ 하이데거는 현대 기술에 인간이 종속되어 있다고 본다. X

⑤ 하이데거는 기술이 단순한 수단일 수 없고 가치 중립적인 것이 아니라고 본다. X 답 ③

10 인공 지능에 관련된 쟁점 이해

자료 분석 갑은 자율 주행 자동차가 인공 지능을 통해 사고를 획기적으로 줄일 수 있다고 본다. 을은 이러한 점에 동의하면서도 위급한 상황에서는 사람이 직접 운전하면서 스스로 결정해야 한다고 본다.

선택지 분석

① 토론에서 언급되지 않은 내용이다. X

②, ③, ⑤ 갑, 을이 동의하는 내용이므로 토론의 핵심 쟁점이 될 수 없다. X

✓❹ 갑, 을은 위급한 상황에서 자율 주행 자동차가 운전을 해야 하는지, 사람이 운전을 해야 하는지에 대해 의견을 달리하고 있다. O 답 ④

11 인공 지능에 대한 입장 이해

자료 분석 신문 칼럼은 인공 지능의 부작용을 지적하면서 바람직한 인공 지능 개발의 방향성에 대해 제시하고 있다. 칼럼에서는 인공 지능의 문제점을 제시하고 있으며, 인공 지능이 바람직한 방향으로 개발될 수 있도록 기술적·윤리적 대책을 마련해야 한다고 본다.

선택지 분석

① 인공 지능 개발에 대한 권고안에서는 포용 성장, 지속 가능한 개발 등을 중시하며 인공 지능이 공공의 이익에 부합되도록 개발되어야 한다고 주장하고 있다. O

② 인공 지능 개발에 대한 권고안에서는 인공 지능이 사람과 지구를 이롭게 해야 한다고 주장하면서 인공 지능과 인간이 공존하기 위한 방향성을 제시하고 있다. O

③ 신문 칼럼은 현재 만들어진 인공 지능의 문제점과 부작용을 지적하며, 이를 해결하기 위한 인공 지능 개발에 대한 권고안을 소개하고 있다. O

④ 인공 지능 개발에 대한 권고안에 따르면 인공 지능 시스템이 필요한 안전장치를 포함함으로써 부작용을 제어할 수 있도록 대책을 마련할 것을 강조하고 있다. O

✓❺ 인간과 별개의 자율적인 인공 지능 개발이 아니라 인간과 지구를 함께 고려하며 인권이나 다양성의 측면을 존중하는 방향으로 설계될 것을 주장하고 있다. X 답 ⑤

12 과학 기술에 대한 핵심 쟁점 이해

자료 분석 갑은 과학자는 연구 과정에서 연구 윤리를 준수해야 한다는 입장이므로 과학자는 내적 책임만 져야 한다고 보는 입장이다. 을은 과학자는 연구 과정에서의 내적 책임뿐만 아니라 자신의 연구 결과가 미칠 사회적 영향을 인식하여야 한다고 보았으므로 과학자가 내적 책임뿐 아니라 외적 책임도 져야 한다고 보는 입장이다.

선택지 분석

①, ⑤ 갑, 을 모두 긍정의 대답을 할 것이므로 토론 쟁점이 아니다. X

② 갑, 을 모두 부정의 대답을 할 것이므로 토론 쟁점이 아니다. X

③ 갑은 과학자의 내적 책임을, 을은 내적 책임과 사회적 책임 모두를 인정하므로 두 사람 모두 부정의 대답을 할 것이다. 따라서 토론 쟁점으로 적절하지 않다. X

✓❹ 갑과 을은 모두 과학이 가치 중립적이지 않으며, 과학자는 연구 과정에서 연구 윤리를 준수해야 한다고 본다. 다만 갑이 연구 과정에서의 내적 책임만을 주장하는 데 반해 을은 연구 과정에서의 내적 책임과 더불어 연구 결과의 활용에 대한 사회적 책임까지 주장한다는 점에서 입장 차이를 보이고 있다. 따라서 '과학자에게 내적 책임과 더불어 사회적 책임도 부과해야 하는가?'가 적절한 토론 쟁점이 될 것이다. O 답 ④

13 과학 기술자의 책임 이해

빈출 문항 자료 분석

다음 글의 입장에서 긍정의 대답을 할 질문을 〈보기〉에서 고른 것은?

과학자는 연구와 실험의 결과가 인류의 운명에 긍정적 영향을 미칠지, 부정적 영향을 미칠지를 객관적으로 예측할 수 없다. 과학적 발견을 어떻게 활용할지 여부를 결정하는 것은 과학자의 몫이 아니다. 그것은 가치 판단의 문제로 과학의 영역이 아니다. 과학자는 입증된 방법으로 연구와 실험을 진행할 뿐이며, 오로지 진리 탐구를 목적으로 자신의 연구에 책임을 다할 뿐이다. → 과학자는 연구 결과의 활용이나 사회적 영향력으로부터 자유로워야 함(과학자의 내적 책임 강조)

보기

ㄱ. 과학자는 연구 결과의 모든 활용에 대해 책임져야 하는가? → 과학자의 외적 책임
ㄴ. 과학자는 연구의 외적 책임으로부터 자유로워야 하는가?
ㄷ. 과학자는 이론의 타당성을 객관적으로 검증해야 하는가?
ㄹ. 과학자는 연구 주제의 사회적 파급 효과를 고려해야 하는가? → 과학자의 외적 책임

해결 전략 제시문이 과학자의 내적 책임만을 주장하는 입장인지 외적 책임까지 주장하는 입장인지 정확하게 구분할 수 있어야 한다. 제시문은 과학자에게 과학적 지식 자체에 대한 책임만 있다는 입장임을 파악하여 문제를 해결해야 한다.

선택지 분석

ㄱ. 부정의 대답을 할 질문이다. 제시문은 연구 결과 활용에 대한 책임은 과학자의 몫이 아니라고 주장한다. X

✓ **ㄴ. 긍정의 대답을 할 질문이다. 제시문은 과학자에게 연구의 외적 책임, 즉 자신의 연구 활동이 사회에 미칠 영향에 대한 책임이 없다고 본다. O**

✓ **ㄷ. 긍정의 대답을 할 질문이다. 제시문은 과학자에게 과학적 연구 방법의 객관성에 대한 책임이 있다고 본다. O**

ㄹ. 부정의 대답을 할 질문이다. 제시문은 과학자에게 연구의 외적 책임이 없다고 본다. X

답 ③

14 요나스의 입장 이해

자료 분석 제시문은 요나스의 주장이다. 요나스는 현대 과학 기술이 인간의 행위가 미치는 범위를 이전과는 다른 방식과 크기로 확장하고 있다는 점을 지적하며, 인간 간의 관계와 '지금', '여기'의 문제로 한정하는 전통의 윤리학을 대신해 인간과 자연, 미래 세대에 대한 책임을 주장하는 새로운 윤리학(책임 윤리)을 제시하였다.

선택지 분석

① 요나스는 미래 세대와 같이 비호혜적 관계를 맺는 존재까지도 인간에게 책임이 있다고 보았다. X

② 요나스는 인간의 기술적 힘이 발전하면서 인간 행위의 본질까지도 변화시킨다고 보았다. X

✓ **❸ 요나스는 현대 과학 기술이 인간의 행위가 미치는 범위를 이전과는 다른 방식과 크기로 확장하고 있다고 보았으며, 기술로 얻은 힘의 크기가 커질수록 인간의 책임 범위는 더욱 넓어진다고 보았다. O**

④ 요나스는 인간이 의도적 결과는 물론 비의도적 결과까지 책임져야 한다고 보았다. X

⑤ 요나스는 전통 윤리학으로는 미래 세대의 생존과 삶의 질 보장 문제와 같은 과학 기술로 인해 발생하는 새로운 문제를 해결할 수 없다고 보았다. X

답 ③

15 요나스의 책임 윤리 이해

자료 분석 제시문은 요나스의 주장이다. 요나스는 책임의 범위를 현세대로 한정하는 전통적 윤리관으로는 현대 과학 기술의 발달에 따른 문제를 해결하는 데 한계가 있다고 보고, 자연과 미래 세대를 포함하는 새로운 책임 윤리의 필요성을 주장하였다.

선택지 분석

✓ **❶ 요나스는 A에게 인류가 존재해야 한다는 당위적 요청을 근거로 과학 기술의 힘을 억제해야 한다고 조언할 수 있다. O**

② 요나스는 희망보다는 공포를 논의의 대상으로 삼아야 한다고 보아 단기적 효과보다는 장기적 결과의 위험성에 대해 주목해야 한다고 보았다. X

③ 요나스는 현대 과학 기술의 힘으로 인간을 포함한 모든 것이 위험에 빠졌다고 보기 때문에 과학 기술이 윤리의 나침반으로 작용해서는 안 된다고 보았다. X

④ 요나스는 책임의 대상을 인간으로 한정하는 데서 더 나아가 자연까지 포함시켰다. X

⑤ 요나스는 도구적 이성에 따른 현대 과학 기술의 발달이 새로운 윤리 문제들을 발생시켰다고 보았다. X

답 ①

16 요나스의 사상적 입장 이해

자료 분석 제시문은 요나스의 주장이다. 요나스는 인간을 중심으로 하는 전통적 윤리학으로는 과학 기술 시대의 문제를 제대로 해결할 수 없다고 보면서 새로운 책임 윤리를 도입해야 한다고 보았다. 또한 우리가 무엇을 보호해야 하는가를 알아내기 위해서는 미래의 희망보다는 공포를 논의의 대상으로 삼아야 한다고 주장하였다.

선택지 분석

① 요나스는 인간만이 책임질 수 있는 유일한 존재라고 보았다. X

② 요나스는 과학 기술로 인해 발생하는 의도하지 않은 결과도 책임의 범위에 포함될 수 있다고 보았다. 요나스는 예견할 수 있는 모든 결과에 대한 책임을 져야 한다고 강조하였다. X

③ 요나스는 행위를 못하게 막는 공포가 아니라 행위를 하도록 북돋우는 공포가 책임의 본질적 속성이라고 보았다. X

✓ **❹ 요나스는 현대 과학 기술로 인한 미래 예측의 불확실성 때문에 책임의 윤리학이 요청된다고 보았다. O**

⑤ 요나스는 현세대가 미래 세대와 자연에 대한 일방적 책임을 져야 한다고 보았다. X

답 ④

17 기술에 대한 요나스의 입장 파악

자료 분석 제시문은 요나스의 주장이다. 요나스는 우리가 무엇을 보호해야 하는가를 알아내기 위해서는 기술의 발전에 따른 희망보다는 공포를 논의의 대상으로 삼아야 한다고 주장하며, 과학 기술에 따른 부정적 영향을 고려해야 한다고 보았다.

선택지 분석

✓❶ 요나스는 책임 있는 행위를 하도록 북돋우는 공포가 책임의 본질적인 속성이므로 이러한 공포를 습득해야 한다고 보았다. O

② 요나스는 기술이 자연에 미칠 부정적 결과를 고려해야 한다고 보았다. X

③ 요나스는 행해진 것에 대한 사후 책임 부과를 특징으로 하는 사후적 책임 외에도, 행위되어야 할 것에 대한 사전적 책임을 중시하였다. X

④ 요나스는 기술 권력이 미치는 부정적 영향에 대해 성찰하여 현세대는 미래 세대와 자연에 대한 책임을 수용해야 한다고 보았다. X

⑤ 요나스는 과학 기술자가 발견하는 과학적 지식이 인류와 자연에 미칠 영향을 고려해야 한다고 주장하며, 과학적 지식을 가치 중립적 사실로만 여겨서는 안 된다고 보았다. X

답 ①

18 요나스의 책임 윤리 이해

자료 분석 제시문은 책임 윤리를 강조한 요나스의 주장이다. 요나스는 기존의 전통 윤리로는 현대 과학 기술이 산출한 새로운 윤리 문제들을 해결할 수 없다고 보고, 자연과 미래 세대를 포함하는 새로운 책임 윤리의 필요성을 제기하였다.

선택지 분석

① 요나스는 인간이 가진 권력이 영향을 미치는 범위가 넓어질수록 인간이 져야 하는 책임의 범위도 넓어져야 한다고 보았다. O

✓❷ 요나스는 인간이 과학 기술의 힘으로 자신을 포함한 모든 것을 위험에 빠뜨렸다고 보고, 과학 기술의 결과가 의도적이든 비의도적이든 인간이 그 결과에 대해 책임을 져야 한다고 보았다. X

③ 요나스는 희망보다는 공포를 논의의 대상으로 삼아야 한다고 보고, 경험하지 못한 미래의 위협으로부터 책임을 도출해야 한다고 보았다. O

④ 요나스는 현세대가 책임져야 할 대상에 권리를 주장하는 현세대뿐만 아니라 권리를 주장하지 못하는 자연과 미래 세대도 포함시켜야 한다고 보았다. O

⑤ 요나스는 인간만이 책임질 수 있는 유일한 존재라고 보고, 책임질 수 있는 능력은 책임을 이행해야 한다는 당위로 이어진다고 보았다. O 답 ②

19 요나스와 베이컨의 입장 비교

자료 분석 갑은 요나스, 을은 베이컨이다. 요나스는 과학 기술이 인간에게 가져올 위험에 주목하여 고찰해야 한다고 보았다. 베이컨은 경험적 지식을 바탕으로 자연에 대한 지배력을 높여야 한다고 강조하였다.

선택지 분석

① 요나스는 과학 기술자를 포함한 인간이 자신의 행위의 결과에 대한 책임을 이행해야 함을 강조하였다. X

✓❷ 요나스는 인류 존속이라는 당위적 요청을 근거로 책임의 범위를 현세대로 한정하지 않고 미래 세대는 물론 자연에게까지 확대해야 함을 강조하였다. 따라서 요나스는 베이컨이 인간의 책임 범위를 자연에게까지 확대해야 함을 간과하고 있다고 비판할 수 있다. O

③ 요나스는 과학 기술에 대해 희망보다 공포로부터 논의를 시작해야 한다고 보고 과학 기술의 사용이 제한될 필요가 있다고 보았다. X

④ 요나스는 현세대와 미래 세대 사이의 호혜적 책임이 아니라 현세대의 미래 세대에 대한 일방적 책임이 있다고 보았다. X

⑤ 요나스는 인간이 현대 과학 기술이 산출할 부정적인 결과에 대한 두려움을 갖고 겸손히 책임을 지는 태도를 지녀야 한다고 보았다. X 답 ②

20 기술에 대한 요나스의 입장 파악

자료 분석 제시문은 요나스의 주장이다. 요나스는 현대 기술이 초래한 새로운 윤리 문제들을 해결하기 위해서는 책임 윤리가 필요하다고 보았다.

선택지 분석

① 요나스는 현세대와 미래 세대의 생존 및 생태계 전체에 대한 책임까지 강조하였다. O

② 요나스는 기술에 내포된 위협적 요소와 결과에 대해 윤리적 검토와 숙고가 필요하다고 본다. O

✓❸ 요나스는 내재적이고 본질적인 가치를 지니는 모든 생명에 대하여 책임을 져야 한다고 보았다. 즉 윤리적 책임의 범위를 확대해 인간뿐만 아니라 자연과 미래 세대에 대한 책임까지 고려해야 한다고 보았다. 요나스는 인간에 대한 의무와 자연에 대한 의무를 모두 강조하는 입장이다. X

④ 요나스는 칸트의 정언 명령을 생태학적인 상황에 적용하여 새로운 생태학적 정언 명법을 제시하였다. 이 명법은 조건부적인 명령이 아니라 무조건적인 명령의 형태이며 "너의 행위의 결과가 지상에서의 진정한 인간적 삶의 지속과 조화될 수 있도록 행위 하라."이다. O

⑤ 요나스는 악(惡)의 인식이 선(善)의 인식보다 무한히 쉬우며 더 직접적이고 설득력이 있다고 주장하면서 도덕 철학은 미래의 희망보다 미래의 공포를 논의의 대상으로 삼아야 한다고 보았다. 따라서 새로운 윤리학은 가장 극단적인 공포에 대한 인식에서부터 출발할 필요가 있다고 본다. O

답 ③

21 요나스의 책임 윤리 이해

자료 분석 제시문은 요나스의 주장이다. 요나스는 기술이 인간에게 가져올 위험에 대해 인식하여 이에 대해 책임지려는 자세가 필요하다고 보았다. 또한 우리가 실제로 무엇을 보호해야 하는가를 알아내기 위해 도덕 철학은 공포를 논의의 대상으로 삼아야 한다고 주장하면서 '공포의 발견술'을 강조하였다.

선택지 분석

ㄱ. 요나스는 악을 인식하는 것이 선을 인식하는 것보다 훨씬 쉽다고 보았으며, 도덕 철학은 희망보다는 공포를 논의의 대상으로 삼아야 한다고 보았다. X

✓ㄴ. 요나스에 따르면 오직 인간만이 책임질 수 있는 능력이 있기 때문에 미래 세대와 환경에 대해 마땅히 책임을 져야 한다. O

✓ㄷ. 요나스에 따르면 인간의 힘이 자연으로 확장될수록 자연 파괴가 심각해지고 지구가 황량해질 가능성이 높아진다. O

ㄹ. 요나스에 따르면 현세대는 미래 세대에 대해 일방적인 책임을 져야 한다. X

답 ③

22 요나스의 책임 윤리 이해

자료 분석 제시문은 과학 기술로 발생할 수 있는 위험들을 미리 생각해 보고, 공포의 발견술을 통해 새로운 윤리적 원리들을 발견해야 한다는 요나스의 주장이다. 요나스는 인류 존속을 위해 현세대의 잘못으로 미래 세대가 생존할 수 없을지도 모른다는 사실에 대한 두려움을 갖고 겸손한 태도를 지녀야 한다고 보았다.

선택지 분석

✓ㄱ. 요나스는 과학 기술자에게 연구의 자유가 제한 없이 허용되어서는 안

된다고 본다. O

✓ ㄴ. 요나스는 과학 기술자가 연구의 장기적 결과에 대해 숙고해야 한다고 본다. O

ㄷ. 요나스는 과학 기술자는 과학 기술의 응용에서 가치 중립적 태도를 가져서는 안 된다고 본다. X

ㄹ. 요나스는 과학 기술자가 내적 책임뿐만 아니라 사회적 책임도 중시해야 한다고 본다. X 답 ①

23 과학 기술에 대한 요나스의 입장 파악

빈출 문항 자료 분석

그림의 강연자가 지지할 입장만을 〈보기〉에서 있는 대로 고른 것은?

현세대는 자연과 미래 세대에 책임이 있다고 봄

베이컨의 명제대로 과학과 기술은 자연에 대한 인간의 권력을 증대시킵니다. 그리고 이 권력은 장차 태어날 자들에 대한 권력도 증대시킵니다. 후손들이 우리의 계획과 결정에 무방비 상태로 노출되어 있는 것입니다. 그러므로 이 권력은 극히 일방적입니다. 그리고 일단 행사된 권력은 주인의 손을 떠나 계산 불가능한 길을 걸어가며 본질적으로 맹목적입니다. 이제 우리는 이러한 권력으로 인하여 새롭게 등장하는 문제들을 책임의 원칙을 바탕으로 풀어 나가야만 합니다. → 요나스의 책임 윤리

보기

ㄱ. 기술 권력 앞에 인류는 무방비 상태로 노출되어 있다.
ㄴ. 기술 권력 행사의 결과에 대한 윤리적 검토가 필요하다.
ㄷ. 기술 권력을 인간에게 사용하는 것을 규제해서는 안 된다.
ㄹ. 기술 권력의 크기와 인간의 책임에 대한 요구는 비례한다.

해결 전략 그림의 강연자는 요나스이다. 요나스는 기술 권력의 행사로 인해 인류의 존속이 위협받게 되었으므로 미래 세대를 고려하는 새로운 책임 윤리가 필요하다고 보았다. 따라서 인류의 존속을 위협하는 기술 권력에 대한 규제에 찬성할 것이라는 점을 파악하여 문제를 해결해야 한다.

선택지 분석

✓ ㄱ. 제시문의 "후손들이 우리의 계획과 결정에 무방비 상태로 노출되어 있는 것입니다."라는 내용을 통해 파악할 수 있다. O

✓ ㄴ. 요나스는 책임의 원칙을 바탕으로 새롭게 등장하는 문제를 풀어 나가야 한다고 보았으므로 윤리적 숙고를 중시하는 요나스의 입장에 해당한다. O

ㄷ. 기술 권력을 인간에게 사용하는 것이 어떤 위험을 초래하는지를 파악하고 윤리적으로 규제가 필요할 경우 규제를 해야 한다고 본다. X

✓ ㄹ. 요나스의 입장에 부합한다. O 답 ④

24 과학자의 책임에 대한 요나스의 입장 이해

자료 분석 그림의 강연자는 요나스이다. 요나스는 책임의 범위를 현세대로 한정하는 전통적 윤리관으로는 과학 기술과 관련된 문제를 해결하는 데 한계가 있다고 보았다.

선택지 분석

✓ ❶ 과학자가 연구 결과를 자의적으로 검토하는 것은 중립적인 엄밀성을 위반하는 것이다. X

② 요나스는 과학자가 연구 과정에 대한 내적 책임과 사회적 영향에 대한 외적 책임을 지녀야 한다고 보았다. O

③ 요나스는 과학자에게는 자연을 연구하는 과정에서 가치 중립적인 엄밀성을 추구할 내적 의무가 있다고 보았다. O

④ 과학자가 연구 윤리를 지키는 것은 내적 책임에 해당한다. O

⑤ 요나스는 과학자는 자신의 연구 결과가 인류의 미래에 끼치는 영향력과 책임에 대하여 철학적으로 숙고해야 한다고 보았다. O 답 ①

25 과학 기술의 가치 중립성 논쟁

자료 분석 갑은 하이데거, 을은 요나스이다. 하이데거는 과학 기술에 대한 가치 중립적 입장을 비판하는 입장이고, 요나스는 과학 기술로 인한 새로운 윤리 문제 해결을 위해 다른 존재에 대한 인간의 책임을 강조하는 입장이다.

선택지 분석

① 하이데거는 기술은 자연이 지닌 내재적 가치를 간과한다고 본다. X

② 하이데거는 과학 기술이 인간과 자연에 미치는 영향이 커졌으므로, 과학 기술의 발전 방향에 대한 심사숙고가 필요하다고 본다. X

③ 요나스는 과학 기술 문명이 인간을 포함한 생태계를 위험에 빠뜨리게 하였으므로 인간에게 윤리적 책임이 있다고 본다. 요나스는 이러한 윤리적 책임의 범위를 자연과 미래 세대까지 확장할 것을 주장하였다. X

✓ ❹ 요나스는 인간에게 자신을 포함하여 다른 사람, 다른 존재에 대한 연대 책임이 있다고 보면서 책임의 주체는 인간이라고 본다. O

⑤ 하이데거는 기술을 가치 중립적인 도구로만 본다면 인간이 기술에 종속당할 것이라고 본다. 요나스는 인간은 과학 기술의 발전이 미래에 끼치게 될 결과를 예측하여 도덕적 책임을 져야 한다고 보므로 기술을 단순히 가치 중립적인 도구로 보는 것에 반대한다. X 답 ④

26 현대 기술에 대한 요나스의 입장 이해

빈출 문항 자료 분석

다음을 주장한 사상가가 강조하는 내용만을 〈보기〉에서 있는 대로 고른 것은?

현대 기술은 상당히 오랫동안 전 지구와 미래 세대에까지 영향력을 미칠 수 있는 위협적인 요소를 가지고 있다. 그렇기 때문에 오늘날에는 행위의 의도와 목적을 기준으로 선악을 판단하던 전통 윤리학과 전혀 다른 새로운 책임 윤리가 요구된다. 또한 현대 사회에서는 기술 지배에서 벗어나기 위해 현대 기술에 대한 윤리적 성찰이 요청된다.

→ 인간뿐만 아니라 자연과 미래 세대에 대한 책임까지 고려해야 하며, 현대 기술에 대한 새로운 도덕적 고려가 필요함

보기

ㄱ. 현대 기술에 대한 가치 판단과 반성이 필요하다.
ㄴ. 현대 기술은 미래 세대의 생존권을 침해할 수 있다.
ㄷ. 현대 기술이 자연에 미치는 영향만이 책임의 대상이 된다.
→ 미래 세대에 대한 책임까지 고려해야 함
ㄹ. 현대 기술의 영향을 받는 시공간적 범위가 확대되고 있다.

IV 과학과 윤리

해결 전략 현대 기술에 대한 요나스의 입장이다. 요나스는 책임의 범위를 현세대로 한정하는 기존의 전통적 윤리관으로는 과학 기술 시대에 발생하는 문제를 해결하는 데 한계가 있다고 본다.

선택지 분석

✓ ㄱ. 요나스는 현대 기술이 인간과 생태계를 위험에 빠뜨려 윤리적 공백 상태를 초래하게 하였으며, 인간에게 다른 존재에 대한 연대 책임이 있음을 강조하였다. O

✓ ㄴ. 요나스는 기존의 전통적 윤리관으로는 현대 기술 시대에 발생하는 문제를 해결하는 데 한계가 있으므로, 윤리적 책임의 범위를 미래 세대로까지 확장해야 한다고 보았다. O

ㄷ. 요나스는 현세대뿐만 아니라 미래 세대와 생태계 전체에 대한 책임의 확장을 주장한다. X

✓ ㄹ. 요나스는 윤리적 책임의 범위를 인간을 포함한 자연으로, 시간적으로는 미래 세대로까지 확대하였다. O 답 ④

27 요나스의 책임 윤리 이해

자료 분석 제시문은 요나스의 주장이다. 요나스는 기술을 통해 진보를 이루겠다는 희망을 거부하고 기술이 인간에게 가져올 위험에 대해 인식하여 이에 대해 책임지려는 자세가 필요하다고 보았다. 요나스는 우리가 실제로 무엇을 보호해야 하는가를 알아내기 위해 새로운 윤리는 공포를 논의의 대상으로 삼아야 한다고 주장하면서 '공포의 발견술'을 강조하였다.

선택지 분석

① 요나스는 자연에 대한 인간의 일방적 책임이 있다고 본다. X

✓ ❷ 요나스는 부모가 자녀에 대해 책임지는 것과 같은 자연에 대한 일방적이고 절대적인 책임이 현세대에게 요청된다고 주장한다. O

③ 요나스는 자연에 대한 주인 의식을 토대로 한 책임이 아닌 내재적이고 본질적인 가치를 지니는 생명에 대한 책임을 강조한다. X

④ 요나스는 과학의 무한한 진보를 신뢰하는 태도가 기술 유토피아라는 신화를 낳았다고 주장하며 이를 비판한다. X

⑤ 요나스는 행위의 직접적 영향만이 아니라 그 행위가 먼 미래에 끼치게 될 결과까지도 예측하여 자연에 대해 도덕적 책임을 져야 한다는 '예견적 책임'을 강조한다. X 답 ②

28 요나스의 책임 윤리 이해

자료 분석 제시문을 주장한 사상가는 요나스이다. 요나스는 칸트의 정언 명령을 활용하여 생태학의 정언 명령을 새롭게 제시하였다.

선택지 분석

① 요나스는 과학 기술의 발전이 자연이 수용할 수 있는 한계를 넘어서는 안 된다고 보았다. O

② 요나스는 과학 기술의 긍정적 영향에 만족해서는 안 되고, 부정적 영향에 주목해야 한다고 보았다. O

③ 요나스는 새로운 윤리학이 가장 극단적인 공포에 대한 인식에서부터 출발할 필요가 있다고 보았다. O

✓ ❹ 요나스는 칸트의 정언 명령을 생태학적인 상황에 적용하여 새로운 생태학적 정언 명법을 제시하였다. 그가 제시한 대표적인 명법은 조건부적인 명령이 아니라 무조건적인 명령의 형태이다. "너의 행위의 결과가 지상에서의 진정한 인간적 삶의 지속과 조화될 수 있도록 행위 하라."이다. X

⑤ 요나스는 사후적 책임뿐만 아니라 예측할 수 있는 모든 결과에 대한 사전적 책임도 강조하였다. O 답 ④

본문 107~112쪽

02 정보 사회와 윤리

29 ②	30 ⑤	31 ②	32 ⑤	33 ①	34 ②
35 ②	36 ③	37 ⑤	38 ①	39 ④	40 ③
41 ⑤	42 ⑤	43 ③	44 ⑤	45 ⑤	46 ②
47 ③	48 ②	49 ③	50 ④	51 ②	52 ②

29 SNS를 통한 광고에 대한 윤리적 쟁점 파악

빈출 문항 자료 분석

다음 토론의 핵심 쟁점으로 가장 적절한 것은?

→ 허위 · 과장 광고에 의한 피해 사례가 늘고 있으므로 SNS를 통한 광고를 규제할 필요성이 있음

갑: 사회 관계망 서비스(SNS)를 통한 광고를 이용하는 기업이 늘어나면서 허위 · 과장 광고에 의한 피해 사례가 늘고 있습니다. 따라서 SNS를 통한 광고를 규제할 필요가 있습니다.

을: 동의합니다. 하지만 SNS를 통한 광고는 사회적 기업이 제작한 제품에 대한 윤리적 소비로 이어지는 사례도 많습니다. 따라서 SNS를 통한 광고는 허용되어야 합니다. → SNS를 통한 광고는 허용되어야 함

갑: 아닙니다. SNS를 통한 광고는 윤리적 소비로 이어지기도 하지만 허위 · 과장 광고의 수단으로 악용될 소지가 큽니다. 따라서 SNS를 통한 광고는 전면 금지되어야 합니다. → SNS를 통한 광고는 전면 금지되어야 함

을: 아닙니다. SNS를 통한 광고를 허용하되 적극적인 단속을 실시해 나간다면, SNS가 허위 · 과장 광고의 수단이 될 가능성을 최소화할 수 있습니다.

해결 전략 갑은 SNS를 통한 광고는 허위·과장 광고의 수단으로 악용될 수 있으므로 이를 모두 금지해야 한다는 입장이다. 을은 SNS를 통한 광고가 윤리적 소비로 이어질 수 있으므로 이를 허용하되 적극적인 단속을 실시하여 허위·과장 광고의 수단이 될 가능성을 최소화해야 한다는 입장이다. 토론의 핵심 쟁점을 찾기 위해서는 갑과 을이 모두 동의하거나 부정할 내용, 제시문에 나타나지 않은 내용을 배제해야 한다.

선택지 분석

①, ③, ⑤ 갑과 을이 모두 긍정의 대답을 할 질문이다. X

✓ **❷ 갑은 SNS를 통한 광고는 전면 금지되어야 한다는 입장이며, 을은 SNS를 통한 광고를 허용하되 적극적인 단속과 규제를 해야 한다는 입장이다. 따라서 토론의 핵심 쟁점은 'SNS를 통한 광고는 모두 금지되어야 하는가?'이다.** O

④ 갑과 을이 모두 부정의 대답을 할 질문이다. X 답 ②

30 안면 인식 기술 허용에 대한 윤리적 쟁점 파악

자료 분석 갑은 안면 인식 인공 지능 기술을 허용해야 한다고 본다. 을은 안면 인식 인공 지능 기술의 개발에 반대하는 입장이다.

선택지 분석

① 갑과 을이 모두 부정의 대답을 할 질문이다. X

②, ③, ④ 갑과 을이 모두 긍정의 대답을 할 질문이다. X

✓ **❺ 갑은 안면 인식 기술에 고도화된 인공 지능을 결합하는 것을 허용해야 한다는 입장이고, 을은 허용해서는 안 된다는 입장이다. 따라서 토론의 핵심 쟁점은 안면 인식 기술과 고도화된 인공 지능의 결합을 허용해야 하는가이다.** O 답 ⑤

31 정보 기술의 발달에 따른 윤리적 문제 이해

자료 분석 칼럼은 정보 사회가 접속의 시대라고 하면서 정보가 곧 돈이 되는 사회라고 본다. 따라서 정보의 생산 능력이 중요해지면서도 정보 격차에 따른 불평등이 사회적·경제적 불평등으로 나타날 수 있다고 본다. 이 문제를 해결하기 위해 정보 활용 능력의 중요성을 언급하며, 정보에 대한 동등한 접근권 보장이 선결되어야 한다고 본다.

선택지 분석

① 칼럼에 따르면 정보 기술이 발달하면서 정보 부자와 정보 빈자 간의 격차가 상존한다고 본다. X

✓ **❷ 칼럼에 따르면 정보 불평등을 해소하기 위해 정보 접속의 사회적 인프라 구축이 필요하다고 보고 이를 통해 정보에 대한 평등한 접근권의 보장을 주장한다.** O

③ 칼럼에 따르면 정보 기술의 발달로 정보가 곧 돈이 된다고 하지만, 이를 곧 물질적 재화의 자산 가치 상실로 이해하기는 어렵다. X

④ 칼럼에 따르면 정보의 창조적 생산에는 지적 능력보다 정보 활용 능력이 더 중요한 요소이다. X

⑤ 칼럼에 따르면 누구든지 정보 생산의 자유를 지님에도 불구하고 정보 불평등이 생긴다고 보면서, 정보 생산에서의 지적 능력 평준화는 불가능하다고 본다. X 답 ②

32 정보 사회에서의 저작권 문제 이해

자료 분석 신문 칼럼은 고인이 된 유명인의 영상이나 음성으로 만들어진 저작물을 이용하여 고인을 디지털 기술로 복원하는 것은 저작권 침해에 해당할 수 있으므로, 저작권 보호를 위한 노력이 필요함을 강조하고 있다.

선택지 분석

① 신문 칼럼은 고인의 행위에 대한 단순한 모방은 저작권 침해로 보기 어렵다고 본다. X

② 신문 칼럼은 고인을 디지털 기술로 복원하는 것은 저작권 침해에 해당할 수 있으므로 저작물의 상업적 이용을 제약해야 할 필요가 있다고 본다. X

③ 신문 칼럼은 디지털 기술의 발달에 따라 저작권 보호를 위한 새로운 차원의 노력이 요구된다고 본다. X

④ 신문 칼럼은 고인을 복원하여 광고에 이용하는 행위는 저작자의 동의를 받을 수 없으므로 허용될 수 없다고 본다. X

✓ **❺ 신문 칼럼은 디지털 기술로 고인을 복원하는 것이 저작권을 침해할 수 있으므로 대책이 필요하다고 본다.** O 답 ⑤

33 정보 사회에서의 매체 윤리 이해

자료 분석 신문 칼럼은 근로자의 근로 시간 외 사생활 보호와 업무 부담 경감을 위해 연결되지 않을 권리를 보장해야 한다고 본다.

선택지 분석

✓ **❶ 칼럼은 근로자의 사생활 침해 문제 해결을 위한 연결되지 않을 권리의 보장을 강조하고 있다.** X

② 칼럼은 연결되지 않을 권리의 보장을 통해 근로자의 근로 조건과 삶의 질 향상에 기여할 수 있다고 본다. O
③ 칼럼은 연결되지 않을 권리의 보장을 통해 근로자가 근무 시간 외 업무와 관련한 연락을 받지 않음으로써 근로자의 업무 부담을 줄여줄 수 있다고 본다. O
④ 칼럼은 연결되지 않을 권리의 보장을 통해 근로자의 사생활 침해 문제를 해결하여 근로자의 삶의 질 향상이 가능하다고 본다. O
⑤ 칼럼은 근로자의 삶의 질 향상을 위해 고용주가 윤리 의식을 함양하고 연결되지 않을 권리를 보장하기 위해 노력해야 한다고 본다. O 답 ①

34 정보 사회의 잊힐 권리 이해

빈출 문항 자료 분석

다음 신문 칼럼에서 강조하는 내용으로 가장 적절한 것은?

OO 신문 OOOO년 OO월 OO일

칼럼

최근 자녀의 사진이나 동영상을 온라인에 게시하고 타인과 공유하는 뉴 미디어 세대의 육아 방식이 유행하고 있다. 이러한 육아 방식은 자녀의 성장 과정을 기록하고 육아 정보를 공유할 수 있다는 점에서 유익하다. 하지만 이로 인해 자녀의 사생활과 정보 자기 결정권이 침해되고 자녀가 사이버 범죄에 노출될 위험성이 증가하고 있다. 아동·청소년은 이러한 피해의 직접적 당사자가 될 수 있기 때문에 이들에게도 잊힐 권리가 보장되어야 한다. 즘, 아동·청소년도 본인이나 타인이 올린 자신의 개인 정보와 관련된 게시물을 자신의 의사만으로 삭제해 달라고 직접 요청할 수 있도록 해야 한다.

→ 아동과 청소년에게도 자신이 원하지 않는 민감한 자기 정보들이 다른 사람들에게 공개되지 않도록 정보를 통제할 수 있는 잊힐 권리가 보장되어야 함

해결 전략 신문 칼럼은 아동·청소년의 잊힐 권리에 대한 내용이다. 잊힐 권리란 개인 정보를 비롯하여 자신이 원하지 않는 민감한 정보들이 포털 사이트 등을 통하여 많은 사람에게 공개되지 않도록 정보를 통제할 수 있는 권리를 말한다.

선택지 분석

① 신문 칼럼은 잊힐 권리는 게시물 작성자에게만이 아니라, 게시물 작성자가 아닌 사람에게도 보장되어야 한다고 주장하고 있다. X
✓❷ 신문 칼럼에서는 아동·청소년이 개인 정보의 보호 대상이면서 주체가 되어야 한다고 강조하고 있다. O
③ 신문 칼럼은 육아 정보 공유를 위해 온라인에 자녀의 사진이나 동영상을 게시하는 부모들처럼 악의 없이 공유한 게시물이라도 삭제를 요구할 수 있다고 주장하고 있다. X
④ 신문 칼럼은 자녀의 정보 자기 결정권은 부모의 동의를 통해서만이 아니라, 자녀 자신의 의사만으로도 행사할 수 있어야 한다고 주장하고 있다. X
⑤ 신문 칼럼은 게시된 정보의 유용성과 무관하게 게시물의 당사자가 삭제 요청을 할 수 있도록 해야 한다고 주장하고 있다. X 답 ②

35 저작권 문제의 이해

자료 분석 칼럼은 정보 독점으로 인해 정보 격차가 심화되고 있는 문제를 제기하며, 카피레프트라는 정보 공유 운동을 통해 이러한 문제를 해결할 수 있다고 본다.

선택지 분석

① 칼럼에 따르면 카피레프트는 정보 공유 확대를 중시하고 있지만, 저작자의 저작권을 부정하거나 폐기하지는 않는다. X
✓❷ 칼럼에 따르면 저작자가 자신의 저작물 이용에 대한 배타적 권리를 포기함으로써 카피레프트는 가능해진다. O
③ 칼럼에 따르면 카피레프트가 저작권의 상업적 거래를 활성화하지는 않는다. X
④ 칼럼에 따르면 카피레프트는 정보 공유 운동으로 정보의 개방성을 추구한다. 따라서 정보의 폐쇄성을 조장하지 않는다. X
⑤ 칼럼에 따르면 카피레프트는 정보 접근 권한을 모든 사람에게 평등하게 분배하자는 운동이다. X 답 ②

36 인공 지능과 관련된 윤리적 쟁점 파악

빈출 문항 자료 분석

다음 글의 입장에서 ㉠에 대한 해결 방안으로 가장 적절한 것은?

우리가 효율성이 높은 인공지능 개발에만 주로 관심을 기울인 나머지, 인공지능이 행하는 혐오와 차별의 표현은 용인될 수 없는 사회적 문제로 대두되었다. 이 문제는 인공지능이 학습하는 데이터 자체의 비윤리성에 기인한다. 인공지능이 인간 수준의 윤리적 판단력을 갖추는 것은 불가능하므로 적절한 여과 과정을 거친 데이터를 인공지능에 제공해야 한다. 주목할 것은 그것의 비윤리적인 표현들이 우리의 일상 언어에 근거한다는 사실이다. 이 언어들은 인공지능에게는 숫자로 변환되는 전산 언어에 불과하지만, 그것들이 우리에게 다시 돌아올 때에는 ㉠ 윤리적 문제를 일으킬 수 있다.

→ 인공지능에 입력되는 데이터에 대한 윤리적 검토가 필요함

해결 전략 제시문은 인공지능이 행하는 혐오와 차별적 표현의 문제점이 심각하며 이러한 문제점은 인공지능이 학습한 데이터에서 비롯된다고 주장하고 있다. 따라서 이러한 문제점을 해결하기 위해서는 인공지능에 입력되는 데이터에 대한 윤리적 검토가 필요함을 추론할 수 있다.

선택지 분석

① 데이터 처리 속도를 높이는 것은 제시된 문제점을 해결하는 것과 관련이 없다. X
② 제시된 문제점을 해결하기 위해서는 인공지능에 대한 관용적 태도가 아니라 인공지능이 혐오와 차별의 표현을 하지 못하도록 할 필요가 있다. X
✓❸ 제시된 인공지능의 문제점을 해결하기 위해서는 인공지능에 입력되는 자료를 사전에 검증할 필요가 있다. O
④ 제시문은 인공지능이 인간 수준의 윤리적 판단력을 갖추는 것은 불가능하다고 보고 있다. X
⑤ 제시문은 인간의 일상 언어가 인공지능에 그대로 입력됨으로써 문제가 나타났다고 보고 있다. X 답 ③

37 정보 사회에서의 사이버 공간의 특징 파악

자료 분석 칼럼은 사이버 공간이 또 하나의 현실 공간이며 시민들은 정보 기술을 통해 정부의 정책이나 행정을 감시할 수 있고, 이를 통해 전자 민주주의가 실현될 수 있다고 본다.

선택지 분석

① 칼럼은 시민들의 높은 정치의식과 민주적 토론 문화가 필요하다고 본다. O

② 칼럼은 사이버 공간은 직접 민주주의 실현을 가능하게 하는 공간이라고 본다. O

③ 칼럼은 사이버 공간에서 전자 민주주의가 실현 가능하다고 본다. O

④ 칼럼은 사이버 공간의 정보 기술은 정부와 시민이 상호 견제력을 높일 수 있다고 본다. O

✓❺ 칼럼은 사이버 공간이 현실 공간과 같다고 보고 있다. 따라서 사이버 공간은 법치로부터 벗어난 공간이 아니다. X 답 ⑤

38 잊힐 권리에 대한 토론의 핵심 쟁점 파악

자료 분석 갑은 검색 서비스 사업자에게는 잊힐 권리를 행사할 수 있지만, 언론사에 잊힐 권리를 행사하면 언론의 자유와 시민의 알 권리가 침해되므로 잊힐 권리를 행사해서는 안 된다고 본다. 을은 개인이 자신의 정보에 대한 자기 결정권을 가지고 있으므로 잊힐 권리를 검색 서비스 사업자와 언론사를 대상으로 행사할 수 있어야 한다고 본다.

선택지 분석

✓❶ 갑은 검색 서비스 사업자와 달리 언론사를 대상으로는 잊힐 권리가 행사되어서는 안 된다고 본다. 을은 검색 서비스 사업자뿐만 아니라 언론사를 대상으로도 잊힐 권리를 행사할 수 있어야 한다고 본다. 갑은 부정, 을은 긍정의 대답을 할 질문이므로 토론의 핵심 쟁점이 될 수 있다. O

②, ③, ④, ⑤ 갑, 을 모두 긍정의 대답을 할 질문이다. X 답 ①

39 정보 사회의 쟁점에 대한 입장 비교

자료 분석 갑은 공개된 디지털 유산만 유족에게 상속해야 한다고 보고, 을은 공개되지 않은 디지털 유산까지 유족에게 상속해야 한다고 본다.

선택지 분석

①, ②, ③, ⑤ 갑, 을 모두 긍정의 대답을 할 질문이다. X

✓❹ 갑은 부정, 을은 긍정의 대답을 할 질문이므로 토론의 핵심 쟁점이 될 수 있다. O 답 ④

40 사이버 공간에서의 윤리 이해

자료 분석 제시된 신문 칼럼은 사이버 공간에서도 윤리와 책임 의식이 요구됨을 강조하고 있다.

선택지 분석

① 신문 칼럼은 사이버 공간의 참여자가 책임 있는 존재로 활동해야 함을 주장함으로써 현실 세계에서처럼 사이버 공간에서도 윤리가 필요하다고 본다. O

② 신문 칼럼은 사이버 공간의 참여자를 정보의 소비뿐 아니라 유통과 생산에도 적극 참여하는 주체라고 본다. O

✓❸ 신문 칼럼은 사이버 공간의 익명성으로 인해 허위 정보나 유해 정보가 유포되고 선의의 피해자가 발생한다고 본다. X

④ 신문 칼럼은 사이버 공간에서 허위 정보나 유해 정보의 생산자는 그로 인한 피해에 대해 책임져야 한다고 본다. O

⑤ 신문 칼럼은 잘못된 정보의 희생자가 되지 않으려면 정보를 비판적으로 수용하는 능력, 즉 미디어 리터러시가 필요하다고 본다. O 답 ③

41 뉴 미디어 시대의 매체 윤리 이해

빈출 문항 자료 분석

다음은 신문 칼럼이다. ㉠에 들어갈 제목으로 가장 적절한 것은?

OO 신문 OOOO년 OO월 OO일

칼럼

㉠

뉴 미디어가 등장한 이후 유통되는 정보의 양은 기하급수적으로 늘어나고 유통의 구조도 다양화되고 있다. 이에 따라 우리는 원하는 정보에 손쉽고 빠르게 접근할 수 있게 되었고 보다 효율적인 의사소통이 가능해졌다. 반면, 검증되지 않은 정보가 광범위하게 확산되거나, 다양한 정보가 임의적으로 조합되어 실체가 없는 거짓 정보가 양산되는 등 심각한 사회 문제가 생겨났다. 단순히 수용적인 태도로 미디어가 보여 주는 정보에 접근한다면 편견에 사로잡혀 세상을 객관적으로 보지 못할 수 있다. 이것이 바로 뉴 미디어 시대의 새로운 시민성으로서 미디어 리터러시(media literacy)가 요청되는 이유이다.

정보 사회에서 매체를 사용하고 이해하는 데 필요한 기본적인 읽기, 쓰기 능력으로 다양한 형태의 커뮤니케이션에 접근하고 분석하며 평가하여 발산하는 능력을 의미함

해결 전략 제시문은 뉴 미디어 시대의 정보량 증가와 접근성 개선으로 양산되고 있는 검증되지 않은 거짓 정보의 확산을 경계하고, 뉴 미디어 시대의 새로운 시민성으로서 미디어 리터러시(media literacy)를 제시하고 있다.

선택지 분석

①, ④ 뉴 미디어 시대의 특성을 설명하고 있지만 제시문에서 강조하고 있는 내용이 아니다. X

②, ③ 뉴 미디어 시대의 과제를 설명하고 있지만 제시문에서 강조하고 있는 내용이 아니다. X

✓❺ 제시문은 뉴 미디어 시대에 매체가 제공하는 정보를 제대로 평가하기 위해 비판적 사고 능력을 길러야 함을 강조하고 있다. O 답 ⑤

42 정보 자기 결정권의 의미 파악

자료 분석 칼럼은 개인 정보가 침해되는 사례가 증가하고 있음을 지적하면서 정보 자기 결정권을 강조하고 있다. 정보 자기 결정권은 자신의 개인 정보를 누구에게 어떤 범위까지 얼마 동안 어떤 형식으로 공개할 것인지 등에 관해 정보의 주인인 개인이 알고 정당한 처리를 요구할 수 있는 권리를 말한다.

선택지 분석

① 칼럼은 개인의 정보가 침해되는 경우 표현의 자유가 제한되어야 한다고 본다. X

② 칼럼은 적법하게 수집된 개인 정보도 활용 과정에서 유출될 수 있으니 제한이 필요하다고 본다. X

③ 칼럼은 개인의 민감한 정보가 당사자의 의사에 반해서 검색되어서는 안 된다고 본다. X

④ 칼럼은 각 개인이 자신의 정보에 대한 통제권을 지녀야 한다고 본다. X

✓❺ 칼럼은 개인 정보의 침해와 유출을 문제점으로 지적하면서, 각 개인에게 자신의 개인 정보의 정당한 처리를 요구할 권리가 있음을 주장하고 있다. O

답 ⑤

43 정보 사회의 특징 파악

자료 분석 제시문은 정보 격차를 완화하기 위해 정보화 기기의 보급과 정보망의 구축, 인터넷 리터러시 교육이 필요하다고 본다.

선택지 분석

ㄱ. 제시문은 정보 격차의 해소를 위해서는 정보 통신 기기의 보급뿐만 아니라 인터넷 리터러시 교육이 필요하다고 본다. X

ㄴ. 제시문에서는 정보 접근성과 부의 평준화의 관련성을 언급하지 않고 있다. X

✓ㄷ. 제시문은 정보 소외 계층에게 정보 이해 및 표현 능력을 함양할 수 있는 교육이 필요하다고 본다. O

✓ㄹ. 제시문은 정보 격차를 완화하면 사회적 약자의 처지 개선에 기여할 수 있다고 본다. O

답 ③

44 정보 사회에서 발생할 수 있는 윤리 문제 이해

자료 분석 갑은 감염병 확산 방지를 위해 개인의 사생활 보호보다 정보 공개가 중요하다고 보는 입장이고, 을은 개인의 사생활을 보호하는 범위 내에서 정보 공개를 해야 한다고 보는 입장이다.

선택지 분석

① 갑과 을은 모두 확진자가 역학 조사에 성실하게 참여해야 한다고 본다. X

② 갑과 을은 모두 확진자에 대한 역학 조사를 실시해야 한다고 본다. X

③ 갑과 을은 모두 확진자에 대한 역학 조사 결과를 공개해야 한다고 본다. X

④ 갑과 을은 모두 감염병 확산 방지를 위한 역학 조사 결과 공개가 필요하다고 본다. X

✓❺ 갑은 확진자의 사생활을 보호하려고 한다면 정보 공개가 제한적으로 이루어져 감염병 확산을 방지하는 데 어려움이 있다고 보므로 동의할 것이다. 을은 확진자의 사생활을 침해하는 것은 기본권을 침해하는 것이라고 보므로 동의하지 않을 것이다. O

답 ⑤

45 가상 공간에서의 표현의 자유 문제 이해

자료 분석 갑 사상가는 밀이다. 공리주의자인 밀은 모든 사람은 각자 최대한의 자유를 누릴 수 있지만, 개인의 자유가 다른 사람에게 해악을 끼칠 때에는 제한될 수 있다고 보았다.

선택지 분석

① 밀은 가상 공간에서도 타인의 자유가 존중되어야 함을 강조할 것이다. O

② 공리주의자인 밀은 가상 공간에서도 유용성의 원리가 적용되어야 함을 강조할 것이다. O

③ 공리주의자인 밀은 가상 공간에서 자신의 행동이 초래하게 될 결과를 고려해 행동해야 함을 강조할 것이다. O

④ 밀은 가상 공간에서도 해악 금지의 원칙에 따라 자유가 제한될 수 있음을 강조할 것이다. O

✓❺ 밀은 모든 윤리적 문제에 최대 행복의 원리를 적용해야 한다고 주장하였다. 이러한 점을 고려해 볼 때, 밀은 가상 공간에서도 최대 행복의 원리에 따라 행동해야 한다고 주장할 것이다. X

답 ⑤

46 인터넷상에서 표현의 자유 문제 이해

자료 분석 제시문의 '나'는 인터넷상에서 각 개인이 양심과 도덕성에 따라 스스로 규제하려는 노력으로 악성 댓글 문제를 해결할 수 있다고 본다.

선택지 분석

① 어떤 사람들은 익명성으로 인해 비도덕적으로 행동할 수 있음을 강조한다. X

✓❷ 어떤 사람들은 제도적 장치로만 악성 댓글 문제를 해결할 수 있다고 주장한다. 따라서 ㉠에는 "제도적 규제보다 자율적 규제가 적절한 해결책임을 간과한다."라는 내용이 들어가야 한다. O

③ 어떤 사람들은 해악 금지의 원칙이 우선되어야 함을 강조한다. X

④ 어떤 사람들은 법적 규제의 필요성을 강조한다. X

⑤ 어떤 사람들은 표현의 자유를 강제적으로 제한해야 악성 댓글이 예방될 수 있음을 강조한다. X

답 ②

47 정보 기술에 대한 입장 비교

자료 분석 갑은 독창성이 인정된다면 인공지능의 생성물을 저작물로 볼 수 있다는 입장이고, 을은 인공지능의 생성물을 저작물로 볼 수 없다는 입장이다.

선택지 분석

① 갑, 을 모두 인공지능이 독창적이고 새로운 생성물을 창조할 수 있다고 본다. 따라서 토론의 핵심 쟁점이라고 보기 어렵다. X

② 갑, 을 모두 강한 인공지능이 독자적 생성물을 창조할 수 있다고 본다. 따라서 토론의 핵심 쟁점이라고 보기 어렵다. X

✓❸ 토론의 핵심 쟁점은 인공지능이 만들어 낸 생성물을 저작물로 볼 수 있는지의 여부이다. 따라서 토론의 핵심 쟁점에 해당한다. O

④, ⑤ 갑은 인공지능이 만들어 낸 생성물을 저작물로 인정해야 한다는 입장이다. 이에 비해 을은 약한 인공지능뿐 아니라 강한 인공지능이 만들어 낸 생성물의 경우에도 저작물로 인정해서는 안 된다는 입장이다. X

답 ③

48 정보 윤리에 대한 입장 파악

자료 분석 칼럼은 저작자의 권리를 존중하면서도 정보를 공유할 수 있는 운동이 활성화되어야 한다고 보는 입장이다.

선택지 분석

① 칼럼의 내용은 저작권 보호가 창작 활동의 기회를 박탈한다고 보지 않는다. X

✓ ❷ **칼럼의 내용은 저작권 보호와 정보 공유가 양립 가능하다고 본다. O**

③ 칼럼의 내용은 저작자의 저작권을 인정하므로 저작물을 공유 자산으로 본다고 할 수 없다. X

④ 칼럼의 내용은 저작물에 이용 허락 조건을 표시하자는 입장으로 이용 허락 조건 표시가 없는 저작물을 공공재로 본다고 할 수 없다. X

⑤ 칼럼의 입장이라고 할 수 없다. X

답 ②

49 정보 통신 기술을 보는 관점 이해

자료 분석 정보 통신 기술의 발전으로 각종 정보 통신망을 통해 정치적 의사 결정에 직접 참여할 수 있게 됨으로써 정치 참여 기회가 확대될 수 있다. 그러나 정보 통신 기술을 이용한 구성원의 감시와 통제의 가능성도 높아졌다.

선택지 분석

ㄱ. 갑에 따르면 사이버 공간에서는 사생활권과 익명성이 보장되지 않는다. X

✓ **ㄴ. 갑에 따르면 정보 통신 기술은 보이지 않는 방식으로 개인을 통제한다. O**

✓ **ㄷ. 을에 따르면 사이버 공간은 직접 민주주의의 가능성을 높여 준다. O**

ㄹ. 갑에 따르면 정보화가 진전됨에 따라 표현의 자유가 위축될 가능성이 크다. X

답 ③

50 사이버 공간에서의 익명성 이해

자료 분석 제시문은 사이버 공간에서 익명성의 긍정적 측면을 강조하고 있다. 사이버 공간은 여러 자아를 실험하면서 자신의 모습을 자유롭게 만들고 해체하면서 새로운 자아를 형성할 수 있게 하므로 사이버 공간의 긍정적 측면을 살리는 지혜가 필요하다.

선택지 분석

① 제시문은 사이버 공간이 실제 공간의 연장이면서 새로운 공간이라고 본다. X

② 실명화를 통해서는 여러 자아를 실험하거나 새로운 자아를 형성하기 어렵다. X

③ 제시문은 사이버 공간이 도덕적 책임을 둔감하게 만드는 특징이 있음을 인정한다. X

✓ ❹ **제시문은 사이버 공간이 여러 자아를 실험하면서 새로운 자아 정체성을 모색할 수 있다고 본다. O**

⑤ 사이버 공간의 다중 자아를 금지하면 새로운 자아를 형성할 수 없다. X

답 ④

51 정보 공유론과 정보 사유론 비교

자료 분석 갑은 정보 공유론자, 을은 제한적 정보 사유론자이다. 정보 공유론은 지적 재산에 대한 침해, 창조 의욕 저하, 품질 하락 등의 문제를 발생시킬 수 있다. 정보 사유론은 창작자에게 배타적 독점권을 부여함으로써 정보의 자유로운 교류를 방해할 수 있다.

선택지 분석

✓ **ㄱ. 정보 공유론자는 정보를 공유할수록 창의적인 아이디어가 끊임없이 부가되어 정보의 질이 발전한다고 본다. O**

ㄴ. 제한적 정보 사유론자는 정보를 개인의 재산으로 인정하고 보호해야 한다고 본다. X

✓ **ㄷ. 제한적 정보 사유론자는 정보 창작자의 지식 재산권을 침해해서는 안 된다고 본다. O**

ㄹ. 저작자가 지적 창작물에 대한 소유권을 지닐 수 있다고 보는 것은 제한적 정보 사유론자만의 입장이다. 정보 공유론자는 정보가 저작자의 소유가 되면 정보의 지속적인 발전이 어려워진다고 본다. X

답 ②

52 정보 접근에 대한 입장 비교

자료 분석 갑은 정보에 대한 접근은 자유로워야 하지만, 정보의 생산과 유통은 국가의 규제를 받아야 한다고 보는 입장이다. 이에 비해 을은 정보에 대한 접근뿐 아니라 정보에 대한 생산과 유통도 개인의 자율에 맡겨야 한다고 보는 입장이다.

선택지 분석

① 갑은 정보에 대한 개인의 접근은 자유롭게 이루어져야 함을 주장한다. X

✓ ❷ **갑은 정보에 대한 접근은 자유로워야 하지만 생산과 유통에 대해서는 국가가 규제할 수 있다고 보며, 국가가 혐오 표현의 유해성에 대해 법적 기준을 정해야 한다고 주장한다. O**

③ 을은 정보에의 접근, 생산과 유통도 개인의 자율에 맡겨야 한다고 주장한다. X

④ 을은 정보의 생산에 대해 국가가 규제하는 것에 반대한다. X

⑤ 을은 혐오 표현에 대한 국가 규제는 표현의 자유를 침해하는 것이라고 본다. X

답 ②

본문 113~125쪽

03 자연과 윤리

53 ②	54 ③	55 ②	56 ③	57 ③	58 ⑤
59 ③	60 ①	61 ④	62 ⑤	63 ⑤	64 ③
65 ⑤	66 ④	67 ④	68 ③	69 ③	70 ③
71 ③	72 ④	73 ⑤	74 ④	75 ③	76 ④
77 ④	78 ③	79 ②	80 ④	81 ③	82 ③

53 자연에 대한 칸트, 싱어, 레오폴드의 입장 비교

빈출 문항 자료 분석

(가)의 갑, 을, 병 사상가들의 입장을 (나) 그림으로 표현할 때, A~D에 해당하는 적절한 진술만을 〈보기〉에서 고른 것은?

(가)

갑(칸트): 동물을 폭력적으로 다루면 고통에 대한 공감이 무뎌져 결국 타인과의 관계에서 인간의 도덕성에 매우 유익한 천성적 소질이 고갈될 수 있다. → 동물을 잔학하게 다루는 것은 인간의 자기 자신에 대한 의무에 어긋난다고 주장함

을(싱어): 어떤 존재가 느끼는 고통을 고려하지 않는 것은 옳지 않다. 이익 평등 고려의 원리는 그 존재의 고통을 다른 존재의 고통과 평등하게 계산하도록 한다. → 공리주의 입장에서 쾌락과 고통을 느끼는 존재의 이익을 동등하게 고려해야 한다는 이익 평등 고려의 원칙을 제시함

병(레오폴드): 경제적 이익 계산의 문제로만 바람직한 대지의 이용을 생각하지 말라. 생명 공동체의 통합성과 안정성 그리고 아름다움의 보전에 이바지한다면 그것은 옳다. → 생태계의 온전함과 안정성, 아름다움을 보전하는 것이 윤리적이라고 주장함

(나)

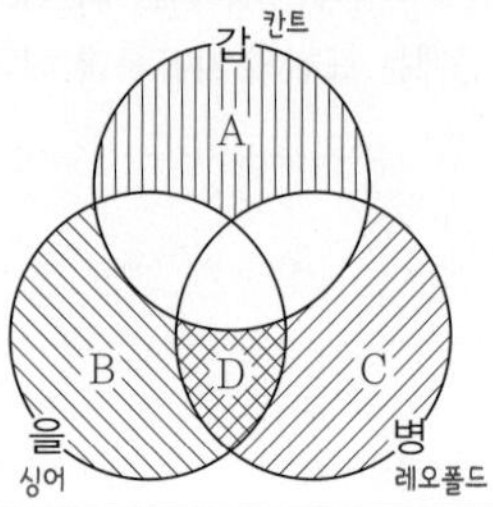

〈범례〉
A: 갑만의 입장
B: 을만의 입장
C: 병만의 입장
D: 을과 병만의 공통 입장

보기

ㄱ. A: 동물을 학대하지 않는 것은 인간의 자신에 대한 의무에 부합한다. → 칸트만의 입장

ㄴ. B: 쾌고 감수 능력은 ~~도덕적 행위자~~임을 판별하는 결정적 기준이다. → 도덕적 고려의 대상

ㄷ. C: 생태계뿐만 아니라 개별 생명체도 도덕적 고려의 대상일 수 있다. → 레오폴드만의 입장

ㄹ. D: 인간은 다른 모든 생명체보다 본질적으로 우월하지 않다.

해결 전략 갑은 칸트, 을은 싱어, 병은 레오폴드이다. 칸트는 도덕적 의무의 대상은 인간이라고 보았지만, 싱어는 공리주의 관점에서 쾌고 감수 능력이 있는 인간과 동물을 도덕적으로 고려해야 한다고 주장하였다. 레오폴드는 인간, 동물, 식물, 무생물을 대지 공동체의 구성원으로 보고 대지 공동체 자체의 도덕적 가치를 인정하였다.

선택지 분석

✓ ㄱ. 칸트에게만 옳은 진술이다. 칸트는 동물을 잔혹하게 대하는 것은 도덕성에 이로운 소질을 약화시키는 것으로 인간의 자신에 대한 의무에 위배되므로 인간은 동물을 학대해서는 안 된다고 보았다. 반면에 싱어는 쾌락과 고통을 느끼는 존재의 이익을 동등하게 고려해야 하기 때문에 동물을 학대하지 않는 것이라고 보았으며, 레오폴드는 도덕 공동체의 범위를 흙, 물, 식물과 동물 등을 포함한 대지까지 확장해야 하므로 동물을 학대해서는 안 된다고 보았다. 따라서 동물을 학대하지 않는 것은 인간의 자신에 대한 의무에 부합한다는 것은 칸트에게만 옳은 진술이다. O

ㄴ. 싱어에게 틀린 진술이다. 싱어는 쾌고 감수 능력은 도덕적 고려의 대상의 기준이지만 쾌고 감수 능력을 지닌 모든 존재를 도덕적 행위자라고 주장하지 않았다. X

✓ ㄷ. 레오폴드에게만 옳은 진술이다. 레오폴드는 개별 생명체뿐만 아니라 무생물을 포함한 생태계 전체를 도덕적 고려의 대상으로 여겨야 한다고 보았다. 하지만 칸트는 이성적 존재, 싱어는 쾌고 감수 능력을 가진 존재를 도덕적 고려의 대상으로 보았다. O

ㄹ. 싱어에게 틀린 진술이다. 싱어는 식물이나 무생물은 도덕적 고려의 대상이 아니며 인간이 더 우월한 존재라고 보았다. X

답 ②

54 자연에 대한 테일러, 레오폴드, 싱어의 입장 비교

자료 분석 갑은 테일러, 을은 레오폴드, 병은 싱어이다. 테일러는 모든 유기체는 각자 자신의 방식으로 고유의 선을 추구하는 목적론적 삶의 중심이라고 보고, 모든 생명체를 도덕적으로 존중해야 한다고 주장하였다. 레오폴드는 대지는 인간을 비롯한 자연의 모든 존재가 어울려 살아가는 생명 공동체이며, 인간은 대지의 지배자가 아니라 한 구성원일 뿐이라고 보고, 생명 공동체 자체를 존중해야 한다고 주장하였다. 싱어는 공리주의 입장에서 쾌락과 고통을 느끼는 존재의 이익을 동등하게 고려해야 한다고 보고, 단지 종이 다르다는 이유만으로 쾌고 감수 능력이 있는 인간 이외의 동물을 차별하는 것은 종 차별주의라고 비판하였다.

선택지 분석

ㄱ. 테일러만이 아니라 싱어의 입장에도 해당한다. 테일러는 생명을 지니지 않은 무생물은 도덕적 지위를 지닐 수 없다고 보았다. 싱어는 도덕적 지위를 쾌고 감수 능력이 있는 동물에게 부여한다. 그런데 동물도 생명을 지닌 존재에 포함된다. 따라서 싱어의 입장에서도 생명을 지닌 존재가 아니면 도덕적 지위를 지닐 수 없다. X

ㄴ. 레오폴드만이 아니라 테일러의 입장에도 해당한다. 레오폴드는 개체보다 생명 공동체를 우선하는 전체론적 입장이다. 테일러는 생명 공동체가 아니라 생명체 하나하나에 내재적 가치를 부여하는 개체론적 입장이다. 레오폴드와 테일러는 개체와 생명 공동체에 동등한 가치를 부여하지 않는다. X

✓ ㄷ. 테일러와 레오폴드만의 입장에 해당한다. 테일러는 다른 생명체가 지구 생명 공동체의 일원인 것과 동일한 의미와 조건으로 인간도 그 공동체의 일원일 뿐이며, 인간은 다른 동식물보다 본질적으로 우월하지 않다고 보았다. 레오폴드는 대지 공동체 내의 인간과 모든 존재는 평등한 구성원이라고 보고, 인간은 식물을 포함한 다른 존재보다 본질적으로 우월하지 않다고 보았다. 반면에 싱어는 인간은 쾌고 감수 능력이 없는 식물보다 본질적으로 우월한 존재라고 보았다. O

✓ ㄹ. 테일러와 싱어만의 입장에 해당한다. 테일러와 싱어는 개체론적 입장으로서 자연 자체의 선은 개체의 희생을 정당화하는 근거가 아니라고 보

았다. 반면에 레오폴드는 자연 자체의 선, 즉 생명 공동체 자체의 선이 개체의 선보다 우선한다고 보는 전체론적 입장이다. O 답 ③

55 자연에 대한 테일러, 칸트, 레오폴드의 입장 비교

자료 분석 갑은 테일러, 을은 칸트, 병은 레오폴드의 주장이다. 테일러는 모든 유기체가 각각 자신의 방식으로 고유의 선을 추구하는 유일한 개체로 목적론적 삶의 중심이라고 보았다. 칸트는 이성이 없지만 생명이 있는 동물을 잔학하게 다루는 것은 인간의 자기 자신에 대한 의무에 어긋난다고 주장했다. 레오폴드는 대지는 인간을 비롯한 자연의 모든 존재가 한데 어울려 살아가는 생명 공동체이며, 인간은 대지의 지배자가 아니라 한 구성원일 뿐이라고 보았다.

선택지 분석

✓ ㄱ. 테일러는 모든 생명체가 고유한 자신의 선을 지닌 존재이기 때문에 도덕적 지위를 갖는다고 보았던 반면, 칸트는 동물을 학대하는 행위가 다른 사람을 대하는 태도에 악영향을 미칠 수 있기 때문에 그러한 행위를 삼가야 한다고 보았다. 또한 레오폴드는 생태계의 안정성이 개별 생명체의 보존보다 중요하다고 보았다. O

ㄴ. 테일러와 레오폴드는 인간이 생명체에 대해 도덕적 의무가 있다고 보았던 반면, 칸트는 오직 인간에게만 도덕적 의무를 지닌다고 보았다. X

✓ ㄷ. 레오폴드는 전일론적 입장에서 개체의 선보다 생명 공동체의 선을 우선해야 한다고 보았다. O

ㄹ. 테일러는 생명 공동체에 대한 도덕적 의무가 생명체가 지닌 고유한 가치에서 나온다고 보았다. 칸트는 이성을 지닌 존재만이 도덕적 지위를 가진다고 보았는데, 이성적 존재는 생명을 지녔음을 의미한다고 할 수 있다. 레오폴드는 생명 공동체 구성원 모두 존속할 가치가 있다고 보았다. X

답 ②

56 자연에 대한 테일러, 싱어, 레오폴드의 입장 비교

자료 분석 (가)의 갑은 테일러, 을은 싱어, 병은 레오폴드이다. 테일러는 모든 생명체가 그 자체로 가치를 지니므로 도덕적 고려의 범위를 모든 생명체로 확대해야 한다고 보았다. 싱어는 쾌락과 고통을 느끼는 존재의 이익을 동등하게 고려해야 한다고 주장하였다. 레오폴드는 무생물을 포함한 생태계 전체를 도덕적 고려의 대상으로 간주해야 한다고 주장하였다.

선택지 분석

ㄱ. 테일러에 따르면 신의의 의무는 인간의 즐거움과 쾌락을 위해 야생 동물을 사냥, 낚시하거나 덫을 놓는 등의 기만행위를 금지해야 한다는 것이다. X

ㄴ. 테일러, 싱어, 레오폴드는 모두 생태계의 선과 개체의 선이 동등한 가치를 지니지 않는다고 보았다. 개체론자인 테일러와 싱어는 개체의 선을 더 중시하였고, 전일론자인 레오폴드는 생태계의 선을 더 중시하였다. X

✓ ㄷ. 테일러와 레오폴드는 생명이 있는 모든 존재를 도덕적으로 배려해야 한다고 보았다. 싱어는 생명이 있는 존재 중 쾌고 감수 능력을 지닌 동물만을 도덕적으로 배려해야 한다고 보았다. O

✓ ㄹ. 테일러, 싱어, 레오폴드 모두 인간만이 도덕적 행위의 주체이며 동물에 대한 도덕적 책임을 질 수 있다고 보았다. O 답 ③

57 자연에 대한 칸트, 싱어, 테일러의 입장 비교

자료 분석 (가)의 갑은 칸트, 을은 싱어, 병은 테일러이다. 칸트는 동물을 직접적 의무의 대상으로 보지 않았지만, 동물을 잔학하게 다루는 것은 인간성을 해칠 수 있다고 보았다. 싱어는 쾌락과 고통을 느끼는 동물을 단지 종(種)이 다르다는 이유만으로 차별하는 것은 종 차별주의라고 비판하였다. 테일러는 인간에게 생명체가 지니고 있는 고유의 선을 보호할 의무가 있다고 보았다.

선택지 분석

ㄱ. 칸트는 인간 이외의 존재가 수단적 가치를 지닐 수 있다고 보았다. X

ㄴ. 싱어는 생명을 가진 존재 중 쾌고 감수 능력을 지닌 생명을 차별하는 것을 잘못이라고 보았다. 테일러는 인간이 생명을 가진 존재를 차별하는 것을 잘못이라고 보았다. X

✓ ㄷ. 싱어는 불가피한 경우 동물을 이용하는 것이 정당화될 수 있다고 보았다. O

✓ ㄹ. 테일러는 모든 생명체가 의식의 유무에 관계없이 고유의 선을 지니며, 인간은 이처럼 고유의 선을 지니는 생명체를 도덕적으로 고려해야 할 의무를 지닌다고 보았다. O 답 ③

58 환경 윤리에 대한 테일러, 칸트, 싱어의 입장 비교

자료 분석 갑은 테일러, 을은 칸트, 병은 싱어이다. 테일러는 모든 생명체가 의식의 유무나 유용성에 관계없이 고유한 선을 지니며, 인간은 이처럼 고유한 선을 지니는 생명체를 도덕적으로 고려해야 할 의무를 지닌다고 보았다. 칸트는 동물을 잔혹하게 대하는 것은 도덕성에 이로운 소질을 약화시키는 것으로 인간의 자신에 대한 의무에 위배된다고 주장하였다. 싱어는 이익 평등 고려의 원칙에 근거하여 동물을 죽이거나 무시하는 행위는 종 차별주의라고 비판하였다.

선택지 분석

ㄱ. 테일러의 입장이 아니다. 테일러는 인간의 생존을 위해 필요한 경우에는 동물을 죽이는 것이 허용된다고 보았다. 테일러는 인간이 생명체를 해치지 않아야 할 의무를 절대적 의무라고 보지 않았다. X

ㄴ. 칸트만의 입장이 아니다. 칸트는 종이 다른 개체를, 예를 들어 종이 다른 인간과 동물을 서로 다르게 대우하는 것이 정당화될 수 있다고 보았다. 싱어는 종이 다르다고 해도 인간과 동물의 이익을 평등하게 고려하라고 할 뿐, 인간과 동물을 동등하게 대우하라고 하지는 않았다. 싱어는 종이 다른 개체를 서로 다르게 대우하는 것은 정당화될 수 있다고 보았다. X

✓ ㄷ. 테일러와 싱어만의 공통 입장이다. 칸트는 인간에 대한 의무의 근거를 이성이라고 보고, 이성을 지니지 않은 동물에 대한 의무는 없다고 보았다. 칸트가 말하는 동물에 관련된 의무는 인간에 대한 의무로부터 나온 간접적 의무일 뿐이다. 테일러는 인간에 대한 의무의 근거를 내재적 존엄성이라고 보고, 내재적 존엄성을 지닌 동물과 식물이 도덕적 의무의 대상이라고 보았다. 싱어는 인간에 대한 의무의 근거를 쾌고 감수 능력이라고 보고, 쾌고 감수 능력을 지닌 동물도 도덕적 의무의 대상이라고 보았다. O

✓ ㄹ. 칸트와 싱어만의 공통 입장이다. 인간 아닌 감각 없는 개체는 무생물, 식물, 쾌고 감수 능력이 없는 동물이다. 칸트와 싱어는 무생물, 식물, 쾌고 감수 능력이 없는 동물 중 도덕적 지위를 지닌 존재는 없다고 보았다. 반면 테일러는 식물, 쾌고 감수 능력이 없는 동물도 도덕적 지위를 지닌 존재라고 보았다. O 답 ⑤

도전 1등급 59 환경 윤리에 대한 레오폴드, 테일러, 레건의 입장 비교

도전 1등급 문항 분석 ▸▸ 정답률 31.0%

(가)의 갑, 을, 병 사상가들의 입장을 (나) 그림으로 표현할 때, A~D에 해당하는 적절한 진술만을 〈보기〉에서 고른 것은? → 대지를 자연의 모든 존재가 서로 그물망처럼 얽혀 있는 생명 공동체로 봄

(가)	갑: 생명 공동체의 온전함, 안정, 아름다움의 보존에 기여한다면 그 행위는 옳다. 대지의 이용을 경제적 관점만이 아닌 윤리적, 심미적 관점에서도 검토해야 한다. → 레오폴드 을: 생명체는 목적론적 삶의 중심으로서 그 자신의 고유한 선을 갖는다. 우리는 생명체의 고유한 선을 증진하거나 보호하는 활동을 실천해야 한다. → 테일러 → 모든 생명체가 생존, 성장, 발전, 번식이라는 목표를 추구하는 목표 지향적 존재이므로 도덕적으로 고려하고 존중해야 한다고 봄 병: 생명 공동체를 구성하는 개체들의 권리를 존중한다면 그 공동체는 보존될 것이다. 삶의 주체인 동물은 존중받을 도덕적 권리를 지닌다. → 레건 → 동물도 삶의 주체로서 내재적 가치를 지니므로 인간은 동물의 주체적 삶을 존중해야 함
(나)	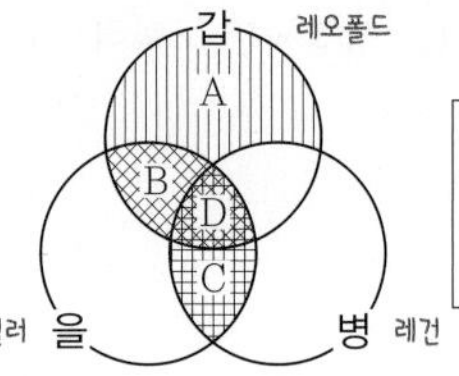 〈범례〉 A: 갑만의 입장 B: 갑과 을만의 공통 입장 C: 을과 병만의 공통 입장 D: 갑, 을, 병의 공통 입장

보기

ㄱ. A: 인간이 생명 공동체에 개입하는 것이 정당화되는 경우가 있다. → 레오폴드와 테일러의 공통 입장

ㄴ. B: 어떤 생명체와 비교하든 인간이 본질적으로 우월하지는 않다.

ㄷ. C: 개체의 선에 우선하는 생명 공동체의 선은 존재할 수 없다. → 개체론의 입장

ㄹ. D: 비도구적 가치를 지닌 비이성적 존재를 수단으로 사용하는 것은 어떠한 경우에도 정당화될 수 없다.

해결 전략 갑은 레오폴드, 을은 테일러, 병은 레건이다. 레오폴드는 도덕 공동체의 범위를 대지까지 확대해야 하며, 인간은 그러한 도덕 공동체의 평범한 구성원으로서 공동체 자체를 존중해야 한다고 주장하였다. 테일러는 모든 생명체가 목적론적 삶의 중심으로서 내재적 가치를 지닌다고 주장하였다. 레건은 삶의 주체인 동물은 도덕적 권리를 지니므로 부당하게 해를 입혀서는 안 된다고 주장하였다.

선택지 분석

ㄱ. 레오폴드는 생명 공동체의 보전을 위한 인간의 개입을 정당한 것으로 보았다. 한편 테일러는 생명 개체의 선 증진을 목적으로 하는 생명 공동체에 대한 인간의 개입을 허용하였다. X

✓ ㄴ. 레오폴드와 테일러는 어떤 생명체와 비교하든 인간이 본질적으로 우월하지는 않다고 보았다. 반면 레건은 인간이 내재적 가치를 지닌 동물과 비교하여 본질적으로 우월하지는 않다고 볼 뿐, 식물과 비교해서 인간이 본질적으로 우월하지는 않다는 입장은 아니다. O

✓ ㄷ. 테일러와 레건은 개체의 선에 우선하는 생명 공동체의 선은 존재할 수 없다고 보는 개체론의 입장이다. 반면 레오폴드는 생명 공동체의 선이 개체의 선에 우선한다고 보는 전체론의 입장이다. O

ㄹ. 레오폴드는 비도구적 가치를 지닌 비이성적 존재, 예를 들어 인간 이외의 동물이나 식물 등을 자원으로 사용하는 것을 막을 수 없다고 보았다. X

답 ③

60 자연에 대한 싱어, 칸트, 레오폴드의 입장 비교

자료 분석 (가)의 갑은 싱어, 을은 칸트, 병은 레오폴드이다. 싱어는 이익 평등 고려의 원칙에 따라 동물의 이익과 인간의 이익을 평등하게 고려해야 한다고 보았다. 칸트는 자연 중에 생명이 없음에도 아름다운 것에 대해 파괴를 일삼는 것은 인간의 자기 자신에 대한 의무에 반한다고 주장하였다. 레오폴드는 도덕 공동체의 범위를 확장해 그 속에 토양, 물, 식물과 동물뿐만 아니라 집합적으로 대지까지 포함할 것을 강조하는 대지 윤리를 주장하였다.

선택지 분석

✓ ㄱ. 싱어는 공리주의적 관점에서 인간이 동물을 다루어야 한다고 보았다. O

ㄴ. 싱어도 동의할 내용이므로 오답이다. X

✓ ㄷ. 레오폴드는 대지가 도덕적 지위를 지닐 수 있다고 보았다. O

ㄹ. 싱어만의 입장이다. X

답 ①

61 자연에 대한 칸트, 싱어, 테일러의 입장 비교

자료 분석 (가)의 갑은 칸트, 을은 싱어, 병은 테일러이다. 칸트는 생명이 없음에도 아름다운 것에 대해 파괴를 일삼는 것은 인간의 자기 자신에 대한 의무에 반한다고 주장하였다. 싱어는 동물도 인간처럼 쾌락과 고통을 느끼므로 인간과 동물이 느끼는 고통을 동등하게 취급해야 한다고 주장하였다. 테일러는 모든 생명이 목적론적 삶의 중심이며, 상호 의존적 체계의 일부이므로 인간은 고유한 선을 지니는 모든 생명체를 도덕적으로 고려해야 한다고 주장하였다.

선택지 분석

① 칸트는 이성적 존재를 도덕적 행위의 주체라고 보았다. X

② 칸트는 동물과 관련하여 인간의 간접적 의무가 있음을 인정하였다. X

③ 싱어는 인간을 위해 동물에게 친절한 것은 종 차별주의의 입장이라고 보았다. X

✓ ④ 테일러에 따르면 식물은 이익 관심을 갖지 않지만 고유의 선을 지니므로 도덕적 지위를 지닌다. O

⑤ 테일러는 생태계 자체의 도덕적 지위를 인정하지 않았다. X

답 ④

62 자연에 대한 칸트, 테일러, 싱어의 입장 비교

자료 분석 (가)의 갑은 칸트, 을은 테일러, 병은 싱어이다. 칸트는 동물을 잔혹하게 대하는 것은 도덕성에 이로운 소질을 약화시키는 것으로 인간의 자신에 대한 의무에 위배된다고 주장하였다. 테일러는 모든 생명체가 각기 고유한 방식으로 자신의 고유한 선을 추구하는 목적론적 삶의 중심으로서 내재적 가치를 지닌다고 주장하였다. 싱어는 이익 평등 고려의 원칙에 따라 동물의 이익과 인간의 이익을 평등하게 고려하지 않는다면 종 차별주의라는 잘못을 저지르는 것이라고 주장하였다.

선택지 분석

ㄱ. 칸트, 테일러, 싱어는 모두 동물에 대한 폭력적 행위가 인간의 의무에 어긋난다고 보았다. X

✓ ㄴ. 테일러는 생명체는 종에 상관없이 도덕적 지위를 지닌다고 보았다. 싱어는 도덕적 고려의 기준을 쾌고 감수 능력의 소유 여부로 보고 쾌락과 고통을 느끼는 동물은 도덕적 고려의 대상이라고 주장하였다. O

✓ ㄷ. 테일러는 모든 생명체가 고유의 선을 지닌다고 보았으며, 이를 보호하기 위한 간섭이 허용될 수 있다고 보았다. O

✓ ㄹ. 싱어는 이익 평등 고려의 원칙에 따라 동물의 고통도 도덕적으로 고려해야 한다고 보았다. O

답 ⑤

63 테일러, 칸트, 레건의 환경 윤리 비교

자료 분석 (가)의 갑은 생명 중심주의를 대표하는 테일러, 을은 인간 중심주의를 대표하는 칸트, 병은 동물 중심주의를 대표하는 레건이다. 테일러는 모든 생명체는 각기 고유한 방식으로 자신의 생존, 성장, 발전, 번식이라는 목적을 지향하고 있으며 그러한 목적을 실현하기 위해 환경에 적응하고자 애쓰는 존재이기 때문에, 모든 생명체가 목적론적 삶의 중심이라고 규정하였다. 칸트는 인간 이외의 동물과 자연은 도덕적 행위의 주체가 될 수는 없으나 인간성 실현을 위해 그들을 함부로 대하면 안 된다고 보았다. 레건은 내재적 가치를 갖는 일부 동물은 수단이 아니라 목적으로 대우해야 한다고 보았다.

선택지 분석

ㄱ. 테일러, 칸트, 레건의 공통 입장이다. 테일러는 생명을 지닌 모든 개체가 도덕적 지위를 지닌다고 보았다. 칸트는 이성 능력을 지닌 존재만이 도덕적 지위를 지닌다고 보았는데, 이성 능력을 지닌다는 것은 생명을 지녔음을 의미한다고 볼 수 있다. 레건은 삶의 주체가 되는 동물이 도덕적 지위를 지닌다고 보았는데, 삶의 주체가 되기 위해서는 지각, 믿음, 기억, 쾌고 감수 능력 등을 지녀야 하므로 당연히 생명을 지녀야 한다고 볼 수 있다. X

✓ ㄴ. 칸트는 동물이 인간의 가치 평가에 의한 수단적 가치만을 지닌다고 보았다. 반면에 테일러는 모든 생명체가 그 자체로서 가치를 지닌다고 보았으며, 레건은 삶의 주체인 동물은 본래적 가치를 지닌다고 보았다. O

✓ ㄷ. 테일러는 쾌고 감수 능력과 무관하게 모든 생명체가 목적론적 삶의 중심으로서 도덕적 지위를 갖는다고 보았으며, 칸트는 이성 능력만이 도덕적 지위를 결정하는 조건이라고 보았다. 반면에 레건은 쾌고 감수 능력을 삶의 주체로서의 도덕적 지위를 결정하는 필요조건이라고 보았다. O

✓ ㄹ. 테일러는 고유한 선을 지니는 생명체를 인간이 도덕적으로 고려해야 할 의무가 있다고 보았으며, 레건은 삶의 주체인 동물들의 권리를 인간이 도덕적으로 존중해야 할 의무가 있다고 보았다. 반면에 칸트는 자연이나 동물에 대한 의무는 인간의 도덕적 완성을 위해 요청되는 간접적 의무일 뿐이며 이성적 존재인 인간 상호 간의 의무만이 직접적 의무라고 보았다. 따라서 칸트의 입장에서 볼 때 인간에 대한 인간의 의무로 환원되지 않는 의무는 없다. O

답 ⑤

도전 1등급 64 칸트, 싱어, 레오폴드의 환경 윤리 파악

도전 1등급 문항 분석 ▸▸ 정답률 34.0%

(가)의 갑, 을, 병 사상가들의 입장을 (나) 그림으로 표현할 때, A～D에 해당하는 진술로 적절한 것만을 〈보기〉에서 있는 대로 고른 것은?

(가)

갑: 동물을 잔학하게 다루는 것은 인간 자신에 대한 의무에 어긋난다. 왜냐하면 타인과의 관계에서 도덕성에 도움이 되는 자연적 소질을 약화시키기 때문이다.
→ 자연이 인간의 도덕적 감수성을 증진하는 데 이바지하므로 자연을 함부로 대해서는 안 된다고 주장한 칸트

을: 고통과 즐거움을 느낄 수 있는 존재에 대해 우리는 이익 평등 고려 원칙을 적용해야 한다. 동물의 고통을 무시하는 행위는 일종의 종 차별주의적 태도이다.
→ 이익 평등 고려의 원칙에 근거하여 동물의 고통을 저급하게 여기거나 무시하는 행위는 종 차별주의라고 비판한 싱어

병: 개인은 상호 의존적으로 이루어진 공동체의 구성원이다. 우리는 대지 윤리를 통해 이 공동체의 범위를 흙, 물, 동식물을 포함하도록 확장해야 한다.
→ 개체로서 생명의 가치보다는 생태계 전체의 유기적 관계와 균형을 중시한 레오폴드

(나)

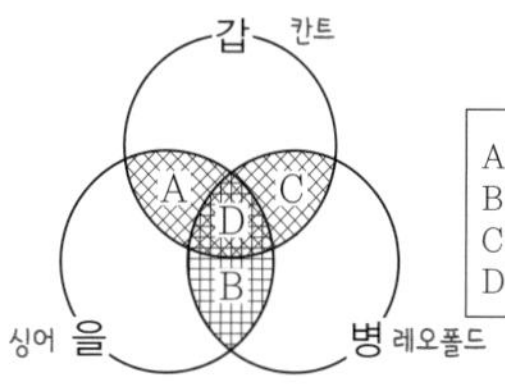

〈범례〉
A: 갑과 을만의 공통 입장
B: 을과 병만의 공통 입장
C: 갑과 병만의 공통 입장
D: 갑, 을, 병의 공통 입장

보기

ㄱ. A: 자연을 경제적 관점에서 이용하는 것이 허용될 수 있다.
ㄴ. B: 이성적 능력을 기준으로 도덕적 지위가 결정되지는 않는다.
ㄷ. C: 고통을 느끼는 모든 존재가 존속할 권리를 갖는 것은 아니다.
ㄹ. D: 동물에게 해를 끼치는 행위가 정당화되는 경우가 있다.

해결 전략 갑은 칸트, 을은 싱어, 병은 레오폴드이다. 칸트는 동물에 대한 인간의 의무는 직접적 의무가 아니라 간접적 의무라고 주장하였다. 싱어는 쾌고 감수 능력을 지닌 동물은 이익 관심을 지니며, 모든 이익 관심은 평등하게 고려받아야 한다고 주장하였다. 레오폴드는 도덕 공동체의 범위를 토양, 물, 식물, 동물 등을 포함한 대지까지 확대하는 대지 윤리를 주장하였다.

선택지 분석

ㄱ. 칸트, 싱어, 레오폴드 모두 자연을 경제적 관점에서 이용하는 것이 허용될 수 있다고 보았으므로 D에 해당하는 진술이다. 다만 레오폴드는 자연을 경제적 관점만이 아니라 도덕적 관점, 심미적 관점에서 검토할 것을 주장하였다. X

✓ ㄴ. 칸트는 도덕적 지위가 이성적 능력을 기준으로 결정된다고 보았다. 반면 싱어, 레오폴드 모두 도덕적 지위가 이성적 능력을 기준으로 결정된다고 보지 않았다. O

ㄷ. 레오폴드는 고통을 느끼는 모든 존재를 비롯한 대지 공동체의 구성원들이 존속할 권리가 있다고 보았다. X

✓ ㄹ. 칸트, 싱어, 레오폴드 모두 동물에게 해를 끼치는 행위가 정당화되는 경우가 있다고 보았다. O

답 ③

IV 과학과 윤리

65 자연에 대한 칸트, 레건, 레오폴드의 입장 비교

빈출 문항 자료 분석

(가)의 갑, 을, 병 사상가들의 입장을 (나) 그림으로 표현할 때, A~D에 해당하는 적절한 진술만을 〈보기〉에서 고른 것은?

(가)

갑: 인간은 통상 인간에 대한 의무 외에 다른 의무는 갖지 않는다. 늙은 말이 수행한 봉사에 대한 감사마저도 직접적으로 볼 때는 인간 자신에 대한 의무이다.
칸트 → 동물을 잔학하게 다루는 것은 인간의 자기 자신에 대한 의무에 배치되는 것이라고 봄

을: 인간만이 아니라 일부 동물도 삶의 주체이다. 왜냐하면 그들도 다른 존재의 이익과는 독립적으로 개별적 복지를 갖는 것과 같은 특징을 지니기 때문이다.
레건 → 성장한 포유동물은 감정적인 생활을 할 뿐만 아니라 희망과 목적을 추구할 수 있는 삶의 주체이므로 도덕적 지위를 지님

병: 인간은 생명 공동체의 한 구성원에 지나지 않는다. 인간의 활동으로만 설명되어 온 많은 역사적 사건들은 실제로는 인간과 대지의 생명적 상호 작용이었다.
레오폴드 → 인간은 대지의 한 구성원일 뿐이며 자연은 인간의 이해와 상관없이 가치를 지니므로 자연 전체가 도덕적 고려의 대상이 되어야 함

(나)

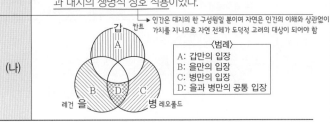

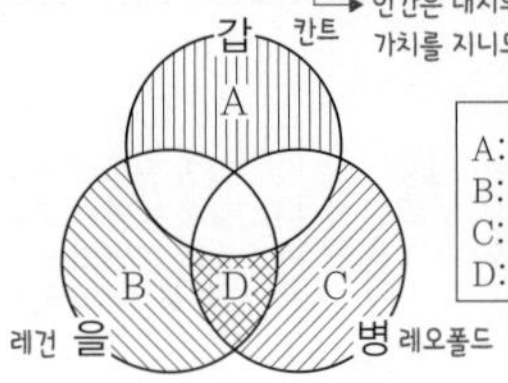

〈범례〉
A: 갑만의 입장
B: 을만의 입장
C: 병만의 입장
D: 을과 병만의 공통 입장

보기

ㄱ. A: 인간 이외의 존재에게는 ~~어떠한 가치도 부여되지 않는다~~.
ㄴ. B: 인간은 ~~동물 종(種)~~에 대한 직접적 의무를 실천해야 한다.
ㄷ. C: 인간은 살아 있는 모든 존재를 도덕적으로 존중해야 한다. → 레오폴드만의 입장
ㄹ. D: 인간만이 아니라 동물도 권리를 지닌 존재일 수 있다. → 레건과 레오폴드의 공통 입장

해결 전략 (가)의 갑은 칸트, 을은 레건, 병은 레오폴드이다. 칸트는 인간만이 도덕적 지위를 지니며, 동물 학대는 인간의 간접적 의무를 위반하는 것이라고 보았다. 레건은 일부 동물은 자기의 삶을 영위할 수 있는 삶의 주체로서 내재적 가치를 지니므로 도덕적으로 존중받을 권리가 있다고 보았다. 레오폴드는 인간은 대지의 한 구성원일 뿐이며 자연은 인간의 이해와 상관없이 가치를 지니므로 자연 전체가 도덕적 고려의 대상이 되어야 한다고 보았다.

선택지 분석

ㄱ. 칸트는 인간 이외의 존재에게는 도구적 가치가 부여될 수 있다고 보았다. X

ㄴ. 레건은 동물 종이 아니라 개별 동물이 직접적인 도덕적 의무의 대상이 될 수 있다고 보았다. X

✓ㄷ. 레오폴드는 인간은 생명 공동체의 동료뿐만 아니라 전체 공동체에 대해서도 존경심을 가져야 한다고 보고, 살아 있는 모든 존재를 도덕적으로 존중해야 함을 주장하였다. 그러나 칸트나 레건은 모든 살아 있는 존재를 도덕적으로 존중해야 한다고 주장하지는 않았다. O

✓ㄹ. 레건은 동물도 내재적 가치를 지닌 존재로서 도덕적 권리를 가질 수 있다고 보았다. 그리고 레오폴드는 동물도 자연 상태 그대로 생존할 권리는 보장되어야 한다고 주장하였다. 다만 칸트는 인간만이 권리를 지닐 수 있다고 보았다. O

답 ⑤

66 자연에 대한 레오폴드, 테일러, 싱어의 입장 비교

자료 분석 (가)의 갑은 레오폴드, 을은 테일러, 병은 싱어이다. 레오폴드는 도덕 공동체의 범위를 대지로 확장시켜야 한다고 보았다. 테일러는 모든 생명체는 내재적 가치를 가지므로 도덕적으로 고려해야 한다고 보았다. 싱어는 쾌고 감수 능력을 지닌 동물을 차별하는 태도를 '종 차별주의'라고 비판하였다.

선택지 분석

ㄱ. 테일러가 긍정의 대답을 할 질문이다. 테일러는 생명체는 인간의 평가로부터 독립된 내재적 가치를 지닌다고 본다. X

✓ㄴ. 테일러는 모든 생명체가 도덕적 지위를 지닌다고 보았고, 싱어는 유정성, 즉 쾌고 감수 능력을 지닌 존재만이 도덕적 지위를 지닌다고 보았다. O

ㄷ. 테일러는 모든 생명체는 의식 유무와 상관없이 생존, 성장, 발전, 번식 등의 목적을 가지고 있다고 본다. X

✓ㄹ. 싱어는 동물의 고통과 인간의 동일한 고통을 동등하게 취급하는 이익 평등 고려의 원칙을 주장하였다. O

답 ④

67 자연에 대한 싱어, 레오폴드, 테일러의 입장 비교

자료 분석 (가)의 갑은 싱어, 을은 레오폴드, 병은 테일러이다. 싱어는 쾌고 감수 능력을 지닌 동물을, 레오폴드는 자연 전체를, 테일러는 모든 생명체를 도덕적 고려의 대상으로 보았다.

선택지 분석

✓ㄱ. 싱어는 쾌락과 고통을 느낄 수 있는 능력은 어떤 존재가 이익 관심을 갖기 위한 필요충분조건이라고 보았다. 싱어는 쾌고 감수 능력이 있는 존재만이 도덕적 지위를 지닌다고 보았다. O

✓ㄴ. 레오폴드는 인간과 동식물뿐만 아니라 토양, 물과 같은 무생물, 대지 또한 도덕적 지위를 갖는다고 보았다. 테일러는 생명이 없으면 도덕적 지위를 갖지 못한다고 보았다. O

ㄷ. 칸트의 인간 중심주의에서 긍정할 질문이다. X

✓ㄹ. 테일러는 모든 생명체가 자기 보존과 자체적 좋음을 향하여 움직이는 목적 지향적 활동의 단일화된 체계라는 점에서 동등하다고 보았다. O

답 ④

68 동물 권리에 대한 코헨과 레건의 입장 비교

자료 분석 (가)는 코헨, (나)는 레건의 주장이다. 코헨은 동물이 윤리 규범의 고안 능력과 자율성이 없기 때문에 도덕적 권리가 없다고 보았고, 레건은 삶의 주체가 되는 동물은 도덕적 권리가 있다고 보았다.

선택지 분석

X: 동물을 수단이 아닌 목적으로 대우해야 함을 강조하는 정도는 레건이 코헨보다 높다.

Y: 의학의 발전을 위해서 동물 실험이 필요함을 강조하는 정도는 레건이 코헨보다 낮다.

Z: 동물과 인간이 모두 도덕적 권리를 지닐 수 있음을 강조하는 정도는 레건이 코헨보다 높다.

✓❸ X는 높고 Y는 낮고 Z는 높으므로 (나)의 입장은 ㉢이다.

답 ③

도전 1등급 69 싱어, 칸트, 레오폴드의 입장 이해

도전 1등급 문항 분석 ▸▸ 정답률 24.5%

(가)의 갑, 을, 병 사상가들의 입장을 (나) 그림으로 표현할 때, A～D에 해당하는 적절한 진술만을 〈보기〉에서 있는 대로 고른 것은?

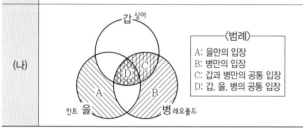

(가)
갑: 쾌고를 느낄 수 있는 능력은 어떤 존재가 이익 관심을 갖기 위한 필요충분조건이다. 만약 한 존재가 쾌고를 겪을 수 없다면, 고려해야 할 것은 아무것도 없다.
→ 도덕적 고려의 기준을 쾌고 감수 능력의 소유 여부로 본 싱어의 입장

을: 자연의 아름다움을 무자비하게 파괴하려는 성향은 인간 자신에 대한 의무를 거스른다. 왜냐하면 그것은 도덕성에 기여하는 감정을 약화시키기 때문이다.
→ 인간의 도덕적 감수성을 위해 자연을 함부로 대해서는 안 된다고 주장한 칸트의 입장

병: 개인은 상호 의존적인 대지 공동체의 구성원이다. 개인의 본능은 공동체 내에서 경쟁할 것을 촉구하지만 그의 윤리는 협동도 하라고 촉구한다.
→ 대지 윤리를 주장한 레오폴드

(나)
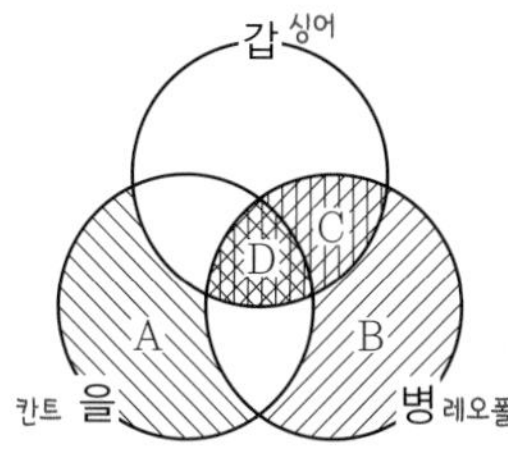

〈범례〉
A: 을만의 입장
B: 병만의 입장
C: 갑과 병만의 공통 입장
D: 갑, 을, 병의 공통 입장

보기

ㄱ. A: 공리의 원리는 동물을 도덕적으로 고려해야 할 근거가 아니다.
ㄴ. B: 인간에 대해서뿐만 아니라 자연과 관련해서도 인간의 의무가 발생한다.
ㄷ. C: 직접적인 도덕적 의무의 대상은 인간에만 한정되지 않는다.
ㄹ. D: 도덕적 지위를 지닌 존재의 범위를 모든 생명체로 설정하는 것은 부적절하다.

해결 전략 (가)의 갑은 싱어, 을은 칸트, 병은 레오폴드이다. 싱어는 동물 중심주의, 칸트는 인간 중심주의, 레오폴드는 생태 중심주의이다. 싱어는 도덕적 고려의 기준을 쾌고 감수 능력의 소유 여부로 보며, 쾌락과 고통을 느끼는 동물도 도덕적 고려의 대상이라고 주장하였다. 칸트는 이성은 없지만 생명이 있는 일부 피조물과 관련하여 동물들을 폭력적으로 다루는 것은 인간의 자기 자신에 대한 의무에 배치되는 것이라고 보았다. 레오폴드는 대지를 수많은 존재가 서로 균형을 맞추며 살아가는 공동체로 파악하고 이를 존중해야 한다고 주장하였다.

선택지 분석

ㄱ. 칸트와 레오폴드의 공통 입장에 해당하는 진술이다. X
ㄴ. 칸트, 레오폴드의 공통 입장에 해당하는 진술이다. X
✓ ㄷ. 칸트가 직접적 의무의 대상을 인간으로 한정하는 데 반해 싱어와 레오폴드는 인간 이외의 존재에 대해서도 직접적으로 도덕적인 의무가 있다고 본다. O
✓ ㄹ. 칸트는 인간에게만 도덕적 지위가 부여된다고 보고, 싱어는 쾌고 감수 능력을 지닌 동물은 도덕적 지위를 지닌다고 보며, 레오폴드는 생명체뿐 아니라 무생물까지 포함하는 생태 공동체가 도덕적 지위를 지닌다고 본다. O

답 ③

70 데카르트, 레건, 레오폴드의 입장 파악

자료 분석 (가)의 갑은 데카르트, 을은 레건, 병은 레오폴드이다. 데카르트는 인간의 정신을 물질로 환원할 수 없는 존엄한 것으로 본 반면, 자연을 단순한 물질 또는 기계로 파악하였다. 레건은 일부 동물은 도덕적으로 무능할지라도 자기의 삶을 영위할 수 있는 삶의 주체로서 내재적 가치를 지니기 때문에 도덕적으로 존중받을 권리가 있다고 보았다. 레오폴드는 도덕 공동체의 범위를 토양, 물, 식물, 동물 등을 포함한 대지까지 확대하는 대지 윤리를 제시하였다.

선택지 분석

ㄱ. 레오폴드도 동물을 자원으로 사용할 수 있다고 보았다. X
ㄴ. 레오폴드도 사유 능력 여부로 어떤 존재의 도덕적 지위가 결정된다고 보지 않았다. X
✓ ㄷ. 레오폴드는 공동체 자체를 도덕적 고려 대상으로 간주하였고, 살아 있는 모든 존재가 이러한 공동체의 평등한 구성원이라고 보았다. O
✓ ㄹ. 레건과 레오폴드는 데카르트와 달리 인간이 아닌 존재도 생명에 대한 권리를 지닐 수 있다고 보았다. O

답 ③

도전 1등급 71 싱어, 레건, 칸트의 입장 이해

도전 1등급 문항 분석 ▸▸ 정답률 25.4%

(가)의 갑, 을, 병의 입장을 (나) 그림으로 표현할 때, A～D에 해당하는 적절한 진술만을 〈보기〉에서 있는 대로 고른 것은?

(가)
갑: 도덕 판단은 보편화 가능해야 한다. 어떤 이익이 단지 인간에게 유용하다는 이유만으로, 이익 관심을 가진 동물의 이익보다 중요하다고 간주해서는 안 된다. → 싱어
→ 이익 평등 고려의 원칙

을: 도덕적 존중의 대상에는 도덕적 권리를 가질 수 있는 삶의 주체인 동물도 포함된다. 그들 각각은 다른 존재의 이익과 독립해 개별적 복지를 추구한다. → 레건
→ 일부 동물은 도덕적으로 무능할지라도 삶의 주체로서 내재적 가치를 지님

병: 도덕적 의무를 질 수 있는 인간에 대한 의무 외에 다른 존재에 대한 의무는 없다. 물론 동물이 수행한 봉사에 대한 감사는 간접적으로 인간의 의무에 속한다. → 칸트
→ 인간 중심주의

(나)
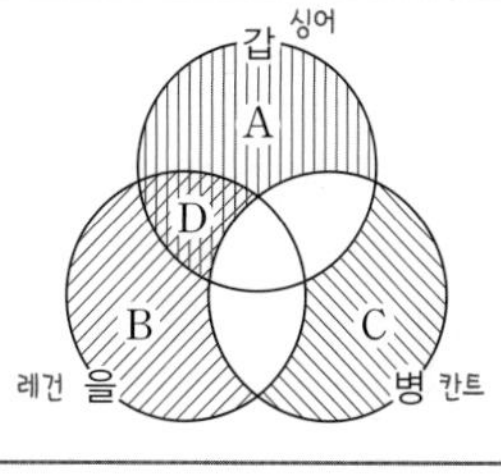

〈범례〉
A: 갑만의 입장
B: 을만의 입장
C: 병만의 입장
D: 갑과 을만의 공통 입장

보기

ㄱ. A: 이익 관심을 지닌 모든 개체는 동일한 대우를 받아야 한다.
ㄴ. B: 목적 그 자체로서 가치를 지닌 존재는 도덕적 존중의 대상이다.
ㄷ. C: 동물 학대가 그릇된 근본 이유는 인간성 실현을 저해함에 있다.
ㄹ. D: 자율적 행위 능력과 무관하게 도덕적 지위는 부여되어야 한다.

해결 전략 갑은 싱어, 을은 레건, 병은 칸트이다. 싱어, 레건, 칸트 사상의 공통점과 차이점을 파악하여 문제를 해결해야 한다.

Ⅳ 과학과 윤리

선택지 분석

ㄱ. 싱어는 이익 관심을 지닌 모든 개체를 '동등하게 고려해야' 한다고 본다. X

ㄴ. 레건과 칸트의 공통점이다. X

✓ㄷ. 칸트는 동물 학대가 그릇된 근본 이유는 그것이 인간성 실현을 저해하기 때문이라고 본다. O

✓ㄹ. 싱어와 레건은 자율적 행위 능력과 무관하게 도덕적 지위가 부여되어야 한다고 본다. O

답 ③

도전 1등급 72 자연 윤리에 대한 테일러, 칸트, 싱어의 입장 비교

도전 1등급 문항 분석 ▸▸ 정답률 31.1%

(가)의 갑, 을, 병 사상가들의 입장에서 서로에게 제기할 수 있는 비판을 (나) 그림으로 표현할 때, A∼F에 해당하는 내용으로 가장 적절한 것은?

(가)

갑: 모든 생명체는 고유의 선을 실현하기 위해 움직인다.(→ 테일러) 우리에게 도덕적 관심을 갖게 하는 것은 유기체가 지닌 목적 추구 능력이다.

을: 자연 중에 생명은 없지만 아름다운 것을 파괴하거나 동물을 잔인하게 다루는 것은 인간의 자기 자신에 대한 의무에 어긋난다. → 칸트

병: 쾌고 감수 능력을 지닌 모든 존재는 자신의 이익 관심을 갖는다. → 싱어 이러한 존재들을 차별할 수 있다고 생각하는 것은 인간의 편견에 불과하다.

(나)

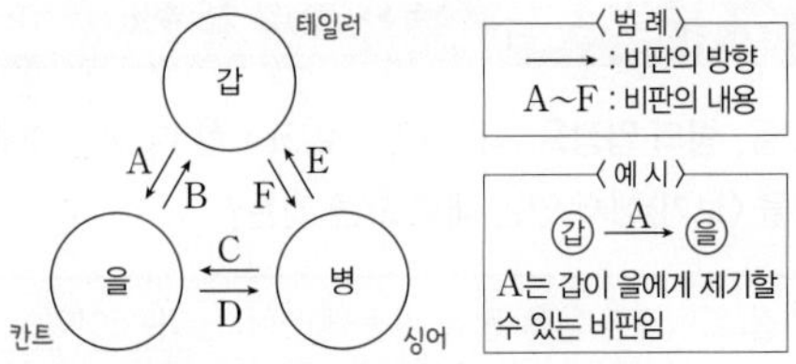

해결 전략 (가)의 갑은 테일러, 을은 칸트, 병은 싱어이다. 테일러는 생명이 있는 모든 존재가, 칸트는 인간이, 싱어는 쾌고 감수 능력을 가진 유정성(有情性)이 있는 존재가 도덕적 지위를 갖는다고 보았다.

선택지 분석

① 칸트는 인간이 동물에 대해 간접적 의무를 지닌다고 보았으므로 칸트에게 할 적절한 비판이 아니다. X

② 테일러는 개별 생명체를 중시하므로 테일러가 제기할 비판이 아니다. X

③ 테일러와 싱어가 인간의 필요를 위해 동물을 이용할 수 있음을 간과한다고 보기 어렵다. 테일러는 우선성의 원리 중 분배적 정의는 인간의 기본적 이해관계와 동식물의 기본적 이해관계가 충돌했을 때 인간의 기본적 이해관계를 위해서 동물을 이용하는 것을 인정한다고 본다. X

✓❹ 싱어는 쾌고 감수 능력이 있는 존재만이 도덕적 지위를 지닌다고 보았으므로 적절한 비판이다. O

⑤ 칸트는 쾌고 감수 능력이 없는 존재가 내재적 가치를 지닌다고 보지 않으므로 칸트가 제기할 적절한 비판이 아니다. X

답 ④

73 레건, 네스, 테일러의 자연관 비교

자료 분석 (가)의 갑은 동물 중심주의의 레건, 을은 심층 생태주의의 네스, 병은 생명 중심주의의 테일러이다. 테일러는 인간이 생태계를 조작, 통제, 개조하려는 시도를 하지 말아야 한다고 보았다.

선택지 분석

① 레건, 네스, 테일러 모두 긍정의 대답을 할 질문이다. X

②, ③ 네스와 테일러 모두 긍정의 대답을 할 질문이다. X

④ 네스가 부정의 대답을 할 질문이다. X

✓❺ 테일러는 불간섭을 주장하면서 생태계를 통제하려는 시도를 하지 말아야 한다고 본다. O

답 ⑤

도전 1등급 74 자연 윤리에 대한 레건, 테일러, 칸트의 입장 이해

도전 1등급 문항 분석 ▸▸ 정답률 31.4%

(가)의 갑, 을, 병 사상가들의 입장에서 서로에게 제기할 수 있는 비판을 (나) 그림으로 표현할 때, A∼F에 해당하는 내용으로 가장 적절한 것은?

(가)

갑: 도덕적 행위 능력과 무관하게 인간과 일부 동물은 도덕적 권리를 갖는다.(→ 일부 동물도 삶의 주체로서 도덕적 권리를 가짐) 그들 각자는 고유한 삶을 살아가는 삶의 주체이다. → 레건

을: 도덕적 행위 능력이 없어도 생명체라면 존중해야 한다. 모든 생명체는 목적론적 삶의 중심이며 내재적 가치를 지닌다. → 테일러
(→ 모든 생명체는 인간이 자연에 대해 부여하는 가치와 무관하게 내재적 가치를 지니므로 도덕적으로 고려해야 함)

병: 도덕적 행위 능력이 있는 인간은 자연을 파괴하는 행위를 삼가야 한다. 그러한 파괴적 성향은 인간의 도덕성에 기여하는 감정을 약화시킨다. → 칸트
(→ 동물과 자연에 대한 의무는 인간성 실현을 위한 간접적인 도덕적 의무에 불과함)

(나)

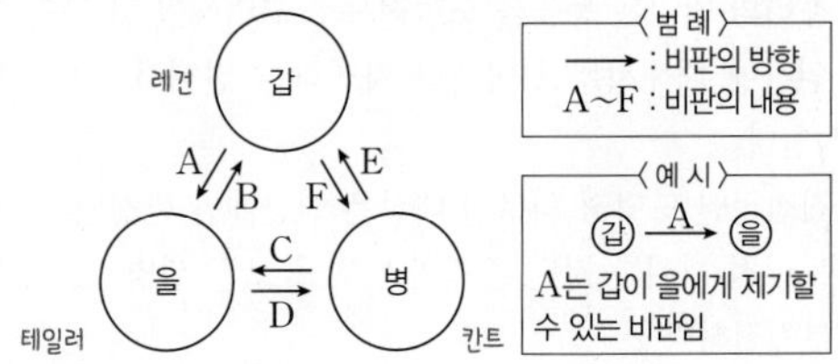

해결 전략 갑은 레건, 을은 테일러, 병은 칸트이다. 세 사상가가 서로에게 제기할 수 있는 비판의 내용으로 적절한 것을 파악해야 한다. 또한 내재적 가치란 인간의 의식과는 독립적으로 그 자체로 지니는 가치를 말하며, 내재적 가치를 지니는 것의 범위를 어디까지로 보는지를 파악하여 문제를 해결해야 한다.

선택지 분석

① 테일러는 모든 생명체 각각이 지닌 고유한 선이 도덕 행위자에 의해 보호되고 증진되어야 한다고 본다. X

② 레건은 삶의 주체인 일부 동물은 내재적 가치를 가지므로 그 개체들을 도덕적으로 존중해야 한다고 본다. 즉 레건은 개체에 대한 도덕적 존중의 근거를 내재적 가치에서 찾는다. X

③ 테일러는 도덕적 행위 능력이 없는 존재 모두가 내재적 가치를 지닌다고 보지 않는다. 테일러는 도덕적 행위 능력이 없는 존재 중 생명체만이 내재적 가치를 지닌다고 본다. X

✓❹ 칸트는 이성을 지닌 인간을 목적 그 자체로 대우할 것을 강조하지만, 레건은 이성이 없더라도 삶의 주체인 개체를 단지 수단이 아니라 목적 그 자체로 대우해야 된다고 강조한다. O

⑤ 레건, 테일러, 칸트 모두 도덕적 행위 주체들의 도덕적 지위는 평등하다고 본다. X

답 ④

75 레오폴드, 레건, 테일러의 입장 이해

자료 분석 갑은 레오폴드, 을은 레건, 병은 테일러이다. 레오폴드는 인간과 자연을 모두 포괄하는 유기체적 생태 공동체 안에서 개체인 인간에게 전체 공동체의 건강한 유지를 위해 도덕적 책임과 의무가 부과된다고 보았다. 레건은 동물 권리론을 주장하면서 몇몇 동물은 삶의 주체로서 존중받아야 할 권리가 있다고 보았다. 테일러는 모든 생명체가 목적론적 삶의 중심으로서 고유의 선을 갖는다고 보았다.

선택지 분석

ㄱ. 생명 공동체의 온전성 보전을 주장한 레오폴드와 생태계 불간섭의 의무를 주장한 테일러가 긍정할 내용이다. X

ㄴ. 레오폴드와 레건, 테일러가 모두 긍정할 내용이므로 D에 해당한다. X

✓ ㄷ. 레건과 테일러는 레오폴드와 달리 개체론의 입장을 취한다. 따라서 이들은 생태계의 선이 개체의 선보다 우선될 수 없다고 본다. O

✓ ㄹ. 레오폴드, 레건, 테일러는 모두 인간 상호 간의 의무가 도덕적으로 정당화될 수 있다고 본다. O

답 ③

76 자연 윤리의 여러 입장 파악

자료 분석 갑은 동물에 대한 의무는 인간성 실현을 위한 간접적인 도덕적 의무에 불과하다고 본 인간 중심주의자 칸트, 을은 모든 생명체가 목적론적 삶의 중심이라고 본 생명 중심주의자 테일러, 병은 대지 윤리를 강조한 생태 중심주의자 레오폴드이다.

선택지 분석

① 테일러는 모든 생명체가 내재적 가치를 갖는다고 보고 모든 생명체를 도덕적으로 고려해야 한다고 본다. 따라서 쾌고 감수 능력을 지닌 존재는 도덕적 지위가 있다고 본다. X

② 테일러는 생태계 안정을 위해 생명체를 해치는 행위를 잘못이라고 본다. X

③ 칸트, 테일러, 레오폴드는 모두 도덕적 행위의 주체는 인간뿐이라고 본다. X

✓ ❹ 테일러와 레오폴드는 칸트와 달리 인간을 생명 공동체의 평범한 구성원으로 본다. O

⑤ 테일러는 모든 생명체가 고유의 선(善)을 지니며, 내재적 가치를 지닌다고 본다. X

답 ④

77 싱어의 입장 이해

자료 분석 제시문을 주장한 사상가는 싱어이다. 싱어는 쾌고 감수 능력을 지닌 모든 존재의 이익을 평등하게 고려해야 한다는 이익 평등 고려의 원칙을 주장하면서 인간과 동물의 이익 관심을 동등하게 고려해야 하고, 동물에게 불필요한 고통을 주는 동물 실험을 해서는 안 된다고 보았다.

선택지 분석

✓ ㄱ. 싱어는 인간과 동물의 이익 관심을 동등하게 고려해야 한다고 보므로, 동물의 이익 관심을 고려하지 않는 동물 실험은 부당하다고 본다. O

✓ ㄴ. 싱어는 실험실 동물을 착취하는 것은 인간과 동물을 차별하는 종 차별주의적인 행위라고 본다. O

✓ ㄷ. 싱어는 동물에게 불필요한 고통을 주는 동물 실험을 해서는 안 된다고 본다. O

ㄹ. 싱어는 인간과 동물이 동일한 권리를 갖고 있다고 보지 않는다. X

답 ④

78 생태 중심주의, 인간 중심주의, 생명 중심주의의 입장 이해

빈출 문항 자료 분석

(가)의 사상가 갑, 을, 병의 입장을 (나) 그림으로 탐구할 때, A~D에 해당하는 질문으로 옳지 않은 것은?

(가)

갑: 유엔의 '인권 선언'이 세계인의 인권 증진에 기여했듯이, 자연의 본래적 가치를 강조한 '지구 헌장'에 근거하여 환경 보전에 힘써야 한다. → 생태 중심주의
(→ 무생물을 포함한 생태계 전체를 도덕적 고려의 대상으로 간주함)

을: 동물의 선을 위해 식물을 이용하거나 인간의 선을 위해 동물을 이용하는 것은 모두 적법하고 옳다. 이는 신의 명령과도 부합한다. → 인간 중심주의(아퀴나스)
(→ 신의 섭리에 따라 동물은 자연의 과정에서 인간이 사용하도록 운명 지어졌다고 봄)

병: 살아 있는 모든 존재는 자기 보존과 행복을 향해 움직인다. 우리에게 도덕적 관심을 갖게 만드는 것은 유기체가 지닌 자연적인 목적 추구 능력이다. → 생명 중심주의(테일러)

(나)

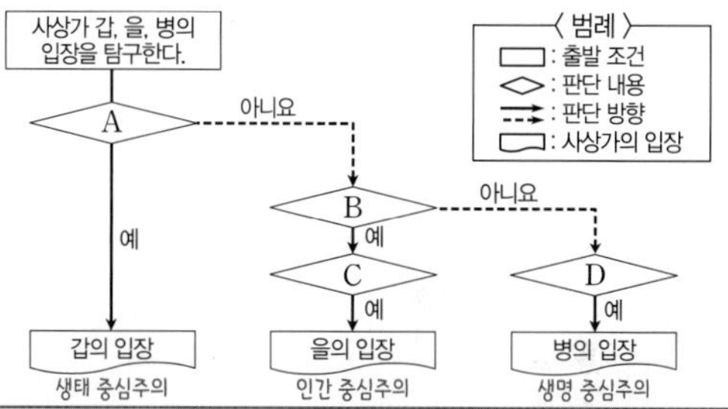

해결 전략 갑은 생태 중심주의의 입장이며, 을은 인간 중심주의인 아퀴나스이고, 병은 생명 중심주의인 테일러이다. 생태 중심주의에서는 무생물을 포함한 생태계 전체를 도덕적 고려의 대상으로 간주한다. 인간 중심주의에서는 인간만이 도덕적 지위를 지닌다고 보고 인간 이외의 모든 존재를 인간의 목적을 이루기 위한 수단으로 간주한다. 생명 중심주의에서는 모든 생명체는 그 자체로서 가치를 지니므로 도덕적 고려의 범위를 모든 생명체로 확대해야 한다고 본다.

선택지 분석

① 생태 중심주의는 전일론적 관점에서 개체보다 상호 의존성에 바탕을 둔 생태계 자체에 관심을 갖고 생태계 전체의 이익을 우선하여 고려한다. O

② 아퀴나스는 이성적 존재인 인간을 위해 동물을 이용하는 것은 부정의한 것이 아니라고 본다. O

✓ ❸ 아퀴나스와 테일러는 비이성적 존재(동물, 식물, 무생물)를 인간을 위한 자원으로 활용할 수 있다고 본다. X

④ 인간 중심주의 사상가인 아퀴나스는 모든 생명을 인간과 동일하게 대우할 필요는 없다고 본다. O

⑤ 테일러는 모든 생명체가 고유의 선을 지니며, 인간이 자연에 대해 부여하는 가치와 무관하게 내재적 가치를 가진다고 보고 도덕적으로 고려해야 한다고 본다. O

답 ③

IV 과학과 윤리

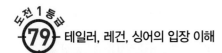

도전 1등급 79 테일러, 레건, 싱어의 입장 이해

도전 1등급 문항 분석 ▸▸ 정답률 37.0%

(가)의 갑, 을, 병 사상가들의 입장을 (나) 그림으로 표현할 때, A~D에 해당하는 옳은 진술만을 〈보기〉에서 있는 대로 고른 것은?

(가)	갑: 모든 생명체는 내재적 가치를 지니며, 자기 보존을 위해 고유한 방식으로 각자의 선(善)을 추구한다는 점에서 목적론적 삶의 중심이다. → 테일러(생명 중심주의) 을: 지각, 믿음, 기억, 쾌고 감수 능력 등을 지닌 삶의 주체가 갖는 권리를 존중해야 한다. 삶의 주체인 개체들은 내재적 가치를 지닌다. → 레건(동물 중심주의) 병: 쾌고 감수 능력은 이익 관심을 갖기 위한 필요충분조건이다. 어떤 종(種)에 속해 있다는 이유로 차별하는 것은 정당하지 않다. → 싱어(동물 중심주의)
(나)	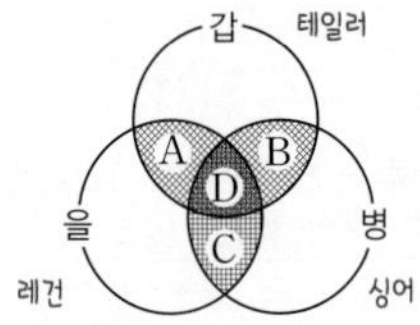 〈범 례〉 A: 갑과 을만의 공통 입장 B: 갑과 병만의 공통 입장 C: 을과 병만의 공통 입장 D: 갑, 을, 병의 공통 입장

보기

ㄱ. A: 쾌고 감수 능력이 동물의 이익 고려를 위한 유일한 조건은 아니다.
ㄴ. B: 모든 유기체가 지닌 목적을 존중하는 것은 인간의 의무이다.
ㄷ. C: 고등 능력을 가진 동물은 내재적 가치를 지닌 존재이다.
ㄹ. D: 도덕적 행위 능력이 없는 존재도 도덕적 지위를 지닐 수 있다. → 테일러, 레건, 싱어의 공통 입장

해결 전략 갑은 테일러, 을은 레건, 병은 싱어이다. 테일러는 생명 중심주의자이며, 레건과 싱어는 동물 중심주의자이다. 세 사상가 간의 공통점과 차이점을 파악하여 문제를 해결해야 한다.

선택지 분석

✓ ㄱ. 쾌고 감수 능력을 동물의 이익 고려를 위한 유일한 조건으로 보는 것은 싱어의 입장이다. 레건은 쾌고 감수 능력 이외에도 지각, 믿음, 기억, 미래에 대한 감각 등이 필요하다고 본다. 테일러는 모든 생명체는 생존, 성장, 발전, 번식과 같은 고유한 선을 가지며 이러한 선을 갖는 실체들을 존중해야 한다고 본다. 따라서 테일러와 레건은 쾌고 감수 능력이 동물의 이익 고려를 위한 유일한 조건은 아니라고 본다. O

ㄴ. 모든 생명체는 생명 공동체의 일원으로서 자기 보존과 행복을 위해 움직이는 목적론적 삶의 중심이라고 보는 테일러만 동의할 내용이다. 레건과 싱어는 모든 유기체가 아닌 동물만을 존중해야 한다고 본다. X

ㄷ. 동물을 내재적 가치를 지닌 존재로 보는 것은 테일러, 레건, 싱어가 모두 동의할 내용이므로 D에 해당한다. X

✓ ㄹ. 테일러, 레건, 싱어는 모두 도덕적 행위 능력이 없는 존재도 도덕적 지위를 지닐 수 있다고 보는 탈인간 중심주의의 입장이다. O 답 ②

80 칸트, 레건, 레오폴드의 입장 이해

빈출 문항 자료 분석

(가)의 갑, 을, 병 사상가들의 입장을 (나) 그림으로 표현할 때, A~D에 해당하는 적절한 진술만을 〈보기〉에서 있는 대로 고른 것은?

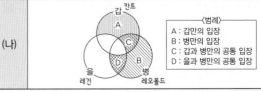

(가)	(→ 자연을 파괴하고자 하는 성향은 다른 사람을 대하는 태도에도 영향을 미치므로 인간에 대한 의무를 거스르는 것이라고 봄) 갑: 자연 안에 생명이 없는 아름다운 대상들에 대한 파괴를 일삼는 것은 도덕성을 크게 촉진하는 감정을 약화시켜 자기 자신에 대한 인간의 의무와 대립한다. → 칸트 (→ 일부 동물은 도덕적 무능력자이지만 내재적 가치를 지니므로 단순한 도구로 여기거나 다루어서는 안 됨) 을: 일부 동물들은 삶의 주체로서 존중받을 도덕적 권리를 갖는다. 우리가 생명 공동체를 구성하는 개체들의 권리를 존중한다면 그 공동체는 보존될 것이다. → 레건 (→ 대지는 인간을 비롯한 자연의 모든 존재가 한데 어울려 살아가는 생명 공동체이며, 인간은 대지의 지배자가 아니라 한 구성원일 뿐임) 병: 인간은 생명 공동체인 대지의 구성원이다. 어떤 것이 생명 공동체의 온전성, 안정성, 아름다움의 보존에 이바지한다면 그것은 옳고, 그렇지 않다면 그르다. → 레오폴드 (→ 생태계의 온전함과 안정성, 아름다움을 보전하는 것이 윤리적임)
(나)	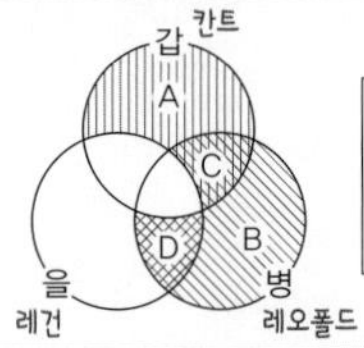 〈범례〉 A : 갑만의 입장 B : 병만의 입장 C : 갑과 병만의 공통 입장 D : 을과 병만의 공통 입장

보기

ㄱ. A: 수단으로만 취급해서는 안 될 존재는 이성적 존재뿐이다.
ㄴ. B: 유기체적 생명 공동체 자체의 도덕적 지위를 존중해야 한다.
ㄷ. C: 자연의 아름다움을 보존하는 데 이바지하는 행위만이 옳다.
ㄹ. D: 인간성을 해친다는 것이 동물 학대가 그른 주된 이유는 아니다.

해결 전략 갑은 칸트, 을은 레건, 병은 레오폴드이다. 칸트는 동물에 대한 우리의 도덕적 의무는 인간성 실현을 위한 간접적인 도덕적 의무에 불과하다고 보았다. 레건은 동물 중심주의자로서 일부 동물은 자기의 삶을 영위할 수 있는 삶의 주체라고 보았다. 레오폴드는 대지를 수많은 존재가 서로 균형을 맞추며 살아가는 공동체로 파악하였다.

선택지 분석

✓ ㄱ. 칸트는 이성적 존재만이 목적으로 대우받아야 함을 주장한다. O

✓ ㄴ. 생명 공동체 자체가 도덕적 지위를 가진다는 주장은 레오폴드의 입장에만 해당한다. 칸트는 이성적 존재로서의 인간만이, 레건은 삶의 주체인 동물만이 도덕적 지위를 갖는다고 본다. O

ㄷ. 칸트와 레오폴드의 입장 모두에 해당하지 않는다. X

✓ ㄹ. 동물 학대가 그른 주된 이유를 레건은 동물의 권리에서 찾고, 레오폴드는 동물이 지닌 생명권에서 찾는다. O 답 ④

81 칸트, 테일러, 레건의 입장 이해

빈출 문항 자료 분석

(가)의 갑, 을, 병 사상가들의 입장을 (나) 그림으로 표현할 때, A~D에 해당하는 적절한 진술만을 〈보기〉에서 있는 대로 고른 것은?

(가)

갑: 늙은 말이나 개와 같이 오랫동안 봉사한 동물들에게 감사의 정(情)을 표현하는 것은 직접적으로는 언제나 인간의 자기 자신에 대한 의무일 따름이다. → 칸트(동물이 수행한 봉사에 대한 인간의 감사는 인간성 실현을 위한 간접적인 의무에 속한다고 봄)

을: 무당벌레와 진딧물의 관계와 같이 하나의 종(種)을 위한 선은 다른 종을 위한 선이 아닐 수 있다. 모든 생명체는 그 자신의 선을 가지는 목적론적 삶의 중심이다.
→ 테일러(모든 생명체는 의식의 유무에 관계없이 고유의 선을 지니며, 인간은 고유의 선을 지니는 생명체를 도덕적으로 고려해야 할 의무를 지닌다고 봄)

병: 식용 송아지의 비참한 모습은 애처롭고 마음 아프게 한다. 도덕적 무능력자이지만 삶의 주체인 동물들의 도덕적 권리를 침해하는 것은 옳지 않다. → 레건(일부 동물은 도덕적으로 무능할지라도 자기의 삶을 영위할 수 있는 삶의 주체로서 내재적 가치를 지니므로 도덕적으로 존중받을 권리가 있다고 봄)

(나)

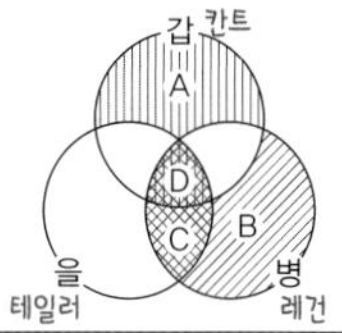

〈범례〉
A : 갑만의 입장
B : 병만의 입장
C : 을과 병만의 공통 입장
D : 갑, 을, 병의 공통 입장

보기

ㄱ. A: 인간을 목적이 아닌 수단으로만 대우해서는 안 된다.
ㄴ. B: 인간이 동물보다 본래적으로 더 우월한 것은 아니다.
테일러는 모든 생명체, 레건은 일부 동물이 내재적 가치를 지닌다고 봄
ㄷ. C: 내재적 가치를 지니는 비이성적인 개체도 존재한다.
ㄹ. D: 생태계 그 자체의 도덕적 지위를 인정할 필요는 없다.
→ 칸트, 테일러, 레건은 모두 개체론적 입장의 사상가임

해결 전략 갑은 인간 중심주의자 칸트, 을은 생명 중심주의자 테일러, 병은 동물 중심주의자 레건이다. 칸트는 인간 이외의 동물과 자연은 도덕적 행위의 주체가 될 수 없으며, 동물과 자연에 대한 의무는 간접적인 의무에 불과하다고 보았다. 테일러는 모든 생명체는 고유의 선을 지니며, 인간이 자연에 대해 부여하는 가치와 무관하게 내재적 가치를 가지므로 도덕적으로 고려해야 한다고 보았다. 레건은 의무론의 입장에서 일부 동물도 삶의 주체로서 도덕적 권리를 갖는다고 보았다.

선택지 분석

ㄱ. 칸트, 테일러, 레건의 공통된 입장이다. X
ㄴ. 레건, 테일러의 공통된 입장이다. X
✓ ㄷ. 테일러는 비이성적인 생명체도 내재적 가치를 지닌다고 보며, 레건은 삶의 주체인 일부 동물은 비이성적이지만 내재적 가치를 지닌다고 본다. O
✓ ㄹ. 생태계 그 자체의 도덕적 지위를 인정하는 사상가는 전체론적 입장인 레오폴드이다. O

답 ③

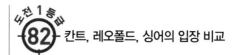

도전 1등급 82 칸트, 레오폴드, 싱어의 입장 비교

도전 1등급 문항 분석 ▸▸ 정답률 28.0%

(가)의 갑, 을, 병 사상가들의 입장을 (나) 그림으로 표현할 때, A~D에 해당하는 적절한 진술만을 〈보기〉에서 있는 대로 고른 것은?

(가)

도덕 공동체의 범위를 대지로 확장시키고 생명 공동체의 온전성, 안정성, 아름다움의 보존에 힘써야 한다고 본 사상가는 레오폴드이다.

갑: 자연 체계 내에서의 인간은 다른 동물들과 같이 대지의 산물로서 평범한 가치를 가진다. 그러나 도덕적, 실천적 이성의 주체로서 인간은 자연 안에 존엄하며 절대적 가치를 지닌 존재이다. → 칸트의 입장이다.

을: 새로운 윤리는 도덕적, 심미적 관점을 담아 옳고 그름의 기준을 마련해야 하며, 생명 공동체의 온전함에 기여해야 한다. 그러므로 대지의 사용을 이익의 문제로만 생각하지 말아야 한다.

병: 도덕적 기준은 어떤 행위에 의해 영향을 받는 모든 존재들의 이익과 고통을 동등하게 고려하는 데 있다. 그러므로 어떤 행위가 누군가에게 피해를 입히게 된다면, 그 행위는 하지 말아야 한다.
→ 즐거움과 고통을 느낄 수 있는 존재의 이익 관심을 동등하게 고려해야 한다고 본 사상가는 싱어이다.

(나)

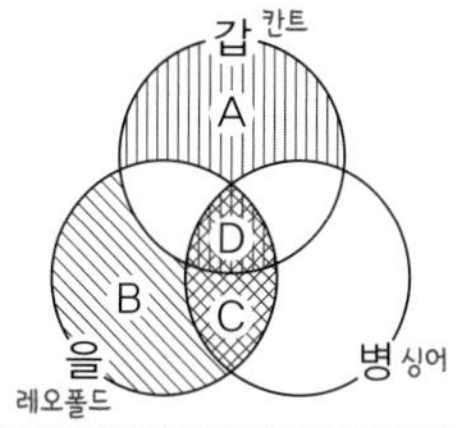

〈범례〉
A : 갑만의 입장
B : 을만의 입장
C : 을, 병만의 입장
D : 갑, 을, 병 공통의 입장

보기

ㄱ. A: ~~대지의 모든 산물~~을 목적 그 자체로 대우해야 한다.
ㄴ. B: 대지 공동체 자체가 지닌 도덕적 지위를 인정해야 한다. → 전일론적 관점이다.
ㄷ. C: 고통을 느낄 수 있는 모든 생명체를 ~~동일하게 대우~~해야 한다.
ㄹ. D: 동물 학대가 인간의 의무에 위배될 수 있음을 인정해야 한다.

해결 전략 갑은 칸트, 을은 레오폴드, 병은 싱어이다. 칸트는 어떤 존재가 이성을 갖고 있지 않다면 그것은 수단으로서의 상대적인 가치밖에 지니지 않는다고 보았으며, 이성적 존재만 목적 자체가 될 수 있다고 여겼다.

선택지 분석

ㄱ. 칸트는 인간을 목적 그 자체로 대우해야 한다고 보았다. X
✓ ㄴ. 대지 공동체 자체가 도덕적 지위를 갖는다고 보는 사람은 레오폴드이다. 칸트는 인간만이, 싱어는 쾌고 감수 능력을 지닌 존재가 도덕적 지위를 갖는다고 본다. O
ㄷ. 싱어는 쾌고 감수 능력을 지닌 존재의 이익 관심을 평등하게 고려해야 한다고 주장하였다. 싱어가 주장하는 이익 평등 고려의 원칙은 동물을 인간과 동일하게 대우하라는 것을 의미하지 않는다. X
✓ ㄹ. 동물 학대를 칸트는 인간의 간접적 의무를 위반하는 것으로, 레오폴드는 동물의 생존권을 함부로 침해하지 말아야 할 의무를 위반하는 것으로, 싱어는 동물의 이익 관심을 침해하지 말아야 할 의무를 위반하는 것이라고 본다. O

답 ③

Ⅳ 과학과 윤리

V 문화와 윤리

본문 130~137쪽

01 예술과 대중문화 윤리

01 ④	02 ③	03 ①	04 ③	05 ③	06 ③
07 ②	08 ②	09 ①	10 ⑤	11 ⑤	12 ②
13 ①	14 ③	15 ⑤	16 ①	17 ④	18 ⑤
19 ④	20 ②	21 ②	22 ③	23 ④	24 ①
25 ③	26 ⑤	27 ③	28 ①	29 ③	30 ⑤
31 ②	32 ①				

01 예술에 대한 칸트의 입장 이해

빈출 문항 자료 분석

다음을 주장한 사상가의 입장으로 가장 적절한 것은?

→ 미는 도덕성의 상징이며, 미는 도덕성의 실현에 기여할 수 있음

미적인 것은 윤리적으로 좋은 것의 상징이다. 미적인 것은 다른 모든 사람들의 동의를 요구하며 요구해야 마땅하다. 이때 우리의 마음은 쾌락의 단순한 감각적 수용을 넘어선 순화와 고양을 의식하며, 다른 사람들의 가치도 그들이 지닌 판단력의 비슷한 준칙에 따라서 평가하게 된다. → 칸트는 미적 체험이나 도덕적 행위는 모두 자유가 전제될 때 성립될 수 있으며 이기적인 욕구를 벗어나 있다는 점에서 동일하다고 봄

해결 전략 제시문은 칸트의 주장이다. 칸트는 자유로운 미적 체험이나 자유로운 도덕적 행위가 이기적인 욕구를 추구하는 것이 아니라는 점에서 미와 도덕성은 유사성을 가지며 미는 도덕성의 상징이라고 보았다. 또한 미는 도덕성의 실현에 기여한다고 보았다. 미에 대한 칸트의 입장을 파악할 수 있어야 한다.

선택지 분석

① 칸트는 미적 판단과 도덕 판단이 모두 이해 관심과 무관하게 이루어져야 한다고 보았다. X

② 칸트는 미적 판단은 다른 사람들에게도 똑같은 만족을 요구하므로 공통감을 불러일으키고 보편화될 수 있다고 보았다. X

③ 칸트는 미적 판단의 대상인 예술은 독자적인 자율성을 지닌다고 보았다. X

✓❹ 칸트는 미는 도덕성의 상징이라고 보았으며 미적 대상에 대한 감각적 경험이 도덕성의 고양에 기여할 수 있다고 보았다. O

⑤ 칸트는 미적인 것은 도덕적인 것의 상징이 되지만 미적 판단 능력이 도덕 능력에 종속되는 것은 아니라고 보았다. X 답 ④

02 예술과 윤리의 관계에 대한 묵자와 순자의 입장 비교

자료 분석 갑은 묵자, 을은 순자이다. 묵자는 음악이 백성의 이익에 부합하지 않는다고 보았다. 순자는 음악을 통해 인간의 도덕성을 함양하고 사회 질서를 올바르게 유지할 수 있다고 보았다. 묵자와 순자(유교)의 예술에 대한 관점을 비교할 수 있어야 한다.

선택지 분석

ㄱ. 묵자는 분별적 사랑인 별애(別愛)가 아니라, 분별하지 않고 사랑하는 겸애(兼愛)를 실천해야 한다고 주장하였다. X

✓ㄴ. 순자는 옛 성왕이 백성의 화합을 도모하기 위해 예법에 맞는 음악을 만들었다고 보았다. O

✓ㄷ. 순자는 옛 성왕이 군자와 소인 모두 음악을 더불어 즐기도록 우아한 음악을 제정하고 이끌었다고 보았다. O

ㄹ. 묵자는 음악이 백성에게 이익을 주지 않는다고 보고, 음악을 즐기지 말아야 한다고 보았다. X 답 ③

03 음악에 대한 순자와 묵자의 입장 비교

자료 분석 갑은 순자, 을은 묵자이다. 순자는 음악을 통해 올바른 행동을 권장하고 덕성을 장려할 수 있다고 보았다. 묵자는 음악이 백성의 이익에 부합하지 않기 때문에 금지해야 한다고 보았다.

선택지 분석

✓❶ 순자는 음악을 통해 백성의 감정을 도리에 맞게 인도할 수 있다고 보았다. O

② 순자는 음악이 인간의 악한 본성을 교화하는 데 도움이 된다고 보았다. X

③ 묵자는 음악이 백성에게 이로움과 의로움을 모두 줄 수 없다고 보고 반대하였다. X

④ 묵자는 음악이 감정적인 즐거움을 줄 수 있지만 생산 활동에 방해가 되고 재물을 낭비하므로 국가와 백성의 이익에 보탬이 아닌 해악이 크다고 보았다. X

⑤ 순자는 음악이 사람들의 마음과 행동을 바르게 해 주고, 통치를 위한 수단으로도 유익하게 활용될 수 있다고 보았다. X 답 ①

04 예술에 대한 톨스토이, 와일드의 입장 비교

자료 분석 갑은 톨스토이, 을은 와일드이다. 톨스토이는 예술이 공감을 통해 사랑의 세계를 건설하는 데 기여해야 한다고 보았다. 와일드는 예술이 예술 자체의 아름다움을 추구해야 한다고 보았다.

선택지 분석

① 톨스토이는 예술이 인간의 감정을 소통시키는 수단이며, 예술을 통해 현세대 인간이 과거 시대와 소통할 수 있다고 보았다. O

② 톨스토이는 신의 세계와 사랑의 세계를 건설하는 것을 예술의 사명이라고 보았다. O

✓❸ 와일드는 예술의 영역과 도덕의 영역은 서로 분리되어 있다고 보고, 예술은 윤리적 평가로부터 자유로워야 한다고 보았다. X

④ 와일드는 예술 자체의 아름다움을 추구해야 한다고 보고 예술의 자율성을 옹호하였다. O

⑤ 톨스토이와 와일드는 모두 예술이 미적 가치를 추구하는 활동이라고 보았다. O 답 ③

05 예악에 대한 묵자와 순자의 입장 비교

자료 분석 갑은 묵자이고, 을은 순자이다. 묵자는 음악이 감정적으로 즐거움을 주기는 하지만 악기 제조를 위해 민생에 사용될 재물이 낭비되며, 연

주와 감상을 위해 노동력이 사용됨으로써 생산 활동에 방해가 된다고 비판하였다. 순자는 음악을 정치적 교화, 인격 수양, 화합을 위한 중요한 도구로 여겼다.

선택지 분석

① 묵자는 음악의 무용론을 주장하며, 관청에서 음악을 즐기는 것은 물론 백성들이 음악을 즐기는 것에도 반대하고 있다. X

② 묵자가 아니라 순자의 입장에 해당한다. X

✓ **❸ 순자는 예를 바탕으로 음악을 향유함으로써 인간의 악한 본성을 교화하고 풍속과 사회가 조화를 이루며, 더 나아가 천하의 안정까지 이룰 수 있다고 보았다.** O

④ 순자는 예법과 무관하게 음악의 심미적 가치만을 추구하거나, 음악 자체로서의 즐거움만을 추구하지 않았다. X

⑤ 순자의 입장에만 해당한다. 묵자는 음악의 즐거움 자체를 부정하지는 않았지만, 음악의 즐거움을 정치에 활용하거나 음악을 통해 백성의 마음을 바르게 해야 한다고 주장하지 않았다. X

답 ③

06 플라톤의 도덕주의 이해

빈출 문항 자료 분석

(가)를 주장한 고대 서양 사상가의 입장에서 볼 때, (나)의 ㉠에 들어갈 진술로 가장 적절한 것은?

→ 예술의 존재 이유가 선을 권장하고 덕성을 장려하는 데 있다고 봄

(가)	예술가는 사물을 모방할 수 있을 뿐 이데아 자체를 만들 수는 없네. 그래도 예술가의 훌륭한 작품은 영혼의 교육에 도움을 주네. 이때 음악적 수련이 가장 가치가 있네. 왜냐하면 리듬과 화음은 영혼 안에 들어가 우아함을 심어 주기 때문이네. 그러하니 작품 속에 무절제와 야비함을 표현하지 못하게 해야 하고, 이를 따르지 않는 예술가를 추방해야 하네. → 플라톤의 도덕주의
(나)	제자: 예술이 인간의 삶 속에서 의미가 있기 위해 예술가는 어떤 노력을 해야 합니까? 스승: 예술가는 ______㉠______

→ 도덕 기준에 따라 선별된 예술 작품을 통해서 인간은 영혼의 조화와 질서를 깨닫고, 건전한 품성과 사고를 기를 수 있다고 봄

→ 도덕적 이상을 모방하여 영혼의 조화를 추구해야 함

해결 전략 제시문은 플라톤의 주장이다. 플라톤은 예술이 올바른 품성 함양을 위한 삶의 모범을 제공해야 하며, 예술가는 도덕적 이상을 모방하여 영혼의 조화를 추구해야 한다고 보았다. 도덕주의는 모든 예술 작품은 고결한 품성과 올바른 행위를 포함하여 도덕적 교훈이나 본보기를 제공해야 한다고 본다. 예술에 대한 도덕주의와 심미주의의 입장을 구분하고 이해해 두어야 한다.

선택지 분석

① 플라톤은 예술가가 예술을 위한 예술 활동에 전념해야 한다고 보지 않았다. X

② 플라톤은 예술 작품이 도덕적 가치를 담고 있는지를 국가가 판단해야 한다고 보았다. X

✓ **❸ 플라톤은 예술 작품 속에 사람의 선한 성품을 표현해냄으로써 구성원들에게 선을 권장하고 덕성을 장려해야 한다고 보았다.** O

④ 플라톤은 예술가가 선한 내용만을 그려야 하고, 추한 모습은 표현하지 못하도록 해야 한다고 보았다. X

⑤ 플라톤은 예술가가 사물을 모방할 수 있을 뿐, 이데아를 새롭게 창조할 수는 없다고 보았다. X

답 ③

07 예악에 대한 공자의 입장 파악

자료 분석 제시문은 공자의 주장이다. 공자는 "시(詩)로써 감흥을 일으키고, 예(禮)에서 사람이 서고, 악(樂)에서 사람이 완성된다."라고 주장하면서, 예와 악은 천지의 질서에서 연원하는 것으로 조화를 이루어야 한다고 보았다.

선택지 분석

✓ **ㄱ. 공자는 시로 마음을 순화하고 예(禮)를 배워 인(仁)을 터득해야 한다고 보았다. 공자는 음악이 인간의 도덕성에 영향을 미칠 수 있다고 주장하였다.** O

ㄴ. 공자는 음악이 예의와 밀접한 관련성을 지닌다고 보았다. X

✓ **ㄷ. 공자는 음악이 개인과 사회를 조화롭게 만드는 데 기여할 수 있다고 보았다.** O

ㄹ. 공자는 음악이 경제적 이득이 아니라 인격 도야에 기여해야 한다고 보았다. X

답 ②

08 음악에 대한 순자의 입장 파악

자료 분석 제시문은 순자의 주장이다. 순자는 음악을 도덕적 교화의 도구로 삼아 사람들의 마음을 교화하고, 공동체의 질서를 유지하는 윤리적 기능을 중시하였다.

선택지 분석

① 순자는 통치자가 올바른 음악을 통해 사람들의 감정이 드러나는 것을 바르게 인도하여 사회 질서 유지에 도움이 되도록 해야 한다고 주장하였다. O

✓ **❷ 순자는 우아한 음악을 들으면 더럽고 악한 기운이 가까이 오는 것을 막을 수 있다고 보았다.** X

③ 순자는 음악이 도리에 맞지 않으면 혼란이 생기지만, 우아한 음악은 악한 본성의 변화를 일으킬 수 있다고 보았다. O

④ 순자는 조화로운 음악은 사람에게 즐거움의 감정을 일으키고 마음을 감동시킬 수 있다고 보았다. O

⑤ 순자는 음악이 도리에 맞지 않으면 혼란이 일어나게 된다고 보았다. O

답 ②

09 예술에 대한 플라톤과 와일드의 입장 비교

자료 분석 갑은 플라톤, 을은 와일드이다. 플라톤은 예술 작품이 올바른 품성 함양을 위한 도덕적 교훈을 제공해야 한다고 보았고, 와일드는 예술이 미적 가치 구현만을 목적으로 해야 한다고 보았다.

선택지 분석

✓ **❶ 플라톤은 예술 작품이 올바른 품성 함양을 위한 삶의 모범을 제공해야 한다고 보았다.** O

② 플라톤은 예술 작품은 도덕적 교훈이나 본보기를 제공해야 한다고 보므로, 예술 작품 검열이 예술의 도덕적 교화 기능을 위해 필요하다고 보았다. X

③ 와일드는 예술 작품이란 오로지 미를 추구하고 창조하는 데 몰두하면 된다고 보았다. X

④ 와일드는 예술이 윤리적 평가로부터 자유로워야 한다고 보았다. X

⑤ 와일드만의 입장이다. 와일드는 예술을 도덕, 정치 등 다른 것을 위한 수단으로 취급해서는 안 된다고 보았다. X

답 ①

10 음악에 대한 순자와 묵자의 입장 비교

빈출 문항 자료 분석

다음은 어느 동양 사상가의 가상 편지이다. ㉠에 들어갈 진술로 가장 적절한 것은?

> → 묵자는 사람을 차별 없이 사랑해야 한다는 겸애를 주장함
>
> ○○ 선생에게
>
> 순자의 성악설 ←
>
> 당신은 간사하고 사악한 음악으로 천하가 혼란에 빠질 수 있기 때문에 선왕(先王)이 제정한 음악으로 백성을 이끌어 주어야 함을 강조했습니다. 그리하여 음악을 즐기게 하면서도 사람의 악한 본성을 변화시켜 마음과 행동을 올바르게 해야 한다고 말했습니다. 하지만 내 생각은 다릅니다. 천하의 혼란이 생긴 이유는 모두가 자신을 사랑하면서도 아울러 서로 사랑하지[兼愛] 않아 자신과 남을 차별하기 때문입니다. 비록 악기 소리가 즐겁지 않은 것은 아니지만, 임금과 대신들이 백성에게 악기를 만들게 하고 연주를 일삼게 한다면 어떻게 되겠습니까? 분명 백성에게 많은 세금을 거두게 될 것이고, 백성은 먹고 입을 재물을 구하기가 어려워질 것입니다. 따라서 내가 볼 때 당신의 견해는 [㉠]고 생각합니다. …(후략).
>
> → 음악은 재물을 낭비하여 민생을 위협하고 백성에게 득이 아닌 해가 되므로 금지해야 함

해결 전략 가상 편지에서 '당신'은 순자이고, '나'는 묵자이다. 순자는 선왕이 제정한 음악으로 사람의 악한 본성을 변화시켜 마음과 행동을 올바르게 해야 한다고 보았다. 이와 달리 묵자는 악기 제조와 연주로 인해 백성에게 많은 세금을 거두게 되고, 백성이 먹고 입을 재물을 구하기가 어려워지므로 음악을 금지해야 한다고 보았다.

선택지 분석

① 순자는 음악과 예의의 조화를 통해 사회 혼란을 바로잡을 수 있다고 보았다. X

② 순자는 인간의 악한 본성을 교화하여 화합하는 데 음악이 필요하다고 보았다. X

③ 순자는 간사하고 사악한 음악은 천하를 혼란에 빠지게 하므로 선왕이 제정한 음악으로 백성을 이끌어야 한다고 보았다. X

④ 순자는 선왕이 제정한 음악을 통해 백성의 악한 본성이 변화되고 마음과 행동이 올바르게 될 수 있다고 주장함으로써 음악이 이상적 공동체를 구현하는 수단이 될 수 있다고 보았다. X

✓**❺ 묵자의 입장에서 볼 때 순자의 견해는 음악을 장려하는 것이 백성들의 이익과 부합하지 않음을 간과하고 있는 것으로 볼 수 있다.** O 답 ⑤

11 순자와 공자의 예술관 파악

자료 분석 갑은 순자, 을은 공자이다. 유교에서는 예술의 정치적·교육적 효과를 중시했으며, 나라를 다스리고 백성을 편안하게 하는 예술의 사회 작용을 강조하였다.

선택지 분석

① 순자는 음악이 백성의 마음을 선도해야 함을 강조하였다. X

② 순자는 사람의 본성을 악하다고 보는 성악설을 주장하였다. X

③ 음악이 재물을 낭비하게 하여 백성에게 해롭다고 비판한 것은 묵자이다. X

④ 공자는 음악이 개인과 사회의 관계를 조화롭게 만드는 데 기여해야 한다고 보았다. X

✓**❺ 순자와 공자는 모두 예술은 인격을 도야시키며 사회 질서를 안정되게 하기 위한 수단이라고 보았다.** O 답 ⑤

12 예술에 대한 칸트의 입장 이해

자료 분석 제시문은 칸트의 주장이다. 칸트는 미는 도덕성의 상징이며, 미는 도덕성의 실현에 기여할 수 있다고 주장하였다.

선택지 분석

① 칸트는 미도 도덕과 같이 독립된 영역을 갖는다고 보았다. X

✓**❷ 칸트는 미적 판단도 도덕적 판단처럼 이해관계를 초월한 보편성을 지닐 수 있다고 보았다.** O

③ 칸트는 미의 판단 형식과 선의 판단 형식은 유사하므로, 미는 도덕성의 상징이 된다고 보았다. X

④ 칸트는 미적 가치는 예술의 형식으로부터 도출된다고 보았다. X

⑤ 칸트는 미적 즐거움은 인간에게 고유한 것으로, 감성적인 것으로부터 이성적인 것으로 나아가는 계기를 마련한다고 보았다. X 답 ②

13 예술에 대한 플라톤과 칸트의 입장 비교

자료 분석 갑은 플라톤이고, 을은 칸트이다. 플라톤은 도덕주의 입장에서 예술은 올바른 품성 함양을 위한 삶의 모범을 제공해야 하며, 예술가는 이데아를 모방하여 영혼의 조화를 추구해야 한다고 하였다. 칸트는 미(美)와 선(善)은 형식이 유사하다고 보아, 미는 도덕성의 상징이 될 수 있으며 도덕성 실현에 기여할 수 있다고 하였다.

선택지 분석

✓**❶ 플라톤은 예술가의 창작 행위와 상관없이 이데아가 존재한다고 보았다.** X

② 플라톤은 예술이 인간의 영혼을 아름답고 조화롭게 해야 한다고 보았다. O

③ 칸트는 예술을 통해 사람들이 '하나의 공통감'을 지닐 수 있다고 보았다. O

④ 칸트는 예술이 도덕성을 고양할 수 있다고 보았다. O

⑤ 플라톤과 칸트의 공통 입장에 해당하는 내용이다. O 답 ①

14 칸트와 플라톤의 예술에 대한 입장 파악

자료 분석 갑은 칸트, 을은 플라톤이다. 칸트는 미와 선은 형식이 유사하므로, 미는 도덕성의 상징이 될 수 있다고 보았다. 플라톤은 예술이 올바른 품성 함양을 위한 삶의 모범을 제공해야 한다고 보았다.

선택지 분석

① 칸트는 예술 작품의 가치는 내용이 아니라 예술 자체의 형식에서 찾을 수 있다고 보았다. O

② 칸트는 미적인 것에 대한 판단은 형식에 달려 있으므로 이해 관심의 구속으로부터 자유롭다고 보았다. O

✓**❸ 플라톤은 예술 작품은 아름다움을 표현해야 하며, 추한 것을 있는 그대로 표현해서는 안 된다고 보았다.** X

④ 플라톤은 나쁜 리듬과 부조화는 나쁜 성품을 닮는다고 주장하면서, 미

적 가치가 무질서한 리듬과 운율 안에서는 존재할 수 없다고 보았다. O
⑤ 칸트와 플라톤은 모두 예술이 도덕성 촉진에 기여할 수 있다고 보았다. O

답 ③

15 예술에 대한 입장 비교

자료 분석 갑은 예술에 대한 도덕주의의 입장이고, 을은 예술에 대한 심미주의의 입장이다.

선택지 분석

① 심미주의는 예술이 미적 가치를 추구해야 한다고 본다. 따라서 을의 입장에서 긍정의 대답을 할 질문이다. X
② 예술가는 오직 미적 가치에 충실하게 헌신해야 한다는 입장은 심미주의의 입장이다. 따라서 갑은 부정, 을은 긍정의 대답을 할 질문이다. X
③ 예술은 도덕이 미칠 수 있는 영역 밖에 있다고 보는 것은 심미주의의 입장이다. 따라서 갑은 부정, 을은 긍정의 대답을 할 질문이다. X
④ 예술의 도덕적 성격을 강조하는 갑의 입장에서는 부정, 심미주의인 을의 입장에서는 긍정의 대답을 할 질문이다. X
✓ **❺ 예술 작품의 도덕적 내용이 예술적 장점이 될 수 있다는 것은 도덕주의의 입장이다. 따라서 갑은 긍정, 을은 부정의 대답을 할 질문이다.** O 답 ⑤

16 예술에 대한 칸트, 와일드, 플라톤의 입장 비교

자료 분석 갑은 칸트, 을은 와일드, 병은 플라톤이다. 칸트와 플라톤은 예술에 대한 도덕주의의 입장이며, 와일드는 심미주의의 입장이다.

선택지 분석

✓ **❶ 칸트는 미와 선의 형식은 유사하므로 인간의 미적 체험은 도덕성 실현에 기여할 수 있다고 보았다.** O
② 와일드는 심미주의의 입장으로 예술에서 도덕적 의미를 찾지 않는다. X
③ 플라톤은 도덕주의의 입장으로 미적 가치와 도덕적 가치가 서로 밀접하다고 본다. X
④ 와일드는 심미주의의 입장으로 예술 작품 창작에 윤리적인 공감 능력을 중시하지 않는다. X
⑤ 칸트와 플라톤은 미가 감성과는 무관한 것이라고 보지 않는다. X 답 ①

17 예와 악에 대한 유교와 묵가 사상 비교

자료 분석 (가)는 유교 사상, (나)는 묵가 사상이다. 유교에서는 예와 악을 상호 보완 관계로 본다.

선택지 분석

✓ **ㄱ. 유교 사상은 예와 악이 서로 보완 관계에 놓여 있다고 본다.** O
✓ **ㄴ. 유교 사상은 인간의 정서를 순화하고 언행을 교화하는 데 기여할 수 있다고 본다.** O
ㄷ. 묵가 사상은 심미적 관점이 아니라 실용적 관점에서 음악을 평가한다. X
✓ **ㄹ. 유교 사상은 음악이 사회에 긍정적 영향을 끼친다고 보고 음악을 긍정하는 데 비해, 묵가 사상은 음악이 사회에 부정적 영향을 끼친다고 보고 음악을 부정한다. 그러므로 두 사상은 모두 사회적 효과를 중심으로 음악의 가치를 판단한다고 할 수 있다.** O 답 ④

18 예술에 대한 도덕주의 입장 이해

자료 분석 제시문은 주희의 주장으로 예술에 대한 도덕주의의 입장을 담고 있다. 도덕주의는 도덕적 가치가 미적 가치보다 우위에 있다고 보며, 예술은 인간의 올바른 도덕적 품성 함양을 목적으로 해야 한다고 본다.

선택지 분석

ㄱ. 도덕주의는 예술이 도덕 판단의 대상이 된다고 본다. X
✓ **ㄴ. 도덕주의는 예술이 윤리적 성찰의 기회를 제공해야 한다고 본다.** O
✓ ㄷ. 예술은 그 사회의 도덕 수준을 평가하는 기준이 될 수 있다. O
✓ **ㄹ. 주희는 사악한 시도 자신을 고치는 계기가 될 수 있다고 본다.** O

답 ⑤

19 음악에 대한 묵자와 순자의 입장 비교

자료 분석 갑은 묵자, 을은 순자이다. 음악에 대해 부정적 입장을 지닌 묵자가 음악을 중시하는 순자에게 제기할 수 있는 비판을 찾아야 한다. 순자는 음악을 정치적 교화, 인격 수양, 화합을 위한 중요한 도구로 여겼다. 반면 묵자는 세련된 음악을 추구하고 음악을 즐기는 행위가 백성들을 이롭게 하지 못하는 허례에 불과하다고 비판하였다.

선택지 분석

① 순자는 음악이 백성의 마음을 어질게 할 수 있다고 본다. X
② 순자는 음악이 사회적 화합에 이바지함을 강조하고 있다. X
③ 순자는 음악이 백성의 도덕적 삶에 기여함을 강조하고 있다. X
✓ **❹ 묵자는 음악을 즐기는 것이 이로울 것 없는 허례라고 본다.** O
⑤ 묵자는 음악은 이로움, 유용성이 없으므로 그른 것이라고 본다. X

답 ④

20 예술에 대한 순자와 플라톤의 관점 비교

빈출 문항 자료 분석

갑, 을 사상가들의 입장으로 적절하지 <u>않은</u> 것은?

> 갑: <u>음악이 화평해야 백성이 화합하며 방종하지 않게 된다.</u> 그래서 옛 성왕은 "음란한 노래와 사악한 음악이 좋은 음악을 어지럽히지 못하게 하라."라고 하였다. → 순자(도덕주의)
> 을: 시가(詩歌) 교육은 영혼 안에 있는 지혜를 사랑하는 것과 관련된 감각들을 일깨워야 한다. <u>시인들은 좋은 성품의 상(象)을 작품 속에 새겨 놓도록 해야 하며, 그렇게 하지 않는 사람의 작품 활동은 금지되어야 한다.</u> → 플라톤(도덕주의)

해결 전략 갑은 예술에 대한 순자의 관점, 을은 플라톤의 관점이다. 순자와 플라톤은 모두 예술에 대한 도덕주의의 입장이다. 도덕주의는 예술이 올바른 품성을 기르고 도덕적 교훈이나 모범을 제공해야 한다고 본다.

선택지 분석

① 순자는 음악이 백성을 교화하는 수단이 될 수 있다고 보는 입장이다. O
✓ **❷ 순자는 좋은 음악을 어지럽히지 못하도록 음란한 노래와 사악한 음악을 규제하는 입장이므로, 음악이 정치 사회적 요구로부터 자유로워야 한다고 보지는 않는다.** X

V 문화와 윤리

③ 플라톤은 시가 안에 좋은 성품의 모습이 있어야 한다고 주장하였으므로, 덕성 함양을 위한 시가 교육이 필요하다고 보는 입장이다. O
④ 플라톤은 미적 가치와 윤리적 가치는 불가분의 관계라고 보았다. O
⑤ 순자와 플라톤은 모두 도덕성에 어긋나는 예술 활동에 대한 외적 규제가 필요하다고 보는 입장이다. O 답 ②

21 예술에 대한 플라톤과 와일드의 입장 비교

빈출 문항 자료 분석

갑, 을의 입장에서 〈사례〉 속 A에게 제시할 조언으로 가장 적절한 것은?

갑: 신을 찬양하고 덕을 찬양하는 시(詩)만을 이 나라에 받아들여야 한다. 시를 통해 즐거움만 누리려 한다면 이성 대신 즐거움과 괴로움이 왕 노릇을 하게 될 것이다. → 플라톤(도덕주의)
을: 예술가는 도덕적 공감을 지니지 않는다. 예술가에게 도덕적 공감은 용납될 수 없는 구태의연한 양식에 불과하다. 예술가는 단지 아름다움의 창조자일 뿐이다. → 와일드(심미주의)

• 사례 •

A는 웹툰 작가로 포털 사이트에 작품을 연재할 예정이다. 어떤 작품을 그려야 할지 A는 고민하고 있다.

해결 전략 플라톤은 도덕주의, 와일드는 심미주의이다. 플라톤은 예술이 올바른 품성 함양을 위한 삶의 모범을 제공해야 하며, 예술가는 도덕적 이상을 모방하여 영혼의 조화를 추구해야 한다고 보았다. 와일드는 예술을 위한 예술을 추구하였다. 그는 예술은 아름다우면 되는 것이지 도덕적일 필요는 없다고 보고, 도덕적 기준이나 원리로 예술을 판단하려는 시도에 반대하였다.

선택지 분석

① 플라톤은 예술을 통해 즐거움만 누리려고 해서는 안 됨을 주장한다. X
✓❷ 플라톤은 웹툰 작가인 A에게 독자들이 도덕적 이상을 추구하는 데 기여하는 작품을 그리라고 권고할 것이다. O
③ 와일드는 예술 작품에 도덕적 가치를 담아야 한다고 주장하지 않는다. X
④ 와일드는 예술가는 도덕적 공감을 지니지 않는다고 주장한다. X
⑤ 플라톤이 제시할 조언이다. 와일드는 예술 작품을 통해 자신의 삶을 성찰할 것을 주장하지 않는다. X 답 ②

22 예술에 대한 심미주의와 도덕주의의 입장 비교

빈출 문항 자료 분석

갑, 을의 입장으로 가장 적절한 것은?

갑: 예술의 목표는 진리라는 생각 때문에 시(詩)만을 위한 시는 시적 품위가 결여된 것으로 여겨졌다. 그러나 예술이란 본래 심미적 가치만을 추구하기에 시 그 자체 외의 어떠한 다른 목적도 염두에 두지 않고 쓰인 시만이 진정한 시이다. → 심미주의
을: 예술의 사명은 신(神)의 세계, 즉 인간의 최고 목적인 사랑의 세계를 건설하는 일이다. 따라서 예술은 인류애가 모든 사람의 자연스러운 감정이 되도록 교육하는 데 기여해야 한다. → 도덕주의

해결 전략 갑(에드거 앨런 포)은 심미주의 입장, 을(톨스토이)은 도덕주의 입장이다. 도덕주의는 심미주의보다 예술의 자율성을 덜 강조하고 예술이 도덕성 함양에 기여해야 함을 더 강조한다.

선택지 분석

① 심미주의는 예술의 심미적 가치가 자율적으로 추구되어야 한다고 본다. X
② 심미주의는 도덕적 가치와 심미적 가치는 서로 무관하다고 본다. X
✓❸ 도덕주의는 예술이 사람들의 도덕적 품성 함양에 기여해야 한다고 본다. O
④ 도덕주의는 예술이 도덕적 가치를 고양시키는 것을 목적으로 해야 한다고 본다. X
⑤ 도덕주의는 예술은 도덕적 가치에 의해 제한되어야 한다고 본다. X
답 ③

23 예술에 대한 플라톤의 입장 이해

자료 분석 제시문을 주장한 사상가는 플라톤이다. 예술을 사회적 산물로 본 플라톤은 예술의 자율성보다 사회성을 중시했다. 플라톤은 예술 작품이 인간의 성품을 순화하고 도덕적 교훈이나 본보기를 제공해야 한다고 보았으므로 도덕주의 입장으로 분류할 수 있다.

선택지 분석

ㄱ. 플라톤은 예술은 올바른 품성을 모방해서 드러내야 함을 주장하였다. X
✓ㄴ. 플라톤은 예술은 젊은이들이 아름다운 덕을 모방함으로써 덕 있는 사람이 되는 것에 도움이 되어야 한다고 보았다. O
ㄷ. 플라톤은 예술가가 젊은이들을 참으로 아름답고 선한 것으로 이끌어야 함을 주장하였다. 이는 플라톤이 생각하는 이상 국가 실현을 위해 요구되는 것이었다. X
✓ㄹ. 플라톤은 예절 바르고 용감한 삶을 나타내는 리듬을 보여 줌으로써 올바른 품성을 가질 수 있으며, 아름다운 작품을 만나 조화로 이끌리게 된다고 주장하였다. O 답 ④

24 예술에 대한 플라톤의 입장 이해

자료 분석 제시문을 주장한 사상가는 플라톤이다. 플라톤은 예술 작품이 인간의 성품을 순화하고, 도덕적 교훈이나 본보기를 제공해야 한다고 보는

도덕주의의 입장을 취한다.

선택지 분석

✓ ㄱ. 플라톤은 예술이 선(善)의 실현에 기여해야 한다고 본다. O

✓ ㄴ. 플라톤은 예술이 참된 진리의 영상을 모방해야 하며, 진리를 왜곡하거나 나쁜 말씨, 불협화음과 같은 것을 모방해서는 안 된다고 본다. O

ㄷ. 플라톤은 미(美)와 선(善)이 밀접하게 관련된다고 본다. X

ㄹ. 플라톤은 예술이 사물의 참된 실재를 모방해야 한다고 본다. 그는 예술이 실재를 모방하지 않고 외양만 드러내는 것에 치중하는 것을 비판한다. X

답 ①

25 문화 산업에 대한 아도르노의 입장 이해

빈출 문항 자료 분석

그림의 강연자가 지지할 입장으로 가장 적절한 것은?

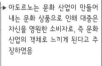

→ 아도르노는 현대 문화가 거대 자본의 힘에 의해 운영되는 시스템이라고 비판하면서, 문화와 예술이 획일화 · 수단화되어 상품처럼 전락한 양상을 '문화 산업'으로 지칭하였음

문화 산업은 소비자의 욕구가 실현될 수 있는 것처럼 선전하지만 그 욕구는 문화 산업에 의해 사전 기획된 것입니다. 문화 산업의 공식 목표는 하자 없는 완전한 규격품을 만들듯이 인간을 재생산하는 것입니다. 세상에 나타나고 있는 모든 것에는 문화 산업의 인장이 찍힙니다. 문화 산업의 기획자들은 소비자들을 기만하며 그들을 소비를 위한 단순한 객체로 만듭니다. 문화 상품의 수용 과정에서도 예술 작품의 사용 가치는 교환 가치에 의해 대체됩니다. 하지만 정신은 예술의 잘못된 보편성으로부터 벗어나 진정한 보편성에 충실하고자 합니다. 정신의 진정한 속성은 사물화에 대한 부정입니다. 정신이 문화 상품으로 고정되고 소비를 위한 목적으로 팔아 넘겨지면 정신은 소멸할 수밖에 없습니다.

→ 아도르노는 문화 산업이 만들어 내는 문화 상품으로 인해 대중은 자신을 영원한 소비자로, 즉 문화 산업의 객체로 느끼게 된다고 주장하였음

→ 문화와 예술의 상업화를 비판한 아도르노

해결 전략 그림의 강연자는 아도르노이다. 아도르노는 현대 예술이 자본에 종속되어 문화 산업으로 획일화되었다고 보았다. 따라서 하나의 상품으로 전락한 예술 작품을 감상하는 것은 감상자에게 고유한 체험이 아니라 표준화된 소비 양식이 될 뿐이라고 보았다. 문화 산업을 비판하는 아도르노의 입장에 대해 잘 이해해두어야 한다.

선택지 분석

① 아도르노는 문화 산업이 획일화된 문화 상품을 양산하여 사람들에게 다양한 미적 체험의 기회를 박탈한다고 보았다. X

② 아도르노는 문화 산업이 획일화된 대중문화를 제공해 사물화된 의식을 조장한다고 보았다. X

✓ ❸ 아도르노는 상업화된 예술에 대해 문화 산업이라고 비판하면서, 예술 작품을 감상하는 것은 감상자에게 고유한 체험이 아니라 규격화된 소비 양식을 가진 소비자를 재생산하는 것이라고 보았다. O

④ 아도르노는 문화 산업이 발달하면서 예술이 이윤 추구의 도구로 전락했고, 이로 인해 예술의 고유한 보편성이 훼손된다고 보았다. X

⑤ 아도르노는 예술이 자본에 종속되고 교환 가치로 평가받게 되는 문화 산업에 대해 부정적인 입장을 취했다. X

답 ③

26 문화 산업에 대한 아도르노의 입장 이해

자료 분석 그림의 강연자는 아도르노이다. 아도르노는 문화 산업이 대중의 의식을 조작하고 무력화함으로써 대중을 문화 산업의 객체로 만든다고 보았다.

선택지 분석

ㄱ. 아도르노는 문화 산업이 소비자를 수동적인 객체로 만든다고 보았다. X

✓ ㄴ, ㄷ. 아도르노는 문화 산업의 위치가 확고해질수록 문화 산업이 소비자의 의식을 지배하고 조종할 수 있다고 보았다. O

✓ ㄹ. 아도르노는 문화 산업의 생산물은 사람들의 휴식 시간까지 지배하는 거대 경제 체계의 일부로써 대중의 활발한 소비를 유도한다고 보았다. O

답 ⑤

27 대중문화에 대한 아도르노의 입장 이해

자료 분석 제시문은 아도르노의 주장이다. 아도르노는 현대 사회에서 표준화되고 획일화된 문화 산업의 생산물은 이를 소비하는 사람들을 기계적이고 수동적으로 반응하게 함으로써 대중의 적극적이고 반성적인 사유를 위축시킨다고 주장하였다.

선택지 분석

① 아도르노는 문화 산업이 확산될수록 인간의 몰개성화 경향은 증가한다고 보았다. X

② 아도르노는 문화 산업이 예술을 상품화한다고 보았다. X

✓ ❸ 아도르노는 대중문화가 이윤 추구의 도구가 된다고 보았고 문화 산업이 규격화된 의식을 조장한다고 여겼다. O

④ 아도르노는 자본주의하에서 문화 산업은 시장에서 경제적 가치로 평가된다고 주장하였다. X

⑤ 아도르노는 표준화되고 획일화된 문화 산업의 생산물이 대중을 능동적 주체가 아닌 수동적 객체로 전락시킨다고 보았다. X

답 ③

28 문화 산업에 대한 아도르노의 입장 파악

자료 분석 (가)를 주장한 사상가는 아도르노이다. 아도르노는 상업화된 예술을 문화 산업이라고 비판하면서, 현대 예술은 자본에 종속되어 문화 산업으로 획일화되었다고 보았다.

선택지 분석

✓ ❶ 아도르노는 문화 산업은 획일적이고 규격화된 문화 상품만을 생산하여 대중들에게 제공한다고 보았다. 아도르노의 입장에 따른다면 (나)의 현상이 나타난 원인은 문화 산업이 대중문화를 규격화된 상품으로만 취급하는 데 있다. O

② 아도르노는 문화 상품이 획일적인 상품임을 주장하였다. X

③ 아도르노는 문화 산업은 문화 상품을 통해 경제적 이익을 얻는 것에 주력한다고 보았다. X

④ 아도르노에 따르면 문화 산업의 생산자는 자신들이 어떤 문화 상품을 제공하든 소비자는 그것에 만족해야 한다는 것을 주입시킨다. X

⑤ 아도르노에 따르면 문화 상품은 표준화된 양식에 맞추어 생산된다. X

답 ①

29 예술에 대한 워홀과 아도르노의 입장 비교

자료 분석 갑은 워홀, 을은 아도르노이다. 워홀은 예술의 상업화가 필요하다고 보았고, 아도르노는 현대의 문화 산업이 사물화된 의식을 조장한다고

보았다.

선택지 분석

① 워홀은 가장 상업적인 것이 가장 예술적이라고 주장하면서 대중의 취향과 가치를 반영할 때 다양한 예술 분야가 발전할 수 있다고 보고 예술 작품의 대중화를 추구하였다. X

② 워홀은 예술의 상업화와 이윤 창출이 예술 발전에 기여한다고 보고 예술의 상업성을 옹호하였다. X

✓❸ **아도르노는 문화 산업이 인간의 정신을 단순히 재생산하는 수단이라고 보고 대중의 자발성과 상상력의 발달을 저해한다고 보았다.** O

④ 아도르노는 문화 산업이 문화 소비자들의 적극적인 사유를 불가능하게 만들고 대중의 비판적 사고를 어렵게 한다고 보았다. X

⑤ 워홀은 예술 작품의 교환 가치를 긍정하는 입장이다. X 답 ③

30 현대 대중문화에 대한 아도르노의 입장 이해

자료 분석 제시문은 대중문화의 상업화를 비판한 아도르노의 주장이다. 아도르노는 소비자가 문화 산업의 객체가 되었다고 보았다.

선택지 분석

①, ② 아도르노는 문화 산업하에서 대중문화는 획일화된 문화 체험의 기회를 증가시킨다고 본다. O

③, ④ 아도르노는 문화 산업은 문화 소비자의 주체성을 약화시키고, 자발성과 적극적인 사유를 불가능하게 만든다고 본다. O

✓❺ **아도르노는 산업화된 대중문화를 문화 산업이라고 칭하며, 문화 산업이 예술을 미적 가치가 아닌 경제적 가치로만 평가한다고 비판한다.** X

답 ⑤

31 대중 예술에 대한 대비되는 입장 이해

자료 분석 갑은 복제 기술의 발달로 누구든 예술 작품에 대한 자신의 의견을 표현할 수 있으며, 대중을 집단적 주체로 성장시킬 수 있다고 보고 대중 예술의 긍정적 측면에 주목한다. 을은 자본주의 사회에서 문화 산업으로 전락한 대중문화가 인간을 획일화시킨다고 보고 대중 예술에 대한 부정적 측면을 주장하고 있다.

선택지 분석

① 갑은 복제 기술의 발달로 대중들은 예술 작품을 보다 쉽게 접하게 된다고 본다. O

✓❷ **갑은 예술 작품이 대중화된다면 예술 작품의 아우라는 소멸하지만, 대중의 예술 비평 활동은 증진할 수 있다고 본다.** X

③ 을은 문화 산업이 발달함에 따라 인간은 획일화되고 능동적인 사유 능력을 상실하게 된다고 본다. O

④ 을은 문화 산업이 경제적 효율성에 의해 결정되면 많은 문제점을 야기하게 된다고 본다. O

⑤ 갑은 문화의 대중화가 대중에게 긍정적인 영향을 준다고 본다. 이와 달리 을은 문화의 대중화가 대중에게 부정적인 영향을 준다고 본다. O

답 ②

32 기술적 복제에 대한 벤야민의 입장 이해

빈출 문항 자료 분석

다음 서양 사상가의 입장으로 적절하지 않은 것은?

예술 작품에 대한 기술적 복제는 수공적인 복제보다 더 큰 독자성을 지니며, 예술 작품의 존속에 아무런 손상도 입히지 않는다. 예술 작품의 기술적 복제 가능성의 시대에서 예술 작품의 '아우라'는 위축된다. 그러나 사진이나 영화와 같은 영역에서 대량 복제 기술은 대중들로 하여금 개별적 상황 속에서 복제품을 쉽게 접하게 한다. 이러한 현상은 전시 가능성을 중시하는 대중 예술이 기존의 제의(祭儀) 의식에 바탕을 둔 예술을 밀어내는 결과를 초래한다. 이제 예술 작품은 새로운 기능을 지닌 형상물이 된다.

→ 예술 작품 특유의 독특한 분위기, 신비감

→ 기술적 복제는 대중이 예술을 대하는 태도를 달라지게 한다.

해결 전략 제시문은 발터 벤야민의 "기술적 복제 시대의 예술 작품"의 일부 내용이다. 대중 예술을 비판적인 입장에서 바라보는 아도르노와 달리 벤야민은 영화와 사진의 기술적 복제가 예술에 대한 사람들의 태도를 변화시켜 새로운 예술적 가치를 창출할 수 있다고 본다.

선택지 분석

✓❶ **기술적 복제가 가능한 시대에서 원작이 가지는 유일성의 가치는 낮아지지만 대중들은 예술 작품을 더 쉽게 접하게 된다.** X

② 기술적 복제가 가능한 시대에서 예술은 대중들에게 표준화된 생산을 통해 미적 체험의 기회를 높여 준다. O

③ 기술적 복제가 가능한 시대에서 예술 작품의 신비감(아우라)은 축소된다. O

④ 기술적 복제가 가능한 시대에서 표준화된 대량 생산은 작품들의 전시 가능성을 높여 대중과 예술의 거리를 좁혀 준다. O

⑤ 기술적 복제가 가능한 시대에서 예술은 제의 의식에 바탕을 둔 예술(숭배 가치)을 밀어내고 전시 가능성을 높여 준다. O 답 ①

본문 138~144쪽

02 의식주 윤리와 윤리적 소비

33 ②	34 ①	35 ④	36 ③	37 ⑤	38 ①
39 ⑤	40 ①	41 ①	42 ④	43 ④	44 ①
45 ④	46 ①	47 ⑤	48 ③	49 ②	50 ④
51 ②	52 ②	53 ③	54 ④	55 ④	56 ③
57 ④	58 ①	59 ⑤	60 ②		

33 패스트 패션 산업에 대한 입장 이해

자료 분석 (가)는 패스트 패션 산업의 문제점을, (나)는 패스트 패션 산업의 긍정적 역할을 강조하고 있다. 패스트 패션 산업의 문제점을 지적하는 입장에서 패스트 패션 산업을 비판하는 내용을 찾아야 한다.

선택지 분석

✓ㄱ. (가)의 입장에서 볼 때, (나)의 입장은 환경과 인권에 대한 기업의 책임을 간과하고 있다. O

ㄴ. (나)는 패스트 패션이 소비자의 다양한 미적 욕구를 충족시켜 주어 유용하다고 본다. X

✓ㄷ. (가)의 입장에서 볼 때, (나)의 입장은 소비에 대한 도덕 판단 기준이 욕구 충족을 넘어서야 함을 간과하고 있다. O

ㄹ. (나)는 소비자들이 부담 없는 가격으로 욕구를 충족시키는 합리적 소비를 하고 있다고 본다. X

답 ②

34 의복의 기능 이해

자료 분석 갑은 의복이 몸을 보호하는 기능과 사회적 지위를 나타내는 기능을 한다고 보고, 을은 몸을 보호하는 기능만 해야 한다고 본다.

선택지 분석

✓❶ 갑은 의복이 귀천을 표시하여 사회적 지위를 나타내는 기능을 한다고 보았다. O

② 을은 의복은 추위와 더위로부터 몸을 보호하는 유용성을 지녀야 한다고 보았다. X

③ 을은 의복은 몸을 보호하는 기능만 할 뿐, 화려함과 같은 장식적 측면은 고려할 필요가 없다고 보았다. X

④ 갑은 의복이 몸을 보호하는 역할 외에도 사회적 지위를 나타내는 역할을 한다고 보았다. X

⑤ 갑과 을은 모두 의복을 신체의 아름다움을 드러내는 수단으로 보지 않았다. X

답 ①

35 음식 윤리 문제에 대한 아리스토텔레스의 입장 이해

자료 분석 제시문은 아리스토텔레스의 주장이다. 아리스토텔레스는 행위와 태도를 성찰하는 방법으로 '마땅한 때에, 마땅한 일에 대하여, 마땅한 사람에게, 마땅한 동기로' 느끼거나 행하는 중용을 강조하였다.

선택지 분석

① 아리스토텔레스는 적절하게 먹는 행위를 통해서도 좋은 품성을 형성할 수 있다고 보았다. X

② 아리스토텔레스는 음식을 먹는 것이 인간의 자연적 본능이긴 하지만 이것은 이성을 통해 스스로 통제할 수 있는 것이라고 보았다. X

③ 아리스토텔레스는 이성의 명령을 따라야 함을 강조하였다. X

✓❹ 아리스토텔레스는 지나칠 정도로 음식에 대한 욕망을 채우는 무절제한 태도를 경계하고 절제 있는 태도를 지녀야 한다고 보았다. 따라서 〈문제 상황〉 속 A에게 먹는 즐거움을 느낄 때에도 절제의 덕이 필요함을 고려하라고 조언할 수 있다. O

⑤ 아리스토텔레스는 먹는 것은 육체적 욕망을 채우는 것이기도 하지만 먹는 행위에서도 중용의 자세를 가져야 한다고 보았다. X

답 ④

36 음식 문화에 대한 장자와 공자의 입장 비교

자료 분석 (가)는 장자, (나)는 공자이다. 장자는 자연의 순리에 따르는 식생활을 주장하였다. 공자는 음식 섭취를 예와 인격 수양을 위한 하나의 방법이라고 보았다.

선택지 분석

① 장자는 음식에 대한 욕구를 제거하라고 하지 않았다. X

② 장자는 의로움을 실현해야 한다고 보지 않고, 자연 그대로 살아가는 소박한 삶을 추구하였다. X

✓❸ 공자는 음식을 바르게 섭취하는 것을 인격 수양을 위한 하나의 방법으로 보았다. O

④ 공자는 음식을 섭취하는 목적을 생명의 보존에만 두지 않고, 인격 수양에도 두고 있다. X

⑤ 장자는 사회적 규범을 인위적인 것으로 보기 때문에 사회적 규범에 따라 음식을 먹어야 한다고 주장하지 않았다. X

답 ③

37 음식 윤리에 대한 유교와 불교의 입장 파악

자료 분석 음식 윤리에 대해 (가)는 유교, (나)는 불교의 입장이다. 유교에서는 음식을 먹을 때 절제와 공경의 자세를 지녀야 한다고 보고, 불교에서는 음식을 먹는 것을 수행의 연장으로 보며 음식을 먹을 때 자기 절제의 자세를 강조한다.

선택지 분석

① 유교에서는 음식 섭취에 있어 지나침을 경계해야 한다고 본다. X

② 유교는 음식 섭취에 있어 절제하지 못하는 태도를 비판하고 있는 것이지, 금식을 요구하는 것은 아니다. X

③, ④ 불교에서는 음식을 건강을 유지하고 수행에 도움이 되고자 하는 것으로 보아 음식 섭취에서 절제의 자세를 강조한다. X

✓❺ 유교와 불교 모두 음식을 섭취할 때 윤리적 태도가 필요하다고 본다. O

답 ⑤

38 음식 문화와 윤리적 문제 파악

자료 분석 그림의 강연자는 맛, 건강, 환경 등을 위해 유기농 식품을 이용해야 한다고 주장한다.

선택지 분석

✓❶ 강연자는 질이 낮은 음식을 풍족하게 먹는 것보다 질 좋은 유기농 식품을 먹는 것이 바람직하다고 보고 가난한 사람이 유기농 식품을 이용할 수 있도록 배려해야 한다고 주장한다. O

② 강연자는 맛의 즐거움과 건강을 위해 음식의 양보다 질을 중시해야 한

V 문화와 윤리

다고 본다. X

③ 강연자는 농부들의 지속 가능한 생산을 위해 음식 재료 가격이 너무 저렴하면 안 된다고 본다. X

④ 강연자는 유기농 식품을 장거리에서 수송하는 과정에서 이산화 탄소 배출 문제를 일으킨다고 보고 가까운 지역에서 얻어야 한다고 주장한다. 강연자는 식품의 소비 과정에서 환경에 대한 고려가 필요하다고 본다. X

⑤ 강연자는 경제적 효율성이 떨어지더라도 가까운 지역의 유기농 식품을 이용해야 한다고 본다. X 답 ①

39 유교 사상과 불교 사상의 음식 윤리 이해

자료 분석 (가)는 유교 사상가 황정견의 음식 윤리인 '식시오관(食時五觀)'을 설명한 내용이고, (나)는 불교 경전 "맛지마 니까야"에 수록된 음식 윤리에 관한 내용이다.

선택지 분석

① 불교에서 강조하는 음식 윤리이다. X

② 유교는 음식 생활에서 절제가 필요하다고 본다. X

③ 불교는 음식을 명예를 드높이기 위한 수단으로 여기지 않는다. X

④ 불교는 음식을 먹는 행위를 수행의 연장으로 본다. X

✓ **❺ 유교와 불교 모두 음식을 먹을 때 도리에 어긋남이 없는지 성찰하는 자세를 강조한다. O** 답 ⑤

40 음식에 대한 에피쿠로스와 불교의 입장 비교

빈출 문항 자료 분석

(가), (나)의 입장으로 적절하지 않은 것은?

(가) 결핍으로 인한 고통이 제거된다면, 소박한 음식도 사치스런 음식과 같은 쾌락을 준다. 그러므로 우리가 소박한 음식에 길들여지면 완전한 건강을 얻게 되며, 사치스러운 것들과 마주쳤을 때 동요하지 않게 된다. → 에피쿠로스(소박한 음식을 먹는 것으로 만족해야 함)

(나) 사람들의 공(功)이 두루 쌓인 음식을 부족한 덕행으로는 감히 받기 어렵다. 음식을 먹는다는 것은 중생과 함께 탐욕을 버리고 몸의 여윔을 방지하는 것으로 족함을 깨달아, 도업(道業)을 이루고자 하는 것이다. → 불교(음식을 통해 만물이 상호 연관되어 있음을 깨달아야 함)

해결 전략 (가)는 에피쿠로스, (나)는 불교의 입장이다. 에피쿠로스와 불교의 먹는 행위에 대한 각각의 입장을 파악하여 문제를 해결해야 한다.

선택지 분석

✓ **❶ 에피쿠로스는 먹는 행위를 통해 자연적이고 필수적인 욕구를 최소한으로 충족시킬 것을 주장하였다. 이는 모든 쾌락이 아니라 최소한의 쾌락을 추구하는 것이다. X**

② 에피쿠로스는 소박한 음식에 길들여지면 건강을 얻을 수 있으며 사치에 동요하지 않을 수 있다고 보고, 소박한 음식으로 허기를 면하는 것에 만족해야 한다고 본다. O

③ 불교에서는 음식을 먹는 행위를 통해 자신의 부족한 덕행을 성찰하고 탐욕을 버리며 도업을 이룰 것을 주장한다. O

④ 불교에서는 여러 사람들의 공로가 담겨 있는 음식을 통해 만물이 상호 연관되어 있음을 깨달아야 한다고 본다. O

⑤ 에피쿠로스는 소박한 음식에 길들여질 것을 주장하였고, 불교에서는 몸의 여윔을 방지하는 정도의 음식이 족하다고 보았다. 에피쿠로스와 불교는 모두 먹는 행위를 통해 절제하는 태도를 기를 것을 강조하였다. O 답 ①

41 음식에 대한 유교의 관점 이해

자료 분석 제시문은 군자란 음식을 대할 때 그것이 완성될 때까지 모든 과정을 살피는 덕(德)을 지녀야 하며, 자신의 마음을 절제하고 탐욕을 부리지 않아야 한다고 주장한다.

선택지 분석

✓ **❶ 군자는 음식을 통해서도 덕을 이루기 때문에 음식 앞에서도 인(仁)을 떠나지 않아야 한다고 주장한다. O**

② 군자는 음식을 먹는 행위를 단지 자연의 영양분을 섭취하는 것으로 보지 않는다. X

③ 군자는 음식을 먹는 행위를 건강을 위해 좋은 음식을 먹는 행위로 인식하지 않는다. X

④ 군자는 음식을 먹는 행위에서도 인(仁)을 떠나지 않는 도덕적 행위를 먼저 생각한다. X

⑤ 군자는 음식을 먹는 행위를 인간의 자연에 대한 지배와 소유 행위로 보지 않는다. X 답 ①

42 거주에 대한 볼노브의 입장 이해

자료 분석 제시문을 주장한 사상가는 볼노브이다. 볼노브는 참다운 삶을 위한 거주는 노력해야만 얻을 수 있고 실현할 수 있다고 주장하였다.

선택지 분석

① 볼노브는 인간이 인간다운 삶을 살기 위해서는 편안함의 영역으로서의 거주 공간이 필요하다고 보았다. O

② 볼노브에 따르면 거주는 주어지는 것이 아니라 인간이 자신의 존재를 쏟아부어 온전히 노력해야만 얻을 수 있고 실현할 수 있다. O

③ 볼노브에 따르면 집은 인간이 사는 체험 공간의 구체적인 중심이자 개인이 활동하는 세계의 중심이다. O

✓ **❹ 볼노브는 인간의 참다운 삶을 위한 거주는 인간이 자신의 존재를 쏟아부어 온전히 노력해야만 얻을 수 있다고 주장하였다. 따라서 단순히 거주 공간을 소유하는 것만으로는 참다운 인간의 삶을 실현할 수 없다. X**

⑤ 볼노브에 따르면 인간은 거주를 통해 위협적인 외부 세계로부터 도피하여 안정을 얻을 수 있다. O 답 ④

43 볼노브의 거주의 윤리적 의미 파악

자료 분석 제시문은 볼노브의 주장이다. 볼노브는 인간이 거주를 통해 외부 세계로부터 자신을 보호할 수 있고, 인간의 본질적인 삶을 실현해 나갈 수 있다고 본다.

선택지 분석

✓ **ㄱ. 볼노브는 인간은 거주 공간에서 가족과 친밀함을 유지할 수 있다고 본다. O**

✓ **ㄴ. 볼노브는 집에서 자신의 참된 본질을 실현할 수 있다고 본다. O**

ㄷ. 볼노브에 따르면 집은 인간을 외부 세계의 위험으로부터 보호해 주는 공간이다. X

✓ ㄹ. 볼노브는 집에 거주함으써 인간의 본질적인 삶을 실현하는 본래적 인간이 될 수 있다고 본다. O 답 ④

44 거주에 대한 볼노브의 입장 이해

자료 분석 그림의 강연자는 볼노브이다. 볼노브는 집을 외부 세계로부터 인간을 지키는 사적 영역이라고 보고 거주 공간의 중요성을 강조하였다.

선택지 분석

✓ ❶ 볼노브에 의하면 집은 자신의 삶의 체험과 밀접하게 연관되어 있으며 외부로부터 자신을 지키는 중요한 공간이다. X

② 볼노브는 거주 공간에서 진정한 자신의 존재 근거를 발견할 수 있다고 보았다. O

③ 볼노브는 인간에게는 외부에서 지쳤을 때 돌아와 긴장을 풀고 내적인 평화를 이룰 수 있는 거주 공간이 필요하다고 보았다. O

④ 볼노브는 외부 세계의 위협으로부터 보호받을 수 있는 거주 공간이 필요하다고 보았다. O

⑤ 볼노브는 새로운 장소에서도 거주의 질서와 평화를 새롭게 만든다면 자아를 지킬 수 있다고 보았다. O 답 ①

45 볼노브의 거주 윤리 이해

자료 분석 제시문은 거주에 대한 볼노브의 주장이다. 볼노브는 거주는 자기 삶의 의미를 찾고 인간과 세계의 관계 전체를 규정하는 행위라고 본다.

선택지 분석

① 볼노브는 거주는 단순히 장소에 속해 있는 것 이상의 의미를 지닌다고 본다. X

② 볼노브는 거주가 인간에게 선천적으로 주어진 것이 아니라 각별한 노력을 통해 획득된다고 본다. X

③ 볼노브는 거주를 자기 삶의 의미를 찾고 인간과 세계의 관계 전체를 규정하는 행위라고 본다. X

✓ ❹ 볼노브는 거주가 의미하는 것이 임의적인 위치의 낯선 자로서 공간에 던져짐이 아닌, 분명한 위치 공간 속에서 안락을 얻고, 이 공간 속에서 굳건하고 밑바탕이 되는 삶의 기초를 얻는 것이라고 본다. O

⑤ 볼노브는 거주가 세상과 영원히 격리되는 것이 아니라고 본다. X

답 ④

46 거주에 대한 볼노브의 입장 파악

자료 분석 제시문은 볼노브의 거주에 대한 입장이다.

선택지 분석

✓ ㄱ, ㄴ. 볼노브에 따르면 집은 외부의 위협으로부터 인간을 보호하고 개인의 사생활을 영위하게 해 주는 동시에 정서적 안정을 취하게 해 준다. O

ㄷ. 볼노브는 집은 외부 세계와 구분해 주는 공간이라고 본다. X

ㄹ. 볼노브는 집을 공적인 영역으로 보지 않는다. X 답 ①

47 거주에 대한 볼노브의 주장 이해

빈출 문항 자료 분석

다음을 주장한 사상가의 입장으로 적절하지 않은 것은?

> 거주란 낯선 공간 안에 낯선 자로서 던져진 것을 의미하지 않는다. 오히려 거주는 그 공간에 친숙해지며, 그 공간에서 삶의 확고하고 지속적인 근거를 발견하는 것을 의미한다. 인간은 외부 공간에 존재하는 위협을 막아 주는 집에서 안정감을 느끼면서, 이를 바탕으로 인간다움을 찾고 실현해 나갈 수 있다.
>
> (거주 공간과 집을 통해 삶의 근거를 찾고 인간다움을 실현해 나갈 수 있음)

해결 전략 거주에 대한 볼노브의 주장이다. 볼노브는 집을 소유하는 차원의 문제보다는 집과 내적 관계를 맺는 문제가 더욱 중요하다고 보고, 인간은 어떤 특정한 자리에 정착하여 거주할 공간인 집을 필요로 한다고 주장하였음을 파악하여 문제를 해결해야 한다.

선택지 분석

① 볼노브에 따르면 거주는 친숙해진 공간 속에서 삶의 확고하고 지속적인 근거를 발견하는 것이다. O

② 볼노브는 인간은 특정한 자리에 정착하여 거주할 공간인 집을 필요로 한다고 보고, 주거가 인간의 정서적 안정을 위한 삶의 기본 바탕이라고 보았다. O

③ 볼노브는 외부의 위협을 막아 주는 집에서 안정감을 느끼면서 인간다움을 실현할 수 있다고 보았다. O

④ 볼노브에 따르면 집은 외부 공간에 존재하는 위협을 막아 줄 뿐만 아니라, 정서적 안정을 제공함으로써 인간다움을 찾도록 도와주는 의미를 지닌다. O

✓ ❺ 볼노브에 따르면 거주는 낯선 공간 안에 낯선 자로서 내던져진 것을 의미하지 않는다. X 답 ⑤

48 베블런의 사상적 입장 이해

자료 분석 그림의 강연자는 베블런이다. 베블런은 유한계급이 명성을 획득하기 위해 재력을 과시하려 하는데, 이러한 과시의 수단으로 과시 소비와 여가 활동을 한다고 보았다. 베블런은 유한계급의 생활 예절과 가치 기준은 사회적 명성의 기준으로서 사회를 구성하는 모든 계급에 영향을 미친다고 보았다.

선택지 분석

① 베블런은 유한계급이 사회적 명성을 획득하거나 유지하는 수단으로 과시적 여가 활동을 한다고 보았다. X

② 베블런은 과시적 소비가 유한계급이 명성을 획득하거나 유지하는 수단이라고 보았다. X

✓ ❸ 베블런은 부를 과시하려는 유한계급의 경쟁적 비교 성향이 과시적 여가와 과시적 소비로 나타난다고 보았다. O

④ 베블런은 산업 사회가 발전하면 과시적 소비에 대한 욕망도 증가할 것이라고 보았다. X

⑤ 베블런은 상류 계급이 강요하는 명성의 규준은 사회 구조의 최하층까지 영향을 미치므로, 현대 사회의 모든 계층이 과시적 소비의 유혹으로부터 자유롭지 못하다고 보았다. X 답 ③

49 현대인의 소비 생활에 대한 보드리야르의 입장 이해

자료 분석 가상 대담의 사상가는 보드리야르이다. 보드리야르는 현대인이 사회적 지위 및 명성에 있어서의 차이를 드러내고자 사물 및 재화 그 자체가 아닌 기호(記號)를 소비하지만, 대(大) 부르주아의 경우 검소함을 추구하기도 한다고 보았다.

선택지 분석

① 보드리야르는 현대 사회의 소비자는 경제적 합리성을 최우선으로 고려하는 합리적 소비가 아니라 과시적 소비를 한다고 보았다. X

✓ **❷ 보드리야르는 현대인은 타인과의 차이를 드러내기 위해 소비한다고 보았다.** O

③ 보드리야르는 현대 사회에서는 경제적 상위 계층, 즉 부유층만이 아니라 다른 계층의 사람들도 사회적 위세를 표현하기 위해 소비한다고 보았다. X

④ 보드리야르는 현대인은 사물의 기능을 중시하는 합리적 소비가 아니라 타인과의 차이를 드러내기 위해 소비한다고 보았다. X

⑤ 보드리야르는 현대인은 사회적 시선을 의식하며 소비한다고 보았다. X

답 ②

50 유행에 대한 지멜의 입장 파악

자료 분석 제시문은 지멜의 주장이다. 지멜은 유행이 상류 계층에서 발생하여 하류 계층과의 차별성을 부각하고자 하지만, 하류 계층이 유행을 따르게 되면 다시 새로운 유행을 추구하게 된다고 주장하였다.

선택지 분석

✓ **ㄱ. 지멜은 하류 계층은 상류 계층에 동화하려는 욕구를 가지고 있고, 이러한 욕구는 유행을 확산시킨다고 보았다.** O

ㄴ. 지멜은 유행이 상류 계층에서 발생하는데, 하류 계층이 이 유행에 동화되면 상류 계층은 새로운 유행을 추구한다고 보았다. 지멜은 유행을 통해 표현되는 양식은 끊임없이 변화를 겪는다고 보았다. 따라서 지멜에게 있어 유행은 항구적이지 않다. X

✓ **ㄷ. 지멜은 상류 계층은 유행을 창출함으로써 상류 계층 내부의 동질성을 드러내는 한편, 하류 계층과의 차별성을 부각한다고 보았다.** O

✓ **ㄹ. 지멜은 하류 계층이 상류 계층의 유행을 모방하게 되면, 상류 계층은 하류 계층과의 차별성을 부각하고자 새로운 유행을 창출한다고 보았다.** O

답 ④

51 과시 소비에 대한 베블런의 입장 파악

자료 분석 제시문은 베블런의 주장이다. 베블런은 자본주의 사회에서 거의 모든 계층의 사람들이 과시 소비를 한다고 보았으며, 특히 유한계급인 부자들은 강자로서 존경을 받고 자신의 사회적 지위를 드러내기 위해 끊임없이 과시 소비를 하게 된다고 보았다.

선택지 분석

① 베블런은 모든 계층이 과시적 소비를 한다고 보았다. O

✓ **❷ 베블런은 빈곤한 계층도 과시 소비를 겨냥한 물품을 포기하지는 않는다고 보았다.** X

③ 베블런은 산업 사회에서 명성을 얻기 위해서는 부가 필요하며 그러한 부를 과시할 필요가 있다고 보았다. O

④ 베블런은 유한계급은 과시적 소비를 통해 타인의 존경을 얻고 명성을 획득한다고 보았다. O

⑤ 베블런은 사회에서 유행하는 생활 양식은 주로 유한계급에 의해 주도된다고 보았다. O

답 ②

52 과시 소비에 대한 베블런의 입장 파악

자료 분석 제시문은 베블런의 주장이다. 베블런은 유한계급이 행하는 여가와 과시 소비가 부의 소유를 과시하기 위한 것이며, 이는 모든 사회 계층에게 영향을 미친다고 주장하였다.

선택지 분석

① 베블런은 과시 소비가 모든 사회 계층에서 나타난다고 보았다. X

✓ **❷ 베블런은 경쟁적 비교 성향이 과시 소비의 경제적 동기가 된다고 보았다.** O

③ 베블런은 유한계급이 부의 소유를 타인에게 과시하기 위해 여가를 즐긴다고 보았다. X

④ 베블런은 유한계급이 부나 권력의 획득뿐만 아니라 여가와 과시 소비를 통해 사회적 명성을 유지한다고 보았다. X

⑤ 베블런은 부를 과시할 수 있는 상품의 가격과 수요가 비례하는 경향이 있다고 보았다. X

답 ②

53 과시 소비에 대한 베블런의 입장 이해

자료 분석 제시문은 베블런의 주장이다. 베블런은 사람들이 평판을 효과적으로 얻기 위한 수단으로 과시적 여가와 과시적 소비가 나타난다고 주장하였다. 또한 이러한 성향은 유한계급뿐만 아니라 모든 계층에 영향을 미친다고 보았다.

선택지 분석

① 베블런은 과시적 소비가 상층 계급에서 하층 계급으로 확산된다고 보았다. X

② 베블런은 사회 전체의 부가 늘어나더라도 과시적 소비는 감소하지 않을 것이라고 보았다. X

✓ **❸ 베블런은 자본주의 사회에서는 유한계급에서 시작된 과시적 소비가 모든 계층에서 나타난다고 보았다.** O

④ 베블런은 재력을 과시하여 평판을 얻기 위한 수단으로 과시적 소비가 나타난다고 보았다. X

⑤ 베블런은 유한계급이 사람들의 평판을 얻기 위해 불필요한 사치품을 소비함으로써 재력을 과시한다고 보았다. X

답 ③

54 윤리적 소비의 특징 파악

자료 분석 신문 칼럼은 소비자와 기업이 윤리적 소비를 고려하여 경제 활동을 해야 한다고 보는 입장이다.

선택지 분석

✓ **ㄱ. 신문 칼럼은 기업도 윤리적 소비의 흐름에 동참하여 생산 및 유통 과정을 변화시키고 사회적 책임에 힘써야 한다고 본다.** O

✓ **ㄴ. 신문 칼럼은 기업도 환경친화적 생산 활동으로 변화하여 생태계에 미칠 영향을 고려해야 함을 주장하고 있다.** O

ㄷ. 신문 칼럼은 소비자가 경제적 효용성뿐만 아니라 사회적 가치 실현과

같은 윤리적 소비를 지향해야 한다고 본다. X

✓ ㄹ. 신문 칼럼은 상표를 보고 제품을 선택했던 과거의 과시적 소비를 지양하고, 윤리적 소비를 추구하는 입장이다. O 답 ④

55 과시 소비에 대한 베블런의 입장 이해

빈출 문항 자료 분석

그림의 강연자가 긍정의 대답을 할 질문으로 가장 적절한 것은?

타인의 존경을 얻고 유지하기 위해서는 부나 권력을 획득하는 것만으로는 충분하지 않습니다. 부나 권력은 타인에게 증거로 드러나는 한에서만 존경이 부여되기 때문입니다. 극빈층을 포함한 사회의 어떤 계층도 관례적인 과시 소비를 하지 않는 경우는 없습니다. 자기 보존 본능을 제외하고는 경쟁적인 비교 성향이 가장 강력하고 지속적인 경제적 동기입니다. 그래서 겉으로 있어 보이는 체하려고 허세가 다하는 마지막 순간까지 비참할 정도의 옹색과 불편조차도 참아낼 것입니다. → 베블런의 과시 소비

해결 전략 그림의 강연자는 베블런이다. 베블런은 모든 계층의 사람들이 과시 소비를 한다고 보았다.

선택지 분석

① 베블런은 사회의 모든 계층이 과시 소비를 한다고 보았다. X

② 베블런은 타인과 자신을 비교하는 경쟁적인 비교 성향이 인간의 허세를 부추긴다고 보았다. X

③ 베블런은 자본의 축적만으로는 타인의 존경을 얻을 수 없다고 보았다. 부나 권력은 타인에게 증거로 드러나야만 존경이 부여되는 것이기 때문이다. X

✓ ❹ 베블런은 현대 산업 사회의 과시 소비는 자신의 지위를 드러내기 위한 방편으로 행해지는 것이라고 보았다. O

⑤ 베블런은 경쟁적인 비교 성향이 강력한 경제적 동기이기는 하지만 자기 보존 본능보다 강력한 것은 아니라고 보았다. X 답 ④

56 공정 여행에 대한 입장 이해

자료 분석 칼럼은 공정 여행을 설명하고 있다. 공정 여행은 생산자와 소비자가 대등한 관계를 맺는 공정 무역(fair trade)에서 따온 개념으로, 착한 여행이라고도 한다. 공정 여행은 즐기기만 하는 여행에서 초래된 환경 오염, 문명 파괴, 낭비 등을 반성하고 어려운 나라의 주민들에게 조금이라도 도움을 주기 위한 취지에서 비롯되었다.

선택지 분석

① 공정 여행은 환경 파괴를 방지하고 생태계 전체를 고려하는 친환경적 여행이다. O

② 공정 여행은 일시적인 경제적 이익보다 지속 가능한 발전을 중시하는 여행이다. O

✓ ❸ 공정 여행은 비용의 최소화보다 사회적 책임을 중시하는 여행이다. X

④ 공정 여행은 개인적 선호만을 추구하는 것이 아니라 공공의 가치와 공동선도 중시하는 여행이다. O

⑤ 공정 여행은 현지 주민들에게 도움을 주며 현지 주민과 함께하는 여행이다. O 답 ③

57 명품 소비의 문제점 이해

자료 분석 칼럼은 명품 소비가 자신을 과시하려는 욕망에서 비롯되었으며, 전 계층으로 확산되면서 사람들의 개성을 상실하게 하고 있다고 진단한다.

선택지 분석

✓ ㄱ. 명품 소비의 문제점을 극복하기 위해서는 다른 사람들과 같아지려는 욕구를 절제하고 주체적 소비를 해야 한다. O

✓ ㄴ. 자신의 경제력을 고려해서 합리적인 소비를 해야 한다. O

✓ ㄷ. 모방 소비를 지양하고 자신의 개성을 살릴 수 있게 소비해야 한다. O

ㄹ. 칼럼은 구매력이 부족한 사람들도 자신의 소득 수준을 초과하는 명품을 구매하는 것을 지적하며, 명품 소비 현상이 사회 전 계층으로 확산되어 있다고 본다. X 답 ④

58 윤리적 소비 이해

자료 분석 ㉠에는 윤리적 소비에 대한 내용이 들어가야 한다. 윤리적 소비는 경제적 약자와 인간 및 환경 공동체를 고려하는 소비를 말한다.

선택지 분석

✓ ㄱ. 윤리적 소비는 생산 노동자의 권리 보장에 관심을 갖는다. O

✓ ㄴ. 윤리적 소비는 공동선을 추구하는 기업의 제품을 선택한다. O

ㄷ. 윤리적 소비는 지속 가능한 소비에 관심을 기울인다. X

ㄹ. 비용 대비 편익의 극대화를 추구하는 것은 합리적 소비이다. X 답 ①

59 합리적 소비와 윤리적 소비 비교

빈출 문항 자료 분석

갑, 을의 입장에서 〈문제 상황〉 속 A에게 제시할 조언으로 적절하지 않은 것은?

갑: 자신의 욕구를 정확하게 파악하고 상품 정보를 충분히 알아본 뒤 계획을 세워 주어진 예산의 범위 안에서 자신에게 가장 효용이 큰 제품을 선택하여 소비해야 한다. → 합리적 소비

을: 자신의 소비 생활이 개인에게 미치는 영향만이 아니라 사회, 자연 등에 미치는 영향을 고려하여 윤리적인 가치 판단에 따라 올바른 선택을 하는 소비를 해야 한다. → 윤리적 소비

〈문제 상황〉

A는 아보카도가 슈퍼 푸드라는 이야기를 듣고 관심을 가지게 되었다. 그런데 아보카도의 생산 및 유통 과정은 많은 이산화탄소를 발생시켜 지구 온난화의 원인이 된다. 또한 재배에 많은 물이 소모되어 동식물은 물론 지역 주민의 삶에 피해를 준다. A는 그 사실을 알고 아보카도를 구매해야 할지 고민하고 있다.

해결 전략 갑은 합리적 소비, 을은 윤리적 소비를 주장하고 있다. 합리적 소비는 자신의 경제력 안에서 최선의 제품을 구매하는 것을 권장한다. 반면 윤리적 소비는 평화, 인권, 사회 정의, 환경 등 인류의 보편 가치를 중시하며 이를 소비 생활에 실천하는 것임을 파악하고 문제를 해결해야 한다.

선택지 분석

① 합리적 소비는 자신의 처지에 최적화된 소비를 지향한다. O

② 합리적 소비는 충동적 소비나 과시적 소비는 비효율적이므로 반대한다. O

③ 윤리적 소비는 생산 지역의 주민들에게 해악을 주는 제품의 구입에 반대한다. O

④ 윤리적 소비는 생태계에 악영향을 주는 제품의 구입에 반대한다. O

✓**❺ 합리적 소비는 경제적 효용을 최우선적으로 고려하지만, 윤리적 소비는 평화, 인권, 사회 정의, 환경 등 인류의 보편 가치도 중시한다.** X 답 ⑤

60 합리적 소비와 윤리적 소비 비교

빈출 문항 자료 분석

다음 토론의 핵심 쟁점으로 가장 적절한 것은?

갑: 소비의 목적은 소비를 통한 만족감의 극대화에 있습니다. 소비자는 최소 비용으로 최대 만족을 얻을 수 있는 소비만을 추구해야 합니다.

을: 저는 그렇게 생각하지 않습니다. 환경 문제로 대두하고 있는 자원 남용 문제를 해결하기 위해서는 사회 정의와 환경 등을 고려하는 소비가 필요합니다.

→ 합리적 소비를 통해 자원 남용 문제 해결 가능

갑: 아닙니다. 비용과 편익을 고려하여 소비를 하면 자원이 효율적으로 분배되어 자원 남용 문제를 해결할 수 있다고 봅니다.

을: 그러한 주장은 시장 경제 논리만을 강조하는 것이므로 자원 남용 문제를 해결할 수 없습니다. → 합리적 소비만으로는 자원 남용 문제를 해결 불가

해결 전략 갑은 합리적 소비를, 을은 윤리적 소비를 중시하는 입장이다. 갑은 합리적 소비만으로 자원 남용 문제의 해결이 가능하다고 보는 입장이다. 반면 을은 합리적 소비만으로는 자원 남용 문제를 해결할 수 없으므로 윤리적 소비를 통해 자원 남용 문제를 해결할 수 있다고 보는 입장이다.

선택지 분석

① 토론의 핵심 쟁점으로 적합하지 않다. X

✓**❷ 갑은 합리적 소비만으로 자원 남용 문제를 해결할 수 있다고 보지만, 을은 윤리적 소비에 의해서 자원 남용 문제를 해결할 수 있다고 본다.** O

③ 갑과 을 모두 소비 활동을 통해서 자원 남용 문제를 방지할 수 있다고 보므로 토론의 핵심 쟁점으로 적합하지 않다. X

④ 토론에서 언급되고 있는 내용으로 보기 어렵다. X

⑤ 갑은 자원 남용 문제의 해결을 위해 비용과 편익을 고려하여 소비를 해야 한다고 주장하였고, 을도 사회 정의와 환경을 고려하는 소비가 필요하다고 보았다. X 답 ②

본문 145~151쪽

03 다문화 사회의 윤리

61 ③	62 ⑤	63 ③	64 ②	65 ①	66 ⑤
67 ④	68 ④	69 ⑤	70 ③	71 ④	72 ⑤
73 ⑤	74 ④	75 ②	76 ④	77 ③	78 ①
79 ⑤	80 ①	81 ①	82 ⑤	83 ①	84 ②
85 ③	86 ④	87 ⑤	88 ②		

61 다문화 사회에 대한 이해

자료 분석 (가)는 동화주의, (나)는 샐러드 볼 이론의 입장이다. 동화주의는 비주류 문화를 주류 문화로 편입시켜야 한다고 보는 입장이고, 샐러드 볼 이론은 다양한 문화가 서로 대등하게 조화를 이루어야 한다고 보는 입장이다.

선택지 분석

① 동화주의에서는 비주류 문화가 그 특성을 포기하고 주류 문화로 편입되는 것이 집단 간 결속력을 강화할 수 있다고 본다. X

② 동화주의에서는 이민자가 주류 문화로 편입되어야 사회 제도와 질서가 유지된다고 본다. X

✓**❸ 샐러드 볼 이론에서는 다른 맛을 가진 채소와 과일들이 서로 조화를 이루어 샐러드를 만들듯이, 자문화 중심주의를 고집하는 태도는 사회 갈등의 원인이 된다고 본다.** O

④ 샐러드 볼 이론에서는 다양한 문화가 공존해야 사회 발전이 이루어질 수 있다고 본다. X

⑤ 동화주의의 입장이라고 볼 수 없다. X 답 ③

62 다문화 사회에 대한 이해

자료 분석 가상 편지는 샐러드 볼 이론을 제안하고 있다. 샐러드 볼 이론은 다양한 맛을 가진 채소와 과일들이 서로 조화를 이루어 샐러드가 되듯이, 다양한 문화가 서로 대등하게 조화를 이루어야 한다고 보는 입장이다.

선택지 분석

① 동화주의에 해당한다. 동화주의는 이민자가 출신국의 언어, 문화, 사회적 특성을 포기하고 주류 사회의 일원이 되도록 주류 문화로 편입시켜야 한다고 보는 입장이다. X

② 가상 편지는 문화의 특수성을 존중하는 것이 자유, 평등, 정의와 같은 보편 윤리를 실현하는 데 기여할 수 있다는 입장이다. X

③ 동화주의에 해당한다. X

④ 샐러드 볼 이론은 다양한 문화가 서로 대등하게 조화를 이루어야 한다고 보는 입장으로, 주류 문화의 우위를 전제로 하지 않는다. X

✓**❺ 가상 편지는 각 문화의 고유성을 존중하고 문화의 다양성을 인정함으로써 문화적 역동성을 증진해야 함을 강조한다.** O 답 ⑤

63 문화에 대한 포퍼의 입장 파악

자료 분석 제시문은 포퍼의 주장이다. 포퍼는 이상적인 사회는 점진적인 개선을 통해 실현될 수 있으며, 무제한의 관용은 관용의 상실을 가져올 것이라고 주장하고 있다.

선택지 분석

ㄱ. 포퍼는 인간의 기본적 가치를 상실하게 하는 비도덕적인 문화에 대해서는 관용해서는 안 된다고 보았다. X

✓ ㄴ. 포퍼는 합리주의적 태도를 강조하였다. 합리주의적 태도란 누가 옳은지 그른지를 따지기보다 자신의 생각에 대한 다른 사람의 비판을 흔쾌히 받아들이고, 남의 생각도 신중히 비판함으로써 진리에 더 가까이 다가서려는 태도를 말한다. 따라서 포퍼는 다른 문화뿐만 아니라 자기 문화를 비판하는 것에 대해서도 열린 태도가 필요하다고 보았다. O

✓ ㄷ. 포퍼는 관용적이지 않은 사람들에게까지 무제한의 관용을 베푼다면, 관용적인 사람들은 파멸하게 될 것이라고 보았다. O

ㄹ. 포퍼는 사회와 문화의 가치를 판단할 수 있는 기준이 존재한다고 보았다. X

답 ③

64 다문화 사회에 대한 다양한 입장 비교

빈출 문항 자료 분석

갑, 을, 병 중에서 한 사람만이 긍정의 대답을 할 질문만을 〈보기〉에서 있는 대로 고른 것은?

갑: 이주민은 자신의 문화 정체성을 포기하고, 이주해 온 국가의 구성원이 되어 주류 사회의 일원으로 편입되어야 한다. → 동화주의

을: 다른 재료들이 섞여 각자 고유의 맛을 지키면서 하나의 샐러드가 되듯이 다양한 문화가 대등하게 조화되어야 한다. → 샐러드 볼 이론

병: 국수가 주된 내용물이지만 고명이 첨가됨으로써 국수 맛이 풍성해지듯이 주류 문화와 비주류 문화가 공존해야 한다. → 국수 대접 이론

보기

ㄱ. 다양한 문화들은 사회 내에서 평등하게 공존해야 하는가? (×, ○, ×)

ㄴ. 이주민들의 서로 다른 문화적 정체성을 인정해야 하는가? (×, ○, ○)

ㄷ. 사회 통합은 문화 단일성을 전제로 이루어 나가야 하는가? (○, ×, ×)

ㄹ. 한 사회에는 구심점이 되는 주류 문화가 존재해야 하는가? (○, ×, ○)

해결 전략 갑은 동화주의, 을은 샐러드 볼 이론, 병은 국수 대접 이론의 입장이다. 동화주의는 이주민 문화를 주류 문화로 통합시켜야 한다고 보고, 샐러드 볼 이론은 서로 다른 문화들이 평등하게 공존해야 한다고 본다.

선택지 분석

✓ ㄱ. 을만이 긍정의 대답을 할 질문이다. 샐러드 볼 이론은 다양한 문화가 대등하게 조화되어야 한다고 본다. O

ㄴ. 을과 병이 긍정의 대답을 할 질문이다. 샐러드 볼 이론과 국수 대접 이론은 서로 다른 문화적 정체성을 인정하지만, 동화주의는 이주민의 문화 정체성이 주류 문화에 통합되어야 한다고 보므로 서로 다른 문화적 정체성을 인정하지 않는다. X

✓ ㄷ. 갑만이 긍정의 대답을 할 질문이다. 동화주의는 이주민의 문화를 포기하고 주류 사회의 일원이 되도록 편입하므로 문화 단일성을 전제로 사회 통합을 이루고자 하는 입장이다. O

ㄹ. 갑과 병이 긍정의 대답을 할 질문이다. 동화주의와 국수 대접 이론은 한 사회의 구심점이 되는 주류 문화의 존재를 인정한다. X

답 ②

65 다문화 사회의 윤리에 대한 다양한 입장 비교

자료 분석 갑은 다양한 문화가 공존해야 된다고 보는 입장이고, 을은 소수 문화가 주류 문화에 동화되어야 한다고 보는 입장이다.

선택지 분석

✓ ❶ 갑은 문화의 다양성과 타 문화에 대한 상호 교류, 관용을 통한 다양한 문화의 공존을 주장하였다. O

② 갑은 문화적 다양성과 차이를 인정하는 입장이다. 동화의 관점에서 타 문화를 인식해야 한다고 보는 것은 을의 입장이다. X

③ 을은 단일한 문화로의 통합을 주장하는 입장이다. 이질적 문화들의 공존을 주장한 것은 갑의 입장이다. X

④ 을은 소수 문화가 주류 문화에 동화되어야 한다고 보는 입장이다. 소수의 문화를 인정해야 한다고 보는 것은 갑의 입장이다. X

⑤ 갑은 다양한 문화의 공존을 주장하였고, 을은 소수 문화가 주류 문화에 동화되어야 한다고 보므로 갑과 을 모두 적절하지 못하다. X

답 ①

66 다문화 사회에 대한 다양한 입장 비교

자료 분석 (가)는 다문화 사회와 관련된 동화주의 입장이고, (나)는 다문화주의 입장이다. 동화주의는 이민자를 주류 사회의 언어와 문화에 동화시켜 주류 사회의 정체성을 부여해야 한다고 본다. 반면 다문화주의는 이민자들이 그들의 고유한 문화를 유지하는 것을 인정하고 공존해야 한다고 본다.

선택지 분석

①, ②, ③, ④ 동화주의 입장에 비해 다문화주의 입장이 지니는 특징이라고 할 수 없다. X

✓ ❺ 동화주의 입장에 비해 다문화주의 입장은 '이주민 문화의 정체성 보존을 강조하는 정도(X)'와 '문화 간 대등한 방식의 공존을 강조하는 정도(Y)'는 높고, '단일한 문화 중심의 사회 통합을 강조하는 정도(Z)'는 낮다. O

답 ⑤

67 다문화 사회에 대한 다양한 입장 비교

자료 분석 갑은 샐러드 볼 이론, 을은 국수 대접 이론의 입장이다.

선택지 분석

✓ ㄱ. 샐러드 볼 이론의 입장에서는 다양한 문화가 서로 대등하게 조화를 이루어야 한다고 본다. O

✓ ㄴ. 국수 대접 이론의 입장에서는 각 문화가 정체성을 유지하면서 조화를 이루어야 한다고 본다. O

ㄷ. 샐러드 볼 이론의 입장에서는 다양한 채소와 과일이 그 특성을 유지하면서 조화롭게 맛을 내듯이, 다양한 문화가 서로 대등하게 조화를 이루어야 한다고 본다. X

✓ ㄹ. 샐러드 볼 이론과 국수 대접 이론 모두 서로 다른 문화에 대해 관용의 자세를 견지해야 한다고 본다. O

답 ④

68 동화주의와 다문화주의의 입장 비교

자료 분석 갑은 동화주의, 을은 다문화주의의 입장이다. 다문화주의는 한 국가 또는 사회 안에 살고 있는 다양한 문화를 평등하게 인정한다. 따라서 이민자나 소수자의 문화를 존중하고 문화 간의 다양성을 확보할 수 있다.

V 문화와 윤리

선택지 분석

① 동화주의는 이민자 문화의 특수성을 보장하지 않는다. X

② 동화주의는 이민자 문화의 문화적 정체성을 보장하지 않는다. X

③ 다문화주의는 이민자의 문화와 기존 사회의 문화 사이의 위계를 인정하지 않는다. X

✓❹ 다문화주의는 이민자들의 문화적 다양성을 인정하면서 사회 통합을 모색할 수 있다고 본다. O

⑤ 동화주의는 다양한 문화 간의 공존을 말하지 않으며, 다문화주의는 주류와 비주류 문화의 위계를 인정하지 않는다. X

답 ④

69 다문화 정책에 대한 입장 비교

자료 분석 갑은 소수 문화가 주류 문화와의 통합 여부를 주체적으로 결정할 수 있어야 한다는 입장이며, 을은 소수 문화가 주류 문화에 통합되어야 한다는 입장이다.

선택지 분석

① 갑은 소수 문화가 주류 문화에 억압받아서는 안 된다고 본다. O

② 갑은 소수 문화는 주류 문화와의 통합 여부를 스스로 주체적인 방식으로 결정할 수 있어야 한다고 본다. O

③ 을은 단일 문화를 바탕으로 사회 통합을 이루어 나가야 한다고 본다. O

④ 을은 주류 문화를 중심으로 소수 문화가 통합되어야 한다고 본다. O

✓❺ 을만의 입장이다. 갑은 국가의 교육 정책으로 통일된 문화를 형성하는 데 반대한다. X

답 ⑤

70 자유주의적 다문화주의의 관점 이해

자료 분석 제시문은 자유주의적 다문화주의의 관점을 갖고 있는 킴리카의 주장이다. 다문화주의는 한 사회 안의 다양한 문화를 평등하게 인정하는 입장으로, 문화 간 공존을 통해 갈등을 최소화할 수 있음을 파악하여 문제를 해결해야 한다.

선택지 분석

① 칼럼에서는 통합을 위해서는 다수가 공유해 온 전통적 관행을 고수하지 않으려는 태도가 필요함을 주장하고 있다. X

② 칼럼에서는 공용어를 강조할 경우 통합이 어려워질 수 있음을 말하고 있다. X

✓❸ 칼럼에서는 이주민이 자신들의 집단적 문화를 표현할 여지를 확보해 주어야 함을 말하고 있다. O

④ 칼럼에서는 통합이 몇 세대에 걸쳐 진행된다는 점에 유념해야 함을 강조하고 있다. X

⑤ 칼럼에서는 이주민에게 기본적 시민권을 보장하되 삶의 양식의 통일까지 요구해서는 안 된다고 주장한다. X

답 ③

71 동화주의와 문화 다원주의의 입장 비교

자료 분석 갑은 이민자가 출신국의 문화적 정체성을 포기하고 주류 사회의 일원이 되어야 한다고 보는 동화주의의 입장이고, 을은 소수 민족의 문화적 정체성은 존중하지만 주류 문화가 주체로서 존속해야 한다고 보는 문화 다원주의의 입장이다.

선택지 분석

① 갑은 소수 문화의 가치를 존중해야 한다고 주장하지 않는다. X

② 갑은 소수 집단의 문화적 정체성 유지를 주장하지 않는다. 갑은 소수 집단의 문화가 주류 집단의 문화에 동화될 것을 주장한다. X

③ 을은 소수 문화를 인정하므로 소수 문화에 대한 불관용을 주장하지 않을 것이다. X

✓❹ 을은 '이민자의 언어로 운용되는 자체의 법적 제도를 보장하면서 이민자 집단과 주류 사회의 결속과 통합을 도모해야 한다'고 주장하므로 소수 집단의 자치를 승인하면서 사회적 연대를 추구한다고 할 수 있다. O

⑤ 갑은 문화적 동일성을 요구한다. X

답 ④

72 종교 간 갈등 완화를 위한 한스 큉의 입장 이해

빈출 문항 자료 분석

그림의 강연자가 지지할 입장으로 가장 적절한 것은?

→ 큉은 종교 간의 관용과 적극적 대화를 중시함

문명의 충돌을 막기 위해 우리는 무엇보다 종교 간의 관용과 적극적인 대화에 힘써야 합니다. 종교 간의 갈등은 수많은 사람을 고통스럽게 하고 사회와 국가의 발전을 가로막습니다. 이러한 갈등은 무엇보다 자신의 종교만을 맹신하고 타 종교를 인정하지 않는 배타적인 태도에 기인합니다. 종교 간의 대화 없이는 국가 안의 평화는 물론이고 국가 간의 평화도 불가능합니다. 지구에 존재하는 주요 종교들에는 비폭력과 생명 존중, 관용과 진실성, 연대와 정의로운 경제 질서, 평등과 남녀 동반 관계 등의 가치가 들어 있습니다. 종교 간의 대화를 통해 이러한 가치들을 기본으로 하는 세계 윤리를 도출하여 평화로운 세계를 만들어야 합니다.

→ 종교 간 대화 없이는 종교 간 평화도 있을 수 없고, 종교의 평화 없이는 세계의 평화도 없다고 주장함

해결 전략 제시문은 한스 큉의 주장이다. 큉은 종교 간의 대화 없이는 종교 간의 평화가 없고, 종교 평화 없이는 세계 평화도 없다고 주장하면서 종교 간의 대화와 관용의 태도를 강조하였다. 큉은 종교 간 대화를 위해서는 각 종교가 자신의 잘못에 대해 성찰하고, 각 종교가 지닌 진리의 일면을 존중하면서 인간 존중과 같은 보편적 가치에 토대를 두어야 한다고 주장하였다.

선택지 분석

① 한스 큉은 종교 간의 평화 실현을 위해 다른 사람과의 대화 역량이 필요하다고 보았다. X

② 한스 큉은 종교인들이 자신들의 종교가 지닌 정체성과 진리를 포기하지 않으면서 다른 종교의 진리를 용납할 수도 있어야 한다고 보았다. X

③ 한스 큉은 종교 간의 평화를 위해 종교 간 대화를 강조했지만 하나의 참된 종교를 수립해야 한다거나 각 종교의 차이점을 무시해도 된다고 주장하지 않았다. X

④ 한스 큉은 세계의 주요 종교에는 비폭력과 생명 존중, 관용과 진실성, 연대와 정의로운 경제 질서 등의 가치가 들어 있어 사회와 국가의 발전과 연관되어 있다고 보았다. X

✓❺ 큉은 세계 평화를 위해서는 종교 간 평화가 요구되며, 종교 간 평화를 위해서는 종교 간 대화가 필요하다고 보았다. 즉 편견 없이 타 종교를 이해하는 일은 평화로운 공존의 초석이라고 보았다. O

답 ⑤

73 엘리아데의 입장 이해

자료 분석 제시문은 엘리아데의 주장이다. 엘리아데는 성과 속이 분리되어 있거나 단절되어 있지 않으며, 결국 일상적인 삶 자체가 언제든지 성스러움의 드러남, 즉 성현이 될 수 있다고 보았다.

선택지 분석

① 엘리아데는 성스러움과 속됨은 서로 양립할 수도 있고 조화될 수도 있다고 보았다. X

② 엘리아데는 인간이 성스러움을 만들어 낸다고 보지 않았다. X

③ 엘리아데는 종교의 역사는 성스러운 실재가 단 한 번 드러남으로 이루어지는 것이 아니라, 일상적인 삶 속에서 언제든지 드러남으로 이루어지는 것이라고 보았다. X

④ 엘리아데는 돌이나 나무가 숭배의 대상이 된 이유는 돌이나 나무가 그 자체로 성스러워서가 아니라, 그 돌이나 나무를 통해 성스러움이 드러났기 때문이라고 보았다. X

✓❺ 엘리아데는 성스러움을 믿지 않는 비종교적 인간도 은연중에 종교적으로 행동한다고 보았다. O

답 ⑤

74 종교에 대한 엘리아데의 입장 이해

자료 분석 제시문은 엘리아데의 주장이다. 엘리아데는 종교라는 현상을 근원적으로 일상 속에서 성스러움과의 만남으로 파악하였다. 엘리아데는 일상적인 삶 자체가 성스러움의 드러남이라고 보았으며, 세속과 성스러움이 조화롭게 공존할 수 있다고 보았다. 엘리아데는 근대의 비종교인은 초월적 존재를 거부하고 스스로가 자신을 만들고 역사를 만들어 간다고 보았다.

선택지 분석

✓ㄱ. 엘리아데에 따르면 종교적 인간에게 우주는 신성성의 여러 양태를 드러내 준다. O

ㄴ. 엘리아데에 따르면 성스러움 그 자체는 현상이나 사물이 아니라 초월적인 것이다. 엘리아데는 종교적 인간은 자연물 그 자체가 아닌 자연물에 깃든 절대적 실재, 성스러운 존재를 숭배하고자 한다고 보았다. X

✓ㄷ. 엘리아데에 따르면 비종교적 인간은 자기 자신과 세계를 탈신성화하고자 한다. 엘리아데는 비종교적 인간은 자신을 역사의 주체로 생각하며 초월적인 것을 모두 거부하고, 성스러운 것은 인간이 자유를 획득하는 데 최대의 장애물이라고 보았다. O

답 ④

75 종교에 대한 엘리아데의 입장 이해

자료 분석 제시문은 엘리아데의 주장이다. 엘리아데는 인간을 종교적 존재로 보고, 세속과 성스러움의 세계가 조화를 이루는 종교 생활을 강조하였다.

선택지 분석

① 엘리아데는 우주는 신의 창조물이고 세계는 신들의 손으로 완성된 것으로 성스러움으로 가득 차 있으며 다양한 성스러움의 양태를 현현(顯現)한다고 보았다. O

✓❷ 엘리아데는 성스러움이 드러난 사물이라고 해도 신 그 자체와 동일한 것은 아니라고 보았다. X

③ 엘리아데는 자연의 대상들이 성스러움을 가시적인 형태로 나타내고 있다고 보았다. O

④ 엘리아데는 종교적 의미로 충만한 성스러운 세계에서 종교적 인간이 참된 실존을 가질 수 있다고 보았다. O

⑤ 엘리아데는 성스러운 세계와 세속이 분리되어 있지 않다고 보았다. O

답 ②

76 종교에 대한 큉의 입장 이해

자료 분석 제시문은 한스 큉의 주장이다. 큉은 종교 간 갈등을 극복할 수 있는 방안에 대해 모색하였다.

선택지 분석

① 큉은 단일한 보편 종교를 요청해서는 안 된다고 보았다. X

② 큉은 종교 간 평화를 위해 자신의 종교적 정체성을 포기해야 한다고 보지 않았다. X

③ 큉은 자신의 종교에 대한 비판을 바탕으로 다른 종교적 견해를 비판할 수 있다고 보았다. X

✓❹ 큉은 종교 간의 대화를 위해 타 종교에 대한 이해와 존중의 자세가 요청된다고 보았다. O

⑤ 큉은 국가 간 평화를 실현하기 위해 종교 간 평화가 요청된다고 보았다. X

답 ④

77 종교에 대한 엘리아데의 입장 파악

자료 분석 제시문은 엘리아데의 주장이다. 엘리아데는 종교적 인간에게 이 세계는 성스러움으로 가득 차 있으며, 성과 속이 분리되어 있거나 단절되어 있지 않다고 보았다.

선택지 분석

① 엘리아데는 종교적 인간에게 우주는 성스러움을 지닌 유기체이며, 존재와 신성성의 여러 양태를 계시한다고 주장하였다. O

② 엘리아데는 자연은 항상 종교적 의미로 충만해 있는 것으로 자연적인 것과 초자연적인 것은 분리되어 있지 않다고 보았다. O

✓❸ 엘리아데는 자연이 그 자체로 초월적인 것이 아니라 자연이 성스러움을 드러내기 때문에 숭배의 대상이 된다고 보았다. X

④ 엘리아데는 종교적 인간은 우주라는 자연물을 통해 나타나는 신성성을 숭배한다고 보았다. O

⑤ 엘리아데는 자연물에서 성스러움이 드러나더라도 그 존재는 여전히 자연 안에 있다고 보았다. O

답 ③

78 종교에 대한 엘리아데의 입장 이해

자료 분석 제시문을 주장한 사상가는 엘리아데이다. 엘리아데는 인간을 종교적 존재로 보고 세속과 성스러움의 세계가 조화를 이루는 종교 생활을 강조하였다.

선택지 분석

✓❶ 엘리아데는 성스러운 돌, 성스러운 나무는 성스러움의 드러남, 즉 성현(聖顯)이기 때문에 숭배된다고 주장하였다. 그에 따르면 세계는 성스러움이 드러나는 대상이지만 성(聖) 그 자체는 아니다. X

② 엘리아데는 성스러움과 세속이 분리되어 있지 않으며, 일상적인 삶 자체가 언제든지 성현이 될 수 있다고 보았다. O

③ 엘리아데에 따르면 세계는 신의 손으로 완성되어 성스러운 것으로 가득 차 있기 때문에 종교적 인간은 세속적 대상에서도 성스러움을 체험할 수 있다. O

④ 엘리아데는 종교적 인간에게 자연은 종교적 의미로 충만해 있으며, 돌이나 나무 또한 단순한 자연물이 아니라 성현으로서 숭배될 수 있다고 보았다. O

⑤ 엘리아데에 따르면 신은 자신이 창조한 자연을 통해 성스러움을 다양

한 양태로 드러내어 보여 준다. O

답 ①

79 종교와 윤리의 관계에 대한 쟁점 파악

자료 분석 갑은 종교적 진리가 윤리보다 우선적이라고 주장하면서 윤리와 상충하는 종교적 진리도 받아들여야 한다고 주장하지만, 을은 윤리의 토대인 이성도 절대자로부터 주어진 것이므로 종교가 윤리에 어긋나는 주장을 해서는 안 된다고 주장한다.

선택지 분석

① 갑, 을 모두 긍정의 대답을 할 질문이다. 갑, 을은 모두 윤리가 문화에 따라 다르게 나타난다고 본다. X

② 갑, 을 모두 긍정의 대답을 할 질문이다. 갑, 을은 모두 윤리가 이성에 토대를 두고 있다고 본다. X

③ 갑, 을 모두 긍정의 대답을 할 질문이다. 갑, 을은 모두 종교에 윤리적 가르침이 포함될 수 있다고 본다. X

④ 갑, 을 모두 긍정의 대답을 할 질문이다. 갑, 을은 모두 종교는 절대자를 믿음의 대상으로 받아들인다고 본다. X

✓❺ 갑은 긍정, 을은 부정의 대답을 할 질문이다. 따라서 윤리와 상충하는 종교적 진리를 허용해야 하는지 여부는 토론의 핵심 쟁점이 될 수 있다. O

답 ⑤

80 종교에 대한 엘리아데의 입장 파악

자료 분석 제시문은 엘리아데의 주장이다. 엘리아데는 인간을 종교적 존재로 보고 스스로 비종교적이라고 생각하는 사람들마저도 일상 속에서 성스러운 행위를 지속한다고 주장하였다.

선택지 분석

✓❶ 엘리아데에 따르면 종교적 인간은 자연물 그 자체를 숭배의 대상으로 보지 않고 성스러움이 현현(顯現)한 자연물을 숭배의 대상으로 본다. X

② 엘리아데는 종교적 인간에게 자연적 실재와 초자연적 실재는 공존한다고 본다. O

③ 엘리아데는 종교적 인간은 세계를 초월한 성스러운 존재가 있다고 믿는다고 본다. O

④ 엘리아데에 따르면 종교적 인간은 우주를 신의 창조물로 보지만 비종교적 인간은 자신을 역사의 주체로 본다. O

⑤ 엘리아데는 비종교적 인간은 탈신성화의 결과이며, 초월성을 거절한다고 본다. O

답 ①

81 종교에 대한 퀑의 입장 이해

자료 분석 제시문은 퀑의 주장이다. 퀑은 종교 간의 평화를 실현하기 위해 종교 간의 대화가 필요하다고 보았다.

선택지 분석

✓❶ 제시문에서 종교 간 화해를 위해 비공식 대화, 공식 대화, 학문적 대화, 일상적 대화 등 모든 차원의 대화가 요청된다고 주장했으므로 대화 역량이 종교 간 평화를 실현하는 데 필요한 것임을 알 수 있다. O

② 퀑은 하나의 종교만 있어야 한다고 주장하지 않는다. X

③ 퀑은 종교의 통합을 주장하지 않는다. X

④ 퀑은 각자의 종교적 정체성 포기를 주장하지 않는다. X

⑤ 퀑은 자신의 종교에 대해 반성적 성찰을 할 필요가 있다고 본다. X

답 ①

82 종교에 대한 엘리아데의 주장 이해

자료 분석 제시문은 엘리아데의 주장이다. 엘리아데는 일상적인 삶 자체가 언제든지 성스러움의 드러남, 즉 성현(聖顯)이 될 수 있다고 주장한다.

선택지 분석

① 엘리아데에 따르면 비종교적 인간은 초월을 거부하고 자신과 세계를 탈신성화한다. 이는 비종교적 인간이 세계를 성현으로 인정하지 않음을 의미한다. X

② 엘리아데에 따르면 초월적 존재는 세계를 초월하며 세계 안에 스스로를 현현(顯現)시키는 존재이다. X

③ 엘리아데에 따르면 인간은 일상적 삶에서 성현을 체험하며 성(聖)을 만나게 된다. X

④ 엘리아데에 따르면 종교적 인간은 일상에서 성현에 마주칠 때 최고의 정신성에 도달하게 된다. X

✓❺ 엘리아데에 따르면 인간이 성(聖)을 알 수 있는 것은 성이 세속적인 것과는 전적으로 다른 그 무엇으로서 자신을 드러내고 보여 주기 때문이다. O

답 ⑤

83 종교에 대한 엘리아데의 주장 이해

자료 분석 그림의 강연자는 엘리아데이다. 엘리아데는 성과 속이 분리되어 있거나 단절되어 있지 않으며, 결국 일상적인 삶 자체가 언제든지 성스러움의 드러남, 즉 성현(聖顯)이 될 수 있다고 보았다는 점을 파악하여 문제를 해결해야 한다.

선택지 분석

✓❶ 엘리아데는 성스러움이 현현(顯現)한 사물은 전혀 다른 것이 되지만 그 후에도 사물임이 변하지는 않는다고 본다. X

② 엘리아데는 성스러움과 세속적인 것이 단절되어 있지 않다고 본다. O

③ 엘리아데는 세속의 세계에서 성스러움을 체험할 수 있다고 본다. O

④ 엘리아데는 성스러움의 현현은 세속적인 삶에서도 언제든지 일어날 수 있다고 본다. O

⑤ 엘리아데는 세속의 세계를 성스럽게 만드는 신(神)이 존재한다고 본다. O

답 ①

84 종교에 대한 엘리아데의 주장 이해

자료 분석 제시문을 주장한 사상가는 엘리아데이다. 엘리아데는 일상적인 삶 자체가 언제든지 성스러움의 드러남이 될 수 있다고 보면서 세속과 성스러움의 세계가 조화롭게 공존하는 종교적 인간을 강조하였다.

선택지 분석

① 엘리아데는 종교적 인간은 탄생, 결혼, 죽음 등의 사건을 겪으며 거룩한 존재를 믿게 된다고 본다. O

✓❷ 엘리아데는 종교적 인간은 성스러운 것과 세속적인 것의 분리를 지향하지 않는다고 본다. X

③ 제시문의 마지막 문장으로부터 추론할 수 있다. 엘리아데는 세속화된 의식 속에도 종교적 현상이 관찰된다고 하였다. O

④ 제시문의 "세속적 인간은 비록 스스로 깨닫지 못하고 있을 때조차 종교적으로 행동한다."라는 내용에서 추론할 수 있다. O

⑤ 제시문의 "그들에게 거룩한 존재는 인간의 자유에 대한 최대의 장애물일 따름이다."라는 내용으로부터 추론할 수 있다. O 답 ②

85 종교 갈등의 해결 방안 이해

자료 분석 다른 종교에 대한 무지와 편견, 자기 종교의 절대성을 지나치게 주장, 민족적·문화적·경제적 이해관계의 상충, 다른 종교에 대한 배타적 태도가 종교 간의 갈등 원인이다.

선택지 분석

① 제시문에서 추론되지 않는 내용이다. X

② 제시문의 어떤 사상가는 종교가 영혼의 내적 확신에 기초한다고 본다. X

✓ **❸ 제시문의 어떤 사상가는 타 종교인에 대한 박해는 종교의 사명뿐만 아니라 인간 이성에도 어긋나는 불합리한 것이라고 주장하며 타 종교인에 대한 관용을 강조한다.** O

④ 제시문의 어떤 사상가는 관용의 정신이 있어야 참된 종교라고 본다. X

⑤ 제시문의 어떤 사상가는 종교적 불관용이 인간 이성에 어긋난다고 본다. X 답 ③

86 종교에 대한 틸리히의 주장 이해

자료 분석 그림의 강연자는 틸리히이다.

선택지 분석

✓ **ㄱ. "종교는 궁극적 관심으로 '죽느냐 또는 사느냐'를 물으며 대답을 찾습니다."라는 내용에서 추론할 수 있다.** O

ㄴ. "종교는 유한한 실재를 하나의 신으로 만들면 안 됩니다."라는 내용으로부터 오답임을 추론할 수 있다. X

✓ **ㄷ. '종교는 존재 그 자체로서의 존재를 대면하는 것'이라는 내용에서 추론할 수 있다.** O

✓ **ㄹ. "궁극적 관심은 절대성을 띠지만, 그 관심의 개별적 표현은 다양한 종교에서 서로 다른 방식으로 드러납니다."라는 내용에서 추론할 수 있다.** O

답 ④

87 종교에 대한 엘리아데와 도킨스의 주장 이해

자료 분석 갑은 엘리아데, 을은 도킨스이다. 엘리아데는 초자연적인 것은 자연적인 것과 불가분의 관계에 있으며, 세속과 성스러움의 세계가 조화롭게 공존하는 종교 생활을 강조하였다.

선택지 분석

① 엘리아데는 성스러운 공간은 현실을 초월한 신의 영역이므로 주위 공간과는 질적으로 다른 곳이라고 본다. O

② 성과 속의 조화를 강조하는 엘리아데는 종교적 인간은 성의 시간과 속의 시간을 모두 체험할 수 있다고 본다. O

③ 진화론을 주장하는 도킨스는 생명들의 다양성과 복잡성은 자연 선택을 통해 나타난 것이라고 본다. O

④ 도킨스는 우주 만물의 시원으로서의 창조적 지성, 즉 신은 존재하지 않는다고 본다. O

✓ **❺ 엘리아데는 성과 속의 조화를 강조하며 자연적인 존재와 초자연적인 존재가 양립할 수 있다고 본다.** X 답 ⑤

88 관용에 대한 이해

빈출 문항 자료 분석

다음 글의 입장에서 볼 때, 〈가상 대담〉의 ㉠에 들어갈 말로 가장 적절한 것은?

관용은 문화적 편견과 차별의 문제를 극복하기 위해서 필요하다. 그러나 타인의 불의한 행위에 무관심하거나 도덕적 악을 참는 것은 관용이 아니다. 인류의 보편적 가치에 반하는 것들(→ 불관용해야 하는 경우)에 대해서는 불관용할 수 있어야 한다. 즉, 개인의 자유권, 생명권과 같은 권리에 대한 침해는 용인되어서는 안 된다. 모든 인간은 자신이 원하는 삶을 자유롭게 선택할 수 있는 권리가 있으며 그 누구도 개인의 자유를 박탈할 수 없다. → 문화적 다양성을 존중하고 편견과 차별을 극복하기 위해서는 서로 다른 문화를 이해하려는 관용의 자세가 필요하다. 하지만 무제한적 관용은 오히려 인류의 보편적 가치를 훼손할 수 있으므로 자유와 인권을 침해하려는 시도에 대해서는 불관용함으로써 관용에도 한계를 두어야 한다.

해결 전략 관용을 위협하는 사람들에게까지 무제한의 관용을 베푼다면 관용 자체가 불가능해질 수 있다는 점을 파악하여 문제를 해결해야 한다.

선택지 분석

① 제시문에서는 인간이 스스로 자신의 삶을 선택할 수 있는 권리가 있다고 보기 때문에 딸이 아닌 부모의 권리를 존중하라고 이야기하지 않을 것이다. X

✓ **❷ 제시문의 입장에서 볼 때, 〈가상 대담〉의 리포터가 말한 사례는 인간의 기본적 자유를 침해하므로 관용을 베풀어서는 안 된다.** O

③ 신체의 자유나 교육받을 권리는 모두 인간의 기본적 권리이므로 제시문에 따르면 이를 침해하는 것은 용인되어서는 안 된다. X

④ 제시문에서는 종교의 전통과 같은 문화적 차이가 인정될 수 있는 한계는 인간의 기본적 자유와 권리를 침해하지 않을 때이다. 〈가상 대담〉의 사례는 이를 침해하고 있으므로 용인되어서는 안 된다. X

⑤ 제시문에 따르면 〈가상 대담〉의 사례는 용인되어서는 안 되는데, 그 이유는 구성원들의 연대감을 저해하기 때문이 아니라 개인의 기본적 권리와 자유를 박탈하고 있기 때문이다. X 답 ②

VI 평화와 공존의 윤리

본문 156~159쪽

01 갈등 해결과 소통의 윤리

01 ①	02 ②	03 ①	04 ④	05 ⑤	06 ⑤
07 ②	08 ①	09 ④	10 ①	11 ④	12 ①
13 ④	14 ③				

01 하버마스의 담론 윤리 이해

자료 분석 제시문은 하버마스의 주장이다. 하버마스는 개인의 주관적인 판단만으로는 보편타당한 규범이 성립될 수 없기 때문에 대화가 필요하고, 대화의 당사자들이 합의한 결과를 수용하고 그것을 의무로 받아들이기 위해서는 합리적인 의사소통이 필요하다고 보았다.

선택지 분석

✓❶ 하버마스에 따르면 담론 참여자들은 자신의 오류 가능성을 인정하는 자세로 대화해야 하며, 합리적인 의사소통의 과정을 거쳐 보편적인 합의에 도달할 수 있다고 보았다. O

② 하버마스에 따르면 담론 참여자들은 모두 서로 존중하면서 열린 자세로 타인의 의견에 비판적 이의를 제기할 수 있다고 보았다. X

③ 하버마스에 따르면 담론 참여자들은 문제 상황이 변했거나 타당한 근거가 있을 때는 합의한 결론에 대해서도 재반박할 수 있다고 보았다. X

④ 하버마스에 따르면 담론 과정에서 전문가의 의견을 활용할 수는 있지만, 전문성을 기준으로 발언 기회를 제한할 수는 없다. X

⑤ 하버마스에 따르면 담론 참여자들은 자신의 개인적 이익이나 준칙뿐만 아니라 개인적인 희망이나 욕구도 표현할 수 있다. X

답 ①

02 소통과 담론의 윤리에 대한 원효의 입장 이해

빈출 문항 자료 분석

다음을 주장한 사상가의 입장에서 〈문제 상황〉 속 A에게 제시할 조언으로 가장 적절한 것은?

→ 원효는 깨끗함과 더러움, 참과 거짓, 시비(是非) 등 일체의 이원적 대립을 초월하여 일심(一心)으로 돌아갈 것을 주장하였음

모든 경계가 무한하지만 모두 일심(一心) 안에 들어간다. 부처의 지혜는 모습을 떠나 마음의 원천으로 돌아가고, 지혜와 일심이 온전히 같아져 둘이 없다. 따라서 지극히 공정한 부처의 뜻을 토대로 여러 주장을 조화롭게 융합[和諍]해야 한다.

→ 원효는 자신의 주장만이 옳다는 입장을 버리고 대화와 화해를 통해 서로의 입장을 존중하여 하나로 종합해야 한다고 보았음

〈문제 상황〉

학급 회장인 A는 축제에서 학급 부스 운영 방안을 어떻게 결정해야 할지 고민하고 있다. 학급 친구들이 사진관, 오락실, 분식집 등 서로 다른 방안을 내세워 각자의 주장을 굽히지 않고 갈등하고 있기 때문이다.

해결 전략 제시문은 원효의 주장이다. 원효는 특수하고 상대적인 각자의 입장에서 벗어나 대승적으로 융합해야 함을 강조하였다.

선택지 분석

① 원효는 자신만의 입장에서 벗어나 대승적으로 융합해야 함을 강조하였다. X

✓❷ 원효는 모든 종파와 사상이 타당할 수 있음을 인정하고 일심을 토대로 더 높은 차원에서 하나로 종합해야 한다는 화쟁 사상을 주장하였다. 따라서 〈문제 상황〉 속 A에게 각 주장이 타당할 수 있음을 인정하고 의견을 조율하라고 조언할 수 있다. O

③ 원효는 모든 의견이나 입장을 일심을 토대로 더 높은 차원에서 하나로 통합할 수 있다고 보았다. X

④ 원효는 특정한 하나의 입장이나 방안을 따르라고 하지 않았다. X

⑤ 원효는 다양한 주장이 타당할 수 있다고 보았다. X

답 ②

03 하버마스의 담론 윤리 이해

빈출 문항 자료 분석

다음을 주장한 사상가의 입장으로 가장 적절한 것은?

→ 하버마스는 상호 간의 논증적인 토론 과정을 거쳐 보편적인 합의에 도달하는 의사소통의 합리성을 강조하였음

의사소통적 실천은 생활 세계에서 합의를 이루고 유지하며 또한 새롭게 하는 것에 관심을 둔다. 의사소통적 실천의 합리성은 달성된 합의가 최종적으로 근거에 의지해야만 한다는 점에서 드러난다. 참여자의 합리성 역시 자신의 발언에 대해 적절한 상황에서 근거를 제시할 수 있는가의 여부에 달려 있다.

→ 담론 참여자는 토론에서 근거 없는 주장을 지양해야 함

해결 전략 제시문은 하버마스의 주장이다. 하버마스는 합리적인 의사소통을 통한 이상적 담화 상황에서 서로 이해하여 합의를 이루어 나가는 과정을 중시하였다. 하버마스는 합리적인 의사소통을 통한 합의가 규범성을 가지기 위해서는 모든 담론 참여자들이 의사소통 행위를 행할 동등한 기회를 가져야 하며 해석, 주장, 권고, 정당화 등을 제시하고 그 타당성을 문제 삼거나 반박할 동등한 기회를 가져야 한다고 보았다.

선택지 분석

✓❶ 하버마스는 이상적 담화 상황에서는 모든 사람이 자기의 생각과 원하는 바를 표현할 수 있지만 개인의 주관적인 판단만으로는 보편타당한 규범이 성립될 수 없기 때문에, 주장에 대한 정당화 근거 등을 제시해야 한다고 보았다. O

② 하버마스는 누구나 어떤 주장에 대해 문제를 제기할 수 있고, 어떤 주장이라도 담론에 부칠 수 있다고 하면서, 담론의 내적 또는 외적 강제에 의한 방해가 있어서는 안 된다고 보았다. X

③ 하버마스는 합리적인 의사소통을 통한 합의가 규범성을 가지기 위해서는 주관적 견해가 정당화될 수 있는 근거를 가져야 한다고 보았다. X

④ 하버마스는 이상적 담화 상황에서 누구나 어떤 주장에 대해서도 문제를 제기할 수 있다고 보았다. X

⑤ 하버마스는 이상적 담화 상황에서 언어 능력과 행위 능력을 가지는 모든 주체는 의사소통 행위를 행할 동등한 기회를 가져야 한다고 보았다. X

답 ①

04 담론 윤리에 대한 하버마스의 입장 이해

자료 분석 제시문은 하버마스의 주장이다. 하버마스는 담론을 통해 구성원 간의 상호 주관적 합의를 이루어야 규범이 보편타당한 규범으로 정립될 수 있다고 보았다.

선택지 분석

✓ ㄱ. 하버마스는 담론 참여자들이 다수가 지지하는 주장을 비판할 수 있으며 어떤 주장도 문제시할 수 있다고 보았다. O

ㄴ. 하버마스는 담론에 참여하는 모든 당사자가 동의한 규범들만이 타당성을 가질 수 있다고 보았다. X

✓ ㄷ. 하버마스는 담론 참여자들이 어떤 주장이든 자유롭게 표현할 수 있다고 보았다. O

✓ ㄹ. 하버마스는 담론 참여자들이 담론을 통해 합의한 결과와 부작용도 수용해야 한다고 보았다. O 답 ④

05 하버마스의 담론 윤리의 의미 파악

자료 분석 제시문은 하버마스의 주장이고, ㉠에 들어갈 개념은 '담론'이다. 하버마스는 시민이라면 누구나 자유롭게 소통에 참여할 자격이 있다고 강조하였고, 상호 간의 논증적인 토론 과정을 거쳐 보편적인 합의에 도달하는 의사소통의 합리성이 실현되어야 한다고 보았다.

선택지 분석

①, ② 하버마스는 담론에 참여한 모든 사람이 자유롭게 의견을 제시할 수 있어야 한다고 보았다. X

③ 하버마스는 참여자의 만장일치로 규범의 정당성을 확보해야 한다고 보았다. X

④ 하버마스는 합의에 이른 주장에 대해서도 논의를 할 수 있다고 보았다. X

✓ ❺ 하버마스는 담론에 참여한 모든 사람이 발언 기회에서 차별을 받아서는 안 된다고 보았다. O 답 ⑤

06 담론 윤리에 대한 하버마스의 입장 파악

자료 분석 제시문은 하버마스의 주장이다. 하버마스는 담론 윤리를 통해 서로 이해하여 합의를 이루어 나가는 과정을 중시하였다. 하버마스는 상호 간의 논증적인 토론 과정을 거쳐 보편적인 합의에 도달해야 한다고 보았으며, 합리적 의사소통이 이루어지기 위해서는 언어 능력과 행위 능력이 있는 사람들이 모두 자유롭게 담론에 참여할 수 있어야 하고, 논의에 참여한 사람들은 진실성을 가지고 발언해야 한다고 주장하였다.

선택지 분석

ㄱ. 하버마스는 이상적 담화 상황의 규칙으로 모든 사람이 평등하게 논의에 참여하고 자신의 생각과 원하는 바를 표현할 수 있어야 한다고 주장하였다. X

✓ ㄴ. 하버마스는 다수가 인정한 주장에 대해서도 문제를 제기할 수 있다고 보았다. O

✓ ㄷ. 하버마스는 사회 문제를 해결하는 데 개인의 주관적인 판단만으로는 한계가 있다고 보고, 상호 간의 논증적인 토론 과정을 거쳐 보편적인 합의에 도달하는 의사소통의 합리성이 실현되어야 한다고 보았다. O

✓ ㄹ. 하버마스는 담론에서 합의한 규범이 가져올 결과와 부작용에 대해서 담론에 참여한 모든 당사자가 수용할 수 있어야 한다고 보았다. O 답 ⑤

07 소통에 대한 공자의 입장 이해

빈출 문항 자료 분석

다음을 주장한 사상가의 입장만을 〈보기〉에서 있는 대로 고른 것은?

→ 공자는 조화를 이루지만 차이를 존중하는 '화이부동(和而不同)'을 주장함

군자는 화합하지만[和] 주체를 잃지 않고 남들과 같아지지[同] 않으며, 소인은 주체를 잃어버리고 남들과 같아지며 화합하지 않는다. 군자는 두루 포용하고[周] 파벌을 이루지[比] 않으며, 소인은 파벌을 이루고 두루 포용하지 않는다.

→ 군자는 공자의 이상적 인간상으로 두루 포용하는 자세를 지님

• 사례 •

학생 A는 다른 문화권에서 온 친구의 독특한 행동이 비도덕적이라고 생각하지는 않지만 왠지 낯설게 느껴진다. 그래서 학생 A는 그 친구를 어떻게 대해야 할지 고민하고 있다.

해결 전략 제시문을 주장한 사상가는 공자이다. 공자는 조화의 중요성을 강조하면서 '화이부동(和而不同)'을 제시하였다. 화이부동이란 군자는 도덕 원칙을 지키면서 주변과 조화를 이루지만, 소인은 자신의 원칙을 버리고 남과 같아지는 데만 급급해하는 태도를 지닌다는 뜻이다. 공자는 〈사례〉 속 학생 A에게 다른 문화권에서 온 친구의 문화를 이해하며 조화롭게 지내라고 조언할 수 있다.

선택지 분석

① 공자는 화합하지만 자신의 중심과 주체를 잃지 않는 화이부동(和而不同)을 강조하였다. X

✓ ❷ 공자는 도덕 원칙을 지키면서도 주변과 조화를 이루는 군자의 모습을 제시하며 조화의 중요성을 강조하였다. O

③ 공자는 이익을 추구하기보다 덕 있는 삶을 추구해야 한다고 보았다. X

④ 공자는 두루 포용하는 자세를 지닌 군자를 이상적인 인간상으로 제시하였다. X

⑤ 공자는 시비와 선악의 분별을 중시하였다. X 답 ②

08 하버마스의 담론 윤리 이해

자료 분석 제시문은 하버마스의 주장이다. 하버마스는 담론 윤리를 통해 서로 이해하여 합의를 이루어 나가는 과정을 중시하였다. 하버마스에 따르면 의사소통의 합리성을 실현하기 위한 이상적 담화의 조건은 의사소통 과정에 참여하는 사람이 참되고 옳고 진실하며 서로 이해할 수 있는 말을 해야 한다는 것이다.

선택지 분석

✓ ㄱ. 하버마스의 의사소통 행위는 상호 이해를 지향한다. O

✓ ㄴ. 하버마스는 담론에 참여하는 사람들이 자신의 오류 가능성을 인정하고 대화에 참여해야 한다고 주장하였다. O

ㄷ. 하버마스는 이상적인 의사소통이 되려면 화자나 청자 모두 서로를 존중하면서 열린 자세로 임해야 한다고 주장하였다. X

ㄹ. 하버마스는 규범은 그 규범의 영향을 받는 모든 사람들이 합리적 토론을 통해 동의할 경우에만 타당성을 가질 수 있다고 주장하였다. X 답 ①

09 하버마스의 담론 윤리 이해

자료 분석 제시문은 하버마스의 주장이다. 하버마스는 서로를 이해하고 합의를 이루어 나가는 과정을 중시하는 담론 윤리를 제시하였다. 그는 합리적인 의사소통을 통해 모든 당사자들의 동의를 얻을 수 있는 규범을 만들고, 또 모든 당사자들이 그 규범을 받아들여야 한다고 주장하였다.

선택지 분석

✓ㄱ. 하버마스는 모든 담론 참여자가 합의한 규범이 정당화된다고 보았다. O

ㄴ. 하버마스는 누구나 어떤 주장에 대해 문제를 제기할 수 있다고 보았다. X

✓ㄷ. 하버마스는 공정한 담론을 통해 합의된 준칙은 구속력을 지닐 수 있다고 보았다. O

✓ㄹ. 하버마스는 누구나 자기의 생각과 원하는 바를 표현할 수 있어야 한다고 보았다. O 답 ④

10 하버마스의 담론 윤리 이해

자료 분석 제시문은 하버마스의 주장이다. 하버마스는 옳고 그름에 대한 판단의 정당성을 공적 담론에서 찾는 담론 윤리를 제시하였다.

선택지 분석

✓❶ 하버마스는 담론 참여자들이 합리적인 의사소통을 거쳐 보편적인 합의에 도달할 수 있다고 보았다. O

② 하버마스는 담론에 참여하는 모든 참여자들이 행위자로서 그들의 태도, 소망, 감정 및 의향을 표현할 동등한 기회를 가져야 한다고 보았다. X

③ 하버마스는 의사소통의 합리성을 실현하면 서로 갈등하는 다양한 의견을 합리적으로 논의하여 합의에 도달할 수 있고, 대화에 참여한 모든 사람이 합의 결과를 수용할 수 있다고 주장하였다. X

④ 하버마스는 모든 담론의 참여자들이 언제나 담론을 개시하고 진행시키기 위한 동등한 기회를 가져야 한다고 보았다. X

⑤ 하버마스는 다양한 입장을 균등하게 반영한 주장만이 아니라, 어떤 주장이든 자유롭게 개진할 수 있어야 한다고 보았다. X 답 ①

11 하버마스의 담론 윤리 이해

자료 분석 제시문은 하버마스의 주장이다. 하버마스는 합의를 이루어 나가는 과정을 중시하는 담론 윤리를 제시하였으며, 모든 사람이 평등하게 논의에 참여하고 자유롭게 의견을 제시할 수 있어야 한다고 보았다.

선택지 분석

① 하버마스는 언어 능력과 행위 능력을 지닌 모든 주체는 누구나 평등하게 의사소통 과정에 참여할 수 있어야 한다고 보았다. X

② 하버마스는 담론에서 누구나 자신의 생각과 욕구, 그리고 원하는 바를 표현할 수 있어야 한다고 보았다. X

③ 하버마스는 누구나 다른 사람의 주장에 대해 의문을 제기할 수 있고, 어떤 주장이라도 담론에 부칠 수 있어야 한다고 보았다. X

✓❹ 하버마스는 상호 간의 논증적인 토론 과정을 거쳐 합의한 결과는 타당한 것으로 수용해야 하며 그에 따른 부작용까지 수용해야 한다고 주장하였다. O

⑤ 하버마스는 담론을 상호 이해의 조정 과정인 동시에 가치와 규범에 의해 이루어지는 사회 통합적 동의로도 파악된다고 보았다. X 답 ④

12 하버마스의 담론 윤리 이해

자료 분석 그림의 강연자는 하버마스이다. 하버마스는 개인의 주관적인 도덕 판단만으로는 보편적인 도덕규범이 성립될 수 없다고 보았다.

선택지 분석

✓❶ 하버마스는 이성적이고 합리적인 주체들을 구성원으로 하는 담론에서 비판과 논증을 통해 행위 규범으로서의 올바름이 정당화될 수 있다고 보았다. O

② 하버마스는 담론 참여자는 누구나 평등하게 발언할 수 있으며, 타인의 의견에 대해 수용하거나 거부할 수 있다고 보았다. X

③ 하버마스는 담론에 참여함으로써 개인의 주관적 견해를 극복할 수 있다고 보았다. X

④ 하버마스는 담론에 참여한 모든 이가 동의한 규범만이 타당한 규범이라고 보았다. X

⑤ 하버마스가 주장하는 상호 인정의 자세는 타자를 나와 완전하게 동일화하기 위한 자세가 아니다. X 답 ①

13 하버마스의 담론 윤리 이해

자료 분석 제시문은 하버마스의 주장이다. 하버마스는 담론 윤리를 통해 논의 참여자가 합의를 이루어 나가는 과정을 중시하였음을 파악하여 문제를 해결해야 한다

선택지 분석

✓ㄱ. 하버마스는 담론의 모든 참여자가 동등한 인격의 소유자로 상호 존중할 것을 주장한다. O

ㄴ. 하버마스는 규범의 타당성 여부를 검토할 때는 결과에 대한 고려를 해야 한다고 보았다. X

✓ㄷ. 하버마스는 담론의 참여자들이 합의된 보편적 규범의 실천을 해야 한다고 보았다. O

✓ㄹ. 하버마스는 어떤 준칙이 보편적 규범으로 승인되기 위해서는 모든 대화 당사자들이 동의해야 한다고 보았다. O 답 ④

14 하버마스의 담론 윤리 이해

자료 분석 제시문은 하버마스의 주장이다. 하버마스는 공정하고 합리적인 담론을 통해 윤리적 문제들을 합리적으로 해결할 수 있다고 보았다.

선택지 분석

① 하버마스는 절대적인 도덕 법칙이 아닌, 자유롭고 개방적인 토론과 담론을 강조한다. X

② 하버마스는 개개인의 주관적인 결정보다 다수에 의한 합의를 중시한다. X

✓❸ 하버마스는 엘리트주의를 비판하는 관점에서 의사소통의 합리성을 바탕으로 옳고 그름을 판단할 수 있다고 본다. O

④ 하버마스는 소수 전문가의 의견보다 구성원들의 다양한 견해를 중시한다. X

⑤ 공론의 장에서는 자유로운 의사소통과 상호 비판이 가능하다. X 답 ③

본문 159~162쪽

02 민족 통합의 윤리

15 ①	16 ④	17 ⑤	18 ①	19 ②	20 ④
21 ③	22 ④	23 ③	24 ①	25 ④	26 ⑤
27 ④	28 ②				

15 통일에 대한 입장 비교

빈출 문항 자료 분석

(가)의 입장에 비해 (나)의 입장이 갖는 상대적 특징을 그림의 ㉠~㉤ 중에서 고른 것은?

→ 남북한 관계에서 군사적 힘의 논리를 강조하는 입장

(가) 북한은 우리의 안보를 위협하는 경계의 대상이다. 따라서 북한보다 우월한 군사력과 강력한 군사 동맹을 바탕으로 전쟁을 억지해야 한다. 이를 통해 국민의 생명과 재산을 보호하고 평화를 실현할 수 있을 뿐만 아니라 통일로 나아가는 기초를 마련할 수 있다.

(나) 북한은 우리와 함께 평화 통일을 실현해야 할 협력의 상대이다. 따라서 한반도 평화를 위해서는 군사적 경쟁보다는 활발한 남북 대화와 교류를 통해 상호 불신을 해소하고, 더 나아가 통일을 이룸으로써 분단으로 인한 구조적 · 문화적 폭력까지 제거해야 한다.

→ 통일을 통한 적극적 평화를 강조하는 입장

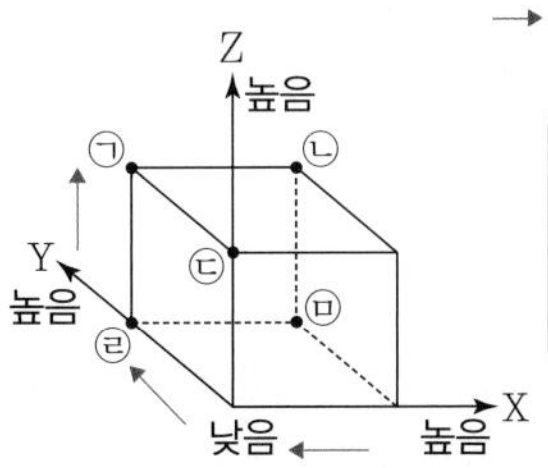

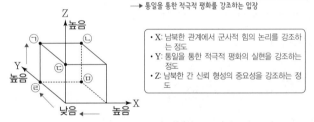

• X: 남북한 관계에서 군사적 힘의 논리를 강조하는 정도
• Y: 통일을 통한 적극적 평화의 실현을 강조하는 정도
• Z: 남북한 간 신뢰 형성의 중요성을 강조하는 정도

해결 전략 (가)는 북한을 경계의 대상으로 보고, 통일로 나아가기 위해서는 북한보다 우월한 군사력과 강력한 군사 동맹을 바탕으로 전쟁을 억지해야 한다는 입장이다. (나)는 통일로 나아가기 위해서는 군사적 경쟁보다 활발한 남북 대화와 교류를 통해 상호 신뢰를 형성해야 하며, 통일을 통해 구조적·문화적 폭력이 제거된 적극적 평화를 실현해야 한다는 입장이다. 북한을 바라보는 관점을 구분하여 문제를 해결해야 한다.

선택지 분석

X: '남북한 관계에서 군사적 힘의 논리를 강조하는 정도'는 (나)가 (가)보다 낮다.

Y: '통일을 통한 적극적 평화의 실현을 강조하는 정도'는 (나)가 (가)보다 높다.

Z: '남북한 간 신뢰 형성의 중요성을 강조하는 정도'는 (나)가 (가)보다 높다.

✓❶ X는 낮고, Y는 높고, Z는 높으므로 정답은 ㉠이다. O 답 ①

16 통일에 대한 입장 비교

자료 분석 (가)는 정치적 합의를 통한 신속한 통일로 남북한 이산가족의 인도적 문제 해결을 강조한다. (나)는 점진적 방식에 의한 민족 동질감 회복을 강조한다.

선택지 분석

X: '정치적 합의를 통한 신속한 통일 달성을 강조하는 정도'는 (나)가 (가)보다 낮다.

Y: '점진적 방식에 의한 남북 간 민족 동질감 회복을 강조하는 정도'는 (나)가 (가)보다 높다.

Z: '통일의 선결 과제로 남북한 이산가족의 인도적 문제 해결을 강조하는 정도'는 (나)가 (가)보다 낮다.

✓❹ X는 낮고, Y는 높고, Z는 낮으므로 정답은 ㉣이다. O 답 ④

17 통일에 대한 입장 비교

자료 분석 (가)는 통일을 통한 경제 성장보다 한반도 평화 실현과 사회 안전망 확대의 중요성을 강조하는 입장이다. (나)는 통일을 통한 한반도 평화 실현과 사회 안전망 확대보다 경제 성장의 중요성을 강조하는 입장이다.

선택지 분석

X: '통일을 통한 경제 성장의 중요성을 강조하는 정도'는 (나)가 (가)보다 높다.

Y: '통일을 통한 한반도 평화 실현의 중요성을 강조하는 정도'는 (나)가 (가)보다 낮다.

Z: '통일을 통한 사회 안전망 확대의 중요성을 강조하는 정도'는 (나)가 (가)보다 낮다.

✓❺ X는 높고, Y는 낮고, Z는 낮으므로 정답은 ㉤이다. O 답 ⑤

18 통일에 대한 입장 비교

자료 분석 (가)는 통일의 경제적 가치를 중시하는 입장이다. (나)는 통일의 인도적 가치를 중시하는 입장이다.

선택지 분석

X: '통일의 경제적 효과를 강조하는 정도'는 (나)가 (가)보다 낮다.

Y: '통일을 통한 인도적 가치의 실현을 강조하는 정도'는 (나)가 (가)보다 높다.

Z: '통일이 국제 평화에 기여함을 강조하는 정도'는 (나)가 (가)보다 높다.

✓❶ X는 낮고, Y는 높고, Z는 높으므로 정답은 ㉠이다. O 답 ①

19 민족 통합에 대한 입장 비교

자료 분석 갑은 통일이 된다면 국방비는 감소하고 통일 편익은 증대될 것이라고 보고, 을은 통일이 된다면 국방비가 늘어나고 통일 비용의 부담도 커질 것이라고 본다.

선택지 분석

① 갑은 남북 모두 경제 규모 대비 적정 수준 이상의 국방비를 지출하고 있으므로, 통일 후 통일 편익은 남한과 북한 모두 발생한다고 본다. X

✓❷ 갑은 통일이 된다면 국방비를 줄일 수 있고 통일 비용에 대한 부담이 줄어들어 통일 편익을 증대시킬 수 있다고 본다. O

③ 을은 통일된 이후에는 분단 비용이 없어질 것으로 본다. X

④ 을은 통일 국가의 영토는 남북한을 합친 것보다 확장될 것으로 보지 않는다. X

⑤ 을만의 입장이다. 갑은 통일 이전 대비 통일 이후의 국방비는 감소할 것이라고 본다. X

답 ②

Ⅵ 평화와 공존의 윤리

20 남북한 종전 선언에 대한 토론의 핵심 쟁점 파악

빈출 문항 자료 분석

다음 토론의 핵심 쟁점으로 가장 적절한 것은?

갑: 현재의 분단 상황은 정전 상태로, 전쟁이 발생할 수 있는 불안정한 상태입니다. 따라서 이 상황이 끝나지 않는 한 한반도 평화와 지속 가능한 발전은 보장하기 어렵습니다. → 갑, 을 모두 종전 선언의 필요성 동의

을: 맞습니다. 그래서 종전 선언이 필요합니다. 종전 선언은 남북한이 상호 적대 정책을 전환하는 신호탄이 될 것이며, 남북 교류의 물꼬를 트고 한반도 평화를 이끌어낼 것입니다.

갑: 종전 선언으로 남북 교류가 확대될 수 있지만 북한의 대남 적대 정책은 유지될 것입니다. 따라서 종전 선언은 북한의 핵 폐기에 대한 반대급부로서 추진되어야 합니다. → 종전 선언은 북한의 핵 폐기에 대한 반대급부로서 추진되어야 함

을: 종전 선언이 북한만을 위한 시혜는 아니므로 상호주의의 대상은 아닙니다. 오히려 종전 선언이 정전 상태를 명분으로 핵을 개발한다는 북한의 입장을 변화시킬 수 있습니다. → 종전 선언은 상호주의의 대상이 아님

해결 전략 제시문의 갑은 종전 선언으로 남북 교류가 확대될 수 있지만 북한의 대남 적대 정책은 유지될 것이므로 종전 선언이 북한의 핵 폐기에 대한 반대급부로서 추진되어야 한다고 주장한다. 이에 비해 을은 종전 선언이 북한만을 위한 시혜는 아니므로 상호주의의 대상이 아니며, 종전 선언이 정전 상태를 명분으로 핵을 개발한다는 북한의 입장을 변화시킬 수 있다고 주장한다. 토론의 핵심 쟁점을 찾기 위해서는 갑과 을이 모두 동의하거나 부정할 내용, 제시문에 나타나지 않은 내용을 배제해야 한다.

선택지 분석

① 갑, 을 모두 북한이 현재 대남 적대 정책을 취하고 있다고 보므로 토론의 핵심 쟁점이 될 수 없다. X

② 갑, 을 모두 분단이 한반도의 지속 가능한 발전을 저해한다고 보므로 토론의 핵심 쟁점이 될 수 없다. X

③ 갑, 을 모두 종전 선언을 통해 남북 교류가 활성화될 수 있다고 보므로 토론의 핵심 쟁점이 될 수 없다. X

✓ **❹ 갑은 종전 선언을 상호주의의 대상이라고 보지만 을은 종전 선언이 상호주의의 대상이 아니라고 보므로 종전 선언은 상호주의 관점에서 이루어져야 하는가가 토론의 핵심 쟁점이 될 수 있다.** O

⑤ 갑, 을 모두 현재의 한반도 상황이 전쟁이 종식되지 않은 정전 상태라고 보므로 토론의 핵심 쟁점이 될 수 없다. X

답 ④

21 통일을 위한 노력 파악

자료 분석 제시문은 독일의 통일 사례를 통해 우리가 남북통일을 위해 어떤 노력을 해야 하는지를 보여 준다.

선택지 분석

① 제시문은 교류와 협력을 통해 내적인 통합을 이루어가야 한다고 본다. X

② 제시문은 흡수 통일을 지향해야 한다고 주장하지 않는다. X

✓ **❸ 제시문은 오랜 기간 서로 다른 이념과 체제에서 살아온 서독과 동독의 주민들이 서로의 이질성을 줄이지 못해 어려움을 겪었던 예를 통해 남북한의 내적인 통합을 이루기 위해서는 장기적 대책이 필요하다고 본다.** O

④ 제시문은 민족의 동질성 회복은 단기간에 달성할 수 있는 쉬운 문제가 아니라고 본다. X

⑤ 제시문은 내적인 통합이 어렵더라도 통일을 위한 노력을 계속해야 한다고 본다. X

답 ③

22 대북 지원에 대한 쟁점 파악

자료 분석 갑은 조건 없는 대북 지원을 주장하며, 을은 북한 사회의 개방이 선행되는 조건하의 지원을 주장하고 있다.

선택지 분석

①, ②, ③, ⑤ 갑, 을 모두 인정하는 내용이므로 토론의 쟁점이 될 수 없다. X

✓ **❹ 갑은 이념을 떠나 고통받는 사람을 돕는 것은 윤리적 의무이기 때문에 인도적 차원의 조건 없는 대북 지원이 필요하다고 보고 있다. 이에 비해 을은 고통받는 사람을 돕는 것은 의무이지만, 대북 지원은 북한 사회의 개방이라는 조건이 이행된 이후에 이루어져야 한다고 주장하고 있다.** O

답 ④

23 북한 인권 문제에 대한 핵심 쟁점 파악

자료 분석 갑은 북한의 인권 상황 개선을 위해 북한 스스로의 노력에만 의존할 수 없으며, 국제 사회가 인도적 차원에서 적극 개입해야 한다는 입장이다. 이에 비해 을은 북한 인권 상황 개선을 위해 북한 스스로 노력해야 하며, 국제 사회의 적극적 개입은 한반도의 긴장 상태를 불러올 수 있으므로 개입에 반대하는 입장이다.

선택지 분석

① 갑, 을 모두 인간은 누구나 인간다운 삶을 살 권리가 있다고 본다. X

② 갑, 을 모두 북한 주민들의 인권 상황이 개선될 필요가 있다고 본다. X

✓ **❸ 갑은 국제 사회의 개입에 찬성하는 입장이고, 을은 반대하는 입장이므로 '국제 사회가 북한 인권 문제에 적극 개입해야 하는가?'가 토론의 핵심 쟁점으로 적절하다.** O

④ 갑, 을 모두 북한의 인권 문제가 남북 관계에 영향을 미칠 수 있다고 본다. X

⑤ 갑, 을 모두 북한 스스로 인권 상황을 개선하기 위해 노력해야 한다고 본다. X

답 ③

24 통일에 대한 다양한 입장 이해

자료 분석 (가)는 남북한이 정치적, 법적 결단과 같이 정치적 영역에서 일괄 타결이 이루어질 때 통일이 빠르게 실현될 것이라는 입장이고, (나)는 비정치적 영역부터 서서히 교류 협력을 시작하여 단계적으로 통일을 확대해 나가야 한다는 입장이다.

선택지 분석

✓ **❶ (나)의 입장은 정치 제도적인 측면의 통합보다 사회·문화적인 측면의 통합을 우선시하기 때문에 X는 낮고, Y는 높다. 또한 (나)의 입장은 (가)의 입장에 비해 점진적인 방식에 의한 통합을 강조하기 때문에 Z는 높다. 따라서 ㉠이 적절하다.** O

②, ③, ④, ⑤ 모두 (가)에 비해 (나)의 입장이 지닌 상대적 특징이라고 할 수 없다. X

답 ①

25 통일에 대한 입장 비교

빈출 문항 자료 분석

(가)의 입장에 비해 (나)의 입장이 갖는 상대적 특징을 그림의 ㉠~㉤ 중에서 고른 것은?

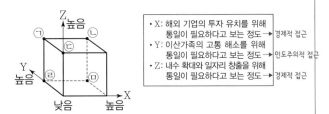

(가) 통일 문제는 무엇보다 경제적인 관점에서 접근해야 한다. 통일이 되면 국방비가 줄어들고 인구와 국토의 증가로 인해 경제 규모가 커지며 나아가 국가 신뢰도도 높아지기 때문이다. → 유용성의 관점에서 접근

(나) 통일 문제는 무엇보다 인도주의적 관점에서 접근해야 한다. 통일이 되면 남북한 주민들이 분단으로 인한 고통과 불편을 겪지 않고 자유와 인권을 누리며 행복한 삶을 살 수 있기 때문이다. → 인도주의적 관점에서 접근

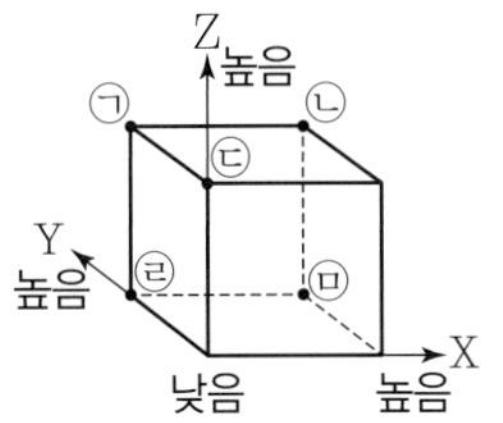

- X: 해외 기업의 투자 유치를 위해 통일이 필요하다고 보는 정도 → 경제적 접근
- Y: 이산가족의 고통 해소를 위해 통일이 필요하다고 보는 정도 → 인도주의적 접근
- Z: 내수 확대와 일자리 창출을 위해 통일이 필요하다고 보는 정도 → 경제적 접근

해결 전략 (가)는 통일을 경제적 유용성의 관점에서 접근해야 하는 것으로, (나)는 통일을 인권을 중시하는 인도주의적 관점에서 접근해야 하는 것으로 보는 입장이다. 경제적 유용성의 관점보다 인도주의적 관점에서 갖는 상대적 특징이 무엇인지를 파악하여 해결해야 한다.

선택지 분석

①, ②, ③, ⑤ (가)의 입장에 비해 (나)의 입장이 갖는 상대적 특징으로 보기 어렵다. X

✓❹ (나)의 입장은 (가)의 입장에 비해 '해외 기업의 투자 유치를 위해 통일이 필요하다고 보는 정도(X)'는 낮고, '이산가족의 고통 해소를 위해 통일이 필요하다고 보는 정도(Y)'는 높고, '내수 확대와 일자리 창출을 위해 통일이 필요하다고 보는 정도(Z)'는 낮다. 따라서 (나)의 입장에 해당하는 지점은 ㉣이다. O

답 ④

26 통일의 필요성 파악

자료 분석 강연자는 민족의 번영과 자유와 평등과 같은 인류의 보편적 가치 구현에 기여할 수 있는 통일의 필요성을 주장하고 있다.

선택지 분석

① 강연자는 급진적 통일보다 점진적 평화 통일의 비용이 적게 든다고 본다. X

② 강연자는 정치적 통합보다 비정치적 협력을 우선해야 한다고 본다. X

③ 강연자는 자유와 평등 신장 등의 인도적 측면도 고려해야 한다고 본다. X

④ 강연자는 무조건 통일만 하면 된다는 통일 지상주의를 추구하지 않는다. X

✓❺ 강연자는 통일이 이산가족의 고통 해소와 민족의 번영은 물론이고 자유와 평화라는 인류의 보편적 가치 구현에 기여해야 함을 강조한다. O

답 ⑤

27 통일에 대한 입장 파악

자료 분석 (가)는 남북한 언어와 문화의 이질화 문제 해소, 이산가족의 만남, 북한 주민의 보편적 삶의 권리 실현을 중시한다. 이에 비해 (나)는 분단에 따른 불안 요소를 극복하여 경제 발전의 안정적 토대를 추구하는 것이 중요하다고 본다.

선택지 분석

X: (가)는 문화의 이질화 문제를 해소하여 문화적 통합을 추구하는 입장이고 (나)는 문화적 동질성 회복보다 경제 발전을 추구하는 입장이다. 따라서 (나)의 '문화적 통합 측면을 강조하는 정도'는 (가)의 입장에 비해 낮다.

Y: (가)는 경제적 측면보다 문화적 통합과 보편적 삶의 권리 실현을 중시하는 입장이고 (나)는 통일을 통해 경제 발전의 안정적 토대 구축을 도모하고자 한다. 따라서 (나)의 '경제적 실리 측면을 강조하는 정도'는 (가)의 입장에 비해 높다.

Z: (가)는 이산가족의 만남, 북한 주민의 보편적 삶의 권리 실현을 추구하는 입장이고 (나)는 인권 신장보다 경제적 요인을 중시하는 입장이다. 따라서 (나)의 '인도주의적 측면을 강조하는 정도'는 (가)의 입장에 비해 낮다.

✓❹ X는 낮고 Y는 높고 Z는 낮으므로 정답은 ㉣이다.

답 ④

28 통일과 관련된 비용 문제 이해

자료 분석 제시문은 통일과 관련된 비용으로 분단 비용, 평화 비용, 통일 비용을 설명하고 있다. 분단 비용이란 분단으로 인해 남북한이 부담하는 유무형의 모든 비용으로 국방비, 외교적 경쟁 비용, 이산가족의 고통 등 민족 구성원 모두의 손해로 이어지는 소모적인 성격의 비용을 의미한다. 평화 비용이란 인도적 지원, 사회 문화 교류 사업과 같이 통일 이전에 한반도의 평화를 정착시키기 위한 투자 성격의 비용을 의미한다. 통일 비용이란 통일 과정과 이후 남북한 간 격차를 해소하고 이질적인 요소를 통합하는 데 부담해야 할 비용으로 화폐 통합 비용, 생산 시설 구축 비용 등 초기 사회 문제를 처리하는 데 발생하는 비용을 의미한다.

선택지 분석

① 이산가족의 고통이나 외국인의 투자 감소는 분단 비용에 해당한다. O

✓❷ 남한 정부가 추진하는 스포츠 교류 사업은 평화 비용에 해당한다. X

③ 분단 비용은 소모적 비용이기 때문에 민족 경쟁력의 약화를 초래할 수 있다. O

④ 평화 비용은 한반도의 긴장 완화와 평화 정착을 위한 비용으로 분단 비용을 줄여줄 수 있다. O

⑤ 통일 비용은 통일 후 체제 통합을 위해 소요되는 비용이므로 경제 협력에 따라 통일이 잘 이루어진다면 통일 비용이 감소될 수 있다. O

답 ②

본문 163~175쪽

03 지구촌 평화의 윤리

29 ④	30 ③	31 ①	32 ③	33 ②	34 ②
35 ④	36 ③	37 ①	38 ⑤	39 ④	40 ①
41 ⑤	42 ③	43 ③	44 ④	45 ④	46 ②
47 ④	48 ④	49 ③	50 ③	51 ①	52 ②
53 ①	54 ⑤	55 ③	56 ④	57 ②	58 ⑤
59 ③	60 ⑤	61 ①	62 ③	63 ③	64 ②
65 ②	66 ①	67 ⑤	68 ①	69 ④	70 ①
71 ③	72 ③	73 ③	74 ③	75 ④	76 ①

29 국제 관계에 대한 칸트와 모겐소의 입장 비교

빈출 문항 자료 분석

갑, 을 사상가들의 입장으로 옳지 않은 것은?

→ 전쟁의 폭력성과 적대성에서 벗어나 평화를 유지할 수 있는 대책을 제시함

갑: 국제 사회에서 평화 실현은 도덕적 의무이다. 국가는 세계 시민법에 따라 외국 방문객이 평화적으로 처신하는 한 적대적으로 대하면 안 된다. 세계 시민법의 이념은 공적인 인권과 영원한 평화를 위해 필요하다. → 칸트

→ 평화를 실현하는 방법으로 환대권을 강조함

→ 평화는 힘의 논리에 의한 세력 균형을 통해 전쟁을 예방 또는 억지하는 것이라고 주장함

을: 국제 정치에서 평화 유지는 세력 균형을 통해 가능하다. 모든 정치가 그러하듯 국제 정치도 권력을 얻기 위한 투쟁이다. 따라서 국제 정치의 본질상 평화 상태에서도 폭력 사용의 가능성은 항상 존재한다. → 모겐소

해결 전략 갑은 칸트, 을은 모겐소이다. 칸트는 어떤 이방인이 다른 나라의 영토에 도착했을 때 이 사람이 평화적으로 행동하는 한 적대적으로 대우받지 않을 권리인 환대권을 주장하였다. 모겐소는 국제 관계를 자국의 이익을 우선적으로 추구하는 국가 간의 관계로 보며, 국가 간의 평화 상태 유지는 세력 균형에 의해서 가능하다고 보았다.

선택지 분석

① 칸트는 낯선 이방인이 다른 국가에 갔을 때 평화적으로 처신하는 한 적대적으로 대우받지 않을 환대권이 있다고 보았다. 따라서 칸트는 국가가 모든 외국인에 대해 호의적으로 대할 필요는 없다고 보았다. O

② 칸트는 어떠한 경우에도 암살자나 독살자의 고용과 같이 다른 국가와의 전쟁 중에 장래의 평화 시에 상호 신뢰를 불가능하게 만들 것이 틀림없는 적대 행위들을 해서는 안 된다고 보았다. O

③ 모겐소는 인간이 정치적 동물이자 권력을 추구하는 본능을 가지고 태어나며, 국제 정치나 국내 정치 모두 권력을 위한 투쟁이라고 보았다. 따라서 모겐소는 개별 국가들의 권력욕이 국제 정치에서 갈등의 원인이 된다고 보았다. O

✓ **❹ 모겐소는 국제법에 근거한 세력 균형이 유일한 평화 유지 수단이라고 주장하지 않았다. 그는 국가 간의 평화 상태 유지가 국제법이나 국제도덕이 아니라 세력 균형에 의해 가능하다고 보았다.** X

⑤ 칸트와 모겐소 모두 국제 연맹이 독립된 국가처럼 주권을 지닐 수는 없다고 보았다. 칸트는 독립 국가를 하나의 인격으로 존중해야 한다고 보면서 평화 연맹이 주권적 권력을 행사해서는 안 되며, 오직 주권 국가들의 자유를 보장하는 것에만 관여해야 한다고 보았다. 모겐소는 국제 정치가 독립된 주권 국가들을 이끄는 중심적인 권위체가 존재하지 않는 무정부 상태이며, 개별 국가보다 더 상위에 있는 권위체는 없다고 보았다. O 답 ④

30 모겐소와 칸트의 입장 비교

자료 분석 갑은 모겐소, 을은 칸트이다. 현실주의 사상가 모겐소는 국제 관계가 각국을 통제할 상위 중앙 권위가 없는 무정부 상태이고, 국가의 목표 또한 자국의 이익과 생존이라고 보았다. 칸트는 평화를 유지할 수 있는 대책으로 영구 평화를 위한 예비 조항과 확정 조항 등을 제시하며 국가 간 신뢰 정착을 중시하였다.

선택지 분석

ㄱ. 모겐소는 자국에 이익이 될 수 있다면 전쟁 이외의 방법을 사용해서 파괴된 세력 균형을 복원할 수 있다고 보았다. X

✓ ㄴ. 모겐소로 대표되는 현실주의에서는 인간이 힘과 권력을 원하는 본능을 지닌 존재로 보고, 국가는 욕망에 가득 찬 인간들에 의해 운영되기 때문에 국가 또한 이러한 욕망을 이어받을 수밖에 없다고 보았다. O

✓ ㄷ. 칸트는 평화를 유지하기 위해 모든 국가가 자유로운 국가들 간의 연맹에 참여할 것을 주장했다. O

ㄹ. 모겐소는 힘의 논리에 의한 세력 균형을 통해 전쟁을 예방해서 평화를 실현할 수 있다고 보았다. 칸트는 영구 평화를 실현하기 위해서는 모든 국가의 시민적 정치 체제가 공화 정체이어야 하고, 국제법은 국가 간 협력을 위한 연방 체제에 기초해야 한다고 보았다. X 답 ③

31 평화에 대한 갈퉁과 칸트의 입장 비교

자료 분석 갑은 갈퉁, 을은 칸트이다. 갈퉁은 진정한 평화를 이루기 위해서는 모든 폭력이 사라져야 하며, 평화적 수단만이 동원되어야 한다고 주장하였다. 갈퉁은 폭력이 또 다른 폭력을 낳으며 서로 영향을 주고받으므로 어떤 하나의 폭력만을 제거한다고 해서 진정한 평화가 실현된다고 보지 않았다. 칸트는 영구 평화를 실현하기 위해 국내적으로는 공화제, 국제적으로는 자유로운 연맹 체제를 기반으로 한 국제법, 보편적 우호의 조건에 국한된 세계 시민법이 요청된다고 주장하였다. 칸트는 영원한 평화를 실현하기 위해서는 자유로운 국가들의 연합체인 국제 연맹이 사회 계약의 이념에 따라 만들어져야 하며, 이 연맹이 확장되어야 한다고 주장하였다.

선택지 분석

✓ **❶** 갈퉁은 문화적 폭력이 직접적 폭력뿐만 아니라 비의도적 차별과 같은 구조적 폭력을 정당화할 수 있다고 보았다. O

② 갈퉁은 평화적 수단과 과정을 통해 진정한 평화를 실현할 수 있다고 보았다. X

③ 칸트는 국제 사회의 영구 평화를 실현하기 위해서 국가들은 주권 국가들의 연합체로서 평화 연맹을 결성해야 한다고 보았다. X

④ 칸트는 영원한 평화 상태의 보증은 모든 전쟁을 영원히 종식시키는 평화 연맹을 통해 가능하다고 보았다. X

⑤ 칸트와 갈퉁은 모두 국가 정치 체제가 평화 실현에 영향을 준다고 보았다. 갈퉁은 정치 제도의 개선을 통해 구조적 폭력을 제거해야 한다고 보았다. 칸트는 모든 국가의 시민적 정치 체제가 공화 정체가 되어야 한다고 보았다. X 답 ①

32 평화에 대한 칸트와 갈퉁의 입장 비교

자료 분석 갑은 칸트, 을은 갈퉁이다. 칸트는 전쟁의 폭력성과 적대성이라는 악순환에서 벗어나 평화를 유지할 수 있는 대책을 제시하였다. 갈퉁은 폭력에는 직접적 폭력과 구조적 폭력, 문화적 폭력이 있다고 보고 이러한 모든 폭력을 제거하는 것이 진정한 평화를 실현하는 길이라고 보았다.

선택지 분석

① 칸트는 각 국가가 상속, 교환, 매매, 증여를 통해 다른 국가의 소유가 될 수 없다고 보았다. X

② 칸트는 타국인이 평화적으로 행동하는 한 그를 적대적으로 다루어서는 안 된다고 보았다. X

✓❸ 갈퉁은 진정한 평화 실현을 위해 직접적 폭력, 구조적 폭력, 문화적 폭력을 모두 제거해야 한다고 보았다. O

④ 갈퉁은 구조적 폭력이 제거되어도 물리적 폭력이 존재할 수 있다고 보았다. X

⑤ 갈퉁의 입장에만 해당한다. 칸트는 타국의 침략에 맞서는 방어 전쟁을 허용하였다. X

답 ③

33 국제 관계에 대한 모겐소와 칸트의 입장 비교

빈출 문항 자료 분석

갑, 을 사상가들의 입장으로 적절한 것만을 〈보기〉에서 고른 것은?

갑: 본래 이기적인 인간과 마찬가지로 국가도 권력의 극대화를 추구한다. 권력을 얻기 위한 투쟁이 국제 정치의 본질이다. 힘을 통해 힘을 견제하는 세력 균형이 전쟁을 억지한다. → 모겐소(국제 관계에 대한 현실주의 입장)

을: 인간의 이성은 어떠한 전쟁도 있어서는 안 된다고 명령한다. 영원한 평화를 위해서는 모든 국가가 공화제를 향해 노력해야만 하며, 국가들의 평화 연맹이 필요하다. → 칸트(국제 관계에 대한 이상주의 입장)

보기

ㄱ. 갑: 경쟁 국가의 행동의 경향성을 예측하는 것은 가능하다.

ㄴ. 갑: 국가 간 동맹 없이는 국가 간 세력 균형은 불가능하다. ← 국가 간 동맹 없이도 가능함

ㄷ. 을: 평화 연맹의 수립 과정에서 국가 간 합병은 배제된다.

ㄹ. 갑과 을: 전쟁은 국제 평화를 실현하기 위한 최후의 정치적 행위로서 정당화된다. → 모겐소와 칸트 모두 부정

(ㄷ) 칸트는 영원한 평화를 실현하기 위해 독립적인 주권을 가진 국가들 간의 평화 연맹이 필요하다고 봄

해결 전략 갑은 모겐소이고, 을은 칸트이다. 모겐소는 국제 관계를 이해관계로 이루어진 권력 간의 대립으로 보고, 국가 간의 평화 상태 유지는 국제법에 의해서가 아니라 세력 균형에 의해 가능하다고 보았다. 칸트는 국제 관계에서 하나의 인격체인 국가들 간의 신뢰를 구축하는 것이 필요하며, 국가 간의 영원한 평화를 위해 국내법, 국제법, 세계 시민법이 필요하다고 보았다.

선택지 분석

✓ㄱ. 모겐소는 국제 정치를 모든 다른 정치와 마찬가지로 힘을 위한 투쟁이라고 규정하고, 권력의 추구 및 획득 과정으로 파악하였다. 모겐소는 자국은 물론 경쟁 국가도 권력의 추구 및 획득을 위해 행동할 것임을 예측할 수 있다고 보았다. O

ㄴ. 모겐소는 국가 간 세력 균형은 국가 간 동맹을 통해서도 가능하지만, 자국의 힘을 스스로 키움으로도 가능하다고 보았다. X

✓ㄷ. 칸트는 국가도 도덕적 인격이라고 보았기 때문에 어떠한 국가도 상속, 교환, 매매 혹은 증여에 의해 다른 국가의 소유로 전락할 수 없다고 보았다. 칸트의 입장에서 국가 간 합병은 배제되어야 한다. O

ㄹ. 모겐소는 국제 정치에서 전쟁은 국제 평화를 위한 것이 아니라, 자국의 이익을 관철하기 위한 외교 정책에 불과하다고 보았다. 칸트는 타국의 침략에 대해 시민들이 방어하기 위해 벌이는 방어전이 정당화될 수 있다고 보지만, 국제 사회의 영원한 평화는 평화 연맹을 통해서만 실현할 수 있다고 보았다. X

답 ②

도전 1등급 34 칸트와 갈퉁의 국제 평화에 대한 입장 비교

도전 1등급 문항 분석 ▸▸ 정답률 48.0%

갑, 을 사상가들의 입장으로 적절한 것만을 〈보기〉에서 고른 것은?

갑: 영구 평화를 위해 상비군은 점차 완전히 폐지되어야 한다. 그러나 조국을 외부의 침략으로부터 방어하기 위한 시민들의 자발적이고 정기적인 무장 훈련은 사정이 다르다. → 칸트의 영구 평화론

을: 전쟁과 같은 직접적 폭력 외에도 간접적 폭력이 존재한다. 각각의 폭력은 상호 작용하며 서로 영향을 미친다. 이러한 다양한 폭력을 제거해야 진정한 평화가 달성될 수 있다. → 갈퉁은 평화를 위해서는 직접적 폭력은 물론이고 간접적 폭력까지 사라져야 한다고 보았음

보기

ㄱ. 갑: 평화 연맹은 모든 전쟁의 영구적 종식을 목표로 한다.

ㄴ. 갑: 세계 시민법은 인권 보장이 아닌 영구 평화를 위한 것이다. → 칸트의 환대권은 인권 보장과 관련됨

ㄷ. 을: 문화적 폭력은 구조적 폭력을 올바른 것으로 보이게 한다.

ㄹ. 갑과 을: 폭력의 사용은 어떠한 경우에도 허용될 수 없다. → 칸트는 방어를 위한 무장 훈련이 가능하다고 보았음

해결 전략 갑은 칸트, 을은 갈퉁이다. 칸트는 영구 평화론 예비 조항에서 상비군의 폐지를 주장하였다. 갈퉁은 평화를 위해서는 직접적 폭력은 물론 간접적 폭력까지 제거한 직접적 평화, 구조적 평화, 문화적 평화가 이루어져야 한다고 보았다.

선택지 분석

✓ㄱ. 칸트는 단지 하나의 전쟁을 종식시키는 것을 추구하는 평화 조약과 달리, 평화 연맹은 모든 전쟁의 영구적 종식을 추구한다고 보았다. O

ㄴ. 칸트에 따르면 영구 평화를 위해 요구되는 세계 시민법은 이방인에 대한 환대권과 같은 인권 보장을 위한 것이다. X

✓ㄷ. 갈퉁은 문화적 폭력은 직접적 폭력과 구조적 폭력을 정당화한다고 보았다. O

ㄹ. 갈퉁은 어떠한 경우에도 폭력의 사용은 허용될 수 없다고 보았다. 이와 달리 칸트는 외부의 침략으로부터 조국을 방어하기 위한 전쟁은 가능하다고 보았다. X

답 ②

35 현실주의와 이상주의의 입장 비교

자료 분석 (가)는 현실주의, (나)는 이상주의이다. 현실주의의 입장에서는 국가 간 관계에서 도덕적 고려보다는 자국의 이익 고려가 우선한다고 보며, 힘의 균형을 통해 일시적 평화가 가능하다고 본다. 이상주의에서는 국가 간에 이성적이고 합리적인 관계 형성이 가능하며, 협력과 제도적 보완을 통해

Ⅵ 평화와 공존의 윤리

평화가 가능하다고 본다.

선택지 분석

X: '국제법을 통한 평화 실현에 회의적인 정도'는 (나)가 (가)보다 낮다.

Y: '분쟁의 원인을 상대에 대한 오해에서 찾는 정도'는 (나)가 (가)보다 높다.

Z: '다른 국가를 잠재적 위협으로 인식하는 정도'는 (나)가 (가)보다 낮다.

✓❹ X는 낮고, Y는 높고, Z는 낮으므로 정답은 ㉣이다. 답 ④

36 국제 관계에 대한 현실주의의 입장 파악

자료 분석 제시문은 현실주의의 입장이다. 현실주의는 평화를 힘의 논리에 의한 세력 균형을 통해 전쟁을 예방하거나 억지하는 것이라고 보았다.

선택지 분석

① 현실주의는 힘의 논리를 토대로 세력 균형을 통해 국가 간 분쟁을 억지할 수 있다고 보았다. X

② 현실주의는 국제기구와 비정부 기구 등 다양한 행위 주체와 이들이 미치는 영향력을 간과하였다. X

✓❸ **현실주의는 세력 균형을 통해 평화를 실현하는 것이 가능하다고 보지만, 대화를 통한 영구 평화의 실현은 불가능하다고 보았다.** O

④ 현실주의는 국가가 이기적 인간들로 구성되어 있고, 세계도 자국의 이익을 추구하는 국가로 구성되어 있다고 보았다. X

⑤ 현실주의는 국제 사회를 각국을 통제할 실효성 있는 권위가 부재한 무정부적 상태라고 보았다. X 답 ③

37 평화에 대한 칸트와 갈퉁의 입장 비교

자료 분석 갑은 칸트, 을은 갈퉁이다. 칸트는 영구 평화 실현을 위해 국내적으로는 공화제에 기반해야 하고, 국제적으로는 자유로운 연방 체제에 기초한 국제법, 보편적 우호의 조건들에 국한된 세계 시민법이 있어야 한다고 보았다. 갈퉁은 평화를 위해서는 직접적 폭력은 물론 간접적 폭력까지 제거한 직접적 평화, 구조적 평화, 문화적 평화가 이루어져야 한다고 보았다.

선택지 분석

✓❶ **칸트는 영구 평화를 위해 개별 국가들의 주권이 보장되어야 하며, 이를 위해 국제 연맹이 필요하다고 보았다. 칸트는 연맹에 참여한 국가의 국민들은 자유와 평화를 보장받을 수 있고, 평화를 요구하는 시민들에 의해 국가 지도자가 쉽게 전쟁을 일으킬 수 없게 된다고 보았다.** O

② 칸트는 개별 국가에 대한 주권이 보장되어야 하므로 체제 변화를 위한 강제력의 사용은 허용되지 않는다고 보았다. X

③ 갈퉁은 비의도적으로 발생하는 폭력에는 문화적 폭력과 구조적 폭력이 있다고 보았다. X

④ 갈퉁은 직접적 폭력과 구조적 폭력이 서로 영향을 주고 받으며 서로를 확대 재생산할 수 있는 특징을 가진다고 보았다. X

⑤ 칸트는 평화 조약의 체결은 영원한 평화의 실현을 보장할 수 없으며, 국제 사회의 영구 평화 실현을 위해 국제 연맹이 필요하다고 보았다. X

답 ①

38 국제 관계에 대한 현실주의와 이상주의 비교

자료 분석 갑은 국제 관계에 대한 현실주의를 대표하는 모겐소, 을은 이상주의를 대표하는 칸트이다. 현실주의에서는 인간의 본성이 이기적이고 국가들이 자국의 이익만을 추구하므로 국제 사회의 무질서와 분쟁이 발생한다고 보며, 국가 간의 세력 균형으로 이러한 문제를 해결해야 한다고 본다. 이상주의는 개인과 국가 모두 이성적이고 합리적으로 행위 할 수 있다고 보며 국제기구, 국제법, 국제 규범 등을 통한 제도의 개선으로 전쟁을 방지할 수 있다고 본다.

선택지 분석

ㄱ. 모겐소는 국제 정치의 본질을 국가 간의 권력 투쟁, 즉 국력 경쟁이라고 보고, 국가 간 힘의 균형이 이루어지더라도 불안정성으로 인해 국력 경쟁이 종식되지 않는다고 보았다. X

ㄴ. 칸트는 평화 조약이 모든 전쟁을 영원히 종식시킬 수는 없지만 평화 조약을 맺은 국가와 국가 사이의 전쟁은 종식시킬 수 있다고 보았다. X

✓ㄷ. **칸트는 어떤 이방인이 다른 나라의 영토에 도착했을 때 평화적으로 행동한다는 조건을 지킨다면 적대적으로 대우받지 않을 환대권이 보장되어야 한다고 보았다.** O

✓ㄹ. **모겐소는 국가 간의 세력 균형을 통해, 칸트는 영구 평화를 위한 예비 조항과 확정 조항을 통해 국제 사회의 평화를 유지할 수 있다고 보았다.** O 답 ⑤

39 칸트의 영구 평화론 파악

자료 분석 제시문을 주장한 사상가는 칸트이다. 칸트는 "영구 평화론"을 통해 전쟁의 폭력성과 적대성이라는 악순환에서 벗어나 평화를 유지할 수 있는 대책을 제시하였다.

선택지 분석

① 칸트는 국가만이 아니라 국제 연맹도 국제 관계에서 행위자로 간주된다고 보았다. 국제 관계에서 국가만을 유일한 행위자로 보는 것은 현실주의의 입장이다. X

② 칸트는 국제 연맹은 개별 국가와 같은 주권적 권력으로 기능하지 않는다고 보았다. X

③ 칸트는 장차 전쟁의 화근이 될 수 있는 내용을 암암리에 유보한 채 맺은 어떠한 평화 조약도 결코 평화 조약으로 간주되어서는 안 된다고 보았다. 또한 칸트는 영원한 평화를 위한 평화 조약 이외의 예비 조항과 확정 조항을 제시하였다. X

✓❹ **칸트는 국가 간 분쟁이 해소되었다고 해도 영원한 평화가 실현되지 않을 수 있다고 보고 영원한 평화를 위해 확정 조항과 예비 조항을 제시하였다.** O

⑤ 칸트는 영원한 평화 실현을 위해 모든 국가의 시민적 정치 체제는 공화정체로 개선되어야 한다고 보았다. X 답 ④

40 모겐소와 칸트의 국제 사회에 대한 입장 비교

자료 분석 갑은 현실주의자인 모겐소, 을은 칸트이다. 모겐소는 국가의 목표가 국익과 생존이며, 다른 국가는 자국의 생존을 위협하는 잠재적 위협 요소라고 본다. 칸트는 모든 국가가 평화를 유지하기 위해 자유로운 국가들 간의 연맹에 참여할 것을 주장하였다.

선택지 분석

✓❶ **모겐소는 인간을 이기적인 존재로 보므로 권력 투쟁 현상이 국내뿐만 아니라 국제 사회에서도 공통적으로 나타난다고 본다.** O

② 모겐소는 국제 사회에서 도덕적 합의로 문제를 해결하는 것은 어렵다

고 본다. 현실주의는 힘의 논리를 토대로 세력 균형을 통해 국가 간 분쟁을 억지할 수 있다고 본다. X

③ 칸트는 영구 평화를 위해 각 국가의 정치 체제는 공화정이어야 한다고 본다. X

④ 칸트는 평화 조약만으로는 영구 평화를 실현할 수 없으며, 평화 연맹이 필요하다고 보았다. X

⑤ 모겐소와 칸트는 모두 세계 공화국을 수립하여 영구 평화를 실현할 것을 주장하지 않았다. X

답 ①

41 국제 평화에 대한 칸트, 모겐소, 갈퉁의 입장 비교

빈출 문항 자료 분석

갑, 을, 병 사상가들의 입장으로 가장 적절한 것은?

(→ 모든 국가가 평화를 유지하기 위해 자유로운 국가들 간의 연맹에 참여할 것을 주장함)

갑: 실천 이성이 평화 상태를 직접적 의무로 부과하더라도 국가 간의 계약 없이 영원한 평화는 있을 수 없다. 모든 전쟁의 종식을 추구하는 평화 연맹이 있어야 한다. → 칸트

(→ 힘의 논리를 토대로 세력 균형을 통해 국가 간 분쟁을 억지할 수 있다고 봄)

을: 국제 관계에서 국가 간 평화를 유지하는 방법은 세력 균형이다. 한 국가가 세력 균형의 유지와 재수립을 위해 사용하는 가장 주된 방법은 군비 경쟁이다. → 모겐소

(→ 평화를 위해서는 직접적 폭력은 물론이고 간접적 폭력까지 사라져야 한다고 보았음)

병: 군비 경쟁이 초래하는 전쟁이 사라져야 평화가 실현될 수 있다. 나아가 전쟁과 같은 직접적 폭력뿐만 아니라 구조적 · 문화적 폭력까지 제거해야 진정한 평화가 실현된다. → 갈퉁

해결 전략 갑은 칸트, 을은 모겐소, 병은 갈퉁이다. 칸트는 국내적으로 내정 간섭을 받지 않는 공화제를 도입하고, 국제적으로 보편적 우호 관계에 따라 국제법을 적용하는 국제적 연맹의 창설을 구상하였다. 모겐소는 국가 간의 관계에는 도덕적 관계가 없으며, 자국의 이익만 있을 뿐이라고 본다. 갈퉁은 전쟁이나 물리적 폭력이 없는 소극적 평화를 넘어 구조적 폭력과 문화적 폭력을 해결하는 것이 적극적 평화 실현을 위해 중요하다고 강조한다.

선택지 분석

① 칸트는 국제 연맹이 다수일 경우 전쟁이 초래될 것이라고 보았다. X

② 모겐소는 인간의 이기적 본성을 국제 관계에 적용하였다. X

③ 갈퉁은 직접적 폭력과 달리 구조적 폭력과 문화적 폭력 같은 간접적 폭력은 비의도적으로 발생할 수도 있다고 보았다. X

④ 모겐소는 국가들 간의 분쟁을 국제법만으로는 해결할 수 없다고 보았다. X

✓ **❺ 칸트와 갈퉁은 국제 평화를 실현하기 위해서는 전쟁이 사라지고 군비 경쟁도 삼가야 한다고 보았다. 칸트는 영구적 평화를 위해 상비군의 점진적 폐지를 주장하였고, 갈퉁은 군비 경쟁이 초래하는 전쟁이 사라져야 평화가 실현될 수 있다고 보았다.** O

답 ⑤

42 국제 평화에 대한 칸트와 갈퉁의 입장 비교

자료 분석 가상 대화의 갑은 칸트이고, 을은 갈퉁이다. 칸트는 국제법과 연방 체제를 바탕으로 영구 평화가 실현된다고 보았다. 갈퉁은 진정한 평화를 위해서는 직접적 폭력은 물론이고 간접적 폭력까지 사라져야 한다고 보았다.

선택지 분석

① 칸트는 국가 간에는 국제법과 세계 시민법이 모두 필요하다고 보았다. X

② 칸트는 단일한 세계 국가는 개별 국가의 주권을 침해하므로, 자유롭고 독립적인 국가 연방 체제를 주장하였다. X

✓ **❸ 갈퉁은 직접적 폭력, 구조적 폭력, 문화적 폭력이 모두 사라져야 진정한 평화가 실현된다고 보았다.** O

④ 갈퉁은 평화적 수단이나 과정을 통해서 평화가 달성될 수 있다고 보았다. X

⑤ 칸트와 갈퉁은 모두 평화의 실현을 위해서는 정치 제도의 개선이 필수적이라고 보았다. 칸트는 개별 국가의 정치 제도는 공화정이어야 한다고 보았고, 갈퉁은 정치 제도의 개선을 통해 구조적 폭력을 제거해야 한다고 보았다. X

답 ③

43 국제 관계에 대한 현실주의와 이상주의 입장 비교

자료 분석 (가)는 국제 관계에 대한 현실주의 입장이고, (나)는 이상주의 입장이다. 현실주의는 인간을 이기적 존재라고 보고, 힘의 논리를 바탕으로 한 자국의 이익 추구가 분쟁의 원인이라고 본다. 이상주의는 인간을 이성적 존재라고 보고, 국가 간의 오해나 제도의 불완전함으로 인해 분쟁이 생기므로 국제기구, 국제법, 국제 규범을 통한 제도의 개선으로 이를 해결할 수 있다고 본다.

선택지 분석

ㄱ. 현실주의에서는 세력 균형이나 동맹과 같은 정책을 통해 국제 평화와 안정을 얻을 수 있다고 주장한다. X

✓ **ㄴ. 현실주의에서는 국제 정치를 권력을 향한 투쟁으로 간주하고 국제 체제에서 국가의 권력을 견제할 수 있는 것은 오직 다른 국가의 권력이라고 주장한다.** O

✓ **ㄷ. 이상주의에서는 전쟁과 같은 현상은 인간이나 국가의 본성에 기인한 것이 아니라 제도나 구조의 결함으로 인한 것이라고 주장한다.** O

ㄹ. 현실주의에서 부정하는 입장이다. X

답 ③

44 칸트와 갈퉁의 평화에 대한 입장 파악

자료 분석 갑은 칸트, 을은 갈퉁이다. 칸트는 모든 국가가 평화를 유지하기 위해 자유로운 국가들 간의 연맹에 참여할 것을 주장하였고, 갈퉁은 평화 개념을 국가 안보 차원에서 인간 안보 차원으로 확장하였다.

선택지 분석

✓ **ㄱ. 칸트는 이방인이 평화롭게 처신하는 한 우호적으로 대우받아야 한다는 환대권을 주장하였다.** O

ㄴ. 칸트는 영구 평화를 실현하기 위해서 국가들은 주권 국가들의 연합체로서 국제 연맹을 결성해야 한다고 보았다. X

✓ **ㄷ. 갈퉁은 폭력의 예방 없이는 적극적 평화를 실현할 수 없다고 주장하였다.** O

✓ **ㄹ. 칸트와 갈퉁은 모든 전쟁의 종식이 진정한 평화 실현의 필수 조건이라고 보았다.** O

답 ④

도전 1등급 45 국제 관계에 대한 이상주의와 현실주의의 입장 이해

도전 1등급 문항 분석 ▸▸ 정답률 26.0%

(가), (나)의 입장으로 가장 적절한 것은?

→ 이상주의의 관점

(가) 국제 평화를 실현하기 위해서는 이성적 존재인 국가들이 합리적인 대화와 협력을 하고, 세력 균형, 동맹, 비밀 외교 등을 영원히 제거해야 한다. 왜냐하면 이러한 잘못된 정책이나 제도에 의해 국제 분쟁이 발생하기 때문이다.

(나) 국제 분쟁을 억지하기 위해서는 국가 간 힘의 균형이 이루어져야 한다. 왜냐하면 한 국가나 국가들의 동맹이 우월한 힘을 갖게 되면 다른 국가들에 대해 패권적인 의지를 강요하게 될 위험이 커지기 때문이다.

현실주의의 관점 ←

해결 전략 (가)는 국제 관계를 바라보는 이상주의의 관점이고, (나)는 현실주의의 관점이다. 이상주의와 현실주의 관점의 차이점과 공통점을 파악하여 해결해야 한다.

선택지 분석

① 이상주의는 국제 관계에서 국가뿐만 아니라 개인, 국제기구, 비정부 기구 등 다양한 행위 주체들의 능동적인 노력을 강조한다. X

② 이상주의는 국가 간의 이성적인 대화와 협력을 바탕으로 갈등과 대립을 완화하고자 한다. X

③ 현실주의는 국제 관계에서 세력 균형을 통해 영구적 평화가 아닌 전쟁의 예방이나 억지만이 가능하다고 본다. X

✓ **❹ 현실주의는 국제 관계에서 각 국가는 자국의 이익만을 추구한다고 본다.** O

⑤ 현실주의는 국가가 이기적인 인간들로 구성되어 있고, 국제 관계도 자국의 이익만을 추구하는 국가들로 이루어져 있다고 본다. X 답 ④

46 국제 평화에 대한 칸트의 입장 파악

자료 분석 제시문은 칸트의 주장이다. 칸트는 국제 사회의 영구 평화는 평화 조약으로는 달성될 수 없고 국제 연맹을 통해 달성된다고 보았다.

선택지 분석

① 칸트는 타국에 대한 폭력적 개입을 반대한다. X

✓ **❷ 칸트는 평화 조약 체결만으로는 항구적인 평화가 보장될 수 없다고 보며 연방 체제를 수립해야 한다고 본다.** O

③ 국가는 증여에 의해 다른 국가의 소유로 전환될 수 없다. X

④ 칸트는 자국의 국민을 보호하기 위한 방어 전쟁과 같은 불가피한 경우에는 전쟁이 정당화된다고 본다. X

⑤ 칸트는 자유로운 국가들의 연방 체제에 기초해야 하며 이는 국제 국가의 구성이 아니라 보편적 우호의 조건들로 국한되어야 한다고 본다. X 답 ②

47 갈퉁의 사상적 입장 이해

자료 분석 제시문은 갈퉁의 주장이다. 갈퉁은 문화적 폭력이 직접적·구조적 폭력에 정당성과 합법성을 부여함으로써 폭력의 발현을 조장한다고 보았다.

선택지 분석

① 갈퉁은 문화적 폭력도 제거해야 진정한 평화라고 본다. X

② 갈퉁은 의도되지 않은 폭력도 직접적인 피해를 입힐 수 있다고 보았다. X

③ 갈퉁은 진정한 평화는 직접적 폭력뿐 아니라 구조적, 문화적 폭력도 없는 상태라고 보았다. X

✓ **❹ 갈퉁은 문화적 폭력이 구조적 폭력과 직접적 폭력으로 이어진다고 보았다.** O

⑤ 직접적·구조적·문화적 폭력들은 항상 동시에 나타나는 것이 아니라 연계적으로 영향을 준다. X 답 ④

48 평화에 대한 칸트와 갈퉁의 입장 비교

자료 분석 갑은 칸트, 을은 갈퉁이다. 칸트는 영구 평화를 실현하기 위해 개별 국가는 내정 간섭을 받지 않는 공화 정체여야 하고 국제법은 연방 체제에 기초해야 하며 세계 시민법은 보편적 우호 조건에 국한되어야 한다고 보았다. 한편 갈퉁은 진정한 평화를 실현하기 위해서는 물리적인 폭력이 없는 상태인 소극적 평화는 물론이고 구조적·문화적 폭력이 제거되어 빈곤, 기아, 정치적 억압 등이 없는 상태인 적극적 평화가 실현되어야 한다고 보았다.

선택지 분석

① 칸트는 개별 국가의 주권을 인정하면서 국가 간 연맹을 확대함으로써 영원한 평화를 실현해야 한다고 보았다. O

② 칸트는 국제법을 통한 국가 간 우호와 시민의 자유 증진을 주장하였다. O

③ 갈퉁은 폭력을 정당화하는 편견을 극복하기 위한 교육이 필요함을 주장하였다. O

✓ **❹ 갈퉁은 진정한 평화는 적극적 평화로서 직접적 폭력뿐만 아니라 구조적, 문화적 폭력까지 제거될 때 실현된다고 보았다.** X

⑤ 칸트는 공화정과 국가 간 연맹이라는 정치 제도가, 갈퉁은 억압을 없애기 위한 정치 제도의 개선이 평화 실현을 위해 필요함을 주장하였다. O

답 ④

49 평화에 대한 갈퉁과 칸트의 입장 이해

자료 분석 갑은 평화에 대한 갈퉁의 입장, 을은 칸트의 입장이다. 갈퉁은 범죄, 테러, 전쟁 등과 같은 직접적 폭력이 없는 상태를 소극적 평화, 사회 구조적·문화적 차원에서의 폭력(간접적 폭력)까지도 사라져 인간다운 삶을 누릴 수 있는 상태를 적극적 평화라고 보았다.

선택지 분석

① 갈퉁은 평화를 실현하기 위한 수단도 평화적이어야 한다고 보았다. O

② 갈퉁은 직접적 폭력과 간접적 폭력, 문화적 폭력은 서로 연관되어 있으며 이러한 모든 폭력을 극복해야 진정한 평화가 실현된다고 보았다. O

✓ **❸ 칸트는 어떠한 국가도 다른 국가의 제도와 통치에 대해 폭력으로써 개입해서는 안 된다고 주장하면서 비민주적 국가에 대한 무력 개입을 반대하였다.** X

④ 칸트는 공화 정체의 국가들이 각자의 주권을 가진 채 연방 체제를 만들어 국제 평화를 실현해야 한다고 보았다. O

⑤ 갈퉁과 칸트는 모두 진정한 국제 평화의 실현을 위해 전쟁에 반대하였다. O 답 ③

50 원조에 대한 롤스, 싱어의 입장 비교

자료 분석 갑은 롤스, 을은 싱어이다. 롤스에 따르면 원조는 무법 국가와 마찬가지로 고통받는 사회들을 질서 정연한 만민의 사회에 가입시키는 것이어야 한다. 싱어는 도덕적인 큰 희생이 없다면 우리는 인류의 고통을 감소시키고 쾌락을 증진할 의무를 지닌다고 보았다.

선택지 분석

ㄱ. 롤스는 원조를 통해 무법 국가가 아니면서 독재나 착취로 빈곤한 사회가 적정 수준의 문화를 형성하여 질서 정연한 사회가 되도록 원조해야 한다고 주장하였다. X

✓ ㄴ. 롤스는 고통받는 사회가 스스로 정치 문화를 개선하도록 원조가 이루어져야 한다고 보았다. O

ㄷ. 싱어는 지구촌의 절대 빈곤 해결을 위한 원조는 보편적인 의무로 여겨야 한다고 보았지만 정언 명령이 아니라 조건부적 명령이라고 주장하였다. X

✓ ㄹ. 롤스와 싱어 모두 원조의 목적은 인류 복지 수준의 균등화가 아니라고 보았다. 롤스는 원조의 목적이 불리한 여건으로 고통받는 사회를 질서 정연한 사회가 되도록 돕는 것이라고 보았고, 싱어는 원조의 목적이 인류 전체의 복리를 증진하는 것이라고 보았다. O

답 ③

51 해외 원조에 대한 싱어와 롤스의 입장 비교

자료 분석 갑은 싱어, 을은 롤스이다. 싱어는 이익 평등 고려의 원칙에 따라 인종이나 국적을 넘어 절대 빈곤자들을 도와주어야 한다고 주장하였다. 롤스는 불리한 여건으로 고통받는 사회를 질서 정연한 사회가 되도록 돕는 것을 원조의 목적이라고 보고, 질서 정연한 사회로 진입한 이후에는 더 이상의 원조가 요구되지 않는다고 보았다.

선택지 분석

✓ ❶ 싱어는 원조의 의무는 모든 인류의 보편적인 의무이지만, 도덕적으로 상응하는 중요성을 지닌 다른 일을 희생하지 않고 원조할 수 있는 경우에 원조해야 한다는 조건부적 의무라고 보았다. O

② 싱어는 원조 결정 시 원조 주체와 원조 대상자의 이익을 고려해야 한다고 보았다. X

③ 롤스는 고통받는 사회가 질서 정연한 사회가 된다면 원조가 중단되어야 한다고 보고, 원조의 차단점 설정이 필요하다고 보았다. X

④ 롤스는 고통받는 사회의 기본 제도 개선을 위해 원조해야 한다고 보았다. X

⑤ 롤스는 원조의 최종 목적을 고통받는 사회가 질서 정연한 사회가 되도록 하는 데 두었다. X

답 ①

도전 1등급 52 해외 원조에 대한 롤스와 싱어의 입장 비교

도전 1등급 문항 분석 ▸▸ 정답률 35%

갑, 을 사상가들의 입장으로 적절한 것만을 〈보기〉에서 고른 것은?

→ 독재나 착취와 같은 불합리한 사회 구조나 제도가 개선되어 정치적 전통, 법 규범 등의 문화가 적정한 수준에 이른 사회

갑: 고통받는 사회들만 원조가 필요하다. 원조의 목표는 고통받는 사회들이 질서 정연한 국제 사회의 구성원이 되게 하는 것이다. 이러한 목표나 차단점을 넘어서면 원조는 필요 없다. → 롤스

을: 절대 빈곤은 매우 나쁜 것이다. 우리에게 그에 상응하는 도덕적으로 중요한 일을 희생시키지 않고 절대 빈곤을 감소시킬 힘이 있다면, 인류 복지의 최대화를 위해 우리는 마땅히 그렇게 해야 한다. → 싱어

→ 싱어는 공리주의에 입각하여 빈곤으로 고통받는 사람을 돕는 것을 의무라고 봄

→ 롤스는 고통받는 국가는 원조의 대상이라고 보았으나, 연대나 협조가 어려운 무법 국가는 강제적인 제재나 내정 간섭을 통해 질서 정연한 사회로 만들어야 한다고 봄

보기

ㄱ. 갑: 공격적인 사회는 자원이 매우 부족해도 원조 대상이 아니다.

ㄴ. 을: 절대 빈곤의 감소를 위한 원조는 ~~예외 없는~~ 도덕적 의무이다.

ㄷ. 을: 원조는 이익 평등 고려의 원칙에 따른 전 지구적 의무이다.

ㄹ. 갑과 을: 원조 대상의 경제력은 원조 결정의 고려 사항이 아니다.

→ 싱어는 이익 평등 고려의 원칙에 따라 원조가 이루어져야 한다고 봄

해결 전략 갑은 롤스, 을은 싱어의 주장이다. 롤스는 원조의 목적이 불리한 여건으로 고통받는 사회를 질서 정연한 사회가 되도록 돕는 것이고, 질서 정연한 사회로 진입한 이후에는 그 사회가 여전히 상대적으로 빈곤할지라도 더 이상의 원조는 요구되지 않는다고 보았다. 싱어는 큰 희생 없이 타국의 빈민을 도울 수 있다면 도와야 하고, 인류 전체의 공리 증진이라는 공리주의적 입장에서 원조를 실천해야 한다고 주장하였다.

선택지 분석

✓ ㄱ. 롤스가 원조 대상으로 말하는 고통받는 사회는 정치 문화적 전통이 결핍되어 있지만 대외적으로 공격적 팽창 정책을 펼치지 않는 사회를 의미한다. 롤스는 고통받는 사회를 질서 정연한 사회가 되도록 돕는 것을 의무로 보았다. O

ㄴ. 싱어는 원조를 통해 수혜자의 근로 의욕이 감퇴되고, 그 결과 사회 전체의 부가 감소함으로써 전체적인 복지 수준이 저하될 수 있다면 원조를 하지 않을 수 있다고 보았다. X

✓ ㄷ. 싱어는 도덕적으로 중요한 다른 일을 희생하지 않고 막을 수 있는 어떤 절대 빈곤이 있다면 인류 전체의 행복 증진을 위해 원조를 해야 한다고 보았다. O

ㄹ. 롤스는 사회 간의 부와 복지의 수준이 다양하기 때문에 이를 조정하는 것이 원조의 고려 사항은 아니라고 보았다. X

답 ②

53 원조에 대한 싱어와 롤스의 입장 비교

자료 분석 갑은 싱어, 을은 롤스이다. 싱어는 큰 희생 없이 타국의 빈민을 도울 수 있다면 도와야 하고, 인류 전체의 공리 증진이라는 공리주의적 입장에서 원조를 실천해야 한다고 주장하였다. 롤스는 자원 빈곤국이 아니라 불리한 여건으로 고통받는 사회의 만민을 원조의 대상으로 보고, 자유와 평등이 실현되는 사회 체제의 구축을 위해 원조가 필요하다고 보았다.

선택지 분석

✓ ㄱ. 싱어는 이익 평등 고려의 원칙을 국내 부조와 해외 원조를 의무로 규정하는 근거로 보았다. O

Ⅵ 평화와 공존의 윤리

✓ ㄴ. 롤스는 원조의 목적은 원조 대상국의 복지 수준 향상이 아니라 질서 정연한 사회가 되도록 돕는 것이라고 보았다. O

ㄷ. 롤스는 질서 정연한 사회의 기본 구조에 적용되는 정의의 원칙이 국제 사회에서는 적용되지 않는다고 보았다. X

ㄹ. 싱어는 원조 결정 시 원조 주체와 원조 대상자의 이익을 고려해야 한다고 보았다. X 답 ①

54 원조에 대한 싱어와 롤스의 입장 비교

자료 분석 (가)의 갑은 싱어, 을은 롤스이다. 싱어는 공리주의와 이익 평등 고려의 원칙에 따라 절대 빈곤에 처한 모든 사람을 원조해야 한다고 보았다. 롤스는 고통받는 사회의 정치 문화 개선을 통해 고통받는 사회가 질서 정연한 사회가 되도록 하는 것이 원조의 목표라고 보았다.

선택지 분석

ㄱ. 싱어는 원조 주체가 원조 대상에게 원조를 하게 되면 비용을 지불하게 되므로 이익이 증진될 수 없다고 보았다. X

✓ ㄴ. 싱어와 롤스는 모든 자원 빈곤국을 원조할 필요는 없다고 보았다. 싱어는 어떤 빈곤국에 대한 원조의 결과가 절대 빈곤을 감소시킬 전망을 전혀 갖지 못하게 되거나 오히려 증가시킬 수도 있다는 전망을 갖게 된다면 그 나라를 원조 대상국으로 삼을 필요는 없다고 보았다. 롤스는 원조의 목적을 고통받는 사회가 질서 정연한 사회가 되도록 돕는 것이라고 주장하면서, 이러한 목적이 달성된 이후에는 현재의 질서 정연한 사회가 빈곤하다고 할지라도 더 이상의 원조는 요구되지 않는다고 보았다. O

✓ ㄷ. 싱어와 롤스는 원조 대상국의 정치적 상황을 고려하여 원조해야 한다고 보았다. 싱어는 원조 대상국의 정부가 원조를 헛되게 만들 정책을 집행하는 나라를 원조할 책무는 없으므로 원조 대상국의 정치적 상황을 고려해야 한다고 보았다. 롤스는 고통받는 사회만이 원조의 대상이 된다고 보았고 인권을 보호하지 못하는 국가 중 무법 국가와 같은 국가들은 원조 대상이 아니라고 보았다. O

✓ ㄹ. 롤스는 원조의 목적이 원조 대상 국가의 정치 사회 제도의 개선에 있다고 보았다. O 답 ⑤

55 해외 원조에 대한 롤스와 싱어의 입장 비교

자료 분석 갑은 롤스이고, 을은 싱어이다. 롤스는 고통받는 사회가 빈약한 부를 가진 사회라고 할지라도 그들의 정치적 문화가 자유적이거나 적정 수준의 사회를 유지하도록 변화될 수 있다면 질서 정연한 사회가 될 수 있다고 보았다. 싱어는 어려움에 처한 사람들을 돕지 않는 것은 나쁜 일이며, 어려움에 처한 사람들을 돕는 것은 모든 사람이 마땅히 해야만 하는 것이라고 보았다.

선택지 분석

ㄱ. 롤스는 질서 정연한 사회는 공적 정의관이 규제하지 않는 사회 중 하나인 고통받는 사회를 원조해야 한다고 보았다. X

✓ ㄴ. 롤스에게 원조 대상은 고통받는 사회들이고, 원조의 목적은 원조 대상이 정치적 자율성을 가지도록, 즉 그들 자신의 미래의 경로를 스스로 결정할 수 있도록 하는 것이다. O

ㄷ. 싱어는 풍요로운 사람은 절대 빈곤에 상당하는 도덕적으로 중요한 다른 일을 희생하지 않는 한 원조해야 한다고 보았다. 하지만 절대 빈곤에 상당하는 도덕적으로 중요한 다른 일을 희생할 것을 원조 주체에게 요구하지는 않는다. X

✓ ㄹ. 롤스는 빈곤국이라고 하더라도 질서 정연한 사회라면 원조를 중단해야 한다고 보았다. 싱어는 어떤 빈곤국에 대한 원조의 결과가 절대 빈곤을 감소시킬 전망을 전혀 갖지 못하게 되거나 심지어 증가시킬 수도 있다는 전망을 갖게 된다면 원조의 의무는 성립되지 않는다고 보았다. O 답 ③

56 해외 원조에 대한 롤스와 싱어의 입장 비교

자료 분석 갑은 롤스, 을은 싱어이다. 롤스는 질서 정연한 사회가 고통받는 사회에 대해 원조해야 하며, 원조의 궁극적 목적은 고통받는 사회의 자유와 평등의 확립에 있다고 보았다. 싱어는 공리주의와 이익 평등 고려의 원칙에 입각해 빈곤으로 고통받는 사람들에 대한 원조를 주장하였다.

선택지 분석

① 롤스는 고통받는 사회를 원조할 때 인권에 대한 강조를 하는 것이 바람직하다고 보았다. 가령 롤스는 고통받는 사회가 자국민의 인권에 관심을 갖게 원조함으로써 기근 발생을 예방할 수 있다고 보았다. O

② 롤스는 원조의 목적은 고통받는 사회가 정당한 제도들을 실현하고 보존하는 것이라고 보았다. 고통받는 사회가 정당한 제도, 즉 합당하고 합리적인 제도에 의해 규제되는 사회인 질서 정연한 사회가 되도록 돕는 데에 원조의 목적을 둔다. O

③ 싱어는 전 세계는 그 주민들을 먹여 살리기에 충분한 음식을 생산하고 있다고 보고, 풍요로운 국가와 풍요로운 사람들이 빈곤한 사람들을 돕는다면 기아는 극복될 수 있다고 보았다. O

✓ ❹ 싱어는 모든 사람이 세계의 모든 이의 복지에 동일한 책임을 가진다고 제안하는 것은 어리석은 일이라고 보았다. 싱어는 어떤 사람이 절대 빈곤에 처해 있고 다른 사람이 그것에 상당하는 도덕적 의미를 가진 것을 희생함이 없이 도울 수 있을 때에 도울 의무가 있다고 보았다. X

⑤ 롤스는 국가 간 부의 불평등을 그 자체로 부정의하다고 보지 않았다. 따라서 원조의 목표를 사회들 간의 부와 복지 수준을 조정하는 것에 두지 않았다. 싱어는 인류의 복지를 증진한다면 국가 간 부의 불평등이 부정의하지는 않다고 보았다. O 답 ④

57 해외 원조에 대한 롤스와 싱어의 입장 비교

자료 분석 (가)의 갑은 롤스, 을은 싱어이다. 롤스는 원조의 목적이 고통받는 사회가 질서 정연한 사회가 되도록 돕는 것이라고 주장하면서, 이러한 목적이 달성된 이후에는 현재의 질서 정연한 사회가 빈곤하다고 할지라도 더 이상의 원조는 요구되지 않는다고 보았다. 싱어는 고통을 감소시키고 쾌락을 증진하는 것을 인류의 의무로 규정하면서, 원조를 통해 얻는 이익이 비용보다 클 경우 어떤 공동체의 구성원인지에 관계없이 도움을 주어야 한다고 보았다.

선택지 분석

✓ ㄱ. 롤스는 싱어와 달리 원조의 목적은 인류 전체의 복지 증진이 아니라 민주주의 질서의 수립과 같은 정치 체제의 개선이어야 한다고 보았다. O

ㄴ. 롤스는 각국의 부의 수준은 다를 수 있기 때문에 원조가 국가 간 부의 재분배를 추구하는 것은 아니라고 보았다. X

ㄷ. 롤스는 원조의 목적이 고통받는 사회가 질서 정연한 사회가 될 수 있도록 하는 데 있다고 보았다. 따라서 원조 대상 국가의 인권을 확립하는 것은 원조의 목표가 될 수 있다. X

✓ ㄹ. 싱어는 공리주의적 입장에서 원조를 통해 방지할 해악보다 더 큰 희생이 발생한다면 원조는 중단될 수 있다고 보았다. O 답 ②

58 원조에 대한 싱어, 롤스, 노직의 입장 비교

자료 분석 (가)의 갑은 싱어, 을은 롤스, 병은 노직이다. 싱어는 고통을 감소시키고 쾌락을 증진하는 것이 인류의 의무라는 공리주의 관점에서 절대 빈곤에 처한 사람들을 마땅히 도와주어야 한다고 보았다. 롤스는 고통받는 사회가 질서 정연한 사회가 되도록 돕는 것이 원조의 목적이라고 보았다. 노직은 자유 지상주의의 입장에서 정당한 절차를 통해 취득한 재산에 대해 개인은 배타적 소유권을 지니고 있으며, 처분권 또한 개인의 자유로운 선택에 달려 있다고 보았다.

선택지 분석

✓ ㄱ. 싱어는 개인뿐만 아니라 단체나 국가도 인류의 복지 증진을 위해 원조를 해야 한다고 보았다. 롤스는 정치 문화 개선을 위해 원조를 해야 한다고 보았다. O

✓ ㄴ. 싱어와 롤스는 모두 원조를 주체와 대상의 친소 관계와는 무관하게 실천해야 할 윤리적 의무로 보았다. 노직은 원조를 의무가 아닌 자율적 선택의 문제라고 보았다. O

ㄷ. 노직은 소유권으로서의 정의를 주장하면서 개인에게 원조를 실천해야 할 의무가 없다고 보았다. 노직에 따르면 원조를 위해 세금을 부과하는 것은 소유 권리를 침해하는 것이다. X

✓ ㄹ. 싱어는 원조의 목적을 경제적 평등의 실현이 아니라 사람들의 고통을 줄이고 기본 욕구를 충족시키는 데 있다고 보았다. 롤스는 원조의 목적을 인류의 복지 수준을 향상시키는 것에 두지 않았다. 노직은 원조를 자율적 선택의 문제로 보았다. O

답 ⑤

59 원조에 대한 싱어와 롤스의 입장 비교

자료 분석 (가)의 갑은 싱어, 을은 롤스이다. 싱어는 공리주의 입장에 근거하여 인류 전체의 행복을 증진하고 고통을 감소시키기 위해 빈곤으로 고통받는 사람을 도와야 한다고 보았다. 롤스는 고통받는 사회가 인권이 보장되고 민주적 의사 결정이 이루어지는 질서 정연한 사회가 되도록 돕는 것을 원조의 목적으로 보았다.

선택지 분석

ㄱ. 싱어는 효율성의 원리에 따라 원조 여부를 결정해야 한다고 보았다. X

✓ ㄴ. 싱어와 롤스는 원조를 할 때 원조 대상국의 정치적 상황을 고려해야 한다고 보았다. O

✓ ㄷ. 싱어와 롤스는 모두 원조 주체가 원조 대상국에 강제력을 사용하면 안 된다고 보았다. O

ㄹ. 롤스는 원조가 지구적 차원에서 분배 정의를 실현하는 것은 아니라고 보았다. 롤스는 원조가 국가 간 복지 수준을 조정하거나 자원을 재분배하기 위한 것은 아니라고 보았다. X

답 ③

60 원조에 대한 롤스, 싱어, 노직의 입장 비교

자료 분석 (가)의 갑은 롤스, 을은 싱어, 병은 노직이다.

선택지 분석

① 롤스는 원조의 중단 지점, 즉 차단점을 설정하여 원조 대상국이 질서 정연한 사회가 되어 원조 목적이 실현된다면 더 이상 원조할 필요가 없다고 보았다. X

② 싱어는 원조 대상을 선정할 때 원조 대상국이 상대적 빈곤에 처했는지, 절대적 빈곤에 처했는지 따져야 할 필요가 있다고 보았다. X

③ 싱어는 효용성을 고려할 때 자신의 이웃을 먼저 돕는 것이 정당한 경우가 있다고 보았다. X

④ 노직은 원조를 개인의 자율적 선택의 문제로 보므로 자선을 행하지 않는다고 해서 비난의 대상이 될 수는 없다고 보았다. X

✓ ⑤ 롤스는 원조의 목적을 고통받는 사회가 질서 정연한 사회가 되게끔 함으로써 질서 정연한 국제 사회의 구성원이 되도록 하는 데 있다고 보았다. 이에 비해 노직은 원조를 윤리적 의무가 아니라 개인의 자율적 선택의 문제라고 보았다. 따라서 롤스는 노직에게 원조를 통해 원조 대상국이 자국의 부정의를 교정하여 질서 정연한 사회가 될 수 있도록 도와야 함을 간과하고 있다는 비판을 제기할 수 있다. O

답 ⑤

61 해외 원조에 대한 롤스와 싱어의 입장 파악

빈출 문항 자료 분석

갑, 을 사상가들의 입장으로 적절한 것만을 〈보기〉에서 있는 대로 고른 것은?

> 갑: 질서 정연한 만민은 고통받는 사회들을 원조해야 할 의무를 지닌다. 그러나 이 의무를 실행하게 하는 방법이 경제적 및 사회적 불평등을 규제하는 분배 정의의 원칙을 따르는 것은 아니다.
> (→ 롤스는 차등의 원칙을 국제 정의에 적용하지 않음)
> 을: 우리는 적은 비용으로도 가난한 사람의 복리에 중요한 변화를 일으킬 수 있다. 쾌락 증진과 고통 감소를 추구하는 공리주의 이론에 근거하여 원조 여부를 판단해야 한다.
> (→ 고통을 감소시키고 쾌락을 증진하는 것은 인류의 의무임)

보기

ㄱ. 갑: 정의의 원칙에 따라 운영되는 국가는 원조의 대상이 아니다.
ㄴ. 을: 빈곤으로 고통받는 사람을 원조하지 않아도 되는 경우가 있다.
ㄷ. 을: 원조는 도덕적 구속력이 배제된 개인적 선택의 문제이다.
ㄹ. 갑, 을: 자원이 풍부한 국가는 원조의 대상이 될 수 없다.

해결 전략 갑은 롤스, 을은 싱어이다. 롤스는 원조의 목적을 모든 인류의 복지 수준을 향상시키는 것에 두지 않았다. 싱어는 굶주림과 죽음을 방치하는 것은 인류 전체의 고통을 증가시키는 것이라고 보고 지구적 차원의 원조를 강조하였다.

선택지 분석

✓ ㄱ. 정의의 원칙에 따라 운영되는 국가는 '질서 정연한 사회'이기 때문에 롤스의 입장에서 원조의 대상이 아니다. 롤스는 불리한 여건으로 '고통받는 사회'를 해외 원조의 대상으로 보았다. O

✓ ㄴ. 싱어는 원조를 통해 얻는 이익이 비용보다 클 경우 원조의 의무가 있다고 보았다. 하지만 원조의 비용이 원조를 통해 얻는 이익보다 클 경우 원조의 의무가 있다고 보지 않았다. O

ㄷ. 싱어는 원조를 개인의 선택의 문제라고 보는 자선의 관점이 아니라, 도덕적 구속력이 있는 의무의 관점에서 바라보아야 한다고 주장하였다. 원조를 자율적 선택의 문제로 보는 것은 노직이다. X

ㄹ. 롤스는 천연자원의 풍부함 여부와 무관하게 불리한 여건, 즉 질서 정연해지기 위해서 필요한 정치적이며 문화적인 전통들이 없음으로 인해 고통받는 사회라면 원조의 대상이 될 수 있다고 보았다. 싱어는 빈곤으로 고통받는 사람들이 있는 빈곤한 국가라면 원조의 대상이 될 수 있다고 보았다. X

답 ①

62 해외 원조에 대한 노직, 롤스, 싱어의 입장 비교

자료 분석 (가)의 갑은 노직, 을은 롤스, 병은 싱어이다. 롤스는 원조의 목적이 고통받는 사회가 질서 정연한 사회가 될 수 있도록 하는 데 있다고 보았다. 노직은 자유 지상주의 입장에서 해외 원조가 재산 처분에 대한 개인의 자발적 선택의 문제라고 보았다. 싱어는 공리주의 입장에서 인류의 고통을 감소시키고 쾌락을 증진하는 차원에서 해외 원조를 윤리적 의무로 보았다.

선택지 분석

ㄱ. 노직은 개인이 자발적으로 원조할 수 있다고 보았다. 이런 경우에 원조는 원조 주체의 사적 소유권을 침해하지 않는다. X

ㄴ. 롤스는 자원이 빈곤한 사회도 질서 정연한 사회가 될 수 있다고 주장하면서 원조가 자원 분포의 우연성의 결과를 조정하려는 것은 아니라고 보았다. X

✓ ㄷ. 롤스는 원조 목표가 달성되면 원조는 중단되어야 한다고 보았다. O

✓ ㄹ. 싱어는 공리주의적 입장에서 원조는 비용과 편익을 고려하여 효율적으로 이루어져야 한다고 보았다. O

답 ③

63 원조에 대한 싱어와 롤스의 입장 비교

자료 분석 갑은 싱어, 을은 롤스이다. 싱어는 원조를 통해 얻는 이익이 비용보다 클 경우 어떤 공동체의 구성원인지에 관계없이 도움을 주어야 한다고 본다. 롤스는 불리한 여건으로 '고통받는 사회'를 '질서 정연한 사회'가 되도록 돕는 것을 원조의 목적으로 보았다.

선택지 분석

① 싱어는 고통을 감소시키고 쾌락을 증진하는 것은 인류의 의무라고 본다. 싱어는 이러한 공리주의의 입장에서 고통 감소 가능성을 고려하여 원조해야 한다고 보았다. X

② 싱어는 원조의 목적을 경제적 평등의 실현이 아니라 사람들의 고통을 줄이고 기본 욕구를 충족시키는 데 있다고 보았다. X

✓ ❸ 롤스는 원조를 질서 정연한 사회가 불리한 여건으로 고통받는 사회를 돕는 것으로 보았다. O

④ 롤스는 원조를 제공하는 질서 정연한 사회들이 온정적 간섭주의와 같은 강제력을 사용해서는 안 된다고 주장하였다. X

⑤ 싱어와 롤스는 모두 어떤 사회가 경제적으로 풍요롭지 않더라도 원조의 주체가 될 수 있다고 보았다. X

답 ③

64 해외 원조에 대한 롤스와 싱어의 입장 비교

자료 분석 (가)의 갑은 롤스, 을은 싱어이다. 롤스는 원조 대상국이 자유롭거나 적정 수준의 사회가 되는 것을 원조의 목적으로 보았고, 싱어는 공리주의 관점에서 빈곤으로 고통받는 사람들을 원조해야 한다고 보았다.

선택지 분석

✓ ㄱ. 롤스는 원조의 목적을 고통을 겪는 사회가 자유와 평등이 보장되는 질서 정연한 사회로 확립되는 것이라고 본다. 롤스는 원조를 통해 고통을 겪는 사회가 일정한 수준에 이르러 그들 스스로 자신의 미래의 경로를 결정할 수 있는 시점에 이르게 되면 원조가 중단되어야 한다고 본다. O

ㄴ. 롤스와 싱어는 모두 원조를 자선이 아닌 의무라고 보는 입장이다. 그러나 인류 전체의 공리 증진이라는 공리주의 관점에서 원조를 주장한 것은 싱어만의 입장이다. X

✓ ㄷ. 롤스와 싱어의 공통된 입장이다. 롤스는 경제적 수준과 상관없이 질서 정연한 사회의 만민이라면 원조의 주체가 될 수 있다고 본다. 싱어는 절대적 풍요를 누리고 있지 않더라도 자신의 기본적 욕구를 충족하고도 남는 소득이 있으면서 도덕적으로 중요한 일들을 희생시키지 않고 원조할 수 있는 사람들은 누구나 원조의 주체가 될 수 있다고 본다. O

ㄹ. 롤스와 싱어의 공통된 입장이다. 싱어는 공리주의적 관점에서 인류의 복지 증진을 원조의 목표라고 본다. 롤스는 경제 격차 감소가 아닌 정치 문화의 개선을 위해 원조가 시행되어야 한다고 본다. X

답 ②

65 해외 원조에 대한 롤스와 싱어의 입장 파악

자료 분석 갑은 롤스이고, 을은 싱어이다. 롤스는 고통받는 사회의 정치적, 사회적 제도 개선 및 인권 확립을 원조의 목표로 보았다. 싱어는 원조의 목적이 고통의 감소에 있다고 보았다.

선택지 분석

✓ ㄱ. 롤스에 따르면 사회 제도 개선을 목표로 하는 원조는 고통받는 사회의 빈곤 문제 해결에 도움이 될 수 있다. O

ㄴ. 롤스는 원조하는 나라는 원조받는 나라의 인권을 개선하기 위함이라는 명목으로 강제력을 행사해서는 안 된다고 보았다. X

✓ ㄷ. 싱어는 자신의 기본적 욕구를 충족하고도 남는 소득이 있으면서 도덕적으로 중요한 일들을 희생시키지 않고 원조할 수 있는 사람들은 누구나 기부해야 한다고 주장하였다. O

ㄹ. 싱어에게만 해당하는 내용이다. 롤스는 질서 정연한 사회에도 빈민이 존재하지만, 질서 정연한 사회는 가난하더라도 원조의 대상이 아니라고 보았다. X

답 ②

도전 1등급 66 해외 원조에 대한 롤스와 싱어의 입장 이해

도전 1등급 문항 분석 ▸▸ 정답률 38.3%

그림은 서양 사상가 갑, 을의 가상 대화이다. 갑, 을의 입장으로 가장 적절한 것은?

→ 질서 정연한 사회가 되도록 하는 데 원조의 목적이 있음

갑: 원조의 목표는 고통받는 사회가 만민의 사회의 완전한 성원이 되고, 그들 스스로 자신의 미래를 결정할 수 있게 돕는 데 있습니다. 원조의 의무는 고통받는 사회가 적정 수준의 기본 제도들을 갖출 때까지 유효합니다.

→ 공리주의의 입장

을: 원조의 목표는 사람들의 고통을 줄이고 기본 욕구를 충족시키는 데 있습니다. 극단적 빈곤을 겪는 사람들은 적정 체제가 갖추어지기도 전에 고통스럽게 죽어갈 것입니다. 빈민을 돕는 것은 세계 시민으로서 우리의 의무입니다.

해결 전략 갑은 롤스, 을은 싱어이다. 롤스는 원조의 목적을 모든 인류의 복지 수준을 향상시키는 것에 두지 않았다. 싱어는 세계 시민주의적 관점에서 지구적 차원의 원조를 강조하였다.

선택지 분석

✓ ❶ 롤스는 원조 대상국의 정치 문화 개선을 원조의 목적으로 보지만, 그렇

다고 하여 원조 대상국의 정치 문화 개선을 강제해서는 안 된다고 본다. O
② 롤스는 원조를 통해 질서 정연한 사회가 된다면 그 사회가 상대적으로 빈곤하더라도 더 이상의 원조는 필요하지 않다고 본다. X
③ 싱어는 빈곤으로 고통받는 사람들에 대한 원조는 지리적 근접성 여부와 무관하게 이루어져야 한다고 본다. X
④ 싱어는 부유한 국가의 가난한 시민들은 원조의 대상이 될 수 있다고 본다. X
⑤ 롤스와 싱어 모두 국가 간 부의 재분배를 통한 경제적 평등의 실현을 원조의 목적으로 보지 않는다. X 답 ①

67 롤스와 싱어의 해외 원조에 대한 입장 파악

자료 분석 갑은 롤스, 을은 싱어이다. 롤스는 원조의 목적을 불리한 여건으로 고통받는 사회를 질서 정연한 사회가 되도록 돕는 것이라고 보았으며, 싱어는 공리주의적 관점에서 고통을 감소시키고 쾌락을 증진하는 것이 인류의 의무라고 보았다. 원조의 목적이 무엇인지를 사상가별로 파악하여 문제를 해결해야 한다.

선택지 분석

ㄱ. 롤스는 '차등의 원칙'과 같이 경제적 불평등을 규제하는 원칙을 국제적 분배 정의에 적용하지 않았다. X
✓ ㄴ. 롤스는 천연자원이 부족한 빈곤국이라도 질서 정연한 사회라면 원조의 대상에서 제외된다고 보았다. O
✓ ㄷ. 롤스는 원조의 목적을 고통받는 사회의 자유를 확립하는 것으로 보았다. O
✓ ㄹ. 싱어는 원조 주체는 원조 결정 시 자기 이익을 고려해야 한다고 보았다. O 답 ⑤

68 원조에 대한 롤스와 싱어의 입장 비교

자료 분석 갑은 롤스, 을은 싱어이다. 롤스는 고통받는 사회만이 원조의 대상이 된다고 보았고, 싱어는 부유한 나라의 빈민보다 가난한 나라의 빈민을 돕는 것이 더 효율적인 원조가 된다고 보았다.

선택지 분석

✓ ㄱ. 롤스는 원조의 목적이 불리한 여건으로 고통받는 사회를 질서 정연한 사회가 되도록 돕는 것이라고 보므로 정의의 원칙이 확립된 사회는 원조 대상에서 제외된다고 본다. O
ㄴ. 롤스는 원조의 목적을 모든 인류의 복지 수준을 향상시키는 것에 두지 않는다. X
✓ ㄷ. 싱어는 공리주의의 입장이므로 원조를 통해 얻는 이익이 더 클수록 효율적이라고 본다. O
ㄹ. 롤스는 고통받는 사회를 질서 정연한 사회가 되도록 하는 것을 원조의 목적으로 보므로 롤스에게 해당하지 않는 내용이다. X 답 ①

69 원조에 대한 싱어의 입장 이해

자료 분석 (가)는 싱어, (나)의 갑은 나딩스, 을은 롤스, 병은 노직이다. 싱어는 공리의 원칙을 바탕으로 친소 관계를 고려하지 않고 원조해야 한다고 보았다.

선택지 분석

✓ ㄱ. 싱어는 국가적인 경계를 넘어서 원조를 해야 한다고 했으므로 친소 관계를 고려하지 않고 원조해야 한다고 주장하였다. O
✓ ㄴ. 싱어는 공리의 원칙을 해외 원조에 적용해야 한다고 보았다. O
✓ ㄷ. 싱어는 원조를 의무의 관점에서 보고 있다. O
ㄹ. 싱어는 원조의 주체를 개인으로 한정하지 않았다. X 답 ④

70 해외 원조에 대한 싱어와 롤스의 입장 이해

자료 분석 갑은 싱어, 을은 롤스이다. 싱어는 공리주의의 관점에서 빈곤으로 고통받는 사람을 돕는 것을 의무라고 보았다. 롤스는 고통받는 사회를 자유와 평등이 보장되는 민주적 질서를 갖춘 사회가 되도록 하는 것을 원조의 목적이라고 본다.

선택지 분석

✓ ㄱ. 싱어는 원조 대상에서 자국민과 타국민의 구분은 중요하지 않다고 본다. 다만 원조 대상이 효용의 원리에 따라 결정되어야 한다고 보기 때문에 자국민에 대한 원조가 더 효율적일 수 있다면 자국민을 우선적으로 원조하는 것도 정당하다고 본다. O
ㄴ. 싱어는 개인의 기본적 필요를 충족시키지 못하는 사람이 원조의 부담을 동등하게 져야 한다고 보지는 않는다. X
✓ ㄷ. 롤스는 적정 수준의 제도를 갖춘 사회가 되기 위해 막대한 부가 반드시 필요한 것은 아니라고 본다. O
ㄹ. 롤스는 인권이 보장된 민주주의 국가는 빈곤하더라도 원조 대상이 되지 않는다고 본다. X 답 ①

71 해외 원조에 대한 롤스와 싱어의 입장 이해

자료 분석 갑은 롤스, 을은 싱어이다. 롤스의 질서 정연한 사회란 구성원들의 선(善)을 증진해 주고 구성원들이 동의한 정의의 원칙에 의해 효율적으로 규제되는 사회이다. 즉 인권이 보장되고 민주적 의사 결정이 이루어지는 사회이다. 싱어는 이익 평등 고려의 원칙에 따라 고통받는 사람들이 누구나 차별없이 도움을 받아야 한다고 본다.

선택지 분석

ㄱ. 롤스는 해외 원조가 국가 간 복지 수준을 조정하는 것이 아니라고 본다. 싱어는 국가 간 복지 수준 조정이 아닌, 모든 인류의 복지 수준을 향상시키는 것이 해외 원조의 목적이라고 본다. X
ㄴ. 롤스는 빈곤국의 문제는 어려운 처지를 스스로 개선하려는 능력의 부재에 있다고 본다. 따라서 정의론의 차등의 원칙을 국제적 분배 정의에 적용하는 것을 반대하고, 해외 원조가 자원을 재분배하기 위한 것이 아니라고 본다. X
✓ ㄷ. 싱어는 질서 정연한 사회의 구성원이라도 절대 빈곤의 상태에 있다면 원조 대상이 될 수 있다고 본다. O
✓ ㄹ. 싱어는 이익 평등 고려의 원리에 따라 원조가 이루어져야 한다고 본다. O 답 ③

72 싱어와 롤스의 해외 원조론 비교

자료 분석 갑은 싱어, 을은 롤스이다. 싱어와 롤스는 모두 원조를 윤리적 의무라고 본다.

선택지 분석

ㄱ. 싱어는 공리의 원리에 따라 해외 원조를 해야 한다고 주장하기는 하지만, 인류의 부가 균등해질 때까지 원조를 해야 한다고 주장하지는 않는다. X

ㄴ. 싱어는 원조를 통해 얻는 이익이 비용보다 클 경우 어떤 공동체의 구성원인지에 관계없이 도움을 주어야 한다고 주장하지만, 원조가 모든 사람의 경제적 이익을 증진해야 한다고 주장하지는 않는다. X

✓ ㄷ. 롤스에 따르면 자립적인 정의 사회는 빈곤하더라도 원조 대상에서 제외될 수 있다. O

✓ ㄹ. 싱어와 롤스는 해외 원조가 자선이 아닌 의무의 차원에서 이루어져야 한다고 본다. O 답 ③

73 해외 원조에 대한 싱어와 롤스의 입장 이해

자료 분석 갑은 싱어, 을은 롤스이다. 싱어는 세계 시민주의적 관점에서 지구적 차원에서의 원조를 강조하였고, 롤스는 국제주의적 관점에서 원조를 도덕적 의무라고 주장하였다.

선택지 분석

ㄱ. 싱어는 원조를 통해 얻는 이익이 비용보다 클 경우 어떤 공동체의 구성원인지에 관계없이 도움을 주어야 한다고 본다. 따라서 싱어는 지리적 근접성과 무관하게 원조가 이루어져야 한다고 본다. X

✓ ㄴ. 싱어는 선진국의 절대 빈민도 원조의 대상이 될 수 있다고 본다. O

✓ ㄷ. 롤스는 공격적이지 않은 비인권적인 사회가 원조의 대상이 될 수 있다고 본다. O

ㄹ. 롤스는 빈곤국의 문제는 어려운 처지를 스스로 개선하려는 능력의 부재에 있다고 본다. 따라서 차등의 원칙을 국제 사회에 적용하는 것을 반대하고, 해외 원조를 경제적 분배의 과정으로 보아서는 안 된다고 주장한다. X 답 ③

74 해외 원조에 대한 롤스와 싱어의 입장 이해

빈출 문항 자료 분석

갑, 을 사상가들의 입장으로 옳지 않은 것은?

→ 롤스는 질서 정연한 사회를 만들기 위해 사회적 · 국가적 차원에서 고통받는 사회를 돕는 것이 윤리적 의무라고 봄

갑: 원조의 목적은 고통받는 사회가 질서 정연한 국제 사회의 성원이 되도록 하는 데 있다. 원조를 제공하는 질서 정연한 사회들은 온정적 간섭주의를 발휘해서는 안 되고, 세심하게 계획된 방법으로 행동해야 한다. → 롤스

을: 원조의 의무는 원조 대상이 얼마나 떨어져 있느냐에 의해 정해지지 않는다. 우리는 도덕적으로 중요한 다른 것을 희생시키지 않으면서 어떤 나쁜 일이 발생하는 것을 막을 수 있다면 의무적으로 그렇게 해야 한다. → 싱어

→ 싱어는 전 인류의 행복을 증진시켜야 한다는 공리주의에 입각해 빈곤으로 고통받는 사람을 돕는 것을 윤리적 의무라고 봄

해결 전략 갑은 롤스, 을은 싱어이다. 롤스의 질서 정연한 사회란 독재나 착취와 같은 불합리한 사회 구조나 제도가 개선되어 정치적 전통, 법 규범 등의 문화가 적정한 수준에 이른 사회이다.

선택지 분석

① 롤스는 원조 대상 국가에 원조를 제공하는 질서 정연한 사회들의 강제력 사용은 배제되어야 한다고 본다. O

② 롤스의 원조의 대상은 고통받는 사회이다. 롤스는 무법 국가의 경우 원조의 대상이 될 수 없다고 본다. O

✓ ❸ 싱어는 원조를 받는 대상자의 경제력을 고려하여 원조가 수행되어야 한다고 본다. X

④ 싱어는 공리주의적 관점에서 모든 사람의 고통을 감소시키고 쾌락을 증진시키는 것이 인류의 의무라고 본다. O

⑤ 롤스와 싱어는 모두 원조를 인류의 경제적 평등 실현을 위한 것으로 보지 않았다. O 답 ③

75 해외 원조에 대한 롤스와 싱어의 입장 이해

자료 분석 갑은 롤스, 을은 싱어이다. 롤스는 자유와 평등이 실현되는 사회 체제의 구축을 위해 원조가 필요하다고 본다. 싱어는 공리주의에 입각하여 빈곤으로 고통받는 사람을 돕는 것을 의무라고 본다.

선택지 분석

① 롤스는 원조의 목적은 고통받는 사회를 질서 정연한 사회로 만드는 것이라고 주장한다. X

② 롤스는 질서 정연한 사회의 만민은 고통받는 사회가 그 사회의 정치 문화를 바꾸는 데 도움이 되는 특별한 종류의 충고를 할 수 있다고 본다. X

③ 싱어는 최대 행복의 원리가 해외 원조의 대상을 정하는 데 주된 근거가 될 수 있다고 본다. X

✓ ❹ 싱어는 공리주의적 입장에서 원조 주체의 큰 희생 없이 타국의 빈민을 도울 수 있다면 도와야 한다고 본다. O

⑤ 롤스에 따르면 사회들 간의 부와 복지의 수준은 다양하기 때문에 고통받는 사회들 간의 부와 복지 수준을 조정하는 것은 원조의 목표가 아니다. 싱어에 따르면 원조가 추구해야 할 목표는 인류의 복지 증진이다. 따라서 롤스와 싱어의 공통된 입장으로 볼 수 없다. X 답 ④

76 해외 원조에 대한 싱어의 입장 이해

자료 분석 제시문을 주장한 사상가는 싱어이다. 싱어는 롤스의 해외 원조에 대한 입장을 비판하며 '이익 평등 고려의 원칙'에 따라 빈곤으로 인해 고통받는 사람들을 원조해야 한다고 본다.

선택지 분석

✓ ❶ 싱어는 세계 시민주의적 관점에서 국가의 경계를 넘어 친소(親疏)에 관계없이 고통받는 사람들을 도와야 한다고 본다. 따라서 싱어에게 원조 대상자의 국적은 원조 여부를 결정하는 기준이 아니다. O

② 싱어는 원조가 전 지구적 차원의 윤리적인 의무라고 본다. X

③ 싱어에게 빈곤한 사람은 어느 사회에 소속되어 있느냐와 관계없이 원조의 대상이다. X

④ 싱어에게 원조의 목적은 인류의 공리 증진이다. X

⑤ 원조의 목적을 고통받는 사회의 정치 문화 개선에 두는 사상가는 롤스이다. X 답 ①

한눈에 보는 정답

I 현대의 삶과 실천 윤리

01 현대 생활과 실천 윤리 본문 8~13쪽

01 ①	02 ④	03 ③	04 ⑤	05 ⑤	06 ③
07 ⑤	08 ④	09 ③	10 ④	11 ③	12 ①
13 ②	14 ①	15 ②	16 ②	17 ②	18 ①
19 ②	20 ③	21 ②	22 ②	23 ③	24 ③
25 ⑤					

02 현대 윤리 문제에 대한 접근 본문 14~25쪽

26 ④	27 ④	28 ①	29 ③	30 ①	31 ⑤
32 ③	33 ②	34 ①	35 ②	36 ③	37 ③
38 ①	39 ②	40 ①	41 ③	42 ③	43 ②
44 ④	45 ④	46 ④	47 ①	48 ①	49 ④
50 ①	51 ①	52 ⑤	53 ④	54 ②	55 ②
56 ④	57 ⑤	58 ①	59 ③	60 ⑤	61 ②
62 ②	63 ⑤	64 ①	65 ④	66 ③	67 ⑤
68 ④	69 ⑤	70 ①	71 ①	72 ④	73 ③

03 윤리 문제에 대한 탐구와 성찰 본문 26쪽

74 ②	75 ⑤	76 ②	77 ①

II 생명과 윤리

01 삶과 죽음의 윤리 본문 30~37쪽

01 ②	02 ②	03 ⑤	04 ④	05 ②	06 ④
07 ①	08 ④	09 ①	10 ③	11 ②	12 ③
13 ①	14 ⑤	15 ④	16 ⑤	17 ④	18 ④
19 ②	20 ③	21 ②	22 ④	23 ⑤	24 ③
25 ①	26 ②	27 ⑤	28 ②	29 ④	30 ①

02 생명 윤리 본문 37~42쪽

31 ⑤	32 ④	33 ④	34 ⑤	35 ③	36 ⑤
37 ②	38 ⑤	39 ⑤	40 ⑤	41 ①	42 ④
43 ③	44 ⑤	45 ③	46 ⑤	47 ②	48 ⑤
49 ⑤	50 ④	51 ③			

03 사랑과 성 윤리 본문 43~49쪽

52 ⑤	53 ④	54 ①	55 ①	56 ⑤	57 ⑤
58 ⑤	59 ②	60 ③	61 ③	62 ①	63 ②
64 ⑤	65 ②	66 ④	67 ①	68 ⑤	69 ⑤
70 ③	71 ②	72 ②	73 ③	74 ②	75 ④
76 ①	77 ①	78 ⑤	79 ④	80 ⑤	

III 사회와 윤리

01 직업과 청렴의 윤리 본문 54~61쪽

01 ⑤	02 ②	03 ③	04 ④	05 ⑤	06 ④
07 ②	08 ①	09 ⑤	10 ④	11 ④	12 ①
13 ④	14 ①	15 ②	16 ⑤	17 ②	18 ③
19 ④	20 ②	21 ⑤	22 ②	23 ③	24 ②
25 ⑤	26 ③	27 ④	28 ③	29 ①	30 ④
31 ①					

02 사회 정의와 윤리 본문 62~84쪽

32 ③	33 ②	34 ①	35 ④	36 ⑤	37 ①
38 ①	39 ⑤	40 ②	41 ⑤	42 ④	43 ②
44 ④	45 ⑤	46 ⑤	47 ④	48 ④	49 ④
50 ④	51 ②	52 ①	53 ②	54 ⑤	55 ③
56 ④	57 ⑤	58 ⑤	59 ⑤	60 ②	61 ③
62 ①	63 ⑤	64 ④	65 ②	66 ①	67 ⑤
68 ③	69 ④	70 ③	71 ⑤	72 ②	73 ⑤
74 ④	75 ⑤	76 ③	77 ④	78 ②	79 ⑤
80 ④	81 ④	82 ③	83 ②	84 ②	85 ②
86 ④	87 ④	88 ②	89 ⑤	90 ⑤	91 ③
92 ②	93 ①	94 ⑤	95 ③	96 ⑤	

03 국가와 시민의 윤리

본문 85~95쪽

97 ③	98 ①	99 ④	100 ④	101 ①	102 ①
103 ④	104 ①	105 ②	106 ⑤	107 ④	108 ③
109 ③	110 ⑤	111 ④	112 ②	113 ①	114 ①
115 ⑤	116 ③	117 ④	118 ③	119 ④	120 ④
121 ④	122 ⑤	123 ①	124 ⑤	125 ②	126 ⑤
127 ④	128 ④	129 ②	130 ②	131 ①	132 ①
133 ②	134 ③	135 ③	136 ⑤	137 ①	138 ③
139 ①	140 ③				

Ⅳ 과학과 윤리

01 과학 기술과 윤리

본문 100~106쪽

01 ①	02 ③	03 ④	04 ②	05 ③	06 ④
07 ④	08 ①	09 ③	10 ④	11 ⑤	12 ④
13 ③	14 ③	15 ①	16 ④	17 ①	18 ②
19 ②	20 ③	21 ③	22 ①	23 ④	24 ①
25 ④	26 ④	27 ②	28 ④		

02 정보 사회와 윤리

본문 107~112쪽

29 ②	30 ⑤	31 ②	32 ⑤	33 ①	34 ②
35 ②	36 ③	37 ⑤	38 ①	39 ④	40 ③
41 ⑤	42 ⑤	43 ③	44 ⑤	45 ⑤	46 ②
47 ③	48 ②	49 ③	50 ④	51 ②	52 ②

03 자연과 윤리

본문 113~125쪽

53 ②	54 ③	55 ②	56 ③	57 ③	58 ⑤
59 ③	60 ①	61 ④	62 ⑤	63 ⑤	64 ③
65 ⑤	66 ④	67 ④	68 ③	69 ③	70 ③
71 ③	72 ④	73 ⑤	74 ④	75 ③	76 ④
77 ④	78 ③	79 ②	80 ④	81 ③	82 ③

Ⅴ 문화와 윤리

01 예술과 대중문화 윤리

본문 130~137쪽

01 ④	02 ③	03 ①	04 ③	05 ③	06 ③
07 ②	08 ②	09 ①	10 ⑤	11 ⑤	12 ②
13 ①	14 ③	15 ⑤	16 ①	17 ④	18 ⑤
19 ④	20 ②	21 ②	22 ③	23 ④	24 ①
25 ③	26 ⑤	27 ③	28 ①	29 ③	30 ⑤
31 ②	32 ①				

02 의식주 윤리와 윤리적 소비

본문 138~144쪽

33 ②	34 ①	35 ④	36 ③	37 ⑤	38 ①
39 ⑤	40 ①	41 ①	42 ④	43 ④	44 ①
45 ④	46 ①	47 ⑤	48 ③	49 ②	50 ④
51 ②	52 ②	53 ③	54 ④	55 ④	56 ③
57 ④	58 ①	59 ⑤	60 ②		

03 다문화 사회의 윤리

본문 145~151쪽

61 ③	62 ⑤	63 ③	64 ②	65 ①	66 ⑤
67 ④	68 ④	69 ⑤	70 ③	71 ④	72 ⑤
73 ⑤	74 ④	75 ②	76 ④	77 ③	78 ①
79 ⑤	80 ①	81 ①	82 ⑤	83 ①	84 ②
85 ③	86 ④	87 ⑤	88 ②		

Ⅵ 평화와 공존의 윤리

01 갈등 해결과 소통의 윤리

본문 156~159쪽

01 ①	02 ②	03 ①	04 ④	05 ⑤	06 ⑤
07 ②	08 ①	09 ④	10 ①	11 ④	12 ①
13 ④	14 ③				

02 민족 통합의 윤리

본문 159~162쪽

15 ①	16 ④	17 ⑤	18 ①	19 ②	20 ④
21 ③	22 ④	23 ③	24 ①	25 ④	26 ⑤
27 ④	28 ②				

03 지구촌 평화의 윤리

본문 163~175쪽

29 ④	30 ③	31 ①	32 ③	33 ②	34 ②
35 ④	36 ③	37 ①	38 ⑤	39 ④	40 ①
41 ⑤	42 ③	43 ③	44 ④	45 ④	46 ②
47 ④	48 ④	49 ③	50 ③	51 ①	52 ②
53 ①	54 ⑤	55 ③	56 ④	57 ②	58 ⑤
59 ③	60 ⑤	61 ①	62 ③	63 ③	64 ②
65 ②	66 ①	67 ⑤	68 ①	69 ④	70 ①
71 ③	72 ③	73 ③	74 ③	75 ④	76 ①

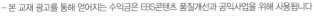

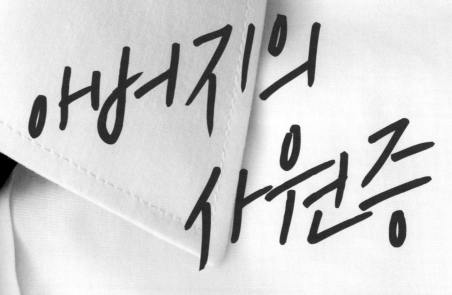

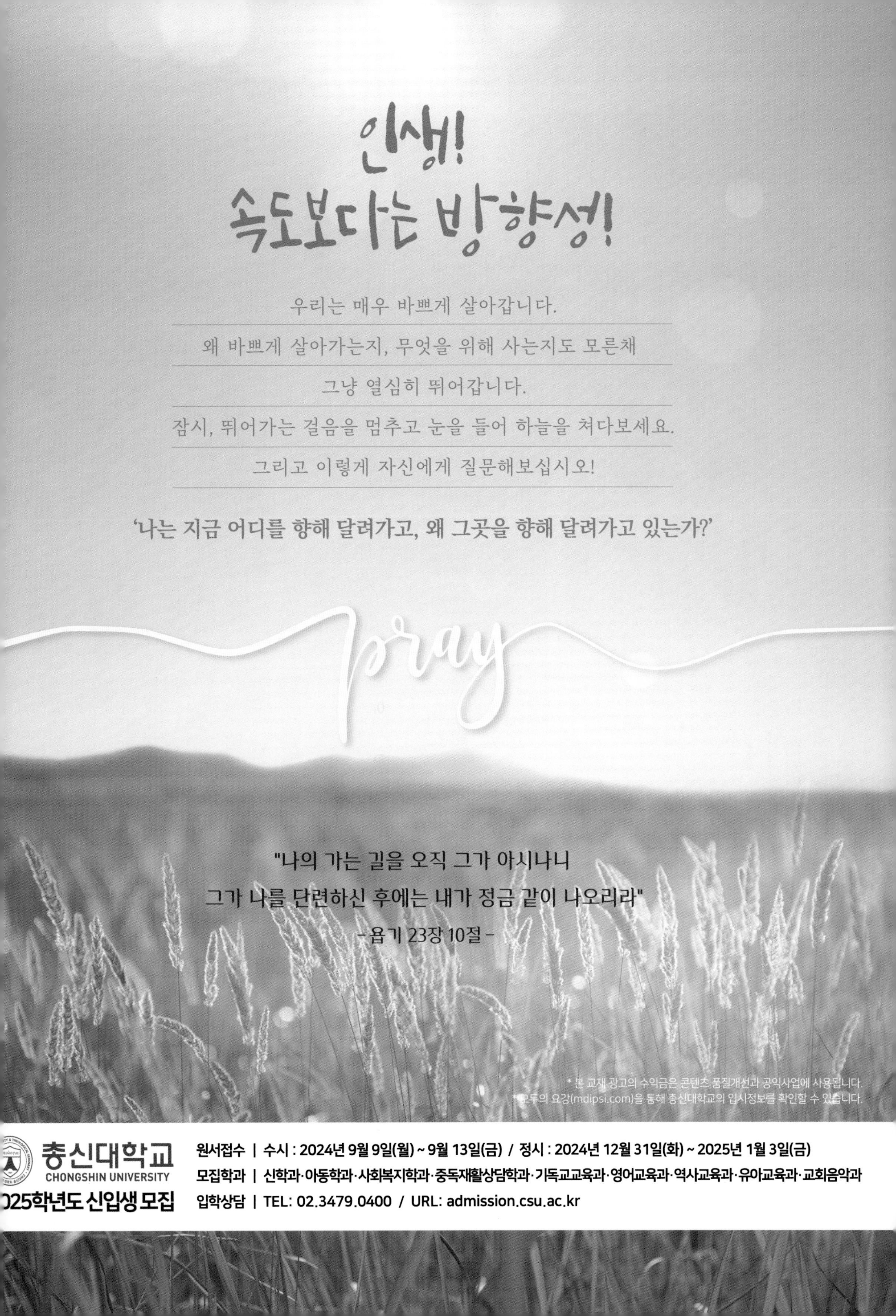
인생!
속도보다는 방향성!
우리는 매우 바쁘게 살아갑니다.
왜 바쁘게 살아가는지, 무엇을 위해 사는지도 모른채
그냥 열심히 뛰어갑니다.
잠시, 뛰어가는 걸음을 멈추고 눈을 들어 하늘을 쳐다보세요.
그리고 이렇게 자신에게 질문해보십시오!
'나는 지금 어디를 향해 달려가고, 왜 그곳을 향해 달려가고 있는가?'
pray
"나의 가는 길을 오직 그가 아시나니
그가 나를 단련하신 후에는 내가 정금 같이 나오리라"
- 욥기 23장 10절 -
* 본 교재 광고의 수익금은 콘텐츠 품질개선과 공익사업에 사용됩니다.
* 모두의 요강(mdipsi.com)을 통해 총신대학교의 입시정보를 확인할 수 있습니다.
총신대학교
CHONGSHIN UNIVERSITY
025학년도 신입생 모집
원서접수 | 수시 : 2024년 9월 9일(월) ~ 9월 13일(금) / 정시 : 2024년 12월 31일(화) ~ 2025년 1월 3일(금)
모집학과 | 신학과·아동학과·사회복지학과·중독재활상담학과·기독교교육과·영어교육과·역사교육과·유아교육과·교회음악과
입학상담 | TEL: 02.3479.0400 / URL: admission.csu.ac.kr